宁夏大学史学丛书

杜建录——主编

中国史研究论集

社会科学文献出版社
SOCIAL SCIENCES ACADEMIC PRESS (CHINA)

目　录

| Contents |

民族史与民族史学理论…………………………………… 陈育宁 / 001

民族史学理论的几个基本问题…………………………… 陈育宁 / 007

中华民族凝聚力形成的历史要素………………………… 陈育宁 / 015

经济、文化、制度三维向度中的古代多元一体民族关系格局

　　——兼论古代多元一体格局形成的标志…………… 霍维洮　马　艾 / 026

中国近代民族认同的历史逻辑

　　——兼论中华民族的形成…………………………… 霍维洮　马　艾 / 041

家国同构：儒学中"中华民族共同体"的文化基因与话语体系

　　………………………………………………………… 马　慧　梁向明 / 060

两个世界的碰撞：谈中国古代天下观向近代民族国家观的转变

　　………………………………………………………… 王家保　白建灵 / 079

交换视野下的西汉匈奴关系………………………………… 杨学跃 / 086

《魏书》之正统观 ………………………………………… 王朝海 / 098

唐五代岭南道粤、芝二州沿革年份考…………………… 高正亮 / 105

论民族交往交流交融中的西夏文化……………………… 杜建录 / 119

西夏政区划分及其相关问题……………………………… 杜建录 / 140

省嵬城与省嵬山 …………………………………… 杨　浣　付强强 / 151

克夷门考 …………………………………………… 杨　浣　段玉泉 / 173

《孝经》两种西夏文译本的比较研究 ……………………… 段玉泉 / 184

出土西夏文藏经函号木牍及校勘记录 ……………………… 段玉泉 / 210

《番汉合时掌中珠》"急随钵子"考释 …………………… 段玉泉 / 220

西夏文献所见黄帝形象研究 ………………………………… 彭向前 / 226

西夏圣容寺研究 …………………………………………… 彭向前 / 238

西夏的"二十四节气" ……………………………………… 彭向前 / 249

西夏租役草考述 …………………………………………… 潘　洁 / 258

从出土文书看黑水城渠道变迁 ……………………………… 潘　洁 / 277

西夏水权及其渊源考 ……………………………… 潘　洁　陈朝辉 / 285

汉文史料中的西夏番姓考辨 ………………………………… 佟建荣 / 293

西夏文《高王观世音经》底本源出考 ……………… 佟建荣　崔韶华 / 305

宋代西北地区押蕃使问题探讨 ……………………………… 许伟伟 / 323

西夏边防的基层军事建置问题 ……………………………… 许伟伟 / 336

西夏文献中的人名 ………………………………………… 王培培 / 347

"碧珊珠"考 ……………………………………………… 王培培 / 352

俄藏 Инв.No.954《光定未年典驴贷粮契》新译释

　　——兼论西夏典当经济研究的几个问题 ……………… 于光建 / 359

西夏典当借贷中的中间人职责述论 ………………………… 于光建 / 373

西夏畜牧业研究 …………………………………………… 高　仁 / 387

"左厢"、"右厢"与经略司

　　——再探西夏"边中"的高级政区 …………………… 高　仁 / 389

西夏棍棒类兵器及其相关问题考论 ………………………… 尤　桦 / 407

资源竞争与党项国家的形成：以李继迁党项部族的发展为中心

　　…………………………………………………………… 马旭俊 / 420

金夏交聘礼仪考述·······························马旭俊 / 441

试论元代唐兀人多元的姓名文化···········邓文韬　刘志月 / 456

一件未刊布的黑水城出土元代借钱契考释···········邓文韬 / 477

西夏国名别称"夏台"源流考·····················邓文韬 / 484

明万里海防图之章潢系探研·····················李新贵 / 494

明万里海防图筹海系研究···············李新贵　白鸿叶 / 512

明万里海防图之全海系探研·····················李新贵 / 532

明万里海防图初刻系研究·······················李新贵 / 551

历史人类学视域下的区域历史研究刍议

　　——以宁夏家族史研究为例·················王晓霞 / 573

人口、商贸与政治：民国初期宁夏吴忠堡城市发展探究·········王晓霞 / 580

嘉道时期广州高第街许氏房产契约研究···········刘正刚　张启龙 / 589

民间文献所见清初珠江口地方社会

　　——"桂洲事件"的再讨论·················张启龙 / 608

专业与日常：医学知识形成的一个侧面

　　——以应声虫病的书写为例·················张园园 / 631

"乡里空间"的历史存在与理论表达

　　——以沟口雄三的中国史研究为例···········乔　雅　张　诛 / 649

从"围寺而居"到"互嵌型社区"

　　——西北民族地区城市回族社区及其结构的历史变迁·········沙彦奋 / 664

宁夏大学部分中国史研究论著目录（1989—2022）·············· / 678

民族史与民族史学理论

陈育宁

在中国悠久的历史撰述中，早在先秦的史籍里，就有了对民族的记载，那时，中原华夏向周边延伸，周边少数民族的先民登上历史舞台，于是有了"中国""四夷""五方之民"以及夷、蛮、戎、狄的称谓。汉代《史记》《汉书》确立了对民族列传撰述的典范，从此有了中国民族史学的雏形。这一史学类型，逐渐成为中国传统史学的组成部分，从未间断，一直到近百年来，逐渐成熟和完善，发展成现代学科意义上的中国民族史学。史学的成熟不仅在于驾驭史料对史实做出客观真实的描述，还在于对历史现象的理性解释和对发展规律的揭示，也就是说，要有理论认识和观点，这构成了民族史学理论的内容。在民族史撰述中会遇到一系列需要阐释的问题，需要做出有依据的回答，或是代表某种立场和利益的说明，这个任务就交给了民族史学理论；民族史学理论所表达的认识、观点以及所做的概括，又引领和推动着民族史撰述。民族史撰述及其理论内涵是民族史研究不可或缺的两个方面。

民族史学理论的形成和发展，大体与民族史撰述的进程同步，经历了三个大的阶段。

一　古代民族史撰述中的理论问题

司马迁的《史记》为少数民族撰写专门的传记，在国家正史中开了先河，成为以后撰写正史的传统，其深刻的内涵在于反映了中国是一个多民族国家的现实，在官方的意识中，并未把周边民族排除在外，而是将其视为中国史中的应有内容，体现了大一统的天下观。这无疑是观察中国历史的一个理论依据。在以后的民族史撰述中，内容越来越丰富，除正史外，其他撰写形式多了起来，也出现了不少用少数民族文字记述的民族历史著作。这些民族史撰述，无论是官修还是民著，不管其作者是哪个民族，基本上反映了封建社会长期形成的历史观、民族观，核心的思想是申明中央王朝的正统地位，强调华夷之辨，严夷夏之防，这些观点是当时社会的主流思想，也是统治者制定民族政策的理论依据。

在这个很长的历史时期内，统治者的历史观、民族观决定着对民族史撰述内容的取舍、褒贬，决定着撰述的体例方式，也就是说，撰述民族历史、民族关系，一定伴随着撰述人的观察、思考、判断和表述的倾向，它反映的是统治者的地位和利益。这些都涉及诸多的观念、思想和理论问题。但在当时的历史条件下，很难有明确的理论意识对这些问题进行充分的辨析，这些观念反而会固化成为一种史学传统传承下来。

二 近代以来中国民族史学学科的建立与理论问题研究

近代以来，西方思想文化的引进和武力侵略的压力，迫使中国先进的知识分子用新的历史观、民族观观察研究中国的边疆问题、民族历史和民族问题。如果从梁启超1922年发表《中国历史上民族之研究》及后来吕思勉著《中国民族演进史》算起，中国学术界开始以"民族"概念为中心，对民族、国家、民族意识、民族关系进行分析和研究，对"中华民族"概念进行整体性探讨。这些新思想、新观点的引进，推动了中国民族史的研究。学界认为，民族史是中国历史的一部分，是对通史的补助。除继承传统的文献考证方法外，还引进吸收西方人类学、社会学等的学科理论与方法，吸收考古发现的成果，从而为中国民族史的研究打开了新视野、新局面，与此同时，出现了中国民族史研究的学者群体，这些都标志着中国民族史学成为一个相对独立的学科建立起来了。

在这一背景下，学术界对从许多概念、观点及民族史研究中反映出来的许多认识问题进行了理论探讨和阐释。这些理论性问题主要包括民族、中华民族、民族主义等，还包括中国民族起源问题，中国民族的族系及结构问题，以汉族为主体"诸夏一体"问题，中华民族的"一"和"多"的问题，中国民族多元构成的民族进化问题，等等。

可以说，进入20世纪后，以中国民族史学学科的建立为标志，民族史学理论的探讨取得了十分重要的进展，许多民族史研究中的重大理论问题在这个阶段被提出并得到探讨，这为以后民族史学理论的进一步扩展和深入打下了基础。

三　中国民族史学的新阶段与民族史学理论的创新发展

中华人民共和国成立以后，马克思主义民族理论和民族观成为中国民族史研究的指导思想，也决定了民族史学理论探索的方向。随着全国范围内大规模的民族调查和民族识别的开展，民族历史文化的资料极大丰富，有力地推动了中国民族史研究的发展，民族史学理论讨论的问题也更为广泛深入。

20世纪五六十年代集中讨论的理论问题主要有少数民族的社会发展阶段、社会形态和社会性质问题，汉民族形成问题，民族英雄、民族政权问题，民族关系、民族融合问题，统一的多民族国家及统一的规模问题，少数民族的贡献问题，等等。对这些重大问题的讨论和深入研究，不仅涉及中国民族史研究的许多原则问题和核心问题，而且紧密关乎对整个中国历史演进基本特征和规律的把握。

这一阶段关于民族史学理论问题的讨论，显示了理论问题研究的重要性，越来越引起人们的重视。像任何一门学科的发展一样，中国民族史研究也需要有理论的支持和引导。中国民族史是一个庞大的学科体系，时间久远，资料丰富，情况复杂，共性和个性交叉，是中国历史重要的组成部分。中国民族史的许多特有现象和具体问题，不仅需要马克思主义民族观的宏观指导，也需要有具体的理论观点和原则方法加以阐述、归纳和总结，这样才能使我们更加客观正确地认识中国各民族及其相互关系发展的历史规律，才能使中国民族史学科建设进入更加规范科学的阶段。

改革开放以来，中国民族史研究迎来了发展的新阶段，这个新阶段首先是从民族史学理论问题的突破开始的。

1981年5月在北京召开的"中国民族关系史研究学术座谈会"上，白寿彝、翁独健等专家认为，历史上各民族间的关系，从本质上看，是在漫长的历史过程中，经过政治、经济、文化诸方面越来越密切的接触，形成了一股强大的内聚力，虽然不断出现分裂的局面，但各民族间还是相互吸收、互相依存、逐步接近，共同缔造和发展了统一多民族的中国，这是历史上民族关系发展的主流。主编《中国历史地图集》的谭其骧先生在这个会上报告说："不能把历史上的中国同中原王朝等同起来。我们需要画出全中国即整个中国历史的地图来。""具体说，就是从18世纪50年代到19世纪40年代鸦片战争以前这个时期的中国版图作为我们历史时期的中国的范围。""不管是几百年也好，几千年也好，在这个范围之内活动的民族，我们都认为是中国史上的民族；在这个范围之内所建立的政权，我们都认为是中国史上的政权。"

1988年，费孝通先生提出了"中华民族的多元一体格局"的理论观点，对中华民族的形成及其结构特点做了宏观的理论概括，合理地解释了我国统一的多民族国家形成和发展过程中民族与国家的关系问题。这一新的理论概括，为我们正确认识中国多民族历史的基本特征提供了有力的依据，奠定了中国民族史研究的整体史观，是中国民族史研究的新起点。

进入20世纪90年代，在"多元一体"理论观点的推动下，学术界将"中华民族凝聚力"作为一个理论命题进行了深入讨论。学界认为，中华民族凝聚力是"一体"的核心内涵，发挥其功能，在今天新的历史时期更显必要。

"多元一体格局"不仅是学术理论的一项创新成果，也被引入党和政府关于民族工作与政策的指导思想中。在2014年中央民族工作会议上，习近平总书记指出："我们讲中华民族多元一体格局，一体包含多元，多元组成一体，一体离不开多元，多元也离不开一体，一体是主线和方向，多元是要素和动力，两者辩证统一。中华民族和各民族的关系，形象地说，是一个大家庭和家庭成员的关系，各民族的关系是一个大家庭里不同成员的关系。"

习近平总书记在党的十九大报告中又指出："铸牢中华民族共同体意识，加强各民族交往交流交融，促进各民族像石榴籽一样紧紧抱在一起，共同团结奋斗、共同繁荣发展。"其中"铸牢中华民族共同体意识"这个新的表述，将"多元一体格局"的历史内涵做了更为深刻透彻的阐释，从而也将其现实价值提到一个新的高度。历史和现实充分表明，中华民族是一个互补互惠、共同发展的经济共同体，是一个各民族共同缔造的统一的多民族国家的政治共同体，是一个由各民族共建共享共有精神家园的文化共同体，是一个有共同民族精神和民族追求的价值共同体，是一个各民族荣辱与共、同呼吸共命运的命运共同体。各个民族经过长期的交往交流交融，形成了具有强大生命力的中华民族共同体意识。

从以上的叙述中我们可以看出，改革开放40多年来，民族史学理论的研究基本上是沿着一条主线不断深入：中华民族多元一体格局—中华民族凝聚力—中华民族共同体意识。这条主线不仅构成了中国民族史学理论鲜明的核心和主干，也有力地推动中国民族史的研究在正确的方向上不断深入。民族史学理论研究一方面从历史实际出发，阐释这个核心和主干的历史成因、内涵与功能；另一方面依据这个核心和主干，结合史实，进一步对若干具体问题进行理论探索，如历史上的民族观与民族关系、民族迁徙流动、民族政策与边疆治理、统一与分裂、少数民族政权、少数民族历史人物、汉族的核心作用、民族与宗教、民族文化与中华文化等，以及这些问题之间的内在联系。这是一个全方位的布局，既有宏观上的思想认识和基本观点，也有对具体问题的理论分析，这样一个研究结构，大体上构成了民族史学理论体系的框架雏形。

40多年来，民族史学理论研究取得了丰硕的成果，但任务依然艰巨。民族史学理论不可避免地要面对民族史范畴内各种各样的认识、观点、看法和论调，有些看法和观点明显错误，且产生不良社会效果，或是因为缺乏了解，或是受文艺作品影响，或是受传统观念束缚，等等，都需要民族史学理论作出回应，进行正确引导。

习近平总书记在2019年9月27日全国民族团结进步表彰大会上的讲话中，专门用了相当篇幅讲了中华民族多元一体的历史成因，用最有代表性的史实，从疆域、历史、文化、精神四个方面论证了"一部中国史，就是一部各民族交融汇聚成多元一体中华民族的历史，就是各民族共同缔造、发展、巩固统一的伟大祖国的历史"。习近平总书记的重要讲话，说明"多元一体格局"这一理论概括是完全符合中国多民族历史实际的，"是先人们留给我们的丰厚遗产，也是我国发展的巨大优势"，同时也是对改革开放以来我国民族史研究和民族史学理论探索成果的充分肯定。民族史学界，要继续围绕"多元一体格局"这个核心问题，深入进行民族史学理论研究，努力创建有中国特色的民族史学理论体系，更好地推动中国民族史学学科的建设与发展。

（2019 年 10 月 14 日在宁夏大学首届民族学贺兰山论坛上所作的报告，以《围绕"多元一体"，推进民族史学理论研究——兼论我国民族史学与民族史学理论的历史发展》为题，发表于《中国民族报》2019 年 11 月 5 日）

民族史学理论的几个基本问题

陈育宁

任何一门学科必须首先明确学科研究的对象，这对于学科理论建设具有重要的意义。因为，理论是关于某种对象的理论，对象是理论的主体和核心，全部的理论分析和逻辑都是在围绕着这个对象而展开和进行。不存在无研究对象的学科理论。只有明确了研究对象，才能开始学科研究，也才能建立起严格的学科理论及其体系。

建立完整合理的学科理论体系，对于学科研究具有根本的指导作用。跟其他任何学科一样，民族史学的研究也必须要构建自己的学科理论体系，不仅可以用以指导研究历史上的民族和民族问题、民族关系等，还可以用以解决现实的民族工作中所遇到的问题，这对处理好现实社会的民族关系具有重要的意义。

一 什么是民族史学

民族是普遍的客观存在，也是历史的、能动的因素。民族是客观存在的实体，不是人为地形成的人们共同体，而是人类社会发展到一定阶段所必然出现的客观存在。这种客观存在也不是中国历史所具有的特殊现象，而是世界历史在大体相当的阶段都存在的现象。民族是一个历史范畴，是人类社会发展过程中一定历史阶段和历史条件下所形成的一种特殊形态的人们共同体，是具备了共同地域、语言、经济生活、心理特征因素而形成的一种内部统一性的人类群体。民族是能动的，它有一个产生、发展、壮大强盛、衰落甚至消亡的过程，其间，伴随着民族的迁徙流转、民族通婚和民族融合、同化。总之，民族不是按照人们的意愿而是在历史进程中产生的一种具有很强稳定性的人们共同体。民族史就是指民族产生、发展的历史过程以及对这一历史过程的记载和阐述。民族的产生、形成、发展和消亡，是一个客观的历史过程，我们对这个客观历史过程的记载和阐述就形成一门学问，也就是民族史。民族史不是重新制定一个民族发展的过程，而是以历史唯物主义为指导，实事求是地对这一过程的一种阐述、一种理解。

从时间上来讲，民族史包括了民族起源、形成、发展、演变的全部社会历史过程。只要民族存在就有其发展的历史，随着民族的消亡或某一民族的分化与消失，其历史也就终结。即是说，民族史的时间开端以民族的产生为标志，只有民族产生后，人类社会才开启了民族的历史。需要注意的是，民族史和人类社会发展史有着时间上的界限和区别。从人类诞生的时候起，就开始了人类的历史，人类社会发展历史久远，它以人类的产生为标志；从民族诞生的时候起，也就开始了民族的历史，民族的历史只是人类社会发展当中的一段，是人类产生以后的事。民族的产生以人类的产生为前提，当民族产生时，民族的历史和人类发展共同演进、相互重叠。国家的产生稍晚于民族的产生，当人类社会发展到阶级和私有制产生，当人们共同体发展到以地缘为纽带、相互的经济联系更为密切，国家也就产生了。民族、国家、人类社会的起源是有着不同的界限的。

中国什么时候开始有民族呢？一般说来，从夏、商、周或者从公元前21世纪开始就形成了民族，即从血缘的氏族共同体逐渐演化成以地域关系为主的民族共同体。按照马克思主义的观点，民族有其产生就有其消亡，到共产主义社会，民族之间的差异消失了，那个时候民族的历史也就终结了，就进入了人类社会的另一个过程、阶段。

从空间上讲，民族史可以区分为社会民族史（或整体民族史）和民族社会史。社会民族史是对某一时代或某一地区、某一国家范围内民族结构及其历史状况的总体记述和认识。按时代划分的，如"欧洲中世纪民族史""中国唐代民族史""清代民族史"等；按范围划分的，如"中国民族史""东北民族史""西北民族史"等。民族社会史是指专门的民族史，即某一个民族形成与发展的具体历史过程和对这一过程的论述和认识。专门的民族史也区分为按范围和按时间划分的同一对象而不同考察角度的民族史。如"中国蒙古族史"或"中国藏族史"，是相对于中国民族史的专门史。按时间划分的诸如"古代羌族史""明代蒙古族史"等。也可将二者结合，如"先秦民族史""夏民族考"等。中国民族史研究的专业范围是中国境内的民族，包括历史上曾经存在的民族（虽然现在已经消失了）以及现在存在的由历史演变而来的民族。

总之，民族史就是民族发展的历史和对这一历史过程的记述和认识，是民族这一主体在客观世界的历史过程中形成、发展与变化的轨迹，也是民族发展过程中这一客体在人们对全部历史认识中的反映和记述。民族史是以民族为主线的历史，是对民族的起源、变迁、兴衰和民族间相互关系变化的各种过程及其规律的研究。从某种意义上说，民族史脱胎于历史学的母体，又是和民族学相结合的一门历史学科，它所包含的内容，既有历史学的又有民族学的。总之，民族史应包括古今民族的生产、生活、政治、文化及民族间相互关系的变迁史、发展史，包括各个民族的起源史、社会史、政治史、经济史、文化史、军事史、人口史等，既有纵向演变过程，又有横向发展联系。通过运用历史学和民族学相结合的理论和方法，考察、揭示各民族的完整历史及其客观规律。

民族史学研究的对象是中国民族史。我国历来有关于少数民族研究的历史传统，不管二十四史中带有什么样的民族偏见，其对周边民族都或多或少有记载。这种历史记载本身就是一种历史传统，它毕竟把这些人类共同的活动记载在整个国家多民族的大范畴之内。

民族史学作为科学的专业体系是新中国成立后才开始的，大体经历了三个阶段。第一阶段是从新中国成立到1955年，这一时期主要是对边疆民族地区进行调查研究。民族史研究工作者根据历史文献的记载，实地调查民族语言、文化、族源、迁徙等状况，进行了民族识别。第二阶段是1956年到1966年，由全国人大民族委员会发起并组织了历史学、民族学、社会学、语言学的专家及从事民族工作的同志1000多人，到各民族地区进行全面的社会历史、语言文化及风俗习惯的调查，形成了3000多万字的宝贵资料。这是中国共产党在新中国成立后领导的一次世界学术史上规模最大的科学调查活动。第三阶段是改革开放以来，民族史学研究发展到一个新的阶段，无论是广度还是深度上都取得了空前进展，民族史学真正成为一门专业科学，民族史学理论的科学体系逐渐发展、充实起来。这一时期，无论是民族史研究著作出版的数量和质量，涉及领域的宽度，研究队伍的规模，还是对外的学术交流，都有了空前的发展。一系列重要研究成果的取得，不仅进一步完善和丰富了中国民族史这一学科，而且使越来越多的人自觉运用马克思主义的历史唯物主义观点，运用民族平等的原则去研究历史上的民族及民族问题、民族关系。

我国在历史上就是一个多民族的国家，秦汉以后逐步形成统一的多民族国家。如果不了解中国历史上的民族、民族问题、民族历史，就不可能了解整个中华民族形成壮大的历史。所以，了解民族史学，学习和研究民族史学，对于我们提高民族素质，继承民族文化传统，维护民族团结，推进民族关系的协调发展具有重大的现实意义。

二　民族史学研究需要自己的理论与方法指导

民族史学理论的任务是科学地揭示历史上的民族、民族问题、民族关系及民族历史发展的规律，它为搞清楚这些问题提供理论的规范和方法的指导，同时为现实的民族、民族问题提供理论和政策上的借鉴。民族史学的研究，必须要有自己的科学理论与方法作为指导，建立适合我国民族发展实际的理论体系、方法和原则。

第一，马克思主义有自己的民族理论。马克思主义诞生以来，对世界存在的民族及民族问题、民族现象、民族发展、民族关系有许多重要的阐述，形成了马克思主义的民族理论、民族观。它对于我们认识和解决一些民族问题提出了基本原则，比如马克思主义的民族平等观、斯大林提出的民族定义等，为我们认识客观存在的民族和民族问题提供了科学依据。但是中国民族发展的许多特殊现象和具体问题，还需要我们自己去加以概括和总结。比如中原王朝和周边少数民族的关系，民族人物的评价，民政政策的制定和评价，中国疆域和民族政权的关系，中国历史上统一和分裂的关系，等等，这些涉及中国历史上民族的诸多问题都需要有具体的理论和原则来加以阐释。

第二，中国民族史是一个庞大的体系，有它相对独立的特点。中国民族史研究的领域非常广阔，时间久远。从远古到现在，一直有民族不断出现、发展和消亡，民族之间密不可分。这样庞大的体系，在数千年发展过程中形成了自己一些独特的发展规律。中国民族史既有整个民族发展的共性问题，又有各个民族、各个地区发展的个性问题。对这些带有规律的、共性的问题应该有理性的思考和回答，应该有对其规律的科学总结和归纳，这样才能使我们对庞大体系的认识进入比较自觉的状态。

第三，中国历史上形成的看待民族和民族问题的传统观点，由于受到历史、社会、阶级、文化的局限，影响了中国民族史研究朝正确方向前进。这些传统的观念中，突出的是中原王朝的正统论和大汉族主义以及民族主义，严重影响了对民族史的客观正确的认识，对这些带有唯心主义思想的观点，必须以正确理论为指导，才能加以清理，做出科学解释。

第四，现实的民族现象、民族问题、民族关系是历史上民族发展的延续。认知现实与历史的联系，揭示其中的规律，正确认识今天的民族问题，也必须有科学的理论作指导。这样，我们才能正确解释历史，更好地服务现实，认识其中内在的联系与发展。

三 民族史学理论研究需要把握的原则

民族史学理论研究需要把握的基本原则是什么呢？

第一，马克思主义的历史唯物主义和实事求是的态度。历史唯物主义是社会发展的历史的辩证的反映，是研究社会历史的锐利武器。实事求是的态度就是历史唯物主义的态度、科学的态度。今天研究民族史，不可避免地要带上今天的思想观念、观点和方法，但是，历史是古人活动的事实，我们研究它，不能企图改变它，不能改变古人活动的事实，不应该也不会为古人的行为负任何责任。历史包括民族史是客观的存在，我们的研究会具有很强的主观性，但是，我们发挥主观性的前提和基础只能是尊重客观的历史存在，揭示客观存在的真相，找出它的规律性，使之符合历史本来面目，这就是马克思主义的历史唯物主义和实事求是的态度。

第二，民族平等的原则。民族平等是马克思主义民族观的核心问题，也是马克思主义看待和处理一切历史与现实的民族问题的基本原则。在民族史研究中，坚持与体现民族平等的原则，就是指在考察与分析历史上的民族发展及民族间相互关系的时候，要坚持各民族不论其社会历史发展阶段和经济文化与人口发展的状况如何，不论这个民族大或小、是否成为统治民族、是否建立自己的政权、存在的时间长或短，它们都在特定的历史时期、特定的地域范围内做出了别的民族不可替代的特殊贡献。这里，只有民族发展的先进与落后而无优劣之分，只有民族人口的多寡而无贵贱之别，只有不同民族在不同历史时期、不同范围、不同条件下贡献的大小而无"正统"与"非正统"的划分。要坚持用同等的标准来衡量民族发展上的迟速进退与民族关系上的是非功过；坚持以唯物史观分析和判断民族发展过程中的成败得失，避免对不同民族的偏见。

在阶级对抗的社会里，必然存在着民族间的不平等。这种不平等是历史发展、阶级社会的必然产物：一是汉族与少数民族的不平等；二是统治民族与被统治民族的不平等；三是大民族与小民族的不平等。中国民族史不是某一民族的历史，不是汉民族的历史，而是包括汉族、历史上曾经存在而现在消失的民族以及现在的各少数民族的历史。中国的历史是中国古今各民族共同缔造的；中国的疆域是历史上各民族共同开发、建设和保卫的；中国的经济发展是各民族人民辛勤劳动、共同推动发展的；中华文化是各族人民共同创造的。因而，我们只有用民族平等的原则去解释阐述这一切，才能客观描述历史，才能正确解释历史上民族不平等的实质和原因。

四　民族史学理论研究要把握一条主线

中国民族众多，发展、演进过程曲折，相互关系复杂，这同世界上许多国家的民族情况有很大区别。民族史学理论研究的重要任务，就在于从这种复杂性和曲折性中去探索带有普遍性的规律。其中，需要把握的一条主线就是中华民族凝聚力。

中华民族凝聚力的形成与发展有其规律性。中国几千年来没有走向分裂而是走向统一，没有走向离心而是走向内聚、走向今天中华民族的整体，就是因为中国各民族在长期的发展过程中形成了你中有我、我中有你的强大的民族凝聚力。中华民族是多民族整体的共同的概念。中国各民族自古以来就族连族、史连史，各族在中华大地上共同发展，相互交织，不但具有各民族自身发展的独立性，而且具有各民族共同发展中相互凝聚的规律性。中国各民族间长期存在的凝聚力不是历史的偶然，而是在中国历史发展过程中政治、经济、文化和地理环境等多方面因素综合形成的必然结果。纵观中国历史，民族间虽然有兵戈相见，但始终相互依存，来往不已，最终形成统一的多民族国家，呈现出巨大的内聚力。这种国家统一、民族相依的历史过程，是有其必然规律可循的。这种内在的规律性，制约着中华民族数千年的发展，也制约着古代和当代中国各民族自身的历史。

中华民族凝聚力既是一种内在的精神力量，同时也是一种物质力量。精神力量，就是中华民族几千年来追求民族的"华夷一统"，追求国家、社会的大一统。这种精神力量在历史长河中逐渐发展成为中华整体观念。物质力量，就是几千年来各民族人民对祖国经济文化的共同开发、创造和贡献的汇聚，并形成一种强大的合力，为中华民族所共有。

五　民族史学理论研究的意义

第一，学术理论意义。首先是民族史学研究的需要。我国有着众多的民族，纷繁复杂的民族发展和民族关系过程，是这个历史悠久的统一的多民族国家的核心内容，不搞清中国民族史，就搞不清中国整个的历史；不搞清中国民族发展的特殊过程，也就无法阐明各民族政治、经济、文化变迁的缘由和许多民族学上的特征，也就难以从民族理论的角度准确地阐明中国各民族特别是汉族和少数民族之间社会发展差异的内在原因。这都是民族史学理论需要深入研究的问题。然而，中国民族史学理论的建设和发展是很晚的事情，其学科理论体系是不完善的、不系统的。民族史学只有在理论指导下才能成为一门真正的、科学的专业，民族史学的发展才能有正确的指导和方法。

第二，现实意义。处理今天的民族问题，阐述今天的民族理论，离不开对历史经验的总结。现实中处理民族问题出现的失误，很大程度上与对历史上民族问题的不了解有关。如果我们能够尊重历史，客观看待历史，科学解释历史，很多现实问题就会得到正确的处理。

第三，创建和发展民族史学理论体系，还处在初级阶段。目前这个学科的状况和我们作为一个多民族大国的地位是不相称的，需要加快培养这方面的人才，建立起中国特色的民族史学理论体系。

（本文为陈育宁著《民族史学概论》增订本"导论"，宁夏人民

出版社 2006 年出版）

中华民族凝聚力形成的历史要素

陈育宁

中华民族的历史是各民族共同创造的。中华民族强大的凝聚力是在各民族共同创造中华文明的历史过程中，经过长期的锤炼而形成的。在它形成的过程中，始终存在着四个基本要素，即历史前提、历史基础、历史途径和历史根源。

多源多流、源流交错
——中华民族凝聚力形成的历史前提

我国是一个历史悠久的多民族国家。仅史籍所载，先后出现过160多个民族的名称，而实际存在过的民族还要更多。民族历史考察的一系列结论说明，从古到今各个民族的形成几乎都是多源多流的，源流之间又有着复杂的交错联系，有些是同源异流，有些是异源合流，有些则是源流交叉，要孤立地搞清一个民族的源及发展历史，几乎是不可能的。最早的戎狄蛮夷及其与华夏之间就已存在这种源流交错的关系，而且一直持续不断。古代羌人居住于我国西北河湟地带，曾先后向东、西、南三个方向迁徙。西行者形成吐蕃族，继而演进为今之藏族；南迁者入云南逐步融入西南诸少数民族；东移者入于夏族成为汉族之先民。13世纪蒙古民族的形成更能说明这个问题。蒙古部以强大的军事力量，通过征服战争，将活动在漠北草原蒙古语族和突厥语族的族属不同、各有名号的部落和部族汇集成一体。14 世纪的史学家拉施特在追述蒙古历史时，详细地记载了蒙古民族在形成过程中融合其他各族的历史现象。他写道："由于成吉思汗及其宗族的兴衰，由于他们是蒙古人，于是各有某种名字和专称的（各种）突厥部落，如札剌亦儿、塔塔儿、斡亦剌惕、汪古惕、客列易惕、乃蛮、唐兀惕等，为了自我吹嘘起见，都自称为蒙古人，尽管在古代他们并不承认这个'名字'。"[1] 而蒙古部本身又与东胡、鲜卑、契丹有渊源关系。4 世纪中叶，室韦与契丹以兴安岭为界，"南者为契丹，在北者为室韦"。[2] 这些记载，充分说明蒙古族的族源是多元交错的。在中国几千年的各民族形成及其发展过程中，这种交融分合的现象普遍且源远流长。

出现这样的社会历史现象，原因是多方面的。随着社会的发展，由于民族内部或民族之间的经济差异、战争、迁徙、通婚、杂居以及地理条件、生态环境的变迁、大的自然灾害和周围民族的影响等各种因素，民族本身必然经常地发生变动、分化或与他民族交融。如以回鹘民族为主体的回鹘汗国覆亡后，回鹘诸部纷纷西迁，一部分迁到阿尔泰山之西南的葛逻禄，一部分迁到安西都护府附近，还有一部分迁到今甘肃西部投奔吐蕃。西迁西域后的回鹘各部与当地居民共同劳动、共同生活，逐渐与当地居民融合，同时，这些居民也受回鹘文化的影响，成为回鹘的一部分，逐渐演变为今维吾尔族先民的一部分。随着民族间联系和交往的扩大，一些旧的民族逐渐消失，一些新的民族又不断地形成和发展起来。有的民族基于自身生存发展的需要，吸收他民族先进文化，逐渐改变以致最后完全代替了本民族原有的特征，变成了别的民族。匈奴、鲜卑、契丹等族的一部分，进入中原地区以后，受到汉族先进生产方式的影响，接受了汉族文化，改变了本民族的原有特征，逐渐成为汉族的组成部分。在社会环境和自然条件变化的影响下，民族共同体再分化、再聚合的现象也是不断发生的，有的是几个民族或几个民族成分，经过漫长的反复过程，聚合成为一个新的民族。有的民族也会在自己的发展过程中，由于社会条件或者族体自身的各种原因分化为两个或几个民族，如历史上的东胡，被匈奴击败后不复存

---

① 〔波斯〕拉施特主编《史集》第 1 卷第 1 分册，余大钧、周建奇译，商务印书馆，1983 年，第 116 页。
② 《北史》卷 94《室韦传》，中华书局，1974 年。

在，其民众又分化、重新聚合为后来的乌桓族和鲜卑族，而乌桓族和鲜卑族后来又多次演变，有的融于汉族，有的融于契丹、女真、蒙古、回鹘等族中去了。

这种民族之间多源多流、源流交错的复杂关系构成了中国历史上各民族间的一种天然联系，一种源远流长的或多或少的血缘联系，形成了你中有我、我中有你，不断地发生着相互间的同化和融合的民族关系格局。尽管中华大地地域辽阔、山隔水阻，尽管封建社会里民族间兵戈不绝，但这种天然的血缘联系是无法打破的历史规律，这就为中华民族凝聚力的形成创造了一种历史前提或历史条件。

共同开发、共同创造
——中华民族凝聚力形成的历史基础

中国的历史是各民族及其先民共同创造的。各个民族不仅为本民族的发展进步，也为中华民族的繁荣昌盛和中华文明的形成与发展做出了各自的历史贡献。

各民族以坚忍的精神开拓、捍卫了祖国的疆域，维护了中华民族生存空间的独立、统一和完整。我国疆域的形成与发展大体经历了两个阶段：第一阶段，居于周边的少数民族，依据自己经济社会发展的需要，首先实现了边疆地区的局部统一，从而有可能、有力量开拓和保卫疆土，并为全国的大统一和全国疆域的确立提供必要的条件；第二阶段，在周边地区局部统一的基础上，实现全国的统一，确定全国的疆域。在我国西南地区，白族的先民是定居云南和开发云南最古老的民族之一。居住在洱海地区的各族中，以白族先民蒙舍诏为强，其在较短的时间内统一了洱海地区，建立了蒙氏政权，皮逻阁被唐朝册封为云南王。此后几十年间南诏一直称强于西南边陲，以后段思平建立大理国，立国316年，政治稳定，生产发展很快，至忽必烈征服大理时，该地区的社会经济发展已与中原相差无几。这一历史过程说明，西南地区的开发及局部统一是与白族先民等做出的贡献密不可分的。古代肃慎系各族对东北边疆的开发和局部统一，匈奴、东胡、契丹、党项、女真等对北部边疆的开发与局部统一，壮、侗、仫佬、毛南等族先民"西瓯""骆越"对岭南地区的开发，畏兀儿等族对新疆的开发等都为元朝的统一及清代中国疆界的确立奠定了历史基础。近代以来，面对殖民主义列强的入侵，边疆的少数民族同侵略者展开英勇顽强的斗争，尤其在内蒙古、新疆和西藏，各族人民反对帝国主义侵略的斗争震惊了世界。19世纪中叶以后，沙俄计划在中国的东北到西北、西南，包括整个东北地区、蒙古、新疆、西藏地区建立一个与西伯利亚相连接的"黄俄罗斯"，英国也企图把英属印度和它在中国长江流域的势力范围连成一片，使西藏变成由印度入四川到长江流域的英国毛纺业的廉价原料基地，以建立其在亚洲的霸权。在西藏，沙俄和英国为瓜分首先进行了角逐。它们一方面制造舆论，企图将西藏从中国分裂出去，破坏中华民族的统一；另一方面加紧备战，试图以武装入侵的方式瓜分西藏。这激起了当地藏汉人民的无比义愤，他们为保卫国家主权和领土完整进行了浴血奋战。1903年帕里地区藏族官兵誓死抗击英军入侵，1904年康马藏民为保卫家乡而拼死战斗，同年西藏噶厦政府又组织了震惊中外的江孜保卫战，表现了藏汉人民反帝、反分裂的不屈不挠的伟大爱国精神。在内蒙古，从爱国王公台吉到喇嘛牧民均投入了反对沙俄策动的王公叛乱及煽动内蒙古"独立"和唆使外蒙古武装侵犯内蒙古边境的斗争。在新疆，各族联合抗俄，粉碎了沙俄分裂新疆的活动。边疆各族用鲜血和生命捍卫了祖国的神圣领土，为保卫中华民族的独立、主权和尊严，建立了卓越的功勋。

各民族以辛勤的创造性劳动，推动了古代生产力的发展，奠定了中华民族凝聚力强大的物质基础。中国是世界上最古老的文明区域之一，大量的考古及文献资料表明，历史上的少数民族和汉族共同创造了中国古代的物质文明，在社会经济发展的各个方面都做出了各自的突出贡献。农业是我国古代社会主要的生产部门。农业的开发不仅限于中原汉族聚居的黄河流域和长江流域，在边疆宜于农耕的地方，如新疆的吐鲁番地区，长城以北的辽河流域，云南、广西、岭南等地，农业开发都有久远的传统和卓越的成绩，倾注了边疆各民族的辛劳和智慧。北方地区东起兴安岭、西至阿尔泰山、南达阴山、北抵贝加尔湖绵亘数千里的草原地带以及西藏和云贵高原，历来都是游牧民族经营畜牧业的基地。在盐铁的制作和冶炼、棉花的种植和纺织以及建筑业等手工业生产的各个领域，都有少数民族的创造发明和杰出成就。我国西北地区的少数民族，通过商业贸易，沟通了横穿欧亚大陆的丝绸之路，充当了东西交通的使者。中亚、西亚一些先进的工艺品及农产新品种不断传入中国内地，中国古代的四大发明又通过回回和蒙古人传到阿拉伯世界，再传入西欧，对世界历史起到了巨大的推动作用。

各民族以聪颖的智慧创造了各具特色的民族文化，成为中华古代文明的重要组成部分。许多少数民族很早就创制了本民族的文字，记载并保存了宝贵的民族文化遗产。少数民族的科学家、发明家在数学、天文学、医学、地理学、军事学等方面的创造发明，以及文学家、艺术家在文学艺术方面的杰出成就，凝聚着各民族的高超智慧，成为中华文明的优秀代表。以东方佛教艺术宝库著称于世的敦煌石窟和莫高窟藏经洞文书就是我国古代各族在中西经济文化交流的丝绸之路上留下的优秀文化遗产。敦煌石窟是由各族佛教徒开凿的，最早凿于氐族统治的前秦建元二年（366），现存最早的洞窟是在5世纪初匈奴人沮渠蒙逊统治的北凉时所凿的。石窟造像的开凿与魏晋南北朝时入主中原的各族统治者推崇佛教有关。北魏时有寺院3万所，僧尼200多万人。西行求经的人很多，大量佛经被翻译过来。据后来统计，这一时期共译出佛经1000多部3437卷。仅后秦名僧鸠摩罗什就译经300多卷。莫高窟藏经洞的文书年代，早至5世纪初，晚至10世纪末，内藏经卷写本有25000多卷。除佛经外，还有许多有关宗教、哲学、历史、文学、艺术、经济和政治等的各种文书，绝大部分是写本。写本中除汉文外，还有梵、藏、回鹘、龟兹、于阗、粟特文等文本卷子，内容有佛教、道教、景教、摩尼教的经典，有经、史、子、集、诗、词、典、赋、图经、方志、医药、历法以及通俗文学等方面的抄件，也有寺院的文契、账簿、户籍、信札等。敦煌艺术及其文化是古代各族共同创造的，它充分体现了各民族文化互相吸收、互相补充，逐步形成多元一体的中华文化的本质特征。各民族的文化类型虽然不尽相同，但它们之间存在着普遍的、必然的联系。中华文明就是在各民族文化的不断交流和融合中步步前进，向着一体化方向发展，最终成为内容丰富、形式多样的人类最优秀的文明之一，它绝不是某一个民族所能独立完成的，它是一个多元一体的整体。

中华民族凝聚力既是一种物质力量，同时也是一种精神力量。这种物质和精神的力量是几千年来各族人民对祖国经济和文化的开发、创造与贡献的汇聚，是一种强大的合力，为中华民族所共有。这种合力同时又表现为一种整体观念、大一统思想，表现为国家的统一性和在中华民族面临外来侵略时的空前一致性，从而构成了中华民族凝聚力坚实的历史基础。

迁徙流动、汇聚融合
——中华民族凝聚力形成的历史途径

历史上一个又一个民族在形成、发展或者走向衰亡的过程中，在与其他民族发生各种关系的过程中，总是不断地扩展或者更换自己的活动领域，进行或大或小的迁徙流动。这种民族迁徙流动，或发生在局部地区，或成为全国性的大势，始终不断，而且几度形成高潮。这种民族的迁徙流动，大量的是边疆少数民族向内地的逐步移动，北方少数民族的迁徙又呈现出由北向南、由东向西的趋势，同时又有内地汉族向边疆地区的移动。每一次民族迁徙的高潮之后，随之而来的是民族大融合的出现和各族间凝聚力的增强。

历史上的民族迁徙和流动，最根本的原因来自社会经济方面。匈奴、乌桓、鲜卑、契丹、女真、蒙古等北方民族，由于单一的生产方式和生活方式，他们必然随着经济活动的扩大和物质需求的增长而寻求新的牧场，或以畜产品与中原的农产品、手工业品进行交换。由于地理环境和经济条件的限制，他们不可能向北移动，而中原地区先进的经济文化吸引着他们向中原方向移动，以不断扩展自己的活动领域，寻求新的自然条件，就成为一种必然的选择。翦伯赞先生谈到北方民族的迁徙时说，大多数游牧民族包括鲜卑人、契丹人、女真人、蒙古人等，都以呼伦贝尔草原为历史舞台的后台，装备好了之后，走出马门，由东而西走上历史舞台，把万里长城打破一个缺口，走进黄河流域。有的入主中原，在魏晋南北朝时期、唐以后的五代时期就有许多少数民族在中原纷纷建立自己的政权，加速了少数民族的内迁。如果在阴山站不住脚，就继续往西走，进入洮河流域或青海草原；如果这种尝试又失败了，他们只有跑到准噶尔盆地，从天山东麓打进新疆南部；如果在这里遇到抵抗，就远走西亚。匈奴的西迁就是一个例证。反之，中亚的游牧民族也不断地由西向东迁徙，突厥东进也是一个例证。游牧地区由于需要大批劳动力，所以经常将农耕地区的人口作为劫掠的对象，迫使汉族人口迁往游牧地区。如成吉思汗攻金以后，一次性将河北10余万户强迫迁至漠北地区。《黑鞑事略》记载漠北的牧奴中"回回居其三，汉人居其七"。[①] 在这种双向的民族迁徙中，游牧民族的南下，其次数、规模比汉族迁往游牧地区要多、要大，因为农耕民族与土地有着不可分割的依属关系，而游牧民族则不受土地束缚，有着极强的机动性。随着统一的多民族国家疆域的逐步稳定及对边疆地区的不断开发，中原汉族地区人口剧增，汉族向边疆地区迁徙也呈逐步增加的趋势。如清政府批准了陕甘总督文绥提出的"屯田五事"的发展新疆经济的政策以后，"内地之民多趋之，村落连属，烟火相望"，"商贾辐辏，至如绍兴之酒、昆腔之戏，莫不纷至"，[②] 江南汉民不断涌向新疆，这对于维护西北地区的统一和增强西北各民族的联系与凝聚，都是有积极意义的。

　　除了经济原因外，毫无疑问，封建社会的民族歧视和民族压迫是导致民族迁徙的另一个重要原因。南方瑶族、苗族的先民，由于历代封建统治阶级的民族歧视和压迫剥削，曾多次被迫向西、向南迁徙。有的内地汉族人民，为了摆脱募役、征兵、派款等压迫和剥削，迁徙逃亡到少数民族地区。另外，封建王朝为了战争和边防军事需要，强制移民守边，进行屯垦，自秦汉至清一直没有中断。被清朝视为龙兴之地、禁止汉人进入的东北地区，康熙时为解决边防驻军的粮饷问题，曾在瑷珲附近的黑龙江东岸实行屯田，以后又陆续将一些犯人流放东北，一些穷困不堪的汉人也闯关东到东北谋生，清政府也都"予入册安插"。[③] 中原王朝为了补充兵源，也招引边疆各族迁入内地。中原王朝开疆辟土、设置郡县以及采取的某些统治少数民族地区的政策等，也使一些少数民族地区的汉族人口大量增加。

---

① （宋）彭大雅：《黑鞑事略》，中华书局，1985年，第11页。
② （清）赵翼：《皇朝武功纪盛》卷2，《丛书集成初编》第3999册，中华书局，1985年，第21页。
③ 《清仁宗实录》卷236，中华书局影印本，1986年，第112页。

历史上的民族迁徙和移动，无论出于何种原因、表现为何种形式，从整体和长远看，起到的积极的历史作用是主要的。它打破了民族隔绝状态，促进了各民族经济文化的交流和发展，推动和加速了民族间的融合和同化。古代民族的不断迁徙，使其中大部分民族形成了大分散、小聚居的状态。即使迁徙后仍在一段时期内没有改变聚族而居的状态，但由于地理环境的改变以及为适应新的环境而使生产、生活方式发生的改变，也会使新的条件下的聚居随之发生改变。东汉时期内迁的匈奴部，虽然仍维系着原来的部落组织，聚族而居，但毕竟与汉族大大接近，特别是匈奴上层贵族，在生活习惯、文化习俗诸多方面受到汉族的深刻影响，发生了新的变化。民族的迁徙，不仅改变了特定地域民族的单一性，而且为不同民族的重新组合创造了条件，原来相互隔绝的不同民族共处一地，相互影响，相互吸收，有的相互融合，有的发生了同化。早期内迁的北方各族如匈奴、羯、氐、羌等，到北魏后期逐步丢失了本族的特征，被汉族融合，成为汉族的一部分。即使是以蒙古族和满族作为统治民族的元朝和清朝，汉族也由于蒙古人和满人的迁入而不断壮大，当他们统治的王朝灭亡后，大量的蒙古人和满人又融合在汉族之中。南方则更多地表现为汉族迁入之后原有的少数民族被汉族同化。汉族的形成和壮大，对于各民族的交往和发展，对于统一局势的形成和巩固以及国内经济文化的发展逐步趋于平衡，特别是对于以汉族为核心的中华民族凝聚力的形成和发展有重大作用。汉族迁往少数民族地区而被少数民族同化的情况在历史上也是普遍存在的，他们在逐步改变自己原有民族特征的同时，又把汉族先进的经济文化扩散、渗透到更广大的地区。

民族迁徙→打破民族地域界限→民族错杂居住→民族经济文化的交往→语言融合→生产生活方式的趋同化，这是各民族历史发展中比较清晰的一种规律性现象。当然，历史上的民族迁徙和流动，又是封建社会民族关系条件下的产物，它与民族压迫和民族歧视相关联，许多民族的迁徙是被迫的，是被其他民族强制进行的，而且伴随着战争、掠夺、征服，有的民族甚至在不断的被迫迁徙中消亡。但无可置疑的是，民族迁徙和流动促进了民族间的交往以至于融合、同化，促进了中华民族文化的融合和形成，也促进了中华民族在血缘上的融合和形成，从而成为中华民族凝聚力形成的一个重要历史途径。

互相联系、互相依存

——中华民族凝聚力形成的历史根源

我国疆土辽阔，地域相接，四周有自然屏障，内部有结构完整的体系，形成一个地理单元。在这片土地上，古代民族的分布状况是汉族主要居内地，即黄河、长江流域，少数民族主要居边隅，在毗邻地区又交错杂居，呈大分散、小聚居状态。由于各民族居住地区的经济地理条件不同，形成了区域经济的自然分工；一般地说，汉族地区气候湿润，利于农业精耕；北方民族居住区气候恶劣，植被差，利于粗放牧业；南方民族居住区多高山、丘陵，其民虽从事农耕业，但交通阻隔，长期处于刀耕火种的阶段。这种各民族区域经济的自然分工及发展不平衡和地理上的互相联结与交错杂居，为他们之间的交往和联系提供了天然条件。经济生活的本质决定了任何一个民族出于生计和本民族的发展，都需要和其他民族进行物资交换，扩大经济往来。北方游牧民族单一的经济不能满足日益增长的生活需要，为了获取生活上不可缺少的农副产品，如谷物、布帛等，不得不依赖于中原的农业民族。中原地区经济富庶、文化繁荣，对周边民族有极大的吸引力。边疆民族以不同的方式向中原靠拢，或战争掠夺，或贸易和亲，或入主中原。秦始皇修长城，并没有遏止匈奴的不断掠边。汉时，冒顿入寇，网开一面使汉高祖得以脱险，其目的是以此为条件向汉朝换取大量的物资。汉朝凭着自己强大的经济力量，"岁奉匈奴絮缯酒米食物各有数"，使"冒顿乃少止"。[1]契丹、女真、党项等族虽然对北方农业进行了大规模开发，但经济发展的程度仍远不如中原汉地，他们仍然不断地逼近中原，要求南方朝廷供应物资甚至要求给予土地。《旧五代史·契丹传》载，"德光……册晋高祖为大晋皇帝，约为父子之国，割幽州管内及新、武、云、应、朔州之地以赂之，仍每岁许输帛三十万"。[2]中原经济对北方民族的不断吸引，使他们步步南下，留在汉地的就融合于汉族之中。当北方民族弱

---

[1] 《史记》卷111《匈奴列传》，中华书局，1959年，第2895页。

[2] 《旧五代史》卷137《契丹传》，中华书局，1976年，第1833页。

小、力不敌中原朝廷时，有时也会以主动"入贡"的方式来谋求经济利益，换得中原天子的"赏赐"、"赠赉"或"岁币"。唐朝强大，回鹘助唐平乱，唐对回鹘的酬谢一次就是"岁给绢二万匹"。^①东突厥降唐后，一部分离开边远地区，通过羁縻府州的形式被安置在靠近中原的黄河上中游地区。边疆民族潮水般地向中原靠拢、合聚的历史现象未曾中断。同时，中原农业民族生产力的进一步发展，也需要畜牧经济的补充和支持。中原朝廷或在长城沿线，或在与少数民族地区交界地带开设互市场所，交换贸易，达到双方经济互惠之目的。这种经济上互相联系和交往的形式，历时久远，难以中断，且逐步完善。《宋史·食货志》中有一段关于中原朝廷与周边民族间互市历史的重要记载："自汉初与南越通关市，而互市之制行焉。后汉通交易于乌桓、北单于、鲜卑。北魏立互市于南陲。隋、唐通贸易于西北。开元定令，载其条目。后唐亦然，而高丽、回鹘、黑水诸国，又各以风土所产与中国交易。"^②隋时互市更加制度化，唐代不仅互市范围扩大、地点增多，而且专设官吏加以管理。即使是在宋朝与契丹、西夏关系紧张时，边境地区的榷场仍在进行互市贸易，且有民贸、官贸，"所入者有银钱、布、羊马、橐驼。岁获四十余万"，^③宋朝不仅对少数民族贸易是出超的，而且征收"佣金"，成为朝廷的一大收入。

几千年来各民族间相互交往的历史充分表明，各民族间的关系变化虽然曲折复杂、形式多样，但无论是以战争掠夺的形式还是以和平交往的形式表现出来，其实质都是为了满足经济上的相互需要，中原地区的农业经济成为边疆少数民族社会经济和生产体系的一部分，边疆地区的畜牧经济成为中原地区社会经济和生产体系的一部分，各自都不能缺少，从而联结成一个互相补充的经济整体。这种民族间经济的联系和依赖，把各个民族社会生活内在的需求紧密地结合在一起，形成了中华民族凝聚力的核心，形成了中华民族作为一个整体而存在的十分牢固的基础，中华民族凝聚力的形成就是由社会经济生活的本质所决定的。历史上各民族有过分裂，也有过统一，但分裂是短期的，而统一是长期的。经过分裂，总是走向统

---

① 《新唐书》卷217《回鹘传》，中华书局，1975年，第6116页。
② 《宋史》卷186《食货志》，中华书局，1977年，第4558页。
③ 《宋史》卷186《食货志》，第4562页。

一。打打和和，和和打打，最终是打不散、离不开。各民族间在政治、经济、文化等诸方面的联系越来越密切，彼此间相互依存、相互吸引，在历史的长河中汇流在一起，形成一股强大的内聚潮流、内聚力量，最终结合成中华民族这样一个多元一体的整体，这是历史发展规律的必然体现，也是用历史唯物主义解释历史的必然结果。

（与汤晓芳合作。原文刊于《中国民族史学会第四次学术讨论会论文集》，中央民族学院出版社，1993 年;《西域研究》1993 年第 1 期）

经济、文化、制度三维向度中的古代多元一体民族关系格局

——兼论古代多元一体格局形成的标志

霍维洮　马　艾

我国民族众多，学术界多称自古就形成了"统一的多民族国家"。多民族是事实，毋庸置疑。而"统一"云者，其义不甚明了，这涉及古代各民族政权的性质、国家形态、疆域变化等诸多问题之内在意义的分析，更与多民族凝聚有联系，与民族认同等问题亦是息息相关。应该说迄今为止，学术界歧义尚多，认识不一。这也表明，关于多民族整体关系的认识是一项较为困难的课题。

费孝通先生于20世纪80年代提出了"多元一体格局"的理论，代表着我国学术界关于民族整体关系的认识发展到了一个新的阶段。如果说，"统一的多民族国家"更多是从现实的政治关系出发的，那么，"多元一体格局"理论则更多体现了从学术角度对我国民族关系格局的概括。此后，学术界对"多元一体格局"理论进行了多方面的探讨，在认识逐渐深入的同时，也产生了不少争论。依笔者所见，人们对于我国民族关系结构中的"多元"特点，认识略同，争论主要集中于对"一体"的理解和阐释。费孝通先生把多元民族之"一体"归结于近代"中华民族的形成"，称"中华民族作为自觉的实体，是在近代发生的。而她作为自在的民族实体，则是在古代历史中形成的"。① 表明"多

---

① 费孝通：《中华民族多元一体格局》，中央民族学院出版社，1989年，第1页。

元一体格局"是一个发展的过程，需要从历史的具体过程中把握，而各个民族在历史上的不同阶段所处的地位和由此而构成的民族关系，既各不相同，又不断变化。这决定了多元一体民族关系格局包含着十分丰富的内容，应该做具体深入的探讨，而不是纲领口号式的呼喊而了事。

从研究工作的取向而言，"多元一体格局"理论中一些重要的论断和概念尚有不明确之处，可以成为探讨的着眼点。例如"一体"这一核心概念，在近代以后指"中华民族"，那么近代以前是指什么似乎尚不清楚。这需要对我国古代民族关系格局做更深入的研究之后或可明确。同时，这个问题也关系到"多元一体格局"发展的阶段性认识。这一问题学术界虽已有不少讨论，但人们对于"一体"的性质、特征缺乏明确的认识，因此也就没有统一的理论尺度去把握，立论基本上无法摆脱过去民族史阶段划分的框架。再如，"多元"与"一体"为何在古代数千年中持续存在？从逻辑上讲，有两种可能的趋向存在，其一是如果"一体"化的力量不足或衰减，那么就会解体为分散的各个民族，无"一体"也就无所谓"多元"了。其二是如果"一体"的力量不断增强，足以使"一体"化完成，就应该融合为一个民族了。可事实并非如此，这两种逻辑趋向均未出现。因此，"多元一体格局"的理论内涵与特征等基本的规定性，尚需人们做进一步探讨。而明确这些问题，不仅依赖对各少数民族的研究，还要从历史上中原王朝统治的可能性上把握"一体"力量的界限。将此二者结合或许有助于我们获得对"多元"与"一体"关系长期持续的进一步认识。

一　古代多元一体格局形成的经济基础

从世界历史的角度看，"多元一体格局"是我国民族历史的一大特点。许多国家为单一民族，多民族关系往往表现为分裂成诸多国家，如西欧。这与我国多民族共存关系有很大区别。这一特点的形成和长期存在，必然有着深厚的社会基础。认识这一基础，是理解多元一体格局的起点。

我国古代民族，主要由中原农耕民族和周边游牧民族两大类型所构成。这两大类型民族的长期共存，表明了农耕经济与游牧经济的对峙与依存是多民族关系的现实基础。关于这一问题，学术界已有反复论述。游牧民族需要农业区的粮食、茶叶、布匹等，农耕民族需要游牧区的马匹，茶马贸易与边境榷场持续了一千多年。这种经济上的互补性固然是游牧民族与农业民族长期保持联系的重要基础。学术界一般把这视为形成少数民族与汉族"一体"关系的原因。然而若深究其义，尚有进一步分析之必要。

实际上，从上述二者的需求上看，游牧民族对农耕产品的依赖更强烈，这就是游牧民族往往冲向农耕区的原因。历史上也不乏游牧人口转化为农业人口的事实。魏晋南北朝时期，北方游牧民族大举进入中原，经数百年的融合，大量游牧人口变成了农耕人口，而他们的后代大概多数演变为汉族人口了。与宋朝对峙的辽、金、夏诸政权中的少数民族，亦因与汉族长期共居，许多人口汉化了。所以，汉族的壮大，除自身的人口增长外，还有少数民族人口的融入。可以肯定的是，中原发达的农业经济确实是吸引少数民族和联系少数民族的强大而持久的力量。

在漫长的两千多年里，农耕与游牧经济互相依赖，为什么没有转化为经济"一体化"？这恐怕还得从这两种经济的性质与功能上说明。我国古代的农业经济，是以家庭为单位的小农经济，自给自足，缺乏扩大再生产的能力。因此，这种经济的性质是保守的，即没有扩张性。其剩余产品也是极其有限的，自足之外，供养地主、官僚、军队已力不从心，更无力支撑大规模对外贸易。而人口过剩、灾荒频发，又是中原农业社会之常态。中原农业区社会矛盾尖锐、社会动荡，周边少数民族则可以乘机进入农耕区，获得壮大势力的机会。西晋末年、中唐后期均出现这种情况。这样的历史条件，不仅表现为游牧民族的进取、农业区的退守状态，而且会导致北方少数民族迭相兴起。西晋末年至北朝时期众多少数民族相继在中原建立政权，中唐以后契丹、女真、党项亦壮大而兴盛。与日常的族际贸易、移民等活动相比，游牧民族兴盛和进入中原建立政权，更猛烈地改变着国内的民族关系，其影响更是深远。

这说明，中原农业社会自身的兴衰轮回，决定了农业经济并非总是对游牧经济保持着优势。当中原社会动乱时，游牧民族就表现为军事和政治上的优势，得以控制农业区，同时又伴随着农业经济一定程度的衰落。

更有深意的是，代表多元力量的少数民族，在兴盛并入据中原后，又逐步演变为"一体化"的力量。北朝的各少数民族政权最终发展为隋唐相继的大一统王朝。这些带有胡人血统的新王朝，较之以往，更努力地加强了汉族与少数民族的关系。唐朝羁縻府州的建立、平定东西突厥、和好吐蕃、与西北少数民族会盟等一系列的措施，有力地促进了少数民族与中原的关系，"多元一体格局"进入一个新的阶段。中唐以后，中原地区藩镇割据，北方少数民族再次壮大，进逼中原，进而宋王朝退居江南，最终演变为蒙古势力的骤兴。蒙元不仅统一了中国，还整合了西北少数民族，回鹘、契丹、党项等民族消亡了，西藏和西域各民族与元朝的关系更为强化。

这些历史演变中，固然有政治、军事和文化的力量在起作用，但从长远的角度看，它所反映的仍然是农业经济对游牧经济的优势。入据中原的少数民族最终选择了农耕经济，并努力地适应农耕社会的需要，把中原的制度和文化推向更广阔的领域，民族关系因此也变得更为紧密。

在先秦到鸦片战争两千多年的时间里，我国民族关系的"多元一体格局"能够形成并长期存在，其社会基础在于农业经济和游牧经济的二元并立。农业经济虽保持着对游牧经济的吸引、融合、整合的力量，但这一力量是有限的。它对长城以外和青藏高原地区缺少持续推进农耕生产方式的力量；而中原王朝社会内部的矛盾与危机，又造成农业经济的衰弱。因此，在"一体化"的发展过程中，"多元"的力量不断更新，决定了民族关系中，"多元"与"一体"长期保持着富有张力的平衡。中原王朝无论采取多少措施，也未能做到在政治和文化上对少数民族的彻底"统一"；游牧民族无论多么强盛，也不能断绝对中原农业经济的依赖。甚至因其强盛而加快了农耕化进程，又转换为"一体"的力量。正是这种矛盾中的互相依赖与转化，使"多元一体格局"在民族关系的反复更新中得以维持。

二 古代文化中的世界观与民族观

西周以后，中原农业经济获得长足发展，领先于周边游牧经济，基于此，其制度文化日益完备，华夏文化优越感日益凸显。客观上存在的中原民族与周边民族之差异，必然在文化心理上有所反映；同时，戎狄族群不断侵扰中原，成为中原王朝必须面对的实际问题，从而渐次形成中原王朝处理周边民族关系的政策传统。这在中国古代两千多年的时间里得到了坚持，其基本内容与精神取向一以贯之，有力地影响了古代民族关系的发展方向。

从华夏—汉族一侧看，古代多民族关系被归纳为"华—夷"二元民族关系。此观念兴起于春秋时期。犬戎攻破镐京，迫使平王东迁洛邑，给周人以极大刺激。这促使春秋时期华夷之辨的观念逐步形成。由于华夏族本身来源复杂，即华夏族自身是多元的，因此，从一开始华夷之辨的观念就不是强调血统与种族之差异，而是以文化礼仪作为华夷区分的标准。如孔子所云："夷狄虽有君长而无礼义，中国虽偶无君，若周、召共和之年，而礼义不废。"①这一思想结合了西周的服事观，把文化的区别和空间的分布相统一，形成"内诸夏""外夷狄"②的认识，所谓"诸夏，中国也"③即是此义。

春秋之后，华夷观之内容从空间关系向文化关系转化，华与夷之区分标准，日益以文化为界限。这一超越血缘种族的民族观念，实际上反映了华夏文明的发展中融合了众多其他种族或部族，华夷已无由从血缘关系上做出划分。典型者如秦，本为西戎，而成为战国七雄之一，且最终统一六国，建立我国第一个大一统王朝。华夏族自身的多源历史，决定其民族观念可以超越血缘种族关系而上升为文化标准。

所以，"华夷观"是一套十分中国化的民族思想，它的着重点在于民族关系，主要包括以下几方面的内容。

第一，夏夷之辨。民族意识以区别自我和他者为前提，从华夏到汉族的形成过程中，十分强调四周民族与华夏的不同。《礼记·王制》称："中国戎夷，五方之民，皆有性也，不可推移。东方曰夷，被发文身，有不火食者矣。南方曰蛮，雕题交趾，有不火食者矣。西方曰戎，被发衣皮，有不粒食者矣。北方曰狄，衣羽毛穴居，有不粒食者矣。"④这主要指出四周民族与华夏的生活方式不同，也有认识到语言文化的区别，"胡与越人，言语不相知，志意不相通"。⑤"干越，夷貉之子，生而同声，

---

① （魏）何晏注，（宋）邢昺疏《论语注疏》卷3《八佾第三》，《景印文渊阁四库全书》第195册，台北：台湾商务印书馆，1986年，第5516—5520页。

② 何休注，徐彦疏《春秋公羊传注疏》，上海古籍出版社，1990年，第230页。

③ 杜预：《春秋经传集解》，上海古籍出版社，1988年，第214页。

④ 孙希旦：《礼记集解》，沈啸寰、王星贤点校，中华书局，1989年，第359页。

⑤ 程鹥初集注《战国策集注》，上海古籍出版社，2013年，第309页。

长而异俗。"① 后来历代均受此影响，凡文化习俗不同者，皆目为夷狄。

第二，夷夏之防。无论先秦还是秦汉以后，游牧民族进入中原，既威胁中原王朝的统治，也会给中原农耕经济造成破坏。因此防止少数民族冲击中原便成为历代处理民族关系的一个基本原则，即防止以夷变夏原则。孔子曰："管仲相桓公，霸诸侯，一匡天下，民到于今受其赐。微管仲，吾其被发左衽矣。"② 孟子甚至认为夏夷文化有高下之分，说："今也南蛮𫷷舌之人，非先王之道……吾闻出于幽谷，迁于乔木者，未闻下乔木而入于幽谷者。"③

第三，用夏变夷。此思想在汉代以后逐渐强烈。如果说先秦时期的人们还认为"华夏则华夏之，夷狄则夷狄之"的话，汉代以后则更强调"用夏变夷"。汉代贾谊曾上疏："凡天子者，天下之首。何也？上也。蛮夷者，天下之足。何也？下也。今匈奴嫚侮侵掠，至不敬也；而汉岁致金絮采缯以奉之。足反居上，首顾居下，倒县如此，莫之能解，犹为国有人乎？"④ 统治者将经济文化上的先进落后关系指称为文化上的尊卑关系，把少数民族内附称为"归化"或"内化"，确是这一思想的反映。

学术界亦有人认为夏夷观是大汉族主义的思想根源。这是以今天的标准衡量古人的结果。夏夷观反映了华夏族的文化自信与优越感，表明古人确实不会以民族平等作为处理与少数民族关系之原则。但"夏—夷"二元论也体现了当时人们对中原与周边地区社会、文化类型和水平的认识，不能不说这反映了某些客观存在；更为重要的是这一思想把夏夷关系作为处理民族关系的基本内容，说明人们认识到了周边少数民族与华夏—汉族是一种持续的、不可摆脱的关系，也就承认了华夏与少数民族关系是历代王朝必须接受和面对的问题，是接纳这种关系，而不是摆脱这种关系。这才在"华夷之辨"之后，有"用夏变夷"的思想，这里边包含了"一体化"的意义。故有的学者认为"夏夷之辨"和"用夏变夷"是貌似对立实则统一的两个方面。⑤

---

① 《荀子》，孙安邦、马银华译注，山西古籍出版社，2003 年，第 1 页。
② 《论语》，杨伯峻、杨逢彬注释，岳麓书社，2000 年，第 134 页。
③ 《孟子》，杨伯峻、杨逢彬注释，岳麓书社，2000 年，第 92 页。
④ 《资治通鉴》卷 14《汉纪六》，中华书局，2013 年，第 476 页。
⑤ 〔韩〕李浩栽、梁景之：《明末清初民间宗教的民族观析论——以〈冬明历〉为例》，《民族研究》2006 年第 3 期。

要更深入理解这一内容，还需了解传统文化中的"天下"思想。自"普天之下，莫非王土；率土之滨，莫非王臣"①起，"天下"观念成为统领传统文化的社会理想。在某种意义上，"天下"观就是古代中国人的世界观。这当中首先是关于空间的认识，《禹贡》中所称"东渐于海，西被于流沙，朔南暨声教，讫于四海"，②体现的就是中国人对"天下"界限的认识。秦统一之后，"天下"一词在空间上可以分为狭义和广义两种含义。狭义"天下"指中原王朝统一的范围，如司马迁在《史记》中说秦"分天下以为三十六郡"。③广义的"天下"则指"四海"或"海内"，如董仲舒对汉武帝说："今陛下并有天下，海内莫不率服，广览兼听，极群下之知，尽天下之美，至德昭然，施于方外。夜郎、康居，殊方万里，说德归谊，此太平之致也。"④古代之"中国"一词多与狭义"天下"相等，而广义"天下"则与我们今天的世界相类似。

"天下"观是中国传统文化中统领全局的政治观念，其内容广泛而深刻。它体现了中国古人对世界秩序、政治理想和社会意义等重大问题的认识和追求。"天道"与"天命"体现出超人间力量与人世间的合一，代表了古人对终极目标和社会意义的把握；"天道"演化为"德政"，施德政即为"有道"；"天道"所引领的德政"惠此中国，以绥四方"，⑤所谓"德被四海"。因此"儒家建构的'天下'观念，最终体现为'中国'和'蛮、夷、戎、狄'五方之民共为'天下'、同居'四海'的整体格局"。⑥在政治上，"统一"则是天下观中关于社会秩序的理想，礼仪与制度的统一成为历代知识精英和统治者的追求。自西周宗法起，礼与制度合一。孔子指责"礼崩乐坏"，主张"克己复礼"，就是追求礼仪与制度的统一。荀子主张"法先王，统礼义，一制度"和"天下为一"，⑦由此引申出"大一统"

①　韩伦译注《诗经》，江西人民出版社，2017 年，第 266 页。
②　《尚书正义》卷 6《禹贡》，（清）阮元校刻《十三经注疏》（一），中华书局影印本，2009 年，第 323 页。
③　《史记》卷 6《秦始皇本纪》，中华书局，1982 年，第 239 页。
④　《汉书》卷 56《董仲舒传》，中华书局，1987 年，第 2511 页。
⑤　韩伦译注《诗经》，第 266 页。
⑥　李克建：《儒家民族观的形成与发展》，博士学位论文，西南民族大学，第 53 页。
⑦　《荀子·儒教》，引得编纂处编纂《荀子引得》，上海古籍出版社，1986 年，第 93 页。

的政治思想。《春秋公羊传》解释道："何言乎王正月？大一统也。"①董仲舒说："《春秋》大一统者，天地之常经，古今之通谊也。"②秦以后，统一成为政治实践，中原王朝以官僚制和郡县制实现统一，更凸显了中原与四周民族的差异。历代王朝对内以郡县和流官实施政治统一，对外则主张"用夏变夷"，由近及远，目的在于"四海一家"，"天下太平"。故《公羊传·成公十五年》云："《春秋》内其国而外诸夏，内诸夏而外夷狄。王者欲一乎天下，曷为以外内之辞言之？言自近者始也。"③这样我们就不难理解，传统"天下"观中的世界秩序，华夏为中国，四夷居四海，合为"天下"，以"天道"和"德政"为依据，"用夏变夷"，由近及远，则"天下归依"，方可"致太平"。甚至可以说，这就是古人心目中的"多元一体民族格局"。

三　制度体现

——羁縻政策与制度

在社会客观存在需要的推动下，受文化思想观念引导，人们总是在努力探索解决问题的制度方式，由此而社会制度体系得以建立并不断改进。面对长期存在的"华—夷"民族关系的客观事实，在天下观、华夷观等思想指导下，古代王朝自秦汉起逐渐构建起一套处理周边少数民族关系的制度，成为古代中国"多元一体民族关系格局"的标志。

春秋战国时期，"华—夷"关系逐步紧张，"华夷之辨"思想凸显，但诸侯兼并，各国尚缺乏足够的时间和国力去专注于与少数民族之间的关系，虽有管仲"尊王攘夷"之举，但并未形成持久的应对游牧民族的政策。只留下战国长城让人约略体会到各国对游牧民族的紧张情绪。秦统一中国，国力空前强大，遂有修筑万里长城之举。秦以兵灭六国，一举统一的军事力量，对北方游牧民族却以修长城以遏其势，表现出一种保守的态度，反映了秦王朝或许感觉到少数民族问题不是仅凭武力所可解决。统一后的秦

---

① 何休注，徐彦疏《春秋公羊传注疏》，第 10 页。
② 《汉书》卷 56《董仲舒传》，第 2523 页。
③ 何休注，徐彦疏《春秋公羊传注疏》，第 230 页。

王朝为时短暂，未及在民族关系问题上有更多的举措。

中国古代封建王朝处理民族关系的政策和制度，以汉代属国制、唐代羁縻府州和元以后的土官土司为典型。

汉高祖刘邦平城被围后，深感当时国力不足以支持武力征服匈奴等少数民族势力，遂制定和亲政策，汉惠帝、吕后、文帝、景帝等皆循此政策，"明和亲约束，厚遇关市，饶给之。匈奴自单于以下皆亲汉，往来长城下"。①因此而换来60余年的边境和平局面，中原得以休养生息，国力渐强。在此背景下，改变略显"屈辱"的和亲政策的声音渐起，促使雄才大略的汉武帝决定征伐匈奴，元光二年（前133）至征和三年（前90），汉将卫青、霍去病、李广利等出兵西北，占据河南地和河西走廊，迫使匈奴迁徙漠北。其间，匈奴部族降汉者为数不少。武帝对他们依其势力大小授以侯爵、封地和封户，又给赏赐，并建立制度对其进行管理。武帝元狩二年（前121）秋，匈奴浑邪王率众降汉，汉"乃分徙降者边五郡故塞外，而皆在河南，因其故俗，为属国"。②后又设安定属国、天水属国、西河属国、张掖属国等。汉宣帝甘露二年（前52），匈奴单于呼韩邪降汉，汉划定并州北界以安其众，并赐大量物资。《汉书·匈奴传》说："至孝宣之世，承武帝奋击之威，直匈奴百年之运，因其坏乱几亡之厄，权时施宜，覆以威德，然后单于稽首臣服，遣子入侍，三世称藩，宾于汉庭。是时边城晏闭，牛马布野，三世无犬吠之警，黎庶亡干戈之役。"③新莽时期，汉与匈奴关系破裂，而至东汉时期，匈奴分裂为南北两部。建武二十五年（49），南匈奴单于降汉，双方确立君臣关系。南匈奴得以入居塞内，与汉族杂处，东汉设置匈奴中郎将等职官对其进行管理。

属国制度是汉代的一个创制。匈奴统一北方，并对西域有强烈的影响，成为汉王朝面对的巨大威胁。在长期的交往中，不论和亲还是战争，最终都体现了中原农耕经济对游牧经济的优势。因此，内附或降汉成为匈奴许多部落以及其他少数民族的选择。在汉朝看来，这是一种追求的结局，力求使之成为常态，因而必须建立制度规范并巩固之。自武帝之后，这一

---

① 《汉书》卷94《匈奴传》，第3765页。
② 《史记》卷111《卫将军骠骑列传》，第2934页。
③ 《汉书》卷94《匈奴传》，第3832—3833页。

制度得到了坚持和推广。

汉代属国已成为制度。《汉书·百官公卿表》说："典属国，秦官，掌蛮夷降者。武帝元狩三年，昆邪王降，复增属国，置都尉、丞、候、千人。"[1]除了首领册封等外，还设置了专门的机构和官职。根据研究，大体在属国内部仍有少数民族充当各级职掌，中央王朝所设官职从外部予以管理。文献对属国内部管理记载甚少，正反映了其"因俗而治"的状态。

经过魏晋南北朝数百年之民族融合，源于北朝的隋唐再次建立了大一统王朝，而唐朝尤为强盛，对少数民族的管理和控制范围也超过了以往。唐王朝在少数民族地区所建立的制度也较以前历朝更为完善。史载：

> 唐兴，初未暇于四夷。自太宗平突厥，西北诸蕃及蛮夷稍稍内属，即其部落列置州县。其大者为都督府，以其首领为都督、刺史，皆得世袭。虽贡赋版籍，多不上户部，然声教所暨，皆边州都督、都护所领，著于令式。今录招降开置之目，以见其盛。其后或臣或叛，经制不一，不能详见。突厥、回纥、党项、吐谷浑隶关内道者，为府二十九，州九十。突厥之别部及奚、契丹、靺鞨、降胡、高丽隶河北者，为府十四，州四十六。突厥、回纥、党项、吐谷浑之别部及龟兹、于阗、焉耆、疏勒、河西内属诸胡、西域十六国隶陇右者，为府五十一，州百九十八。羌、蛮隶剑南者，为州二百六十一。蛮隶江南者，为州五十一，隶岭南者，为州九十二。又有党项州二十四，不知其隶属。大凡府州八百五十六，号为羁縻云。[2]

于此足见唐代羁縻府州所管理的民族之多、地域之广。这些府州制度大体一直存在至安史之乱之前。区域广大、人口众多的地区，设都督府、都护府等机构管理，稍逊者则以羁縻府州机构管理；以人口来源，又可分为少数民族原住地区和内附杂居区的羁縻府州。内附杂居区的管理更为直接。

---

[1] 《汉书》卷19上《百官公卿表上》，第735页。

[2] 《新唐书》卷43下《地理志七下·羁縻州序》，中华书局，1987年，第1119—1120页。

内地郡属的少数民族地方，也有设为羁縻州者；人员的任命，都督、刺史等职级高者为中央所任命的官员，而职级低的则多由少数民族部落首领世袭。所以，羁縻府州与内地郡县有根本的不同。

五代以后，北方少数民族政权与两宋对峙，民族矛盾尖锐，民族融合也有新发展。骤然而兴的蒙元帝国以武力征服中亚、西亚，统一北方各民族，灭南宋而完成统一。元朝的民族政策与历代区别甚多，难以用一种制度去概括。元朝推行的四等人制度，实施区别对待不同民族的政策。过去居于主导地位的汉族成了承受民族压迫的"汉人"和"南人"，蒙古人联合色目人而统治中国，华夷关系被彻底颠覆。

从民族关系的角度看，蒙元帝国兴起的过程就是一个民族整合的过程。曾经称雄北方的契丹、女真、党项诸族，均被蒙古势力击垮，所余部族多被蒙古势力裹挟。元史文献中虽仍有契丹、女真、唐兀等称呼，但元代之后契丹、党项已消亡，女真仅余辽东关外一部而已。这些民族的成员大概多融入蒙古族或其他民族了。势力强大的民族如此，其他民族被蒙古所整合者应该更多。西北之回回人、畏兀儿人等则属于色目人，因政策优待得以迅速扩大人口数量，以回族之形成为突出，不能不说是元朝统治的一大结果。青藏高原上的吐蕃则因元朝统治者推崇佛教，八思巴被封为"帝师"，"尊为国师，授以玉印，任中原法主，统天下教门"，[1]建立起政教合一的政权，元政府设宣政院管辖西藏，从此，西藏成为中国的一个行政区。北方大的游牧民族分解融合，已不再成为蒙元王朝的威胁，统治西域的蒙古族与当地民族结合，亦无问鼎中原的意图。这是元朝与其他王朝的一个重大不同。

元朝管理少数民族的另一项政策是创建了土司制度。土司制度兴起于云贵地区，针对分散而世代聚集的少数民族部落，以招抚之策，凡率部归附者，即授予宣慰使、宣抚使、安抚使等官职，使"各从其俗，无失常业"。[2]西北地区亦有降附的少数民族部落被封为土司，如青海循化撒拉族土司韩宝，即"前元撒喇尔世袭达鲁花赤"。[3]此外，元朝还设置了一些以

---

① 黄忏华：《中国佛教史》，吉林人民出版社，2013年，第234页。
② 《元史》卷10《世祖纪七》，中华书局，1987年，第213页。
③ 龚景瀚：《循化志》，青海人民出版社，1981年，第219页。

寺院为依托的土官。由此,"岭北、辽阳与甘肃、四川、云南、湖广之边,唐所谓羁縻之州,往往在是,今皆赋役之,比之于内地"。[①]

土司土官制度被明朝所继承,并使之制度化。《明史·土司传》云:

> 迨有明踵元故事,大为恢拓,分别司郡州县,额以赋役,听我驱调,而法始备矣。然其道在于羁縻。彼大姓相擅,世积威约,而必假我爵禄,宠之名号,乃易为统摄,故奔走惟命。然调遣日繁,急而生变,恃功怙过,侵扰益深,故历朝征发,利害各半。其要在于抚绥得人,恩威兼济,则得其死力而不足为患。[②]

土司制度鼎盛于明代,我国西南、中南、西北和东北等少数民族地区普遍设置了土司土官,加上羁縻卫所,土司共有三千多家。[③]明朝对土司的授职、承袭、升迁、奖惩等均有法规,有关朝贡、纳税、征调等亦颁发制度,对这些民族的管理超过了以往。

在数百年的时间里,土司统治地区的社会、文化与农耕经济日益密切,兼以中原人口增长,需要开发边疆经济,更重要的是土司制度与郡县制度存在深刻矛盾,与中央集权和官僚制度难免扞格。因此,从明代起,中央王朝即谋求改土归流,清代雍正以后此措施力度渐大,西南云贵及南方地区的许多土司被废除,改置州县,土司属民也转为郡县制的纳税编户。但西北一些带有游牧色彩的土司仍然存在,直至民国年间才最终废止。[④]

以上所述,乃历代王朝对少数民族所采取的制度之大略。从中不难看出,从汉代起,大一统王朝根据民族关系的不同特点,灵活制定了相应的制度办法。但其目的和趋向是一致的,从汉代属国到唐代羁縻府州、元明土司,无不"因俗而治","因俗"是实际,"治"则为目的。所以,这些都是中央王朝对少数民族的治理之法。所谓"因俗而治",则指不同于中原郡县体制。我们不妨概括,历代王朝的政治制度可分为两套体系,中原

---

① 《元史》卷 58《地理志一》,第 213 页。
② 《明史》卷 310《土司传》,中华书局,1974 年,第 7981 页。
③ 龚荫:《中国土司制度史(上编)》,四川人民出版社,2012 年,第 134—138 页。
④ 霍维洸:《近代甘青地区"土官"制度变迁简论》,《宁夏社会科学》2009 年第 1 期,第 118—123 页。

则郡县体制与官僚制相结合，达到中央集权的政治统治目的；周边则羁縻制与少数民族势力结合，达到"守在四夷"的目的。这套坚持了两千年的体制，就是我国古代历朝的少数民族管理制度。

四 羁縻政策和羁縻制度所反映的本质

中国古代从"天下观"和"大一统"思想出发，形成了明确而稳定的民族文化观念——"华夷观"。并依据这些文化思想，结合民族关系的实际，制定了处理民族关系的政策——羁縻政策。这一政策在不同时代的具体运用，形成了前文所述的对待少数民族的制度。在农耕经济与游牧经济结合的基础上，从文化思想到政策制度，形成了一套坚持数千年的完整体系，构成中国古代社会的一个基本特征。

中国历代王朝都将其民族政策明确地称为羁縻政策。当时的人们，无论汉族还是少数民族均无民族平等思想，因此，羁縻政策的内容并不包含平等与否的问题，其本质在于维系一种"羁縻不绝"的关系，即维系中原与周边少数民族的联系。置于充满了民族征服观念的中世纪时代之世界，这个政策无疑是进步与温和的，不能不说这的确是古代德政思想的体现。从这个意义上讲，羁縻政策包括了除武力对抗之外的所有处理少数民族的措施，包括和亲也是为了维持联系的办法，其内容当然不限于公主下嫁这么简单。在"甥舅"关系的形式下维系联系与和平秩序，才是这一措施的目的。这当然得到少数民族的欢迎。其实，稍作思考即可知道，如果没有少数民族的承认与坚持，这个政策亦不可能坚持如此长久的时间。汉唐之和亲，往往起于少数民族首领的请求，少数民族的内附亦多主动要求。这些史实透露出一个深刻的社会规律——少数民族需要与中原地区保持联系。民族史往往强调民族之间的战争，其实战争并不是社会关系的常态。生产、贸易、交往才是社会需要的常态。羁縻政策所维系的正是中原和少数民族在某种松弛的联系中的安定状态，因此，它比战争更持续，战争之后必然还是归于和平交往。由于历朝历代都知道，征伐不可久，所以所可坚持的政策唯有羁縻。

羁縻政策的持续，必然会演变为实际的行政制度。在这个政策的指导下，秦汉建立了属国制度，隋唐设置了羁縻府州制度，元、明、清三代少数民族与中原关系更加紧密，针对不同民族制定了不同的制度。大体元代所推动的民族整合过程，至清代得以固定，迄今我国的少数民族结构，延续的基本上就是清代的状况。清代在新疆设置的军府体制和伯克制，亦为"因俗而治"，对蒙古族则采用了札萨克盟旗制度，在西藏实行驻藏大臣与活佛制度，甘青一带的少数民族地区还有寺院制、土司制。清朝对于这些较大的少数民族地区仍然采用了不同于内地的特殊政策与制度，虽然其名称各异，而其内容仍然属于羁縻政策和羁縻制度。所以，我们可以给这一政策下一个基本的定义，即羁縻政策与制度是中国古代王朝结合国内少数民族社会特点而设立的不同于中原郡县体制的行政制度。这是中国古代的一个基本制度。

我们特别要指出的是，这种制度其实是少数民族与中原王朝共同创建的。由于记载该史实的文献出于中原王朝汉族史家之手，所以令人们产生了一种错觉，以为这定会是中原王朝的作品。"因俗而治"透露出中央王朝在设置羁縻制度的时候略感无奈，因为这与大一统的精神并不一致；而所谓的"俗"，正是少数民族社会的发展状态，根据其社会水平与组织关系，设立一种能被少数民族接受并与中原保持弹性联系的制度。这样就只能采取"以夷治夷"，即承认少数民族已经形成的政治组织和权力关系，由其首领统率其部属。只不过这种组织与权力要获得中央王朝的认可册封，达到某种控制的目的。因此，羁縻制度之所以多种多样，从本质上讲，在于少数民族社会的不同发展水平，亦即少数民族社会的多元性决定了代表"一体"关系的中原王朝制度的特殊性。因此，我们完全可以说，羁縻政策与制度是少数民族与中原王朝共创的体制。

羁縻政策与制度存在了两千余年，说明它符合中国古代中原社会与少数民族社会的需要，反映了农耕经济与周边游牧经济之间可能保持的一种弹性关系，表现在政治和军事上则为二者强弱交替。但无论怎样的王朝更替，中原农耕经济的主体地位确定无疑，包括元朝压制汉族的政策也未能改变这个局面。由于这个客观的力量，各民族一体化的关系始终在发展，元朝和清朝这两个由少数民族建立的统一王朝，依然有力地执行了羁縻政策，他们对少数民族的控制，较之汉族王朝显得更为得心应手。这表明，不管是汉族还是少数民族，只要建立了封建王朝，推进统一是其不移的政治目标。这一政治目标的实施在中原内部为郡县制与官僚制的强化，在少数民族地区则为羁縻政策与制度的连续运用。这两方面恰已体现了我国多元一体民族关系格局的存在与持续。这一持久存在的政策和制度证明了它符合我国古代民族关系的实际需要。

羁縻政策的目的在于"用夏变夷"，其路径是通过册封少数民族首领和因俗而治，政治联系渐次转化为主属关系，逐步把中原的制度向少数民族地区扩展。这样，"化外"的羁縻府州逐步转化为郡县，使之成为中央直接管辖的"地方"。这在汉代置河西四郡、元明清改土归流，以及清代新疆建省等历史过程中均可见其趋向。纳入郡县体系的少数民族与中原王朝的关系更为紧密了。从这里我们可以明白，羁縻政策的优点在于，它可以超越文化差异而使少数民族与中原王朝形成政治联系，并为羁縻府州转化为地方郡县创造条件。

综上所述，我们认为，中原统一王朝与羁縻政策的确立，就是我国多元一体民族关系格局形成的标志。从时间上看，这个局面形成于汉代，这也与汉族的形成相对应。此后，则是古代多元一体民族关系的演变过程。其中虽然有许多具体事实变化，但总的格局并未改变。这个格局的真正变化则在鸦片战争之后开始了。

（原文刊于《宁夏社会科学》2020 年第 2 期，第 159—166 页）

中国近代民族认同的历史逻辑

——兼论中华民族的形成

霍维洮　马　艾

一　中国古代的民族文化认同

从世界史的角度看，古代民族之间的经济交往毕竟薄弱，相互的依赖不足，因而民族间的文化认同比较困难，文化差异明显。但是中国古代的民族关系有自己的特点，在相对封闭的地理环境中，形成了中原农耕民族与周边游牧民族长期共存的局面。在经济互补的基础上，民族文化认同持续，从而形成了多元一体的民族关系格局。

关于中国古代的民族文化认同，学术界陈述了各种相关的历史现象和表现。我们认为，这种民族文化认同的关键要从两个方面把握。其一，长期的民族交往关系是民族文化认同的客观基础，推动了民族文化认同的持续发展。其二，以儒家"天下观"为主导的中原文化，是民族文化认同的主体。虽然民族文化认同可以是双向的互相认同，但考诸史实，中国历史上出现的民族，远多于今天说的56个民族。在众多的民族交往关系中，必须有一个主体或主流文化作为文化认同的对象或主导力量，这样才能构成文化认同的连续性与稳定性。文化认同是一个深刻而持久的过程，不能一蹴而就，认同的对象如果变化无常，就不可能形成多元一体的文化关系。

民族交往的动力在于经济上的需求。关于中原农耕经济与周边游牧经济的互相依赖，学术界已反复论述。比较而言，游牧经济更为脆弱，产品单一，对农耕经济的依赖更强烈。中原农耕经济的特点是自给自足，对市场和外部产品依赖性较弱。因此，封建王朝往往把边境榷场的开放与关闭作为对少数民族的控制手段，而非求利的贸易方式。可见这种贸易关系是极为脆弱的，经常因民族关系变动、战争冲突等因素而中断。而贸易中断，游牧民族的生活难以为继，又成为民族冲突的诱因。

中原农耕社会的小农经济除自给自足之外，供养官员、军队已力不从心，缺少扩张的经济能力；中原民族每兴战争，则入伍之民必须离开土地和家园，生产就难以为继，且会增加农民负担。因此，历代王朝均尽力避免"穷兵黩武"的政治取向。反倒是游牧民族由生产向战争的转换较为方便，经常会取得军事优势。在军事层面上，中原的保守和游牧民族的进取是古代的一个基本状态。

这一局面大概自西周已经出现。《左传》称："蛮夷猾夏，周祸也。"[1]戎狄族群不断侵扰中原，成为中原诸国必须面对的实际问题。基于此，春秋之际"华夷论"应时而生。概括而言，华夷论的要点在于以文化习俗，而非血统种族作为华夷之辨的标准；中原农耕礼仪之族为诸夏，游牧之族为夷狄；"诸夏，中国也"，[2]夷狄居四方；处理少数民族关系的原则为"用夏变夷"。孔子说："管仲相桓公，霸诸侯，一匡天下，民到于今受其赐。微管仲，吾其被发左衽矣。"[3]而汉代贾谊说："凡天子者，天下之首。何也？上也。蛮夷者，天下之足。何也？下也。"[4]这一"华—夷"二元论正是中国农耕—游牧二元经济的反映。说明当时的人们认识到，周边少数民族与华夏民族形成了一种持续、不可摆脱的关系，需要面对这种民族关系，因此既有"华夷之辨"，又有"用夏变夷"，这是对立统一的两个方面。

华夷论看似强调民族间的文化区别，但更深入的思想在于，历代儒家认为"中国"与"四夷"合而为"天下"。如董仲舒对汉武帝说："今陛下

① （晋）杜预：《春秋经传集解》，上海古籍出版社，1988年，第321页。
② （晋）杜预：《春秋经传集解》，第214页。
③ （魏）何晏注，（宋）邢昺疏；唐玄宗注，（宋）邢昺疏《论语注疏 孝经注疏》，上海古籍出版社，1990年，第126页。
④ 《资治通鉴》，中华书局，1956年，第544页。

并有天下，海内莫不率服，广览兼听，极群之下之知，尽天下之美，至德昭然，施于外方。夜郎、康居，殊方万里，说德归谊，此太平之致也。"[①]天下何为？统一而已。自"溥天之下，莫非王土；率土之滨，莫非王臣"[②]起，大一统成为历代的世界秩序观念。孔子之"克己复礼"，就是要恢复西周礼仪与制度的统一。荀子主张"法先王，统礼义，一制度"和"天下为一"。[③]董仲舒说："《春秋》大一统者，天地之常经，古今之通谊也。"[④]如何实现统一？这必须合乎"天道"。而"天道"在人世间则为"德政"。施德政即为"有道"，行德政才能"惠此中国，以绥四方"。[⑤]所以，"天下"观是中国传统文化中统领全局的政治观念，体现了古代人对世界秩序、政治理想和社会意义等重大问题的认知和追求。这一思想主导着王朝内部的政治思想，也统领了王朝外部的华夷关系的处理原则。

天下观和华夷论在处理民族关系的实践中形成了所谓的羁縻政策。春秋战国时期，诸侯兼并，各国缺乏足够的力量专注于少数民族问题。自西汉起，羁縻政策与制度逐步形成，汉代创举"属国制"。《汉书》称："典属国，秦官，掌蛮夷降者。武帝元狩三年昆邪王降，复增属国，置都尉、丞、候、千人。"[⑥]唐代羁縻府州制度更为广泛，"自太宗平突厥，西北诸蕃及蛮夷稍稍内属，即其部落列置州县。其大者为都督府，以其首领为都督、刺史，皆得世袭……突厥、回纥、党项、吐谷浑隶关内道者，为府二十九，州九十。突厥之别部及奚、契丹、靺鞨、降胡、高丽隶河北者，为府十四，州四十六。突厥、回纥、党项、吐谷浑之别部及龟兹、于阗、焉耆、疏勒、河西内属诸胡、西域十六国隶陇右者，为府五十一，州百九十八。羌、蛮隶剑南者，为州二百六十一。蛮隶江南者，为州五十一，隶岭南者，为州九十二。又有党项州二十四，不知其隶属。大凡府州八百五十六，号为羁縻云"。[⑦]宋代以后，元朝、清朝虽为少数民族入主中原，但羁縻政策仍在

---

① 《汉书》，中华书局，1962年，第2511页。
② （宋）朱熹集传，（清）方玉润评《诗经》，上海古籍出版社，2009年，第246页。
③ （唐）杨倞注，耿芸标校《荀子》，上海古籍出版社，2014年，第80页。
④ 《汉书》，第2523页。
⑤ （宋）朱熹集传，（清）方玉润评《诗经》，第322页。
⑥ 《汉书》，第735页。
⑦ 《新唐书》，中华书局，1975年，第1119—1120页。

继续。西藏活佛制、蒙古札萨克盟旗制、新疆王公与伯克制外，又实行土司制度，于西南、西北少数民族地区施行数百年。[①]

羁縻政策与制度，包括了武力对抗之外的所有处理少数民族的措施，其本质在于维系一种"羁縻不绝"的关系，其特点是因俗而治，即实践了古人所说"修其教，不易其俗；齐其政，不易其宜"[②]的思想，是天下观和华夷观的体现。这一政策的意义在于，在保持少数民族习俗的前提下，实现中原与周边民族的持久联系，并加强了中原文化对周边少数民族的影响。《新唐书》说羁縻府州"虽贡赋版籍，多不上户部，然声教所暨，皆边州都督、都护所领，著于令式"。[③]这是中国古代民族文化认同的基础。

这样我们就不难理解，为什么中国古代有长期持续的民族文化认同历史。在中原与少数民族联系的情况下，发生困难的少数民族部落屡有内附之举。这部分人群不止于文化认同，多数融合于汉族，成为汉族人口壮大的一个来源；少数民族首领较之普通百姓，更多受中原文化影响，声称自己是炎黄之后裔，"匈奴，其先祖夏后氏之苗裔也"，[④]"突厥者，盖匈奴之别种"。[⑤]史家称北周文帝宇文泰"其先祖出自炎帝神农氏"。[⑥]少数民族首领对华夏祖先的认同，其实反映了争取文化正统的努力。

日常交往中的民族文化认同湮没于历史，已难逐一考察。而少数民族大举入居中原的过程中，却包含着民族冲突与文化认同两种内容。特别是少数民族上层集团取得统治权后，他们学习中原文化的积极性会空前强烈，从而带动起一个文化认同的运动。这显然不是少数民族首领的个性所决定的，而是起于客观形势的需要。少数民族入居中原后，必然面临如何对待农耕经济，也就是如何统治农业人口——汉族的问题。更有效地管理农耕社会，显然不是他们所熟知的部落制能实现的，唯一可借鉴的只能是汉族社会的制度方式。

---

① 霍维洮、马艾：《经济、文化、制度三维向度中的古代多元一体民族关系格局》，《宁夏社会科学》2020年第2期。

② 陈澔注，金晓东校点《礼记》，上海古籍出版社，2016年，第153页。

③ 《新唐书》，第1119页。

④ 《史记》，中华书局，1959年，第2879页。

⑤ 《周书》，中华书局，1971年，第907页。

⑥ 《周书》，第1页。

如北魏时期，为解决土地兼并造成的"地有遗利，民无余财"[①]的问题，诏令均田。"要行均田，必先审正户籍。（孝文帝太和）十年二月，遂立党、里、邻三长，定民户籍。"[②]从此北魏政权开始了管理田籍、户口、赋税的中原郡县制度。钱穆先生说："北魏本以部落封建制立国，逮三长、均田制行，则政体上逐渐从氏族封建变为郡县一统，而胡、汉势力也因此逐渐倒转。"[③]这正是北魏孝文帝改革的出发点，学习汉文化就成了统治的客观需要。迁都是为了摆脱守旧的胡人贵族势力；说汉语穿汉服，则为顺应形势。这个过程中，文化认同可称为潮流。其内容广泛，远非教科书所能描述，包括胡人官员要学习如何记账这种技术，亦汉人所长。统治实践告诉少数民族首领，入居中原能否久远，取决于多大程度适应农耕社会的需要，而适应这一社会，舍学习汉文化外，别无他途。因此，北齐"引进名儒，授皇太子诸王经术……颇自砥砺，以成其美"，[④]这也吸引汉族文人投身北齐政权，"负笈从宦之徒，不远千里"。[⑤]北朝从"胡汉分治"到"胡汉一体"，经历了文化的全面认同，最终积累为隋唐大一统王朝。源自北朝的隋唐王朝，后人不认为是少数民族政权，而隋唐王朝亦以中原文化正统自居，视其他少数民族为夷狄。其中的转换自然是文化的高度认同与自信。后来的蒙元与清朝，虽然民族色彩较重，但在实现对中原统治的过程中也不同程度地接受了儒家文化。甚至当西方使团来中国，清王朝想当然地视其为夷狄，以为他们不远万里，"倾心向化"而来。其实，两千多年的华夷格局即将面临"中国—世界"的近代国际关系冲击，羁縻时代将被新型的国内民族关系所取代。

就大势而言，羁縻政策维系了少数民族与中原社会的日常联系，而少数民族入居中原，则推动其固有文化与中原文化深刻结合。前者由中原王朝主导，后者却是少数民族所实施，由此而形成古代多元一体民族关系。这个民族关系格局，成为近代民族关系变化的历史背景。

① 钱穆：《国史大纲》，商务印书馆，1994 年，第 333 页。
② 钱穆：《国史大纲》，第 334 页。
③ 钱穆：《国史大纲》，第 336 页。
④ 《北齐书》，中华书局，1972 年，第 582 页。
⑤ 《北齐书》，第 582—583 页。

二　鸦片战争后民族关系的变化

鸦片战争和中英《南京条约》开启了中国半殖民地化的时代。从此，由西方资本主义经济所推动的殖民运动深入中国的各个角落。在近百年的时间内，欧美资本主义国家和亚洲的日本诸国，以军事侵略为利器，以条约体系为保障，其经济、政治和军事势力在中国不断深入与扩展，使中国国家主权日益丧失，市场与经济为外国势力所主导，传统文化亦遭前所未有的冲击与破坏。中国社会面临空前严重的国家危机与民族危机。

为了应对这一严重的危机，中国社会被迫走上了近代化的道路。从清政府所推行的洋务运动起，中国开始了一个深刻的社会变革过程。从资本主义经济的产生、发展，到戊戌变法、辛亥革命等一系列的政治变革，再到文化上的新思想的传播、新式教育的开展，传统社会结构不断被瓦解，现代化社会进程艰难推进。这当中不仅充满了社会发展的困难，也由此引发了纷繁的社会矛盾与斗争。

这是一个新旧剧烈兴替的时代，也是一个社会重新整合的过程。

从民族关系的角度看，在传统的"夏—夷"关系之外，又面临"中—外"民族关系；传统的"中原—四夷"的天下结构日益被"中国—列强"的新世界秩序所取代；由羁縻政策所维系的国内民族关系，被突然楔入的条约制度所打乱。国内各民族都承受着被外国势力侵略的压力，面对更复杂的民族关系，也经历着自身社会如何适应时代要求的困难。

从外国势力深入中国的路径看，两次鸦片战争中，列强以中国沿海通商口岸为支点，从珠江流域到长江流域直至天津、北京，意在打开中国大门，促其商业贸易进入中国经济发达区域获取商业利益和政治影响力。此路径至《辛丑条约》签订，中国腹地门户洞开，外国势力全面涌入；19世纪60年代以后，列强又纷纷侵略中国边疆地区。英国由印度向西藏渗透，俄国则向东北、新疆扩张，法国由越南向广西深入，日本侵占琉球诸岛和台湾全岛。这不仅导致中国的边疆危机，也使少数民族社会经受了被侵略、被控制的局面。

第一条路径，导致清政府统治日益衰弱，最后变成了外国侵略中国的工具。同时也使中原社会在半殖民地化过程中出现农耕残破、新式经济举步维艰的局面。在此刺激下，反帝爱国、维新变革成为时代主流，民族运动风起云涌，中国社会走上了民族主义和建立民族国家的道路；第二条路径，促使边疆少数民族必须在旧有的羁縻关系之外，重新选择生存和发展的道路。面对这样纷繁复杂的形势，国内少数民族，特别是其上层势力，不可能在短时间内充分认识外国侵略的本质。这需要国内主流社会有足够的民族凝聚力量，也需要少数民族在实践中逐渐认识社会发展的形势。大体至辛亥革命之后，"五族共和"的思想和政策影响日益扩大，少数民族逐渐觉醒，中国各民族的认同得以提升。及至日本全面侵华，则各民族均表现出一致抗日的强烈愿望，国家认同和民族认同互相促进，达到了一个新的高度，新型多元一体民族关系得以在新的条件下确立。

在此社会变迁的背景下，国内民族关系产生诸多新的内容与特点。举其大略，至少有如下之特点。

第一，在政治上，一方面，旧的中央政权与少数民族之间的羁縻关系虽遭到破坏，但至少在表面上仍保持联系。另一方面，外国势力又与少数民族产生了直接或间接的联系。少数民族面对双重的外部关系，既不能完全无视与中央政权的关系，又要应对外国势力。这是国家主权丧失的一个重要表现，中央政权对少数民族的控制力和影响力下降，外国势力在一些民族地区起了主导作用。少数民族多分布于边疆地区，因此，这一局面就造成了中国民族与边疆的双重危机。一种情况为国土丧失，如台湾岛、东北、西北的一些领土被列强割占。另一种情况为某些民族上层的分裂倾向，有民族分裂和领土丧失的双重危险。如 19 世纪 60—70 年代，新疆各民族起义之后，其上层集团被外国势力所左右，阿古柏事件反映了复杂国际背景下的少数民族运动走向与外国势力结合的可能性。因此少数民族问题不仅是国内政治问题，同时往往转化为外交问题。国内民族关系的一个新特点就是同时包含内政与外交两种关系。这正是中国半殖民地化在民族关系上的表现。

第二，少数民族社会经济遭受严重冲击。古代的游牧与农耕二元经济，以榷场和茶马贸易形式，互相补充其需要。近代以来，随着国内市场发展，内地与边疆地区的贸易往来更加频繁；同时外国商品亦涌入少数民族地区。这二者都有带动少数民族社会经济商品化的作用，如内蒙古、青海、甘南等地的皮毛贸易在近代迅速发展，促进了这些地区的畜牧业商品化发展，市场和城镇兴起。①新疆与俄国的贸易不断扩大，西藏与印度贸易增长。商业贸易推动了广泛的社会联系，少数民族社会一改过去闭塞的状态，人口的流动也空前扩大。特别是内地人口向少数民族地区迁徙，加快了少数民族经济的变化。最典型者，如陕北、山西的农民进入内蒙古西部地区，开始大规模的农业种植，打破了清代实行的"封禁政策"，内蒙古西部地区开始由畜牧业向农业的转化。社会经济的迅速变化，使得少数民族传统的组织、制度等开始动摇，社会日益开放，既带来发展的希望，又使旧的社会结构瓦解。山东、河北人"闯关东"，东北地区汉族人口数量激增与农业生产兴起；汉族人口亦流入新疆，特别是北疆地区汉族人口不断增长。内地人口向边疆少数民族地区迁徙，除人口因素外，更主要的是内地商品关系瓦解着传统小农经济，导致农业人口过剩而被迫外流。汉族人口所到之处，总是开展农耕生产，并带来商业关系的发展。商品化带来社会开放，利润追求更直接驱动人们的社会关系日益向新领域扩展。由经济联系造成的少数民族社会开放性在迅速发展。这又直接影响了少数民族社会的发展，使其旧有的生产方式、社会关系开始变化。游牧民族持续数千年的经济与社会开始急剧的变迁过程。

第三，少数民族社会文化开始向近代化转变。人口流动直接导致文化交融。由于内地文化的变化，汉族人口流入边疆，给少数民族地区带去了新文化内容；而外国势力在干涉边疆少数民族事务的过程中，也使西方文化传入这些地方。少数民族上层人士和知识分子率先感受到了新文化的气息，知晓过去那种恪守传统的思想已难以为继，他们中的一部分人开始希望以新文化重新凝聚人心、改造社会，以适应新的挑战。少数民族的文化从固守传统转变为接受新文化，探索新的社会道路。无论接受西方文化还是接受汉族文化，都意味着告别传统和文化价值的新转换。

少数民族社会状态取决于其自身的部落聚散，以及与中央王朝的关系，其变化往往基于偶然的变故因素，如天灾或战争事件等。而近代以来

① 霍维洮、胡铁球：《近代西北少数民族社会变迁》，宁夏人民出版社，2009年，第47—98页。

的社会变化，则表现为日常性和全面性，变化成为一种不可遏止的常态。就其方向而言，一言以蔽之，少数民族社会开始了由传统状态向现代社会的转化。虽然水平有差异，但这与中国社会的整体变化方向是一致的。

总体上看，维持了数千年的"华夷一体"的天下关系转变为"万国争雄"的世界秩序；传统的以羁縻政策所维系的国内民族关系，向着中国各民族与欧美列强的竞争关系转变。对外竞争的基础在于国内民族的团结与一致，分散的民族更易被外国势力各个击破。各民族的危机促进了相互凝聚，"输诚向化"转变为"一致对外"。而这个过程的具体实现，首先需要国内主体民族——汉族和中原社会做出区别于传统的历史选择，并且摒弃传统民族主义思想，为各少数民族提供社会选择的方向和思想文化认同的意义。在百年的历史变迁中，国内民族关系经历了从古代多元一体到现代多元一体的深刻演变。其中最重要的社会结果就是中华民族的形成。因此，这一时期的民族关系演化可以归结为中华民族的形成问题。

三　民族运动与民族主义

学术界在论述近代民族运动时，多数仅着眼于国内少数民族社会的运动。这是一个很大的误解。在"中华民族形成"这样的命题之下，所谓中国的民族运动，应该是反抗外来侵略和摆脱半殖民地社会的运动。无论运动的主体是少数民族还是汉族，只要目标在于追求中国走向独立的运动，都属近代民族运动的范畴；不以此为目标的，即使是少数民族兴起的运动，那也不属于近代民族运动，而属于古典意义上的民族运动。所以，民族运动具有强烈的时代性。近代民族运动是在资本主义殖民运动所造成的近代国际民族关系中产生的，反映着世界殖民地半殖民地民族的追求和目标，这与古代的民族征服与冲突分属两个历史时期。

从反对外来侵略和半殖民地化的角度看，中国近代所发生的反侵略斗争和社会变革运动，都是争取民族独立的运动。因此，中国近代民族运动的主体，是毛泽东所说的"两个过程"中的中国人民反抗外国侵略和封建压迫的过程。这个过程包括了两次鸦片战争、甲午战争、反抗八国联军侵华、抗日战争等民族战争和洋务运动、戊戌变法、辛亥革命、北伐战争、中国新民主主义革命等一系列社会变革运动。由民族战争激发了中国各民族成员的民族意识，中外民族关系界限得以凸显；由变革运动塑造了近代中国的文化主体和文化价值，这就是适应世界潮流、不断变革，走向现代化的社会目标。二者结合为近代民族主义思想内容：追求民族独立，建设现代国家。

中国与列强的近代国家关系，主要体现在鸦片战争后所签订的一系列不平等条约上。这些条约内容的实施，形成了近代中国的条约制度，其范围涉及政治、经济、文化等各个领域。这是一种不同于周秦以来的新的社会制度，它不断瓦解着中国传统社会结构，又刺激着新的社会内容产生，中国的社会性质与结构发生了根本的改变。从国家关系讲，中国逐步沦为半殖民地，遭受列强诸国的侵略。由于条约制度代表着列强对中国各族人民的侵略，因此，较之战争，条约制度的作用更持久，且具有日常持续性。

由条约制度规范的中国与列强的关系，其一是中国与世界产生了紧密的联系；其二是这种联系中的不平等关系；其三是中国落后，而泰西诸国进步。这三者形成了近代中外关系的整体格局。民族运动则是此格局下中国人做出的反应与选择。第二次鸦片战争结束后，清王朝已经认识到了这一变化。由奕䜣领衔的奏章中是这样说的："自换约以后，该夷退回天津，纷纷南驶，而所请尚执条约为据。是该夷并不利我土地人民，犹可以信义笼络，驯服其性，自图振兴，似与前代之事稍异。"[1]而李鸿章更明确地指出："今则东南海疆万余里，各国通商传教，来往自如，麇集京师及各省腹地，阳托和好之名，阴怀吞噬之计，一国生事，诸国构扇，实为数千年来未有之变局。"[2]由于外国势力深入中国腹地，已不再是古代民族的朝贡与礼仪问题，而是一种经常的外交关系，所以负责其事的总理各国事务衙门及海关、翻译、南北洋大臣等机构由此而设立。中国产生了第一批外交机构。洋务运动不仅因为军事失败而兴。所谓"中学为体，西学为用"的纲领，还表达了洋务派人士目光所及已远超练兵制器的范围。把西方的事物

① 《筹办夷务始末》咸丰卷71，《续修四库全书》第417册，上海古籍出版社，2002年，第315页。
② （清）李鸿章：《李文忠公奏稿》卷24《筹议海防折》，《续修四库全书》第506册，第622页。

归结为"西学",与传统的"中学"相对而言,传达出他们意识到西方事物的整体性与系统性。"西学"侵入中国远不止是军事危机,而且激发了社会整体的危机意识,亦即民族危机。奕䜣、曾国藩、李鸿章等认识到应对这个"千古未有之奇变"的局面,当然不能以设立几个外交机构为止,更重要的是如何抵抗外来侵略,至少要遏制列强无限制地提出侵略要求。他们接受了魏源的"师夷长技以制夷"的思想,明确提出了"自强"的口号。"自强以练兵为要,练兵又以制器为先。"练兵与制器相结合,正是近代强国思想的起点。洋务运动由此而兴,引进外国机器,设厂制造,洋枪洋炮、军舰轮船、南北洋水师乃武备之新特点;因制造需要的资本、交通、人才诸要素也一一提上朝廷议事日程,官督商办企业、近代新式学校、矿业交通一一兴起。外部关系的变化导致了内部的社会变革。

外交转化为内政,是近代中国的一个明显特征。换言之,内政变革往往起于应对外交,即国内的社会变革运动,都是针对外国侵略中国而采取的举措。其目标均归于"救国"和"救亡",故李泽厚说近代中国走了一条"救亡到革命"的道路。这种针对中外民族矛盾的变革,最明显的特质正是民族运动,故清政府把洋务运动归于"筹办夷务"之中。而事实上,曾国藩兴办"安庆军械所"的目的就是造军舰以抗外敌。胡林翼在安庆长江边看外国军舰疾驰而过时,竟气急而吐血。他们兴办近代事业的动机完全是基于民族的立场。

为应对外来侵略,中国社会兴起了前所未有的、持续不断的民族运动。每一次列强的进一步侵略,都会立即导致国内的变革运动。中日甲午战争和《马关条约》,促成了戊戌变法运动;19世纪末列强瓜分中国的狂潮,刺激起下层群众的义和团反洋教斗争;而八国联军侵华与《辛丑条约》则使中国资产阶级走上与清政府对立的斗争道路。20世纪初,中国的民族意识日益觉醒。民族运动与变革运动相互促进,中国社会的各个阶层都有反抗侵略和政治变革的强烈愿望。社团、学校、报刊如雨后春笋般兴起,新知识迅速传播,新的知识分子群体成为时代的号手,不断鼓吹变革与爱国思想;民族资产阶级走上实业救国之路,与外国势力展开"争夺利权"的斗争,反映出人们已经清楚地看到国家经济主权的重要性和经济权所代表的民族利益。无论革命派还是立宪派都希望改变专制主义制度,建立资产阶级民主制度。他们关于变革和革命必要性与必然性的论述，均认为不改变社会制度则不能救国家于败亡，其民族主义立场跃然纸上。

以"爱国"和"救国"为动力的近代民族运动，体现了中国社会各阶级、各民族、各集团应对民族危机的行动。太平天国后期的反帝斗争、义和团运动、反洋教斗争、台湾人民的反割台斗争，以及辛亥革命中的会党反清斗争，都是下层群众反侵略的自发斗争。这些斗争虽然都失败了，但它们对下层社会的民族意识启蒙有直接的作用。下层社会在反侵略斗争中逐渐认识到"列强"和"洋人"所代表的势力，已经不再是古代的"蛮夷"，也逐步认识到现代国际关系不是仅仅用武装反抗就能改变的，由此而产生了近代的变革意识。清政府所代表的封建上层势力，在反对外国侵略的过程中，为苟延其统治地位而对外屈服，最后成了民族运动的对立面而败亡。以戊戌维新、立宪运动、辛亥革命为代表的资产阶级政治运动，顺应了时代的要求，虽经失败而能深入人心，其代表的建立现代民族国家的方向成为近代中国社会的主题，其他各民族与各阶层日益汇集于这一目标之中。资产阶级的变革运动是推动中国近代民族主义发展的主要动力，体现了近代民族运动的方向，成为近代中国民族运动和民族主义的主流。

因此，中国近代的民族运动，不仅包括从三元里人民抗英斗争到抗日战争时人民反抗外来侵略的武装斗争，也包含各个阶层为救国而推动的变革运动。就其作用而言，前者更直接，而后者更深入持久，但都是中国人为争取民族独立与民族复兴所做出的巨大努力。正是这些斗争与变革，极大地启蒙了中国各民族成员，中国的近代民族主义思想与文化得以逐步形成。

中国近代反帝爱国斗争和变革运动，正是近代民族主义的主体内容，启发了中国人的现代民主和独立的意识，厥功至伟。而进步的知识分子和思想家，则积极吸收西方思想，并将其与中国固有之文化价值相结合，对中国近代民族主义思想发展起到了推动作用。实际的政治运动和思想文化宣传相互激荡，推动爱国主义从古代的保守性向现代的开放性转化，使传统忠君观念向现代民主国家意识发展，传统的"三代理想模式"演变为着眼"未来强国"的理想，进化论和变革思想成了新型社会的价值追求。可以说，民族主义是中国近代最广泛和最盛行的思潮。

关于近代民族主义思想，学术界已有许多论述，中国近代之民族主义的目标是建立现代民族国家。这个目标的实现，建立于两个条件之上。一是民族独立，二是近代民族的形成。在实践上，这二者是相互结合的。反侵略斗争和改革运动，既是争取民族独立的过程，同时也是中国古代民族向现代民族转变的过程。因为只有在社会进步与民族觉醒二者的交互推动下，国内各民族才可能形成新型民族关系和民族认同，最终建立以中华民族为主体的现代民族国家。由于在实践上，近代民族意识和国家意识发轫于爱国和救国斗争，因此，中国近代首先产生的是政治民族主义；又因为中华民族的形成最后还是要归结于文化认同，所以，基于近代文化思想的文化民族主义亦相继而兴。但这也仅就二者关注的重点而言，实际上政治民族主义也必然包含着文化的认同，文化民族主义也自然有国家的认同，并非泾渭分明。

四　中华民族的形成

（一）民族自觉是中华民族形成的前提

中华民族形成的过程就是中华民族不断觉醒的过程。如前文所述，近代中国的民族运动和民族主义所反映的，就是中国各民族逐步觉醒的历史过程。在此过程中，国内各民族觉醒于什么？我们认为主要集中于以下三个方面。

第一，觉醒于外国侵略导致的半殖民地半封建社会性质和民族危机。近代中外关系以条约制度为基础。从《南京条约》起，列强所针对的对象，不仅包括汉族，亦包括国内其他民族。因此，在列强眼中，这些民族与中国是一回事，这当然对列强是有利的。因为，只需与清政府签订相关条款，在适用范围上就等于与中国各民族达成了约定，能通行于中国各地。以此角度看，列强充分地利用了清王朝所控制的国内各民族，在事实上承认了中国民族的统一性。这是中国古代政治统一的客观事实和体现。其本质则在于，列强之目的不仅在于侵略中原，亦注重侵略边疆各族。

但另一方面列强又注意到了中国多民族的实际，并企图利用这种民族的差异而实现其分裂中国、占领边疆地区的目的。这又使得边疆民族承受了直接的外来侵略。在这种情况下，边疆少数民族切身体会到了一种新型外族入侵。这使得他们在固有的民族关系外，不得不应对这种被侵略的局面。

到 20 世纪初，民族危机的认识遍及中国各阶层和民族，挽救民族危机和推翻清王朝日益结合，表达了当时人们对民族危机认识的深度：民族危机与半殖民地半封建社会性质之间的本质联系。因此，爱国救亡与社会变革必须结合而行。这正是近代爱国主义之本质特征。

第二，觉醒于社会变革与建立民族国家的政治目标。古代中国社会在长期稳定的农耕经济之上形成了"常不求变"的文化，在思想和政治上，都十分保守。自洋务运动起，国人逐渐认识到社会变化的客观趋势，而戊戌变法运动则把"变"作为口号响亮地提了出来。"物竞天择，适者生存"思想迅速传播，人们早已体会到了客观社会的变化以及这种变化所带来的危机。因此，变革思想成了此后中国人的普遍认识，立宪派与革命派都在致力于推动社会变革，就连清政府亦于 1901 年开始推行所谓"新政"，表明顽固如慈禧，亦知因循守旧已难以维持其统治了。近代兴起的报刊、学校、社团等，无不鼓吹变革。这反映了中国社会的一种集体性思虑，落后的现状导致严重的危机，只有变革才是新的出路。可以说，自戊戌变法起，中国进入了一个变革的时代。

社会变革必然包括强烈的政治目标。近代中国的社会变革，目标集中于革除旧的制度、建设新的国家。从戊戌变法到中国共产党的新民主主义革命无不如此。旧制度指自周秦以来的封建专制主义制度，如谭嗣同批判中国"二千年之政，皆秦政也"。新国家的目标则日益集中于新型的民族国家。其内涵则为建设民主政治，使人民成为权利平等的国家主体。我们不能说所有的下层百姓均能明了这一目标，但 20 世纪后的中国政治运动的指向，的确表达着这个方向，义和团式的蒙昧主义爱国运动已经退出了历史的舞台。

第三，自觉于近代文化。近代民族主义运动和社会变革，造就了新型近代文化。近代文化自觉的表现，一方面表现为对传统文化的批判和反省。近代化的进步力量，皆出于爱国而革命。爱国者免不了对中国固有之文化的依恋。但尽管如此，他们仍然理性地认识到传统文化已不适用于新的时代要求，因而均对旧文化保持了一种既依恋又批判的态度。康有为、孙中山、章太炎、严复等无不如此。五四运动则是这一趋向的突出表现，几乎是全盘否定传统文化。这虽然令许多人在情感上难以接受，但它确实是近代启蒙所必须经历的过程，其警醒大众的作用仍然不容否定。对传统文化的批判，目的在于建立新的文化。近代文化自觉更重要的另一个方面是融合中学西学，作为新文化的一个特征。从冯桂芬到梁启超无不如此。而 20世纪初的变革运动则以新型知识阶层为主干，更反映了西学与中学融合而产生的新文化与新思想的特点。近代所形成的新观念、新思想被人们普遍认可和接受。这种新观念、新思想是伴随民族主义运动和变革运动而逐渐形成的。除上文所述的变革与爱国思想外，诸如发展实业、兴办新式教育、妇女解放、民族独立、科学救国等不同于传统社会思想的各种新认识，汇集成为中国近代的新文化。民族主义虽然针对民族关系，但它所赖以存在与认同的文化内容则十分广泛。因为认同的基础在于价值理解的共同性与一致性，而文化价值则包括了社会与个人生活的各个方面。只有在广泛的社会与人生价值认同的基础上，才可能形成民族的认同与民族思想。

民族主义的产生，以民族的觉醒为前提。启蒙与变革就是中国人在近代觉醒的过程。在学术界关于中华民族的形成问题探讨中，对近代新文化的认同作用认识不足。笔者认为，这是各民族新的文化认同的共同基础，使各民族摆脱了古代文化差异而获得了一种可以共同追求的新价值观念，在中华民族形成中起到了文化认同的基础作用。

（二）国家认同与民族认同

伴随着民族觉醒，关于新型国家建设的思想日渐兴起。民族危机所带来的一个核心问题，即摆脱被侵略地位的根本出路在于强国，而强国之路则在于学习西方。自洋务运动开始对西方"器物"的学习，到维新派、革命派对西方制度的学习，直至民国以后，建设一个现代民主的国家已成为普遍的思想。这当中产生了近代国家认同的历史。中国人关于现代国家制度的认识来源，是基于对西方资本主义国家制度的了解，而西方近代的国家属于民族国家。这基于由民主制度所导致的自由的个人权利平等而形成的国家认同与民族认同。由权利平等而形成公民，直接构成均质化的民族。这样，"民族具有了国家的形式，披上了国家的外衣，国家具有了民族的内涵"。[①] "构建民族国家的过程既是一个重建国家制度的过程,也是民族过程与国家过程重合的历史进程,还是一个现代民族最终形成的过程。"[②] 这就是现代国家,具有三大基本特点:"其一,它以现代社会为基础,以构成国家的每个人拥有政治平等的政治解放为历史和逻辑前提;其二,它以现代国家主权为核心,以建构全体人民能够共享并获得发展保障的国家制度体系为基本的组织框架;其三,它以公民权的保障为机制,将社会的全体成员聚合为具有共同政治纽带的共同体,即民族或民族国家。"[③] 与欧美现代民族国家构建相比,中国近代的民族国家建设过程有很多不同。欧美的国家认同和民族认同基于公民权利的平等和这种权利的国家保障。正如欧洲的民族主义针对的是封建王朝的专制权力制度,而中国近代的民族主义则在反封建的同时,更多地针对列强侵略,中国人对民主的追求很大程度上不是为了个人权利得到保障,而是为了建设一个能使国家富强的制度体系。这是中国文化和历史条件在近代国家问题上导致的一个区别于西方思想的重大特点。因此,中国在建设现代国家的实践中也总是陷于逻辑矛盾;为了国家富强不得不忽视个人权利而集中于国家权力;但个人权利的忽略,又导致无法真正产生现代国家。因此,中国的民族国家进程举步维艰。

所以,近代的民族认同是从属于国家认同的。简单地说,这可以归结为,国家认同是建设什么国家的问题;而民族认同是谁来构成国家的问题。现代民族问题必然与民族国家问题紧密结合。人们"基于对作为共同意志产物的国家主权的认同而汇聚在一起,共同支撑主权下形成的国家制度,并使其成为维护和保障个体和社会的有效力量。人们把在这样国家建构逻辑中汇聚在一起的全体人民,称为民族(nation),并将由此所形成的现代国家,称为民族国家(nation-state)"。[④] 事实也正如此,20世纪初,中国人在探讨建设什么国家的同时,也开始探讨民族问题。梁启超说:"今日欲救中国,无他术焉,亦先建设一民族主义之国家而

---

① 周平:《中华民族的性质与特点》,《学术界》2015年第4期。
② 周平:《对民族国家的再认识》,《政治学研究》2009年第4期。
③ 林尚立:《现代国家认同建构的政治逻辑》,《中国社会科学》2013年第8期。
④ 林尚立:《现代国家认同建构的政治逻辑》,《中国社会科学》2013年第8期。

已。"①他认为中国古代没有国家，只有王朝，人们也没有国家思想。故应该倡导国家思想，他说："国家思想者何？一曰对于一身而知有国家，二曰对于朝廷而知有国家，三曰对于外族而知有国家，四曰对于世界而知有国家。"②20世纪初，民族主义思潮勃兴。民族主义作为一种意识形态，担当了民族与国家的中介。其作用一为民族认同，二为民族国家之诉求。这个思潮的起点仍然是救亡，其正面意义则为民族独立；而民族要独立，须为一民族国家才能实现。一批进步思想家开始讨论建立一国族的问题。因此，倡言"民族主义者，世界最光明正大之主义也"，"对其在于本国也，人之独立；其在于世界也，国之独立"。③革命派所倡导的民族主义有建立单一民族国家的倾向，称"合同种，异异种，以建一民族的国家"。④而以梁启超为首的立宪派则主张建立一大民族。他在《历史上中国民族之观察》一文中认为，中华民族是多民族融合而形成，"现今之中华民族自始本非一族，实有多数民族混合而成"。⑤杨度说："中国之在今日世界，汉、满、蒙、回、藏之土地，不可失其一部，汉、满、蒙、回、藏之人民，不可失其一种。"⑥孙中山于1912年1月1日在南京宣誓就职中华民国临时大总统，在《临时大总统宣言书》中，宣布："国家之本，在于人民。合汉、满、蒙、回、藏诸地为一国，即合汉、满、蒙、回、藏诸族为一人。是曰民族之统一。"⑦从而宣告"五族共和"的建国方针。

"五族共和"建国方针，极大地促进了各民族的国家认同。作为自古以来就是多民族的国家，中国在近代国家制度的急剧变化中，伴随旧社会结构的瓦解和旧式民族关系的破坏，民族分裂和国家分裂的概率（可能性）必然增长。客观上，政治变革及推翻清王朝的斗争毕竟是以汉族为主体实现的。如果没有一个足以包容和吸引各少数民族的政治纲领，少数民族的

① 梁启超：《论民族竞争之大势》，《饮冰室合集·文集之十》第2册，中华书局，1989年，第35页。
② 梁启超：《新民说·论国家思想》，《饮冰室合集·专集之四》第1册，第16页。
③ 梁启超：《国家思想变迁异同论》，《饮冰室合集·文集之六》第1册，第20页。
④ 余一：《民族主义论》，《辛亥革命前十年时论选集》第1卷下册，生活·读书·新知三联书店，1960年，第486页。
⑤ 梁启超：《历史上中国民族之观察》，《饮冰室合集·专集之四十一》第3册，第4页。
⑥ 杨度：《金铁主义说》，《杨度集》，湖南人民出版社，1986年，第304页。
⑦ 孙中山：《临时大总统宣言书》，《孙中山全集》第2卷，中华书局，1982年，第2页。

国家认同将难以产生。"五族共和"是一个具有象征意义的口号，它不仅包括汉、满、蒙、回、藏五大民族，也包括国内其他少数民族，因而赢得各民族的拥护。所以，我们看到民国以后，"共和"一词被广泛接受，它的含义由辛亥革命时期的"共和民主"转化成了中华民国的"各民族共和"。除了五四运动中的先进知识分子高呼"民主"与"科学"外，其他的各民族上层、各政治集团则更愿意高唱"共和"的口号。这正如政治学研究者所称的"世界上许多民族国家并不是本国或本地国家形态自然演进的产物，而是在特定情况下学习或借鉴西方民主国家制度的结果，是一种模仿性的民族国家"，"模仿性民族国家是将国内的各个历史文化共同体整合为民族（nation）而构建民族国家的"。[1]因此，"五族共和"方针，不仅推动了辛亥革命后的国家认同，而且促进了中华民族的民族认同。这在近代日本侵华，中国面临空前严重的民族危机时表现得十分突出。正如民族分裂必然导致国家分裂一样，民族认同也依托于国家认同。1913年1月，内蒙古乌兰察布盟和伊克昭盟蒙古族各王公在呼和浩特集会，制定了《西盟王公会议条件大纲》，一致决定"赞助共和"，反对外蒙古分裂，陈述"蒙古疆域，向与中国腹地，唇齿相依，数百年来汉蒙久成一家"，"现在共和新立，五族一家……我蒙同系中华民族，自宜一体出力，维持民国与时推移"。[2]因为"共和新立，五族一家"，才认为自己属于中华民族。这无疑反映了国内少数民族从国家认同到民族认同的内在逻辑。抗日战争时期，国内各少数民族均表达了对中华民族的认同，其基础在于中国遭日本全面侵略的刺激。国家危机带动了民族认同的高潮。

这样，近代的中国国家认同和中华民族认同的历史逻辑，大体可以归纳为如下概况：在民族危机刺激下兴起的近代民族主义运动，造成了近代新文化和建立民族国家的目标。以"五族共和"为代表的新型国家获得了各民族的认同，在此基础上形成了民族认同。应该说，至抗日战争时期，中国的国家认同和民族认同达到了一个新的高度，抗战建国的目标和"中华民族是一个"的认识已经十分普遍，无论各政治派别还是各少数民族均表达了这样的政治追求。

---

① 周平：《民族国家时代的民族与国家》，《云南民族大学学报》2013年第5期。

② 张绍曾：《西盟会议始末记·西盟王公会议条件大纲》，商务印书馆，1913年，第43页。

应该看到，以"共和"为特征的中华民国，显然并非真正的以个人权利均质化为基础的现代民族国家。它只是朝着这个方向迈进了一步。各民族对这个国家的认同也是以群体认同为基础的，而不是个人的权利平等式认同。因此，由此而形成的中华民族虽然具有了近代文化认同和国家认同的基础，但与西方的民族相比，其内部还包含着自古以来形成的各个文化共同体，即文化意义上的国内各民族。所以，在近代民族国家建设的发展基础上，形成了与这个新型国家相匹配的国族，即中华民族。但历史上形成的文化共同体仍然存在，这正是中华人民共和国成立后进行民族识别的客观原因。因此，现代中华民族的内部结构，仍然是多元一体的。我国多元一体的民族关系格局，可分为两个大的历史时代：古代的多元一体格局以羁縻制度为特征，现代的多元一体格局则以中华民族为依归。

（原文刊于《回族研究》2021 年第 3 期，第 1—14 页）

家国同构：儒学中"中华民族共同体"的文化基因与话语体系

马　慧　梁向明

"文化就是代表一定民族特点，反映其理论思维水平的精神风貌、心理状态、思维方式和价值取向等精神成果的总和。"[①]儒学作为中国古代传统文化的精魂，历来是官方推崇的主流文化，具有强烈的感染力和号召力，对凝聚民心、统一政权发挥了重要的导向作用。虽然儒学已成为过去的表征，但它在历史沉淀中形成的稳定的民族精神和心理认知对当代强化民族认同、铸牢中华民族共同体意识依然具有顽强的生命力。创造性地加以运用将提升中华民族文化自信的底气，强化华夏民族文化认同的心理素质，形成当代中华民族共同体意识的价值取向。

习近平总书记在纪念孔子诞辰 2565 周年国际学术研讨会上进一步指出："儒家思想反映了中华民族的精神追求，是中华民族生生不息、发展壮大的重要滋养……儒家思想和中国历史上存在的其他学说都是与时迁移、应物变化的，都是顺应中国社会发展和时代前进的要求而不断发展更新的，因而具有长久的生命力。"[②]儒学的现代化发展不仅进一步扩充和坚定新时代中华传统文化的发展空间和话语权，而且其内在隐藏的社会治理逻辑将在当下社会治理中继续展现活力，为当前社会行为规范、社会秩序运

---

① 李宗桂：《中国文化概论》，中山大学出版社，1988 年，第 8 页。
② 《习近平在纪念孔子诞辰 2565 周年国际学术研讨会暨国际儒学联合会第五届会员大会开幕会上的讲话》，《人民日报》2014 年 9 月 25 日，第 2 版。

行提供更多借鉴经验。

一 家国大义：儒学中"中华民族共同体"的个体修养观

"家国大义"是儒家思想中最特殊的精神财富和价值体系，是中华民族特有的文化基因。"为国之本在于为身。身为而家为，家为而国为，国为而天下为。故曰：以身为家，以家为国，以国为天。此四者，异位而同本。"①家国同构的个人意识是中国传统社会自我价值的主要表达，是穷其一生最高的道德追求，已成为传统社会的普遍共识。人人追求"修身治国平天下"的宏伟理想，并以此作为光耀门楣的重要依据。故而，孟子曰："天下之本在国，国之本在家，家之本在身。"（《孟子·离娄上》）儒家心系天下，把身、家、国、天下看成是一脉相承的社会连续体，休戚与共的利益共同体，时刻强调个人品格修养的合理性，从而力求在自我、家族、国家和天下的连续体中获得同一性。②

（一）修己安人与内圣外王的人格修养

"修身治国平天下"是儒家王道政治的治世路径，孔孟为代表的儒家先贤时刻强调世人应以修身为本，培养完美人格，进而外化，推及家及社会，力求为国为民，造福百姓，最终实现国家安定，天下大治。③儒家把这种加强自身修养，完善自身人格作为国家治理的起点，培养了世人的社会责任和国家意识。

孔子强调的修己安人，是世人追求的家国大义理想人格的体现，是君子的必备素养。"修己以敬""修己以安人""修己以安百姓"（《论语·宪问》）。孔子认为君子之所以为君子，在于其内心修养的高深与外化于行的亲民，为君子者其内心必是充满仁、义，并能升华仁、义为安世之行。这里的"修己"便是内心修养的表达，"安人"便是匡世救民的践行，只有达到修己与安人的内在与外在的统一才能称为君子人格，也就是理想的自

① 陆玖译注《吕氏春秋》，中华书局，2011年，第706页。
② 许纪霖：《家国天下——现代中国的个人、国家与世界认同》，上海人民出版社，2016年，第2页。
③ 傅永聚、任怀国：《儒家政治理论及其现代价值》，中华书局，2011年，第416页。

身人格。孔子"修己安人"的人格追求，到战国时代被概括成了"内圣外王"之道。①内圣即内在圣人品格的修养，外王即外在经世之道，"内圣外王"提出后成为后世圣贤争相追求的人格修养。

孟子继承内圣之学，认为"修身治国平天下"是从内到外的逐次延伸，修身是根本，平天下是最终的目的，无修身之德便无治国平天下之志。圣人者"百世之师"（《孟子·离娄上》），以圣人为榜样，辐射、引导百姓，自可达到民众的人格内省。孟子试图仿效"天无私覆，地无私载，日月无私照"（《礼记·孔子闲居》）的大公无私境界，养成人之奉公忘私的理想人格。在内圣方面，孟子还提倡他的性善论。他认为，通过内圣激活善的人性，才能悲天悯人、于家为国，从而实现王道政治。荀子则继承外王之学，认为理想人格的实现不能仅强调个体品德修养的"内圣"，更应该着眼于国家、社会的安定有序，人格修养应该为社会礼法纲纪服务。荀子内圣摆脱了空洞的内心修养，更多强调外在社会秩序的规范。荀子从人性本恶出发，论证外在道法制约之用，"人无礼而不生，事无礼则不成，国家无礼则不宁"（《荀子·修身》），认为礼是人生的规约、成事的基础、国家安定有序的前提。社会的治理不能仅靠人内心修养的觉悟，也需要礼的制约和规束。荀子的外王之学是建立在大一统国家秩序的现实需求之下，礼成为道德的法则、社会治乱的圭表，王霸并重的政治思路。至两宋时期，盛行"内圣外王"兼修，如周敦颐所言："圣人之道，入乎耳，存乎心，蕴之为德行，行之为事业。"（《近思录·为学》）认为内心修养与外在经世之行是同步的、一致的，修内圣之道也是为了王道之行。此外，朱熹也强调"持敬""去欲"的内在修养和"尊王""崇义"的外王之行。

"内圣"与"外王"都是儒学家国大义理想人格的塑造，"内圣"的最终目标是要满足经世的需要，以"修身治国平天下"为服务对象；②同样，外王之学也讲内圣之义。二者很好地把个人价值和国家治理相结合，把个人的人生追求同治国平天下的社会理想相融合。这便是古代文化中"内圣外王"精神的独特性体现。"古之欲明明德于天下者，先治其国。欲治其国者，先齐其家。欲齐其家者，先修其身。欲修其身者，先正其心。……

---

① 傅永聚、任怀国：《儒家政治理论及其现代价值》，第417页。
② 傅永聚、任怀国：《儒家政治理论及其现代价值》，第421页。

心正而后身修，身修而后家齐，家齐而后国治，国治而后天下平。"（《礼记·大学》）儒家的修身更多是对国之大义的追求，是为治国平天下而效劳，从修身到齐家再到治国平天下的目标，是一种从低到高、层层渐进的远大理想追求，而修身则是关键，只有完善自我，才能肩负起社会和国家的重任。今时今日，铸牢中华民族共同体意识依然需要借鉴儒家的修养观，从自身人格的培养做起，以自身共同体意识的内在自觉达到外化于行的维护中华民族共同体的实践，从而真正担负起中华民族伟大复兴的重任。

（二）公而忘私的责任意识

公、私的产生源于利益主体的差异，"公"一般代表社会群体，即国家，"私"则专指个体。公私争论一直是中国社会的热点问题，因利益主体的分化而出现了社会与个体的利益争端。以儒家为代表的古代圣人智者为此阐发了诸多言论，以"修身治国平天下"的家国大义平衡了公与私、个人与国家的利益错落，启发了民众的道德追求，引导了民众"公义"的心理价值取向，为现今解决中国社会伦理问题、培养公民的爱国意识发挥了重要作用。儒家公而忘私的价值理念也是一种社会整体意识，是爱国主义精神与集体主义精神的生动展现，是广大中华儿女内在的心理认知，是推进中华民族共同体意识形成的原动力。

儒家关注普遍性的利益，认为民族、国家的利益是人民的最高追求，是个人利益得以实现的重要保证。一旦公私之间发生矛盾，必取公弃私，让位于国家大义，因此形成了"公而忘私""大公无私"的优良品质。儒家哲学的公私论证和处理方式深深地影响了中国人民，是形成中国以公为本价值观念的重要来源。直至今天，也是中国社会的普遍价值追求和政治信念，是中国文化的独有特征。相反，以权谋私、营私舞弊、假公济私等被看成是人性之恶，是人们避之若浼的邪恶，被竞相斥责。

据学者统计，《论语》中"公"字一共出现26次，而"私"字仅出现2次。[①]可见孔子对公的提倡和对私的摒弃。"如有博施于民而能济众"（《论语·尧曰》），孔子认为如果一个人能不计较个人利益得失而救济人民，他一定是一个仁爱大众的圣人。孟子发展了孔子"公"的思想，进而

---

① 傅永聚、任怀国：《儒家政治理论及其现代价值》，第367页。

强调公私的价值评判，把私与失德、不孝联系在一起，认为"好货财，私妻子，不顾父母之养，三不孝也"（《孟子·离娄下》），也即宣判自私的罪恶性。荀子继承孟子对立的公私观，认为实现社会秩序和谐稳定的前提是公义，"公道达而私门塞矣，公义明而私事息矣"（《荀子·君道》），公义是社会道德培养的本原，只有讲明公义才能禁绝自私自利的行为，才能使社会形成大公无私的精神面貌。《礼记》所描绘的"人不独亲其亲，不独子其子""货恶其弃于地也，不必藏于己；力恶其不出于身也，不必为己"（《礼记·礼运》）的大同社会其实就是儒家追求的大公无私的最高境界。此外，先秦儒家在讲述"公"的同时还把"忠"与之相联系，认为尚公之人必是忠于国之人，公义之德的培养有利于忠孝之心的养成，从公而忠是多数学者的普遍共识，"出死无私，致忠而公"（《荀子·臣道》）、"忠者，中也，至公无私"（《忠经·天地神明章》）都说明了公心的经世效应，即潜在的爱国与报效祖国的意识。

在此基础上，秦汉以后儒家发展了"公"的社会效应，"天无私，四时行；地无私，万物生；人无私，大亨贞"（《忠经·天地神明章》）。秦汉儒家以经世著称，更加注重阐发"公"的正向社会价值，已经不局限于个人品德修养的培养上。宋明以后更形成了弃私扬公的社会道德追求，公与私成为相互对立、不容共存的两极。对此，有学者就指出，宋明理学以前公私的讨论范畴是在政治领域，宋明以后转向道德修养领域；[①] 也有学者认为宋明理学的产生打破了公私观中政治与家庭的隔离，使二者统合为一，强调以人的主体自觉区分公与私。[②]

从先秦到后世，古代文人间已经形成了弃私从公的共论，"私"愈发被定义为罪恶，被世人弃之如敝屣。明代的吕坤就明确指出："人生大罪过，只在'自私自利'四字。"（《呻吟语·克治》）古代先儒的这种公私观塑造了古代社会普遍重"公"的价值体系，对维护社会秩序稳定、巩固国家政权发挥了重要作用。这为后世"大公无私"精神的培育和形成奠定坚实的心理基础和深厚的文化底蕴，对培养后世"公利为己任"的社会责任

---

① 陈乔见：《公私辨：历史衍化与现代诠释》，生活·读书·新知三联书店，2013 年，第 96 页。
② 陈晓杰：《朱子学公私观的一种政治史考察——以"雪川事变"为线索》，《复旦学报》2016 年第 3 期，第 99—109 页。

意识和爱国情怀做出重要贡献，为时下中华民族共同体意识的形成提供厚重的文化基因与历史记忆。

（三）心系天下的爱国情怀

"心系天下"是中华民族的历史记忆，是儒学的文化基因和价值追求，是个体对国家认同感、归属感和使命感的系统表述。儒家心系天下的爱国情怀是个人内心所具有的一种忧国忧民的个人情感与社会关怀，集中表达为"保天下者，匹夫之贱，与有责焉耳矣"（《日知录·正始》）的责任意识。心系天下的爱国意识由来已久，从西周的"忧君""忧位"到后世的"忧国""忧民"都表达了仁人志士对国家、君主以及民族存亡的忧虑与关心。"临患不忘国"（《左传·昭公元年》）、"苟利社稷，则不顾其身"（《忠经·百工章》）的英雄志气既是传统文化的衍生物，也是中华民族"家国大义"精神文明的突出表现，是当代激发爱国意识、培育爱国情怀的精神原动力。因此，把心系天下的儒家传统文化引入课堂，从小形塑起学生"家国大义"的责任意识对铸牢中华民族共同体意识具有重要作用。

忧国忧民、心系天下的思想意识第一次高涨是在春秋大乱之际，仁人志士思虑社会命运，一时成为风气。儒家最为清晰、透彻地阐述了其心系天下、忧国恤民的思想。孔子最早明确家国忧患意识，时常以匡时救世为己任，并将其视为整个儒家学派个人素质修养的重要内容。孔子认为处理任何事务都应从"天下"的视角出发，以国家利益为重，承担自己的社会责任，子曰："士不可以不弘毅，任重而道远。"（《论语·泰伯》）孔子一生热衷于弘道，欲以己之力，匡扶社稷，弘扬正道，但时运不济，最终以讲学的方式传承其"正道"的社会责任意识与为道献身精神。孟子继承孔子救世思想，更加注重经世致用的实践理性。孟子把自己的忧世、救世主张运用于社会实践问题的解决，如孟子劝诫君主以仁治天下。同样，孟子也教导世人自我社会责任感的养成，孟子曰："夫天未欲平治天下也；如欲平治天下，当今之世，舍我其谁也？"（《孟子·公孙丑下》）孟子认为每个人都有匡扶社稷、平治天下的责任与义务，天下是众人之天下，需众人一齐努力。

心系天下作为一种时代使命和社会责任，为古代的"大一统"治世提供了强有力的精神支撑。尤其在内忧外患的两宋之际是心系天下爱国情怀的高涨时期，先贤士人承袭先秦儒家忧国忧民、关怀天下的传统，发表了大量言论，如苏洵的"贤者不悲其身之死，而忧其国之衰"（《管仲论》），陆游的"位卑未敢忘忧国"（《病起书怀》）都表达了其舍己为国的家国大义情怀。范仲淹和王安石的变法运动也是在儒学的熏陶下形成的经世救国的行动。心系天下的爱国情怀作为一股强大的精神力量一直指引着仁人志士忧心国事、以国为重，形成了一种强烈的使命感和奉献意识，成为中华文明的精神传统。两宋时期的忧国思想不仅激励了士人，也充实了儒学思想，使儒学思想中经世救国的意识成为一种积极向上的思想传统，成为社会责任与民族主义爱国情结的集中反映。至明时，这一意识成为知识分子阶层普遍的人格追求。东林书院就有题字曰"家事国事天下事，事事关心"，这一名句成为许多读书人的座右铭，一直流传至今。顾炎武也表明"天下兴亡，匹夫有责"，更是表达了世人心系天下、关心国家兴亡的强烈爱国热忱。这种心系天下、关心国家大事的爱国情怀正是中华民族特有的民族主义精神，是近代救亡图存的真实写照，是中华民族一脉相承的精神源泉，是当代中国文化自信的重要支撑，是铸牢中华民族共同体意识的思想基础，是中华民族伟大复兴的精神力量。

二 群居和一：儒学中"中华民族共同体"的社群观

"群居和一"是荀子提出的社会伦理思想，他以儒家一贯的"仁爱""天下"情怀为基础，欲以勾勒一幅群居和谐统一的理想社会蓝图。"方以类聚，物以群分"（《易·系辞上》），人是合群的物种，人的本质就是共同体。"人的存在是整体的存在。个别的人也是整体的人，整体的人从个别的人走向群体、走向整体，也形成了整体的群体，然后在整体的群体中找到整体的个人，在整体的个人中发展整体的群体。"① 只有群体和谐，达到"天下之人皆相爱"的状态，才能实现社会秩序的和谐稳定。儒家社会伦理关注群体利益，认为群体是个体的保障，个体寓于群体之内，强调个体的合群性。荀子言"人生不能无群，群而无分则争，争则乱，乱则

---

① 贾嘉嘉主编《世界的儒学：世界儒学大会发起国际会议》，文化艺术出版社，2008年，第41页。

离，离则弱，弱则不能胜物"（《荀子·王制》），进而表明社会群体力量的重要性，认为群和是战胜万物的根本，群和是社会秩序稳定、国家安定的前提，群和是达到同一境界的基础，群和也是形成中华民族共同体意识的根源。

（一）美人之美的社群仁爱

在社会群体中，美人之美的泛爱意识影响着整个社会结构。仁爱作为社会道德伦理范畴，不仅反映个体的道德修养，也暗含着普遍的社会价值取向。自孔子以来，儒家深刻阐释了仁爱的理念，以其"泛爱众"的思想协调了人与人之间、社会与个体之间的利益关系，建构了"群居和一"的社会秩序，至今仍对中国人的群己、义利抉择具有重要影响。儒家仁爱的思想传统是中华民族特有的社会群体意识，是中国人始终坚持集体利益至上的精神追求，是区别于西方个人主义的思想体系，这也是中华民族独有的话语体系。

孔子"仁"的社群观是为"爱人"，由"爱亲缘"推至"爱人"，最后达到"泛爱众"的境界。孔子曰"弟子入则孝，出则悌，谨而信，泛爱众，而亲仁"（《论语·学而》），孔子将"仁"呈现为爱亲、爱人、泛爱众三个层次，由近及远的社群之爱。"仁爱"在于强调人的主观能动性，欲以仁爱之德性建立人人之间爱的意识，进而使社群行为趋于道德化，摒弃个人"利益"使然的弱点，从而构建起和谐的社会秩序。如孔子所言"一日克己复礼，天下归仁焉"（《论语·颜渊》），揭示了"仁"之德性对人人友善、社会和谐的重要价值。孔子的仁爱观所论述的社会价值，其实也是己与人的关系问题，是要处理义与利之间的社会关系问题。"夫仁者，己欲立而立人，己欲达而达人。"（《论语·雍也》）显然，孔子的仁是为他人的大义，是推己及人的公义之心，是把社会成员看作一个共同体而泛爱众人的一种社群观，是美人之美的公义观。在孔子"仁"观念的引导下，社会群体将成为一个休戚与共的共同体，将同舟共济、风雨共担，这也是中华民族共同体意识的最初渊源。

孟子继承孔子"仁"的思想，认为人皆有恻隐之心，遇到不幸之事，都会伸出援助之手，这便是仁。孟子以"性善论"为依据，强调仁、义的社会道德价值，"仁者以其所爱及其所不爱"（《孟子·尽心下》），以博爱的"仁"之态度对待人与人、人与社会之间的关系，使社会成员之间矛盾得以化解，形成社会共同体的态势。荀子则最为明确地论证了儒家的社会仁义理念，指出儒家的仁爱是一体之仁，是超越差等的仁爱之情，是追求社会统一体的仁。荀子将其定义为"兼爱"。在基础上，荀子提出了正义，认为仁爱之情产生正义，这种公平正义成为社会规范的标准，以此达到社会的"正理平治"，进而形成"群居和一"的社会局面。

人是社会性的生物，群体生活是其基本的生活形式，故而群体之间建立一种公共的仁爱意识，将淡化过分的个体欲望，形成群己利益息息相关的统一体。儒家仁爱的社会意识是社会群体成员友好相处、共同生活的精神桥梁和行为准则。虽然仁爱的思想是封建社会的产物，但其丰富的思想内涵和社会价值已超越时代的局限，其合理的内容已衍化为爱人、成己和成人等社会价值观念，为现代社会群体的和谐相处提供了借鉴，成为构建社会共同体的精神内核。儒家仁爱观念经过历史的沉积与选择，已经成为中华民族特有的传统美德和社会价值观念，合理的运用、创造性的转化将成为赢得国民心理认同、构建中华民族共同体的社群意识。

（二）美美与共的社群交融

儒家文化异常关心社会群体之间的关系建构问题，儒家立足自我，欲以强化自我的内在德性修养，以延伸与社会成员的关系，特别强调以"仁、义、礼、智、信"五常调整社会关系，从而达到社会和谐，实现社会共同体的构建。儒学注重由近及远、推己及人的方法来处理社群交往，认为要想形成友好的社会氛围，需先从自我做起，形成道德行为，才能要求别人的德行行径，因此要以宽厚、礼让、恭敬待人处世，以建立起美美与共的社群亲善关系。

宽厚待人是儒家社会交往的准则之一。在社会交往中，儒家强调与人为善，以宽容的心态待人接物，"君子以厚德载物"（《易·象辞·坤》），唯有厚德才能兼容万物，包容个体缺陷，友善待人，形成良好的社群关系，故而孔子曰："宽则得众。"（《论语·阳货》）儒家首先以诚信作为宽厚待人的准则，儒家认为人与人之间应该信守承诺，真诚相待，才能建立和谐友善的关系。如杜恕所言："君臣有义矣，不诚则不能相临；父子有礼矣，不诚则疏；夫妇有恩矣，不诚则离；交接有分矣，不诚则绝。"（《群书治要·体论》）诚信可维持固有的家庭、社会和国家关系，使社会成员真诚相待，社会关系趋于和谐稳定。孔子极其看重人的诚信品质，认为"人而无信，不知其可也。大车无輗，小车无軏，其何以行之哉？"（《论语·为政》）诚信是社会群体交往的基本准则，是一切人际关系的普遍德行要求，是美美与共的社群共同体形成的基础。其次，儒家讲求大度包容，"君子尊贤而容众，嘉善而矜不能"（《论语·子张》），要求包容众人，不管德才与愚钝皆是社会群体一员，应相互扶持，相互包容，团结众人于一体。再次，儒家追求以德报怨，宽宏大度，认为就算别人有触犯之处，也不应与其一般见识，一味计较。但儒家并不是无限地委曲求全，而是有原则和界限的包容，是站在公义角度的包容，如孔子提出要"以直报怨"。

礼让谦恭也是儒家提倡的社群交往、交融的又一准则。儒家认为只有人与人之间形成礼让的美德，才能形成和谐的社群交往关系。礼让是互动的过程，彼以礼待人，必会得人之礼遇，"有礼者敬人""敬人者人恒敬之"（《孟子·离娄下》），社会成员之间的敬重、礼让是亲善和睦关系的基础，"君子有礼，则外谐而内无怨"（《礼记·礼器》），注重礼尚往来，以情换情，谦虚礼让，社会争端将迎刃而解，人际关系将更加融洽。孔子高度崇礼，把礼提到了治国的高度，认为用礼让治国，国之困难都可消解。孟子也继承礼让，认为"无辞让之心，非人也"（《孟子·公孙丑上》），辞让之心是人的内在本质，是人在社会交往活动中的重要素养。荀子也表明，人群不和，皆是源于人性的争、胜、贪的欲念，人应该以礼相让，才能避免争斗，形成社会文明的共同体。同时，儒家也提倡"当仁不让"，尤其在为善的事情上，儒家坚持自己的社会责任意识，这也成为中国人至今依然保留的传统美德。

儒家的礼让是建立在恭敬的基础上的，儒家认为有敬才有礼让。"敬，礼之舆也，不敬则礼不行"（《左传·僖公十一年》），只有发自内心的真诚与恭敬，才能维持礼让之行动，若无恭敬之心，礼让就成了虚假的表面形态，而不能推动社会关系的和谐发展。

儒家以宽厚、礼让、恭敬作为社会群体间相互接触、交流交往的基本准则，减少了成员之间争名夺利的行为，改善了社会群体关系，使社会成员之间拥有了共同的社会交往准则，进而促进社会内部的有机团结。儒家的社群观以求同、宽容的心理机制使不同成员在相互接触中增进情感，减少社会群体间的消极因素，突出社会群体的道德共性来实现和谐有序的社会共同体的构建，这也是中华民族共同体构建的最初路径。

（三）天下大同的社群和谐

和谐是社会安定、井然有序的前提，和而不争，可使社群关系融洽，社会浑然一体。儒家最早发现"和"这一社会文明理念，并将其系统化、理论化，使之成为中国传统文化的古老命题。早在原始社会时期，先民们就认识到了人类作为一个群体的和谐一致的力量，认为在那样恶劣的自然环境中，只有依靠群体的力量才能生存下来。[①] 群居繁衍，和谐共生。儒家憧憬"群居和一"的理想社会，欲融合社会异质，延伸同一性，达到"万国咸宁"的大和谐社会秩序。

儒家一贯重视"和"在社会及国家秩序中的作用，提出尚和的理论。有子曰："礼之用，和为贵。"（《论语·学而》）从"和"的社会价值角度出发，阐述了"礼"之"和"的内涵，认为"'礼'之'和'与一般所理解的和气、和睦、和善、友好有别，是指'无相夺伦'，互不侵犯，也就是相安无事，谐而不乱"。[②] 这也是"和"作为社会秩序与国家社稷内在的结构性功能。孔子也强调本真的和谐，"君子和而不同，小人同而不和"（《论语·子路》），认为内心深处的和谐友善态度是创造和谐社群关系的基础。也就是说，社会群体之间只要存在本真的和谐意识即可，不必强求单一的"同"，孔子欲通过平衡、调和社会关系，以寻找社会群体间的最佳状态。孟子也讲"和"，曰"天时不如地利，地利不如人和"（《孟子·公孙丑下》），认为民众和睦，团结一致，便能形成巨大的社会力量。荀子的"和"是儒家之学中最具创造性的，荀子鲜明、系统地把"和"置于社会伦理思想体系中。认为"和"有着多种含义。第一，"和"具有天人合一的意蕴，是人与自然之和。第二，"和"是人类社会力量的集合，是处理群体关系的目的，是关系着国家兴亡的社会动员力量。"平正和民之善，亿万之众而博若一人"（《荀子·儒效》），只有众人崇尚和一，才能团结一

---

① 傅永聚：《中华伦理范畴丛书》第一函，中国社会科学出版社，2006年，第4页。

② 金妍妍：《"群居和一"：荀子社会伦理思想研究》，博士学位论文，中南大学，2012年，第46页。

切社会力量，使国家合和为一。第三，荀子的"和"是以"义分则和"为依据，强调维系社群和谐的途径。"人何以能群？曰：分。分何以能行？曰：义。故义以分则和，和则一，一则多力，多力则强，强则胜物"（《荀子·王制》），荀子以"群""分""义"作为"群居和一"实现的手段，认为以"义"约束、引导个人欲望，扩大社会群体利益，形成社会群体内部的和谐有序，才能构建起人们共同生存的、和谐的社会共同体。荀子把"和"作为实现"群居和一"的路径。荀子不仅要求个体"和"之伦理德性的培养，而且也注重群体和谐共生的价值导向与整体利益的实现，他赋予了儒家实现"群居和一"社会伦理思想的新内涵。①

儒家强调的和谐是人与人的和谐，是人际关系的和谐，是"群居和一"的社会共同体的和谐。儒家把构建人人亲善和睦、安居乐业的天下大同的和谐社会作为自己的重要任务，关注社会的群体价值，欲以建立一个社会共同体的基本结构。这一社会结构亦被称为"群居和一"。"群居"与"和一"是统一的关系，"群居"的社会状态要求"和一"，没有"和一"的实现就不可能"群居"。②对荀子来说，"群居"的人类社会，必以"和一"为要求，只有"和一"社会价值的实现，才有安定和谐的人类社会。正如霍布斯所言："群体纵使再大，如果大家的行动都根据各人的判断和各人的欲望来指导，那就不能期待这种群体能对外抵御共同的敌人和对内制止人们之间的侵害。"③因此，儒家强调把和谐作为一种社会治理的工具，以"和"的社会伦理思想处理人际与社会关系，通过"和而不同"的交往、融合，实现群体成员的相互理解、互相包容和协调统一。

以孔子为代表的儒家思想饱含深厚的社会理想，从"仁爱"到"尚和"，从"推己及人"到"治国平天下"均体现了儒家心系社会大义的人文关怀，同时也体现了中华民族宽厚礼让的社会伦理价值，其倡导的"群居和一"正是这一社会理念的集中表达。"群居和一"是以社会群体

① 金妍妍：《"群居和一"：荀子社会伦理思想研究》，第48页。
② 孙旭鹏：《荀子"群居和一"的政治哲学研究》，博士学位论文，东南大学，2016年，第31页。
③〔英〕霍布斯：《利维坦》，黎思复、黎廷弼译，商务印书馆，1985年，第129页。

的和谐交融、社会秩序的安定统一为目标，调和社会群体关系，形成聚合效应，从而构建起社会共同体。时至今日，"群居和一"的儒家和谐治世理念仍具有重要的当代价值，它是构建中华民族共同体社群意识的思想基础。

三　合和同一：儒学中"中华民族共同体"的政治文化观

"统一为本"是儒家文化处理民族、国家关系的基本准则，统一高于一切是儒学国家观的价值体现。"华夷一体""大一统"秩序是古代中国统一的多民族国家建构和发展过程中的政治文化指导理念。从春秋战国时孔子的"华夷之辨"到孟子的"用夏变夷"，从秦汉统一政权建立后形成的"夷夏首足""华夷一家"到"华夷一体"的确立呈现了中华民族"统一"理念的不断深化。孔子的"一匡天下"，孟子的天下"定于一"，荀子"一天下"及《公羊传》的王权"大一统"，更是进一步明确了儒学"合和同一"的主流政治文化。"合和同一"的政治观奠定了"华夏"与"蛮夷"相互交流、相互融合的情感基础，容纳了空间、疆域完整的政治构想，承载了国家认同、民族认同的历史记忆。

（一）"华夷一体"的文化族类观

中国古代的国家认同经历了"华夷之辨"的中心—边缘观到"华夷一体"族类整合观的转变过程。早在商周之际，就已经出现"夷""夏"分立的观念，如《尚书·君奭》载："惟文王尚克修和我有夏。"《尚书·周书·多方》载："猷告尔四国多方。"可见，周人已承续夏之道统，自称为"夏"，而"四国多方"是与之相区别的另一方域。但四方并非华夏之外的疆域，而是受中原诸夏管控的远离中心的外围圈层，或称"外服"，《诗·大雅·民劳》载："民亦劳止，汔可小康，惠此中国，以绥四方。"此时"夷""夏"的区别更多是地理空间上的差异。春秋以后华夏与夷狄在文化上的差距越来越大，遂孔子提出"夷夏之辨"的论说，把礼仪文明看作"诸夏"与"夷狄"的分野。换而言之，若"夷狄"接受了中原先进的礼仪秩序，具有了中原礼教文明，便可转化为"华"，加入华夏族的行列。由此可知，"夷狄"界限并非泾渭分明，其身份是动态的、可变的。晚清学者郭嵩焘既已指出："所谓夷狄者，但据礼乐政教而言及之，其不服中国礼乐政教而以寇抄为事，为之戎狄。"①从历史角度分析，中国古代有诸多"夷狄"建立统一国家的案例，如元、清等政权的建立者皆是外夷，但因其服膺、推崇中原文化而被接纳为华夏一员。这也说明"华""夷"并非单一血统的集合，而是多民族的融合体，通过战争、婚姻的交流融合，文明教化的内在启迪都可为"夏"，"夷""夏"并不是非此即彼的敌我关系，而是天下这一空间结构的集合体。

　　用夏变夷、化夷为夏成为中国历史常态，是大一统帝国思想文化统治的关键所在。②孔子虽提倡"夷夏"有别，但孔子并不排斥夷狄，认为夷狄接受文明也可为君子。"子欲居九夷，或曰陋，如之何！子曰：君子居之，何陋之有？"（《论语·子罕》）孔子认为九夷之民可因教化而文明，是为"天下"的组成部分。孟子则指出："舜生于诸冯，迁于负夏，卒于鸣条，东夷之人也。文王生于岐周，卒于毕郢，西夷之人也……得志行乎中国，若合符节，先圣后圣，其揆一也。"（《孟子·离娄下》）孟子认为舜是东夷人，文王是西夷人，而其所作所为皆为圣人之行。因此，认为夷夏无异，皆可施文德、礼教化而互通互变，为之一体。秦汉以后，统治阶层为巩固"大一统"秩序，便把"以夷变夏"作为重要的民族策略。在处理匈奴关系之时，贾谊首倡"夷夏首足论"，认为"夷夏"本为一体，只是文化高低有别，进而提出让匈奴"渐染华风"，以"化夷为夏"。③董仲舒则明确了"夷进为夏"的思想，指出："今晋变而为夷狄，楚变而为君子，故移其辞以从其事。"（《春秋繁露·竹林》）魏晋之际，诸多少数民族建立政权并推崇中原文化，更是形成了"华夷同宗共祖"的理念，《魏书》载："昔黄帝有子二十五人，或内列诸华，或外分荒服。"④尤其是北魏的汉化，使得鲜卑族与汉族交流交融，休戚与共，同为一家。隋唐统一后，因自身的血统和文化，对夷狄的态度更为和善。隋炀帝倡导"混一戎夏"，唐太宗超越"夷夏大防"的传统观念，

① 郭嵩焘：《郭嵩焘文集》，杨坚校，岳麓书院，1984年，第202页。
② 许纪霖：《家国天下——现代中国的个人、国家与世界认同》，第56页。
③ 段超、高元武：《从"夷夏之辨"到"华夷"一体：中华民族共同体意识形成的思想史考察》，《中南民族大学学报》2020年第5期。
④ 《魏书》，中华书局，1974年，第1页。

谓之："自古皆贵中华，贱夷狄，朕独爱之如一。"①唐玄宗容纳夷狄，认为"中外无隔，夷夏混齐"，②开启了"胡汉一家"的历史时刻。两宋时期，民族冲突不断，"夷夏大防"被重新提起。但从另一方面看，随着科举制的发展，儒家文化的传播范围不断拓展，触及边疆民族地区，一定程度上培育了统一的中华文化认同，这也是此时"华夷之辨"的另一特征。到清朝之时，统治者已然接受了自己"夷"的身份。太宗倡导"满汉之人均属一体"，③雍正直言不讳地表明："我朝肇基东海之滨……所承之统，尧舜以来中外一家之统也；所用之人，大小文武，中外一家之人也；所行之政，礼乐征伐，中外一家之政也……目为外夷……然则'夷'之字样，不过方域之名，自古圣贤，不以为讳也……夫满汉名色，犹直省之各有籍贯，并非中外之分别也。"④显然，清朝时统治者的华夷身份之别已经淡化，认为夷夏都是"天下"之民，是统一体的一部分。至于谁可为帝，关键在"德"，"德在内近者则大统集于内近，德在外远者则大统集于外远"，⑤这也开创了"大一统"正名分的另一标准。

此外，中国历史上的四次民族大融合也促进了夷夏、胡汉之间的交往融合，汉人胡化、胡人汉化现象普遍出现。不同文化的相互渗透，使得夷夏之间的差距越来越小，逐渐被"一体"所代替，最终形成了中华民族这一政治—文明共同体。清史专家黄兴涛就认为，康熙以后满人有个正式的国家认同，一方面认为广阔地区的"非汉人"族群是"中国人"，清朝皇帝统治臣民属于"中国人"，清朝国土也是"中国"的一部分；另一方面认同前代中国历史和文化的主体（以汉文化为核心，尤其是儒家思想），认为清朝是传统道统的承续，是由古及今中国的一个朝代。⑥清朝打破了"华夷之别"的文化族类观，转而走向了国家、政治一体化，民族和谐共生的发展方向，这也成为近代以后国家认同和民族认同的积淀，是中华民族共同体意识的萌芽。

---

① 《资治通鉴》，中华书局，1956 年，第 6247 页。
② 《全唐文》，中华书局，1983 年，第 442 页。
③ 《清太宗实录》，中华书局，1985 年，第 26 页。
④ 《清世宗实录》，中华书局，1985 年，第 696—697 页。
⑤ 《大义觉迷录》（清史资料第 4 辑卷 1），中华书局，1983 年，第 4—5 页。
⑥ 黄兴涛：《清代满人的"中国认同"》，《清史研究》2011 年第 1 期，第 21 页。

（二）"大一统"的政治思想观

"大一统"思想是中国传统文化的重要内容，是儒家学说的重要阐释。同时，也是中华民族集体的历史记忆和自我认同，对今时塑造国民性格、促进民族团结依然发挥着重要作用。赵刚指出："大一统思想包含三方面的内容：一是大一统理想，亦即'天下归一'；二是直接统治和间接（四夷）统治的范围；三是大一统话语，即统治的正当性。只有满足三者才是大一统理想的真正实现，这也是儒家大一统的治世之道。"[①]中国的"一统"观萌生于国家形成之初。自舜禹时代，普天之下、四海之内尽为臣仆，是为"大一统"思想的先河，至春秋战国时期政治统一成为大势所趋，"大一统"思想基本定型。为时儒家系统、完整地构建了"大一统"理论体系。从孔子的"一匡天下"到孟子的天下"定于一"再到荀子的"一天下""隆一而治"，经历了"合而为一"的历史整合过程。

孔子作为儒家"大一统"思想的奠基人，始终强调统一秩序的构建，无论是"礼乐征伐自天子出"（《论语·季氏》），抑或"管仲相桓公，霸诸侯，一匡天下"（《论语·宪问》），都表明其维护华夏一统的决心。孔子认为建立"大一统"的国家秩序首先要保证疆域的统一，只有达到空间占有，才能实现天下一统。孔子"法先王""祖述尧舜，宪章文武"，欲求"邦畿千里，维民所止，肇域彼四海，四海来假"（《诗经·商颂·玄鸟》）。孔子的"大一统"理想不仅限于中原内部的统一，而是要实现"王天下"的目标，即华夏与四海归于一统，华夷是为一家。其次，孔子提倡文化的统一，认为文化统一是缔造政治"大一统"的重要手段。天下的一统不仅要求君主控制政权，也要君主掌教化，成为传播华夏文明、教化百姓的师长。孔子"以夏变夷"就是为了形成文化的共性，实现文化认同，完成思想文化的统一。孔子也倡导"正名"，亦即统一话语权，"名不正，则言不顺；言不顺，则事不成"（《论语·子路》）。孔子认为政治的统一与言论的统一是分不开的，言论统一为政治统一提供话语支撑，欲以"正名"完成统一秩序的理想。孟子继承并发展了孔子统一的理念，提出天下"定于一"的政治命题。孟子曰："定于一。"（《孟子·梁惠王上》）对于如何实现统一，孟

---

① 杨念群主编《新史学》第 5 卷《清史研究的新境》，中华书局，2011 年，第 3 页。

子认为只有实行仁政，仁政可普惠于民，王道天下，使民众内心认可、拥护政权，从而真正地实现政治、思想上的统一。荀子的统一理想为"四海之内若一家""天下为一"（《荀子·儒效》），重建天下合一的政治秩序，继而提出"一天下""一制度""一思想"的伟大命题。"一天下"是指国家的统一与安定，是荀子的最高政治理想，也是他"大一统"理念的精华概论。荀子多次谈及"一天下"，如"一天下，财万物"（《荀子·非十二子》），"笞棰暴国，齐一天下"（《荀子·儒效》）等，可见荀子对于天下合一、国家治平的强烈愿望。但是"一天下"的疆域统一并非荀子"大一统"理论的全部内容，只是天下统一的初步成果，是一种表层的一统，只有达到"一制度"的政局与秩序的统一，才可上升为深层的统一。①荀子的"一制度"认为王制、礼仪和刑法皆是实现"大一统"秩序的关键。整合政令，统一制度，完善国家建置，才能树立王权威望，维护"大一统"的社会秩序。"统礼仪"则使百姓安分守己、合乎社会规范，进而促进社会秩序的统一。刑法是社会治理的重要手段，是稳定社会秩序的良药。此外，荀子也提倡"思想一统"，荀子的"法后王"就认为要实现国家的"大一统"，必须统一思想，因为思想观念控制行为活动，只有统一思想，才能使国家政治行为活动合乎统一规范。因此，他写《非十二子》批判诸子学说为奸言、邪说，认为当前任务是承先王之道，息邪辟说，统一思想。

秦汉后兴起公羊学派，专门研习《公羊传》，传承儒家的"大一统"思想。《公羊传》是最早提及"大一统"概念的儒家经典著作，"元年者何？君之始也。……何言乎王正月？大一统也"（《公羊传·隐公元年》），《公羊传》最先把王有天下看成统一的实现方式，多次提到"王者欲一乎天下"（《公羊传·成公十五年》），欲以王者实现"大一统"的政治宏愿。公羊学大师董仲舒别出心裁地阐释了他的大一统理论，从宇宙生成的高度论证了"大一统"思想的神圣性和合理性，②使"大一统"理论具象化，拥有了普适性的价值。董仲舒首先强调政治一统，认为天下统一于王，王统一于天，"君权神授"，君王是天的代表，是人世的最高主宰者。除了强调君权一统天下，还主张思想上的一元化，把思想统一作为政治统一的前

① 徐鸿、解光宇：《先秦儒家"大一统"思想论》，《学术界》2015年第5期，第162—169页。
② 傅永聚、任怀国：《儒家政治理论及其现代价值》，第16页。

提，认为只有禁止诸子百家的异端邪说，推崇儒家统一学说，才能使法纪一统、百姓顺从。在董仲舒一统的基础上，何休把儒家"大一统"发展到了更高的层次。何休《解诂》中把"以元统天""立元正始"作为"大一统"阐发的思维逻辑，何休的"元"不仅限于时间、空间上的"一"，而是先于天地的元气及其"造起天地"的运作，[①]是要把推己及人、正己正人的普遍的仁爱之心作为"大一统"的基础。公羊学派把一统在空间上的拓展和时间上的延续结合为一，把一统的基本原因理解为仁学的实行和不同族群文化的趋同，为"大一统"思想注入新血液，为历史上的统一事业做出了重要贡献。[②]

儒家"大一统"思想贯穿中国古代政治文化的诸多方面，是政治空间的拓展，是政治地位的合法性论说，也是古代政治活动、社会治理的有效手段。"大一统"观在思想上，"锻造了中国人对整体政治稳定性的需要远大于追求个人心灵自由的认知心态，成为近代民族主义者抵抗西方最值得信赖的思想资源"。[③]政治上，古代"大一统"的政治践履为现代国家的行政建制和社会治理提供了一定的治理经验。今时今日，"大一统"思想作为中华儿女共同的历史记忆，一直牵动着国民的内在情感，是华夏子孙民族认同、国家认同的文化基石，是汇聚中华民族凝聚力的重要元素，对保证当代社会和谐、民族团结和祖国统一有着积极的现实意义。

结　语

在中国几千年儒家文化的熏陶下，儒学成为凝聚中华民族精神力量中最活跃的因素。从儒学发展的历史进程分析，在历代王朝的构建中，儒学对个人责任感、社会和谐及国家统一的心理引导与塑造，促进了各民族的交流、交往、交融，共同谱写了中华文化的知识体系，共同承载了中华民族的历史记忆，共同缔造了中华民族的精神信仰体系。因此，铸牢中华

---

① 傅永聚、任怀国:《儒家政治理论及其现代价值》，第19页。
② 傅永聚、任怀国:《儒家政治理论及其现代价值》，第22页。
③ 杨念群:《"大一统"与"中国""天下"观比较论纲》，《史学理论研究》2021年第2期，第73—87页。

民族共同体意识并不是空洞的理论阐发，而是早已在历史土壤中生根发芽的实践路径。儒学强调的"修己安人""公而忘私""心系天下"的道德伦理价值，"仁者爱人""推己及人""群居和一"的社群观念和"华夷一体""大一统"的政治思想，以"修身齐家治国平天下"的宏愿形成了个体—社会—国家从内到外、层层递进的家国同构的道德伦理秩序和内在精神支撑。儒家这一思想体系为中华民族共同体意识的构建提供了有效借鉴，其以文化自觉的方式深深地影响了大众的心理认知，成为中华民族文化认同和情感维系的重要纽带。在新时代求取中华民族共同体意识的形塑，离不开历史文化的支撑，儒学的振兴与内生式发展将进一步推动共同体内部的对话与沟通，使中华民族从想象的、碎片的主体空间变成事实的、拥有共同文化基础的物化形态的共同体，从而形成"中华民族"自身的话语范畴与历史内涵，以驳斥西方"民族"话语体系。

（原文刊于《广西民族研究》2021 年第 5 期，第 77—86 页）

两个世界的碰撞：谈中国古代天下观向近代民族国家观的转变

王家保　白建灵

一　中国古代天下观

（一）天下的空间地理界定

天下观作为一种意识观念最早诞生于先秦时期。早在《禹贡》中，对天下的界限就有这样的描述："东渐于海，西被于流沙，朔南暨声教，讫于四海。"①这是古人在有限的知识基础上对"天下"地理范围的界定。中国位于亚洲大陆的东部，四周被高山、荒漠、森林、海洋所环绕，所处地理空间相对较为封闭。独特的地理环境和时空背景，使古代中国社会孕育出了别具一格的天下观念。

古人所指的"天下"，在今天可以有广义、狭义两种理解。广义上对应的是今天理解的"世界"范围，延展了空间；狭义上对应的是今天所指的"中国"概念，限制了空间。②如今后人对"天下"的理解多指狭义上的"中国"，往往忽视了更包容的广义概念。国人如此，西方人更甚之。近

---

① （汉）孔安国传，（唐）孔颖达正义，黄怀信整理《尚书正义》卷6《禹贡》，上海古籍出版社，2018年，第246—247页。
② 吕文利：《中国古代天下观的意识形态构建及其制度实践》，《中国边疆史地研究》2013年第3期。

代西方汉学家多把中国典籍中的"天下"译为"中华帝国",冯友兰对此曾更正道"先秦的所谓中国是指中原,而天下则还包括'蛮貊'","也就是《中庸》所说的'天之所覆,地之所载,日月所照,霜露所坠'"。[①]当然,在不同的历史时期、不同的语境下,古人对"天下"的定义也不同,但所指之意多在广义、狭义之中。

(二)古代天下观衍生的政治和文化

渡边信一郎认为古代中国的天下观并非一成不变,伴随着专制国家的发展,天下观的内容也在扩张变化。他把天下观念的递进分为"方三千里、方五千里和方万里"三种变化。[②]实际上确实如此,中国古代天下观是一个由中心向四周扩张并不断发展的观念。随着秦汉帝国对中国的统一,新生的大一统政权越来越迫切地需要意识形态的集中来维护王朝的稳固和发展。汉代秦后,更是如此。汉朝儒家学者董仲舒适时地提出"罢黜百家,独尊儒术"的思想改革方案,在以儒为本的基础上,吸收借鉴了法、墨、阴阳五行等各家的思想,提出了天命论和大一统的观念。天下观也由最初的地理范围界定,慢慢地被赋予越来越多的政治和文化属性。

罗志田说古代中国的天下观更为"重视住民的文化认同"和"夷夏之辨的族类观念",[③]自上古至近代,虽多有演变,但主流却一脉相承。夷夏观是天下观衍生出的除大一统思想外的另一重要观念。夷夏之辨由来已久,早在《周官·职方氏》中就有"侯、甸、男、采、卫、蛮、夷、镇、藩"九服的记载,时人划分诸服,来区别夏族和夷狄的生活范围。但夷夏之分并非局限于疆域和居住范围的划分,更多的是一种文化的认同,即夏文化"熏然之人所居住地"都可以划分到"夏"的版图中来。自秦朝统一中国以来,两千余年的封建王朝时期都把儒学作为正统思想,儒学从天下观中延伸出来的政治一统、夷夏之辨、天下一统等意识形态也被历代封建王朝作为统治理论。所以尽管出现了北朝、元、清等特殊的少数民族统治时期,但这些少数民族统治者为谋求政治上的一统,多重视夷夏之辨和华

---

① 冯友兰:《三松堂自序》,生活·读书·新知三联书店,2009年,第313页。

② 〔日〕渡边信一郎:《中国古代的王权与天下秩序》,徐冲译,中华书局,2008年,第43—72页。

③ 罗志田:《先秦的五服制与古代中国的天下观》,《学人》第10辑,江苏文艺出版社,1996年,第369页。

夏文化的认同来巩固统治。

除了大一统思想和夷夏观外，中国古代天下观还衍生出了相应的礼法制度、尊卑思想和朝贡文化等，这些制度和文化也正是中国古代天下观的具体实践，它们伴随着中国独特的政治制度不断调整变化。在进入近世社会后，面对欧风美雨的侵蚀，中国古代天下观将得到进一步的重塑演化。

二 近代西方民族主义、民族国家的起源和发展

近代西方民族主义国家最早萌生于 17 世纪的欧洲。随着资本主义萌芽的出现和初期资本主义的产生，原来欧洲的封建世袭王国严重束缚了资本主义的发展，亟须建立一种新的政体来适应社会的变迁，"民族国家"便由此应运而生，进而产生了新的思潮，即"民族主义"。

我们一般认为 1648 年的《威斯特伐利亚条约》是民族国家确立的最初标识，条约确定了"民族国家"是国际法的主体，只有民族国家才有权利相互缔结条约。随着启蒙运动带来的文化复兴和资本主义的再发展，民族主义和民族国家被越来越多的人所认可，终在 18 世纪末的法国奔涌成革命。

法国大革命可以说是以民族主义为依托的民族国家构建的重要标志，它首次将民族主义和民族国家的构建联系在一起。霍布斯鲍姆即认为近代民族主义是以法国大革命为契机出现的。[1]伴随着民族国家出现的民族主义首先是一条政治原则，"它认为政治的和民族的单位应该是一致的"。[2]民族主义以建立民族国家为最终目标，连接了民族、国家和政治，与资产阶级革命相结合，在 18 世纪末到 19 世纪上半叶掀起建立近代民族国家的浪潮。到 19 世纪中期，西欧已普遍建立民族国家。民族国家的建立进而又推动资本主义的发展和帝国主义、殖民主义的兴起，欧洲的民族主义和民族国家观念随着帝国主义的扩张开始向亚洲、非洲和拉丁美洲地区蔓延，世界逐步被纳入民族国家体系之中。

---

① 罗富明、罗绍明：《中国近代国家构建思想与西方民族主义》，《广西民族研究》2012 年第 3 期。

② 〔英〕盖尔纳：《民族与民族主义》，韩红译，中央编译出版社，2002 年，第 1 页。

民族主义一方面给国家的社会、经济带来了巨大的进步，促进了科学文化的发展，增强了民族凝聚力；另一方面又引发了民族仇恨、种族歧视，给多民族国家带来了极大的动荡。随着 19 世纪末资本主义市场体系的最终确立，西方帝国主义国家借用民族主义作为思想武器，不断制造民族冲突，煽动多民族国家种族仇恨，进而满足自己殖民扩张和瓜分世界的利益。中国作为一个地域广阔、资源丰富的统一的多民族国家，自然是帝国主义垂涎欲滴的瓜分对象。但"中国文明与欧洲的基督教文明迥然不同"，[①]中华文明始终是以一个独立的文明体系屹立在亚洲的东部。当西方科学地理知识和民族国家思想随着帝国主义侵入中国后，无论是异种的文明体系，还是帝国主义殖民的冲突，都将引起中华文明的抵抗。

三　中国古代天下观向近代民族国家观的转变

东方和西方并非仅是在近代才有联系的，早在公元前一千多年，东、西两种文明就互有交流，彼此影响。无论是我们熟悉的马车，还是鼎盛一时的殷商青铜文化都极有可能受到外来信息的刺激。[②]同样的，促进西方文艺复兴的造纸术和引导地理大发现的罗盘针也都是来自中国。受不同时期政治、经济、文化影响，东、西间的交流或盛或衰。盛若汉唐，绵延不绝的丝绸之路和充满异域风情的长安城，无不彰显着东西交流的繁荣。甚至于达到"贵人御馔，尽贡胡食"的程度。[③]衰如明清，统治者为谋求安定，在长达数百年时间里，除了极少数时期开放海禁外，历任掌权者无一不严行闭关锁国政策。尽管明清时期中国闭关自守，但中西之间的交流并未断绝，在其中担任重要角色的当属来华传教士。

在西方文艺复兴和地理大发现后，欧洲资本列强进行殖民扩张，伴随着世俗政权的"炮舰政策"和武力掠夺，天主教也开始向亚欧非各国和地区渗透。[④]传教士来华的目的虽然是传教，但这些传教士往往都具备极

---

① 马戎、邹赞：《全球化、本土性与当代西方民族主义理论》，《社会科学家》2011 年第 4 期。
② 许倬云：《万古江河：中国历史文化的转折与开展》，上海文艺出版社，2006 年，第 41 页。
③ 沈福伟：《中西文化交流史》，上海人民出版社，1985 年，第 162 页。
④ 尚智丛：《传教士与西学东渐》，山西教育出版社，2012 年，第 11 页。

丰富的科学文化知识，客观上促进了中国知识分子对近代地理科学知识的了解，一定程度上也影响了中国的传统价值观。但这一阶段受统治者的控制，传教士交流的人群仅限于少数上层开明知识分子，交流的范围也局限于天文历法或有限的地理知识。鸦片战争后，中国保守的闭关政策逐步被西方殖民侵略者强行打开。"在一片风雨之势中，来自异域的政治、经济、军事、思想、文化极速地渗入中国社会的方方面面。"①欧风美雨东来，不仅促使了自然经济的解体，更广泛传入了西方的科学文化知识和资本主义的价值体系，猛烈冲击了中华文明固有的价值观念和思想体系。中国古代的天下观及天下观衍生的政治文化制度、伦理思想观念受到质疑。

除了面临西方价值观念带来的冲击，西方殖民列强还试图用民族分离主义来分裂中国。他们把中国分化成汉、满、蒙、回、藏等多个民族，以西欧构建"一个民族，一个国家"（one nation，one state）的模式，怂恿各民族建立自己的单一民族国家。一些先进的知识分子发现中国的危机越来越严重，他们试图用传统的夷夏观来挽救国家，期望用中华文化的优势，以"夷"变"夏"，救亡图存。但在经过种种尝试后，中国知识精英阶层已经意识到，传统的封建王朝已无法适应时代的发展，只有构建一个现代意义上的独立民族国家才能挽大厦之将倾。和西方国家不同，中国自古以来就是一个统一的多民族国家。尽管实体意义上的中华民族，是近百年来在和西方列强对抗中出现的，"但作为一个自在的民族实体则是几千年的历史过程中所形成的"。②因此，如何用西方的民族主义，构建一个符合中国具体国情的民族国家，成了重中之重的事情。

辛亥革命前关于民族国家的构建主要有两种方案，一种是以孙中山为代表的革命派提出的"驱除鞑虏，恢复中华"的大汉民族论，另一种是以梁启超为代表的维新派提出的"满汉不分，君民合治""合为中华"③的大民族主义论。两种方案因服务对象、目的各不相同，故无须做优劣之分。随着辛亥革命成功推翻清朝封建统治，革命派的民族主义观点也随之得到

---

① 陈旭麓：《近代中国的新陈代谢》，上海科学院出版社，2005年，第227—228页。
② 费孝通：《中华民族多元一体格局》，中央民族大学出版社，1999年，第3页。
③ 康有为：《请君民合治满汉不分折》，汤志钧编《康有为政论集》（上），中华书局，1981年，第342页。

完善。孙中山于是提出了"五族共和"的建国思想："国家之本，在于人民，合汉、满、蒙、回、藏诸地为一国，即合汉、满、蒙、回、藏为一人，是曰民族之统一。"[①]因受西方资本主义国家民族主义的影响，以孙中山为首的革命派所设想的民族国家观念不免存在过于西化的缺陷。他们意识到了建立民族国家能凝聚国力，认为只有进行民族融合，"使满、蒙、回、藏同化于我汉族，成一民族主义国家"，[②]铸成一支强有力的国族，就能巩固国家统一和促进社会经济文化的发展。但他们忽视了中国多民族之间的差异性和特殊性。中国是个历史文化悠久、地域辽阔的国家。在中国广袤的疆域内，生活着数十个独具特色的少数民族，他们拥有自己的文化和习俗，少部分还拥有自己的民族语言。他们一样生活在中华大地上，一样信仰着中华文化，如果只是简单地将少数民族"同化于汉族"，显然忽视了中国的具体国情和民族差异性，有悖于民族平等和民族尊重的理念。本来旨在增强民族认同，以抵御帝国主义分裂边疆少数民族危机的初衷，极有可能因忽视民族差异造成民族间的压迫和仇视，引发民族分裂。

结语与反思

初看中国和近代西方社会的碰撞，似乎只是全球视野下，同一社会演变的不同历程。但仔细思量才发现，中西社会实则有着本质上的差异。从"家、国、天下"的定义，到世界观下构建的政治体系，及与政体相伴随而生的经济、文化、习俗等，均有着实质的不同。面对近代西方社会及其文化的侵入，中国古代社会势必受到冲击并做出转变，这不仅是历史的演进，更是一个古老世界后发外生性的革新。

从中国古代天下观向近代民族国家的转变，更多的是一种抵御外侮、独立自强的努力。中国传统的以儒家价值观为认同的体系，被西方工业文明所代表的近代民族国家所压迫。为挽救国家危亡、阻止民族分裂，中国知识精英阶层试图利用西方民族主义，"通过强调政治共同体的形式以期

---

① 《孙中山选集》（上），人民出版社，1981年，第90—93页。
② 《孙中山全集》卷5《在中国国民党本部特设驻粤办事处的演说》，中华书局，1985年，第473—474页。

实现内地与边疆的统一"，^①但这种忽视中国具体国情的思维明显是僵化和具有缺陷的。中国不同于西方的单一民族国家。中国自古以来就是一个历史悠久、民族众多的文明古国。在中国建立近代民族国家，除了需要参考借鉴西方的民族主义理论，更多的还要考虑中国本身的传统文化价值体系及独特的民族思想观念。只有立足中国的具体国情，坚持民族平等和各民族间的相互尊重，才是建立近代民族国家的基础。也只有这样，才能解决民族问题，维护边疆稳定。

（原文刊于《牡丹江大学学报》2021 年第 9 期，第 9—13 页）

---

① 罗富明、罗绍明：《中国近代国家构建思想与西方民族主义》，《广西民族研究》2012 年第 3 期。

交换视野下的西汉匈奴关系

杨学跃

目前,学术界运用"朝贡范式"[①]"汉唐藩属体制"[②]"圈层结构"[③]"国际体系"[④]等范式或体系(模式)对西汉与匈奴关系展开了深入研究,研究视角也从历史学扩展到国际政治学等领域,形成了诸多成果。本文则是从交换这一政治经济学、社会学领域内的视角,来探寻汉匈关系的实质、冲突与和平的结构性原因。不到之处,请方家指正。

为什么可以用交换这个概念探讨汉匈关系的演变呢?这是因为汉匈存在着民间贸易交换和汉与匈奴贵族间的交换。汉同匈奴贵族间物资与边境安全的交换是影响汉匈关系的主因。

汉匈民间贸易交换活动,史书基本上没有直接记载。西汉文帝、景帝和武帝时有汉匈"关市"[⑤]的记述。近年来,史家据史书"关市"的记述及

---

① 美国汉学家费正清认为朝贡体系开始于明代,中国一些学者将其作为范式,延伸至中古史研究。

② 参见李大龙《汉唐藩属体制研究》,中国社会科学出版社,2006年。

③ 参见王日华《古代中国体系的基本单位、结构及其特征》,《国际政治研究》2009年第2期。

④ 参见苗中泉《从三强并立到帝国秩序——西汉时期东亚国际体系的演变》,《世界政治》2016年第2期;孙力舟《西汉时期东亚国际体系的两极格局分析——基于汉朝与匈奴两大政治行为体的考察》,《世界经济与政治》2007年第8期;王日华《古代中国体系的基本单位、结构及其特征》,《国际政治研究》2009年第2期;孟维瞻《国际关系理论之于中国古代国家间关系研究的适用性问题》,《中南大学学报》2012年第6期;等等。

⑤ 《汉书》,中华书局,1962年,第3831页。

出土汉简的考证，证实汉匈民间存在着不同方式的贸易交换。①张功《西汉〈商贾律〉探析》认为，高祖对匈奴实行经济封锁，边地商人群体与地方政权联合，勾结匈奴发动了叛乱。林幹认为，刘敬（娄敬）往结和亲之约后，汉朝开放"关市"，准许两族人民交易。②如果说汉初对匈奴的经济封锁是匈奴扰边的原因，那么，汉匈和亲后，开放"关市"，匈奴为什么还要屡次掠边呢？匈奴的掠夺物中，人口和畜产史书有明确记载，其余则以"杀略甚众"等语概述。那么"杀略甚众"应该包括哪些东西呢？人口和牲畜匈奴都能自产，应不是匈奴主要掠夺对象。汉匈和亲，汉输匈奴"絮缯酒米食物"，其结构为生存必需的粮食、享乐的米酒、贵重丝织品。因此，只有汉输匈奴物资和匈奴主要掠夺物相一致，达到匈奴的目的，才可以缔结"和亲约"。匈奴掠夺汉边，动用了较大规模的骑兵。能组织规模较大的骑兵力量的，只能是地位较高的匈奴首领。这从匈奴单于、右贤王等亲率大军掠夺汉边境的事实得到印证。史书所述"匈奴入燕""匈奴寇狄道""匈奴入雁门"，执行的是匈奴贵族意志。因此，匈奴贵族阶层对汉的粮食、米酒和贵重丝织品的物质依赖，才是匈奴掠夺汉边的根本原因。

总之，匈奴内部因对汉物资需求的不同分化为一般牧民和贵族阶层两部分。一般牧民需求，通过"关市"民间贸易交换可以部分或充分满足。匈奴贵族阶层的物质需求，本可以通过贸易交换来满足，但粮食和享乐、贵重物资的交换受匈奴的意愿和剩余畜产品量的多少限制。实际上，由于匈奴出产物相对单一和匮乏，加之所需物资为汉朝较为贵重之物品，通过正常交换不能或无法完全实现时，驱动政权机器进行暴力掠夺，就成为必然方式，汉朝的边境安全问题也因此而生。因此，西汉时期，匈奴物资需求与汉边境安全构成汉匈关系的主要内容，并在实现形式上表现为两者的交换。能否和平交换同双方的道德与实力相互交织，决定着汉匈关系的走向。

---

① 参见林幹《秦汉时期的汉匈关系、贸易和货币》，《内蒙古金融研究》2003 年第 S4 期；王子今、李禹阶《汉代北边的"关市"》，《中国边疆史地研究》2007 年第 3 期；张功《西汉〈商贾律〉探析》，《陕西师范大学学报》2013 年第 6 期；王庆宪《从两汉简牍看匈奴与中原之间的经济文化交流》，《中央民族大学学报》2004 年第 3 期。

② 林幹：《匈奴通史》，人民出版社，1986 年，第 50 页。

一 "昆弟"间的交换

汉匈对抗从汉初就已经开始。汉初,韩王信降匈奴,并同匈奴攻掠太原、晋阳。刘邦亲率大军平叛,征讨匈奴,中了冒顿诱敌深入之计,被围于白登。史载,刘邦派使"厚遗阏氏,阏氏乃谓冒顿曰:'两主不相困。今得汉地,而单于终非能居之也。且汉王亦有神,单于察之。'"[①]"阏氏之语"是刘邦通过阏氏之口向冒顿传达汉朝意志。"两主不相困",是刘邦在匈奴"精兵四十万骑"面前,承认了"两主"齐平地位。冒顿"亦取阏氏之言,乃解围之一角……高帝……从解角直出,竟与大军合,而冒顿遂引兵而去",[②]刘邦才得以脱困。冒顿"亦取阏氏之言",亦是对"两主"地位的认同。因此,平城之战后,汉、匈并立格局的事实在政权意志上得到了双方认可。

致使汉匈关系从对抗转向缓和的是汉和亲政策的推行。刘邦白登脱困后,史载"是时匈奴以汉将众往降,故冒顿常往来侵盗代地",[③]汉的边患问题更趋严峻。为了解决边患问题,刘敬(娄敬)提出了同匈奴和亲。他认为,同匈奴联姻,构建"子婿冒顿""外孙单于"[④]的伦理秩序,可约束匈奴。刘邦采纳刘敬(娄敬)之计的重要原因在于和亲既能解当前之困,又能"计久远"。[⑤]事实上,刘邦虽嫁女于冒顿,却与之"约为昆弟",[⑥]汉匈自然成了"昆弟"关系。冒顿"杀父""妻群母""未可以仁义说",[⑦]有违于汉礼,汉君臣皆知,刘邦为何还要与之结为"昆弟"呢?此时,匈奴强盛,汉给予匈奴"昆弟"般的信任,可能换取匈奴的合作,汉朝才有摆脱边境安全困境的希望。汉匈和亲后,冒顿对汉边掠夺"乃少止",[⑧]汉边安全较前有了明显改善。

汉匈"昆弟"关系是双方交往的前提,维持这种关系,双方要执行并遵

---

① 《史记》,中华书局,1982年,第2894页。
② 《史记》,第2894页。
③ 《史记》,第2895页。
④ 《汉书》,第2122页。
⑤ 《汉书》,第2122页。
⑥ 《史记》,第2895页。
⑦ 《汉书》,第2122页。
⑧ 《史记》,第2895页。

守"和亲约"。① 那么"和亲约"的内容是什么呢？武帝时，匈奴求和亲，汉使杨信对单于说："即欲和亲，以单于太子为质于汉。"单于曰："非故约。故约，汉常遣翁主，给缯絮、食物有品，以和亲，而匈奴亦不复扰边。今乃欲反古，令吾太子为质，无几矣。"② 文帝时，匈奴掠边后，汉曾遣使于匈奴书曰："先帝制，长城以北引弓之国受令单于，长城以内冠带之室朕亦制之。"③由此，始于刘邦、终于武帝时的"和亲约"的内容已然明晰。其一，"汉常遣翁主"为单于阏氏，强化"昆弟"关系。其二，汉朝每年按约定输给匈奴大量物资。其三，汉匈以长城为界，匈奴"不复扰边"。④ "和亲约"表明，汉据有匈奴贵族需要的物质资源，汉朝边境安全又取决于匈奴是否"扰边"。正如班固《汉书》说："约结和亲，赂遗单于，冀以救安边境。"⑤ 因此，汉匈"昆弟"关系的实质是物质资源与边境安全的交换。事实上，自高帝至武帝初年，陪嫁、随赐、额外物资输出⑥ 及寇边所得和"岁奉"，匈奴从汉获取的物资总数远大于双方约定数额，且每年汉输匈奴物资数额呈上升趋势。

汉匈物资与边境安全的交换，经汉高帝、惠帝、高后、文帝、景帝及武帝初期奉行不悖。为了便于分析，将汉初至武帝初期，汉匈和亲及匈奴掠边情况归纳如表1所示。

表 1　汉初至武帝初期汉匈和亲及匈奴掠边情况

诸帝在位时期	和亲时间	和亲记述	匈奴掠边时间	匈奴掠边记述	和亲与掠边时间间隔
高帝时期（前206至前195）	前200	奉宗室女公主为单于阏氏（《史记》卷110）			

---

① "和亲约"，参见葛亮《汉与匈奴第一个和亲约考述》，《中国边疆史地研究》1995 年第 2 期；李元晖《"约"与西汉的民族政策》，《西域研究》2016 年第 2 期。

② 《汉书》，第 3773 页。

③ 《汉书》，第 3762 页。

④ 《剑桥中国秦汉史》将其归纳为"四项条款"，参见〔英〕崔瑞德、〔英〕鲁惟一编《剑桥中国秦汉史》，中国社会科学出版社，1992 年，第 416 页。

⑤ 《汉书》，第 3830 页。

⑥ 文帝前六年（前 174），有汉主动额外输给匈奴一批物资的记载。参见《汉书》卷 94 上《匈奴列传》，第 3758 页。

诸帝在位时期	和亲时间	和亲记述	匈奴掠边时间	匈奴掠边记述	和亲与掠边时间间隔
惠帝、高后（前194至前180）	前192	因献马，遂和亲（《汉书》卷94上）			相隔9年左右
			前181	七年冬十二月，匈奴寇狄道，略2000余人（《汉书》卷3）	
文帝（前179至前157）			前177	匈奴右贤王入居河南地，侵盗上郡保塞蛮夷，杀略人民（《史记》卷110）	
	前176	"和亲甚便。"汉许之（《汉书》卷94上）			
	前174	老上稽粥单于初立，文帝复遣宗人女翁主为单于阏氏（《汉书》卷94上）			相隔5年左右
			前169	匈奴寇狄道（《汉书》卷4）	
			前166	匈奴单于14万骑入朝那萧关，杀北地都尉卬，虏人民畜产甚多，遂至彭阳。使骑兵入烧回中宫，候骑至雍甘泉（《汉书》卷94上）	
			前165至前163	岁入边，杀略人民甚众，辽东最甚，郡万余人（《汉书》卷94上）	
	前162	匈奴和亲（《汉书》卷4）			
	前160	汉复与匈奴和亲（《汉书》卷94上）			
			前158	匈奴复绝和亲，大入上郡、云中各3万骑，所杀略甚众（《汉书》卷94上）	相隔2年左右
景帝（前156至前141）	前156	景帝复与匈奴和亲，通关市，给遗单于，遣翁主如故约（《汉书》卷94上）			相隔1年左右（终景帝世，时时小入盗边）

诸帝在位时期	和亲时间	和亲记述	匈奴掠边时间	匈奴掠边记述	和亲与掠边时间间隔
景帝（前156至前141）	前155	秋，与匈奴和亲（《汉书》卷5）	前155至前141	终景帝世，时时小入盗边，无大寇（《汉书》卷94上）	相隔1年左右（终景帝世，时时小入盗边）
	前152	遣公主嫁匈奴单于（《汉书》卷5）			相隔4年左右
			前148	匈奴入燕（《汉书》卷5）	
			前144	匈奴入雁门，至武泉，入上郡，取苑马。吏卒战死者2000人（《汉书》卷5）	
			前142	春，匈奴入雁门，太守冯敬与战死（《汉书》卷5）	
武帝（前140至前87）	前140	武帝即位，明和亲约束（《汉书》卷94上）			相隔6年左右
			前134年春	匈奴入上谷，杀略吏民（《汉书》卷6）	
			前134年秋	秋，匈奴盗边。遣将军韩安国屯渔阳（《汉书》卷6）	
总计	有记载的和亲10次		有记载的"大寇"12次（不包括小规模寇边）		

资料来源：根据《史记·匈奴列传》和《汉书·匈奴列传》统计。

分析表1，我们可以得出以下三条结论。

其一，至武帝初期，史书记述的汉匈和亲有10次之多。其中，5次和亲是匈奴"大寇"之后，汉主动提出；另5次是匈奴无寇（或小寇）时，汉主动提出，分别为惠帝1次（前192）、文帝2次（前174和前160）、景帝2次（前155和前152）。其二，匈奴"大寇"之后，汉匈和亲的最长时间间隔为2年。其三，汉匈和亲后，匈奴"大寇"汉边的时间间隔分别为9年、5年、2年、1年、4年、6年左右。

从以上数据不难看出，汉主动提出和亲，输出物资，强化"和亲约"以维持边境安全。匈奴通过不断寇汉边，迫使汉与之和亲，其目的是获得超过约定数额的物资。汉匈和亲后，匈奴"大寇"汉边最长为9年（汉初），最短为1年左右。因此，汉匈交换，只是减少了匈奴掠边的次数，从根本上并不能完全达到维护汉边境安全的目的。至武帝前期，和亲同匈奴扰边交替出现，陷入了"匈奴扰边→汉和亲（增加输出资源量）→汉匈和平→匈奴扰边"的循环模式。

那么汉匈物质资源与边境安全的交换，到底存在着怎样的结构缺陷，以至于陷入以上循环模式？难道仅仅是匈奴不断膨胀的物质欲求吗？

汉匈物资与安全交换的基础是守约的伦理道德。和亲之策是刘敬（娄敬）依儒家伦理秩序原则而构建。儒家思想，"是一个依赖于情感和人性的自觉凸显实现人间秩序的学说"。[①]"和亲约"就是"依赖于情感和人性的自觉凸显实现人间秩序"的理念而设计，并无对付匈奴违约的约束（如一年中可以分批分期给付匈奴约定物资）或惩罚约定。这样，汉朝边境安全大计完全依赖匈奴守约的伦理道德而实现。匈奴"苟利所在，不知礼义""非可以仁义说"有违儒家伦理道德，但在匈奴看来，是符合其生存环境下形成的生存法则和道德伦理的。因此，匈奴"天性"（伦理道德）并不具有履约的约束力，所以常常违约，汉朝边境安全也因此没有了保障。

汉匈交换存在着内容与结构的差异。汉匈民间贸易交换中，双方交换内容同为物质资源；交换在同一时空中一次性完成。与民间贸易交换不同，汉与匈奴贵族的交换是物质与安全（"不复扰边"）的交换，相互交换内容上存在差异。匈奴贵族得到汉的物资援助后，需要在下一次汉履约输出资源之前约束自己，不侵掠汉边境。匈奴执行交换的"内容"在时空上存在滞后性。汉、匈的关切都掌握在对方手中，而匈奴占有交换"内容"和交换时空滞后的便利条件，客观上为其提供了违约的机会。

总之，汉匈"昆弟"关系下的交换，由于其在交换内容、交换结构、执行交换的基础上存在着差异，诸因素又相互缠绕作用，是汉匈长久和平难以为继的重要原因。

二 "臣事于汉"关系中的交换

前 133 年，汉以马邑财物"诱单于"，[②]企图一举灭单于的策略失败后，

---

① 葛兆光：《中国思想史·七世纪前中国的知识、思想与信仰世界》，复旦大学出版社，2001年，第 97 页。

② 《汉书》，第 3765 页。

"匈奴绝和亲",[①]拉开了汉匈大战的序幕。有史家认为,汉武帝转变对匈奴政策的真正原因有:双方实力的对比变化;主战派的声音逐渐占据上风;汉武帝强烈的控制欲与大汉族主义情绪的膨胀;军人与新贵集团对战争的鼓吹。[②]这些观点,基本上代表了学者对这一问题的研究结论。

笔者认为,促使汉对匈奴政策转变的外因是"昆弟"关系下的交换并不能从根本上保证汉边境安全。汉朝实力强大又为改变这种被动局面提供了条件。

汉初,以秦二世而亡为鉴,行"无为而治"的黄老政治,帝国的物质和文化得到全面"生息"。汉朝的物质繁荣,为文化繁荣提供了物质基础。国家府库殷实,选拔才学之人,国家养士。于是,"诸子百家"在秦戕残文化后,恢复生机。因此,汉物质与文化的发达,造就了一批又一批饱学之士,"兴造"了"后世莫及"的"功业"。[③]更为重要的是,自文帝至武帝时期,汉臣逐渐出现三种转向。其一,汉之士大夫逐渐出现精儒通法之趋势。其二,武帝儒法并用,将儒生、文吏两大社会群体组织到汉官僚队伍中。[④]其三,汉朝君臣治国理政理想形成。士大夫精儒通法,既"知大体"[⑤]又兼具行政能力,在处理内政和边患问题上提出了务实可行的政策和具体的实施措施。内政尤以"削藩"最为著名,解决了汉朝内部问题。晁错"匈奴之长技三,中国之长技五"[⑥]之论,深度推进了汉对匈奴战略的认识;其"募民相徙以实塞下"[⑦]之策对巩固边塞起到了积极作用。公孙弘"专奉朔方",[⑧]桑弘羊持"达九州而方瀛海,牧胡而朝万国"[⑨]的主张,积极为征伐匈奴运筹钱粮。武帝儒生和文吏并用,将帝国人才有机组合起来,发挥各自优长,形成理政合力。汉武帝除其皇室先赋身份外,也受这一时

---

① 《汉书》,第 3765 页。
② 王绍东:《汉武帝转变对匈奴政策的原因新论》,陕西人民出版社,2012 年,第 84—93 页。
③ (南朝梁)萧统编,(唐)李善注《文选》,上海古籍出版社,1986 年,第 2172—2173 页。
④ 阎步克:《波峰与波谷:秦汉魏晋南北朝的政治文明》,北京大学出版社,2009 年,第 90 页。
⑤ 《汉书》,第 2245 页。
⑥ 《汉书》,第 2281 页。
⑦ 《汉书》,第 2288 页。
⑧ 《汉书》,第 2619 页。
⑨ 王利器注解《盐铁论校注》,中华书局,1992 年,第 551 页。

代风气浸染和塑造，具有雄才大略。《汉书》载，武帝要匈奴"南面而臣于汉"，[①]以"昔齐襄公复九世之仇，《春秋》大之"[②]为勉，以期雪"高皇帝遗朕平城之忧，高后时单于书绝悖逆"[③]之恨。汉朝物质和文化的全面强盛，以及形成的"后世莫及"的"制度遗文"，[④]致使汉君臣高度自信，形成了对内则"安宗庙"，[⑤]对外则"臣服匈奴"[⑥]的理想，要将匈奴纳入汉的政治秩序序列中来。这已经超出了和亲政策的边境安全经略。汉君臣的理想，是建立在现实之上，形成了巨大的对外张力，经汉帝及其谋臣、"介胄之士"的不断谋划、征战，虽付出巨大代价，终于前71年援乌孙共击匈奴取得战争最后胜利。汉宣帝甘露元年（前53），匈奴呼韩邪、郅支单于遣子入侍，"臣事于汉"，汉匈一体政治秩序建立。

匈奴臣服于汉朝，汉的边境则由传统汉匈边境和匈奴所辖地域两部分组成。此时，汉朝边境安全由传统边境安定扩展至维持匈奴局势稳定两部分。匈奴由于连年战争和内部分裂，也迫切需要稳定和统一。汉匈一体政治关系的构建，匈奴免受汉朝攻伐，自身的安全利益得到了保障。同时，匈奴得到汉的支持，有利于匈奴的稳定和统一。因此，从汉朝的"新边境安全"和匈奴自身安全稳定来讲，双方利益一致，具有共同性。

汉匈一体化后，由于匈奴贵族对牧业以外的资源需求并未改变，"臣事于汉"，听命于汉，是匈奴将自身的控制权出让给汉朝。事实上，匈奴虽然出让了自身行动的控制权，但匈奴自身的行动却无法转让给汉朝。换句话说，只有匈奴约束自身行动，汉传统边境才有安全可言。匈奴资源需求和汉朝维持一体安定秩序，双方的利益又有不一致的一面，存在分离性。汉匈利益的分离性，决定了汉朝仍然须向匈奴援助物资，维护汉匈一体秩序，才可以达到长治久安的目的。因此，汉匈物资与边境安全的交换关系并未改变。为了便于分析，将宣帝至西汉末年汉匈交换情况归纳如表2所示。

---

① 《汉书》，第3772页。
② 《汉书》，第3776页。
③ 《汉书》，第3776页。
④ （南朝梁）萧统、（唐）李善：《文选》，第2172—2173页。
⑤ 《汉书》，第2300页。
⑥ 《汉书》，第2231页。

表 2 宣帝至西汉末年汉匈交换情况

诸帝在位时期	时间	维持一体关系的措施		
		朝汉与封授	汉输匈奴物资	匈奴入侍
宣帝时期（前73 至前49）	甘露元年（前53）			呼韩邪……遣子右贤王铢娄渠堂入侍。郅支单于亦遣子右大将驹于利受入侍
	甘露三年（前51）	单于正月朝天子于甘泉宫，汉宠以殊礼，位在诸侯王上，赞谒称臣而不名	赐以冠带衣裳，黄金玺盭绶，玉具剑，佩刀，弓一张，矢四发，棨戟十，安车一乘，鞍勒一具，马十五匹，黄金二十斤，钱二十万，衣被七十七袭，锦绣绮縠杂帛八千匹，絮六千斤	
	黄龙元年（前49）	呼韩邪单于复入朝	礼赐如初，加衣百一十袭，锦帛九千匹，絮八千斤	
元帝时期（前48 至前33）	初元元年（前48）	呼韩邪单于复上书，言民众困乏	汉诏云中、五原郡转谷二万斛以给焉	
	竟宁元年（前33）	单于复入朝	礼赐如初，加衣服锦帛絮，皆倍于黄龙时	
成帝时期（前32 至前7）	建始二年（前31）			复株累若鞮单于立，遣子右致卢儿王醯谐屠奴侯入侍
	河平四年（前25）	河平四年正月，遂入朝	加赐锦绣缯帛二万匹，絮二万斤，它如竟宁时	
	鸿嘉元年（前20）			搜谐单于立，遣子左祝都韩王胸留斯侯入侍
	元延元年（前12）			车牙单于立，遣子右於涂仇掸王乌夷当入侍
	绥和元年（前8）			乌珠留单于立，遣子右股奴王乌鞮牙斯入侍
	绥和二年（前7）			复遣子左於駼仇掸王稽留昆入侍

续表

诸帝在位时期	时间	维持一体关系的措施		
		朝汉与封绶	汉输匈奴物资	匈奴入侍
哀帝时期（前6至前1）	元寿二年（前1）	元寿二年，单于来朝	加赐衣三百七十袭，锦绣缯帛三万匹，絮三万斤，它如河平时	复遣稽留昆同母兄右大且方与妇入侍
平帝时期（公元1年至5年）	约公元1年			复遣且方同母兄左日逐王都与妇入侍
	公元2年	上书慕化，为一名……单于从之	厚赏赐焉	

资料来源：根据《汉书·匈奴列传》统计。

分析表 2，可以得出以下两条结论。

其一，从公元前 53 年匈奴"遣子入侍"至西汉末的 60 余年时间里，匈奴单于朝汉 5 次，上书 2 次，每次朝汉或上书都得到了汉的大量物资支援。其二，匈奴"遣子入侍"8 次 9 人（其中前 53 年呼韩邪单于与郅支单于各遣子入侍 1 人，以 1 次计）。

从表 2 统计和史书记述来看，此时汉匈一体关系中的交换同"昆弟"关系中的交换有着极大的不同。首先，匈奴"遣子入侍"是汉匈维持一体关系的基础。其次，汉匈一体，匈奴通过朝汉或上书求援的方式从汉朝廷获得物质支援。匈奴朝汉或上书求援，取决于匈奴的意愿，更取决于汉朝廷是否允准匈奴的请求的意志。因此，汉匈一体关系，重构了双方物资与边境安全的交换模式，汉朝廷主导了当时东亚的政治及经济秩序，维持了地区和平与稳定。

概而言之，从汉初至武帝初 70 余年间，汉匈并立，通过和亲，双方建立了"昆弟"关系；经汉匈战争，汉朝重构了双边关系，建立了一体政治秩序。这表明汉匈实力决定了汉匈关系样式。如果说汉匈并立，汉向匈奴输出物资，是因匈奴实力强盛，那么汉匈一体时期，汉处于优势实力地位，而汉朝廷为何仍要给予匈奴物资支援成为疑问。事实上，汉匈无论是"昆弟"关系，还是"臣事于汉"的一体关系，物资与边境安全的交换是其核心内容。这说明，汉匈实力可以建构双方政治秩序，但物资与边境安全的交换因素，是牵引双方关系走向的根本原因。汉匈"昆弟"关系下的物资与边境安全的交换，由于在交换内容、结构和执行基础上的差异，难以维持真正、长期的和平。汉匈一体关系的建立，双方物资与边境安全的交换有序进行，从而保障了从汉宣帝甘露元年到西汉末年60余年真正的汉匈和平。

余 论

汉匈交换并不是一种等价交换。伦理、亲缘关系下的汉匈交换，长期来看，会掩盖争议与分歧，不能彻底解决双方矛盾问题。汉匈一体关系下的交换，是有制约力的均衡交换，具有更强的生命力。王莽改制后，通过一系列方式降低匈奴政治地位，[①] 又主动输出大量物资[②]来安抚匈奴，却适得其反，匈奴又回到了既要汉援助，又掠夺汉传统边境的老路。究其原因，是王莽损害了一体关系下形成的共同的安全利益。王莽败亡后，更始帝恢复了匈奴的地位，此时更始政权不具有维持一体关系的实力，匈奴则要求恢复"兄弟"秩序。[③] 由此而议，汉输匈奴物资有价，而汉朝的边境安全却是无价的，这也可能是西汉乃至东汉君臣为之不懈努力的重要原因。那么此后，中华一体化的历史是否与此有关，也有待于我们继续深入探讨下去。

（原文刊于《广西社会科学》2017年第3期，第124—129页）

---

① 一是改单于印绶（由"玺"改"章"）。公元9年，"匈奴单于玺"，莽更曰"新匈奴单于章"。二是"众建单于"。公元10年，"莽于是大分匈奴为十五单于"。三是改匈奴、单于称号等。公元15年，号匈奴曰"恭奴"，单于曰"善于"，赐印绶。封骨都侯当为后安公，当子男奢为后安侯。参见《汉书》卷94下《匈奴列传》，第3820、3823、3828页。

② 新朝主动输匈奴大量物资的记载有四次，始建国元年（公元9年）"多赍金帛，重遗单于，谕晓以受命代汉状，因易单于故印"；始建国二年（公元10年）"多赍珍宝至云中塞下，招诱呼韩邪单于诸子……拜咸为孝单于，赐安车鼓车各一，黄金千斤，杂缯千匹，戏戟十；拜助为顺单于，赐黄金五百斤"；天凤元年（公元14年）"贺单于初立，赐黄金衣被缯帛"；天凤二年（公元15年）"多遗单于金珍……单于贪莽金币，故曲听之，然寇盗如故"。参见《汉书》卷94下《匈奴列传》，第3820、3823、3827、3828页。

③ "更始二年（公元24年）冬，汉……授单于汉旧制玺绶，王侯以下印绶……单于舆骄……曰：'匈奴本与汉为兄弟……今汉亦大乱……当复尊我！'"参见《汉书》卷94下《匈奴列传》，第3829页。

《魏书》之正统观

王朝海

在中国的古代史学著作中，代表北魏官方声音的魏收之《魏书》设立《岛夷传》，用来记载南朝刘裕、萧道成、萧衍等帝王之史事，旗帜鲜明地视北魏为正统王朝，视南朝诸政权为僭伪；视东魏、北齐为正统，视西魏、北周为僭伪。

关于魏收之《魏书》正统观及临史心态和公信度问题，前人在其著述中有所论及。李百药《北齐书》、李延寿《北史》之《魏收传》中对魏收多有诟病，认为《魏书》缺乏公信力，是一部"秽史"，后世有些学者也持这一观点，如唐人刘知幾，宋人刘攽、刘恕，清人赵翼、章学诚，20世纪初的梁启超及当代学者张孟伦等。对《魏书》临史心态及公信度问题，从古至今也有诸多学者持不同观点。认为魏收之所撰《魏书》虽有这样或那样的一些缺点，但瑕不掩瑜，《魏书》是一部学术价值颇高的史学巨著。诸多学者认为《魏书》的正统观念是"党齐毁魏""厚诬江左"，解决了《魏书》正统观是什么的问题，而对《魏书》为什么会有这样的正统观、其正统观是怎样表现出来的，以及这种观念带来的影响并没有系统的阐述，因此，对此问题有阐述的必要。

《魏书》主要撰述时间当是北齐文宣帝天保二年（551）至天保五年（554），天保二年也就是高洋篡魏的第二年，北朝正式进入了"北齐代魏时期"。然，北齐新篡魏祚，强调政权继承的合法性以安抚民心，与萧梁、西魏争鼎，巩固太和以来的正统论述以为政治号召成为北齐新政府亟须解决的问题。因而，高齐诏令魏收纂修魏史，除了要记录北魏历史之外，更为重要的任务是帮助北齐在不再奉魏正朔的情况下取得政治合法继承权，向西魏、萧梁宣示正统归属；同时在三国争鼎的局面下争取文化号召的优势，进一步巩固太和以来的政治文化的正统传承地位，以此达到垄断整个历史解释权的目的。

魏收站在北齐高氏的立场上撰写魏史，如果从北齐高氏的出发点来看，北齐代魏当然是历史的必然，这是由当时的历史条件决定的，然而如果与南朝相比，则显然北魏是正统所在，只有这样，承袭魏朝衣钵的北齐才是正统所在，这是无可争议的事实，也是魏收撰述魏史的官方立场所在。

魏收之《魏书》为了立论北魏在华夏历史序列上的正统地位，从以下方面做足了文章。

一　体例的创新

魏收为了立论拓跋北魏入主中原的正当性与合法性，以及其在历史文化传承序列上的正统地位，在《魏书》的体例上，匠心独运，采取了不同于《史记》《汉书》等以往史书的范式，以"序纪"形式开篇追述拓跋先世二十七帝。如果单从表面上看，序纪好像是十二篇帝纪的导言，然通过思考不难发现，这实则是魏收亟欲打破夷夏之防，企图从族源关系、先祖渊源、血缘脉络、五行德运等方面将拓跋鲜卑纳入华夏系统之中。《魏书》开篇《序纪》云：

> 昔黄帝有子二十五人，或内列诸华，或外分荒服，昌意少子，受封北土，国有大鲜卑山，因以为号……黄帝以土德王，北俗谓土为托，谓后为跋，故以为氏……圣武帝尝率数万骑田于山泽，欻见辎辖自天而下。既至，见美妇人，侍卫甚盛。帝异而问之，对曰："我，天女也，受命相偶。"遂同寝宿。旦，请还，曰："明年周时，复会此处。"言终而别，去如风雨。及期，帝至先所田处，果复相见。天女以所生男授帝曰："此君之子也，善养视之。子孙相承，当世为帝王。"

> 语讫而去。子即始祖也。①

美国学者哈罗德·伊罗生（Harold R. Isaacs）曾指出，几乎所有的政权都必须不遗余力地建立民族自尊，去找寻可以依附的文化根源，为了确认自我价值而回到"过去"去寻找昔日的光荣，光荣或许不够"辉煌"，但小小的光荣也无妨，光荣或许不是自己的，但只要能沾到光即可，能沾到的光，当然越古老越好。②魏收在进行《魏书》的撰述时创新体例，以"序纪"开篇，从族源关系上说明鲜卑族本系黄帝子孙昌意一脉，也就是说鲜卑族与华夏族实际上是兄弟关系。除此之外，魏收又从德运的继承上说明"拓跋氏"名称的由来也是源自黄帝土德，以论证其政治继承权的合法性。接下去，又谈到拓跋氏在尧、舜时为官的情形，并强调之所以历史文献中对此没有记载是因为匈奴、猃狁等的中州凌乱，才导致鲜卑与中夏断绝了往来，迫不得已选择在北方发展。最后叙写圣武皇帝拓跋诘汾在天意的安排下偶遇天女，与之结合，一年后生下始祖神元皇帝拓跋力微，并言："子孙相承，当世为帝王。"这样便正式地将北魏历朝皇帝冠冕堂皇地置入中华帝王谱系。

雷家骥先生曾批评魏收笔下这段拓跋史是"违心史学"，认为《魏书·序纪》所记载拓跋诘汾偶遇天女而生力微，仅是古老相传的民族缘起传说。拓跋力微既是拓跋族"始祖"，生于三国时代，则前此之真实性十分可疑；至于源出黄帝，入仕尧、舜等说法，恐怕是崔浩等史臣所附会而已……拓跋先世二十七君，偏居朔北，只不过是一个小部落，其与中国兴亡几乎无关，魏收为之立本纪，明显有入主出奴之见及违心创构之实。③我们姑且不论魏收在撰述"序纪"时是否违心的问题，单单从表象来看，魏收这样撰述的目的确确实实是处心积虑地为北魏能够合法入主中原建立各种理论根据。

《魏书》设僭晋司马睿、岛夷桓玄、岛夷刘裕等专传，称南朝萧道成、

---

① 《魏书》卷1《序纪》，中华书局，1974年，第1—3页。
② 〔美〕哈罗德·伊罗生：《群氓之族：群体认同与政治变迁》，邓伯宸译，广西师范大学出版社，2008年，第164页。
③ 雷家骥：《中国史学观念史》，台北：台湾学生书局，1990年，第514—516页。

萧衍为岛夷，不得不说是其视北魏为正统、南朝为僭伪的正统思想倾向。这种思想"尽管存在民族偏见的倾向，但他也承认南方政权存在的事实，承认他们为中华民族大家庭不可分割的一部分。在南北分裂时期，这种正统思想又具有积极因素"。①

二 从天时、地利方面强调北魏政权的合法性

魏收在撰述《魏书》时除了创新体例从族源方面叙述拓跋北魏与华夏汉族本是兄弟关系，以此强调北魏政权之正统合法以外，还从地域观念及王朝立运方面论证其政权合法性，认为只有受命于天、据有中原的政权，才据有华夏正统的资格。《魏书·太祖纪》载："太祖道武皇帝（拓跋珪）……母曰献明贺皇后。初因迁徙……既而寝息，梦日出室内，寤而见光自牖属天，歘然有感……生太祖于参合陂北，其夜复有光明。"②《魏书·高祖纪》载："高祖孝文皇帝（拓跋宏）……皇兴元年八月戊申，生于平城紫宫，神光照于室内，天地氤氲，和气充塞。帝生而洁白，有异姿，襁褓岐嶷，长而渊裕仁孝，绰然有君人之表。"③魏收通过道武帝拓跋珪、孝文帝拓跋宏等北魏帝王出生时都带有祥瑞，暗示北魏王朝乃天命王朝。《魏书·崔玄伯传》也载："国家虽统北方广漠之土，逮于陛下，应运龙飞，虽曰旧邦，受命惟新……斯乃革命之征验，利见之玄符也。"④

中国的地形具有封闭型的特征：北有大漠、戈壁，西面是连绵的高山，西南是不可逾越的青藏高原，南边和东边是一望无际茫茫的大海。在中国古人的眼中，很早就形成了"天下"的概念，认为中国就是天下的中心，这种概念直至清王朝还是根深蒂固的。魏晋南北朝以前的南方是一片蛮荒之地，所以人们认为只有以黄河中下游为中心的中原地区才是人们所向往的"帝王宅里"，三皇五帝等华夏族政权大都在此处建都，所以在中国古人眼中，谁能入主中原，占据河洛之地，谁便是理所应当的正统王朝。

---

① 张莉:《〈魏书〉在民族史撰述上的成就》,《山西大学学报》2005 年第 4 期。
② 《魏书》卷 2《太祖纪》, 第 19 页。
③ 《魏书》卷 7《高祖纪》, 第 135 页。
④ 《魏书》卷 24《崔玄伯传》, 第 621 页。

北魏道武帝拓跋珪改代曰魏，太武帝拓跋焘统一北方，孝文帝定鼎嵩洛，都是为了能占有中原，在地利上能胜南方一筹。《魏书》在《匈奴刘聪、羯胡石勒等传》中记载：

> 所谓天无二日，土无二王者也。三代以往，守在海外，秦吞列国，汉并天下。逮桓灵失政，九州瓦裂，曹武削平寇难，魏文奄有中原，于是伪孙假命于江吴，僭刘盗名于岷蜀……偷名窃位，胁息一隅……论土不出江汉，语地仅接褒斜，而谓握皇符，秉帝籍，三分鼎立，比踪王者。溺人必笑，其在兹乎？ [①]

魏书的这段论述，通过对夏、商、周、秦、汉以来的历代华夏王朝的论述，指出只有据有中原的王朝政权才是正统王朝，而北魏的兴起恰恰符合这一规律，所以像吴、蜀汉、东晋、南朝这些"论土不出江汉，语地仅接褒斜"的政权同北魏相比自然是僭伪王朝，不可与占有中原、定鼎嵩洛的北魏王朝相提并论。

三 从文化的继承与发扬角度说明北魏政权的正统性

在中国古代的政治观念中，统治王朝的统治行为固然重要，但作为一任政府在"人文化成"这一方面所担负的社会历史责任也是每一个统治者所重视的。北魏的统治阶级作为少数民族对华夏文化的继承与发扬有不俗的表现，以孝文帝拓跋宏尤甚，《魏书》载："（孝文帝）雅好读书，手不释卷。《五经》之义，览之便讲，学不师受，探其精奥。" [②] 可见其对汉文典籍的谙熟。孝文帝排除万难迁都改制，定鼎中原，便是要"继承汉、魏、晋的政治文化传统，以正统的华夏君主自居"。 [③] 此外，北魏统治阶级大都尊崇儒学，积极兴办教育，还多次去曲阜拜谒儒学先师孔子，这些都表现出他们积极吸收、继承，发扬华夏传统文化的思想。

---

① 《魏书》卷95《匈奴刘聪、羯胡石勒等传》，第2041页。
② 《魏书》卷7《高祖纪》，第187页。
③ 瞿林东：《中国古代史学史纲》，北京出版社，1999年，第16页。

作为北齐重要史官的魏收当然不会不知道在中国政治中"礼乐文化"的高度象征意义，因而，魏收在《魏书》中专门论述典章制度的"志"中，极力铺叙永嘉之乱给华夏文明的传承与发扬所带来的浩劫，并特别强调指出，直到北魏肇兴之后这一局面才得以改观，文化的生机才得以重现，从而标榜北魏政权在华夏礼乐文化的继承、延续、发扬光大方面，在礼乐的重建中所做出的重大贡献。尤其太和时期衣冠礼乐的灿烂炳焕，促使北朝臣民形成凌驾四夷的洛阳中心观，俨然是当时南北历史文化的唯一绍业者。

结　语

《魏书》是我国历史上第一部以少数民族为记述主体且被纳入正史的王朝史，但其自问世不久，由于士族子弟的议论，便遭到后世学者的"诟病"，认为《魏书》"党齐毁魏""褒贬肆情"，是一部"秽史"，其公信力遭到质疑。这对于《魏书》是不公允的。《魏书》的"党齐毁魏"是魏收所具有的为官方意识代言的临史心态所决定的，有其特殊的历史背景，是当时的历史状况使然；《魏书》的"褒贬肆情"也是值得商榷的，是历史曲笔的一种表现，不应为此而给其强加上"秽史"的铁帽，使其公信度遭到质疑。

北齐时魏收站在官方的立场上撰述《魏书》，出于要为官方代言的临史心态，从北齐代魏的角度来看，自然从政权的合法性上来说是无可争议的，但是，如果站在北方与南朝等政权相比的立场上，北方显然是正朔所在，只有奉北魏为正朔，承袭魏朝衣钵的北齐才是无可争辩的正统所在。东魏与西魏相比，自然正朔在东而不在西，这些是由北齐的官方身份所决定，因为北齐出自东魏，只有奉东魏为正，北齐这个承袭东魏衣钵者，才是理所应当的正朔王朝。魏收为了立论拓跋北魏政权的正统性，先是在《魏书》的体例上，匠心独运，以"序纪"形式开篇追述先世二十七帝，企图从族渊关系、血缘脉络等方面将拓跋鲜卑纳入华夏系统之中，接着以北魏占据中原，"帝王宅里"，据有地利优势，同时又通过"五德立运"、华夏文化传承等方面说明北魏王朝是受命于天的合法性政权，从而亮出自己的观点：与刘宋、萧梁等南朝政权相比，北魏是据有政权合法性的正统王朝,南朝是僭伪。

我国自古就是一个多民族组成的国家,无论现实的民族还是历史上的民族都是国家的重要组成部分。《魏书》这部以记述少数民族为主体的正史,通过其"正统"观念的树立以及与南方汉族等政权对正统意识的争夺,对于促进我国民族的融合起到巨大的推动作用,对我国民族史发展起到积极的促进作用,书中对中华民族文化的认同,以及其"大一统"观念对我国中华民族多元一体格局的形成产生积极的影响,有利于中华民族凝聚力的形成。

(原文刊于《哈尔滨师范大学社会科学学报》2015 年第 4 期,

第 154—156 页)

唐五代岭南道粤、芝二州沿革年份考

高正亮

引　言

《旧唐书》卷41《地理四》载岭南道之党、田、山、峦、汤、岩、武峨、粤、芝、长、万安十一州，皆"失起置年月"。[①]乾嘉考据学者钱大昕根据《新唐书·地理志》，已补充党、田、山三州之设置年份；[②]吴松弟在编著《两唐书地理志汇释》时，复据《新唐书·地理志》及《元和郡县图志》，确定峦、岩、万安诸州始置年份。[③]因此，以上十一州中，仍旧剩余汤、粤、芝、长、武峨五州之起始年份及沿革情况，有待考定。唐初承隋末丧乱，群雄割据。李唐王朝在平定天下的过程中，频繁调整地方政区，"权置州郡，倍于开皇、大业之间"。[④]至贞观元年，虽"始于山河形便，分为十道"，[⑤]看似地方政区建置逐渐趋于稳定，实则不然。在某些边徼地区，如岭南，此前新附之土著居民降而复叛，冲击和破坏原有政区建置，新一轮政区调整势在必行。今《中国历史地图集》复原唐代诸道政区，只以开元二十九年（741）

---

① 《旧唐书》卷41《地理四》，中华书局，1975年，第1739—1765页。
② （清）钱大昕著，方诗铭、周殿杰校点《廿二史考异》卷58《旧唐书二》，上海古籍出版社，2004年，第848页。
③ 谭其骧主编，吴松弟编著《两唐书地理志汇释》之《旧唐书地理志·地理四》，安徽教育出版社，2002年，第433、440、456页。
④ 《旧唐书》卷38《地理一序》，第1384页。
⑤ 《旧唐书》卷38《地理一序》，第1384页。

为时间断限，在全国政区图上，分别有总章二年（669）、开元二十九年及元和十五年（820）之方镇图。其余时间断限，尤其是唐初武德、贞观时期，地方政区变化过于频仍，故而无法进行精确复原。但即便如此，依然可以依据零星片段之记载，钩沉索隐，对两唐书《地理志》中失载起置时间之州进行年份推定。因此，唐初的政区设置，仍然有比较大的复原空间。

较早关注和复原唐初政区建置的学者，如贺次君于1980年辑校出版的《括地志辑校》，在清代孙星衍、黄奭、朱记荣诸人，清末民初曹元忠，及岑仲勉研究的基础上，复据《通典》《初学记》《太平御览》《太平寰宇记》《长安志》《大藏音义》等史籍，做了进一步补充。[①] 1990年，翁俊雄的《唐初政区与人口》出版，是书探讨了贞观十三年（639）的行政区划和人口分布问题。[②] 约略同时，郭声波于1988—1998年在《中国历史地理论丛》上，以《唐贞观十三年政区考辨》为题，先后发表五篇文章，分别对《括地志辑校》书中之误校，唐陇右道之儒、淳二州，河曲十六州，积石雪山十一州，岷江西山九州进行辨析和考定。[③] 此外，郭氏又不遗余力，继续推定唐五代岭南道岩州、雅州边外羁縻州、南宁州都督府属州地望及交通，[④] 使我们更为清晰地

---

① （唐）李泰等著，贺次君辑校《括地志辑校》"前言"，中华书局，1980年，第1—6页。

② 翁俊雄：《唐初政区与人口》，北京师范学院出版社，1990年。

③ 郭声波：《唐贞观十三年政区考辨——兼与贺次君先生商榷》，《中国历史地理论丛》1988年第2期；《唐贞观十三年政区考辨续——儒、淳二州考》，《中国历史地理论丛》1989年第4期；《"河曲十六州"交通与地望考——唐贞观十三年政区考辨之三》，《中国历史地理论丛》1994年第2期；《"积石雪山十一州"考——唐贞观十三年政区考辨（四）》，《中国历史地理论丛》1998年第1期；《"岷江西山九州"考——唐贞观十三年政区考辨（五）》，《中国历史地理论丛》1998年第2期。

④ 郭声波：《试解岩州失踪之谜——唐五代岭南道岩州、常乐州地理考》，《中国边疆史地研究》2000年第3期；《唐宋雅州边外羁縻州部族探考》，《中国历史地理论丛》2000年第4期；《唐代南宁州都督府属州交通与地望研究》，《中国历史地理论丛》2006年第2期。此后亦有学者讨论唐代岭南部分州的性质，参见刘统《唐代羁縻府州研究》第五章"羁縻府州与正州间的转化"第二节"岭南道大族豪强控制下的正州"，西北大学出版社，1998年，第70—78页；廖幼华《唐宋两朝岭南西部的羁縻式正州——对南疆统治深化程度的观察》，《张广达先生八十华诞祝寿论文集》，新文丰出版股份有限公司，2010年，第349—396页；樊文礼《唐代羁縻府州的南北差异》，《唐史论丛》第12辑，三秦出版社，2010年，第48—65页；罗凯《唐代山州地望与性质考——兼论岭南附贡州的建置》，《历史地理》第26辑，上海人民出版社，2012年；马强《出土唐人墓志与唐代政区地理的几个问题》，《中国历史地理论丛》2016年第3期。依据以上研究，诸如粤州、芝州、环州等，大抵相当于羁縻式正州。拙文目的仅欲考证粤、芝二州沿革年份，至于其性质，则不欲涉及，仅沿袭以上学者说法。

了解唐代边疆地区的行政区划设置，也为今后进一步推考其他失载起置年份的州，指明研究方法，奠定良好基础。其余有关唐代政区研究的成果，读者可自行参看华林甫的《隋唐五代政区研究述评》。[①]笔者希望在诸位学者研究基础上，尝试对《旧唐书》卷41《地理四》失载始置年份五州中之粤、芝二州，进行推定。不当之处，敬祈批评指正。

一 粤州沿革考辨

唐代粤州设置时间，《通典》未载，仅云"土地与安南府同。大唐为粤州，或为龙水郡"，[②]《新唐书·地理志》亦失载始设年份。[③]但《通典》、两《唐书》、《太平寰宇记》均云其领龙水、崖山、东玺、天河四县，可见自唐至宋初，其州辖境稳定不变。《旧唐书·地理四》云"龙水，州所治也。崖山、东玺、天河，皆与州同置"。[④]《太平寰宇记》复云"宜州龙水郡，今理龙水县。……龙水县……崖山县……东玺县……天河县……以上四县，唐贞观四年置"，[⑤]又载"粤州龙水郡，今理龙水县。……领县四：龙水，崖山，东玺，天河。已上四县，与州同置"，[⑥]据此，则粤州始置于唐贞观四年（630）。《读史方舆纪要》谓"武德中置粤州"，[⑦]不确；《（乾隆）府厅州县图志》及《（嘉庆）大清一统志》谓"贞观四年，始开置粤州"，[⑧]其说可从。而宜、粤实为同一州，乐史等人将其分系于两卷，乃不明粤州沿革所致。

---

① 华林甫：《隋唐五代政区研究述评》，《中国史研究动态》2008年第8期。
② （唐）杜佑：《通典》卷184《州郡》，王文锦、王永兴、刘俊文等点校，中华书局，1988年，第4946页。
③ 《新唐书》卷43上《地理志七上》，中华书局，1975年，第1104页。
④ 《旧唐书》卷41《地理四》，第1752页。
⑤ （宋）乐史等：《太平寰宇记》卷168《岭南道》，王文楚等点校，中华书局，2007年，第3214—3216页。
⑥ （宋）乐史等：《太平寰宇记》卷171《岭南道》，第3279页。
⑦ （清）顾祖禹：《读史方舆纪要》卷109《广西·庆远府》，贺次君、施和金点校，中华书局，2005年，第4921页。
⑧ （清）洪亮吉：《（乾隆）府厅州县图志》卷43《庆远府》，《续修四库全书》第627册，上海古籍出版社，2002年，第445页；《（嘉庆）大清一统志》卷464《广西庆远府》，《四部丛刊续编》本。

　　传世史籍记载粤州沿革，其说大抵可分为四类。《旧唐书·地理四》及《太平寰宇记》云："天宝元年，改为龙水郡。乾元元年，复为粤州。"[①]但《太平寰宇记》却同时在另一卷里记载了同领龙水等四县之宜州，则粤州置后，其名当有改易；北宋中期成书之《新唐书》，则增入粤州改名之事，谓"宜州，本粤州，乾封中更名"，[②]及至欧阳忞撰《舆地广记》，则沿袭其祖之说；[③]清初顾祖禹著《读史方舆纪要》，则整合以上两说，乃云"粤州，乾封中改为宜州，天宝初曰龙水郡，乾元初复为宜州"，[④]此说又为洪亮吉、嘉庆修纂《一统志》诸史臣、《中国历史地图集》第五册唐代部分所沿用；但南宋王象之在《舆地纪胜》中，根据《通典》所载尚称粤州，认为其改名不在乾元之前。复引《广西郡县志》"乾符中，更曰宜州"之记载，佐证其观点，又云："乾符、乾封字亦相类，遂致讹舛耳。"[⑤]按王象之《舆地纪胜》所引《广西郡县志》，应即《广西郡邑图志》，《宋史·艺文志》著录"一卷，张维序"，[⑥]明柯维骐《宋史新编》云乃李上交撰。[⑦]据张国淦及刘兆祐所考，乃张维纂著，[⑧]其人于南宋乾道初"知桂州"，[⑨]是书当撰于此时。以南宋时地志之记载，来遽然否定《新唐书》之记载，恐有不妥。

　　中国台湾学者廖幼华在论述唐宋时期岭南西部的羁縻式正州时，于粤州沿革，即径直采信王象之的说法。[⑩]不过《通典·州郡典》记载唐

① 《旧唐书》卷41《地理四》，第1751页；《太平寰宇记》卷171《岭南道》，第3279页。

② 《新唐书》卷43上《地理志七上》，第1104页。

③ （宋）欧阳忞：《舆地广记》卷37《广南西路下》，国家图书馆出版社影印宋刻递修本，2017年，第203页。

④ （清）顾祖禹：《读史方舆纪要》卷109《广西·庆远府》，第4921页。

⑤ （宋）王象之：《舆地纪胜》卷122《广南西路·宜州》，中华书局影印道光二十九年惧盈斋本，1992年，第3516页。

⑥ 《宋史》卷204《艺文志》，中华书局，1977年，第5157页上。

⑦ （明）柯维骐：《宋史新编》卷49《艺文志》，《续修四库全书》第309册，上海古籍出版社，2002年，第249页下。

⑧ 张国淦：《中国古方志考》之《广西省通志类》，中华书局，1962年，第623页；刘兆祐：《宋史艺文志史部佚籍考》上编《地理类》，台北编译馆"中华丛书"编审委员会，1984年，第759—760页。

⑨ （宋）朱熹：《晦庵集》卷93《右司张公墓志铭》，《景印文渊阁四库全书》第1146册，台北：台湾商务印书馆，1986年，第183页下；吴廷燮：《南宋制抚年表》卷下《广南西路》，张忱石点校，中华书局，1984年，第586页。

⑩ 说见廖幼华《唐宋两朝岭南西部的羁縻式正州——对南疆统治深化程度的观察》，《张广达先生八十华诞祝寿论文集》，台北：新文丰出版股份有限公司，2010年，第349—396页。

天宝之前历代州郡建置沿革，其因何书作"粤州"，可以依据相关史料进行推测。《元和郡县图志》："华州华原县……天授二年又置宜州，大足元年废。神龙元年，复为华原县。"① 天授二年（691），以京兆府之华原县置宜州后，与乾封（666—667）中自粤州所改之宜州，名称重合，可能当时岭南之宜州，又改回粤州之名。南宋洪迈针对东晋、南朝以来"州县名同"的问题，论云："晋、宋以来，置立州郡，惟以多为贵。先是中原陷胡、羯，本土遗民，或侨寓南方，故即其所聚为立郡。而方伯所治之州，亦仍旧名。如南徐、南兖、南豫、南雍州、南兰陵、南东海、南琅琊、南东莞、南鲁郡，其类不一。魏、周在北，亦如此。隋、唐不复然。国朝之制，州名或同，则增一字以别之。"② 景庐之意，乃谓隋、唐之后取消在重名州之前加方位词以区别的办法，换句话说，即隋、唐时期绝少有州名重复之现象，复谓宋代为区别同名州，其法则为"增一字"。罗凯在考证唐代山州地望时，亦云"经过贞观年间的州县整顿，唐代正州正县基本上杜绝了同名的情况。开元十三年，又对州名中'文相类及声相近者'作了修改"。③ 如此，则在玄宗开元年间时，对于武后一朝所改置州县，恢复其原有名称，复改回宜州，《唐六典》载述岭南道下属州时，因称宜州。④ 至天宝元年再次调整政区名称时，乃改宜州为龙水郡。至乾元元年，又改龙水郡为宜州。退一步讲，即使武后天授二年，宜州并未改回粤州，那么至玄宗开元年间，李林甫等人编纂《唐六典》时，仍然据以书作宜州，其理仍然可通。《唐六典》成书时间，约较《通典》早半个多世纪，欲确知开元时期政区名称，当以《唐六典》为最可信之记载。王象之不审《唐六典》，复以《通典》之记载，来遽然否定乾元前粤州改名之事，当有不妥。而杜佑亦有可能搞混粤州沿革，惜无更多材料佐证。

---

① （唐）李吉甫：《元和郡县图志》卷2《关内道·京兆府》，贺次君点校，中华书局，1983年，第29页。

② （宋）洪迈：《容斋五笔》卷3《州县名同》，孔凡礼点校，中华书局，2005年，第863页。

③ 说见罗凯《唐代山州地望与性质考——兼论岭南附贡州的建置》，《历史地理》第26辑，上海人民出版社，2012年。

④ （唐）李林甫等：《唐六典》卷3《户部郎中、员外郎》，陈仲夫点校，中华书局，1992年，第71页。

此外，在敦煌发现的《唐地志残卷》，唐耕耦等编《敦煌社会经济文献真迹释录》定名曰《唐天宝年间地志残卷》。①郑炳林题解斟酌向达、薛英群、吴震、马世长等研究之后，复据马世长之研究，将其定名为《敦煌县博物馆藏地志残卷》。②在其"岭南道六十八州"条目下，载有"下，龙水，粤"，可见乃书作"粤州"。为何此《地志残卷》仍作粤州呢？按上引《唐六典》成书于开元二十六年（738），李林甫等人在长安城编辑是书，当据官方资料。正因为如此，是书所载政区名称，乃是开元时期政区名称的最可信记录。而若干州名的调整，即使朝廷都需要正式诏告全国各地，但诏令能否及时传达到地方，或者恰好被当地人抄录保存下来，则可能还要存疑。其后，在天宝元年改州为郡时，地处唐代西陲边地之沙州亦改名为敦煌郡，朝廷诏书到达当地，当迟于天宝元年。因此此《地志残卷》乃先书郡名，再书原有州名，这也是上引唐耕耦书将其定名为《天宝年间地志残卷》的原因。其虽抄录于天宝元年之后，但对于开元年间编纂《唐六典》之前，改粤为宜之事，却并未准确载录。

《太平寰宇记》在叙述宜州时，引《投荒录》云"宜州乃桂之属郡"，又"此一郡见《贞元录》，即不述创置年月"。③按《贞元录》，应即贾耽所著《贞元十道录》，据权德舆所作序，约成书于唐德宗贞元十八年；④《投荒录》即《投荒杂录》，据《新唐书·艺文志》著录，乃唐文宗大和时高州刺史房千里所撰。⑤可见自贞元迄于大和，均称宜州，本不待至晚唐乾符间始更名。其后，王象之在叙述宜州古迹时，径谓"粤州，唐乾符中更曰宜州"，⑥更是坚决坐实乾符改名说。王氏不审天宝、乾元政区名称改易，复据南宋所撰之书，故有此误。至马端临撰《文献通考》，亦未采信王氏之说，复依《新唐书·地理志》，谓"唐开置粤

① 唐耕耦、陆宏基编《敦煌社会经济文献真迹释录》第1辑之《唐天宝年间地志残卷》，书目文献出版社，1982年，第56—67页。
② 郑炳林：《敦煌地理文书汇辑校注》之《敦煌县博物馆藏地志残卷·敦博58号》，甘肃教育出版社，1989年，第161页。
③ （宋）乐史等：《太平寰宇记》卷168《岭南道》，第3214页。
④ （宋）李昉等修《文苑英华》卷737《魏国公贞元十道录序》，中华书局，1966年，第3841页下。
⑤ 《新唐书》卷58《艺文志》，第1485页下。
⑥ （宋）王象之：《舆地纪胜》卷122《广南西路·宜州》，第3524页。

州，乾封中更名宜州”。①

综上，则唐至五代，粤州沿革似应为：粤州（贞观四年）—宜州（乾封中）—粤州（天授二年）—宜州（开元中）—龙水郡（天宝元年）—宜州（乾元元年）—宜州（五代）。

二　再论环州置州年份

有关环州置州之年份，传世诸史籍记载不一，似有讹误。检核唐德宗贞元年间成书之《通典》，其关于环州设置年份，只云“大唐使李弘节招降置”。②按照常理，杜佑编纂《通典》时，应该可以看到唐初贞观年间置此州之官方记录，不至于失载置州年份。至李吉甫撰《元和郡县图志》，当载此州置州时间，惜其书岭南道两卷散佚不存，殊为可惜。《旧唐书·地理四》及《新唐书·地理志》皆云此州乃贞观十二年（638），清平公李弘节招慰生僚而开置，③《太平寰宇记》亦沿袭《旧志》之说。④与《太平寰宇记》约略同时成书的《太平御览》引《十道志》之记载，今本谓环州置州，乃是在贞观二年（628），⑤年份已出现混乱。成书于北宋末年之《舆地广记》，云贞观十二年环州与思恩县同置。⑥南宋时，王象之撰《舆地纪胜》，仅引《太平寰宇记》云设环州在贞观十二年。⑦至祝穆著《方舆胜览》，不仅失载环州设置年份，甚至将环州误以为乃粤州改名而来，搞混二州沿革。⑧纵观以上叙述可知，即使是两《唐书·地理志》、《太平寰宇记》与《太平御览》，其所凭借的原始材料来源亦有可能不同，因此才出现贞观二年与

① （元）马端临：《文献通考》卷 323《舆地考》，中华书局，1986 年，第 2544 页上。
② （唐）杜佑：《通典》卷 184《州郡》，第 4955—4956 页。
③ 《旧唐书》卷 41《地理四》，第 1748、1760—1761 页；《新唐书》卷 43 上《地理志七上》，第 1105 页。
④ （宋）乐史等：《太平寰宇记》卷 167、168、171《岭南道》，第 3202、3220、3283 页。
⑤ （宋）李昉等修《太平御览》卷 172《州郡部·安南都护府》，中华书局缩印商务影宋本，1960 年，第 842 页下—843 页上。
⑥ （宋）欧阳忞：《舆地广记》卷 37《广南西路下》，第 203 页。
⑦ （宋）王象之：《舆地纪胜》卷 122《广南西路·宜州》，第 3515 页。
⑧ （宋）祝穆撰，（宋）祝洙增订《方舆胜览》卷 41《广西路·庆远府》，施和金点校，中华书局，2003 年，第 742 页。

十二年两种记载。如非刻写所致，则其间必有一误。故而要确知环州何时设置，须结合版刻及其他史籍之记载，略加辨析。

按《太平御览》所引《十道志》，是书据《旧唐书》所载，乃唐中宗之前梁载言所著，载言"历凤阁舍人，专知制诰。撰《具员故事》十卷，《十道志》十六卷，并传于时。中宗时为怀州刺史"，①《新唐书·艺文志》亦著录此书。②梁载言上距贞观，为时不远，以其任中书舍人、知制诰之经历，当有机会接触到记载朝廷地方行政区划设置的官方记录，或许正是担任中枢机要职务的缘故，才使得载言能够成功完成地理之书《十道志》的撰写，故而其书所载，内容亦为可信。今中华书局缩印商务影南宋蜀刊残本《太平御览》，其所引《十道志》云环州乃"贞观二年李弘节招慰钦附环落洞"而置，此处应漏刻一"十"字。

李弘节，两《唐书》均在《许绍传》及《屈突通传》中简略提及其人，据《资治通鉴》所载，武德二年（619）时，弘节为峡州刺史许绍录事参军，与绍子智仁共同击擒萧铣大将陈普环。③据其孙李璋墓志，弘节之得封清平县公，正是因"策平萧铣"④之功。至贞观二年十月，其已升任并州都督府长史。⑤又据其子李道素墓志，道素于贞观十二年跟随其父弘节，前往桂州都督府赴任，"以贞观十三年九月廿六日遘疾，卒于桂州之官舍，春秋十七。以贞观十五年岁次辛丑十一月戊午朔、十五日壬申，葬于洛州河南县千金里之原"。⑥那么李弘节招慰蛮僚，开置环州，其时当在贞观十二年。《贞观政要》载："贞观八年，先是桂州都督李弘节以清慎闻，及身殁后，其家卖珠。"⑦太宗欲深理其事，幸得魏徵劝谏而罢，可知《贞观政要》误系李弘节卒没之年。《唐会要》亦载其事，⑧复将其系于

① 《旧唐书》卷190中《文苑传中》，第5017页。

② 《新唐书》卷58《艺文志二》，第1506页。

③ 《资治通鉴》卷187，唐武德二年九月，中华书局，2011年，第5972页。

④ 吴钢主编《全唐文补遗》第8辑《大周故朝散大夫郑州录事参军柱国赵郡李府君（璋）墓志铭并序》，三秦出版社，2005年，第322—323页。

⑤ （宋）王溥：《唐会要》卷68《诸府尹》，中华书局，1955年，第1190页。

⑥ 周绍良、赵超主编《唐代墓志汇编》上册《大唐故交州都督上柱国清平县公世子李君墓志铭并序》，上海古籍出版社，1992年，第59—60页。

⑦ （唐）吴兢：《贞观政要》卷5《忠义第十四》，上海古籍出版社，1978年，第155页。

⑧ （宋）王溥：《唐会要》卷53《举贤》，第913页。

贞观十三年（639）。据胡俊推测，李弘节可能亡于贞观十三年九月至贞观十五年（641）十一月之间，①结合《唐会要》，则李弘节亦应身殁在贞观十三年。

李弘节既于贞观十三年身殁，那么其完全有可能于贞观十二年，在桂州都督任上开置环州。因此，环州设置年份，当依两唐书《地理志》及《太平寰宇记》所记。而今本《太平御览》所引《十道志》之记载，当是刊刻漏字，所以致误。

三　贞观七年李弘节巡抚岭南路线及芝州始置年份蠡测

唐代芝州始置年份，《通典》、《太平寰宇记》、《太平御览》、两唐书《地理志》、《舆地广记》、《舆地纪胜》皆云唐置，今本《元和郡县图志》散佚不存，《方舆胜览》则无载。至清初顾祖禹著《读史方舆纪要》，始谓"本蛮地，唐贞观中开，置芝州，治忻城县"，②将设置芝州年份推定在唐初贞观年间。此后，洪亮吉撰《（乾隆）府厅州县图志》及嘉庆朝史臣重修《一统志》，亦仅谓唐初置芝州，未采顾氏之说。由于史籍记载极度匮乏，因而顾氏之书成为有关唐代芝州设置年份的唯一记载。其成书已晚至清代初年，按照研究历史的基本原则，据此以确定唐代政区设置时间，已有相当的危险性。因此，笔者只能试图从其他史料钩沉索隐，结合唐初贞观年间岭南地区局势，以及都泥江（即西江中游段）与其二级支流龙溪水之间地域的政治地理形势，尝试论证这一地区在贞观年间开置州县的可能性。

谭其骧先生在《自汉至唐海南岛历史政治地理》一文中，述及隋唐之际岭南冯氏势力，谓"冯盎之叛服遂为岭南安危之所系"。③按相关史事，谭先生已有论述，读者可自行参看。新近罗凯又对隋末唐初岭南土著政治势力展开进一步讨论，如邓文进、宁长真，实力强大却被忽略的李光度。

① 胡俊：《唐代李氏墓志考补〈新唐书·宰相世系表〉一则》，《中国历史文物》2007年第2期，第41—45页。
② （清）顾祖禹：《读史方舆纪要》卷109《广西庆远府忻城县》，第4932页。
③ 谭其骧：《自汉至唐海南岛历史政治地理》，原载《历史研究》1988年第5期，后收入《长水集续编》，人民出版社，2011年，第91—119页。

但在萧铣、林士弘被李唐相继剿灭后，整个岭南地区就已被纳入唐王朝政治版图。[①] 因此笔者仅就贞观五年（631）后，岭南之政治形势再做申论。是年冯盎入朝后，紧邻高州的窦州土著就爆发了大规模的叛乱，史载"未几，罗窦诸洞獠反……獠数万人，屯据险要，诸军不得进"。[②] 由冯盎入朝引发的岭南诸地少数部族的反叛，自窦州罗窦诸洞僚部落开始，逐渐向北扩展至西江中游龚州一带，并有继续向上游诸州及少数部族地区扩展的趋势。《资治通鉴》载："辛未，以张士贵为龚州道行军总管，使击反獠。"[③] 此事温公系于贞观七年八月，当是其时朝廷始命将出征。唐初之行军制度，[④] 龚州道相当于临时战区，可能在龚州及其临近几个州都爆发了大规模的僚部落叛乱。核诸龚州所处地理位置，朝廷任命张士贵担任龚州道行军总管，当是针对此地交通状况所做出的直接部署。至贞观八年正月，"张士贵讨东、西王洞反獠，平之"，胡注谓"东、西王洞獠盖在龚州界"。[⑤] 但此前七月，朝廷实际上已先行派遣使节前往这些地区巡抚，《册府元龟》载："（贞观）七年七月，遣大理少卿李弘节、太子中允张玄素、都水使者长孙师巡抚岭南。"[⑥] 直接原因当是此次龚州及临近诸州土著部落的反叛。审视此次巡抚使团人员构成，有都水使者长孙师，这是因为长孙师曾经担任广州都督府司马，[⑦] 谙熟岭南地区民情形势，更因其新任都水使者，"掌川泽、津梁之政令，总舟楫、河渠二署之官署，辨其远近，而归其利害；凡渔捕之禁、衡虞之守，皆由其属而总制之"，[⑧] 可以利用其职掌，更好地协助李弘节等人自水路交通南下。因此，李弘节此次出使，要从水路前往龚州及

① 　罗凯：《隋末唐初岭南政治势力探析》，《中国历史地理论丛》2013 年第 2 期；同时请参见廖幼华《历史地理学的应用：岭南地区早期发展之探讨》第五章"岭南的蛮化汉人"，台北：文津出版社，2004 年，第 247—276 页。

② 　《资治通鉴》卷 193，唐贞观五年十二月，第 6203—6204 页。

③ 　《资治通鉴》卷 194，唐贞观七年八月，第 6215 页。

④ 　参见唐长孺《唐代军事制度之演变》，武汉大学《社会科学季刊》第 9 卷第 1 号，1948 年12 月，后收入《山居存稿（续编）》，中华书局，2011 年，第 329—352 页。

⑤ 　《资治通鉴》卷 194，唐贞观八年正月及条下胡注，第 6217 页。

⑥ 　（宋）王钦若等修《册府元龟》卷 161《帝王部·命使》，中华书局影宋本，1989 年，第347 页上。

⑦ 　（宋）王钦若等修《册府元龟》卷 42《帝王部·仁慈》："（贞观五年）七月甲辰，遣广州都督府司马长孙师往收瘗隋日战亡骸骨，毁高丽所立京观。"（第 45 页上）

⑧ 　（唐）李林甫等：《唐六典》卷 23《都水监》，第 599 页。

临近诸州，推测其当溯湘水而上，过灵渠斗门，续沿漓水南下，抵达梧、藤、龚等州招抚。①

通过李弘节巡视、安抚这些经历叛乱或受叛乱波及的地区以及张士贵率军征讨之后，随着当地土著部族再次往化唐廷以及中央对这些边徼地区风土人情的了解，设置正州及羁縻州县的工作就势在必行。贞观十二年，李弘节出任桂州都督，②当年即在龙溪水上游大、小环江流域开置环州。《旧唐书·地理四》及《新唐书·地理志》均谓环州乃李弘节"开拓生蛮置"，③《太平寰宇记》详载此事始末，云"环州，在宜州西一百里。……大使清平公李弘节遣融州、柳州首领慰安，由是归附"，④乃是李弘节派遣融州、柳州土著部落首领溯龙溪水，向其上游未知领域进一步开拓的结果。因桂、柳二州间为大山所阻，唐初沟通二地，须由漓江南下，续经浔、柳二江，绕行梧、藤、龚等州，方达柳州。至武后长寿元年（692）开凿沟通漓、柳二水之相思埭后，才大大缩短二州水路里程。⑤故而桂州都督李弘节当续循贞观七年其巡抚岭南时所经行之桂—梧路，前往柳州西部开置州县。据本文第一部分考证，唐廷已于贞观四年，在柳州之西龙溪水中游地区设置粤州。李弘节此次开置环州，已成功将政区拓展至粤州西部龙溪水上游。宋人范镇《东斋记事》所载，或许有助于我们更形象地明晰粤州和环州的相关地理方位。其记述北宋庆历时白崖山蛮蒙内寇，乃先"破环州及诸寨"，进而威胁宜州。

---

① 唐代穿越南岭山系，进入岭南之道路，主要有东、西二条。西为桂阳岭路，东为大庾岭路，这在唐人诗文中多有记载。如张九龄《开凿大庾岭路序》，宋之问《自湘源至潭州衡山县》，贾岛《送郑长史之岭南》，刘长卿《送裴二十端公使岭南》《江楼送太康郭主簿赴岭南》，李翱《来南录》等。除此二路，复有都庞岭、萌渚岭、骑田岭路，如元稹《和乐天送客游岭南二十韵》："骑田回北顾，铜柱指南邻。"关于由湘水入桂州之水路，见〔日〕青山定雄《唐宋时代的交通与地志地图的研究》第一章"唐宋时代的交通"、第七章"唐代的水路工事"之"扬子江以南的水路"，东京：吉川弘文馆，1969年，第278—283页。

② 周绍良、赵超主编《唐代墓志汇编》上册《大唐故交州都督上柱国清平县公世子李君墓志铭并序》，第59—60页。

③ 《旧唐书》卷41《地理四》，第1761页；《新唐书》卷43上《地理志七上》，第1105页。

④ （宋）乐史等：《太平寰宇记》卷168《岭南道》，第3220页。

⑤ 参见廖幼华《历史地理学的应用：岭南地区早期发展之探讨》第三章"岭南西部郡县分布与开发"第六节"唐朝时期·对西北面的积极开发"，第150—154页。

为收复环州，新任广南西路转运使杜杞"得宜州人吴香等为乡导，攻白崖等寨，复环州"，①据此则环州地处极边，与土著部族接界，而宜州（即粤州）地居次边，二州分别位居龙溪水上游山地及中游。

而芝州，据《旧唐书·地理四》所载，仅辖忻城一县，《太平寰宇记》云辖五县，《新唐书·地理志》谓领七县，此乃诸书史料年代断限不一所致。芝州从初置时之一县，增至盛唐时之七县，到北宋初年管五县，其辖县数之消长变化，既与户口多寡增减有关，又是整个龙溪水及都泥江领域土著部落之羁縻州县与朝廷正州之间政治控制力强弱变化的真实写照。《旧唐书·地理四》及《太平寰宇记》未载芝州户口数，《新唐书·地理志》云"户千二百，口五千三百"，②乃是芝州全盛时所领户数；又"纡州，归思州，思顺州，蕃州，温泉州温泉郡，述昆州，格州，右隶桂州都督府"，③这些归属桂州都督府管辖的所谓"诸蛮州"，即羁縻州，即与朝廷正州夹处龙溪水与都泥江之间。谭其骧先生认为，唐代边徼少数部族地区的羁縻州与正州是时而变化的，④这自然与唐廷控制力强弱有很大关系。芝州在北宋庆历三年（1043）废入宜州（即粤州）时，⑤仅剩州治忻城一县，又其"北至宜州崖山县界五十里"，⑥这应该可以说明从唐初始置芝州，经历中晚唐五代北宋初这段历史，虽然其辖境盈缩消长，但其应始终能够与宜州接壤，这也是其最终能够与宜州合并的原因。今《中国历史地图集》唐代部分所标，宜州与芝州为羁縻温泉州所分隔，⑦似有不妥。如此，则即使北宋时忻城县并入宜州，也乃一块飞地，孤悬于宜州之外。又"温泉州，理温泉县，在宜州东六十里。……四至：东至柳州龙城县界二十里。南至柳州马平县界二十里。西至宜州崖山县界三十里。北至柳州洛曹县界十五

① （宋）范镇：《东斋记事》卷1，中华书局，1980年，第7页。
② 《新唐书》卷43上《地理志七上》，第1115页。
③ 《新唐书》卷43下《地理志七下》，第1144页。
④ 谭其骧：《唐代羁縻州述论》，原载《纪念顾颉刚学术论文集》，巴蜀书社，1990年，后收入《长水集（续编）》，第138—161页。
⑤ （宋）欧阳忞：《舆地广记》卷37《广南西路下》，第203页。
⑥ （宋）乐史等：《太平寰宇记》卷168《岭南道》，第3218页。
⑦ 谭其骧主编《中国历史地图集》第5册《唐·桂州容州附近》，中国地图出版社，1982年，第71页。

里"，^①则温泉州东、南、北三面为柳州所环绕，西面与宜州崖山县接壤，本不应夹处宜州与芝州之间，割裂二州。

要之，芝州应亦是贞观十二年李弘节担任桂州都督时，以贞观四年在龙溪水中游所置之粤州为基地，在夹处龙溪、都泥二水间地域所开置。顾祖禹谓乃"唐贞观中开"，当有所本。《（雍正）广西通志》撰者以环、芝二州连称，似认为芝州与环州同置，^②不知何据，仅条列以供参考。因此，芝州沿革似应为：芝州（贞观中）—忻城郡（天宝元年）—芝州（乾元元年）—芝州（五代）。

结　语

唐初降服各大地方割据势力后，政区置废频仍，有相当数量的州县，存在时间很短，因而无法确知其设置时间。但随着政局渐趋稳定，王朝统治逐渐深入偏远少数部族地区，开置正州及羁縻府州的工作也逐步展开。贞观四年，朝廷在龙溪水中游设置粤州。贞观十二年，随着李弘节担任桂州都督，又进一步向龙溪水上游大、小环江流域拓荒，成功辟置环州。同年，唐廷还在夹处龙溪水及都泥江之间的广阔地域，开设羁縻纡、蕃、智、文等州。^③核诸当时这块区域的政治地理形势，芝州则极有可能也是同时所置。粤、芝二州既已考得，《旧唐书》卷41《地理四》失载起置年份之岭南道剩余汤、长、武峨三州，只能留待来日再考。

（原文刊于《中国边疆史地研究》2019年第1期，第25—33页）

---

① （宋）乐史等：《太平寰宇记》卷168《岭南道》，第3216页。
② （清）金鉷等监修，（清）钱元昌等编纂《（雍正）广西通志》卷9《沿革·庆远府》："唐初置粤州，高宗改为宜州，又置环、芝二州。"（《景印文渊阁四库全书》第565册，台北：台湾商务印书馆，1986年，第232页上）
③ 周振鹤主编，郭声波著《中国行政区划通史（唐代卷）》下册第五章"岭南道羁縻地区"，复旦大学出版社，2012年，第1186—1191页。

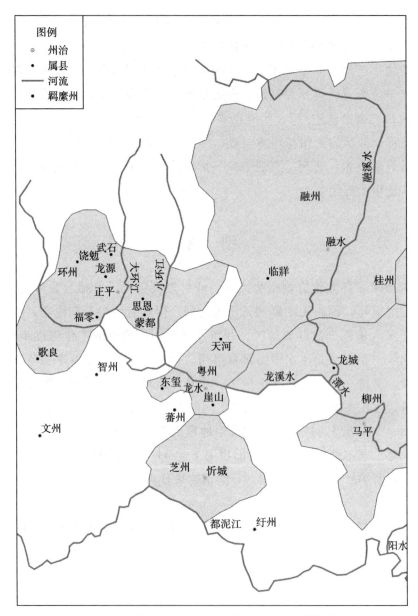

图例
◎ 州治
• 属县
— 河流
• 羁縻州

融州
融溪水
融水
桂州
临祥
武石
饶勉
龙源
环州
正平
大环江
小环江
思恩
蒙都
福零
天河
龙城
歌良
智州
粤州
龙溪水
濡水
东玺
龙水
崖山
柳州
文州
蕃州
马平
芝州
忻城
都泥江
纡州
阳水

图 1　贞观十二年（638）粤、芝、环三州示意

资料来源：据《中国历史地图集》第 5 册《唐·岭南道东部》及《中国行政区划通史
（唐代卷）》改绘。

论民族交往交流交融中的西夏文化

杜建录

宋辽夏金时期是我国历史上又一次民族大融合时期，进入内地的契丹、党项、女真和汉族长期交往交流交融，逐渐接受汉族传统的物质文化和精神文化。换言之，辽、夏、金文化并不等于契丹文化、党项文化和女真文化，这是不争的历史事实。然而，在西夏历史研究和对西夏文化认识过程中，仍有不少人自觉不自觉地把西夏文化等同于党项文化，甚至等同于党项民俗。因此，有必要对这一问题做进一步阐述。

一　西夏文化是在民族交往交流交融中形成的

建立西夏政权的党项人是我国古代羌族的一支，长期生活在青藏高原的东部，隋唐之际，"每姓别为部落，大者五千余骑，小者千余骑。织牦牛尾及羖羺毛以为屋。服裘褐，披毡以为上饰。俗尚武力，无法令，各为生业，有战阵则相屯聚。无徭赋，不相往来。牧养牦牛、羊、猪以供食，不知稼穑。其俗淫秽蒸报，于诸夷中最为甚。无文字，但候草木以记岁时。三年一聚会，杀牛羊以祭天"。[①]

早期党项人部落林立，较大的部落"有细封氏、费听氏、往利氏、颇超氏、野辞氏、房当氏、米擒氏、拓拔氏，而拓拔最为强族"。[②]他们都

---

① 《隋书》卷83《党项传》，中华书局，1973年，第1845页。
② 《旧唐书》卷198《党项羌传》，中华书局，1975年，第5290页。

是以氏族血缘为单位，每个氏族部落之下，有许多小氏族，平时"各为生业"，只有对外战争时才相屯聚。这一时期党项一度依附鲜卑吐谷浑，在长期的交往交流中，形成了你中有我，我中有你的现象，以致唐宋时期有人认为"吐谷浑者，今之文扶羌是也"。^①现代学者也持同样的观点。^②说吐谷浑羌化了，就是吐谷浑大量吸收和融会了羌族的文化与血缘。同时，这种吸收与融会是双向的，也即羌族也大量吸收了吐谷浑的文化与血缘。经过历史长河的洗礼，到了周隋之际，今青海湖一带的党项基本上融会到吐谷浑中去，故从此他们从史书中消失。当然，其中也包含迁徙的原因。而松州一带的吐谷浑则被党项所融合，建立西夏王国的拓跋部，实际上是被羌化的鲜卑人，^③他们已与党项羌没有多大的区别，故两《唐书》的作者及后世学者把他们看作党项羌。早期党项正是在这种民族大融合中发展壮大起来的，党项的文化也包含一些鲜卑吐谷浑的成分。

对党项社会发展影响最大的是隋唐王朝，隋朝统一中国后，威震四方，党项纷纷归化，遣使朝贡。唐朝建立后，党项与中原的关系进一步得到加强。太宗贞观三年（629），党项酋长细封步赖举部内附，太宗降玺书抚慰，步赖因此入朝，宴赐甚厚，以其地为轨州，拜步赖为刺史。其他党项酋长闻风而动，"相次率部落皆来内属，请同编户"。太宗厚加抚慰，列其地为崌、奉、岩、远四州，"各拜其首领为刺史"。^④唐贞观五年（631），诏遣使开其河曲地为六十州，"内附者三十四万口"。^⑤只有最为强大的拓跋部依附吐谷浑没有归附，在唐朝的军事压力和劝诱下，大首领拓跋赤辞与从子拓跋思头也率众归附，唐太宗列其地为懿、嵯、麟等三十二州，以松州为都督府，任命拓跋赤辞为西戎州都督，赐皇姓李。于是，从今青海积石山以东的党项居地，全部列入了唐王朝的版图。^⑥

党项归附唐朝前后，从青藏高原上崛起的吐蕃政权为争夺资源，不断

---

① （宋）吕祖谦编，齐治平点校《宋文鉴》卷53《上皇帝书》，中华书局，1992年，第801页。

② 范文澜：《中国通史》第4册第4章，人民出版社，2004年，第4—5页。

③ 唐嘉弘：《关于西夏拓跋氏的族属问题》，《四川大学学报》1995年第2期，第166—180页。

④ 《旧唐书》卷198《党项羌传》，第5291页。

⑤ （宋）王溥：《唐会要》卷98《党项羌》，中华书局，1960年，第1756页。

⑥ （宋）王溥：《唐会要》卷98《党项羌》记载："自是，从河首大碛石山已东，并为中国之境。"（第1756页）

向外扩张，征服吐谷浑，攻占大片党项居地。党项面临着重大选择，或投附吐蕃，成为吐蕃统治下的部落；或向唐朝内地迁徙，成为唐朝的部民。在唐朝羁縻怀柔政策的感召下，党项选择了唐朝，逐水草向西北内地陆续迁徙，拓跋部从青藏高原的松州迁徙到黄土高原的庆州。[①]"安史之乱"后，又从庆州迁往银州以北、夏州以东的平夏地区，同时野利、把利、破丑、折磨等部落也相继北迁绥、延及银、夏诸州。[②]

党项迁居的河陇地区，自汉代以来是汉族人民长期生活并创造农耕文明的所在，党项人在这里定居下来，无论地理条件抑或历史条件，对他们吸收汉族农耕文明，发展生产与繁殖人口，都是极为有利的。特别是唐王朝一贯重视列为"编户"蕃戎的农业生产，开元八年（720），唐玄宗敕新降蕃酋，"无令田陇废业，含养失所，递相勉谕，以悉朕意"。[③]大中五年（851），南山党项迫于饥寒，犹行抄掠，唐政府即"于银、夏境内授以闲田"。[④]由此可见，至迟在中唐以后，在唐政府的扶持与帮助下，一部分党项人学会了农耕。当然唐代学会农耕的党项人数很少，他们大部分仍以传统的畜牧为生。沈亚之《夏平》指出："夏之属土广长几千里，皆流沙，属民皆杂虏，虏之多者曰党项，相聚为落，于野曰部落。其所业无农桑事，畜马、牛、羊、骆驼。"[⑤]

随着生产的发展、剩余产品的增多与社会分工的扩大，商品交换日益繁荣。党项人除了用自己的畜产品和沿边汉族人民交换粮食、丝绸和其他生活日用品外，还"以善马购铠，善羊贸弓矢"。[⑥]朝廷虽禁止兵器贸易，[⑦]但商人为了牟取厚利，仍以各种手段走私出境，或边臣因循，"都不遵守"，[⑧]实际上

---

① 《旧唐书》卷198《党项羌传》记载："其后吐蕃强盛，拓跋氏渐为所逼，遂请内徙，始移其部落于庆州，置静边等州以处之。"（第5292页）
② 《新唐书》卷221《党项传》，中华书局，1975年，第6218页。
③ （宋）王钦若等编纂，周勋初等校订《册府元龟》卷170《帝王部·来远》，凤凰出版社，2006年，第1893页。
④ 《资治通鉴》卷249，大中五年二月辛未，中华书局，1956年，第8046页。
⑤ （唐）沈亚之：《夏平》，（清）董诰等编《全唐文》卷737，中华书局，1983年，第7613页。
⑥ 《新唐书》卷221《党项传》，第6217页。
⑦ 《旧唐书》卷198《党项羌传》记载："贞元三年（787）十二月，初禁商贾以牛、马、器械于党项部落贸易。"（第5293页）
⑧ （宋）宋敏求编《唐大诏令集》卷130《平党项德音》，中华书局，2008年，第710页。

兵器贸易从来没有被禁绝过。党项马是最受中原欢迎的商品，"求珠驾沧海，采玉上荆衡，北买党项马，西擒吐蕃鹦"。① 著名诗人白居易也写道："城盐州，城盐州，城在五原原上头。""鄜州驿路好马来，长安药肆黄蓍贱。"② 后唐天成四年（929），庄宗御中兴殿，阅蕃部进马，枢密使安重海奏曰："吐浑、党项近日相次进马，皆给还马直。对见之时，别赐锦彩，计其所费，不啻倍价，渐成损耗，不如止绝。"庄宗曰："常苦马不足，差纲远市，今蕃官自来，何费之有？外蕃锡赐，中国常道，诚知损费，理不可止。"③ 自是蕃部进马不绝于路。后唐明宗鉴于"党项皆诣阙，以贡马为名，国家约其直酬之，加以馆谷赐与，岁费五十余万缗。有司苦其耗蠹"，④ "诏沿边置场买马，不许蕃部直至阙下"。⑤

内迁党项中，拓跋部和中原王朝的联系最为密切，唐玄宗授拓跋赤辞从子拓跋思头静边州都督。拓跋思头子拓跋守寂因助唐平定安史叛乱，封为西平公，后又赠灵州都督。拓跋守寂子拓跋乾晖曾任银州刺史，拓跋乾晖就是后来占据宥州的拓跋思恭的祖父。

拓跋思恭占据宥州后不久，唐朝爆发了以黄巢为首的农民大起义，唐广明元年（880）十二月，起义军攻克都城长安。次年（中和元年）正月，唐僖宗在奔蜀途中，诏令拓跋思恭率部镇压起义军。拓跋思恭应诏率所部蕃汉军队南下勤王，僖宗为此特授思恭为夏州节度使，复赐姓李，封夏国公。同年十二月，唐朝又赠夏州节度为定难节度。⑥ 从此夏州地区获得了定难军的称号，统辖银、夏、绥、宥四州之地，拓跋李氏成为名副其实的地方藩镇。

经过黄巢农民起义军的沉重打击，唐王朝号令不出国门，强藩"怒则以力而相并"，"喜则连横以叛上"，而夏州拓跋李氏始终与朝廷保持友好的关系，不仅没有直接和朝廷对抗，而且还多次出兵帮助唐朝讨伐叛镇。拓跋思恭曾率部协助唐军征讨王重荣、李克用等叛军，思恭弟思孝、思谏

---

① 冀勤点校《元稹集》卷23《估客乐》，中华书局，2010年，第307页。
② 顾学颉校点《白居易集》卷3《新乐府》，中华书局，1979年，第67页。
③ （宋）王钦若等修《册府元龟》卷170《帝王部·来远》，第1896页。
④ 《资治通鉴》卷276，天成四年四月丙午，第9029页。
⑤ 《旧五代史》卷40《明宗纪》，中华书局，1976年，第549页。
⑥ 《资治通鉴》卷254，唐僖宗中和元年十二月，第8261页。

也服从朝廷调遣,参加了征讨王行瑜、李茂贞的战役。

五代时期,党项拓跋部继续和中原王朝保持密切关系,除后唐长兴四年(933)有一次削藩失败外,其余时间双方保持友好关系,每逢改朝换代或其他重要节点,夏州拓跋李氏政权都遣使进贡,中原王朝则加官晋爵。后梁乾化三年(913),封夏州节度使李仁福为陇西郡王,按此为夏州拓跋李氏封王之始。后唐同光二年(924),授李仁福为检校太师兼中书令、夏州节度使,晋爵朔方王。后周广顺元年(951),封李彝殷为陇西郡王,显德元年(954)正月,又晋爵西平王。

宋建隆元年(960)正月,夏州节度使、西平王李彝兴(避宋太祖名讳,改殷为兴)获悉赵匡胤代周建宋,立即派银州防御史李光俨奉表入贺,宋太祖大为高兴,授李彝兴太尉。建隆三年(962)四月,李彝兴闻知宋朝缺乏战马,遣使以良马三百匹入献。宋太祖赵匡胤亲命工匠为彝兴特制一个玉带,遣使赐赠,"彝兴感服"。① 宋乾德五年(967)九月,李彝兴卒,太祖废朝三天,赠太师,追封夏王。十月,授彝兴子李光睿为定难军节度使。宋太平兴国三年(978)李克睿(避宋太宗名讳,改光为克)卒,授其子李继筠为检校司徒、定难节度观察留后。

宋太平兴国五年(980)十月,李继筠卒,其弟衙内指挥使李继捧出任定难军留后,夏州政局出现动荡。太平兴国七年(982)三月,李继捧族父李克文上书宋朝,提出"继捧不当承袭,请遣使与偕至夏州,谕继捧令入朝"。② 宋太宗趁机遣中使持诏,令李继捧携家人入朝,随后遣使押解拓跋李氏缌麻以上亲族全部赴阙,夏州拓跋李氏政权一度中断。

李继捧族弟李继迁不愿离开"故土",率数十名亲信逃往夏州三百里左右的地斤泽,③ 联络党项豪族,起兵抗宋。至道三年(997)宋太宗驾崩,子真宗赵恒即位后,"姑务宁静",命内侍押班张崇贵为册封使,授李继迁为夏州刺史、充定难军节度使、夏绥银宥静等州观察处置押蕃落使,复赐姓名。加食邑千户,实封二百户。④ 归属宋朝长达十五年之久的夏绥银宥

---

① (宋)李焘:《续资治通鉴长编》卷3,建隆三年四月戊申条,中华书局,2004年,第67页。
② (宋)李焘:《续资治通鉴长编》卷23,太平兴国七年五月癸巳条,第519页。
③ (宋)王称:《东都事略》卷127《西夏传》,《四库全书》本,第1607页。
④ 《宋史》卷485《夏国传上》,中华书局,1985年,第13988页。

静等州领土，又重新回到拓跋李氏手中。但这时的李继迁已不满足对"故土"的恢复，而是在恢复"故土"之后，又进一步对外扩张，攻占灵州，易名西平府，将统治中心由夏州迁到灵州西平府。[①]同时继续向西发展，北收回鹘锐兵，西掠吐蕃健马，经李德明、李元昊祖孙三代，最终占领河西诸郡，奠定西夏立国的版图。

宋咸平六年（1003）十二月，李继迁卒，[②]其子德明和好宋朝，经过两年谈判，终于景德三年（1006）议和成功，宋朝遣鄜延钤辖张崇贵等封李德明为定难军节度使、夏绥银宥静等州管内观察处置押蕃落使、西平王，食邑六千户，实封二千户，薪俸和内地节度使相同。同时赐德明袭衣、金带、金勒鞍马，银万两，绢万匹，钱两万贯，茶两万斤。

"景德约和"后，李德明"每岁旦、圣节、冬至皆遣牙校来献不绝"，[③]"贡奉之使，道路相属"。[④]这些使节除用马匹换取宋朝的赏赐外，还"出入民间如家"，[⑤]"市所须物"。[⑥]民间兜售不出的"官为收市"。[⑦]每个使团所获利润不下一二十万。[⑧]景德四年（1007），应西平王赵德明的请求，宋朝在保安军设置榷场，以缯帛、罗绮易驼马、牛羊、玉、毡毯、甘草，以香药、瓷漆器、姜桂等物易蜜蜡、麝脐、毛褐、羱羚角、硇砂、柴胡、苁蓉、红花、翎毛。非官市者，"听与民交易"。[⑨]

党项内迁后与中原汉族密切的政治经济交往交流，必然带来文化上的深度融合，夏州拓跋政权墓志的形制和唐代官员贵族墓志毫无二致，志盖篆书，刹面刻汉族传统的八卦纹饰；志文楷书，叙述志主功德，对

---

① 《宋史》卷485《夏国传上》，第13988页。

② 《宋史》卷485《夏国传上》，第13987页。

③ 《宋史》卷485《夏国传上》，第13992页。

④ （宋）李焘：《续资治通鉴长编》卷65，景德四年三月庚申条，第1449页。

⑤ （宋）苏舜钦：《赠太子太保韩公行状》，曾枣庄、刘琳主编《全宋文》第41册，上海辞书出版社、安徽教育出版社，2006年，第96页。

⑥ （宋）李焘：《续资治通鉴长编》卷65，景德四年三月癸丑条，第1448页。

⑦ （宋）李焘：《续资治通鉴长编》卷72，大中祥符二年十月庚戌条，第1628页。

⑧ （宋）李焘：《续资治通鉴长编》卷450，元祐二年九月丁巳条记载："西夏每一使至，赐予、贸易无虑得绢五万余匹，归鬻之其民，匹五六千，民大悦。一使所获率不下二十万缗钱。"（第9863页）实际上不止元祐年间（1086—1094），其他年间的贡使贸易亦大抵如此。

⑨ 《宋史》卷186《食货志下八·互市舶法》，第4563页。

党项女性志主的褒扬是"淑德播扬，慧婉早著"，"三从顺道，四德奉亲"。①夏州的职官设置除押蕃落使外，其余设置与内地节度相同。拓跋部进入河套平原和河西走廊后，对汉族传统文化的吸收借鉴更加迫切，李继迁"潜设中官，全异羌夷之体；曲延儒士，渐行中国之风"。②李德明衣食住行，一如宋朝，正如时人富弼讲的："拓跋自得灵夏以西，其间所生豪英，皆为其用，得中国土地，役中国人力，称中国位号，仿中国官属，任中国贤才，读中国书籍，用中国车服，行中国法令，是二敌所为，皆与中国等。"③这里的"中国"是指汉族中原王朝，拓跋夏的位号、官属、书籍、车服、法令"皆与中国等"，清楚地说明了西夏建国前完全继承中原汉族的文化和制度。换言之，如果没有和中原汉族的交往交流交融，就没有党项社会的发展，也没有后来的西夏国。党项若被吐蕃征服，充其量成为吐蕃部落，长期处于生产相对落后的奴隶制社会。

二　西夏文化是多样杂糅的文化

民族交往交流交融中形成的西夏文化，杂糅了汉族文化、党项文化、吐蕃文化、鲜卑文化、回鹘文化等成分。中原汉族文化是西夏文化的核心，元昊称帝建国前夕，仿照唐宋建立起一套比较完整的官制，同时创制文字，建立蕃学，更定礼乐，秃发胡服，筑坛受册。从表象上看是突出民族特点，但其本质脱离不了中原文明。"裁礼之九拜为三拜，革乐之五音为一音"，只是从务实的角度精简唐宋礼乐，而不是革去唐宋礼乐而用番乐，"正朔朝贺杂用唐宋典式，而见官属以六日为常参，九日为起居，均令蕃宰相押班，百官以次序列朝谒，舞蹈，行三拜礼。有执笏不端，行立不正，趋拜失仪者并罚"。④文臣服饰为"幞头、靴笏、紫衣、绯衣"，完全是唐宋官员服饰；武将服饰根据品级的大小分别"冠金帖起云镂冠、银帖间金镂冠、黑漆冠"，穿紫旋襕，垂蹀躞，佩解结椎、短刀、弓矢韣等，虽然突出民族特

---

① 《故永定破丑夫人墓志文》，杜建录：《党项西夏碑石整理研究》，上海古籍出版社，2015年，第89页。
② （宋）李焘：《续资治通鉴长编》卷50，咸平四年十二月丁卯条，第1099页。
③ （宋）李焘：《续资治通鉴长编》卷150，庆历四年六月戊午条，第3641页。
④ （清）吴广成：《西夏书事》卷13，道光五年小岘山房刻本，第225页。

点，但继承了传统的等级制度；至于"民庶青绿，以别贵贱"，[①] 更是汉族传统的制度。元昊秃发也只限境内的党项人，汉族仍是传统的发式。

西夏文字的创制完全借鉴和模仿了汉字。在字体结构上，它和汉字一样，有偏旁部首，基本笔画也有汉字的点、横、竖、撇、捺、提等，以致识汉字的人"乍视，字皆可识，熟视，无一字可识"。[②] 在造字方式上，西夏字主要采用汉字的会意法，还有一些字采用音意合成法，这些音意合成字，其构造方式和汉字形声字相似。在注音上，西夏文辞书《文海》采用汉字传统的反切注音。此外，西夏文字中还有大量的汉语借词，这些汉语借词不仅在名词中使用，而且在动词、形容词以及其他词类中也使用。

汉文和西夏文一样，是西夏的通用文字，汉学教授汉文，番学教授番文（西夏文），出土的西夏公文，既有汉文也有西夏文。法令也一样，夏仁宗颁行的《天盛改旧新定律令》有番文和汉文两种文本，目前只保留下来番文文本。

汉传佛教是西夏佛教的重要内容。1030—1072 年，应西夏的请求，宋朝曾连续六次向其颁赐《大藏经》。随着汉文《大藏经》的输入，西夏统治者大兴土木，广建寺院，翻译佛经。1047 年元昊在兴庆府东"建高台寺及诸浮图，俱高数十丈，贮中国所赐《大藏经》，广延回鹘僧居之，演绎经文，易为蕃字"。[③] 1050 年，没藏太后在兴庆府西建承天寺，历时六年完工，藏宋朝所赐佛经，后来秉常、乾顺也多次组织大规模的汉文佛经翻译工作。据统计，西夏前四朝就翻译汉文佛经达三千多卷，这在佛经翻译史上是少有的，从而为汉传佛教的广泛传播与发展奠定了坚实的基础。

唐代高僧玄奘西行取经故事也被西夏继承下来，并绘制在洞窟壁画上，主要形象有玄奘、孙行者、马、菩萨等，[④] 有的画面观音菩萨化作白衣人与玄

---

① 《宋史》卷 485《夏国传上》，第 13993 页。

② （清）张澍：《养素堂文集》卷 19《书西夏天祐民安碑后》，道光十五年枣华书屋刻本，第 475 页。

③ （清）吴广成：《西夏书事》卷 18，第 313 页。

④ 西夏绘制的西游记图画有 6 幅，榆林石窟第 2 窟和第 29 窟的水月观音经变画中各有一幅，东千佛洞第 2 窟中心塔柱两侧甬道南北的水月观音图中各绘有一幅，榆林窟第 3 窟有 2 幅，此处暂介绍 3 幅。

类交谈，悟空站立于二人之间，白马自行；[1]有的画面玄奘双手合十向观音遥拜，孙悟空手举到头部遮阳远眺；[2]有的画面唐僧师徒二人与白龙马在河岸面向菩萨肃然而立，白马背驮大莲花宝座，莲花宝座上包裹光芒四射。[3]

西夏继承我国传统的道教，道士称为"仙人"。[4]出土的西夏道教文献及图像有《吕观文进庄子内篇义》《南华真经》《太上洞玄灵宝天尊说救苦经》《六壬课秘诀》《六十四卦图遗卦》《六十四卦图歌》《玄武大帝图》等。西夏设有专门管理道教事务的机构"道士功德司"，置一正、一副、一判、二承旨，其下二都案、二案头、属次等司，由官方颁发司印，司印为铜上镀银，十五两。[5]

法律保护道观、影像等道观财产。[6]道士的社会地位较高，他们的上层有官，获赐黄、黑、绯、紫服，犯罪后允许以官抵罪。[7]西夏社会流行辟谷术，开国皇帝元昊子宁明练习辟谷术时走火入魔，气忤而死。[8]西夏的占卜术包括道教的"五行卦"和"金钱卦"，[9]元昊出征打仗时常携《太

---

① 见榆林窟第 29 窟，著名敦煌学家段文杰先生认为这可能表现的是玄奘取经初期的情景。双手合十应该为玄奘，白衣人为菩萨化身，大嘴披发、头戴金环的为孙悟空。还有他们的白马。参见刘玉权《榆林窟第 29 窟水月观音图部分内容新析》，《敦煌研究》2009 年第 2 期，第 1 页。

② 见榆林窟第 2 窟《水月观音图》，《中国石窟·安西榆林窟》，文物出版社，1997 年，第 138 图。

③ 见榆林窟第 3 窟《普贤变图》，《中国石窟·安西榆林窟》，第 158 图。

④ 史金波、白滨、黄振华《文海研究》指出《文海》解释"仙"为"仙人也，山中住求长寿道者之名是"（中国社会科学出版社，1983 年，第 414 页）。

⑤ 史金波、聂鸿音、白滨译注《天盛改旧新定律令》卷 10《司序行文门》，法律出版社，2000 年，第 367 页。

⑥ 史金波、聂鸿音、白滨译注《天盛改旧新定律令》卷 3《盗毁佛神地墓门》规定"诸人不得盗窃损毁佛像、神舍、济教像、天尊、夫子宗庙等"（第 184 页）。"神舍"当指道观，"济教像""天尊"当指道教神像。

⑦ 史金波、聂鸿音、白滨译注《天盛改旧新定律令》卷 2《罪情与官品当门》规定"诸有官人及其人之子、兄弟，另僧人、道士中赐穿黄、黑、绯、紫等人犯罪时，除十恶及杂罪中不论官者以外，犯各种杂罪时与官品当，并按应减数减罪"（第 138—139 页）。

⑧ （宋）李焘：《续资治通鉴长编》卷 162，庆历八年正月辛未条记载：元昊子"宁明，喜方术，从道士路修篁学辟谷，气忤而死"（第 3901 页）。

⑨ 黑水城出土的《大唐三藏卦本》和《观世音菩萨造念诵卦本》。聂鸿音《西夏道教补议》（《西夏学》第 17 辑，2019 年）认为两篇作品记载的"五行卦"和"金钱卦"占法属于中原道家风格，可是题目却冠以"三藏"和"观世音菩萨"的字样，被强行纳入民间佛教的体系中间。

乙金鉴诀》。^① 避凶求福时，请道士绘画符箓化解。^②

西夏音乐深受唐宋音乐影响，音节悠扬，"清厉顿挫"。^③ 元昊认为"唐宋之缛节繁音"不足效法，于是"革乐之五音为一音"，^④ 简洁务实。至于民间音乐一直深受中原汉族的影响，北宋著名政治家沈括为陕西边帅时，曾作过十几首歌，其中一首有"万里羌人尽汉歌"之句，^⑤ 说明夏宋沿边一带的党项人都会唱汉歌。据叶梦得记述，他在丹徒做地方官时，"尝见一西夏归明官云：'凡有井水饮处，即能歌柳词。'言其传之广也"。^⑥ 柳永为北宋著名词人，他的词作情意缠绵，大多谱上曲子在市民阶层中广为流传，也得到了西夏人民的喜爱。

西夏继承中国德运传统，在金、木、水、火、土五德中，自认为金德，直接继承唐朝的土德。纪年采用我国古代传统的年号纪年，皇帝新即位要改元，国家发生重大事件或革故鼎新也要改元，并铸年号钱币。皇帝在位时上尊号，去世后上庙号、谥号，陵墓有陵号。陵墓基本形制"仿巩县宋陵而作"，^⑦ 分别由角阙、鹊台、神墙、碑亭、外城、门阙、内城、献殿、塔状灵台等部分组成，平面布局大体按照中原大建筑群设计，强调中轴线左右对称。

夏州拓跋政权一直采用中原王朝的历法，元昊称帝建国时，废弃了宋朝的历法，创制西夏自己的历法，但仍以中原汉族历法为基础。^⑧ 元昊以后，仍主要采用汉历。1127 年宋室南迁，两国交通阻远，加之西夏附金攻

---

① 唐代王希明编撰《太乙金镜式经》十卷，是受道教影响的术数类推演历日、推算占卜的书，其中有推演敌情等法。

② 张九玲《西夏本〈佛顶心观世音菩萨大陀罗尼经〉述略》(《宁夏社会科学》2015 年第 3 期) 指出《佛顶心陀罗尼经》有一种符箓，是从汉文底本摹录来的"秘字印"，可以用来"救产难"。西夏语韵图《五音切韵》一个抄本的皮质护封上出现了和《佛顶心陀罗尼经》相近的图形，在图形的右面还用西夏文写上"大般若"三个字。聂鸿音《西夏道教补议》认为这是以秘字印为代表的道家因素附着于佛教在西夏流传的表现。

③ 《金史》卷 134《西夏传》，中华书局，1975 年，第 2877 页。

④ 《辽史》卷 115《西夏外记》，中华书局，1974 年，第 1523 页。

⑤ (宋) 沈括撰，金良年点校《梦溪笔谈》卷 5，中华书局，2015 年，第 43 页。

⑥ (宋) 叶梦得撰，徐时仪整理《避暑录话》卷下，大象出版社，2019 年，第 68 页。

⑦ (明) 胡汝砺编，(明) 管律重修，陈明猷校勘《嘉靖宁夏新志》卷 2《陵墓》，宁夏人民出版社，1985 年，第 179 页。

⑧ 陈炳应：《西夏文物研究》，宁夏人民出版社，1985 年，第 323 页。

宋，宋朝便于 1132 年停止对西夏颁赐历书。但从甘肃武威张义下西沟岘发现的 1145 年的西夏历书来看，它的计法完全和中原一致。

中原丝织品和衣物的输入，改变了党项单一的"衣皮毛"穿戴，1975 年在银川市西夏陵区一〇八号陪葬墓出土的素罗、纹罗、工字绫、异向绫和茂花闪色锦等各色丝织品残片，就是当时从中原输入的。①

党项人是西夏的主体民族，内迁后在接受汉文化的同时，依然保留了大量本民族的文化习俗。早期党项人把不可抗拒的风雨雷电雪雹等自然现象统归于"天"的支配，每"三年一聚会，杀牛羊以祭天"。②建国后依然认为天是世间主宰，天穹中存在着天尊、天帝、天神，天尊向世间赐福，天帝决定生命长短。③西夏皇帝称"青天子"，受天命而继承皇位。皇帝的活动要遵循天道、依顺天意，这样便会风调雨顺、五谷丰收。④后来随着社会的发展，又产生了鬼神崇拜和巫术迷信。在党项人的观念里神主善，鬼主恶。党项人居住的正室中留一间专门供神，⑤统治者也很重视供奉神祇，元昊称帝后专门前往西凉府祠神。乾祐七年（1176），夏仁宗亲自到黑水河畔祭祀山神、水神、龙神、树神、土地诸神，祈求水患永息，桥道久长，祈愿诸神灵护佑邦家。⑥

巫的职责是驱鬼、咒鬼⑦和占卜吉凶，人生病后召巫送鬼，或者移居他室以避病。⑧对战死者要"杀鬼招魂"。⑨占卜之法有四，一是"炙勃焦"，用艾草烧羊胛骨，看其征兆；二是"擗算"，擗蓍草于地以求数；三是"咒

---

① 高汉玉等：《西夏陵区一〇八号墓出土的丝织品》，《文物》1978 年第 8 期，第 77—81 页。
② 《隋书》卷 83《党项传》，第 1845 页。
③ 〔俄〕克恰洛夫、李范文、罗矛昆《圣立义海研究》"天之名义"条记"天尊福遍凡世"，"析理天君不言命，为定寿命也"（宁夏人民出版社，1995 年，第 50、51 页）。
④ 〔俄〕克恰洛夫、李范文、罗矛昆《圣立义海研究》"十月之名义"条记"御寇行猎十月时，天降霜，使蒲草尽枯死，君依顺于天，率军行猎也"。"国昌天赏君依德、智、孝奉天。一切草果不种自成，十月可收。国人谓丰年也。"（第 50、54 页）
⑤ 《梦溪笔谈》卷 18 记载"盖西戎（即党项）之俗，所居正寝，常留中一间，以奉鬼神，不敢居之，谓之'神明'，主人乃坐其旁"（第 8 页）。
⑥ 叶昌炽：《语石》卷 1，宣统元年刊本，辽宁教育出版社，1998 年，第 29 页。
⑦ 史金波、白滨、黄振华《文海研究》记载"巫"解释为"驱灾害鬼者用是也"（第 277 页）；《宋史》卷 486《夏国传下》亦记载"笃信机鬼，尚诅祝"（第 14029 页）。
⑧ 《辽史》卷 115《西夏外记》记载："病者不用医药，召巫者送鬼，西夏语以巫为'厮'也。或迁他室，谓之'闪病'。"（第 1523 页）
⑨ 《宋史》卷 486《夏国传下》，第 14029 页。

羊", 夜牵羊焚香祷告, 次日晨杀羊, 肠胃通则表示吉利, 羊心有血则凶; 四是"矢击弦", 即用箭击打弓弦, 听其声音而占胜负和敌至之期。① "出战率用只日, 避晦日"。② 以羊和弓弦作为工具进行占卜, 带有浓厚的游牧民族色彩。

复仇是党项人又一重要旧俗, 早期党项"尤重复仇, 若仇人未得, 必蓬头垢面, 跣足蔬食, 要斩仇人而后复常"。③ 建国后依然"俗喜复仇, 然有凶丧者, 未复, 负甲叶以为记。不能复者, 集邻族妇人, 烹牛羊, 具酒食, 介而趋仇家, 纵火焚之, 其经女兵者, 家不昌, 故深恶焉"。④ 如果仇解, 用鸡猪狗血和酒饮之, 誓曰:"若复报仇, 谷麦不收, 男女秃癞, 六畜死, 蛇入帐。"⑤

早期党项人盛行收继婚制,"妻其庶母及伯叔母、嫂、子弟之妇, 淫秽蒸亵, 诸夷中最为甚, 然不婚同姓"。⑥ 西夏建国后, 在汉文化的影响下, 开始明媒正娶和买卖婚姻。缔结婚姻一般要经过定亲、纳聘礼、置办嫁妆、娶亲四个环节, 如果只是定亲, 没有纳聘礼和置办嫁妆, 男方不能迎娶女方。⑦ 当然, 和汉族相比, 党项青年男女之间的恋爱与婚姻比较自由, 家庭一般不会干预他们暗中约会。

早期党项人"老死者以为尽天年, 亲戚不哭; 少死者则云夭枉, 乃悲哭之。死则焚尸, 名为火葬"。⑧ 建国后这种火葬习俗保留了下来, 并和佛教的火化融为一体, 形成了独特的党项火葬习俗, 即焚尸后还要建坟。古代羌人的火葬是"焚尸扬灰", 和党项羌"焚尸建坟"有很大的区别。西夏文辞书《文海》有关坟丘的"丘"解释为:"丘墓地, 烧人尸处地圈之

---

① 《辽史》卷115《西夏外记》, 第1523页。
② 《宋史》卷486《夏国传下》, 第14029页。
③ 《旧唐书》卷198《党项羌传》, 第5291页。
④ (宋) 曾巩撰, 王瑞来校证《隆平集校证》卷20《夏国赵保吉传》, 中华书局, 2012年, 第604页。
⑤ 《辽史》卷115《西夏外记》, 第1524页。
⑥ 《旧唐书》卷198《党项羌传》, 第5291页。
⑦ 史金波、聂鸿音、白滨译注《天盛改旧新定律令》卷8《办婚门》规定"为婚时已应允, 酒食已饮者, 嫁资未转传则不算换为婚。嫁资多少已取, 则多少一律算实在为婚"(第309页)。
⑧ 《旧唐书》卷198《党项羌传》, 第5291页。

谓。"坟"解释为:"弃尸场建坟地之谓。"这种"焚尸建坟"的习俗,在考古发掘中也得到证实。1977 年和 1979 年甘肃武威市发掘的三座西夏墓,所葬均是焚烧后的骨灰,分别用木匣、木缘塔、黑釉瓷瓶盛装。

"重然诺,敢战斗",[①]质朴尚义,是党项人又一传统习俗,西夏亡国后,初迁到南方的党项人依然"平居相与,虽异姓如亲姻。凡有所得,虽箪食豆羹不以自私,必召其朋友。朋友之间,有无相共,有余即以与人,无即以取诸人,亦不少以属意。百斛之粟,数千百缗之钱,可一语而致具也。岁时往来,以相劳问,少长相坐,以齿不以爵,献寿拜舞,上下之情,怡然相欢"。[②]

西夏时期的党项文化最重要的表现是创制文字,并在全国推广使用。元代以后随着党项民族的融合,西夏文字也逐渐不为世人所识,使这种文字蒙上了一层神秘的色彩。其实西夏文创制并不神秘,在我国多民族历史发展过程中,当一个民族经济社会发展到一定的阶段,就开始创制本民族文字,如回鹘文、吐蕃文、契丹文、女真文、蒙古文、满文等。西夏文实际是党项文,只是被后世学者俗称为西夏文。

除文字外,党项文化主要表现在习俗层面,有的习俗也不是党项独有的,而是在北方民族中普遍存在,如古代匈奴、乌孙、鲜卑、柔然、突厥、女真等民族中都存在"收继婚"制,目的是防止人口与财产外流。出战"避晦日"也是我国古代许多民族都有的风俗,古人认为晦日为月尽之时,是上天所降之警示和谴责,不可兴征伐之事,杜预注《左传·成公十六年》云"晦,月终阴之尽,故兵家以为忌";匈奴人"举事而候星月,月盛壮则攻战,月亏则退兵"。[③]从实际作战考虑,没有月亮的夜晚,天空暗淡无光,军旅的视野和行进都将受到影响,故出兵确实有必要避开这段时间。

西夏境内有大量吐蕃人,西夏文化包含着浓郁的吐蕃文化成分,吐蕃语不仅在吐蕃人群中使用,而且和党项语、汉语共同构成西夏的佛教用

---

① 《金史》卷 134《西夏传》,第 2877 页。
② (元)余阙:《送归彦温赴河西廉使序》,韩荫晟编《党项与西夏资料汇编》,宁夏人民出版社,2000 年,第 575 页。
③ 《史记》卷 110《匈奴列传》,中华书局,1982 年,第 2892 页。

语。天盛年间颁布的法律明文规定：番（党项）、汉、吐蕃三族人都可以任僧官，但必须会念诵十四种经咒，其中藏文经咒要占半数。

西夏前期主要奉行汉传佛教，中后期汉藏佛教并行，到仁孝时，藏传佛教已在全国很有影响。西夏在中央机构中，设立专门管理汉传佛教和藏传佛教的机构，来自吐蕃的高僧出任西夏国师和帝师。流传下来的西夏绘画艺术，大量是密教艺术。内蒙古黑水城出土的佛像艺术风格，与广泛流行于东印度、尼泊尔以及中国西藏的金刚衍那派的画法密切相关。[1]敦煌莫高窟和榆林窟西夏晚期洞窟中，有大量密宗题材的壁画，如榆林窟第3窟的"文殊""普贤""西方净土"等经变画中，绘出了一个个具有密宗曼陀罗特色的舞蹈人物。[2]

西夏军事制度以"抄"为最小单位，由正军和负担组成的"抄"，正是脱胎于吐蕃的"组"，负担等于吐蕃时代的"仆役"。至于设在全国各地的"监军司"，也与吐蕃王朝的制度有关。[3]吐蕃的历法也传到了西夏，20世纪70年代在甘肃武威下西沟岘出土的西夏文会款单，称1194年为"天庆虎年"。保存在张掖的西夏黑水建桥敕碑，正面为汉文，背面为藏文，藏文称岁次丙申的乾祐七年（1176）为"阳火猴年"。[4]这种把十二生肖与五行结合，再配以阴阳的纪年方法，无疑是受藏历的影响。

党项与吐蕃经过数百年的交往交流，形成了水乳交融的关系，留居青藏高原以及河、湟、洮、岷的党项吐蕃化了，[5]进入西北沿边的吐蕃则有明显的党项化趋势，即使没有党项化，也已经是"风俗相类"了，所以宋代中原汉人有时也分不清哪些是吐蕃，哪些是党项，干脆通称为"蕃部"。[6]

甘州回鹘归附西夏后，长期生活在河西走廊，继续使用本民族文字，现存西夏时期的回鹘文文献除写本外，还有刻本和活字本。甘肃武

① 〔俄〕格列克等：《由黑城到艾尔米达兹——唐古特文化遗址研究》，《关于忽必烈学术讨论会文集》，列宁格勒，1964年10月。
② 葛华：《西夏舞蹈遗存及其他》，《宁夏艺术》1986年第4期。
③ 王忠：《论西夏的兴起》，《历史研究》1962年第5期，第21页。
④ 吴天墀：《西夏史稿》（增订本），四川人民出版社，1983年，第264页。
⑤ 吴天墀：《唃厮啰与河湟吐蕃》，《宋史研究论文集》，河南人民出版社，1984年。
⑥ 《宋史》卷264《宋琪传》记载："大约党项、吐蕃风俗相类，其族帐有生户、熟户，接连汉界、入州城者谓之熟户，居深山僻远、横过寇略者谓之生户。"（第9129页）

威西郊林场发现的西夏墓葬出土的彩绘木版画中，编号 4 的五侍女，前四人梳高髻，属于回鹘发式，最后一人披发，为吐蕃发式。编号 13、14 的武士都头戴毡盔，盔顶结绶，但他们的面貌为汉人，[1] 显然是吸收了回鹘与吐蕃的装束。元人马祖常《河西歌》曰："贺兰山下河西地，女郎十八梳高髻。""高髻"为回鹘妇女的发式，反映出回鹘社会风俗对西夏社会生活的渗透。敦煌莫高窟和榆林窟西夏洞窟壁画中，有许多回鹘人的形象。

西夏与辽为盟国，在政治上贡使往来不断，辽朝三次将公主远嫁西夏，在经济上又于沿边辟有榷场，密切的政治、经济往来必然会带来文化上的交流。契丹有"射鬼箭"之俗，即出还师时，将死囚或俘虏"植柱缚其上，于所向之方乱射之，矢集如猬，谓之'射鬼箭'"。[2] 这和西夏"败三日，辄复至其处，捉人马射之，号曰'杀鬼招魂'，或缚草人埋于地，众射而还"[3] 的习俗，存在着相互影响或同源异流的关系。在墓葬制度上，西夏也接受了契丹文化的影响，据考古发掘，西夏陵墓的形制与唐、宋、辽的墓葬大体相同，在葬俗上，"除基本方面仿照汉族风俗外，还受到契丹葬俗的某些影响"。[4] 在发式上，西夏男子秃发与鲜卑、契丹的秃发也存在一定的渊源关系。此外，契丹皇帝大祀服饰为"白绫袍，绛带，悬鱼，三山绛垂，饰犀玉刀错，络缝乌靴"，[5] 和元昊所衣也有相似之处。

西夏与金朝的关系非常密切，由于女真入主中原后很快汉化，因此由金朝输入的文化大多是汉文化。如 1154 年西夏使金谢恩，"且请市儒、释书"。[6] 另外，内蒙古黑水古城曾发现《刘知远诸宫调》，说明金朝的诸宫调也传入西夏。在金丰州故城内有"西夏仁王院僧惠善到此"的墨书题记，[7] 说明西夏的佛教文化也传到了金朝。

---

① 陈炳应：《西夏文物研究》之《武威西夏墓彩绘木版画总表》，宁夏人民出版社，1985 年，第 197 页。

② 《辽史》卷 51《礼志三·军仪》，第 845 页。

③ 《宋史》卷 486《夏国传下》，第 14029 页。

④ 钟侃等：《西夏八号陵发掘简报》，《文物》1987 年第 8 期，第 67 页。

⑤ 《辽史》卷 49《礼志一·吉仪》，第 834 页。

⑥ 《金史》卷 60《交聘表上》，第 1408 页。

⑦ 盖山林：《内蒙古西部地区的西夏文物》，1981 年银川西夏学术讨论会打印稿。

三 儒家文化是西夏主流政治文化

史学名家陈寅恪指出:"二千年来华夏民族所受儒家学说之影响,最深最巨者,实在制度法律公私生活之方面。"①对入主中原或进入缘边农牧交错地区的少数民族政权何尝不是如此呢?党项进入西北后三百多年的民族融合,特别是拓跋夏政权进入河套平原与河西走廊后,逐渐接受中原汉族的政治制度。元昊称帝建国前夕,仿照唐宋建立起一套比较完整的官制。"其官分文武班,曰中书、曰枢密、曰三司、曰御史台、曰开封府、曰翊卫司、曰官计司、曰受纳司、曰农田司、曰群牧司、曰飞龙院、曰磨勘司、曰文思院、曰蕃学、曰汉学。自中书令、宰相、枢使、大夫、侍中、太尉已下,皆分命蕃汉人为之。"②除蕃学外,这些官职机构无论从名称上,还是从职掌上,都是仿照中原宋朝制度,甚至连"开封府"这样地域性很强的职官也都照搬过来。毅宗谅祚亲政后,又对官制进行了一次较大的补充,增设了各部尚书、侍郎,南北院宣徽使及中书学士。到仁宗仁孝时,随着封建政权的进一步巩固和经济文化的发展,官制也更加完备,从西夏文法典《天盛改旧新定律令》来看,当时西夏政府机构分为上、次、中、下、末五等。至此,"西夏职官制度之完备、品级之系统,已和中原相差无几"。③

官吏选任上除保留部落社会的世袭制外,④广泛吸收中原汉族的恩荫、察举、科举、铨选等制度。夏贞观十二年(1112),崇宗李乾顺"命选人以资格进,凡宗族世家议功议亲,俱加番汉一等,工文学者,尤以不次擢",⑤就具有恩荫察举性质。

---

① 陈寅恪:《金明馆丛稿二编》,上海古籍出版社,1980年,第251页。
② 《宋史》卷485《夏国传上》,第13993页。
③ 史金波:《西夏文化》,吉林教育出版社,1986年,第112页。
④ 《宋史》卷191《兵志五》记载"父死子继,兄死弟袭,家无正亲,则又推其旁属之强者以为族首,多或数百,虽族首年幼,第其本门中妇女之令亦皆信服"(第4755页)。史金波、聂鸿音、白滨译注《天盛改旧新定律令》卷10《官军敕门》规定"国内官、军、抄等子孙中,大姓可袭,小姓不许袭,若违律小姓袭时,有官罚马一,庶人十三杖"。同时混生子亦"不许袭抄、官、军,当以自亲子袭"。"诸人袭官、求官、由官家赐官等,文官经报中书,武官经报枢密,分别奏而得之"。(第353页)
⑤ (清)吴广成:《西夏书事》卷32,道光五年小岘山房刻本,第540页。

西夏人庆四年（1147），仁宗李仁孝"策举人，始立唱名法"。①这是史书最早关于西夏科举取士的记载。其实早在夏仁宗开科取士之前，景宗元昊建蕃学，"于蕃汉官僚子弟内选俊秀者入学教之，俟习学成效，出题试问，观其所对精通，所书端正，量授官职，并令诸州各置蕃学，设教授训之"。②就已经具有科考取士的性质，只不过没有科考之名罢了。西夏的科举分番汉两种，番科考西夏文儒经，汉科考汉文儒经，所谓"番科经赋与汉等，特文字异耳"。③西夏后期许多名臣政要乃至国主都是通过科举考试发达的。第八代皇帝神宗李遵顼，"始以宗室策试进士及第，为大都督府主"。④夏神宗时吏部尚书权鼎雄亦是进士及第，"天庆（1194—1205）中举进士，以文学名授翰林学士"。⑤夏末名臣高智耀，"字显道，曾大父西夏进士第一人"。⑥智耀又"登本国进士第，夏亡，隐贺兰山"。⑦幼年投靠成吉思汗的西夏皇室子弟察罕，其父曲也怯祖也"于夏国尝举进士第一人"。⑧西夏后期出身科考的既有帝王将相，又有文人学士，有的还一门两代进士，不过从《天盛改旧新定律令》来看，西夏后期选官的主要途径不是科举，而是铨选。

铨选是在较大范围内考察选拔官吏，根据《天盛改旧新定律令》规定，中书、枢密都案当于本司正案头及经略、次等司正都案中遣；经略使处都案于中书、枢密正案头及次等司都案、经略本司正案头中遣；次等司都案于中书、枢密、经略使司正案头、中等司正都案以及本司正案头中遣；中等司都案于次等司正案头派正都案及权案头；下等司都案于中等司正案头、中书、枢密司吏等派正都案，于中等司权案头、次等司司吏等派权都案；末等司都案于下等司、本司正案头、次等司司吏等派正都案及权案头，中等司司吏等派权都案。

---

① 《宋史》卷486《夏国传下》，第14025页。
② （清）吴广成：《西夏书事》卷13，道光五年小岘山房刻本，第226页。
③ （元）佚名：《庙学典礼》卷1《秀才免差发》，《景印文渊阁四库全书》第648册，台北：台湾商务印书馆，1986年，第6页。
④ 《宋史》卷486《夏国传下》，第14027页。
⑤ （清）吴广成：《西夏书事》卷41，道光五年小岘山房刻本，第694页。
⑥ （元）虞集：《道园类稿》卷25。
⑦ 《元史》卷125《高智耀传》，中华书局，1976年，第3072页。
⑧ （元）虞集：《道园类稿》卷42。

上述为吏员选派，诸司大人的铨选也有规定，京师诸司大人、承旨及任职人等遣往地边任监军、习判、城主、通判、城守等时，是临时任职则京师现职务保留，如果是正式任职，"则前京师任职处不许有名"。若违律时，有官罚马一、庶人十三杖。"节亲、宰相遣别职上提点时，当报中书、枢密，然后当置诸司上"，"节亲、宰相之外，其余臣僚往为地边正统时，当报中书、枢密、经略司等，然后置诸司上。副统者，当报中书、枢密、经略、正统等处，与次等司传导，然后置诸司上"。① 与西夏同时代的宋朝禁止他官转入中书门下两省及御史台，而由皇帝特别恩授，② 《天盛改旧新定律令》没有他官转入中书、枢密的规定，从景宗李元昊建国时以嵬名守全、张陟、张降、杨廓、徐敏宗、张文显辈主谋议，以钟鼎臣典文书，以成逋、克成赏、如定多多马、窦惟吉等主兵马，以野利仁荣主蕃学的情况来看，③ 这些重要职位当由皇帝特别恩授。

将儒家思想植入法律是西夏以儒治国的最重要体现，夏仁宗天盛年间颁行的《天盛改旧新定律令》以儒家思想为指导，把维护君权、父权、夫权作为根本任务，开篇首列谋逆、失孝德礼、背叛、恶毒、不道、大不恭、不孝顺、不睦、失义、内乱等"十恶"罪，完全和唐宋立法指导思想一致。"十恶"罪首先是对国主"谋逆"，"不论主从一律皆以剑斩，家门子、兄弟节亲连坐，畜、物没收入官"。④ "不孝顺""不睦""内乱"体现儒家的伦理纲常和孝道思想，子女及儿媳对直系尊亲撒土灰、唾及顶嘴等，处以绞刑；诸人卖祖父母、父母，"造意以剑斩，从犯无期徒刑"。⑤ 犯"十恶"罪一律不赦，也"一律不允以官当"。除"十恶"不赦外，其他犯罪按照"刑不上大夫"的礼教，照搬唐宋律中的"八议"（议亲、议故、议贤、议能、议功、议贵、议勤、议宾）及相应的请、减、免、罚等制度。

法律维护皇帝（国主）至高无上的地位和封建等级制度，黄色是皇帝专用颜色，龙凤是帝后专用图案，任何人都不得侵犯。"节亲主、诸大小官员、僧人、道士等一律敕禁男女穿戴乌足黄（汉语石黄）、乌足赤（汉

---

① 史金波、聂鸿音、白滨译注《天盛改旧新定律令》卷10《司序行文门》，第378页。
② 张晋藩主编《中国法制通史（宋代卷）》，法律出版社，1999年，第108页。
③ 《宋史》卷485《夏国传上》，第13994页。
④ 史金波、聂鸿音、白滨译注《天盛改旧新定律令》卷1《谋逆门》，第111页。
⑤ 史金波、聂鸿音、白滨译注《天盛改旧新定律令》卷1《不孝顺门》《不睦门》，第128页。

语石红）、杏黄、绣花、饰金、有日月，及原已纺织中有一色花身，有日月，及杂色等上有一团身龙，官民女人冠子上插以真金之凤凰、龙样一齐使用"，若犯将予以严惩。①皇帝的人身安全和权威尊严，神圣不可侵犯。除因公奉旨带刀、剑、弓箭、枪、铁杖种种武器以外，不许诸人随意带武器来内宫。"官家坐于奏殿时，奏者不许过于御道。违律时有官罚马一，庶人十三杖。"②

西夏继承"父为子隐，子为父隐"的儒家礼法，"除谋逆、失孝德礼、背叛等三种语允许举告"外，其他一般犯罪，不许举告，"若举告时绞杀"。同时对窝藏、包庇犯罪的亲属减免刑罚。③子女不经父母同意不得擅自另立门户，"诸人父母不情愿，不许强以谓我分居另食。若违律时，徒一年。父母情愿，则罪勿治"。④儒家的德主刑辅、明德慎刑、矜恤老弱疾病原则亦为西夏法制所承袭，对老耄、幼弱、残疾、侏儒、重病者犯罪时，可在量刑和服刑方面给予适当优待，对监禁期间染有疾病的囚犯积极治疗或保外就医。⑤

西夏儒家政治制度的推进离不开学校教育。元昊设立蕃学、汉学，蕃学所用课本除自编的番文读本外，还有译自汉文的《孝经》《尔雅》《四言杂字》等。⑥汉学主要教授汉文启蒙读本和儒家经典。⑦元昊之后，西夏一度陷入蕃汉礼之争。"蕃礼"是用党项族的礼制协调统治秩序，重视蕃学教育；"汉礼"是用中原汉族的礼仪和制度规范统治秩序，重视汉学教育。经过长期的斗争，到崇宗李乾顺和仁宗李仁孝时（1086—1193），"汉礼"最终取得胜利。西夏贞观元年（1101），崇宗建立国学，设弟子员三百，以廪食之。⑧仁宗即位后，进一步推进汉学教育。西夏人庆元年即宋绍兴十四年（1144）在皇宫

① 史金波、聂鸿音、白滨译注《天盛改旧新定律令》卷7《敕禁门》，第282页。
② 史金波、聂鸿音、白滨译注《天盛改旧新定律令》卷12《内宫待命等头项门》，第431页。
③ 史金波、聂鸿音、白滨译注《天盛改旧新定律令》卷1《不孝顺门》，第128页；卷13《许举不许举门》，第446页。
④ 史金波、聂鸿音、白滨译注《天盛改旧新定律令》卷20《罪则不同门》，第609页。
⑤ 杜建录：《论西夏的司法制度》，《西北民族研究》2003年第4期，第48页；《西夏的刑罚制度》，《宋史研究论文集》第10辑，兰州大学出版社，2004年，第264—265页。
⑥ 《宋史》卷485《夏国传上》，第13995页。
⑦ 《宋史》卷485《夏国传下》，第13993页。
⑧ 《宋史》卷486《夏国传下》，第14019页。

内建立小学，凡宗室子孙 7 岁至 15 岁都可以入学，专门请教授讲课，仁宗和皇后罔氏也经常莅临训导。令各州县立学校，弟子员增至三千人。第二年，又建立大汉太学，仁宗亲临太学祭奠先圣先师孔子。西夏人庆三年（1146），尊孔子为文宣帝，[1]设孔庙，规格同帝王，这是中国历史上唯一的尊孔为帝。随着儒学教育的发展，西夏出现了一批儒者，蕃汉教授斡道冲就是其中的代表。祖籍灵州的斡道冲自幼好学，八岁时以《尚书》科目中童子举。年长后研习儒经，将汉文《论语注》译成西夏文，又作《解义》二十卷，称《论语小义》，成为西夏一代的名儒。斡道冲卒后，仁孝以其画像从祀庙学之中。[2]

这里特别需要指出的是，同时代的宋儒以复兴儒学至尊地位为己任，由荆公新学、二程洛学、苏氏苏学诸学派著书立说，呈现出一派繁荣景象，儒家学说的发展达到一个新的高峰。而西夏则处于对儒经的学习和一般性的译注阶段，远没有创新和发展。[3]但我们不能因此低估西夏以儒治国的意义，作为一个由党项人建立的多民族政权，它积极吸收中原汉族文化，官僚体制效仿唐宋，主流意识形态崇尚儒学汉礼，在中华民族共同体发展史上具有深远的历史进步意义。

结　语

辽宋西夏金是我国北方民族社会形态重大转折时期，此前，无论秦汉之匈奴，抑或隋唐之突厥，都是部落制下的游牧社会，游牧文化和农耕文化在河套到河西走廊一带你来我往，处于长期的"拉锯"状态。中原王朝强大时北逐匈奴，移民河套与河西走廊，农耕文化占主导地位；中原王朝衰微时，北方民族进入该地区，游牧文化占主导地位。"拉锯"中的农耕文化和游牧文化在这一地区交往交流交融相对缓慢。进入辽宋西夏金时期，这种情况急遽发生变化，无论是契丹建立的辽朝，还是党项建立的西

---

① 《宋史》卷 486《夏国传下》，第 14025 页。

② （元）虞集：《西夏相斡公画像赞》，《元文类》卷 18，《景印文渊阁四库全书》第 1367 册，第 223—224 页。

③ 李华瑞：《论儒学与佛教在西夏文化中的地位》，《西夏学》第 1 辑，宁夏人民出版社，2006 年，第 28—33 页。

夏和女真建立的金朝，都是包括汉族在内的多民族政权，其文化建立在多元杂糅的基础上，占主导地位的是中华传统文化，最有意义的是三个政权都自认为是中国，而不是夷狄。正如 2019 年习近平总书记《在全国民族团结进步表彰大会上的讲话》中指出的，"……宋辽夏金，都被称为'桃花石'"。这种文化上的认同，是历史上中华民族共同体的重要体现，值得进一步深入研究。

（原文刊于《中央民族大学学报》2021 年第 6 期，第 5—15 页）

西夏政区划分及其相关问题

杜建录

一 州府郡县

宋代的路是地方一级行政区划，路下设州、府、军、监，西夏则以州（府）为一级行政区划。《续资治通鉴长编》记载："赵元昊既悉有夏、银、绥、静、宥、灵、盐、会、胜、甘、凉、瓜、沙、肃，而洪、定、威、怀、龙皆即旧堡镇伪号州，仍居兴州，阻河，依贺兰山为固。"①这是西夏初期的政区划分，进入后期，地方区划有所变化，"河之内外，州郡凡二十有二。河南之州九：曰灵、曰洪、曰宥、曰银、曰夏、曰石、曰盐、曰南威、曰会。河西之州九：曰兴、曰定、曰怀、曰永、曰凉、曰甘、曰肃、曰瓜、曰沙。熙、秦河外之州四：曰西宁、曰乐、曰廓、曰积石"。②

西夏在都城、陪都及其他重要区域设府，如兴州兴庆府，后更名中兴府；灵州西平府，后更名大都督府；凉州西凉府、甘州宣化府等。府和州同属地方一级区划，但其地位高于州。西夏的州府大体分为上中下末四等，府当属于上州，故《宋史》在叙述西夏地方区划时，将兴庆府（中兴府）、

---

① （宋）李焘：《续资治通鉴长编》卷120，景祐四年十二月癸未条，中华书局，2004年，第2845页；《宋史》卷485《夏国传上》，中华书局，1985年，第13994页，记载缺怀州。

② 《宋史》卷486《夏国传下》，第14028页。

西平府（大都督府）、西凉府直接曰兴州、灵州和凉州，而不作府。不过，西夏府的地位明显高于州，西夏中后期位列次等司的州府有中兴府、大都督府、西凉府、府夷州、中府州，而灵武郡和甘州城作为大都督府和府夷州的驻地，位列下等司，凉州（当为凉州城）作为西凉府的驻地，位列末等司。由堡寨号为州的洪、定、威、龙等州，实际上就是一个边城。夏仁宗大庆年间（1140—1143），负责夏金南边榷场交易的官员是"碻场使兼拘碻西凉府签判"，[①] 从一个侧面反映出西凉府的管辖范围大于凉州城。

郡作为一级区划从秦朝开始，汉代一级区划为州，唐代州郡不一，有时废州设郡，有时废郡设州，宋代以州为区划，但将郡的名称保留下来，作为郡望，一般上州和府均有郡望，如次府，京兆府，京兆郡，永兴军节度；次府，河中府，河东郡，护国军节度；大都督府，陕州，陕郡，保平军节度；中都督府，延州，延安郡，彰武军节度；中府，庆州，安化郡；上州，鄜州，洛交郡，保大军节度；中州，解州，防御；下州，环州，军事；同下州，保安军。[②] 作为中、下州的解州、环州以及同下州的保安军是没有郡望的。西夏的郡有的因袭前代郡望，如灵州灵武郡、盐州五原郡、沙州敦煌郡；[③] 有的具有控扼地方的作用，如在甘州设镇夷郡，在肃州设蕃和郡，以加强对该地回鹘、吐蕃等民族的统治。[④] 西夏中后期文献多出现府、郡，黑水城出土汉文西夏榷场文书记载，在南边榷场交易的商贩分别来自镇夷郡和西凉府，而不称甘州和凉州。[⑤]《天盛改旧新定律令·司序行文门》记载，同时设大都督府和灵武郡，大都督府属第二等司，灵武郡属第四等司，和定远县、怀远县、临河县、甘州城司、永昌城并列。说明西夏中后期的灵武郡属大都督府管辖，其地位和城司相等，或本身就是灵州城司。

县级区划只在府和上州设置，《天盛改旧新定律令》记载的县有华阳县、治远县、五原县、定远县、怀远县、临河县、保静县、富清县、真武县、河

① 杜建录、史金波：《西夏社会文书研究》，上海古籍出版社，2010年，第233页。
② （宋）王存撰，王文楚、魏嵩山点校《元丰九域志》卷3《陕西路》，中华书局，1984年，第120页。
③ （清）张鉴撰，龚世俊、王伟伟点校《西夏纪事本末》卷首下《西夏地形图》，浙江古籍出版社，2015年，第33页。
④ 吴天墀：《西夏史稿》，四川人民出版社，1983年。
⑤ 杜建录、史金波：《西夏社会文书研究》，第223—240页。

西县等，这些县有的在京师界，有的在大都督府界，有的在西凉府界。这是西夏中后期的县域划分。西夏发祥地自来有完整的州县乡里设置，元和年间（806—820），夏州节度使统银夏绥宥四州十三县，其中夏州辖朔方、德静、宁朔、长泽四县，绥州辖龙泉、延福、绥德、城平、大斌五县，银州辖儒林、真乡、开光、抚宁四县。宥州地处荒漠，不辖县。夏州拓跋政权建立后，长期领有银夏绥宥四州八县之地，西夏建国前期，这些县应该保留下来。后来随着宋夏两国对横山长达百年的争夺，绥州被宋朝占领，宋金之际夺回，银、夏等州残破衰落，不仅裁撤属县，连自身也降为五等司中的末等。

夏州拓跋政权首领和僚属的墓志铭记载县下设乡里，如拓跋守寂葬于"银州儒林县新兴乡招贤里欢乐平之原"，定难军摄节度判官毛汶葬于"朔方县崇信乡绥德里峻岭原"，夏银绥宥等州观察支使何德璘葬于"朔方县崇信乡绥德里张吉堡之右"，夏州观察支使何公葬于"夏州朔方县崇信乡绥德里"，拓跋政权大首领的家族墓地就在夏州朔方县仪凤乡奉政里乌水原，奉政里又作奉正里。[①]西夏立国后，这种乡里制度也应该保留下来。当然，州郡县乡里只在农区和半农半牧区设置，在荒漠半荒漠牧区是没有州郡县乡区划的，由监军司直接管理宗族部落。在宋夏沿边和河西走廊半农半牧区，既设置州郡，又设置监军司，二者均兼顾军民，[②]所不同的是州郡侧重行政，监军司侧重军政，且管辖范围更广。

二　监军司

西夏的监军司和地方州郡平行，以军事为主，兼理民政。宋人在军赏中，将西夏监军司的正监军和州郡的郡守同等对待。[③]景宗李元昊建国

---

① 相关墓志铭见杜建录《党项西夏碑石整理研究》，上海古籍出版社，2015 年。

② （宋）郑刚中《西征道里记》（一卷，永康胡氏退补斋，第 32 页）记载："夏国左厢监军司接麟、府沿边地分，管户二万余；宥州监军司接庆州、保安军、延安府地分，管户四万余；灵州监军司接泾、原、环、庆地分，沿边管户一万余，兹其大略也。"

③ （清）徐松辑，刘琳、刁忠民等校点《宋会要辑稿·兵·军赏一八之七》，上海古籍出版社，2014 年，第 8979 页。元丰四年军赏，斩获西夏"大首领谓正监军、伪置郡守之类，四官，赐绢五十匹；次首领谓副监军及贼中所遣伪天赐之类，三官，赐绢三十匹；小首领谓钤辖、都头、正副寨主之类，两官，赐绢二十匹；蕃丁一级转一资，赐绢二十匹"。

时，在全境"置十二监军司，委豪右分统其众"。它们分别是左厢神勇、石州祥祐、宥州嘉宁、韦州静塞、西寿保泰、卓啰和南、右厢朝顺、甘州甘肃、瓜州西平、黑水镇燕、白马强镇、黑山威福。①《宋史》对这十二个监军司排序是有规律的，它从东部开始，由远及近按照顺时针方向逐一展开。②对照《西夏地形图》所列位置，它们分别是左厢神勇军司，驻今陕西府谷县无定河西；石州祥祐军司，驻今陕西横山东北无定河畔；宥州嘉宁军司，驻今内蒙古鄂托克前旗宥州古城；韦州静塞军司，驻今宁夏同心县韦州镇；西寿保泰军司，驻今宁夏海原县高崖乡草场古城；卓啰和南军司，驻今甘肃永登县庄浪河西南；右厢朝顺军司，驻今甘肃武威西北；甘州甘肃军司，驻今甘肃张掖市甘州区；黑水镇燕军司，驻今内蒙古额济纳旗黑水古城；白马强镇军司，驻今内蒙古阿拉善左旗北；黑山威福军司，驻今内蒙古阴山南。

西夏后期增加到十八监军司，③《天盛改旧新定律令》记载17个监军司，分别是石州、东院、西寿、韦州、卓啰、南院、西院、沙州、啰庞岭、官黑山、北院、年斜、肃州、瓜州、黑水、北地中、南地中，其中石州、西寿、韦州、卓啰、瓜州、黑水、官黑山（黑山威福）7个军司与前期重名，南院、南地中、北地中、沙州、啰庞岭、年斜6个是新置。其余为更名，其中右厢朝顺更名西院，白马强镇更名北院，甘州甘肃更名肃州监军司，并由甘州移置肃州，左厢神勇更名东院，并由银州东北移置夏州。④

1062年（夏奲都六年、宋嘉祐七年），西夏宥州向宋延州递送公牒，称"改西寿监军司为保泰军，石州监军司为静塞军，韦州监军司为祥祐军，

---

① 《宋史》卷486《夏国传下》，第14029页。

② 鲁人勇：《西夏地理志》，宁夏人民出版社，2012年，第97页。

③ （宋）李焘：《续资治通鉴长编》卷120，景祐四年十二月癸未条记载"置十八监军司，委酋豪分统其众"（第2845页）。和《宋史·夏国传》不同，《续资治通鉴长编》把后期监军司数误作前期；《续资治通鉴长编》卷318，元丰四年十月丙寅条："种谔言，捕获西界伪枢密院都案官麻女吃多革，熟知兴、灵等州道路、粮窖处所，及十二监军司所管兵数。"说明1081年（夏大安七年），西夏仍是十二监军司。增至十八监军司是一个过程，《天盛改旧新定律令》只记录十七个监军司。

④ 鲁人勇：《西夏地理志》，第98页。

左厢监军司为神勇军"。① 同时，在灵州西平府设翔庆军。② 这四个监军司对接的是宋朝边境。夏毅宗谅祚即位后，向宋朝示好，改蕃礼为汉礼，同时将对准宋朝的监军司改名保泰、静塞、祥祐、神勇等名称。将监军司名用传统祥和的字眼表述，也是向宋朝示好的表现。《西夏地形图》所记的保泰军、静塞军、神勇军、祥祐军、嘉宁军、清远军、朔庆军、和南军、甘肃军、朝顺军、镇燕军、贺兰军等，③ 大都是吉祥的名称，其中保泰军、静塞军、神勇军、祥祐军是毅宗谅祚时改置的，其他是此后设置的，有的是监军司改名，有的是新设置。《天盛改旧新定律令》记载西夏中期设有鸣沙军、虎控军、威地军、大通军、宣威军。军在宋代属州一级行政区划，主要设在军事要地或山川险僻多聚寇盗之处，地位等同于下州，如设在对西夏边面的保安军（今陕西志丹县）和镇戎军（今宁夏固原市原州区）。西夏和宋朝不一样，监军司改名为军，并不是把其改制成地方州一级行政区划，其亦兵亦民、部落兵制下军民合一的性质没有改变。

三　经略司

西夏中期开始，为了加强对地方特别是部落豪酋的控制，在地方监军司和州郡之上设置经略司。《天盛改旧新定律令》卷10《司序行文门》记载："经略司者，比中书、枢密低一品，然大于诸司。"经略司不在五等司内，说明它的特殊性，也即具有中央派出机构的性质，负责监察地方，而不是地方最高行政机构，相当于唐代的道。因此，它比中书、枢密低一品，然大于诸司。与之相对应的经略司印次于中书、枢密印，高于正统司印，银质，二十五两重，长宽各二寸三分。④

① 《宋史》卷485《夏国传上》，第14001页；《续资治通鉴长编》卷196，嘉祐七年六月癸未条："改西市监军司为保泰军，威州监军司为静塞军，绥州监军司为祥祐军，左厢监军司为神勇军。"和《宋史》有出入，待考。

② （清）吴广成：《西夏书事》卷20，道光五年小岘山房刻本，第350页，有引刘温润《西夏须知》。

③ 《西夏地形图》中所标军有神勇军、祥祐军、加宁军、静塞军、清远军、朔庆军、保太军、和南军、甘肃军、朝顺军、镇燕军、贺兰军等。"加宁"当即"嘉宁"，"保太"当即"保泰"，"和南"当指"卓啰监军司"。

④ 史金波、聂鸿音、白滨译注《天盛改旧新定律令》卷10《官军敕门》，第359页。

文献明确记载西夏设有东经略司和西经略司，①位于西夏的左右两厢。《天盛改旧新定律令》记载的东南经略司和西北经略司，②可能是指东、南、西、北四个经略司。京畿地区、大都督府及啰庞岭以外的地方重大军政、民政、财政事务须通过经略司上报中书、枢密，③如"边中诸司各自所属种种官畜、谷物"的借领、供给、交还、偿还、催促损失等，由所属大人检校，然后依"地程远近次第，自三个月至一年一番当告中书、枢密所管事处。附属于经略者，当经经略使处依次转告。不附属于经略使处，当各自来状"。④"诸牧场四种官畜中患病时，总数当明之。隶属于经略者，当速告经略处，不隶属于经略者，当速告群牧司。验者当往，于病卧处验之。"⑤每年十月一日开始的军马、盔甲、武器校验，由殿前司奏报国主批准，属经略司管辖者，由经略司派遣胜任人为校验队将，校验结束后将典册报送殿前。不属经略司管辖者，则由殿前司直接派遣胜任人校验。⑥还有国内有获死罪、劳役、革职、革军、降官、罚马等公事等，依季节由边境刺史、监军司等报于其处经略，经略人亦再查其有无失误，核校无失误则与报状单接。⑦应派遣盈能、副溜时，监军司大人按照一定选拔条件于首领处遴选，依次经正副统、经略司报请枢密使批准，方可以派遣。⑧囚犯等因病、管理不善致死时，所属司报于经略司，然后依文武次第分别

① 史金波、聂鸿音、白滨译注《天盛改旧新定律令》"颁律表"记载参与律令修订的有"东经略使副、枢密承旨、三司正、汉学士赵□"（第108页）；《金史》卷61《交聘表中》记载"东经略使苏执礼"；武威西夏墓出土木板题记载，大夏天庆八年（1201）葬"故亡考任西路经略司兼安排官□两处都案刘仲达灵匣"（陈炳应：《甘肃武威西郊林场西夏墓题记、葬俗略说》，白滨主编《西夏史论文集》，宁夏人民出版社，1984年，第546—554页）；《俄藏黑水城文献》黑水城告牒中有西经略司。

② 史金波、聂鸿音、白滨译注《天盛改旧新定律令》卷4《修城应用门》，第220页。

③ 史金波、聂鸿音、白滨译注《天盛改旧新定律令》卷4《事过问典迟门》记载："边中监军司、府、军、郡、县问种种习事中，应获死、无期之人，于所属刺史审刑中……报经略职管等，当待谕文。不系属于经略之啰庞岭监军司者，自杖罪至六年劳役于其处判断。获死罪、长期徒刑、黜官、革职、军等行文书，应奏报中书、枢密，回文来时方可判断。"（第317页）说明设大都督府的啰庞岭监军司不属经略司统辖。

④ 史金波、聂鸿音、白滨译注《天盛改旧新定律令》卷17《库局分转派门》，第529页。

⑤ 史金波、聂鸿音、白滨译注《天盛改旧新定律令》卷19《畜患病门》，第583页。

⑥ 史金波、聂鸿音、白滨译注《天盛改旧新定律令》卷5《季校门》，第230页。

⑦ 史金波、聂鸿音、白滨译注《天盛改旧新定律令》卷9《诸司判罪门》，第323页。

⑧ 史金波、聂鸿音、白滨译注《天盛改旧新定律令》卷6《行监溜首领舍监等派遣门》，第265页。

报中书、枢密。[①]

四 城堡寨

西夏的城有四种类型，有的是州府的驻地，如位列末等司的凉州，当是凉州城，即位列次等司西凉府的驻地；有的是堡寨号为州，实际是城的建制，如龙州、石州等，龙州就是地边21种城之一；有的是地位衰落的州，如列为末等司的夏州、绥州等；有的是地位重要的堡寨。监军司和州府驻地一般是大城，守大城的"州主、城守、通判弃城，造意等有官无官，及在城中之正副溜中无官等，一律以剑斩"。[②]州主、城守、通判平时要对城墙和战具进行维修和整治，并按期将有关情况上报监军司。如果"每年不按期以状告监军司而懈怠时，城主、城守、通判等一律有官罚马一，庶人十三杖，以下局分人一律十杖"。[③]

由堡寨号城者，一般设在要害之处，或是军事据点，或是蕃部酋豪所在，或是蕃汉和市交易中心，个别的城由于军事和经济上的缘故，甚至比一般的小州还重要。如1040年（夏天授礼法延祚三年、宋康定元年）九月，宋环庆路副部署任福偷袭西夏白豹城，"凡烧庐舍、酒务、仓草场、伪太尉衙"。[④]太尉是由党项贵族担任的京官，地位相当高。史载西夏官分文武班，"自中书令、宰相、枢使、大夫、侍中、太尉已下，皆分命蕃汉人为之"，[⑤]由此可见白豹城地位之重要。

西夏大部分城筑在边地，如兀纳剌城，又作兀剌孩城、兀剌海城、斡罗孩，是防御蒙古的重要据点，1209年（元太祖四年）被蒙古攻陷，俘西夏太傅西壁氏。[⑥]凡川城，又作凡川会，控扼河湟吐蕃唃厮啰与宋朝交通

---

① 史金波、聂鸿音、白滨译注《天盛改旧新定律令》卷9《行狱杖门》，第334页。
② 史金波、聂鸿音、白滨译注《天盛改旧新定律令》卷4《弃守大城门》，第197页。
③ 史金波、聂鸿音、白滨译注《天盛改旧新定律令》卷4《修城应用门》，第220页。
④ （宋）李焘：《续资治通鉴长编》卷128，康定元年九月壬申条，第3044页。
⑤ 《宋史》卷485《夏国传上》，第13993页。
⑥ 《元史》卷1《太祖纪》记载："四年己巳春，畏吾儿国来归。帝入河西，夏主李安全遣其世子率师来战，败之，获其副元帅高令公。克兀剌海城，俘其太傅西壁氏。"（中华书局，1976年，第14页）

要道。1037 年（夏大庆二年、宋景祐四年），元昊为断绝河湟吐蕃与宋朝的交通，发兵兰州南面的马衔山，筑城凡川，留兵戍守。① 打啰城，天都山地要害之地，1081 年（夏大安七年、宋元丰四年），宋朝五路伐夏，熙河路李宪经打啰城到达天都，烧南牟府库而还。②

西夏的堡寨也主要集中在地边特别是夏宋沿边地区，这与该地属于定居农耕和半农半牧区有很大关系。景宗李元昊建国前夕在宋夏沿边山险之地修筑了 300 余处，③ 如果加上以后不断修筑和从宋朝手中夺取的，为数就更多了。若保守地按 400 余处估计，则平均每个边州有 40 余处。西夏沿边堡寨数量之所以如此众多，可能与其分大小两种有关。所谓大寨，即筑城建池、重兵戍守的堡寨，大率"各相去二三十里，每寨实有八百余人，马四百匹"。④ 占地面积一般在 5000 平方米左右，四边或三边开有寨门，有的凿有护寨壕。⑤ 这种有别于小堡寨的城池就是大寨，有时也称作城，⑥ 如白豹城又作白豹寨，金汤城又作金汤寨。龛谷城，又作龛谷堡，本吐蕃康古城，1036 年（夏大庆元年、宋景祐三年）被景宗李元昊攻占，改名龛谷城，西夏在此存储粮草兵器，号"御庄"。⑦

小堡寨大多是夯筑的土围子，具有规模小、数量多的特点，沿边个体族帐多依附堡寨居住，所谓"蕃部各有堡子守隘"，"其城垒皆控险，足以守御"。⑧ 外敌入侵时，老幼退保堡寨，壮者因险设伏，邀击敌兵，入侵者

---

① （宋）李焘：《续资治通鉴长编》卷 119，景祐三年十二月辛未条，第 2813 页；《宋史》卷 485《夏国传上》，第 13994 页。

② 《宋史》卷 467《李宪传》，第 13639 页。

③ （宋）李焘：《续资治通鉴长编》卷 132，庆历元年五月甲戌条记载李元昊"始于汉界缘边山险之地三百余处修筑堡寨，欲以收集老幼，并驱壮健，为入寇之谋"（第 3129 页）。《宋史》卷 323《马怀德传》记载延州东路巡检马怀德以所部入夏境，先后"破遮鹿、要册二寨"，"烧荡贼海沟、茶山、安化十七寨三百余帐"，"夷黑神、厥保等十八寨"，"又城绥平，破贼青化、押班、吃当三寨"（第 10466 页）。仅马怀德一将就破了西夏 40 座堡寨，可见元昊在宋朝边界修筑了 300 余处堡寨并非妄言。

④ （宋）李焘：《续资治通鉴长编》卷 471，元祐七年三月甲午条，第 11244 页。

⑤ 陈炳应：《西夏文物研究》，宁夏人民出版社，1985 年，第 102 页。

⑥ （宋）李焘：《续资治通鉴长编》卷 280，熙宁十年二月丙戌条记载宋神宗诏鄜延路经略司："如西界修小堡寨，更不牒问；若违誓诏，修建城池，当牒问即奏候朝旨。"（第 6860 页）

⑦ （宋）李焘：《续资治通鉴长编》卷 316，元丰四年九月乙未条，第 7641 页。

⑧ 《宋史》卷 335《种谔传》，第 10747 页。

"兵少则难追，多则难行"。[①]1040年（夏天授礼法延祚三年、宋康定元年）十月，宋将葛怀敏等率众分六路攻夏州，到达洪州时，"夏人结寨捍拒，阴令横山蕃部尽据险要，出邀宋军后。怀敏等战不胜，再宿而退"。[②]城堡寨作为军民合一的机构，上承州县和监军司，平时组织所属蕃部生产，同时和邻寨以及所属哨卡、口铺、烽燧组织联防，阻止骑探入界和蕃部族帐叛逃，战时则点集战斗或负责本寨人户坚壁清野。西夏还有一种小寨是简易的栅栏，景宗李元昊为侵耕屈野河西地，"插木置小寨三十余所于道光、洪崖之间"。[③]这种具有标识意义的小寨，军事上的防御功能不大。

五 左厢右厢和东南西北四院

左厢、右厢是以京师为中心来界定的，京师的左面是左厢，右边是右厢。《宋史》在记载西夏兵力部署时指出："自河北至午腊蒻山七万人，以备契丹，河南洪州、白豹、安盐州、罗落、天都、惟精山等五万人，以备环、庆、镇戎、原州；左厢宥州路五万人，以备鄜、延、麟、府；右厢甘州路三万人，以备西蕃、回鹘；贺兰驻兵五万、灵州五万人、兴州兴庆府七万人为镇守。"[④]显然，西夏建国初期的左厢宥州路是京师左边的银夏绥宥地区，不是专指宥州；右厢甘州路是京师左边的河西甘凉瓜沙地区，不是专指甘州。西夏中后期的左厢或右厢有时是几个州，有时是一个州。1097年（夏天祐民安八年、宋绍圣四年），吕惠卿在上言进筑米脂、细浮图等城堡时指出，西夏"左厢石、宥、韦州防拓人马三五万人"，直接指出左厢宥、石、韦三州。[⑤]宋人郑刚中《西征道里记》载："夏国左厢监军司接麟、府沿边地分，管户二万余；宥州监军司接庆州、保安军、延安府地分，管户四万余；灵州监军司接泾、原、环、庆地分，沿边管户一万

① （宋）李焘:《续资治通鉴长编》卷130，庆历元年正月戊午条，第3082页。
② 戴锡章编，罗矛昆校《西夏纪》卷7，宋仁宗康定元年十月，宁夏人民出版社，1988年，第192页。
③ （宋）李焘:《续资治通鉴长编》卷185，嘉祐二年二月壬戌条，第4470页。
④ 《宋史》卷485《夏国传上》，第13995页；《续资治通鉴长编》卷120，景祐四年十二月条记载"兴庆府七万人为镇守"（第2845页）。
⑤ （宋）李焘:《续资治通鉴长编》卷492，绍圣四年冬十月丙戌条，第11681页。

余，兹其大略也。"①这里的左厢监军司专指某个州，而且不包括宥州。

西夏后期设置的17个监军司有具体地名的是石州、西寿、韦州、卓啰、沙州、啰庞岭、官黑山、年斜、肃州、瓜州、黑水，另有6个用方位来命名，即东院、西院、南院、北院监军司和北地中、南地中监军司。②四院和北地中、南地中同时设置，说明北院和南院不是北地中和南地中。前揭西院由右厢朝顺更名，并由甘州移到肃州，北院由白马强镇更名，东院由左厢神勇更名，并由银州东北移置夏州。南院是新设立，当是西凉府。1094年（夏天祐民安五年）《凉州重修护国寺感通塔碑铭》夏汉合璧，西夏文铭文中的"南院"，对应的是汉文铭文是"右厢"，③说明当时的都城兴庆府西南的西凉府为南院，同时也可称右厢。甘、凉等州都可称右厢，反映出西夏左右厢所指比较宽泛。

六　京畿、边中、地边、地中

京畿、边中、地边、地中是西夏常用的地理概念，京畿又称京师界，包括中兴府（兴庆府）、南北二县、五州地。④南北二县是华阳县和治源县，五州是怀、定、静、永、顺五个小州，均由堡镇号州，故又以郡县相称，如怀远县、定远县、临河县、保静县等。

边中是地中、地边的合称，是西夏京畿之外的区域。地中，是指京畿和地边中间地区，地中、地边设州、府、郡、县、监军司、城、堡、寨。其中监军司、转运司在地边地中均设置，踏曲库多在京师及地中设置，卖曲库地中、地边均设置。城寨多设置地边，《天盛改旧新定律令》记载的地边城司有永便、孤山、魅拒、西宁、边净、末监、胜全、信同、应建、争止、甘州、龙州、远摄、合乐、真武县、年晋城、定边城、卫边城、永昌城、开边城、富清县、河西县、安持寨、西院、宥州、鸣沙等26种。⑤

西夏政区划分特色鲜明，监军司和州府在区划上相互重叠，在职责上

---

① （宋）郑刚中：《西征道里记》，大象出版社，2019年，第23页。

② 史金波、聂鸿音、白滨译注《天盛改旧新定律令》卷10《司序行文门》，第373页。

③ 史金波：《西夏社会》，上海人民出版社，2008年，第315页。

④ 史金波、聂鸿音、白滨译注《天盛改旧新定律令》卷14《误殴打争门》，第485页。

⑤ 史金波、聂鸿音、白滨译注《天盛改旧新定律令》卷10《司序行文门》，第371页。

军民融合，监军司兼理民政，州府兼理军政。监军司和州往往不分彼此，前引"夏国左厢监军司接麟、府沿边地分，管户二万余；宥州监军司接庆州、保安军、延安府地分，管户四万余；灵州监军司接泾、原、环、庆地分，沿边管户一万余，兹其大略也"。[①] 这是其一。

其二，设置财赋路，加强财赋的征收和监管。西夏立国初期，地方收入主要归部落首领为代表的各级官府所有，中央财政主要靠青白盐等专卖和对外贸易收入支撑。"元昊数州之地，财用所出，并仰给于青盐。"[②] 中期以后，随着中央集权的加强，在天盛年间（1149—1169）或此前，开始设置转运司，负责财赋的征收和转运，其中京畿中兴府、大都督府设都转运司，其品级和群牧司、农田司平行，属中等司；西院、南院、寺庙山、肃州、瓜州、沙州、黑水、官黑山、卓啰等地设置转运司，其品级和地边城司平行，属下等司。这里需要指出的是，西夏转运司路的设置虽然受宋朝的影响，但和宋朝的路有很大区别。宋代的路是地方最高区划，设帅、漕、宪、仓四个机构，分别掌管军事、财赋、司法、农业，西夏的转运司路则不是一级政区，其军事、司法、农业依然由州郡府县和监军司负责。西夏设东、南、西、北四个经略司，京畿地区、大都督府及啰庞岭以外的地方重大军政、民政、财政事务需通过经略司上报中书、枢密，也具有"路"的性质，但远比财赋路管辖的范围要大。西夏区划上的多样性，反映出其在保留本民族制度的基础上，对中原和其他地区制度广泛吸收的特点。

（原文刊于《宁夏社会科学》2020年第5期，第184—189页）

---

① （宋）郑刚中：《西征道里记》，第23页。
② 杨国宜校注《包拯集校注》卷1《论杨守素》，黄山书社，1999年，第42页。

省嵬城与省嵬山

杨　浣　付强强

　　省嵬城是学术界通过考古发掘确认的少数几个西夏时期城址之一。[①]
由于第一手史料的缺失,目前关于它的研究尤其是关联到的省嵬山基本
还处在推测的阶段。代表性的成果主要有张多勇的《西夏京畿镇守体系
蠡测》和郑彦卿的《西夏省嵬城历史考略》等。张文认为省嵬城最早为
唐定远城,宋初为定州,夏李德明建省嵬城,元昊改定州,西夏后期建
北地中监军司。[②]郑文亦主张省嵬城可能是西夏定州州治,其位置本在黄
河之东,后因河道摆动而处于河之西。[③]无疑,这些文章给予了学界很多
有益的启示,尤其对省嵬城位置变化的原因找得还是比较准确的。然而,
就目前已知的史志地图及考古发掘情况来看,他们对省嵬城的沿革和地
位等问题的讨论似乎又有点过犹不及,对省嵬山的方位问题则没有太多
触及。

一　信嵬屯

　　省嵬初作“信嵬”,最早见之于元代文献,有“信嵬(站)”与“信嵬
屯”。信嵬站在至顺元年(1330)官修《经世大典》中有载。其文曰:

---

①　中国社会科学院考古研究所:《宁夏石嘴山西夏城址试掘》,《考古》1981年第1期。

②　张多勇:《西夏京畿镇守体系蠡测》,《历史地理》2015年第1期,第333—334页。

③　郑彦卿:《西夏省嵬城历史考略》,《西夏研究》2017年第3期,第15—18页。

（至元三年，1266 年）十月，中书右丞相安童等，奏西凉、甘州、庄浪等处增站事。今议除甘、肃、瓜州，其间合立站赤，候阿沙来时区处外，就令凤哥斟酌到中兴、西凉、兰州、甘州、信甗添设站，可用马一百三十五匹、牛六十八只、驴六十头，于官钱内买置。奉旨准。①

"站"即"站赤"，也就是驿站。信甗站当是元世祖时期在原西夏统治的河西地区增设的驿站之一，②信甗这个地名至晚在至元三年（1266）前就已经存在。信甗屯则见载于《元一统志》卷 6"宁夏府路古迹"条。其文云：

> 茶泊屯在宁夏路灵州东北境，大河之西。
> 信甗屯在宁夏路灵州大河之东，与茶泊相对。
> 枣园屯在宁夏路灵州之北。③

"屯"即屯田也。既然被《元一统志》列为"古迹"，那么茶泊、信甗、枣园三屯的开垦时间肯定要早于该志成书的大德七年（1303）。

元《经世大典·政典总序》有提到"宁夏营田司"屯田名目。它说："枣园、纳怜站、唐来渠尾立屯，二千一百户，田一千八百顷。"④《元史》卷 60《地理志三》"宁夏府路"条下亦载："本路枣园、纳怜站等处屯田一千八百顷。"⑤又据该书卷 100《兵志三》云：

> 宁夏营田司屯田：世祖至元八年正月，签发己未年随州、鄂州投降人民一千一百七户，往中兴居住。十一年，编为屯田户，凡

① （元）赵世延等撰，周少川等辑校《经世大典辑校》，中华书局，2020 年，第 456 页。
② 周松：《元代黄河漕运考》，《中国史研究》2011 年第 2 期，第 144 页。
③ （元）孛兰肹等撰，赵万里校辑《元一统志》，中华书局，1966 年，第 550 页。
④ （元）赵世延等撰，周少川等辑校《经世大典辑校》，第 433 页。
⑤ 《元史》卷 60《地理志》，中华书局，1976 年，第 1451 页。

二千四百丁。二十三年，续签渐丁，得三百人，为田一千八百顷。①

可知《经世大典》所载其实讲的就是元世祖至元二十三年（1286）宁夏府路签丁屯田的情况。枣园、纳怜站、唐来渠尾三屯应该就是后来《元一统志》所说的宁夏府路屯田"古迹"，也就是"茶泊、信嵬、枣园"三屯。②这两组地名之间是有对应关系的。其中，枣园屯前后名称没有变化，位于今卫宁平原东部的枣园乡。③"茶泊"又作"查泊"，其名至少在至元二年（1265）就有见载。据《元史》卷164《郭守敬传》云：

> （至元）二年（1265），授都水少监。守敬言："舟自中兴，沿（黄）河四昼夜至东胜，可通漕运。及见查泊、兀郎海古渠甚多，宜加修理。"④

前揭《元一统志》说茶泊屯位于灵州东北境的"大河之西"，这与蜿蜒至宁夏府境东北处黄河西岸的"唐来渠尾屯"是大体一致的。⑤这个屯田之所在《乾隆宁夏府志》卷首《宁夏舆图》中被标注在平虏所西北，石嘴山西威镇堡一带（图1）。该书卷8《水利》亦载：

> 唐渠，口开宁朔县大坝堡青铜峡，经府城西而北至平罗县上宝闸堡，归入西河，长三百二十里七分一十三丈。⑥

① 《元史》卷100《兵志》，第2569页。
② 王社教、石坚军：《元代塔塔里屯田与粮仓新考》，《中国边疆史地研究》2017年第2期，第92页。
③ 周松：《元代黄河漕运考》，《中国史研究》2011年第2期，第155页。
④ 《元史》卷164《郭守敬传》，第3846页。
⑤ 王社教、石坚军：《元代塔塔里屯田与粮仓新考》，《中国边疆史地研究》2017年第2期，第92页。
⑥ （清）张金城修，（清）杨浣雨纂，胡玉冰、韩超校注《乾隆宁夏府志》，中国社会科学出版社，2015年，第165页。

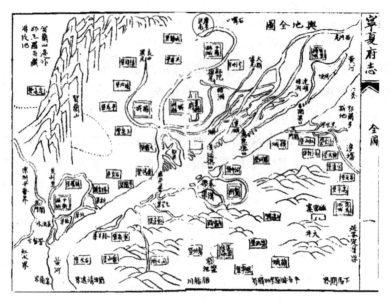

图 1 《宁夏舆图》

通过地图与文本的对照可知，唐来渠尾屯即茶泊屯，当位于"平罗县上宝闸堡"，即今宁夏石嘴山市惠农区燕子墩乡上宝闸村一带。与之隔河相对的则是位于"大河之东"的信鬼屯。有学者认为其很可能是宁夏营田司所辖"纳怜站屯"的别称，当位于高油房古城东 70 里，即今内蒙古乌拉特中旗呼勒斯太苏木、宏丰乡交界处附近的狼山口古城与奋斗村古城中点一带。[①]不过这个地点看起来距离相当遥远，并不在灵州境黄河之东岸，与茶泊屯其实难以相望。

二　省嵬城

"省嵬"一词最早见于朝鲜 1402 年绘制的《混一疆理历代国都之图》（图 2）。在这张被认为是依据元代李泽民 1330 年《声教广被图》和清浚 1370 年《混一疆理图》等混编而成的世界地图中，[②]"省嵬"这个地名被标注在"宁夏路"东北方之黄河东岸。这与明正统（1436—1449）《宁夏志》

---

① 王社教、石坚军：《元代塔塔里屯田与粮仓新考》，《中国边疆史地研究》2017 年第 2 期，第 95 页。

② 〔英〕李约瑟：《中国科学技术史·第 5 卷》，科学出版社，1976 年，第 152 页。

卷上"古迹"条下"省嵬故城，在河东"①的粗略记载是一致的。到了弘治（1488—1505）《宁夏新志》卷首《国朝混一宁夏境土之图》中，省嵬城周边的地理参照多出了黄河西岸的"平虏城"，西北方向的"黑山营"、"镇远关"以及河东北向的"西瓜山"等处（图3）。

图2 《（朝鲜）混一疆理历代国都之图》（局部）

资料来源：〔朝鲜〕权近、李荟《混一疆理历代国都之图》，韩国魁章阁摹京都大学藏本。

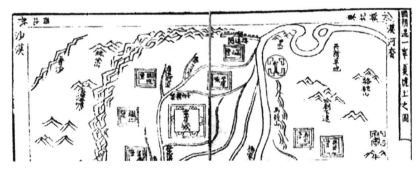

图3 《（弘治）宁夏新志》国朝混一宁夏境土之图（局部）

资料来源：（明）王珣撰，胡玉冰、曹阳校注《弘治宁夏新志》，中国社会科学出版社，2015年，第3页。

　　嘉靖二十六年（1547）成书的张雨《边政考》对于省嵬城的记录应该是有明一代文献中最为细致的。该书卷2《宁夏府》"平虏城千户所"条下

---

①　吴忠礼：《宁夏志笺证》，宁夏人民出版社，1996年，第95页。

先载：

> 水头六：五岔河，至镇远关一百八十里；千家村，至新边八十
> 里；圈子河，至镇远关七十里；省觜城，至新边五十里；石嘴儿，至
> 镇远关五十里；暖泉儿，至镇远关五十里。[①]

其后卷3《宁夏图》又详细地绘制了"省觜城水头"一带的形胜（图
4）。它位于"宁夏镇城""平虏城"东北"新边"的黄河东岸，其地东面
有"千家村水头""浑怀障""麦垛山""石崖山""红城子"等；其西隔
河有"富平故城""黑山营""镇远关"等；其南有"暖泉水头""石嘴儿
水头""圈子河水头"等，再南则是河东边墙附近的"大平山墩""小平山
墩"等；其北则为一路东流的黄河。

图4 《边政考·宁夏图》（局部）

所谓的"水头"，其实就是河湾、湖畔、水泉、溪流等水源地。[②]对
于干旱少雨的河套地区来说，水头的获得对于明朝方面在军事与经济上都
具有较为重要的战略价值，即"断朔马饮牧之区，而召军佃种，可省馈

---

① （明）张雨：《边政考》，向燕南主编《中国长城志·文献》，江苏凤凰科学技术出版社，
2016年，第1425页。
② 胡英泽：《明代九边守战与生活用水》，《史林》2009年第5期，第110—114页。

饷"。①省嵬城既谓之"水头",想来也是一处水源丰沛、水草丰美的兵家必争之地。无怪乎元代水利学家郭守敬会有于"茶泊"等地重修渠道、大兴屯垦的建议。因此,我们有理由相信省嵬城水头其实就是元代信嵬屯的所在地。

《边政考》所载"新边"当指嘉靖十年(1531)陕西三边总制王琼督建的宁夏镇"边防北关门"即"北边墙"。据魏焕《皇明九边考》(嘉靖二十年即1541年成书)卷8《宁夏》载:

> 宁夏北贺兰山、黄河之间,外有旧边墙一道,嘉靖十年总制王琼于内复筑边墙一道,官军遂弃外边不守,以致边内田地荒芜。②

这道边墙也就是《皇明九边考》中《宁夏边图》标识在"平虏城"、打砚口与"旧墙"中间的"总制王新筑边墙"(图5)。其地在"平虏城北十里许",③"由沙湖西至枣儿沟,凡三十五里,皆内墙外堑,为关门二,东

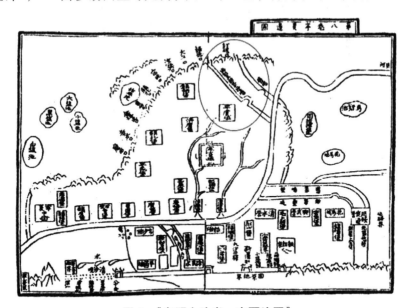

图5 《皇明九边考·宁夏边图》

① (清)顾祖禹撰,贺次君、施和金点校《读史方舆纪要》卷58《陕西》,中华书局,2005年,第2803页。
② (明)万表编,于景祥、郭醒点校《皇明经济文录》,辽海出版社,2009年,第787页。
③ (清)张金城修,(清)杨浣雨撰,胡玉冰、韩超校注《乾隆宁夏府志》,第50页。

曰平虏，中曰镇北。为二堡，围里百二十步，徙故威镇、镇北军实之。又徙内堡军之无屯种者于西隈，为临山堡。为敌台四、燧台八。沙湖东至河五里，涨则泽，竭则壖，虏可窃出，皆为墙，以旁窒其间道"。① 今俗称"大武口长城"，"现在石嘴山市大武口公社，迤东经明水湖农场、简泉机砖厂，以及平罗县的威镇、幸福等处有遗迹"。② "王总制新边"南距平虏城十里许，东北至省嵬城五十里，则省嵬城西南至平虏城约在六十里许。

隆庆三年（1569）明兵部辑《九边图说》之《宁夏镇总图》"黑山营"东侧绘省嵬城，且有注文曰"省嵬城至河沿六十里通麦垛山"（图6）。③ 弘

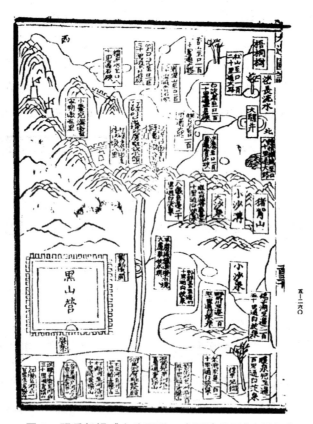

图6　明兵部辑《九边图说·宁夏镇总图》（局部）

---

① （明）胡汝砺编，管律重修，邵敏校注《嘉靖宁夏新志》，中国社会科学出版社，2015年。
② 许成：《宁夏境内明代万里长城遗迹》，《宁夏社会科学》1983年第4期，第52页。
③ （明）兵部辑《九边图说》，台北：台湾"国立中央图书馆"，明隆庆三年刊本，1981年。

治《宁夏新志》说"麦垛山，城东北三百里。俱以形似名麦垛山"。① 乾隆时期翰林储大文在《贺兰山口记》中说"贺兰口外七十里为麦垛山，又东五十里即河套界"。② 可知麦垛山必在贺兰山北、黄河西岸。因为明代省嵬城在套内河东，横枕"河滨"，所以 60 里外通向麦垛山的"河沿"一定不在此"河滨"，而是其东北方的黄河边岸。

明清史志谈及省嵬城时，绝大多数都把其描述为一座"横枕河滨"③ 的"河东废城"，④ 唯有道光九年（1829）成书的《平罗纪略》例外（图 7）。大概是因为该书的作者徐保字时任平罗知县，曾亲履其地，所以对于省嵬城为河东之城的说法提出了质疑。他在"省嵬山"条的按语中写道：

> 《（乾隆宁夏）府志》云省嵬山在黄河东岸，今属套地；又云省嵬城在省嵬山下，疑今宝丰废县地也，今有上、下省嵬等堡。⑤

《嘉庆平罗县志》载："上省嵬，在县城北六十里。下省嵬，在县城北七十里。"⑥ 徐保字认为这两个村落很可能就是省嵬城的所在地。不过，让他疑惑的是，《乾隆宁夏府志》明明说省嵬城在黄河东岸，但是"上、下省嵬等堡"却位于平罗县东北方的黄河西岸庙台堡两侧，属于"套地"。

20 世纪 60 年代的考古试掘印证了这位晚清平罗知县的猜测。在今宁夏石嘴山市惠农区庙台乡省嵬村黄河西岸 10 千米处确有一座古代城堡遗址。它在名称、方位和距离上与传说中的省嵬城大体相符。⑦

> （省嵬）城平面为正方形，边长约 600 米。城墙以黄土夯筑，夯

---

① （明）王珣撰，胡玉冰、曹阳校注《弘治宁夏新志》，第 3 页。
② （清）储大文：《贺兰山口记》，胡玉冰等辑校《陕甘地方志中宁夏史料辑校》，上海古籍出版社，2015 年，第 950 页。
③ （清）顾祖禹撰，贺次君、施和金点校《读史方舆纪要》卷 62《陕西》，第 2945 页。
④ 吴忠礼：《宁夏志笺证》，第 95 页。
⑤ （清）徐保字纂修，王亚勇校注《平罗纪略》，宁夏人民出版社，2003 年。
⑥ （清）徐保字纂修，田富军校注《嘉庆平罗县志》，上海古籍出版社，2018 年。
⑦ 陈炳应：《西夏文物研究》，宁夏人民出版社，1985 年，第 99 页。

土厚7—12厘米，倾颓严重，现残高2—4米。只在南墙正中辟门，为过梁式门洞，两壁立柱被火焚。门洞宽4.1米。城内出土黑釉盏、玉壶春瓶、白瓷碗、盘、碟、瓷人头、十字形铜饰和较多的宋代钱币，以及金代"正隆元宝"和建筑构件、兽骨等。[1]

图7 《平罗纪略》

元明史家多指省嵬（城/屯）为前代"古迹"，但"未详建立之始"。今之学者皆言省嵬城为西夏遗址，则多半受道光年间（1821—1850）吴广成《西夏书事》的影响。该书卷10载西夏首领赵德明于"省嵬山"建"省嵬城"一事。

（宋）天圣二年（1024）春二月，德明作省嵬城于定州。

---

①　宁夏文物考古所：《宁夏文物地图集》，文物出版社，2010年，第280页。

定州省嵬山，在怀远西北百余里，土地膏腴，向为蕃族樵牧地。
德明于山之西南麓筑城，以驭诸蕃。

西夏定州，本唐定远城，"宋为威远军，伪夏改为定州，俗为田州，
今为平虏城"。① 由于"声母相同、韵母微殊、音感相谐"，后世兰银官话
银吴片讹"定州"为"田州"，② 其故址在今宁夏平罗县姚伏镇东南 1.5 千
米的田州古塔处。今城墙不存，地面散布大量砖瓦及瓷片，总面积约为 2
万平方米。③ 怀远县（镇）系唐、宋之旧称，西夏建国时升为都城，改名
为兴州兴庆府，后又更为中兴府。明清以来这里一直是宁夏府（镇）的治
所，今为宁夏首府银川市兴庆区所在。从考古确定的省嵬城、定州和怀远
县等故址的位置来看，《西夏书事》这里所谓"定州省嵬山，在怀远西北
百余里"中的"西北"当为"东北"之误。

然而，需要指出的是，最早提出"省嵬城西夏说"的并不是《西夏书
事》，而是乾隆七年（1742）成书的陈履中《河套志》。该书载：

省嵬城，在中卫县省嵬山下，麦垛山西北，西夏所筑。
定州地，西夏筑省嵬城，后废，今宝丰县。
宁夏卫地，宋定州地，西夏筑省嵬城于此，后废，明宁夏卫地，
今宝丰县。
省嵬山，在宁夏府东北一百四十里，黄河东岸。旧有省嵬城，横
枕河滨，为防御要地。④

虽然迄今为止，我们还没有找到一条西夏或者宋代史料提到过省嵬
城，但是考古工作揭露出来的这座城池的文化面貌确实指向了西夏时期。
其主要证据有二。一是从出土货币看，多为北宋钱币。由于宋金等从未染
指此地，且西夏时期流行宋钱，所以省嵬城当为西夏所建。二是从出土文

① （明）王珣撰，胡玉冰、曹阳校注《弘治宁夏新志》，第 3 页。
② 张安生：《西夏定州俗称"田州"考》，《方言》2013 年第 2 期，第 150—157 页。
③ 宁夏文物考古所：《宁夏文物地图集》，文物出版社，2010 年，第 283 页。
④ （清）陈履中：《河套志》，齐鲁书社，1996 年，第 3 页。

物看，多具西夏文化特点。如瓷碗只在器内和外口沿上上釉，外表露胎，与宁夏、甘肃出土的西夏瓷器风格类似。[①]再如城址中砖瓦极少、瓷人头像多秃发等现象，颇与文献记载的西夏住宅和发型风俗相印证。[②]

省嵬城属西夏定州地界自当无疑，但绝不会是其治所，它和唐代定远军治所所在地没有什么位置上的重合关系。省嵬城位于平罗县东北，乾隆之前本为"河东废城"。唐定远城位于"灵武郡东北二百里黄河外"，[③]"在平罗县东南"，俗称"田州"，故址在今宁夏平罗县姚伏镇东南1.5千米的田州古塔附近。由于两地颇有距离，所以清代雍正年间曾分别置县，"其一在田州塔南，为新渠县；其一在省嵬城西，为宝丰县"。[④]目前没有任何证据表明省嵬城为《天盛改旧新定律令》所载之"北地中监军司"。

省嵬城的毁弃经历了漫长的年代，其中遭遇过三次大的天灾人祸。第一次应该是13世纪初的蒙夏战争。由于地处贺兰山口外通向都城兴庆府的交通线上，[⑤]蒙古伐夏战争中省嵬城难免兵火涂炭。南城门填土中发现的木炭和烧结块就是一个证明。[⑥]不过这次破坏不算是毁灭性的。实际上这里的地势非常平坦，无险可守，军事上可资利用的价值不高。相反，因为充沛的水源和临近农牧分界线的地缘优势，它在元代还以开渠屯田和驿站贸易而著称。直到明万历十一年（1583）这里还保持着"鱼泽滩头嘶猎马，省嵬城畔看黄河"[⑦]的农牧兼营的景象。第二次当为明天启七年即1627年的大地震。据《明史》卷30《五行志》载："（天启）七年，宁夏各卫营屯堡，自正月己巳至二月己亥，凡百余震，大如雷，小如鼓如风，城垣、房屋、边墙、墩台悉圮。"[⑧]第三次为乾隆三年即1738年的破坏性地震，也是省嵬城历史上发生的最严重的灾害。据《乾隆宁夏府志》卷22《杂记》载：

① 陈炳应：《西夏文物研究》，第99页。

② 牛达生：《西夏遗迹》，文物出版社，2007年，第116—118页。

③ （唐）杜佑：《通典》卷172《州郡》，中华书局，1988年，第4480页。

④ （清）魏源：《皇朝经世文编》，岳麓书社，2004年，第389页。

⑤ 宁夏交通厅：《宁夏交通史》，宁夏人民出版社，1988年，第114页。

⑥ 中国社会科学院考古研究所：《宁夏石嘴山西夏城址试掘》，《考古》1981年第1期。

⑦ （明）杨经、刘敏宽等撰，石茂华校《万历固原州志》，宁夏人民出版社，2010年，第261页。

⑧ 《明史》卷30《五行志》，中华书局，1974年，第504页。

乾隆三年十一月二十四日酉时，宁夏地震，由西北向东南，平罗及郡城尤甚，东南村堡渐减。地如奋跃，土皆坟起。平罗北新渠、宝丰二县，地多坼裂，宽数尺或盈丈，水涌溢，其气皆热。淹没村堡，三县城垣、堤坝、屋舍尽倒，压死官民男妇五万余人。[①]

宝丰县治即今之宁夏平罗县宝丰镇，其北邻就是省嵬城遗址所在的惠农区庙台乡。据《大清一统志》梳理：

宝丰故城，在平罗县东北二十五里，汉北地郡浑怀都尉地。《隋书·地理志》灵武县。后周置建安县，后又置历城郡。开皇三年郡废。十八年改建安为广闰。仁寿元年改名焉。唐初徙废。宋时属夏地，夏人于此筑省嵬城，在故城东省嵬山下。明属宁夏卫地。本朝初其地曰查汉托护。雍正七年置宝丰县，属宁夏府。乾隆三年裁并入平罗县，设县丞。[②]

那么，这座本处河东的城堡为何会出现在黄河西岸？是什么原因改变了它的地理位置呢？郑彦卿指出："省嵬城的地理位置与黄河改道有关，是'三十年河东，三十年河西'历史变迁的见证。"[③]其中最具决定性的是清初今宁夏平罗县陶乐镇地区的黄河改道事件。至乾隆四十九年（1784），陕甘总督福康安奏称，该处"黄河改向西流，原在河西民人反在河东"。[④]明代以后平罗县城与黄河距离的变化，也可以佐证黄河在这一地带不断东移的趋势。

明《弘治宁夏新志》卷1和《万历朔方新志》卷1均记载："平虏城，东至黄河一十五里，西至贺兰山六十里。"到清《乾隆宁夏府志》卷2却记载："平罗县城东至黄岸三十里，西至贺兰山外边界六十里（雍正三年改

---

① （清）张金城修，（清）杨浣雨撰，胡玉冰、韩超校注《乾隆宁夏府志》，第686页。
② （清）穆彰阿等修《大清一统志》，上海古籍出版社，2008年，第7851页。
③ 郑彦卿：《西夏省嵬城历史考略》，《西夏研究》2017年第3期，第15—18页。
④ 《清史稿》，中华书局，1977年，第14375页。

平虏千户所为平罗县)。"300 年间黄河东移 7.5 千米。更早的年代，黄河故道在今唐徕渠和惠农渠之间的西河，西河沿岸由南而北，有沿河堡、西河堡、内西河堡、外西河堡、西河子桥等旧地名。河道不断东移，最明显的是清初顺治年间大水后，主河道由省嵬城西移到省嵬城东，涸出广阔河滩，称查汉托护，为雍正年间，开惠农、昌润等渠创造了条件。1981 年黄河大水后，又淤出大片河滩。平罗县城至黄河岸直线距离已超过 20 千米，现今下段河道仍在缓慢东移。[①]

三　省嵬山

"省嵬山"最早见载于明景泰五年（1454）成书的《寰宇通志》中。该书卷 100《宁夏卫》下云："省嵬山，在卫城东北二百五十里，因省嵬城而名。省嵬城，在黄河东。"[②]可是在天顺五年（1461）成书的《明一统志》中，省嵬山与宁夏卫城的里程出现了新的说法。该书卷 37 载：

> 宁夏卫，东至省嵬墩二百里，西至贺兰山一百里，南至庆阳府界三百六十里，北至西瓜山二百九十里。
>
> 省嵬山，在（宁夏）卫城东北一百四十里。省嵬城，在黄河东。[③]

这个"一百四十里说"为其后史志文献所沿袭，并几乎成为省嵬山到宁夏府城里程的"定说"。奇怪的是，按照这个地理方位寻找，在宁夏府城（今银川市兴庆区）东北 150 里左右范围内，特别是省嵬城遗址所在的黄河东岸庙台乡一带，完全就没有山脉。所谓"省嵬城，在省嵬山下"[④]的情景根本就不存在。这反过来提醒我们需要重新审视《寰宇通志》记载的"卫城东北二百五十里说"。

在嘉靖三十四年（1555）刻本《广舆图》所载《宁夏固兰边图》中（图

---

①　宁夏回族自治区水利厅：《黄河与宁夏水利》，宁夏人民出版社，2006 年，第 709—714 页。

②　（明）陈循等：《寰宇通志》，明景泰间内府刊初印本，正中书局，1985 年，第 296、301 页。

③　（明）李贤等：《明一统志》，三秦出版社，1990 年，第 4 页。

④　（清）张金城修，（清）杨浣雨撰，胡玉冰、韩超校注《乾隆宁夏府志》，第 119 页。

8)，有一个山口叫作"省嵬口"，被标注在"平虏（所）"（今石嘴山市平罗县城）东北方镇远关西侧的贺兰山谷道处，再西为"归德口"。嘉靖四十年（1561）这里还曾发生过一次小规模的战斗。当时"套虏将举入犯，总兵官赵应提兵至省嵬口抗敌对战，斩首四十三颗，人以为奇"，史称"省嵬之捷"。[①]

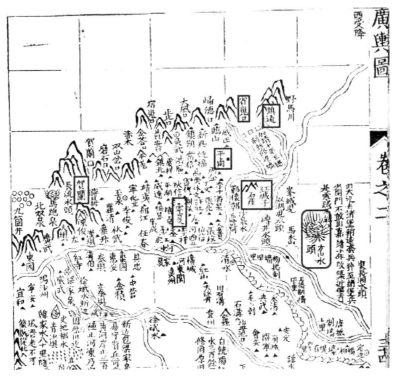

图 8 《广舆图》之《宁夏固兰边图》（局部）

资料来源：（明）罗洪先《广舆图》，嘉靖四十年胡松增刊本，日本东方文化学院京都研究所藏本，第34—35页。

"省嵬口，为防御要地"，[②]明代在此曾有预警敌情的墩台之设，名曰"省嵬墩"。在明代《舆地总图》所载《宁夏镇图》中，省嵬墩被绘制在原本是省嵬口的地方，说明这座墩台很早就设置在省嵬口内（图9）。《边政考》卷3记载宁夏卫"（四）至（八）到"说"本卫东至省嵬墩外境二百里，西至贺兰山外境一百里"。[③]省嵬墩（口）可以说是明代中叶宁夏府境

① （明）杨应聘撰，胡玉冰校注《万历朔方新志》，中国社会科学出版社，2015年，第200页。
② （清）顾祖禹：《读史方舆纪要》卷62《陕西》，第2945页。
③ （明）张雨：《边政考》，向燕南主编《中国长城志·文献·上》，第1422页。

东界的地理标志。

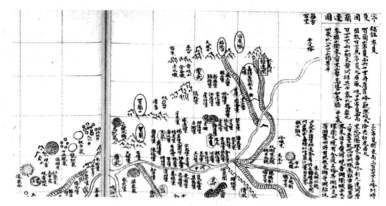

图9 （明）《舆地总图·九边总图之宁夏镇图》（局部）

有墩台，有山口，其后或其侧很可能就是省嵬山。《大清广舆图》中"省嵬墩"北就绘出了"省嵬山"（图10）。在这张绘制于乾隆四十九年（1784）的全国地图中，省嵬山于平虏（卫）东北镇远关西南处，再西北为"西瓜山""石嘴山"等。可见，省嵬山地近镇远关应该是不争的事实。镇远关"为宁夏之冲要"，[1]战略地位十分重要。康熙《秦边纪略》说："（平虏）城北之镇远关，山河之交，天设之险，平虏之局键也。……关南之黑山，贺兰之尾，形如虎踞，扼隘饮河。"[2]

图10 乾隆《大清广舆图》（局部）

---

① （清）顾祖禹：《读史方舆纪要》卷62《陕西》，第2954页。

② （清）梁份撰，赵盛世、王子贞、陈希夷校注《秦边纪略》，青海人民出版社，1985年，第309页。

嘉靖边臣许论在《三边四镇图序》中言"由（宁夏）镇城之镇远关二百四十里"。[1]这个概数不是没有根据。《嘉靖宁夏新志》卷1《宁夏总镇》载："镇远关，在平虏城北八十里，实为宁夏北境极边之要地。关南仅五里，是为黑山营，仓场皆备。"[2]顾炎武《肇域志》亦载："黑山营，在（宁夏）卫城北二百四十里，永乐元年建。"[3]两者相加，则镇远关到宁夏卫城距离当为245里。再以平虏城南北里距之和为证。《读史方舆纪要》卷62《宁夏镇》载："平虏所，在（宁夏）镇北百六十里。……黑山营，所北八十里。永乐元年建，与镇远关相应援。""镇远关，（平虏）所北六十里。"[4]可知镇远关到宁夏镇城距离当在220—240里间。清代对此记载的数字略有不同。《乾隆宁夏府志》卷2《地理》载"平罗县，治在府西北一百二十里。……北至石嘴山镇远关界一百一十五里"，[5]两者相加亦可知镇远关到宁夏镇城里数最低也在235里。明代镇远关今已不存，考古学界认为今石嘴山市惠农区西南的约4千米长的明代"旧北长城"组成部分"红果子长城"很可能就是其关墙遗址。[6]

由此推测，镇远关附近的省嵬山到宁夏镇城的距离怎么也不可能近至140里。《乾隆宁夏府志》卷4中说"省嵬城，在省嵬山下，西南去府一百四十里"，[7]这个数字的误差和实际情况出入也很大。今省嵬城遗址到银川市兴庆区即明清宁夏镇城的距离最短也在180里，所以以城之距离推山之远近，颇为怀疑《明一统志》中的"一百四十里"或为"二百四十里"之误抄。

《万山纲目》（光绪二十六年，1900年）是清代学者李诚撰写的一部记载全国范围内的山系山脉的地理学专著。该书卷3《北大干自天山东南走青海甘肃及黄河以北大漠以南东至山西管涔诸山止》把宁夏府境内的贺兰山山系分为两支，"贺兰山正干北为黑山，又北为西瓜山，为黄草山"，

① （明）万表编，于景祥、郭醒点校《皇明经济文录》，第768页。
② （明）胡汝砺编，管律重修，邵敏校注《嘉靖宁夏新志》。
③ （清）顾炎武：《肇域志》，上海古籍出版社，2012年，第1623页。
④ （清）顾祖禹：《读史方舆纪要》卷62《陕西》，第2954页。
⑤ （清）张金城修，（清）杨浣雨撰，胡玉冰、韩超校注《乾隆宁夏府志》，第48页。
⑥ 牛达生、许成：《贺兰山文物古迹考察与研究》，宁夏人民出版社，1988年，第44页。
⑦ （清）张金城修，（清）杨浣雨撰，胡玉冰、韩超校注《乾隆宁夏府志》，第88页。

"又北为老虎山";"贺兰山东南宁朔县以北为卑山,为宁罗山","又北为省嵬山,又北为石嘴山、为麦垛山"。[①]"石嘴山,在镇东二百里。山岩突出如嘴。又东百里曰麦垛山。山势高耸,如麦垛然。"[②]若以《寰宇通志》所载250里说为依据,则省嵬山当在石嘴山与麦垛山中间。

"石嘴山"又作"石嘴子山",位于今石嘴山市惠农区东北黄河大桥以北1.5千米处的黄河西岸,以"山石突出如嘴"[③]而得名,河东即为内蒙古乌海市境的卓子山余脉。这一地带"贺兰势极,迤西北至红口儿,循山而东,又循山北接黄河;石嘴以东,(长城)迤平罗城北九十里之镇远关,为河山之交"。[④]北魏郦道元名著《水经注》特别描述了此间一处叫作"石崖山"的崖壁景观。该书卷3说:

> 河水又东北径浑怀障西。《地理志》浑怀都尉治塞外者也。太和初,三齐平,徙历下民居此,遂有历城之名矣。南去北地三百里。河水又东北历石崖山西,去北地五百里。山石之上,自然有文,尽若虎马之状,粲然成著,类似图焉,故亦谓之画石山也。[⑤]

陈桥驿认为:"按照郦道元的记载,这个地区当在今内蒙古阴山一带,近年以来,内蒙古的文物工作者,根据《水经注》的记载,已经发现了石崖山、石迹阜等的古代岩画。它们位于阴山山脉西段的狼山地区,西起阿拉善左旗,中经磴口县、潮格旗,东至乌拉特中联合旗。东西长约三百公里,南北宽约四十至七十公里,在深山幽谷和峭丽的山巅上,已找到了一千多幅各种内容的岩画,真是一宗巨大的岩画资源。"[⑥]

《嘉庆重修一统志》据此提出所谓的"省嵬山"即《水经注》所载的"石崖山",也就是"画石山"。该书卷266云:

---

① (清)李诚:《万山纲目》,《四库未收书辑刊》,北京出版社,1997年,第21—23页。
② (清)顾祖禹:《读史方舆纪要》卷62《陕西》,第2945页。
③ (明)王珣撰,胡玉冰、曹阳校注《弘治宁夏新志》,第3页。
④ (清)储大文:《贺兰山口记》,胡玉冰等辑校《陕甘地方志中宁夏史料辑校》,上海古籍出版社,2015年,第950页。
⑤ (北魏)郦道元著,陈桥驿校证《水经注校证》,中华书局,2007年,第75页。
⑥ (北魏)郦道元著,陈桥驿校证《水经注校证》,第88页。

省嵬山，在平罗县东北，旧志在宁夏卫东北一百四十里。有省嵬口，为防御要地。按：《水经注》"河水径石崖山西。崖之上，自然有文，盖若战马之状。粲若成著，类似图焉，故亦谓之画石山。"盖即省嵬山也。①

清代"平罗县东北"的石崖山今为"贺兰山岩画"带北端，主要分布在今石嘴山市各区县贺兰山山前洪积岩上，有麦如井、翻石沟、大树林沟、小红果子等地点。②

然而，该书卷539中又载有貌似在别处的省嵬山。"省嵬山，在（鄂尔多斯）右翼中旗西北二百二十里，今名阿罗布斯山。"③张穆的《蒙古游牧记》卷6亦说："（鄂托克旗）西北至阿尔布坦山，旧名省嵬山。二百二十里接赛因诺颜部界。"④

阿尔布坦山，清代又称阿罗布斯山，今名阿尔巴斯山，位于鄂尔多斯台地西北，黄河"几"字形西套东侧，南北走向，北起内蒙古杭锦旗巴音恩格尔苏木，中跨乌海市，南至鄂托克旗阿尔巴斯苏木，平均海拔1800米，逶迤绵延75千米。其主峰乌仁都喜顶部平整，意为铁匠用的砧子，汉语又称"卓子山"。与贺兰山北端一样，卓子山也有大规模的古代岩画群，主要分布在鄂尔多斯市鄂托克旗和乌海市的海勃湾区、海南区的山沟崖壁上。这和《水经注》所载"山石之上，自然有文，尽若兽马之状"的石崖山的特点是一致的。究竟哪一种说法正确呢？道光时期另一位学者许鸿磐曾在其《方舆考证》卷40对此做过辨证：

省嵬山在平罗县东。《（读史）方舆纪要》：省嵬山，在宁夏卫东北一百四十里。有省嵬口，为守备要地。《（清）一统志》：省嵬山，在鄂尔多斯右翼中旗西北二百二十里。《寰宇通志》：山逾黄河，因省

---

① （清）穆彰阿等纂《嘉庆重修大清一统志》，《四部丛刊续编》，上海书店，1985年，第106页。
② （清）张穆撰，张正明点校《蒙古游牧记》，山西人民出版社，1991年，第1—2页。
③ 许成、卫忠：《贺兰山岩画拓本萃编》，文物出版社，1993年，第116页。
④ （清）张穆撰，张正明点校《蒙古游牧记》，第129页。

蒐城而名。黄河东有省蒐口，为防御要地。《明（一）统志》：（省蒐）
山在宁夏卫东北一百四十里。按：此山本在套内，而省蒐口则在套外
也。河水又东北，历石崖山西去北地五百里，山石之上自然有文，尽
若兽马之状，故亦谓之画石山也。河水东北经三封县故城东。按：三
封，《汉志》"朔方郡"下第一县也，在套外，而石崖山则在套内，或
即省蒐山欤。①

许氏认为，省蒐山在宁夏平罗县境东北处，省蒐口则在套外三封县故
城以东即今内蒙古磴口县黄河以西地带，逾河相望的两者是山之首尾的关
系。换言之，省蒐山主干是指今石嘴山市平罗县、惠农区境的贺兰山，余
脉则是东跨黄河至内蒙古磴口县的卓子山（阿尔布坦山）。实际上，在地
质构造上，卓子山与贺兰山同属鄂尔多斯台缘褶带，因喜马拉雅运动断
裂，又经黄河切割，才形成现今的地势。

明清学者谈及宁夏卫（府）战略形胜时首推省蒐与贺兰。汪绂说"北
行宁夏，西贺兰，东省蒐"。②王夫之亦说"左省蒐，右贺兰，赫连兀卒之
自雄其都，灵武之所由收关、洛也"。③吕楠更有感叹说：

> 夫宁夏，周汉盛时皆为郡县。自晋室不纲，赫连氏遂建都焉。魏
> 唐以来，拓跋氏世据其地。而德明元昊之际，至宋极矣。国朝混一，
> 羌夷窜伏，贺兰莎罗以东，省蒐石嘴以南，巍然一重镇焉。④

明代《宁夏固兰边图》与清代《大清广舆图》中，贺兰山龙盘于府城
西，省蒐山虎踞于府城东北，同为拱卫宁夏平原的主要屏障，堪称宁夏府
境的两大地标。山体形势巨大，战略地位重要可以说是明清时期人们对省
蒐山的重要认知。以这个标准来衡量的话，省蒐山应定义为今宁夏石嘴山

---

① （清）许鸿磐：《方舆考证》，清济宁潘氏华鉴阁本，国家图书馆出版社，2016年，第214页。
② （清）汪绂：《戊笈谈兵》，清光绪二十年刻本；《中国兵书集成》编委会：《中国兵书集成》
（44—45），解放军出版社、辽沈书社，1990年，第372页。
③ （清）王夫之撰，王伯祥点校《黄书》，中华书局，2009，第114页。
④ （明）吕楠：《泾野先生文集》，明嘉靖三十四年于德昌刻本，西北大学出版社，2015年，
第226页。

市与内蒙古自治区交界地方的贺兰山—卓子山山地。

有些学者主张今宁夏石嘴山市平罗县陶乐镇的"红崖山"就是省嵬山。"以山形山质定名,如红山嘴,现称红崖山。旧名'省嵬山',蒙人又称'阿尔布坦山'(今阿尔巴斯山),最初的省嵬山是依夏人建筑的省嵬城因名,红山嘴和红崖山是出自群众的俗称,因'红黄土质'结炽的山形山质而名。"①概括而言,其根据有二:一是地近省嵬城,二是指省嵬城俗名"红崖旧城"。但是,第一,红崖山山体矮小,其地虽近省嵬,但是也远达不到城在山麓的程度。第二,所谓"红崖旧城"的传说,引自《宁夏回族自治区地震历史资料汇编》。其文云:

> 明崇祯时,相传红崖旧城地震时,先有老翁把七龄孙子,遨游街上,其孙忽色戚惊啼,称骇恐甚,促翁急出东门外,有半里许,忽天摇地动,一时人号犬吠,老翁回头看时,满地丘墟,人民无一活者。②

该书编者称这段史料出自所谓《新渠宝丰志》。然而,这个志书一直没有存世稿本,恐怕也是无中生有。检验各地方志,其实这段史料一字不落地来自1921年徐嘉瑞《新纂高台县志》卷8《灾异》。③此中"红崖旧城"非惠农省嵬城,而指的是酒泉城东南100里的红崖堡,其旧城原本依山坡筑成,万历之末地震山体滑坡,全城下陷,居民全压死,后移筑新堡。

关于省嵬山、省嵬城的得名,《大清一统志》备有一说:"《宋史夏国传》'国语谓惜为嵬',其人多以嵬名。"④意思是说,省嵬城以西夏皇族姓氏得名,或为嵬名城。此说过犹不及。案之地图,从省嵬城到省嵬口再到

---

① 孙平:《陶乐县的定居民与地名》,中国人民政治协商会议石嘴山市委员会文史资料研究委员会《石嘴山文史资料·陶乐专辑》,1986年,第77页。

② 宁夏回族自治区地震局编《宁夏回族自治区地震历史资料汇编》,地震出版社,1988年,第61页。

③ 徐嘉瑞:《新纂高台县志》,《中国地方志集成·甘肃省县志辑》,凤凰出版社,2008年,第361页。

④ (清)穆彰阿等纂《嘉庆重修大清一统志》,《四部丛刊续编》,第130页。

省嵬山，看起来似乎是一条往来交通的道路。尽管省嵬城远不在山下，但是因为路线的关系，山遂被命名为省嵬山，这可能是目前能够得出的稍有一点点信心的结论。

（原文刊于《宁夏社会科学》2019 年第 2 期，第 176—184 页）

克夷门考

杨 浣 段玉泉

一

根据《元史·太祖本纪》（以下简称《太祖纪》）的记载，成吉思汗对西夏的第一次亲征发生在元太祖四年（1209）。当时的情形是：

> （四年己巳春）帝入河西。夏主李安全遣其世子率师来战，败之，获其副元帅高令公。克兀剌海城，俘其太傅西壁氏。进至克夷门，复败夏师，获其将嵬名令公。薄中兴府，引河水灌之，堤决，水外溃，遂撤围还。遣太傅讹答入中兴，诏谕夏主，夏主纳女请和。[①]

从"夏主纳女请和"可以看出，发生在兀剌海与克夷门的两次激战对于整个战局所起的决定性影响。然而，关于这两处战略要地的确切位置，目前学术界还存在争议。分歧较少的是兀剌海。自鲍桐先生《兀剌海城地望和成吉思汗征西夏军事地理析》[②]一文发表以来，位于今内蒙古乌拉特中旗阴山

---

① 《元史》卷1，中华书局，1976年，第14页。参看《元史》卷60《地理志三》，第1452页。兀剌海路，太祖四年，由黑水城北兀剌海西关口入河西，获西夏将高令公。克兀剌海城。

② 鲍桐：《兀剌海城地望和成吉思汗征西夏军事地理析》，《宁夏社会科学》1994年第6期。

北支的新忽热乡古城即西夏兀剌海城及黑山威福监军司驻所的观点逐渐成为研究者的共识。关于克夷门则众说纷纭,先后有"狼山高阙说"①、"贺兰山三关口说"②、"贺兰山大水口说"③、"石嘴山市石嘴山区东北说"④以及"乌海市乌达说"⑤等多种见解。然而,这些立论所依之史料,除了《太祖纪》所载之外,皆出自清代吴广成所著《西夏书事》中的一段文字:

> 克夷为中兴府外围,两山对峙,中通一径,悬绝不可登。襄宵时,尝设右厢朝顺监军司,兵七万守之。安全闻蒙古兵深入,遣嵬名令公复率兵五万以拒。蒙古兵至,嵬名令公自山坂驰下,击败之。相持两月,备渐弛,蒙古主设伏以待,遣游兵诱之入伏获之,遂破克夷。⑥

其中指克夷门"尝设右厢朝顺监军司",早已被学界证实是一个史实性的错误。事实上,这个监军司,前期位于西夏南部的天都山,即今之宁夏海原县境,后期则在西凉府,即今之甘肃省武威市境。⑦吴氏又指克夷门形势为"两山对峙,中通一径,悬绝不可登"。这一描述几乎是迄今为止所有研究者的立论基石。但是,它与实际的情形恐怕存在着很大的距离。元人耶律铸的诗《克夷门》曰:"蚁扰蜂喧笑骑过,鼓儳争自落长河。人人斗说空鞍马,不似今番数最多。"⑧从诗句描写的"谈笑风生的骑兵似蚁扰蜂喧般经过,此起彼伏的战鼓荡漾在长河之上"这一景象来看,克夷门不

① 岑仲勉:《元初西北五城之地理的考古》,《中央研究院历史语言研究所集刊》第12期,1948年;岑仲勉:《中外史地考证》下册,中华书局,1962年,第536页。

② 吴天墀:《西夏史稿》,四川人民出版社,1980年,第131页注七。

③ 中国历史地图集编辑组:《中国历史地图集》第6册,内部发行,中华地图学社,1975年,图版36—37;许成、汪一鸣:《西夏京畿的皇家林苑——贺兰山》,《宁夏社会科学》1986年第3期。

④ 王颋:《兀剌海方位探索》,《历史地理研究》第1辑,复旦大学出版社,1986年,第137页。

⑤ 谭其骧主编《中国历史地图集》第6册,中国地图出版社,1982年,图版36—37;刘利华:《克夷门考》,《西夏研究》2014年第1期。

⑥ (清)吴广成著,龚世俊等校证《西夏书事校证》卷40,甘肃文化出版社,1995年,第468页。

⑦ 汤开建:《西夏监军司驻所辨析》,《历史地理》第6辑,上海人民出版社,1988年,第137—146页。参看鲁人勇《西夏监军司考》,《宁夏社会科学》2001年第1期;刘华、杨孝峰《西夏天都监军司所遗址及神勇军考》,《宁夏社会科学》2001年第2期。

⑧ (元)耶律铸:《双溪醉隐集》卷2,《景印文渊阁四库全书》第1199册,第387页下。

像"两山对峙中的险峻峡谷",而是一个濒临长河、利于奔驰的平坦地带。再从《太祖纪》所载从兀剌海城"进至克夷门,复败夏师,获其将嵬名令公"的情况来看,克夷门还应该是一个重兵屯集的战略要地。

耶律铸是元初名臣耶律楚材之子。这首《克夷门》出自他的诗文汇编《双溪醉隐集》。清代《四库全书总目提要》曾对该书有过评价,认为"(耶律)铸早从征伐,足迹涉历多西北极远之区,故所述塞外地理典故往往详核"。[①]这一论断绝非虚语。《元史·耶律铸传》(以下简称《铸传》)载:

> (耶律)铸字成仲,幼聪敏,善属文,尤工骑射。……戊午,宪宗征蜀,诏铸领侍卫骁果以从,屡出奇计,攻下城邑,赐以尚方金锁甲及内厩骢马。乙未(1235),宪宗崩,阿里不哥叛,铸弃妻子,挺身自朔方来归,世祖嘉其忠,即日召见,赏赐优厚。中统二年,拜中书左丞相。是年冬,诏将兵备御北边,后征兵扈从,败阿里不哥于上都之北。至元元年,加光禄大夫。[②]

除了从征西北的经历之外,耶律铸"所述塞外地理典故往往详核",还拜其父耶律楚材广博的西北闻见所赐。耶律楚材有记载西域及中亚风俗的《西游录》传世,曾亲历蒙古征夏之役。史载:

> 丙戌(1226)冬,从下灵武,诸将争取子女金帛,楚材独收遗书及大黄药材。既而士卒病疫,得大黄辄愈。[③]

《克夷门》系《双溪醉隐集》卷2中的"后凯歌词九首"之一。据耶律铸的前言可知,这些诗歌专为记述"至元丙子冬,西北藩王弄边,明年春诏大将征之"及"召际(集)诸军,有事于朔方"[④]而创作。这一背景相

① (清)永瑢、纪昀主编《钦定四库全书总目》,中华书局,1997年,第1431页下。
② 《元史》卷146《耶律铸传》,第3464—3465页。
③ 《元史》卷146《耶律楚材传》,第3456页。
④ (元)耶律铸:《双溪醉隐集》卷2,《景印文渊阁四库全书》第1199册,第387页。

当于前揭《铸传》中所说的：乙未，宪宗崩，阿里不哥叛，铸弃妻子，挺身自朔方来归，世祖嘉其忠，即日召见，赏赐优厚。

"后凯歌词九首"题目皆以地名而起。它们依次是《战卢朐》《区脱》《克夷门》《高阙》《战焉支》《涿邪山》《金满城》《金水道》《京华》。从单独成篇的情况来看，克夷门与高阙显然为互不相属的两处地方。《高阙》全诗如下："骈驰追锐翼摧锋，枭獍窠巢一夜空。光射铁衣寒透彻，冷风如箭月如弓。"[1]诗下小注云：

> 我军掩遗敌于高阙塞境。《史记》赵武灵王筑长城自代傍阴山下至高阙，青将六将军军出朔方高阙；《汉书》卫青李息出云中至高阙；《后汉（书）》祭肜出高阙塞，吴棠出朔方高阙，则其地也。《通典》高阙，唐属九原郡九原县，西北到受降城八十里。《唐书》今之西城即汉之高阙塞也。北去碛石三百里，追锐、摧锋皆军名也。[2]

历史上的高阙，以秦始皇"因河为塞"为界，当有阴山高阙与狼山高阙之别。前为阴山高阙，位于今狼山口以东、狼山山脉中段的石兰计山口；[3]后为阳山高阙，位于今阴山山脉西段之狼山—乌拉后山山系北坡。[4]北魏郦道元《水经注》中有一段关于高阙的著名描述：

> （河水）东经高阙南。《史记》赵武灵王既袭胡服，自代并阴山下，至高阙为塞。山下有长城。长城之际，连山刺天，其山中断，两岸双阙，善能云举，望若阙焉。即状表目，故有高阙之名也。自阙北出荒中，阙口有城，跨山结局，谓之高阙戍，自古迄今，常置重捍，以防塞道。[5]

① （元）耶律铸：《双溪醉隐集》卷2，《景印文渊阁四库全书》第1199册，第388页。
② （元）耶律铸：《双溪醉隐集》卷2，《景印文渊阁四库全书》，第1199册，第388页。
③ 唐晓峰：《内蒙古西北部秦汉长城调查记》，《文物》1977年第5期。
④ 辛德勇：《阴山高阙与阳山高阙辨析——并论秦始皇万里长城西段走向以及长城之起源诸问题》，《文史》2005年第3辑。
⑤ （北魏）郦道元著，陈桥驿校证《水经注校证》卷3《河水》，中华书局，2007年，第75页。

因为高阙"连山刺天，其山中断，两岸双阙，善能云举，望若阙焉"与《西夏书事》中克夷门"两山对峙，中通一径，悬绝不可登"的景象有异曲同工之妙，所以岑仲勉先生就把克夷门的地望大致比定在高阙所在的阴山北支。① 然而，吴天墀先生"觉得这种论断的理由是薄弱的，因为把'斡罗海城'与'克夷门'两个要塞都放置在同一地区，与《元史·太祖纪》记载的情况显然不合。《元史·太祖纪》说'夏主李安全遣其世子率师来战，败之，获其副元帅高令公。克兀剌海城，俘其太傅西壁氏。进至克夷门，复败夏师，获其将嵬名令公。薄中兴府'，由兀剌海城到克夷门，用了进至二字，不但不应在同一个山隘，而且两地应有相当的距离"。②

二

蒙古军远征西夏都城中兴府，大的路线有两条：一条由甘肃居延海东进，谓之西线；另一条自河套狼山南下，谓之东线。然而，纵观成吉思汗历次入侵，多半以东线为轴心而发起。其原因何在？岑仲勉先生说：

> 使蒙兵果从肃、甘诸州而来，未薄夏王城已前，固应有所残废，今顾无之。惟一逾狼山山脉，则宁夏已犹户庭，其道甚捷，夏非劲敌，太祖善用兵者，宁取迂曲之长道耶？③

成吉思汗三次东线进兵西夏，差不多每次都是以兀剌海为首战之地。因此，位于今内蒙古乌拉特中旗的西夏黑山威福监军司驻地兀剌海可以看作蒙古入侵西夏的起点，这里"地处狼山之北，控扼着从大漠南进巴彦淖尔平原的重要通道。攻克此城，就等于拿下了从狼山进入巴彦淖尔平原的要枢，进入巴彦淖尔平原，就可以长驱直入银川平原"。④ 从兀剌海至克夷门（所在的中兴府，即今宁夏银川市），有两条道可行：一是沿狼山北的

① 岑仲勉：《元初西北五城之地理的考古》，《中央研究院历史语言研究所集刊》第12期，1948年；岑仲勉：《中外史地考证》下册，第536页。
② 吴天墀：《西夏史稿》，第131页注七。
③ 岑仲勉：《元初西北五城之地理的考古》，《中外史地考证》下册，第534页。
④ 刘利华：《克夷门考》，《西夏研究》2014年第1期。

草原道路西行，再折而西南行；二是沿狼山南麓西南行。两条道均在今磴口县哈腾套海苏木西端会合，西行至贺兰山西麓南下，这两条道都是清代从武威至包头驼路的东段。①

换言之，自磴口以降，经乌海，至石嘴山的黄河沿线是其南下攻打西夏中兴府的必经之路。这里既是河套地区"西套"（即银川平原）与"后套"（即巴彦淖尔平原）的衔接地带，也是南北走向的贺兰山山脉与东西走向的狼山山脉的交会地区。因此，作为军事要塞的克夷门所在应当不出这一范围。历史上，这一带的贺兰山曾被称为"乞伏山"。唐李吉甫所编《元和郡县图志》（以下简称《图志》）卷4有一段著名的记载：

> 贺兰山，在（保静）县西九十三里。山有树木青白，望如驳马，北人呼驳为贺兰。其山与河东望云山形势相接，迤逦向北经灵武县，又西北经保静西，又北经怀远县西，又北经定远城西，又东北抵河，其抵河之处，亦名乞伏山，在黄河西。从首至尾，有像月形，南北约长五百余里，真边城之巨防。山之东、河之西，有平田数千顷，可引水溉灌，如尽收地利，足以赡给军储也。②

据此，王颋做了一个颇有见地的猜测：

> 检视《西夏纪事本末》卷首附录自《范文正公集》之《西夏形势图》（引者注：当作《西夏地形图》），"定州"东北，亦今黄河、贺兰山相衔接处有"克危山"。"克危"、"乞伏"（kitpuk）、"克夷"，当是一名异写。③

---

① 鲍桐：《兀剌海城地望和成吉思汗征西夏军事地理析》，《宁夏社会科学》1994年第6期。参看李万禄《瀚海长途——包武路》，《阿拉善盟公路交通史资料选编》第2辑（内刊）。

② （唐）李吉甫：《元和郡县图志》卷4，中华书局，1983年，第95页。

③ 王颋：《兀剌海方位探索》，《历史地理研究》第1辑，第137页；王颋：《城觅一路——兀剌海方位与蒙古经略西夏诸役》，王颋：《西域南海史地研究》，上海古籍出版社，2005年，第193页。

过去学界以为"克危"只独见于《西夏地形图》[①]，但是其实在嘉靖三十四年（1555）刊行的《广舆图》中也有此山的踪迹。在该书卷2《朔漠图》[②]中，克危山被绘制于"宁罗（山）"东南、"龟头（山）"东。据宋《广韵》，"危，鱼为切""夷，以脂切"，前者为疑母支韵止摄合口三等平声字，后者为以母脂韵止摄开口三等平声字。在《番汉合时掌中珠》中，出现过同一西夏字分别与疑母字及以母字对音的情况。例如：

羅——蜺（疑霁开四去）《掌中珠》092

羅——黄（以脂开三平）《掌中珠》153

㲹——原（疑元合三上）《掌中珠》121

㲹——沿（以仙合三平）《掌中珠》121

前一西夏字分别与疑母的"蜺"字及以母的"黄"字对音，后一西夏字分别与疑母的"原"字及以母的"沿"字对音。这说明在宋代西北方音中，有些疑母字可能与以母字读音相同。因此，疑母止摄的"危"在宋代西北方音中或许已读成了以母止摄的"夷"。如此，"克危"或即"克夷"。

然而，这两个词还不是这座山名最早的汉字记写。在此之前，至少还有"乞夷"和"吃移"的写法。"乞夷"来自据元代地图资料绘编的朝鲜1402年《混一疆理历代国都之图》[③]。在这幅地图中，"宁夏府"东北方向标注有"乞夷""门山"，乞夷之"乞"属溪母曾摄，"克夷"之"克"属溪母臻摄。这两字声母相同，韵母微殊，则音感相谐。"吃移"见于俄藏黑水城文献 Дх.02822西夏汉文本《杂字》中的"地分部"[④]，"吃"通"吃"字，属见母臻摄。"唐五代西北方音中存在部分溪母字与见母字读音混同现象，可能是当地方言南北杂糅造成的。从语音方面讲，溪母与见母都是舌根闭塞清音，只有是否送气的差别，语音跨度不大，将送气音读作不送

① （宋）无名：《西夏地形图》（局部），黄盛璋、汪前进：《最早一幅西夏地形图——〈西夏地形图〉新探》，《自然科学史研究》1992年第2期。

② （明）罗洪先：《广舆图》，嘉靖四十年（1561）胡松增刊本，日本东方文化学院京都研究所藏本，第94页。

③ （朝鲜）权近、李荟：《混一疆理历代国都之图》，韩国魁章阁摹京都大学藏本。

④ 俄罗斯科学院东方研究所圣彼得堡分所、中国社会科学院民族研究所、上海古籍出版社编《俄藏黑水城文献》第6册，上海古籍出版社，2000年，第146页。

气音是没有障碍的。"①所以，"吃移"之"吃"与"克夷"之"克"谐音，移同夷，所以两词音亦相近。

从时代顺序看，西夏人的"吃移"之称早于元代文献的"克夷"，过往研究中把"克夷"当作汉文短语，望文生义地理解为"战胜夷（敌）人"②显然是错误的。吃移或者说乞夷，这个词会让人想到《元和郡县图志》记载的一个北族之语"乞银"。该书卷4"银州"条下载：周武帝保定二年，分置银州，因谷为名。旧有人牧骢于此谷，虏语骢马为乞银。③

乞银之银，属疑母臻摄字，与乞夷之夷音近。这个北周以来的虏语，很可能是鲜卑语词，被唐代初叶迁到银州的党项人吸收后，变成了一个地地道道的西夏语词。北宋中期诗人文同写过五言绝句《骢马》，其中有两句为："鬐鬣拥如云，西人号乞银。"翻译过来就是，骢马鬐毛如云彩，西人唤它作乞银。鬐（qí）鬣（liè）本指鱼、龙的脊鳍，这里指骢马的鬐毛，西人在宋代所指就是党项西夏人。"虏语骢马为乞银"，那么什么是"骢马"呢？许慎《说文》曰："骢，马青白杂毛也。从马悤声，仓红切。"④清段玉裁《说文解字注》进一步解释说："骢，青白杂毛也。白毛与青毛相间，则为浅青，俗所谓葱白色。诗曰：有玱葱衡。《释器》曰：青谓之葱。从马悤声。千公切，九部。"⑤所以骢马指的是青白杂毛之马。顾名思义，乞银谷以及乞银山当指青白杂色之谷山。这样颜色的山在国史记载中非常少，最有名的莫过于贺兰山。《图志》说"（贺兰）山有树木青白，望如驳马，北人呼驳为贺兰。"《太平御览》亦载：

> 《泾阳图经》曰：贺兰山，在县西九十三里，山上多有白草，遥望青白如驳，北人呼驳马为贺兰，鲜卑等类多依山谷为氏族。今贺兰姓者，皆因此山名。⑥

---

① 史淑琴、杨富学：《溪母字与见母字读音混同现象考析——以敦煌汉藏对音资料为例》，《青海民族研究》2012年第4期。
② 刘利华：《克夷门考》，《西夏研究》2014年第1期。
③ （唐）李吉甫：《元和郡县图志》，第104页。
④ （汉）许慎：《说文解字》，中华书局，2013年，第198页。
⑤ （清）段玉裁：《说文解字注》，上海古籍出版社，1988年，第462页上。
⑥ （宋）李昉等：《太平御览》卷44《地部九》，中华书局，1960年，第210页。

根据李吉甫的记载，该山脉的具体走向是：

> 其山与河东望云山形势相接，迤逦向北经灵武县，又西北经保静西，又北经怀远县西，又北经定远城西，又东北抵河，其抵河之处，亦名乞伏山，在黄河西。从首至尾，有像月形，南北约长五百余里，真边城之巨防。

乞伏山在贺兰山的北端末尾处，[1] 位于今银川市也就是元明以来宁夏府的东北方向，恰与前面提到的朝鲜《混一疆理历代国都之图》中的乞银山大体一致。色彩相仿，地理相近，意义相若，所以乞银即贺兰，贺兰即乞伏，乞银即乞伏。

三

关于"乞伏"这个词的来历，姚薇元先生在其《北朝胡姓考》中有过考证：

> 灵州保静县有乞伏山，在黄河西。保静即今甘肃银川市（引者按：今宁夏银川市），当西秦之北。疑乞伏氏原居乞伏山，因山为部，后以部为氏也。魏有并州刺史乞佛成龙，金城伯乞伏凤，泾州刺史乞伏悦，第一领民酋长乞伏周、乞伏纂，叛胡乞扶莫于，乞步落，齐州长史乞伏锐，齐有骠骑将军乞伏保达，皆此族人。[2]

可知，"乞伏"原为鲜卑一部族名，"疑乞伏氏原居乞伏山，因山为部，后以部为氏也"。虽然学界迄今尚不清楚该词的原形和意义，但是比克夷门更加确定的是，它绝不是汉字"乞"和"伏"字面意思的叠加。

---

① 严耕望：《唐代关内交通图》（局部），《唐代交通图考》第一卷《京都关内区》，上海古籍出版社，2007年，第294页。

② 姚薇元：《北朝胡姓考》，科学出版社，1958年，第108页。

严耕望先生《唐代交通图考》曾将乞伏山比定为今宁夏石嘴山市惠农区西北的贺兰山尾段，即"石嘴山"：

> 贺兰山在北，尾闾抵于定远县北之黄河岸，曰乞伏山。道沿大河西岸行，必经此山无疑。检《(清)一统志》宁夏府卷山川目，今平罗县北山名甚多。有黑山，在平罗西北，贺兰山尾，形如虎据；石嘴山，山石突出如嘴，在平罗北四十里；老虎山，在平罗东北百八十里，黄河岸上。此外尚有四山在平罗北。而石嘴山、老虎山最有可能。又检《西北丛编》卷四，"石嘴山为阿拉善蒙古与宁夏属平罗县交界之处。河东一带，时见烽墩，大山脉自西南趋东北，有一山顶平如桌，土人称为桌子山。贺兰山在西面，距大道百余里，将近石嘴子（E106° 45′/N39° 13′）时，地均高原，高原尽，即有石山脉一道横亘东西。（其地）黄河纵贯南北，大山回抱东西，形式一束，诚要隘也"。又云"此地久为汉蒙贸易点，交通四达"。观此形势正当为乞伏山，此北未见其地也。[1]

"石嘴山"又作"石嘴子山"，以其"山石突出如嘴"而得名，明清以来史志记其地理方位皆为"（宁夏卫）城东北二百里"。[2]其地位于今石嘴山市惠农区东北黄河大桥以北1.5公里处的黄河西岸，长约1公里，河东即为内蒙古乌海市境的卓子山余脉。这里的贺兰山余脉在河水长期冲刷下，形成山石重叠、犬牙交错的河岸高地，"突出如嘴"，是为"石嘴山"，当地建有石嘴子公园作为纪念。乾隆翰林储大文曾在《贺兰山口记》中描述这一地带的形势：

> 贺兰势极，迤西北至红口儿，循山而东，又循山北接黄河；石嘴以东，（长城）迤平罗城北九十里之镇远关，为河山之交。……平罗西八十五里之黑山，为贺兰山尾，形如虎踞，扼隘饮河，而山前又有

---

[1] 严耕望：《唐代交通图考》第一卷《京都关内区》，第213页。

[2] 弘治《宁夏新志》，胡玉冰、曹阳校注，中国社会科学出版社，2015年，第3页。参看嘉靖《宁夏志》、万历《朔方志》等。

黑水限之。[①]

　　文中提到的镇远关为明初所建，其地略当今石嘴山市惠农区西南明代旧北边墙黄河西岸段即"红果子长城"附近。[②]嘉靖《宁夏新志》说"镇远关，在平虏城北八十里，实为宁夏北境极边之要地"，"关之东为黄河，关之西贺兰山尽头，山水相交，最为要地，以故设关防守，诚振古之见也"。[③]所谓的"关之西贺兰山尽头"，指的就是镇远关西面的石嘴山。这一带"山水相交"，地处扼守宁夏的北大门，正与前揭唐李吉甫《元和郡县图志》所载"（贺兰山）又东北抵河，其抵河之处，亦名乞伏山"、《西夏地形图》中"克危山"、元代耶律铸诗《克夷门》"蚁扰蜂喧笑骑过，鼓儳争自落长河"之描述颇为一致。王颋先生《兀剌海方位探索》一文中关于克夷门位置的猜测无疑是对的。又，明清史志多言西夏省嵬山及城西南距宁夏镇城140里可能有误，实际上省嵬山地近镇远关，距宁夏镇城240里左右，其地略当今石嘴山市平罗县、惠农区境贺兰山，余脉则是东跨黄河至内蒙古磴口县的卓子山（阿尔布坦山）。或可泛指今宁夏石嘴山市境与内蒙古乌海市境交界地方的贺兰山—卓子山山地，也就是《水经注》中所载赫赫有名的石崖山或画石山。[④]一言以概之，乞伏山、克危山、省嵬山、贺兰山等是不同时期、不同部族对贺兰山北端抵河之处的称呼而已，为一大山而有数段之名也。

（原文刊于《北方民族大学学报》2019 年第 5 期）

---

① （清）储大文著，（清）王锡祺辑《贺兰山口记》，《小方壶斋舆地丛钞》第六帙，杭州古籍书店，1990 年；牛达生、许成：《贺兰山文物古迹考察与研究》，宁夏人民出版社，1988 年，第 14 页。

② 牛达生、许成：《贺兰山文物古迹考察与研究》，第 74 页。《中国文物地图集·宁夏回族自治区分册》，文物出版社，2010 年，第 280 页。

③ （明）胡汝砺纂修，（明）管律重修嘉靖《宁夏新志》卷1，陈明猷校勘，宁夏人民出版社，1982 年，第 91—93 页。

④ 杨浣、付强强：《省嵬城与省嵬山》，《宁夏社会科学》2019 年第 2 期。

《孝经》两种西夏文译本的比较研究

段玉泉

《宋史·外国传一·夏国上》："元昊……教国人纪事用蕃书，而译《孝经》《尔雅》《四言杂字》为蕃语。"①关于《孝经》被翻译成西夏文献之事，已为出土文献材料所证实。在黑水城出土西夏文献中，目前发现有三种《孝经》类文献材料。其一为学界广为讨论的吕惠卿《孝经传》西夏文译本草书写本，见于俄藏黑水城文献。其二为吕惠卿《孝经传》"序"的西夏文刻本残页，见于英藏黑水城文献。其三为唐玄宗《孝经注》西夏文的草书写本，亦见于英藏黑水城文献。三件材料分属于两种不同文献，它们不但注者、注文不同，而且经文差别很大。同一文献存在不同译本现象，于中原汉文典籍在西夏传播、西夏典籍翻译乃至语言研究都是十分珍贵的材料。

一

吕惠卿《孝经传》的西夏文本颇受学术界关注。吕惠卿曾追随王安石变法失败，遂入奸臣之列，其著作也因此未在后世流传下来。吕惠卿曾著《吕观文进庄子义》一部，传世文献早已佚失，今依黑水城出土文献（TK6）重见天日。吕惠卿著《孝经传》一卷，《宋史·艺文志一》有著

---

① 《宋史》卷485《夏国传上》，中华书局，1985年，第13995页。

录。①其汉文本今已无法得见，然其西夏文本在黑水城文献中发现，对其全文解读翻译，可望复原这部佚失的汉文典籍，其价值不言而喻。吕惠卿《孝经传》西夏文本受学术界关注还有另外一个原因，这部文献全由草书写成，注文虽然在汉文中已不可见，但经文可与汉文参照，是解读与研究西夏文草书非常可贵又可靠的参照材料。

吕惠卿《孝经传》西夏文本原件现藏俄罗斯科学院东方文献研究所，编号 Инв. №2627，全文由草书写成，蝴蝶装。共 77 页，每半页 7 行，行 20 字，传文每行约 19 字。文中多处有朱笔校改痕迹。存留内容唯最后一章 "丧亲章第十八" 末尾残缺，余皆存留。文前另有吕惠卿于绍圣二年（1095）十月所作序一篇。这一文献因为草书写成，辨识不易，研究者较多，成果不少。聂历山、石滨纯太郎、科罗科洛夫和克恰诺夫、格林斯蒂德、陈炳应、聂鸿音、胡若飞、彭向前等多位学者都对其进行过介绍、辨识、解读与研究，产生了一批成果。②这些研究大多集中于草书的辨识、《孝经传序》的解读以及《孝经传》全文的篇目结构等，兹不再述。本文首先梳理一下《孝经》经文的解读情况。

1936 年，苏联学者聂历山首先对《孝经传》的书题、注释者和注释时间进行了探讨，明确汉文原书成于绍圣二年（1095），注释者为北宋名臣吕惠卿，③

---

① 《宋史》卷 202《艺文一》，第 5066 页。

② 相关的介绍及研究成果主要有：（1）Н. А. Невский，"*Тангутская письменность и ее фонды*"，*Труды Института Востоковедения*，Vol.17，1936. 又见 *Тангутская филология*，Москва：Издательство восточной литературы，1960，т.1，стр. 85；（2）石滨纯太郎《西夏语译吕惠卿孝经传》，《文化》第 6 号，1956 年；（3）В. С. Колоколов и Е. И. Кычанов，*Китайская классика в тангутском переводе*，Москва：Наука，1966，стр. 135-211；（4）Eric Grinstead，*Analysis of the Tangut Script*，Scandinavian Institute of Asian Studies Monograph Series No. 10. Lund: Studentlitteratur，1972，pp.300-376；（5）陈炳应：《西夏文物研究》，宁夏人民出版社，1985 年，第 386—395 页；（6）胡若飞：《俄藏西夏文草书〈孝经传〉序及篇目译考》，《宁夏社会科学》2005 年第 5 期；（7）聂鸿音：《吕注〈孝经〉考》，《中华文史论丛》2007 年第 2 期；（8）彭向前：《西夏文〈孝经传〉草书初探》，《宁夏社会科学》2014 年第 2 期；（9）彭向前：《西夏文草书〈孝经传序〉吕惠卿系衔考》，《吴天墀教授百年诞辰纪念文集 1913—2013》，四川人民出版社，2013 年；（10）彭向前：《西夏文草书〈孝经传序〉译释》，《宁夏社会科学》2017 年第 5 期。

③ Н. А. Невский，"*Тангутская письменность и ее фонды*"，*Труды Института Востоковедения*，Vol. 17，1936，又见 *Тангутская филология*，Москва：Издательство восточной литературы，1960，т.1，стр.85。

同时也对部分经文进行了解读，其所编著的《西夏文字典》即引用了《孝经》经文中的部分例句。①1966 年，科罗科洛夫和克恰诺夫合作，发表了西夏文《孝经传》全文影印件并对相关章节进行了判定，对西夏文草书和楷书的某些对应规律做了初步探讨，尝试解读了《卿大夫章》经文部分。②1972 年，格林斯蒂德《西夏文字的分析》书中对俄藏《孝经传》西夏文进行了全文楷书转写。③虽然他并未对《孝经》经文进行全文翻译或解读，但是其所作楷书转写绝大多数比较正确，成为后来研究的基础。1985 年，陈炳应在翻译吕惠卿《孝经传序》的基础上，对《开宗明义章》的前半段进行了解读。④此后聂鸿音先生又对《天子章》《诸侯章》《卿大夫章》《五刑章》《广要道章》五章进行了翻译。⑤到目前为止，俄藏西夏文草书《孝经传》的经文部分经学术界解读的主要有《开宗明义章第一》《天子章第二》《诸侯章第三》《卿大夫章第四》《五刑章第十一》《广要道章第十二》共六章，尚有十二章未及解读。

吕惠卿《孝经传》还有一刻本，在《英藏黑水城文献》中编号 Or.12380/3576。遗憾的是，这一刻本只存楷书残页一纸，为《孝经传序》及经文之一部分。然虽为残页，但足以说明吕惠卿《孝经传》西夏文译本并非只有草书一种，我们寄望将来有更进一步发现。这一刻本残片的重见于世可以检验学界之前关于《孝经传序》草书文本解读的准确程度。

Or.12380/3576，写本残片，行楷，残存 7 行，后 2 行残甚，行 15 字。所存内容为《孝经传》序文最后一部分及卷 1 开头。《英藏黑水城文献》（4）题"佛经"，史金波先生改拟为"孝经序及第一章"。⑥这段残存文字实则对应于草书本《孝经传序》文中关于吕惠卿系衔的一段，因而史料价

① Н. А. Невский, *Тангутская филология*, Москва: Издательство восточной литературы, 1960, т.1, 2.

② В. С. Колоколов и Е. И. Кычанов, *Китайская классика в тангутском переводе*（Лунь Юй, Мэн Цзы, Сяо Цзин）, Москва: Наука, 1966, стр. 134-135.

③ Eric Grinstead, *Analysis of the Tangut Script*, Lund: Studentlitteratur, 1972, pp. 277-376.

④ 陈炳应：《西夏文物研究》，第 386—395 页。

⑤ 聂鸿音：《吕注〈孝经〉考》，《中华文史论丛》2007 年第 2 期，第 285—306 页。

⑥ 史金波：《〈英藏黑水城文献〉定名刍议及补正》，《西夏学》第 5 辑，上海古籍出版社，2010 年，第 4 页。

值极高，学界极为关注。格林斯蒂德、陈炳应、胡若飞、聂鸿音等先生皆有解读，[①] 最新的成果为彭向前先生所解读。[②] 这里将其所作的最新草书转写、对译及译文转录如下：

𗣼𗾊𗋽𗂧𗣼𗋽、□𗿷𗣼𗫶𗋽、𗫶𗣘𗋽𗎆𗥤、𗴂𗽻𗲱𗧘𗍳□𗴂𗽻□、𗲱𗣘𗴂𗣼𗇐、𗋽𗴂𗥤𗽻𗥤𗴶𗍳𗴂𗽻𗴂、𗫸𗴱𗎆𗴱𗂧𗊄𗣘、𗴂𗪺𗴱□𗋽、𗴱𗋽𗥤𗴶𗥫𗲱、𗧘𗂧𗇐𗊄𗇐𗤻𗴶。

对译：

政资殿大士谕、右正议大夫、大名府事知、兼北京留守司勤事主、京界农内劝者、下复大名府道干安府使、步骑军一凡头监、复护军上大、东平郡开国侯、禄家一千一百门。

译文：

资政殿大学士、右正议大夫、知大名府事、兼北京留守公事、畿内劝农使、充大名府路安抚使、马步军都总管、上护军、东平郡开国侯、食邑一千一百户。[③]

这段转写是在补充修订格林斯蒂德的转写基础上完成的，其中聂鸿音先生修正了两处，彭向前先生修正了五处。今将英藏楷书原文与此对照，发现有三处文字差别。

---

① 分别参见：（1）Eric Grinstead, *Analysis of the Tangut Script*, Scandinavian Institute of Asian Studies Monograph Series No. 10. Lund: Studentlitteratur, 1972, pp.300-376；（2）陈炳应：《西夏文物研究》，第386—395页；（3）胡若飞：《俄藏西夏文草书〈孝经传〉序及篇目译考》，《宁夏社会科学》2005年第5期；（4）聂鸿音：《吕注〈孝经〉考》，《中华文史论丛》2007年第2期。其中全文转写者为Eric Grinstead，聂鸿音先生也有部分转写。

② 彭向前：《西夏文草书〈孝经传序〉吕惠卿系衔考》，《吴天墀教授百年诞辰纪念文集1913—2013》，第133—140页。

③ 彭向前：《西夏文草书〈孝经传序〉吕惠卿系衔考》，《吴天墀教授百年诞辰纪念文集1913—2013》，第139页。

第一处在"□□□□□□□□□"即"充大名府路安抚使"文中。其"□"（下）字英藏作"□"（大），该字通常表示"大人""长官"，故此字当依前句断开，即表示劝农使大人。

第二处亦在同段文字中。其"□□□"之前一"□"字，《英藏》作"□"。"□□□"正与汉文"大名府"音合。

第三处在"□□□"（东平郡）。其"□"，读若 khjwã，英藏本作"□"，读若 kjwi。后者常与"军""君"等字对译。"君""郡"谐声，这里对译"郡"当无问题。

彭文前两处的草书转写是承格林斯蒂德转写而来，未有改动。第三处乃其改动处，虽有不同，但不影响翻译。其他改动，如改"□□"为"□□"、改"□"为"□"、改"□"为"□"、改"□"为"□"，以及增识"□"字等，今据《英藏》楷书材料佐证，皆为正确。这在一定程度上说明，当前西夏学界关于《孝经》的草书辨识取得了较大成就。不过其关于"□"（大）以及"□□"（充）的认识，似乎还有进一步考虑的必要。

经《英藏》Or.12380/3576 这一楷书残页佐证，可以确认西夏文草书《孝经传》中关于吕惠卿系衔的草书转写，经格林斯蒂德、聂鸿音、彭向前等学者的一步步推进，几近完美。相信佚失的吕惠卿《孝经传》汉文本，在不久的将来会有一个较为完美的汉文复原本。

英藏黑水城文献中还有一部唐玄宗《孝经注》的西夏文译本，亦为草书写本，编号为 Or.12380/3858（K.K.Ⅱ.0241.k）。原件卷子装，前缺、下残。所存共 160 行，行 11—24 字不等。存留内容自《庶人章第六》末尾至全书结尾，有尾题"□□□□□□"即"孝经序一卷终"。

这一文献格林斯蒂德、胡若飞、西田龙雄及笔者[①]等皆有提及，也指出其与俄藏本的不同，但皆未及深入研究。最近，孙颖新博士对经文部分草书进行了辨识、解读，[②]提供了一个比较完整的楷书文本，可资进一步研究这两个《孝经》文本的借鉴。今拟在格林斯蒂德转写及孙颖新博士解读基础上，对俄藏及英藏本《孝经》经文做全面比较，继续探讨这两种译本之间的差别。

---

① 惠宏、段玉泉编《西夏文献解题目录》，阳光出版社，2014 年，第 15 页。

② 孙颖新:《英国家图书馆藏〈孝经〉西夏译本考》,《宁夏社会科学》2017 年第 5 期，第 209—215 页。

二

孙颖新博士在对英藏本《孝经》经文解读过程中已指出俄藏本有几点不同。这里在对两部文献经文的全面解读与对勘基础上再详细分析两者的差别。

第一，两种材料《孝经》书题翻译不同，如表 1。

表 1　俄藏本与英藏本《孝经》书题翻译对比

汉文	俄藏本	英藏本
孝经	𘟠𘝯*	𘟠𘝷

*原文为草书，图版作"𗇁"或"𗇃"。拙著《西夏文献解题目录》初识为"𘜃"，疑误。"𘜃"用于佛教文献经题中并不少见，在非佛教文献中以"𘜃"译"经"者，可见俄藏"𘟣𘝶𘜃"（明堂灸经），此文献第 3 纸卷端又出现"𗤗𘃡𘞘𘟣𘜃𘜃"（新译铜人针灸经）、"𘟩𘞃𘝶𘜃𘜁𘜔"（益身灸经卷上）。英藏中又有"𘞀𘝯𘞘𗾔𘜃"（将苑），旧译"将军木林根"，其"𘞀𘝯"实际可译为"将、将军"，"𘞘𗾔"可译为"苑"，西夏译本加"𘜃"字，当是将其作为一部军事经典来处理。这样看来，辨识为"𘟠𘜃"似乎也能解释得通，不过从其草书字形来看，右边构件相对比较复杂，考虑《掌中珠》中又出现"𘟠𘝯"（孝经）一词，故今改为"𘝯"字。

《孝经》译为"𘟠𘝯"，又见于《番汉合时掌中珠》一书，其甲种本 31A22 出现"《孝经》中说"语句，对应的西夏文作"𘟠𘝯𘓨𗟻"。英藏本则以"𘝷"对译汉文"经"，此翻译较为常见，但在佛教文献中通常"𘝷𘞝"二字连用。此外，在西夏文《经史杂钞》中引用《孝经》时则将其翻译为"𘟠𘞝"。也就是说，在目前所见西夏文献材料中，"孝经"一词至少有"𘟠𘝯""𘟠𘝷""𘟠𘞝"三种不同译法，这一现象颇值得关注。

第二，各章节名称的翻译也存在很大不同。俄藏本相对保留比较完整，英藏本存留部分自第六章开始，但缺第六章品题，保留了第七至十八章的品题。现将两本皆存的品题列表 2 对比如下。

表 2　俄藏本与英藏本《孝经》各章节名称翻译对比

汉文	俄藏本	英藏本
三才章第七	𗤀𗤋𘝯𗍫𘈧	𗤀𗤋𗍫𘈧𘆜
孝治章第八	𘟠𘞝𘝯𗍫𘝓	𘟠𘞝𗍫𘝓𘆜
圣治章第九	𘓱𘞝𘝯𗍫𗰗	𘓱𘞝𗍫𗰗𘆜
纪孝行章第十	𘟠𗟲𗤵𘝯𗍫𗤒	𘟠𗟲𗤵𗍫𗤒𘆜

续表

汉文	俄藏本	英藏本
五刑章第十一	〔西夏文〕	〔西夏文〕
广要道章第十二	〔西夏文〕	〔西夏文〕
广至德章第十三	〔西夏文〕	〔西夏文〕
广扬名章第十四	〔西夏文〕	〔西夏文〕
谏诤章第十五	〔西夏文〕	〔西夏文〕
应感章第十六	〔西夏文〕	〔西夏文〕
侍君章第十七	〔西夏文〕	〔西夏文〕
丧亲章第十八	〔西夏文〕	〔西夏文〕

不难发现，汉文各章节名称在两个西夏文本中有着截然不同的翻译。

最大的不同首先表现在汉文的"章"在俄藏本中翻译为"〔西夏文〕"，在英藏本中翻译为"〔西夏文〕"。西夏文献中表示某文献之下的各章、品通常多用"〔西夏文〕"字，特别是在佛教文献中几乎全用"〔西夏文〕"字。"〔西夏文〕"单用可以对译汉文"章"，但似乎较少用在文献的各章、品标题中，更多表示"篇章""文章"等意思。如"〔西夏文〕"对译汉文"华严金狮子章"（本154），"〔西夏文〕"对译汉文"文章"（林306），"〔西夏文〕"对译汉文"王灿作诗一章"（林440）。《文海宝韵》有该字详细解释："〔西夏文〕"。汉译："章：确左截右。章者诗词行篇已足之谓；又计十卷一章也。"从这一解释可以看出"〔西夏文〕"有两方面的意思：一是用于表示诗词的一章或一首，二是用于表示文章十卷合一章。在俄藏本《孝经注》中将"〔西夏文〕"两字合用，其他文献中较为少见。其前一字"〔西夏文〕"在这里似乎有"篇章"之"章"义，后一字"〔西夏文〕"当表示各章节标题之"章、品"。

另一个很大的不同就是表达各章次第的序数存在差别，俄藏本皆直译汉文数字，看不出序数的明确表达，而英藏本在各数字之后加上了"〔西夏文〕"即"第"，这是西夏文献中常见的序数表示方法。

除了以上两个共性的差别外，标题中很多词语的表达也存在较大差别。例如"广要道""广扬名"，两者翻译语序不同，俄藏本"〔西夏文〕"（广）置于"〔西夏文〕""〔西夏文〕"之后，英藏本则与汉文顺序相同；再如"孝治""圣治", 俄藏本分别翻译为"𘀨𗉖", 孝治、"𗰜𗉖", 圣治, 英藏本则翻译为"𘀨𗗙", 孝正、"𗰜𗗙", 圣正。

从以上各章节名称的翻译看, 两者之间的差别太大, 不大像是初译和校译的问题, 更像是出自不同的翻译者之手。

第三, 两种《孝经》经文词语差别很大。

首先看"孔子"一词的翻译。"孔子"在西夏文献中最常见的翻译是"𗤻𗤀"。这两个西夏文本与此皆不同。英藏本翻译为"𗤻𗟲", 夫子, 采用的是对汉文"夫子"一词的音译。俄藏本中翻译成"𗤀", 当是直接从汉文的"子"翻译而来。"𗤀"确实可多见与汉文"子"对译之用例, 但多非"孔子"专称。如以"𗩻𗠇𗤀""𗠇𗤀"对译汉文"皇太子""太子"等, 也常与"𗓽"组合成"𗓽𗤀", 与汉文"师傅""先生""博士"等对译。俄藏本直接以"𗤀"对译"孔子"之"子", 故汉文的"子曰"翻译成"𗤀𘝙"。类似的翻译也见于西夏文《论语全解》及《德行集》这两篇文献中。

再看其他词语的翻译。兹选取《孝治章第八》一章为例比较如下:

"治天下"之"治", 俄藏本作"𗉖", 英藏本作"𗗙𗢳", 端正。

"不敢失于臣妾"之"臣妾", 俄藏本作"𗤫𗤀", 英藏本作"𗏴、𗦳𗏵", 僮仆、奴婢。

"况于妻子乎"之"妻子", 俄藏本作"𗟲𗤀"即妻与子, 英藏本作"𗟲𗤀", 妻子。前者准确领悟了汉语"妻子"包括"妻"与"子"之义, 后者未将"子"译出。

"是以天下和平"之"和平", 俄藏本作"𗶷𗃧", 英藏本作"𗃧𗶷"(平和)。

"灾害不生"之"灾害", 俄藏本作"𗊱𘄡", 英藏本作"𘟣𘕤"(厄难)。

"祸乱不作"之"祸乱", 俄藏本作"𘕤𗽴", 英藏本作"𘟣𘕤"。

"祸乱不作"之"作", 俄藏本作"𗉮", 英藏本作"𗤒"。

"故得百姓之欢心"之"得", 俄藏本作"𗣼", 英藏本作"𗉮"。

"不敢侮于鳏寡"之"侮", 俄藏本作"𗟦", 英藏本作"𘜶𗉺"(不敬)。

"而况于士民乎"之"士民"，俄藏本作"醪瓶"（士民），英藏本作"叙瓶"（臣民）。

"祭则鬼享之"之"祭"，俄藏本作"旈"，英藏本作"甏"（祭）。

以上是关于实词的差别，两种文本更大的差别表现在虚词的使用上。因为虚词的不同，导致两者完全相同的句子非常少见。仍以《孝治章第八》一章为例，这里只有"以事其先王"半句内容两个文本相同。虚词的不同主要有以下几个方面：

一本相应处用虚词、一本不用。如第九章"圣人之德"中"之"，俄藏本译出，英藏本无；"圣人之德"后，英藏本译出话题标记"缬"，俄藏本则无；"天地之性"句亦同；再如"无以加于孝"，俄藏本于"轩穮旅绷"后有"散"字，英藏本无。

用不同虚词。最常见的情况是一本用"缬"，另一本用"菠"；一本用"菠"，另一本用"妾"。类似情况较多。

不同虚词，反映不同句子结构。如译汉文"则天之明，因地之利"句，俄藏本作"朦偒舵移，絊鼗舵缥"，英藏本作"朦狪偒散，絊狪鼗缥"。前者字面接近于"则于天明，因于地利"，后者则为"则天之明，因地之利"，且改译"则"为"散"即教。

第四，除词语差别之外，句子表达也存在很大差别。这尤其表现在问句方面。

汉语的"……，况……乎"句式，俄藏本作："……，楖……灔？"英藏本作："……，楖……豸繥飯移？"如：

（1）治家者，不敢失于臣妾，而况于妻子乎？

俄藏：缬糇孞，叙缬灺瓶荄務，楖缬荄灔？

英藏：缬糁缬，帊缥缙楖瓶，楖缬缬缬豸繥飯移？

（2）治国者，不敢侮于鳏寡，而况于士民乎？

俄藏：甏糇孞，燘荺狪絑荄務，楖醪瓶灔？

英藏：……，荄糈荄務绌，楖叙瓶靷豸繥飯移？

表原因的句子二者翻译也存在不同。例如：

教以孝，所以敬天下之为人父者也。

俄藏：轩叙散锋，鼗匁藏缥孞楬糕狾莪。

英藏：𗾁𗟀𗑠，𗟀𗾁𗾁𗾁𗟀𗾁𗾁。

第五，俄藏本译文与《孝经》经文结合较为紧密，出现某些生硬的翻译；英藏本多参玄宗注文翻译，表现出一定灵活性。例如：

"诸侯"一词，西夏文献多见翻译为"𗹭𗟀"，英藏本同。俄藏本屡见翻译为"𗹭𗟀"，即诸王。

"夫孝，天之经也"一句，俄藏本翻译为"𗾁𗟀𗾁，𗾁𗟀𗾁𗾁"，英藏本为"𗟀𗾁，𗾁𗟀𗾁𗾁"。汉文"经"字，俄藏本译作"𗾁"，英藏本译作"𗾁"，常。按，《孝经》玄宗注："经，常也。"英藏本以"常"译"经"，然其注文残缺，未知"经，常也"如何翻译。

"居则致其敬"一句，据玄宗注"平居必尽其敬"，《正义》曰："致犹尽也。"这里的"致"明显为"尽"义。然俄藏本翻译为"𗾁𗾁𗾁𗾁𗾁"，居时其敬至，将其理解为"至、到"义。英藏本则翻译作"𗾁𗾁𗾁𗾁𗾁"，住时敬极尽。

"君子之教以孝也，非家至而日见之也"句，意思是君子教人行孝道，并非亲自到人家家里，也非天天面对面地教导。其"非家至而日见之也"句中，俄藏本译为"𗾁𗾁𗾁𗾁𗾁𗾁𗾁𗾁"，家至而日见令非也。除语序外，几乎循汉文逐字而来。英藏本译为"𗾁𗾁𗾁𗾁𗾁𗾁𗾁𗾁𗾁"，家家至日日见往非也。翻译出了"家家"，𗾁𗾁，与"日日"，𗾁𗾁，相对容易理解。

经此上分析，可以肯定这两种《孝经》的翻译并非校改、校译的结果，而是完全不同的两种翻译，无疑出自两个不同译者之手。相对而言，俄藏本《孝经传》遵循《孝经》经文多一些，英藏本《孝经注》不时参照注文作灵活性翻译。

《孝经》是儒家"十三经"中的一部重要经典，孝也是儒家文化特别看重的一种伦理道德价值。在目前出土的西夏文献中，传统的儒家经典翻译成西夏文献的并不多见，但《孝经》却有不同的注本出现在西夏文译本中，《孝经》经文的翻译也可能不止此两种。例如，在《番汉合时掌中珠》中提及"《孝经》中说，'父母发身，不敢毁伤也'"，西夏文作"《𗾁𗾁》𗾁𗾁：'𗾁𗾁𗾁𗾁，𗾁𗾁𗾁𗾁𗾁'"，即与俄藏本所存不同。又《掌中珠》"可谓孝乎"一词，亦当出自《孝经》书中之语，然其翻译为"𗾁𗾁𗾁𗾁"，亦与俄藏、英藏本皆不同。这些翻译不能肯定是否直接引自某种

《孝经》西夏译本，或许即是《掌中珠》作者的临时翻译，但可以肯定不同译者有不同翻译，西夏《孝经》可能存在两种以上的不同译本。除《孝经》之外，"孝"文化的题材在西夏其他文献中也不少。在《新集慈孝传》《圣立义海》中也能见到很多有关"孝"的故事，这些现象足以表明西夏非常重视孝文化，或者说非常注重孝文化的传播。理论上讲，孝文化如果非常被看重，《孝经》这部儒家经典著作地位应该很高，其书名翻译也应该一致，《孝经》经文也应该有一个翻译定本。不过，从另一角度来看，正是因为流传较广，探讨者较多，"孝经"一词才会出现诸多不同的翻译，《孝经》经文也才有不同译本。

三

为全面反映《孝经》经文两种译本间之差异，这里将俄藏经文中未经学界翻译解读的十二章录出，并与英藏本、汉文对照刊出。排列顺序依次为汉文原文、俄藏本、英藏本，于俄藏西夏文原文出校注，明俄藏、英藏两本之异及校读说明。原文残缺之字，可以确定字数者，每缺一字以"□"表示，未能确定者以"……"表示；未能辨识之字以"△"表示。前六章英藏本原文缺，六章之后下部残缺较多。

士章第五

资于事父以事母，而爱同；资于事父以事君，而敬同。故母取其爱，而君取其敬，兼之者父也。故以孝事君则忠，以敬事长则顺。忠顺不失，以事其上，然后能保其禄位，而守其祭祀。盖士之孝也。《诗》云："夙兴夜寐，无忝尔所生。"

俄藏本：

𗼃𗿵𗰖𗴖𗫂𘃅

𗰔𗩱𗥑𗴴⁽¹⁾𗫂𗹭𗩱𗥑𗫂𗈬𗩱𗴴𘃪𗹭𗅋，𗰔𗩱𗥑𗴴𗫂𘃪𗅋𗩱𗴴𗽀𗹭𗅋。𘝞𗹭𗈬𗩱𗥑，𘃪𗹭𗽀𗥑，𗗙𗙷𘄡𗰔𗥙𗴴。𘝞𗖵𗫂𘃪𗩱𗴴𗄻，𗽀𗫂𘚱𗩱𗴴𘞞。𗴴𗹭𘏃𗥑𗫂𘏍𘓰𗩱，𘓰𘏃𘆝𗙵𗨍𘏍𘟩𘏃𗩱𘒛𗦲𗥑。𗦇𗼃𘏍𗄻

𗧂。《𗴂》𗀔："𗴲[^(2)] 𗦮𗦀𗊸，𗟲𗆈𗿦𗥃𗥃[^(3)]𗀄。"

校注：

（1）𗴲𗟲𗿦𗧂，取事父之法。此对应汉文"资于事父"。按，《正义》云："资者，取也。取于事父之行以事母，则爱父与爱母同。"𗿦，名物化后缀，此置于动词"𗟲"之后，表示"侍父之方法或行为"。

（2）𗴲，朝。格林斯蒂德识为"𗴳"（夜），误。参"卿大夫章第四"校注（4）。

（3）𗟲𗆈𗿦𗥃𗥃，无忝尔所生。意指莫辱你父母。𗆈𗿦，所生，表示生的人，谓父母；𗥃，辱、忝。

庶人章第六
用天之道，分地之利，谨身节用，以养父母，此庶人之孝也。故自天子至于庶人，孝无终始，而患不及者，未之有也。

俄藏本：

𗷳𗄻𗧂𗩾𗬬
𗧂𗥃𗴲𗦀，𗫂𗥃𗭜𗥃，𗣼𗰖𗫻𗊸，𗴲𗊸𗥃𗢮，𗬬𗷳𗄻𗥃𗤒𗧂。𗩾
𗧂𗭪𗠁𗷳𗄻𗠁𗧂，𗤒𗷳𗧂[^(1)]𗥃𗊸，𗫻𗥃𗤒𗫻，𗷲𗧂𗩾𗧂[^(2)]。

英藏本：

……𗷳𗄻𗥃𗤒𗧂。𗩾……𗧂，𗤒𗷳𗤒△△△△△𗧂𗷲[^(3)]。

校注：
（1）𗫻𗧂，始终。此对译汉文"终始"。英藏本译作"𗫻𗤒"（先后）。
（2）𗷲𗧂𗩾𗧂，未曾有也。此对译汉文"未之有也"。英藏本末尾两字作"𗧂𗷲"（何有），当以反问句式译出。
（3）𗧂𗷲，何有。此前另有五字，原文甚草，图版不清，暂未辨识。

三才章第七

曾子曰："甚哉，孝之大也！"

子曰："夫孝，天之经也，地之义也，民之行也。天地之经，而民是则之。则天之明，因地之利，以顺天下。是以其教不肃而成，其政不严而治。先王见教之可以化民也，是故先之以博爱，而民莫遗其亲，陈之于德义，而民兴行。先之以敬让，而民不争；导之以礼乐，而民和睦；示之以好恶，而民知禁。《诗》云：'赫赫师尹，民具尔瞻。'"

俄藏本：

𗥃𗤙𗵒𗆟𗤁

𗧚𗣼𗜈："𗇽𗵒，𗵘𗧯𗥃𗮼！"

𗵒𗜈："𗰗𗇽𗵒，𗾺𗨰𗈪𗥃（1），𗉘𗨰𗿒𗣓，𗅆𗨰𗵘𗣓。𗾺𗉘𗨰𗈪，𗅆𗨰𗵒𗣓𗮼（2）。𗵒（3）𗾺𗆟𗦇𗵒，𗉘𗥃𗦇𗾺（4）𗜈，𗾊𗊲𗤙𗵘（5）。𗃟𗥃𗍏𗣓𗍏𗜈𗏹，𗃟𗸄𗍏𗥃𗜈𗥃（6）。𗷅𗣞𗣓𗜈𗅆𗸄𗘈𗣓（7），𗃟𗾺𗤙𗱈𗷅𗾺𗥃（8），𗅆𗨰𗴮𗨰𗍏𗵘𗭫𗉎，𗾊𗿒𗤙𗥃（9），𗅆𗮹𗷅。𗯨𗥃𗜈𗷅𗾺𗥃𗅆𗍏𗐬；𗳺𗵖𗜈𗺯𗥃，𗅆𗸐𗙼；𗥃𗨀𗼜𗣓（10）𗾺𗥃，𗅆𗱕𗬠（11）。《𗥃》𗜈：'𗵒𗵖𗵖𗾺，𗅆𗬦𗋽𗵖𗵖。'（12）'"

英藏本：

𗥃𗤙𗆟𗤁𗵒

𗵒𗣼𗜈："𗇽𗵒，𗾺𗨰𗎁𗣓！"（13）

𗧚𗣼𗜈："𗇽𗵒，𗾺𗨰𗎁𗣓，𗉘𗨰𗿒……𗵒，𗅆𗨰𗯨𗣓。𗾺𗨰𗈪𗣓，𗉘𗨰𗥃𗵘，𗾊𗊲𗵘……𗃟𗸄𗍏𗸯𗹝𗳤。𗷅𗣞𗥃𗣓𗜈𗅆……𗹝𗵘𗷅𗣞𗨰𗤙𗳺……𗾊𗿒𗨰𗜈……𗵒𗤙𗷅……𗝠𗬐𗨰𗵒……𗍏……𗾊𗣓，𗅆𗭫𗬦𗵖。'"

校注：

（1）"𗰗𗇽𗵒，𗾺𗨰𗈪𗥃"句，此对译汉文"夫孝，天之经也"。俄藏本于句首译出发语词"𗰗"（经），英藏本无；汉文"经"字，俄藏本译作

"𘂏"（经），英藏本译作"𗰖"（常）。按，《孝经》玄宗注："经，常也。"英藏本以"常"译"经"，然其注文残缺，未知"经，常也"如何翻译。

（2）𗱃𗾊𗟲𗫂𗏁，此对译汉文"而民是则之"。汉文"则"字，俄藏本译作"𗟲"，英藏本作"𘑆"。按，据《正义》，这里的"则"乃"言人法则天地"，即表示"以……为法则"，为动词。西夏译本中汉文"则"一翻译为"𗟲"，有"衡量"之意；一翻译为"𘑆"，有"礼法"之意。按句式的表达二者皆作为系动词之宾语。

（3）𗟲，则。当衍文。按此句全文"𗟲𗴺𗬢𘅓𗟲"对译汉文"则天之明"，后四字"𗴺𗬢𘅓𗟲"（天明于则）正与汉文相合，故首字"𗟲"当衍。

（4）"𗴺𗬢𘅓𗟲，𗉫𗾓𘅓𗫴"句，此对译汉文"则天之明，因地之利"。英藏本作"𗴺𗾊𗬢𗏁，𗉫𗾊𘏨𗫴"。前者直译即"则于天明，因于地利"，后者直译即"则天之明，因地之利"。二者句子结构有所差别，后者又改译"则"为"𘏨"（教）。

（5）𘄡𗷛𘂤𗅆，与天下合。此对译汉文"以顺天下"。英藏本作"𘄡𗷛𗿷……"，其后相邻残缺之字当"𗫸"字，字面当即"顺应天下"。

（6）𗣫𗌽𗫨𗤽𗋽𗱬，其政不严而治。此与汉文甚合。英藏本作"𗣫𗌽𗫨𘑇𘒣𗫂"，字面意思即"其政不紧自正"。《正义》云："其为政也，不假威而自理也。"似有相合处。

（7）𘜶𗧓𗤽𗈝𗭪𗏁𘞦𗈪，此对译汉文"先王见教之可以化民也"。英藏本作"𘜶𗧓𗈪𗤽𗈝𗭪……"。前者动词"𗈪"（见）置于句尾，后者与汉文顺序同。

（8）𗣫𗫸𗰖𗰖𘜶𘏨𘄡，此对译汉文"是故先之以博爱"。英藏本作"𘏨𗫸𘜶𗧓𗏁𗰖𘒣……"。按《正义》解释，这里的"先"当指"率先"之义，然英藏本译为"𘜶𗧓"（先王）。又，孙文录为"𘝢𗧓"（先王）疑误，据图版此与上文"先王"字形相同。

（9）𗤁𗆤𘄡，德义解。此对译汉文"陈之于德义"。英藏本作"𗤁𗆤𗧓𘝢"（德义于述）。

（10）𗈪，是。此据格林斯蒂德录，不合文意，疑误。

（11）𗱤，接。此据格林斯蒂德录，不合文意，疑误。

（12）"𗹭𗀱𗼃𗤁，𗴿𗣻𗤙𗯨𗤁"，此对译汉文"赫赫师尹，民具尔瞻"。英藏本作"……𗤙𗀱，𗴿𗔲𗯨𗼃"。赫赫，俄藏本暂录为"𗹭𗀱"，字面作"显巧"义。二字录文存疑。原文图版作"𗼃"，右边之字为校改补入之字，在左字之前。师尹，俄藏本作"𗼃𗀱"，英藏本作"𗤙𗀱"。民具尔瞻，俄藏本作"𗴿𗣻𗤙𗯨"，译出了汉文"尔"，英藏本未译出。

（13）此句之后英藏本将注文串入正文以大字书写，故不录。

孝治章第八

子曰："昔者明王之以孝治天下也，不敢遗小国之臣，而况于公、侯、伯、子、男乎？故得万国之欢心，以事其先王。治国者，不敢侮于鳏寡，而况于士民乎？故得百姓之欢心，以事其先君。治家者，不敢失于臣妾，而况于妻子乎？故得人之欢心，以事其亲。夫然，故生则亲安之，祭则鬼享之。是以天下和平，灾害不生，祸乱不作。故明王之以孝治天下也如此。《诗》云：'有觉德行，四国顺之。'"

俄藏本：

（西夏文，略）

英藏本：

（西夏文，略）

198

𗧅𗣈𗣈？𗣈𗣈𗣈𗣈……𗧅𗷖𗆑𗡱，𗶷𗲂𗣑𗢸。𗣈𗣈𗣈𗌗𗧉，𗪩𗏹𗌮𗒌，𗧊……𗣈……𗧆𗣈𗣈𗣈𗣈𗣈𗣈𗣈𗣈。《𗧁》𗲛：'𗧆𗤒𗰗，𗏹𗣈𗣈。'"

校注：

（1）𗧅𗣈𗣈，治天下。治，俄藏本作"𗣈"（治），英藏本作"𗣈𗣈"（端正）。下同。俄藏本句末又缺"𗣈"字。

（2）𗣈𗤒𗥦𗧉，此对译汉文"遗小国之臣"，英藏本作"𗣈𗤒𗥦𗝔𗧉"，在动宾短语间增加了受格助词"𗝔"。

（3）𗣈𗣈𗣈𗣈𗣈，公侯伯子男。英藏本相应内容残缺，但似增出了"𗫂𗫡"二字，注文中又有"𗫂𗫡𗣈𗣈𗣈𗣈……"，疑依注文在"𗣈𗣈𗣈𗣈𗣈"多出"𗫂𗫡𗣈𗣈"（五等诸侯）等字。

（4）𗶷𗾈𗅋𗲂，况于士民乎。英藏本作"𗶷𗾈𗅋𗲂𗣈𗣈𗣈𗣈"。汉文的"……，况……乎"句式，俄藏本作："……，𗶷……𗲂？"英藏本作："……，𗶷……𗣈𗣈𗣈𗣈？"下文同。

（5）𗧆𗣈，臣妾。英藏本作"𗣈、𗣈𗣈"（僮仆、奴婢）。

（6）𗶷𗥦，妻子。指妻与子。英藏本作"𗶷𗥦"（妻子），未译出"子"意。

（7）𗧅𗲂𗣈𗣈𗧉，此对译汉文"生则亲安之"，英藏本作"𗧅𗥃𗣈𗣈"（生时亲受）。

（8）𗣈𗲂𗣈𗣈𗧉，此对译汉文"祭则鬼享之"，英藏本作"𗶷𗲂𗣑𗢸"（祭则治气）。英藏本"𗣑𗢸"据孙文录，于此难解，待考。

（9）𗣈𗣈，和平。英藏本作"𗣈𗣈"（平和）。

（10）𗪩𗏹，灾害。英藏本作"𗪩𗏹"（厄难）。

（11）𗣈，故。此字据格林斯蒂德辨识录，于此不通，疑误。或即衍文。

（12）"𗧆𗧊𗤒𗣈，𗏹𗣈𗣈𗣈"，字面意即"有觉行德，四国顺也"。对译汉文"有觉德行，四国顺之"。英藏本作"𗧆𗤒𗰗，𗏹𗣈𗣈"（有大德，四国顺），这里将《诗经》的四言句改译成了三言。

圣治章第九

曾子曰："敢问圣人之德，无以加于孝乎？"

子曰:"天地之性,人为贵。人之行,莫大于孝。孝莫大于严父。严父莫大于配天,则周公其人也。昔者周公郊祀后稷以配天,宗祀文王于明堂以配上帝。是以四海之内,各以其职来祭。夫圣人之德,又何以加于孝乎?故亲生之膝下,以养父母日严。圣人因严以教敬,因亲以教爱。圣人之教不肃而成,其政不严而治,其所因者本也。父子之道,天性也,君臣之义也。父母生之,续莫大焉。君亲临之,厚莫重焉。故不爱其亲而爱他人者,谓之悖德;不敬其亲而敬他人者,谓之悖礼。以顺则逆,民无则焉。不在于善,而皆在于凶德,虽得之,君子不贵也。君子则不然,言思可道,行思可乐,德义可尊,作事可法,容止可观,进退可度,以临其民。是以其民畏而爱之,则而象之。故能成其德教,而行其政令。《诗》云:'淑人君子,其仪不忒。'"

俄藏本:

〔Tangut script text〕: "〔Tangut〕(1) 〔Tangut〕,〔Tangut〕?"

〔Tangut script text〕: "〔Tangut text〕。〔Tangut〕。〔Tangut〕,〔Tangut〕。〔Tangut〕。〔Tangut〕(2),〔Tangut〕。〔Tangut〕,〔Tangut〕。〔Tangut〕,〔Tangut〕(3)。〔Tangut〕(4),〔Tangut〕?〔Tangut〕(5)〔Tangut〕,〔Tangut〕。〔Tangut〕,〔Tangut〕。〔Tangut〕,〔Tangut〕,〔Tangut〕。〔Tangut〕,〔Tangut〕,〔Tangut〕。〔Tangut〕(6),〔Tangut〕。〔Tangut〕,〔Tangut〕。〔Tangut〕〔Tangut〕(7)〔Tangut〕;〔Tangut〕(8)〔Tangut〕,〔Tangut〕。〔Tangut〕……〔Tangut〕,〔Tangut〕。〔Tangut〕,〔Tangut〕,〔Tangut〕,〔Tangut〕,〔Tangut〕,〔Tangut〕,〔Tangut〕。〔Tangut〕,□□〔Tangut〕。〔Tangut〕。《〔Tangut〕》〔Tangut〕:'〔Tangut〕,〔Tangut〕。(9)'"

英藏本:

〔Tangut script text〕
〔Tangut script text〕: "〔Tangut〕,〔Tangut〕?"

〇〇〇："〇〇〇……〇〇〇〇，〇〇〇〇……〇〇〇〇，〇〇〇〇〇〇〇〇，〇〇〇〇〇〇……〇〇〇〇〇〇〇〇〇，〇〇〇〇〇〇〇，〇〇〇〇〇〇……〇〇〇〇〇〇。〇〇〇〇〇〇，〇〇……〇〇〇〇〇〇〇，〇〇……〇〇。〇……〇〇〇〇〇……〇〇〇〇〇〇〇。〇〇〇〇□〇〇〇〇……〇，〇〇〇，〇〇〇〇〇〇。〇〇〇〇，〇〇〇〇……〇，〇〇〇〇……〇〇〇〇，〇〇〇〇；〇〇〇〇〇〇〇〇……〇〇……〇〇……〇〇……〇。〇〇……〇〇〇〇，〇〇〇〇。〇〇〇〇，〇〇〇〇。〇〇〇〇，〇〇〇□。〇〇〇〇，〇〇〇〇〇〇……〇〇……'〇〇〇〇。'"

校注：

（1）〇〇，敢问。英藏本作"〇〇"，语序与汉文同。又，本句中，汉文"圣人之德"中"之"，俄藏本译出，英藏本无；"圣人之德"后，英藏本译出话题标记"〇"，俄本无；"〇〇〇〇"（无以加于孝），俄藏本于后有"〇"字，英藏本无。

（2）〇〇〇〇〇〇，此对译汉文"严父莫大于配天"。英藏本作"〇〇〇〇〇〇〇〇"。汉文"严父"，俄藏本作"〇〇"，英藏本作"〇〇"，"〇""〇"二字同义，皆有"敬畏、尊敬"义；汉文"配天"，俄藏本译作"〇〇"（配天），英藏本作"〇〇〇〇"（令与天等）。

（3）〇〇〇〇，依职来祭。对译汉文"以其职来祭"，英藏本作"〇〇〇〇〇"（令依职祭祀）。

（4）〇，德。英藏本作"〇〇"（德行）。

（5）〇〇〇〇，对译汉文"亲生之膝下"。汉文"亲生"，俄藏本作"〇〇"，英藏本作"〇〇"；汉文本中"之"字，英藏本译出，俄藏本无。

（6）〇〇〇〇，父母生时。对译汉文"父母生之"，英藏本作"〇〇〇〇"（于父母生）。

（7）〇〇，悖德。英藏本作"〇〇"（邪德）。

（8）〇〇〇〇〇〇〇，字面即"不敬亲敬他人"。对译汉文"不敬其亲而敬他人"。英藏本作"〇〇〇〇〇〇〇"（不敬己亲敬他亲）。

（9）〇〇〇〇，此对译汉文"其仪不谬"。英藏本作"〇〇〇〇"

（威仪不失）。汉文"忒"，俄藏本作"𧧾"（差错），英藏本作"𧨋"。

纪孝行章第十

子曰："孝子之事亲也，居则致其敬，养则致其乐，病则致其忧，丧则致其哀，祭则致其严。五者备矣，然后能事亲。事亲者，居上不骄，为下不乱，在丑不争。居上而骄则亡，为下而乱则刑，在丑而争则兵。三者不除，虽日用三牲之养，犹为不孝也。"

俄藏本：

𗙻𗰿："𗡔𗫡𗿷𗐱𗏹[1]，𗥃𗗚𗱩�𗼃[2]，𗑆𗗚𗱩𗐋𗼃，𗡤𗗚𗱩𗫲𗼃，𗰖𗗚𗱩𗴺𗼃，𗥑𗗚𗱩𗒑[3]𗼃。𗥑𗫡𗟻𗤁，𗏹𗙶[4]𗿷𗐱𗏹𗪾。𗐱𗏹𗦮，𗫥𗒑𗙶𗐱，𗗘𗰋𗙶𗿁，𗏹[5]𗒑𗙶𗦣。𗫥𗒑𗗚𗐱𗘅𗳦[6]，𗗘𗰋𗗚𗳺[7]𗘅𗛁，𗏹𗒑𗗚𗦣𗘅𗥑。𗱸𗗚𗙶𗪾，𗴤𗗚𗥚𗱩𗈋𗑆，𗈁𗙶𗡔𗰋𗪾。"

英藏本：

𗡔𗥃𗘈𗗚𗪾𗏹

𗱸𗲺𗰿："𗡔𗫡𗿷𗐱𗗚，𗒑𗱵�𗏹𗪾……𗏹𗪾，𗡤𗗚𗐋𗏹𗪾……𗏹𗪾，𗰖𗗚𗙶𗏹𗪾……𗫥𗘅，𗫥𗒑𗙶𗿷𗐱𗏹𗪾……𗥑，𗗘𗰋𗙶𗳺……𗦣。𗫥𗰋𗥑𗈁𗘅𗥑，𗗘𗰋𗳺𗵹𗘅𗛁……𗱸𗗚𗙶𗪾，𗴤𗪾𗗚……𗥑𗙶𗽀𗪾。"

校注：

（1）𗏹，者。《英藏本》作"𗗚"。

（2）𗥃𗗚𗱩�𗼃，居时其敬至。对译汉文"居则致其敬"，英藏本作"𗒑𗱵�𗏹𗪾"（住时敬极尽）。玄宗注："平居必尽其敬。"《正义》曰："致犹尽也。"英藏本将"致其敬"（敬极尽）当与注、疏合。下皆同。

（3）𗒑，敬畏、严肃。对译汉文"严"。英藏本作"𗳺"（礼）。

（4）𗏹𗙶，然后。英藏本作"𗐋𗏹𗙶"，承上句"𗘅"（则）。

（5）𗏹，众。对译汉文"丑"。玄宗注："丑，众也。"

（6）𗫥𗒑𗗚𗐱𗘅𗳦，居上时骄则亡。对译汉文"居上而骄则亡"，英藏本作"▨▨▨▨▨"（为上起骄则灭）。

（7）▨，乱。英藏本作"▨▨"（乱）。

广至德章第十三

子曰："君子之教以孝也，非家至而日见之也。教以孝，所以敬天下之为人父者也；教以悌，所以敬天下之为人兄者也；教以臣，所以敬天下之为人君者也。《诗》云：'恺悌君子，民之父母。'非至德，其孰能顺民如此其大者乎？"

俄藏本：

▨▨▨▨▨▨▨

▨▨："▨▨▨▨▨▨(1)▨，▨▨▨▨▨▨▨▨(2)。▨▨▨▨，▨▨▨▨▨▨▨▨▨▨(3)；△▨▨(4)▨，▨▨▨▨▨▨▨▨▨▨；▨▨▨▨，▨▨▨▨▨▨▨▨▨▨。《▨》▨：'▨△(5)▨▨，▨▨▨▨▨。'▨▨▨▨，▨▨▨▨▨▨▨▨▨▨▨(6)！"

英藏本：

▨▨▨▨▨▨▨

▨▨▨："▨▨▨▨▨▨，▨▨▨▨▨▨▨▨▨▨，▨▨▨，▨▨▨▨▨▨▨；▨▨▨，▨▨▨▨▨▨▨。▨▨▨，▨▨▨▨▨▨▨。《▨》▨：'▨▨……，▨▨▨▨▨▨▨▨▨！"

校注：

（1）▨▨▨▨▨▨，对译汉文"君子之教以孝"句。英藏本作"▨▨▨▨▨"。后者以"▨"译"教"，有指示、指导意，俄藏本于"▨"（教）后加一名物化助词"▨"，表示"……方法"。

（2）▨▨▨▨▨▨▨▨，字面即"非令家至而日见"。对译汉文"非家至而日见之"。英藏作"▨▨▨▨▨▨▨▨▨"（非往家家至日日见）。

（3）"▨▨▨▨，▨▨▨▨▨▨▨▨▨▨"句，对译汉文"教以孝，所

以敬天下之为人父者也"。英藏本作"〔西夏文〕，〔西夏文〕"。俄藏本未译出汉文"人"字，英藏本未译出汉文"所以"。

（4）△〔西夏文〕，对应汉文"教以悌"。悌，相应之字图版作"〔西夏文〕"，与"〔西夏文〕"形体相似，待考；英藏本以"〔西夏文〕"（礼）译"悌"。

（5）〔西夏文〕△，对应汉文"恺悌"。后一字图版同上条。英藏作"〔西夏文〕"（乐合）。玄宗注："恺，乐也；悌，易也。"英藏本似与此相合。

（6）〔西夏文〕，对译汉文"其孰能顺民如此其大者乎"。英藏本作"〔西夏文〕"。前者字面意即"能顺民此许大者谁也"，后者意即"谁能顺民如此广大也"。

广扬名章第十四

子曰："君子之事亲孝，故忠可移于君。事兄悌，故顺可移于长。居家理，故治可移于官。是以行成于内，而名立于后世矣。"

俄藏本：

〔西夏文〕："〔西夏文〕，〔西夏文〕。〔西夏文〕△〔西夏文〕，〔西夏文〕。〔西夏文〕，〔西夏文〕。〔西夏文〕，〔西夏文〕。"

英藏本：

〔西夏文〕

〔西夏文〕："〔西夏文〕，〔西夏文〕；〔西夏文〕，〔西夏文〕……〔西夏文〕……〔西夏文〕，〔西夏文〕。"

谏诤章第十五

曾子曰："若夫慈爱恭敬，安亲扬名，则闻命矣。敢问子从父之令，可谓孝乎？"

子曰："是何言与，是何言与！昔者天子有争臣七人，虽无道，不失其天下；诸侯有争臣五人，虽无道，不失其国；大夫有争臣三人，虽无道，不失其家；士有争友，则身不离于令名；父有争子，则身不陷于不义。故当不义，则子不可以不争于父，臣不可以不争于君；故当不义，则争之。从父之令，又焉得为孝乎！"

俄藏本：

　　□□□："□□□□□□□（1）□□□□□□□□，□□□。□□□□□□□□，□□□□□（2）？"
　　□□："□□□□？□□□□？□□□□（3）□□□□□□，□□□（4），□□□□□；□□（5）□□□□□□□，□□□，□□□□□；□□□□□□□□，□□□，□□□□□；□□□□□，□□□（6）□□；□□□□□，□□□□□□（7）。□□□□□□，□□□□□□□，□□□□□□□；□□□□□□□，□□。□□□□□，□□□□□□□。（8）"

英藏本：

　　□□□□□□
　　□□□："□□□□□，□□□□……□□□□，□□□□？"□□："□□□□？□□□□？□□□□□□□□，□□□，□……□□□□□，□□□，□□□□□……□，□□□，□□□□□。□□□……□□……□□□□，□□□□……□□，□□□□□□□……□，□□□□，□□□□□？"

校注：

（1）□□□□□□，彼之慈爱恭敬。对译汉文"若夫慈爱恭敬"。英藏本作"□□□□□"（彼慈悲恭敬）。

（2）□□□□，对译汉文"可谓孝乎"。英藏本作"□□□□"，《掌中珠》有"□□□□"。

（3）□□□□，往昔天子。对译汉文"昔者天子"。英藏本作"□□□"。

（4）□□，无道。英藏本作"□□"（无道）。

（5）□□，诸王。对译汉文"诸侯"。英藏本此缺，《孝治章第八》作

"席辮"，与西夏文献中常见译法同。

（6）辮缽，好名、善名。此译汉文"令名"。玄宗注："令，善也。"

（7）㸌襂㹮㸌剷，此译汉文"不陷于不义"，英藏本作"㸌襂㹮㸌穮"（不坠于不义）。

（8）"稄薮薮蘙锋，㸌轩缐㲋敔糚形"句，字面意即"兹从父命则为不孝何可得也"。此对译汉文"从父之令，又焉得为孝乎"。英藏本作"蘙薮簃缲，穮婼轩薊形"（为父命者云何成孝）。

感应章第十六

子曰："昔者明王事父孝，故事天明；事母孝，故事地察；长幼顺，故上下治。天地明察，神明彰矣。故虽天子，必有尊也，言有父也；必有先也，言有兄也。宗庙致敬，不忘亲也；修身慎行，恐辱先也。宗庙致敬，鬼神着矣。孝悌之至，通于神明，光于四海，无所不通。《诗》云：'自西自东，自南自北，无思不服。'"

俄藏本：

綿镶稄薮敔綵

薮薮："疵諀傷席蘙薮轩(1)緂斳腠薮傷，蕤薮轩緂斳䗩薮䗩(2)，薮綿綂緂斳縖綵薮(3)，腠縖傷䗩䗩傷(4)绸形。斳革腠芘米㸌繸(5)形，蘙繸彩叒；㸌繸繸形，绸繸彩叒；薙薮鞡薮(6)，釋㸌絾形；矛腗剺繸，繸叒敔形；薙薮鞡薮，㴗薮㵵形。轩△薮△(7)，緂傷薮䗪，絅禘敔䠍，㸌薮綿絅。《薮》薮：'憫龗㳥龗，荆龗薙龗(8)，㸌葬㴷絅形。'"

英藏本：

綵薮敔薮綵綵

嗣髓薮："疵諀傷席綿轩敊蘙薮锋㵶薮傷，蕤敊蘙薮锋縖薮綫。薮綿綂簃锋，綂縖祷……綵緂绸形……革薮，米薮㸌薮㴷形，蘙㴷俰叒，薮㸌……薙薮鞡䡆，席㸌絾……矛腗剺繸，繸薮敊形。薙薮鞡䡆，㴗薮㵵形。(9)薮薮：'㳥娺荆娺，憫娺薙娺……

校注：

（1）[西夏文]，事父孝。英藏本作"[西夏文]"（以孝事父）。

（2）[西夏文]，察。英藏本作"[西夏文]"。

（3）[西夏文]，治。英藏本作"[西夏文]"（正）。

（4）[西夏文]，神明。英藏本作"[西夏文]"（神明）。

（5）[西夏文]，定有。此对译汉文"必有尊"。据汉文，二字间当脱"[西夏文]"（尊）字。英藏本作"[西夏文]"（必定有尊）。

（6）[西夏文]，宗庙敬致。对译汉文"宗庙致敬"，英藏本作"[西夏文]"（敬礼宗庙）。

（7）[西夏文]△[西夏文]△，对译汉文"孝悌之至"。其二、四两字未能辨识出。

（8）"[西夏文]，[西夏文]"句，对译汉文"自西自东，自南自北"。英藏本作"[西夏文]，[西夏文]"（东方南方，西方北方）。

（9）[西夏文]，鬼神着矣。英藏本此句后有脱文，所脱内容相当于汉文"孝悌之至，通于神明，光于四海，无所不通"句。

事君章第十七

子曰："君子之事上也，进思尽忠，退思补过，将顺其美，匡救其恶，故上下能相亲也。《诗》云：'心乎爱矣，遐不谓矣。中心藏之，何日忘之。'"

俄藏本：

[西夏文]

[西夏文]："[西夏文]，[西夏文]，[西夏文]，[西夏文](1)，[西夏文]，[西夏文](2)[西夏文]。"《[西夏文]》[西夏文]："[西夏文](3)，[西夏文]。[西夏文]，[西夏文]。"

英藏本：

[西夏文]

[西夏文]："[西夏文]，[西夏文]……[西夏文]，[西夏文]……

207

〼，〼〼〼〼〼〼〼。《〼》〼：'〼〼〼〼，〼……〼〼〼〼。'"

校注：

（1）〼〼〼〼，美则合乐。对译汉文"将顺其美"。英藏本作"〼〼〼〼"（善行顺为）。玄宗注曰："将，行也。君有美善，则顺而行之。"英藏本与此合。

（2）〼〼，相亲。英藏本作"〼〼"（近亲）。

（3）〼〼〼〼，于心爱也。此对译汉文"心乎爱矣"。英藏本作"〼〼〼〼"（以心爱也）。

丧亲章第十八

子曰："孝子之丧亲也，哭不偯，礼无容，言不文，服美不安，闻乐不乐，食旨不甘，此哀戚之情也。三日而食，教民无以死伤生。毁不灭性，此圣人之政也。丧不过三年，示民有终也。为之棺椁衣衾而举之，陈其簠簋而哀戚之；擗踊哭泣，哀以送之；卜其宅兆，而安措之；为之宗庙，以鬼享之；春秋祭祀，以时思之。生事爱敬，死事哀戚，生民之本尽矣，死生之义备矣，孝子之事亲终矣。"

俄藏本：

〼〼〼〼〼〼

〼〼："〼〼〼〼〼〼，〼〼〼(1)，〼〼〼〼(2)，〼〼〼，〼〼〼〼(3)，〼〼〼〼，〼〼〼〼，〼〼〼〼〼〼(4)〼。〼〼〼〼，〼〼〼〼〼(5)，〼〼〼〼〼〼〼〼(6)，〼〼〼〼〼〼〼……"

英藏本：

〼〼〼〼〼〼〼

〼〼〼："〼〼〼……〼〼〼〼……〼〼〼，〼〼〼〼……〼〼〼〼〼〼。〼〼〼〼〼〼，〼〼〼〼，〼〼〼〼〼〼……〼〼〼〼〼〼……〼〼〼〼〼〼〼〼〼，〼〼〼〼〼〼〼〼，〼〼〼〼，〼〼

𗗙𗀔𗤻……𗴮𗴴𗤻……𗼓𗉔……𗗣𗃉……𗰖𗒹𗧘𗦀𗖐𗤻，𗦬𗫂𗧹𗣼
𗴺……𗉕。"

𗗙𗤻𗰖𗬩𗣼𗤻

校注：

（1）𗼓，佝。指哭余声。《夏汉字典》将二字解释为"摇晃""喃"
二义。《同音》背注 27B45 释"𗼓"为"𗣼𗜓𗫨𗸈/言语不得"，亦表
明"𗼓"用于表示语言表达不清相关之内容。《正义》引郑注释"佝"为
"气竭而息，声不委曲"，指哭余之状态。此与西夏辞书所言"言语不得"
相合。

（2）𗫂𗏵𗣼𗫾，对译汉文"礼无容"。英藏本作"𗫂𗈷𗫝𗫾"（行礼无
色）。𗏵，容。原文作"𗏵"，格林斯蒂德识为"𗋽"（茂盛），于意不合，
据汉文及草书形体，当为"𗏵"（容貌）。

（3）𗉕，安。英藏本作"𗲤"（乐）。

（4）𗫟𗫾𗇹𗫨，对译汉文"哀戚之情"。英藏本作"𗫟𗫖𗫨"（哀
戚情）。

（5）"𗉕𗤆𗫂𗰖，𗺟𗴴𗫂𗰖𗤻"句，字面意思即"三日后食，治民兵
教生"。汉文本作"三日而食，教民无以死伤生"。英藏本作"𗤅𗤻𗫾𗼓𗴾
𗈷"（死无边伤神气）。似脱与汉文"三日而食"相应之句。

（6）𗫾𗧘𗗙𗫍𗫂𗀔𗴮𗤻，字面意即"毁坏而不起性也"。对应之汉文
作"毁不灭性"，英藏本作"𗫾𗫍𗫂𗴴"（毁不灭性）。

（原文刊于《中华文史论丛》2018 年第 1 期，第 341—371 页）

出土西夏文藏经函号木牍及校勘记录

段玉泉

英藏黑水城文献中出土有少量木牌，其中有一组明代"夜不收"的系列汉文木牍，[①]也有少量西夏文木牍。这里讨论的是其中几件与西夏文佛经函号有关的木牍材料。

《英藏黑水城文献》第 5 册所刊 Or.12380/3881 号文献中，刊布了四个长条形的图片，未注明材质，其 3881.1 两片，题为"阿毗达磨婆沙论第八索"；3881.2 两片，题为"十住断结等四索"。皆无出土编号。[②]这个 3881.1 的题名肯定存在问题，因为"十住断结等四索"这几个汉字是译自 3881.1 第一片中的西夏文"𗙫𗟲𗦲𗫂𘃽𗡟𗉘"。今核 IDP 数据库，可找到其中两片，编号有所出入。其中《英藏黑水城文献》3881.2 之第一片，IDP 数据库编号 3881，[③]注明为木质材料，登录出土编号 K.K.V.b.027；[④]《英藏黑水城文献》3881.1 第一片，即"十住断结等四索"，IDP 数据库则编入 Or.12380/3878，即夹在汉文《广大发愿诵》之间，此亦木质文献，无出土编号。[⑤]这些木牍上面的文字此前是否翻译正确，《英藏黑水城文

---

① 邢义田：《英国国家图书馆藏明代木牍试释》，汪涛、胡平生、吴芳思编《英国国家图书馆藏斯坦因所获未刊汉文简牍》，上海古籍出版社，2007 年，第 99—105 页。

② 北方民族大学、上海古籍出版社、英国国家图书馆编《英藏黑水城文献》第 5 册，上海古籍出版社，2010 年，第 255 页。

③ 按，IDP 数据库中，Or.12380/3881 仅刊布木牍一枚，是否还有其他材料，尚不得而知。

④ http://idp.bl.uk/database/oo_scroll_h.a4d?uid=1665309155；recnum=140311.

⑤ http://idp.bl.uk/database/oo_scroll_h.a4d?uid=1666929155；recnum=140308.

献》翻译的"索"到底是什么，它们应该干什么用等等，学界目前尚未讨论。如今我们又从英藏西夏文献中发现写本残页一纸3561，对我们认识这几片木牍有很大帮助，二者可相互印证。

先将这四片木牍图版依次转引并初步介绍如下，IDP数据库提供图版者直接采用，余皆出自《英藏黑水城文献》。

第一片（此据IDP数据库 [①]）：

图1　第一片木牍

根据这幅图版，此片木牍大概长10.4厘米，宽2厘米。木牍上有一孔，孔内还绕有白线，留有两线头。木牍上竖行书写西夏文字"𗾖𗾄𗾄𗾄𗾄𗾄𗾄"七字，《英藏黑水城文献》翻译为"十住断结等四索"。这几个字的大部分翻译都没问题，唯最后一字"𗾄"，翻译为"索"肯定缺乏依据。"𗾄"通常与汉文的"类""部""族"等字对译，其也经常出现在文献书题中。如"𗾄𗾄𗾄𗾄𗾄𗾄𗾄"（三十五佛等共十三部）、"𗾄𗾄𗾄𗾄𗾄𗾄"（亥母供养根一部）、"𗾄𗾄𗾄"（义同一部）、"𗾄𗾄𗾄𗾄𗾄𗾄"（广大供养根一部）等。这里"𗾄𗾄𗾄𗾄"（十住断结）无疑

① http://idp.bl.uk/database/oo_scroll_h.a4d?uid=1666929155；recnum=140308.

即是佛教文献《十住断结经》，全称《最胜问菩萨十住除垢断结经》。因此，这片木牍上的"佻笯薤缴靰綱毯"七字，当翻译为"《十住断结》等四部"。

第二片（此据《英藏黑水城文献》第5册[①]）：

此片木牍IDP数据库中暂未找到，此据《英藏》，尺寸大小未知。木牍上部残缺。存西夏文"叕脪缘赕絞死補蕊叒殩瓶"十一字，《英藏》翻译为"阿毗达磨婆沙论第八索"。这些西夏字大部分翻译也没问题，唯有最后之"瓶"翻译为"索"，难以理解。该字在《法华经》卷9中出现于"瓶彸"一词中，对应汉文作"悬鼓"。《文海宝韵》（82.161）解释为："痈疀燋戗。瓶籙痈瓶肷薤瘔肷。"汉译："系全［袭］右。缚者绑系也，系锁也。"所以，该字有"绑系""捆绑""悬挂"等义。其在此木牍中含义下文再做详细分析。

图2　第二片木牍

---

①　北方民族大学、上海古籍出版社、英国国家图书馆编《英藏黑水城文献》第5册，第255页。

第三片（此据 IDP 数据库^①）：

此片木牍与第一片相同，大概长 10.4 厘米，宽 2 厘米。木牍上有一孔，孔内还绕有白线，留有两线头。不过这里的西夏文字有明显的刻画痕迹，感觉像是先写后刻，部分保留了之前的书写墨痕。木牍上西夏文字亦竖行书写，最上为较大字号的"𗎫"（诸），下有四个小字"𘃜𗭪𘄒𘄍"，这里也出现一"𗭪"字。《英藏》未译，这里暂时仿《英藏》译为"诸 一索十卷"。

图 3　第三片木牍

第四片（此据《英藏黑水城文献》第 5 册^②）：

此片木牍亦据《英藏》图版，尺寸大小未知。木牍上部有一缺口，原件当有与第一、三片相同的小孔。存一大号字"𗱽"（意），下有两个小字"𘄒𘄍"（十卷）。

① 按，IDP 数据库中，Or.12380/3881 仅刊布木牍一枚，是否还有其他材料，尚不得而知。

② 北方民族大学、上海古籍出版社、英国国家图书馆编《英藏黑水城文献》第 5 册，第 255 页。

图4　第四片木牍

综合以上四枚木牍，第一、二片都明确提到了具体的佛教文献，第
三、四片特征相同，分别写一大字，下注"十卷"；二、三片中皆提到
"瓻"字。这些特征给我们一种感觉，这可能与佛教文献的保管收藏有
关，似乎一个木牍对应于一个包裹单位。第二、三片明显是十卷一个木
牍，第一片则属于四部文献，第二片则似属于一部佛经的八个部分。考
第二片所记文献《阿毗达磨婆沙论》，其全称《阿毗达磨大毗婆沙论》，
全书共 200 卷。按十卷一个木牍，即需要十片木牍。所以，这里出现的
"阿毗达磨婆沙论第八索"应该是合理的。既然我们能初步明确十卷文献
对应一个木牍，那么上述木牍中多次出现的西夏文"瓻"翻译为"捆"
似乎是比较合适的。前文已及，根据西夏辞书《文海宝韵》的解释，
"瓻"有"绑系""捆绑""悬挂"等义。如此，这些木牍所对应的西夏文
献似乎应该是卷轴装，按照十卷一捆为一收藏单位，进行保存。十卷一
个收藏单位与西田龙雄先生之前研究的《大方广佛华严经》及其所介绍
瑞典藏河西藏的分函方式一致。不过西田先生所研究的上述文本全属于
经折装文献，因此我们不能确定这里"瓻"是否不只局限于卷轴装，或
也可以用于经折装。

对于这些木牍，还有一个问题值得关注，似乎每个木牍上面都有一小孔，并存有白线。也就是说这些木牍在具体使用过程中可能是悬挂用的抑或捆绑在一捆佛经之上的。

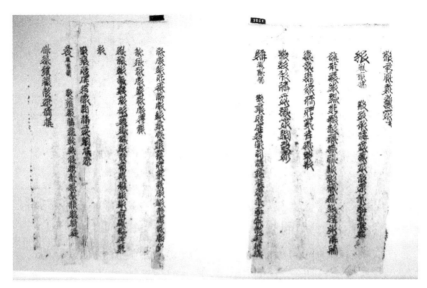

图 5　英藏 Or.12380/3561 藏经校勘记录

英藏黑水城文献中还有一纸本文献 Or.12380/3561 值得关注。这件文献图版见《英藏黑水城文献》第 4 册，缺出土编号，原题"佛经"。①此件文献史金波先生、西田龙雄先生皆有涉及，前者将其改题为"佛经引语出处"，②后者将其称为"字绳"。③今结合前述木牍，可以对这一文献有更为明确的认识，同时也能为上述木牍的性质提供进一步佐证。

英藏 3561 为写本，共两纸，《英藏》分为 R、V 作正反两面处理，据史金波先生介绍，所谓 R、V 实则是两纸文献折叠后误以为正反两面。3561R 共 6 行，出现"𘟂""𘟂"两大字，下有小字；3561V 共 7 行，出现"𘟂"一大字，其他与 R 形式相同。下面对这一文献试做全文解读。

①　北方民族大学、上海古籍出版社、英国国家图书馆编《英藏黑水城文献》第 4 册，上海古籍出版社，2005 年，第 249 页。
②　史金波：《〈英藏黑水城文献〉定名刍议及补正》，《西夏学》第 5 辑，上海古籍出版社，2010 年，第 8—11 页。
③　〔日〕西田龙雄：《西夏语研究新论》，京都：松香堂书店，2012 年，第 558 页。

西夏文录文：

3561R：

缺一行[1]

〔西夏文〕《〔西夏文〕》〔西夏文〕[2] /

〔西夏文〕？〔西夏文〕，〔西夏文〕 /

〔西夏文〕[3] /

〔西夏文〕 /

〔西夏文〕《〔西夏文〕》〔西夏文〕[4] /

3561V：

〔西夏文〕，〔西夏文〕，〔西夏文〕，〔西夏文〕，/

〔西夏文〕，〔西夏文〕。/

〔西夏文〕？〔西夏文〕，〔西夏文〕，〔西夏文〕 /

《〔西夏文〕》〔西夏文〕。/

〔西夏文〕《〔西夏文〕》[5]〔西夏文〕，/

〔西夏文〕。/

汉译文

3561R：

大□及续□经契□ /

戒字捆中《大庄严论经》第十于卷尾两句无者，/ 此言何故？所说以勤使听法故也，听法故则能除愚痴，/ 能别了于诸善恶谓也。/

大庄严论经卷第十 /

舒字捆中《大乘阿毗达磨集论》第二于卷尾三句无者，/

3561V：

差别故，食持差别故，爱非爱趣差别故，清净差别故，/ 威德差别故，是差别义。/

何等顺逆故？谓杂染顺逆故，清净顺逆故，是说缘起顺逆义。/

大乘阿毗达磨集论卷第二 /

文字捆中《摄大乘论释》于第五卷头各句无者，/ 所知相分第三之二 /

校注：

（1）此行西夏文字中有几字不清晰，未能录出者，暂以"□"表示。

（2）𘚟𘞭，无者。此两字原缺，此参照以下两条内容补。

（3）相应汉文本原文作："何以故？说是应常勤听法，以听法故能除愚痴，心能别了于诸善恶。"①

（4）此言于《大乘阿毗达磨论》第二卷尾缺三句。对照汉文本，相应的三句分别是"何等差别故？谓识生差别故，内死生差别故，外谷等生差别故，成坏差别故，食持差别故，爱非爱趣差别故，清净差别故，威德差别故，是差别义"、"何等顺逆故？谓杂染顺逆故，清净顺逆故，是说缘起顺逆义"及尾题"大乘阿毗达磨集论卷第二"。②3561V确实对应此三句，但第一句前尚缺与"何等差别故？谓识生差别故，内死生差别故，外谷等生差别故，成坏"相应之内容。按，3561V为7行一折，3561R则为6行，疑于此残缺了一行文字。补齐这段文字，3561R与V内容即可前后连接。

（5）𗡝𗫶𘝢𗤶𗦀𗂧𗾛，字面作"大乘摄论解具"。此当《摄大乘论释》的西夏文翻译。其"𗾛"通常出现在动词之后作名物化助词使用，这里放在"𗂧"（解）之后，对应于汉文的"释"。此西夏文献之前未见有任何著录，此为首见。

这两纸写本残页中出现了三个大字，分别是"𗫶"、"𘝢"及"𗦀"，三字之下皆有相同的小字"𗧀𘚟𘞭"。这里出现的大字无疑与前述木牍中第三、四片极为相似，这里小字中"𘚟"也同样出现在前述木牍第二、三片中，这里"𘚟"前还出现"𗧀"（字）一字。综合这些材料表明，这里的大字即是佛经函号用字。这里的"𘚟"（捆）或许也可以理解为"函"。

下面再分析一下3561号文献的性质。这里涉及三个函号中内容。从"𘝢"与"𗦀"两个函号的记载内容来看，这里提到"𘝢"函中"于《大

---

① （后秦）鸠摩罗什译《大庄严论经》卷10，《大正新修大藏经》第25卷，大正一切经刊行会，1925年。

② （唐）玄奘译《大乘阿毗达磨集论》卷2，《大正新修大藏经》第25卷，大正一切经刊行会，1925年。

乘阿毗达磨论》第二卷尾三句无",意思是"爇"函中的"《大乘阿毗达磨论》第二卷"末尾缺少了三句,并将这三句补充了进来;"亥"函中则在"《摄大乘论释》于第五卷头""各句无者",这里所缺多句,但因下缺,只存了一句。这里连续于两个函号下面补充了各函所缺内容,"缑"字函中第一行最后两字缺,但这里补出了《大庄严论经》第十最后一句及尾题,合为两句,正与前文所述"《𗣊𗣊𗣊𗗟𗾧𗤋𗖰》𗴿𗵒𗑠𗥃𗿲𗥃"(《大庄严论经》第十于卷尾两句)相合,可见这里所缺两字即是"𗴿𗶅"(无者)二字。

也就是说,英藏 3561 号文献所列内容并非只是单纯的"佛经引语出处",而是对佛经中缺漏的内容进行补充。因此,这一文献类似于我们今天所见古籍整理著作中附在文末的校勘记,用以补充正本文献的错讹,不过这两纸文献性质更为单一,而是集中补足藏经中的脱文。这里要补充的藏经到底是什么,原本是刻本还是写本,我们还不甚清楚,极有可能就是一部《西夏文大藏经》。

在俄藏西夏文《佛说长阿含经》卷 12 题记旁纳印有皇太后罗氏抄写大藏经之牌记。牌记朱文,双栏,共 5 行,足行 10 字。其全文转引如下:

Инв.№150 卷首牌记:

　　祥𗾧𗴿𗣊𗗟𗤋𗣊𗣊 /

　　𗣊𗤋𗤋𗖰𗣊𗣊𗣊𗾧𗥃𗖰 /

　　𗤋𗣊𗣊𗕿𗣊𗣊𗖰𗤋𗥃 /

　　𗾧𗾧𗣊𗗟𗖰𗖰𗤋𗣊𗣊𗾧 /

　　𗣊𗾧𗤋𗗟𗣊𗾧𗣊𗾧𗤋 /

对译:

　　白高国大净信弟子 /

　　皇太后罗氏番大藏经契 /

　　一全增新写天下庆报 /

　　众宫庙内经契藏中△传 /

　　永远读颂供养当△为 /

译文：

大白高国清信弟子皇太后罗氏新写全增番大藏经一藏，天下庆报，已入寺庙内藏经中，当为永远读诵、供养。

题记中《番大藏经》无疑即是《西夏文大藏经》。题记中提及"新写全增"，可能此前已有，至皇太后罗氏又"新写全增"一藏。西夏时期是否存在刻本大藏经，尚缺少足够实物资料，但写本大藏经无疑是存在的。大藏经入藏收藏，必须是要有函号的，也需要如上文考察的那几片木牍函号供检索查找之便。不能肯定这里出现的木牍及校勘记录是否属于《西夏文大藏经》，但它们肯定是作为一种西夏文藏经的木牍函号及校勘记录而存在的，这为我们进一步研究西夏藏经提供了宝贵的实物资料。

（原文刊于《宁夏社会科学》2018年第3期，第205—209页）

《番汉合时掌中珠》"急随钵子"考释

段玉泉

　　《番汉合时掌中珠》中有一西夏词语"𘔧𗙴"，对应的汉文作"急随钵子"。"急随钵子"为何物？各种辞书未见记载。西夏学界曾有过多种不同解释，西田龙雄先生译作 wine warmer（温酒器），[①]史金波先生将其纳入西夏"食品热加工的工具"之列，[②]黄振华先生甚至戏言，"急随钵子"为尿壶。[③]这些观点大多只是一种推测，缺少进一步的依据。这里在前人阐述的基础上试做进一步解释。

　　"𘔧𗙴"一词中的"𗙴"对应"钵子"，已无疑义；那么，"𘔧"字无疑就是对应汉文"急随"。因此这里的关键是要明确"急随"作何解释。看《掌中珠》书中词语的排列顺序，"𘔧𗙴"之前为"𘈩"（铛）、"𗰖"（鼎）两种器物，其后又紧接"𗢸𘕿"（火炉鏊）、"𗢸"（甑）两种器物。这里先将各个词语具体所指物体按原顺序排列如表1：

表 1 《番汉合时掌中珠》"急随"等词语所指物体

𘈩（铛）	（1）温器，似锅，三足；（2）烙饼或做菜用的平底浅锅。
𗰖（鼎）	三足两耳，和五味之宝器也。
𘔧𗙴（急随钵子）	？
𗢸𘕿（火炉鏊）	烙饼的炊具。
𗢸（甑）	蒸饭的一种瓦器。

[①]　〔日〕西田龙雄：《西夏语の研究》（1），东京：座右宝刊行会，1964 年，第 210 页。

[②]　史金波：《西夏社会》，上海人民出版社，2007 年，第 647 页。

[③]　聂鸿音：《打开西夏文字之门》，国家图书馆出版社，2014 年，第 26—27 页。

"𗼉𗝶"（急随钵子）前后所列的词语皆为厨房之器物，因此可以推测该词也是类似的器物。

西夏辞书《文海宝韵》保存了"𗼉"字的解释。这段西夏文解释目前有两种翻译，兹将其原文及译文转录如下：

𗼉："𗀑𗤓𗒘𗗚。𗼉𘝢𘜶𘏨𘄡，𗯨𗤞𗒘𗝶𘄠𗤴𗝶，𘘚𗤴𘐆𘓎𘙰𗈈。"

译文一：［迹］左［？］右。此者如茶铫，颈弯中宽有口也，汉语"急随"之谓。①

译文二：［汲］左空右；钵者如茶铫，头弯中空有嘴也，汉语"急随"之谓。②

两种翻译大抵吻合，基本上译出了"𗼉"的含义，但仍有改进的余地。这关键在于对西夏文"𘏨"一词的理解。"𘏨"为西夏语中的比较格助词，一般通过这个助词来表示两种人或两类事物在性质与程度上的差异或对比。其常规句式可以概括为：

被比较项 + 比较项（参照标准）+ $𘏨$ su1 + 比较结果

例如：

𗼉𘀗𘝢𗤴𗝶�0𘄠𗤴𘏨𘜶𘏨。

译文：轩辕天帝胜于四方帝。

此句中，"𗼉𘀗�（轩辕天帝）"为被比较者，"�0𘄠𗤴（四方帝）"为比较者（参照者），比较格助词"𘏨"置于比较者"�0𘄠𗤴（四方帝）"之后，"𘜶𘏨"（胜）为比较的结果。

《文海宝韵》中关于"𗼉"的解释也采用了相同的句式。其中"𗼉（急随）"为被比较物，"𘜶𘏨（茶铫）"为比较物或参照物，比较格助词

① 史金波、白滨、黄振华：《文海研究》，中国社会科学出版社，1983年，第490页。
② 李范文：《夏汉字典》，中国社会科学出版社，1997年，第609页。

"ꛣ"紧接于参照物"ꛤꛥ（茶铫）"之后，"ꛦꛧꛨꛩꛪꛫ（颈弯中宽有嘴）"则为比较结果。按照这一分析，"急随"不只是简单地如茶铫一样，而是相对于茶铫，颈弯中宽有嘴。因此，《文海宝韵》中关于"急随"解释的翻译可稍作改进，调整如下：

　　急随：［汲］左空右；急随者，较茶铫颈弯中宽有嘴也，汉语"急随"之谓。

　　既然《文海宝韵》将"急随"与"茶铫"拿来比较，二者应该有很多相似之处，或者是某一类用具，因此"急随"极有可能与"茶铫"同属于茶具一类的器物。遍查古代关于茶器的记载，发现有"急须"一物。宋黄裳《龙凤茶寄照觉阐师》诗："寄向仙庐引飞瀑，一簇蝇声急须腹。"自注："急须，东南之茶器。"①《番汉合时掌中珠》中出现的可能是茶器的"急随"这种器物，有没有可能就是黄裳诗中所言东南茶器"急须"呢？如果是，那么"急须"一词在当时的宋代西北方音中就读成了"急随"。

　　事实上，"须""随"两字在宋代汉语西北方音中可能存在着混读现象，这可以从夏汉对音资料中寻找到相关线索。《番汉合时掌中珠》中每一词语均排列4行，中间两项字体稍大，分别为西夏文和汉文，二者意义相互对应；左右两行皆为注音字，左行以汉字注相临西夏字的读音，右行以西夏字注相临汉字的读音。书中用于给汉文"急随"两字注音的西夏文作"ꛬꛭ"*kji1.11sjwi1.11。上文已提及《文海宝韵》关于"ꛮ"一词的解释，在与"茶铫"比较之后，还有一句"ꛯ꛰꛱꛲꛳꛴"，此言该词在汉语中称呼，当译作"汉语'急随'之谓"。如此，汉文"急随"两字就有了两条夏汉对音资料，兹列表2如下：

表2　"急随"夏汉对音

急随	꛵꛶ *kji 1.11sjwi 1.11
	꛷꛸ *kjɨ 1.30 sju 1.03

　　根据此上对音关系，西夏文"꛹"*kji、"꛺"*kjɨ1.30两字均可与汉

---

①　（宋）黄裳：《演山集》卷1，《景印文渊阁四库全书》第1120册，台北：台湾商务印书馆，第33页。

文"急"对音,"𗧤"*sjwi1.11、"𗇋"*sju1.03 两字皆可与汉文"随"对音。这里主要需要了解"随"与"须"二字是否存在混读的情况,因此,下面重点考察"𗧤"*sjwi1.11、"𗇋"*sju1.03 两字同汉文的实际对音情况。前一字"𗧤"*sjwi1.11 与汉文对音的用例较少,除这里与"随"相对外,尚可见与"隋""绥""遂""燧"等汉字相对。例见:

> 𗧤𘊴—隋国(《孙子兵法三家注》卷中,23B1)
> 𗧤𗫂𘏨—绥远寨(《天盛律令》卷 10,28A9)
> 𘃡𗧤—韩遂(《类林》卷 7,8A3)
> 𗍫𗧤—韩燧(《孙子兵法三家注》卷中,36B6)

同样与汉字"随"对音的"𗇋"*sju1.03 字,除《文海宝韵》的解释之外,在其他西夏文献中还未见有进一步的用例。不过,与之同音的上声字中有一"𗉛"*sju2.03 字[1],通常作译音字使用,与"宿""西""须""苏""胥""肃""嵩""松""俗""徐""续"等汉字对译,这些对音汉字中就有一"须"字。例见:

> 𗉛𗙻𗤒—须弥山(《大方广佛华严经》卷 16)
> 𗉛𗙻𘑥𗾖—须弥力佛(《过去庄严劫千佛名经》)

以上两组对音材料中,第一组的汉字"隋""绥""遂""燧"皆为止摄字,第二组中的"须""胥""苏"则为遇摄字。它们之间的关系简化列表如下:

> 𗧤 sjwi1.11 随隋(止合三平支邪)绥(止合三平脂心)
> 𗇋 sju1.03 随(止合三平支邪)
> 𗉛 sju2.03 须(遇合三平虞心)

---

① 按,通常将平声第 1 韵及上声第 3 韵合为一韵,即综合第 3 韵(R3)。

　　根据三字之间的相互关系，不难发现，在宋代西北方音中，汉文"须""随"二字确实存在着混读的情况，这也意味着止摄字与遇摄字存在混读现象。由于目前所掌握材料有限，在现今所见夏汉对音材料中，相关的混读情况所见不多。不过在敦煌文献中，我们可以找到进一步的佐证材料。李正宇先生曾整理了一大批敦煌方音中止摄字与遇摄字混同的例子，其中有三例材料正与文本相关。其两例来自 P2578《开蒙要训》，分别是"葰"与"须"混读、"髄"与"须"混读，其中"葰"以"绥"为声符，"髄"与"随"二字谐声；另一例来自 S840《字书》，"绥"与"须"混读，则与西夏材料完全吻合。① 这进一步证明，西夏文献中所反映的"须""随"混读是完全成立的。

　　既然"须""随"在西北方音中存在混读，那么前文假定的"急随"与"急须"为同一物品在语音上有了明确的证据。可以说，《掌中珠》的"急随"当与"急须"相通。

　　那么，"急须"到底是一种什么茶器呢？首先看看《文海》与之相比较的"茶铫"为何物。关于"铫"，《说文·金部》言："铫，温器也。从金兆声。"《正字通·金部》则言："铫，……温器，今釜之小而有柄有流者亦曰铫。"这样看来，茶铫应是一种有柄有嘴的一种温茶或煮茶之器，而根据《文海宝韵》的解释，急须相较茶铫颈部弯曲，中间可能更宽些。"急须"在实际使用过程中，不只是煮茶的器物，据明都印《三余赘笔》"急须仆憎"条所载"吴人呼暖酒器为急须"。② 因此，急须即是一种煮茶或温酒的器物。

　　黄振华先生曾戏言，"急随钵子"为尿壶，这一认识古亦有之。明郎瑛《七修类稿》卷 24："近时人又以贮酒之器为急须，亦止为一饮字讹之。殊不知古人以溺器为急须，乃应急而须待之者，反又不知其义，可笑。"③ 明陆容在《菽园杂记》卷 8 中更进一步解释："急须，饮器也，以其应急而用，故名。赵襄子杀智伯，漆其头以为饮器。注云'饮，于禁反，溺器

① 李正宇：《敦煌方音止遇二摄混同及其校勘学意义》，《敦煌研究》1986 年第 4 期，第 47 页。
② （明）都印：《三余赘笔》，《丛书集成初编》第 2897 册，中华书局，1985 年，第 6 页。
③ （明）郎瑛：《七修类稿》，《续修四库全书》第 1123 册，上海古籍出版社，2002 年，第 166 页。

也'。今人以暖酒器为急须，饮字误之耳。吴音须与苏同。"① 不管两人之说
是否可信，然就《掌中珠》中"急随钵子"而言，该词置放于系列蒸煮器
皿之间，绝非尿壶溺器，定当煮茶或温酒之器物无疑。

（原文刊于《敦煌学辑刊》2018 年第 3 期，第 126—129 页）

---

① （明）陆容:《菽园杂记》，元明史料笔记丛刊，中华书局，1985 年，第 99 页。

西夏文献所见黄帝形象研究

彭向前

　　黄帝作为中华民族人文始祖的形象，是经过不断凝练而升华成就的。学界一般认为，黄帝形象的形成，有一个从神观念的建立到人格化的转变过程。至于五色帝与黄帝之间的关系，或认为先有五色帝，后被赋予具体的神话古帝称谓；或认为黄帝传说出现在前，五色帝神话是五行学说流行之后的附会之物。迄无定论，此不赘述。被当作历史人物对待的黄帝，出于民族凝聚力的需要，其形象大致经历了从部落领袖到华夏汉族始祖，再到北方各族共祖，最终放大成为中华民族公认的人文始祖的漫长历程。《史记》的作者司马迁总结西汉孝武帝开疆拓域的成果，将黄帝从部落领袖弘扬成为华夏汉族始祖。《魏书》的作者魏收总结北魏孝文帝的汉化改制成果，将黄帝拓展成为北方各族共祖的形象。唐朝之后，弘扬黄帝的运动方兴未艾，为此而努力者层出不穷，遂使黄帝的影响从黄河流域推广到大江南北、长城内外，在广袤的中华大地上传播开来，普遍深入到社会各个阶层。对黄帝形象的塑造不仅各民族广泛参与，即便在民族政权对峙时期也没有停止。辽宋西夏金时期，黄帝作为民族共祖形象继续得到弘扬，且与魏晋南北朝时期黄帝形象的塑造一脉相承。尤其值得注意的是，地处西北的西夏王朝也曾经参与对黄帝形象的塑造。西夏宣称党项拓跋出自鲜卑拓跋，党项人也是黄帝的后裔。挖掘相关史事，可为黄帝历史形象塑造研究，也为论证西夏对"中国"的认同，提供新的内容。①

一 "黄色帝"与"轩辕皇帝"

西夏文献中所载黄帝形象可以分为两种，一种是指以颜色特征命名的"五色帝"之一，另一种则是为人们所熟知的古代杰出人物的代表。西夏人似乎不认为二者之间有什么关系，为避免混淆，他们刻意把前者译作"黄色帝"，把后者译作"轩辕皇帝"。刻印于西夏仁宗乾祐十三年（1182）的西夏文《圣立义海》，有关于西夏祭祀"五色帝"的明确记载。五色帝往往与五方相配伍，组合成"中央黄帝、东方青帝、南方赤帝、西方白帝、北方黑帝"。在历代国家祀典的各种官方祭祀中，五色帝始终是祭祀的重要对象。《圣立义海》一书，体例似仿汉文《艺文类聚》，分门别类地记载星宿、天象、时令、山川、草木、农田、物产、耕具、畜产、野兽、服饰、饮食、皇室、官制、佛法、司事、军事、人品、亲属、婚姻、贫富等方面，共15章142类。每类中有若干词语，每一词语下有双行小字注释。第3章专门讲时令，沿袭自中原王朝《月令》类文献，按月从正月至十二月依次加以叙述，残存七至十二月、闰月、中央等条目。在"中央之名义"条下的记载，汉译文如下（小一号字体者为双行小注。西夏文原文下面给出这段文字的对译和新译，与旧译②不同之处则出注说明）：

> 𗣼𗗙𗷰𗰖𗀔
> 𗣼𗗙𘄿𗯮。𗣼，𗯮。𗤆𗊱𗀭𘄴，𗰖𗖋𗱈𘄴，𘊚𗊱𗫼𘄴，𗦲𗊱𗸪𘄴，𗧃𗊱𗧤𘄴，𗸐𗨁𗆫𘂤𘝯𗖃。�𘉍𗷰𗗙𘃵，𘉍𘆟𗈙𗰖𗷰𘎵𘊢𗦻𘄴，𗩇𗩶𘄴𘉍𘉍𗷰𘍦𗠁𘒶𘍦𗠁𗙫，𘈩𘉍𘐊𘆟𘂤𘏆。

---

① 黄帝形象塑造研究，可参看李凭《黄帝历史形象的塑造》，《中国社会科学》2012年第3期，第149—181页。关于西夏对古代"中国"的认同，可参看史金波《论西夏对中国的认同》，《民族研究》2020年第4期，第103—115页。

② 〔俄〕克恰诺夫、李范文、罗矛昆：《〈圣立义海〉研究》，宁夏人民出版社，1995年，第55页。

对译：

中央之名义

中央黄帝中中音中唇属五行土属性中信属事中思属味中甘属神脾以先供祭四季于固依季数已处十八日各土属故年属四季十二月七十二节卦依显明也谓

新译：

中央之名义

中央黄帝。中，中间。音中属唇[1]，五行属土，性中属信，事中属思，味中属甘，供祭神以脾为先[2]。固依于四季，每季各十八日属土[3]，故年有四季、十二月、七十二候[4]，依卦显示[5]也。

注释：

[1]中，中间。音中属唇：旧译文作"中，中音'渴'，属口"。本句的意思是，中指四时的中间，于此时相配的音是五音中的唇，即"宫音"，《梦溪笔谈》记载"切韵家则定以唇、齿、牙、舌、喉为宫、商、角、徵、羽"，①旧译文把"五音"误解为"读音"。

[2]供祭神以脾为先：旧译文作"以神脾供祈先"，不知所云。本句的意思是，此时祭神所用五脏祭品，以脾脏为先。

[3]固依于四季，每季各十八日属土：旧译文作"依四季区分，各有时数。十八日属土"，不知所云。西夏文"𗏵（数）"本为实词，这里作为附加成分，可以附着在任何表示可计量事物的名词之后，构成复数形式，句中的"𗼨𗏵（季数）"指四季。每季各十八日属土，是五行分配四时的结果。在将五行时令纳入四时节令的过程中，木火金水四行与四时相协，土行则分寄于四时，这叫"播五行于四时"。具体的做法，如孔颖达疏解《月令》"中央土"曰："四时系天，年有三百六十日，则春夏秋冬各分居九十日。五行分配四时，布于三百六十日间，以木配春，以火配夏，以金

---

① （宋）沈括：《梦溪笔谈》卷15《艺文二》，中华书局，2015年，第150页。

配秋，以水配冬，以土则每时辄寄王十八日也。"①

　　[4]七十二候：旧译文作"七十二节"，不妥。西夏字"𦥑"有"节"义，这里指"物候"。

　　[5]依卦显示：旧译文作"依卜显示"，不妥。关于四季、十二月、七十二候是如何依卦显示的，文献记载："十二月有十二中气，则置十二辟卦以主之。辟卦平铺，四时对待，故二十四气、七十二候分列其中而不紊焉。盖地上之气起于二，二而六之为十二月，二而四之为二十四气，二而三之为七十二候。此十二辟中，所以藏了七十二候；四正卦中，所以藏了二十四气；六十卦中，所以藏了三百六十日。"②这里的"十二辟卦"，指"泰、大壮、夬、乾、姤、遁、否、观、剥、坤、复、临"十二卦。

　　西夏文《圣立义海》中的这段文字，与《礼记·月令》中的记载多有重叠之处，兹将相关记载转录如下，以资比对。

　　　　中央土。其日戊、己。其帝黄帝，其神后土。其虫倮。其音宫，律中黄钟之宫。其数五。其味甘，其臭香。其祀中霤，祭先心。③

　　需要指出的是，《圣立义海》中与时令有关的内容，并非抄袭自《礼记·月令》，二者之间存在着显著的差异。其一，祭品搭配不同。在四时的中间，《圣立义海》祭品"以脾为先"，《礼记·月令》则作"祭先心"。这是因为木、火、土、金、水有"位"与"气"之分。"以上、下、左、右、中之位言之，则脾春、肺夏、心中、肝秋、肾冬；以金、木、水、火、土之气言之，则肝木、心火、脾土、肺金、肾水"。④《圣立义海》以气言不以位言，《礼记·月令》则以位言不以气言，故在夏秋之

① 《礼记正义》卷16《月令》，（清）阮元校刻《十三经注疏》，中华书局，2009年，第2970页。
② （明）王邦直撰，王守伦等校注《律吕正声》卷15《律历同道上》，中华书局，2012年，第145页。
③ 《礼记正义》卷16《月令》，（清）阮元校刻《十三经注疏》，第2971页。
④ （清）焦循：《礼记补疏》卷1，凤凰出版社，2015年，第303页。

间，前者祭品为动物脾脏，后者祭品为动物心脏。其二，尚未将作为五行之神的"五色帝"与神话古帝联系在一起。在《圣立义海》"十月之名义"条中出现"𗾘𗤫𗏇𗏹（北郊黑帝）"，[1]以此类推，"中央之名义"条中的"黄帝"只能是"黄色帝"。《礼记·月令》则记载："孟冬之月，日在尾，昏危中，旦七星中。其日壬、癸。其帝颛顼，其神玄冥。"[2]这里的五色帝"黑帝"，则被赋予具体的神话古帝称谓"颛顼"。《圣立义海》中的五色帝与《礼记·月令》中的神话古帝对应关系如表1（括注文字为笔者所补）。

表 1　五色帝与神话古帝对应关系

出处	五色帝	神话古帝	出处
《圣立义海》	（青帝）	太皞	《礼记·月令》
	（赤帝）	炎帝	
	（白帝）	少皞	
	黑帝	颛顼	
	黄帝	黄帝	

大概为了区分作为"五色帝"的黄帝和作为历史人物的黄帝，在用西夏文翻译的汉文典籍中，遇到作为历史人物的"黄帝"一词时，夏译者往往改译为"𗤻𗏹𗏇𗏹（轩辕皇帝）"，见西夏文《孙子兵法三注》第九《行军》。[3]具体内容如下：

　　　　𗤻𗏇𗏹𗏹𗤜𗏹𗕑𗾿𗧗。

　　　𗾺𗫂𗍫：𗤻𗏇𗏹𗏹𗧘𗏹𗤜𗙴𗫡𗔇𗤊𗥃𗮀，𗖵𗾻𗧘𗎫𗏹𗧘𗌍𗤋[1]。
𗏇𗏹𗗠𗣺𗒙𗾿𗦲，𗾿𗧗。○𗥦𗾸𗍫：𗤻𗏇𗏹𗏹𗧘𗏜𗦎𗏹𗥃𗗑𗢸，𗧘𗤜𗾿𗧗𗧢，𗊹𗏇𗏹𗕑𗾿𗧗𗕑。

---

① 旧译文作"北极黑帝"，"北极"不如"北郊"更符合原义。参见〔俄〕克恰诺夫、李范文、罗矛昆《〈圣立义海〉研究》，第54页。
② 《礼记正义》卷16《月令》，（清）阮元校刻《十三经注疏》，第2989页。
③ 俄罗斯科学院东方研究所圣彼得堡分所、中国社会科学院民族研究所、上海古籍出版社：《俄藏黑水城文献》第11册，上海古籍出版社，1999年，第165页。

汉译:

轩辕皇帝胜于四方帝。

魏曹曰:轩辕皇帝始令四方诸侯立,然各自妄而取帝名。依此四
种地用兵,胜之。○李荃曰:轩辕皇帝始学兵法于风后,服四方,则
故曰胜于四帝。

原典:

黄帝之所以胜四帝也。

曹操曰:黄帝始立,四方诸侯无不称帝,以此四地胜之也。○李
荃曰:黄帝始受兵法于风后,而灭四方,故曰胜四帝也。

注释:

[1] 𗩟𗥃𗤼𗗙𗺎𗌭𗁾𗤙𗥃𗺎𗹙𗣼,𗤍𗤛𗗙𗥃𗤼𗥃𗤛𗑗𗷒:轩辕皇帝
始令四方诸侯立,然各自妄而取帝名。原文为"黄帝始立,四方诸侯无
不称帝"。此处夏译者断句有误,误以"四方诸侯"上属。"𗩟𗥃(* xjij-
jwã)",是对汉文文献中黄帝的名字"轩辕"的音译。

"𗩟𗥃𗤼𗥃(轩辕皇帝)",汉文原本《十一家注孙子》无论是经文还
是注文,均作"黄帝"。夏译者没有采取"𗿒𗥃(黄色帝)"的译法,均特
译作"𗩟𗥃𗤼𗥃(轩辕皇帝)",以示区别。此处的"黄帝",显然是被作
为历史人物来对待的,表明在西夏人看来,黄色帝与轩辕黄帝,尽管都可
以称作"黄帝",但二者不是一回事,同时也反映出夏译者对"人文始祖"
黄帝的熟悉与尊崇。

二 西夏自称为黄帝的后裔

西夏人尊崇黄帝是一种政治行为,即他们出于巩固统治的需要,宣称
自己也是黄帝的后裔。西夏文《宫廷诗集》为西夏人创作的文学作品,似
为西夏大臣应制诗集。现存33首。以往在涉及党项族源问题时,我们往
往引用甲种本诗集第6首《𗅩𗅋𗊰𗤼𗗘》(《夏圣根赞歌》)。开头提到党项

族的发祥地"黑头石城漠水边，赤面父冢白高河，高弥药国在彼方"，诗歌的主体内容为西夏始祖"啰都"及其儿子们的英勇事迹。①需要强调的是，这里是西夏人对近祖的追溯，此外在诗集中还有他们对"𦏻𦏾𦏷（远祖）"的追溯。西夏《宫廷诗集》旁征博引、化古通今，大量使用汉民族和本民族典故来抒情写意，②其中甲种本诗集第8首《𦏻𦏾𦏷𦏸𦏹》（《严驾山行歌》），在以汉籍中的历史人物入典时提及"轩辕"。③请看如下两句（西夏文原文下面依次给出对译和新译，与汉文不能形成对应的语法词用△符号表示）：

𦏻𦏾𦏷[1] 𦏸𦏹𦏺𦏻𦏼𦏽𦏾𦏿[2] 𦐀𦐁𦐂
𦐃𦐄𦐅𦐆𦐇𦐈[3] 𦐉𦐊𦐋𦐌[4] 𦐍𦐎𦐏

对译：
△过祖轩辕于起备有言△何时终
故位袭魏拓跋土无城筑教导圣

新译：
详载始于过去祖轩辕，我等言说何时终？
故袭位自北魏拓跋氏，无土筑城圣教导。

注释：
［1］𦏻𦏾𦏷，过去祖，即远祖。
［2］𦏽𦏾，"𦏾"是动词"𦏽（言）"的人称后缀，表示第一人称复数，与句中被省略的主语"我们"相呼应。
［3］𦐆𦐇𦐈，魏拓跋。"𦐆（﹡we）"，是对汉文"魏"的音译，指北魏。"𦐇𦐈（﹡tha-pha）"，是对汉文"拓跋"的音译，这里指鲜卑拓跋。自

---

① 聂鸿音：《西夏文〈夏圣根赞歌〉考释》，《民族古籍》1990年第1期。
② 梁松涛：《西夏文〈宫廷诗集〉用典分析》，《西夏研究》2011年第3期，第7—14页。
③ 俄罗斯科学院东方研究所圣彼得堡分所、中国社会科学院民族研究所、上海古籍出版社：《俄藏黑水城文献》第10册，上海古籍出版社，1999年，第290页。

元昊改姓嵬名后，汉文史籍中再不见有“拓跋”一姓，而西夏文姓氏中也不见“拓跋”二字。西夏文“[illegible]（拓跋）”的写法，可能仅此一见。[①]

［4］[illegible]，无土筑城。本句又见甲种本诗集第 13 首《[illegible]》（《新修太学歌》），“[illegible]，[illegible]，[illegible]（土虽无城△筑土无城筑天久地久妙耀耀）”，意思是“无土却能筑城，无土筑城，天长地久光耀耀”。[②]

诗歌中言西夏袭位自北魏拓跋氏，此说源于开国皇帝元昊。早期党项有八大部，各以族姓为别，“其种每姓别自为部落，一姓之中复分为小部落，大者万余骑，小者数千骑，不相统一，有细封氏、费听氏、往利氏、颇超氏、野律氏、房当氏、米禽氏、拓拔氏，而拓拔最为强族”。[③] 八大部中最强的部族是拓跋部，后来演变为西夏的皇族。党项族是西羌的一支，现在的语言学研究成果也表明西夏语是汉藏语系藏缅语族羌语支，此外如发式、服饰、婚姻、葬俗、信仰等，都与羌系民族接近。党项羌元昊本姓拓跋，为证明自己做皇帝的合法性，不惜高攀冒认北魏拓跋鲜卑，声称“臣祖宗本出帝胄，当东晋之末运，创后魏之初基”。[④] 元昊把先祖上溯到北魏，继任者更是有过之而无不及，在贯彻西夏开国皇帝元昊意图的基础上，把党项先祖上溯到华夏初祖黄帝。这是因为拓跋鲜卑曾经依托轩辕为先祖。魏道武帝在登基时就曾赞许朝廷群臣所谓“国家继黄帝之后”的奏言：

> 天兴元年，（道武帝）定都平城，即皇帝位，立坛兆告祭天

① 彭向前：《元昊改姓考》，《青海民族大学学报》2013 年第 2 期，第 46 页。

② 聂鸿音：《西夏文〈新修太学歌〉考释》，《宁夏社会科学》1990 年第 3 期，第 9 页。按西夏诗歌中一再提及“无土筑城”，一直不了解这个事典的来历和含义。《夏圣根赞歌》称“故袭位自北魏拓跋氏，无土筑城圣教导”，把“无土筑城”与北魏联系在一起。受此启发，我们认为此事或与司马楚之“伐柳为城”有关。《魏书·司马楚之传》记载，司马楚之负责督运军需，突遭柔然军袭击，“即使军人伐柳为城，水灌之令冻，城立而贼至，冰峻城固，不可攻逼”，受到北魏太武帝拓跋焘的嘉许。冰城在日光下闪闪发亮，与诗句中的“光耀耀”亦颇相合。此表明西夏人出于特殊的政治目的而对北魏的历史是熟悉的。

③ （唐）杜佑：《通典》卷 190《边防六·西戎二·党项》，中华书局，1988 年，第 5169 页。

④ 《宋史》卷 485《夏国传上》，中华书局，1985 年，第 13995 页。

地……事毕，诏有司定行次，正服色。群臣奏以国家继黄帝之后，宜为土德，故神兽如牛，牛土畜，又黄星显曜，其符也。于是始从土德，数用五，服尚黄，牺牲用白，祀天之礼用周典。[①]

魏道武帝建国伊始，就力图将拓跋鲜卑列入华夏黄帝体系。魏收在撰写《魏书》时，在《序纪》里通过所谓昌意少子的传说，将拓跋氏的初祖设定成黄帝的后代。

昔黄帝有子二十五人，或内列诸华，或外分荒服；昌意少子，受封北土，国有大鲜卑山，因以为号。其后，世为君长，统幽都之北，广漠之野，畜牧迁徙，射猎为业，淳朴为俗，简易为化，不为文字，刻木纪契而已，世事远近，人相传授，如史官之纪录焉。黄帝以土德王，北俗谓土为托，谓后为跋，故以为氏。其裔始均，入仕尧世，逐女魃于弱水之北，民赖其勤。帝舜嘉之，命为田祖。爰历三代，以及秦汉，獯鬻、猃狁、山戎、匈奴之属，累代残暴作害中州，而始均之裔，不交南夏，是以载籍无闻焉。[②]

此段文字意在表明，鲜卑拓跋氏系自黄帝部落分化出去的一支，并在早期一直与五帝部落有所联系。为了增加可信度，魏收同时援引"拓跋"与"后土"对译作为此说的佐证。魏孝文帝进一步采取汉化政策，热衷于姓氏的汉化，取拓跋有土之义，土为万物之元，率先改姓元氏，并将其他部落姓氏全部改为汉姓。为了体现孝文帝姓氏改革的成就，魏收特编撰《姓氏志》，详载拓跋部落联盟新旧姓族。如果说《魏书·序纪》为纲，《魏书·姓氏志》则为目，通过二者的配合，魏收遂在司马迁的基础上将黄帝弘扬成为北方各族的共祖。[③]

既然元昊以北魏拓跋鲜卑为祖宗，而拓跋鲜卑曾经依托轩辕为远祖，西夏继任者把先祖进一步上溯到黄帝，也是顺理成章的事。西夏自称黄

---

① 《魏书》卷 108 之一《礼志四》，中华书局，1974 年，第 2734 页。
② 《魏书》卷 1《序纪》，第 1 页。
③ 李凭：《黄帝历史形象的塑造》，《中国社会科学》2012 年第 3 期，第 180 页。

帝的后裔，这在同一时代的宋人记载中也可以得到印证，如南宋罗泌《路史》一称"党项，悃之后"，[1] 再称"悃迁北土，后为党项之辟为拓跋氏"。[2] 这里的"悃"就是昌意的少子，"有子三人，长曰乾荒，次安，季悃"。[3] 西夏此举含有深刻的政治目的。囿于狭隘的民族观和封建正统思想，辽、北宋以及继起的金无不摆出一副居天下之正的模样，视偏居西北的西夏王朝为藩属国。西夏王朝强烈要求改变屈居人下的局面，一心渴望与中原王朝平起平坐，这应该是他们远攀黄帝后胤主观动机之所在。同时，此举也是西夏社会进一步发展的反映。西夏《宫廷诗集》的写作时间，应在仁宗乾祐十六年（1185）至神宗光定辛巳年（1221）之间。[4]夏仁宗堪称西夏历史上一代励精图治的明君，他在长达半个多世纪的统治期间，先后采取了一系列强有力的内政与外交措施，推动了封建生产关系的调整和发展，西夏社会进入鼎盛时期。这一时期西夏儒学发展也达到顶峰，人庆三年（1146）"尊孔子为文宣帝"，[5] 超过中原王朝"文宣王"的封谥规格。正是在这种背景下，西夏进一步把黄帝当作党项族的远祖。元昊冒认北魏拓跋鲜卑为先祖，只不过为了证明自己做皇帝的合法性，相比之下仁孝时期远攀黄帝为远祖，并不是简单地为了贯彻元昊的意图，而是西夏社会汉化程度加深的需要。西夏共祖意识的产生，有力地推动了民族融合。

有趣的是，辽宋西夏金时期少数民族对黄帝共祖形象的塑造，与魏晋南北朝时期遥相呼应。西夏作为黄帝的后裔，在南宋人的笔下有更具体的记载"悃之后"。无独有偶，辽朝史官耶律俨在修《辽实录》时，依据契丹源于东胡之后鲜卑的说法，取《晋书》《魏书》以东胡、慕容鲜卑、拓跋鲜卑为黄帝之后的观点，进而认为"辽为轩辕后"，[6] 将契丹人说成是黄帝子孙。辽圣宗时期的《大契丹国夫人萧氏墓志》，在介绍萧氏丈夫耶律污斡里时说"公

[1] （南宋）罗泌：《路史》卷24《黄帝后姬姓国》，明历代小史本，第517页。
[2] （南宋）罗泌：《路史》卷14《黄帝纪上》，第140页。
[3] （南宋）罗泌：《路史》卷14《黄帝纪上》，第246页。
[4] 梁松涛：《〈宫廷诗集〉版本时间考述》，《薪火相传——史金波先生70寿辰西夏学国际学术研讨会论文集》，中国社会科学出版社，2012年，第197—202页。
[5] 《宋史》卷486《夏国传下》，第14025页。
[6] 《辽史》卷63《世表》，中华书局，1974年，第949页。

讳污斡里，其先出自虞舜"，明确将黄帝之子昌意的七世孙虞舜说成是耶律污斡里的祖先。[①] 为何契丹、党项在追溯先祖时都不约而同地指向黄帝之子昌意？这一切都肇始于《魏书》的作者魏收。原来司马迁在《史记》中编织了一张硕大的黄帝血脉网络，在《黄帝本纪》提及黄帝之子昌意时称"昌意娶蜀山氏女曰昌仆，生高阳"。[②] 据此昌意似乎是实实在在的人物，至于昌意除高阳（帝颛顼）外还生有多少个儿子，昌意少子为谁，却没有确切的记录，这就为后世少数民族在昌意的名下加入中华预留了一个空间。[③] 于是魏收得以利用昌意少子的传说，将拓跋鲜卑的初祖设定成为黄帝的后代，完成与司马迁编织的黄帝血脉网络的对接。前有车后有辙，辽和西夏以少数民族加入中华，对黄帝共祖形象的塑造，皆模仿于此。

需要指出的是，西夏拓跋氏托始推本于轩辕，这一政治行为不是孤立的。西夏在将党项拓跋氏填入黄帝血脉网络之中的同时，出于同样的动机，也将自己的政权纳入华夏正统传承序列之中。如西夏国名"大白高国"，是受其在五德中的行序"金德"的决定，以白为高，进而以色尚称国。西夏以大唐王朝的土德为续统，土生金，宣称"国属金"，[④] 表明他们是继唐王朝之后统治西北地区的。[⑤] 一些西方学者长期以来错误地认为，党项族建立的西夏是属于中亚系统的独立国家，实际上种种迹象表明西夏王朝从来也没有自外于中国。确如中国学者近年来所强调指出的，西夏与同时代的宋、辽、金三个王朝一样，对中国表现出高度认同。[⑥] 西夏是古代中国地方割据政权，而不是独立国家，更不是属于中亚系统的独立国家，西夏历史只能是中国历史不可分割的一部分。[⑦]

---

① 金永田：《大契丹国夫人萧氏墓志及画像石初探》，苏赫主编《中国北方古代文化国际学术讨论会论文集》，中国文史出版社，1995年，第118页。黄帝之子昌意的七世孙为虞舜，具体世系传承如下：黄帝、昌意、高阳（帝颛顼）、穷蝉、敬康、句芒、蟜牛、瞽叟、重华（帝舜）。

② 《史记》卷1《黄帝本纪》，中华书局，1982年，第10页。

③ 李凭：《黄帝历史形象的塑造》，《中国社会科学》2012年第3期，第173页。

④ 〔俄〕克恰诺夫、李范文、罗矛昆：《〈圣立义海〉研究》，第55页。

⑤ 王炯、彭向前：《"五德终始说"视野下的"大白高国"》，《青海民族学院学报》2009年第3期，第71页。

⑥ 史金波：《论西夏对中国的认同》，《民族研究》2020年第4期，第103页。

⑦ 李华瑞：《西夏是一个中亚国家吗？——评俄国近三十年的西夏史研究》，杜建录主编《西夏学》第20辑，甘肃文化出版社，2020年，第46—80页。

在黄帝由华夏始祖放大成为中华民族共祖的形象塑造过程中，各民族为了顺应民族融合的历史发展趋势，都做出了自己的努力，少数民族在其中的贡献不容忽视。黄帝的历史形象在灌注少数民族的新鲜血液之后，被推广成为各族共同祖先的形象，从而成为中华民族凝聚力最核心的精神要素。各个少数民族政权多试图将自己纳入黄帝谱系，这种多民族对黄帝的血缘认同，对共同起源与共同世系的集体追溯，消除了民族隔阂，促进了中华民族多元一体格局的形成与发展。

（原文刊于《民族研究》2022 年第 1 期，第 126—132 页）

西夏圣容寺研究

彭向前

在科学研究中，对未知事物的探索从来都不是一蹴而就的。对西夏圣容寺的认识，也经历了一个"瞎子摸象"般艰难曲折的过程。最初学界推测西夏的圣容寺应是一种专门寺院的名称，对"圣容提举司"这个位居中等司的管理机构的职能亦不甚了了，一度把西夏文"圣容提举"误译为"圣茔地居"，又进一步引申为西夏主管修陵、安葬和祭礼等活动的机构。受宋代在寺院中奉安帝后神御殿做法的启发，笔者曾经在《民族研究》发表《西夏圣容寺初探》一文，[①]认为西夏时期有两种圣容寺：一种是安放西夏帝后神御的圣容寺，如西夏陵区北端建筑遗址就是其中的一座；一种是所谓承袭吐蕃而来的那座位于西夏永州（今甘肃省永昌县）的圣容寺，供奉御山崩裂而出的佛陀宝像。拙文对《天盛律令》中"圣容"的解释，即指西夏帝后神御，并以之与凉州御山石佛瑞像区别开来，无疑是正确的。但把奉安西夏帝后神御的一批寺院统称为"圣容寺"，则是错误的。随着西夏文献译释能力的提高和研究素材的积累，十年后笔者才意识到《天盛律令》中根本就没有"圣容寺"这个事物，那是由以往译文不确而造成的误会。《天盛律令》中只有"圣容"而没有"圣容寺"。西夏文献中出现的圣容寺只有一座，即今天的永昌圣容寺。永昌圣容寺得名始于西夏，而非以往所说的吐蕃时期。西夏圣容寺是一处安放帝后神御的寺院，寺名中的"圣容"应具有双重含义，既指原

---

① 彭向前：《西夏圣容寺初探》，《民族研究》2005年第5期。

来的石佛瑞相，又指西夏帝后神御，详论如下。

一 《天盛律令》中没有"圣容寺"

《天盛律令》中的相关条款是针对一批奉安圣容（即西夏帝后神御，详见下文）的寺院而言的，不是专门为"圣容寺"制定的。《天盛律令》中根本就没有"圣容寺"。我们还是来看看西夏文原文（西夏文原文下面依次给出对译和新译，与汉文不能形成对应关系的语法词用△符号表示，与旧译不同之处则出注说明）。《天盛律令》卷11《为僧道修寺庙门》规定：

> 𗼇𗥑𗼃𗏇𗄊𗧀𗰔𗀔𗢭𗮓𗣼𗀈，𗢭𗲲𗱾𗬾𗰜𗩱𗬾𗆧𗆟𗬪𗼓𗣼𗰜，𗡪𗬾𗣼𗬪𗼓𗣼𗣴𗟲。𗪙𗡪𗣴𗀈，𗬪𗲦𗣴𗎽，𗣴𗣼𗣴𗨯𗬪𗛪𗢭𗢌𗧀𗲢𗥦𗋽𗣐，𗏼𗬪𗨯𗣴𗰨

一国境内寺有中圣容一处者常住镇过者正副二人提举△遣此外寺数提举遣许不倘若律违不应遣时遣者遣所人一律官有罚马一庶人十三杖

新译文：

一国境内寺院中有圣容一处者[1]，当遣常住镇守者正副二提举，此外诸寺不许遣提举[2]。倘若违律，不应遣而遣时，遣者、被遣者一律有官罚马一，庶人十三杖。

注释：

[1] 国境内寺院中有圣容一处者："𗢭𗮓（一处）"，旧译文误作"一种"①。

[2] 此外诸寺不许遣提举：旧译文误作"此外不许寺中多遣提举"②。西夏文"𗣴（数）"本为实词，这里作为附加成分，可以附着在任何表示

① 史金波、聂鸿音、白滨译注《天盛改旧新定律令》，法律出版社，2000年，第403页。
② 史金波、聂鸿音、白滨译注《天盛改旧新定律令》，第403页。

可计量事物的名词之后，构成复数形式，① 句中的 "𘜶𗦛（寺数）" 应译为 "诸寺"。

在对旧译文做出上述两处修改后，我们就会明白：其一，该条款是针对西夏那些奉安帝后神御（圣容）的寺院而言的。《天盛律令》中根本就没有提到什么 "圣容寺"，致误的主要原因是对 "𗧘𗦛" 一词的翻译。旧译文西夏境内寺院中有圣容 "一种"，很容易使人误以为在西夏寺院中有一种寺院叫 "圣容寺"。实际上西夏字 "𗦛" 没有 "种类" 的意思，是一处两处的 "处"。西夏文《类林》卷 7《报恩篇》第三十五 "孙钟" 条记载："三人食讫，谓孙钟曰：'蒙君厚恩，无所报恩，请视君葬地何在。'遂与孙钟同往上山，谓曰：'汝欲得世世封侯，数世天子？'孙钟曰：'殊妙也。'遂指一处可葬之也。" 末句西夏文原文为 "𗦛𗦉𗧘𗦛𗠜𗦛，𗦉𗦛𗧘𗦛𗠜"②，即用 "𗧘𗦛" 对译 "一处"。"国境内寺院中有圣容一处"，正确的含义是指西夏寺院中那些专辟一处奉安帝后圣容的寺院，与 "圣容寺" 是完全不同的两个概念。

其二，正是因为西夏帝后神御在此，此类寺院才非同一般，拥有特殊的地位，有资格 "遣常住镇守者正副二提举"。其余寺院则不许，否则要受到惩罚。旧译文误作 "此外不许寺中多遣提举"，把读者的注意力吸引到官员的 "超遣" 上，从而把此类寺院的独特地位彻底给湮没了。

在西夏上次中下末五等政府机构中，有个圣容提举司，属于中等司。《天盛律令》卷 10《司序行文门》记载：

中等司：大恒历司、都转运司、陈告司、都磨勘司、审刑司、群牧司、农田司、受纳司、边中监军司、前宫侍司、磨勘军案殿前司上管、鸣沙军、卜算院、养贤务、资善务、回夷务、医人院、华阳县、治源县、五原县、京师工院、虎控军、威地军、大通军、宣威军、圣容提举。③

---

① 马忠建：《语法比较——从语法比较看西夏语的支属问题》，李范文主编《西夏语比较研究》，宁夏人民出版社，1999 年，第 71 页。
② 史金波、黄振华、聂鸿音：《类林研究》，宁夏人民出版社，1993 年，第 177—178 页。
③ 史金波、聂鸿音、白滨译注《天盛改旧新定律令》，第 363 页。

这个属于中等司的"圣容提举司",是针对一批供奉西夏帝后神御（圣容）的寺院而设的,而非单独管理一座圣容寺的机构。《天盛律令》卷10《司序行文门》记载:"一司圣容提举一正、一副。"①而上文提到对那些专辟一处奉安西夏帝后神御的寺院"当遣常住镇守者正副二提举",可见圣容提举司就设在此类寺院内。

顺便指出,此条禁令同时暗示着,曾经西夏境内对其他寺院也遣官提举。大概一开始西夏王朝仅对奉安西夏帝后神御的寺院遣官提举,后来其他寺院私下起而仿效,范围逐步扩大,于是才颁发此条禁令,重申旧规。

总之,西夏法律文献《天盛律令》中根本就没有"圣容寺"一词。所谓"圣容寺",是由于译文不当而引发的误读。至于把《天盛律令》中的上引条款强加到永昌圣容寺头上,以突出由御山崩出的圣容瑞相的特殊地位,则更是错上加错。

二 西夏文献中的"圣容寺"即今永昌圣容寺

西夏文献,包括汉文文献和西夏文文献均记载西夏王朝建有圣容寺。先看西夏陵园残碑中关于圣容寺的记载。M2X：39+48+158（图版八）②第二行有西夏文八字"𘝞𗹦𗢳𗏁𗤻𗲤𗉫",汉文直译为"年中西隅圣容众宫"。这则资料是史金波先生首次译释的,他主张把西夏文"𗲤𗉫（众宫）"二字与汉文"寺"字对译,却把西夏文"𗤻（容）"字误识为"𗉛（劝）"字,结果出现所谓"圣劝寺"。③此处的误识是有原因的,这两个字在西夏文中本就字形相近,而残碑上的"𗤻（容）"字顶部恰有重物敲击的痕迹,乍一看很容易误作"𗉛（劝）"字。西夏文"𗲤𗉫（众宫）"二字之所以能与汉文"寺"字对译,聂鸿音先生解释说,是因为这个词最初来自梵文的 samgha-ārāma（僧伽蓝摩）,华言"众园""僧院",北魏杨衒之著有《洛阳伽蓝记》,书名就是取自这个意义。④总之,西夏陵残碑中的"圣

① 史金波、聂鸿音、白滨译注《天盛改旧新定律令》,第369页。
② 李范文:《西夏陵墓出土残碑粹编》,文物出版社,1984年。
③ 史金波:《西夏陵园出土残碑译释拾补》,《西北民族研究》1986年第1期。
④ 聂鸿音:《大度民寺考》,《民族研究》2003年第4期。

容众宫"，应译作"圣容寺"，即指位于西夏永州（今甘肃永昌）的那座圣容寺，永州在西夏的西部，寺名前有"西隅"二字与此相符。

收藏于甘肃省武威市博物馆的《凉州重修护国寺感通塔碑》（以下简称《感通塔碑》），是现存最完整、内容最丰富的西夏碑刻。此碑系西夏崇宗乾顺于天祐民安五年（1094）所立，为夏汉合璧碑，其汉文碑铭和西夏文碑铭在记录重修塔寺有关人员的职衔和人名时均出现"圣容寺"名称。汉文碑铭内容为"庆寺监修都大勾当，行宫三司正，兼圣容寺、感通塔两众提举，律晶，赐绯僧药乜永诠"。[①]至于西夏文碑铭内容中有关于圣容寺的记载，则为此前学界所忽略。相关的西夏文录文如下：

　　𗦻𗉋𗈨𗼻𗰗𗦻𗴺𗼃𗜓𗦺𗦜𗦋、𗕑𗦳𗫶𗙷𗲲、𖿷𗈨、𗫵𗬔𗦻𗉋𗴺𖿃𗬖𗊀、𗊱𗬤𗥩𗬖，𗹙𗺄□□□（西夏文碑铭第 24 行）

陈炳应先生对《感通塔碑》西夏文碑铭作过全文翻译，此段译文为"修塔寺兼作赞庆等都大勾当，行宫三司正，圣赞感通塔等下提举，解经和尚，臣药乜永诠"，[②]此后学界一般都采用他的译文。值得注意的是，汉文部分"兼圣容寺、感通塔两众提举"，与西夏文部分"圣赞感通塔等下提举"，二者不相吻合。大概是由于该碑两面的西夏文和汉文所述的内容虽然大致相同，但两种文字并不是互译的，而是各自撰写的。对于其间的歧异之处，学界也没有人去深究。实际上，"𖿷𗈨"一词，不当译作"圣赞"。这是个意译和音译相结合的词，前一个西夏字"𖿷"当采用意译，译作"圣"。后一个西夏字"𗈨"，不当采用意译，译作"赞"，而应采用音译，译作"容"。也就是说，"𖿷𗈨"一词，当译作"圣容"，与汉文碑铭中的"圣容寺"相对应。西夏陵残碑表明圣容寺写作"𖿷𗹢𗫶𗊀"，"𗹢"字的拟音为·jow，音译汉语的"容"，而"𗈨"字的拟音亦为·jow，可证。史金波先生《西夏佛教史略》认为《感通塔碑》中的圣

①　转引自陈炳应《西夏文物研究》，宁夏人民出版社，1985 年，第 110 页。
②　转引自陈炳应《西夏文物研究》，第 113 页。

容寺,当为凉州的一座寺庙。① 后又进一步指出:"永昌有圣容寺,在甘肃省永昌县北 10 公里处的御山峡西端……凉州碑所记圣容寺与永昌圣容寺可能是同一寺庙。"②

总之,圣容寺的西夏文写法有两种,可以写作"刼脦纩㡽",也可以写作"刼臕纩㡽",都是指今天的永昌圣容寺。西夏文文献中对这个词部分采用了音译,表明它是个外来词(关于其来源的讨论,详见下文)。

黑水城遗址出土汉文文书 F4:W7、F13:W301、F144:W4、Y1:W113 提到圣容寺,③甘肃民勤县城西南也有一座圣容寺。对这两座圣容寺,笔者同意杨富学和梁松涛先生的看法,认为前者是元代在亦集乃路所建,后者是明洪武年间所建,皆与西夏圣容寺无涉。④

三 永昌圣容寺得名始于西夏

关于甘肃永昌圣容寺之建置沿革,武威出土唐天宝元年(742)杨播所撰《凉州御山石佛瑞像因缘记》有详细记载。据说北魏名僧刘萨诃西游观览佛迹,途经永昌,预言御山他日山开必有像现,世乱则像必缺首,世平乃像完全。至北魏正光三年(522),山崩地裂,果显佛陀宝像,像无首,续之则落。又至北周时,凉州城东七里涧祥光烛照,有石佛首出现,迎戴佛像肩上,合不差殊。遂于保定元年(561)造寺,三年功毕,称瑞像寺。隋大业五年(609),隋炀帝西巡,还幸山寺,改旧额为感通寺。

至于何时改称圣容寺,学界起初认为是在吐蕃时期,这种说法以孙修身先生为代表,他根据圣容寺塔题记和敦煌莫高窟壁画认为,寺名圣容当在唐天宝末年安史之乱爆发,河西守军内调中原与叛军作战,吐蕃乘虚攻占河西之后。"在吐蕃统治时,此寺仍在发展,香火之盛不减于前时,这由其殿后山头上现存唐塔中所见'番僧一千五百人'可知。又从同一条题

① 史金波:《西夏佛教史略》,宁夏人民出版社,1988 年,第 120 页。
② 史金波:《西夏社会》下册,上海人民出版社,2007 年,第 613 页。
③ 李逸友:《黑城出土文书(汉文文书卷)》,科学出版社,1991 年,第 61 页。
④ 梁松涛、杨富学:《西夏圣容寺及其相关问题考证》,《内蒙古社会科学》2012 年第 5 期。

记中，我们看到有'圣容寺'之名。"另外，莫高窟第 231 窟为阴嘉政于吐蕃统治后期所建，窟内壁画中即绘有此石佛瑞像，榜题为"盘和（即番禾）都督府御谷山番禾县北圣容瑞像"。孙先生等据此断定此寺在吐蕃占有其地之后，曾经一度改寺名为"圣容寺"。[①]后来敦煌研究院马德先生发现，日本滨田德海旧藏的编号为 Chin Ms：C121 的敦煌文献《宋乾德六年修凉州感通寺记》，记录了宋初营修凉州感通寺的一些情况。[②]此文本开头有"凉州御山感通寺圣容"字样，末尾题款称"乾德六年六月廿二日僧道和纪之"。丁德天博士据此认为圣容寺之名，最早应出现在北宋太祖乾德六年（968）之后，纠正了孙修身先生的说法。[③]回过头来再看孙先生的论据，吐蕃统治后期所建的莫高窟第 231 窟壁画榜题"盘和都督府御谷山番禾县北圣容瑞像"，虽然有"圣容"二字，但不意味着当时就已经出现了"圣容寺"这个事物。而圣容寺塔题记中所见"番僧一千五百人"和"圣容寺"之名，并非指吐蕃统治凉州时期的内容，题记的年代当在西夏时期。

在西夏文中，西夏人称自己为"𗾧"，其语音为"弥"，相应的汉文写作"番"，这在当时的文献中是很常见的现象。[④]我们以有夏汉对照的西夏文献为例，如骨勒茂才编著的西夏文和汉文对照词典《番汉合时掌中珠》，该书有西夏文和汉文两个内容相同的序言。汉文序中的"番""番汉文字""番汉语言""番人"中的"番"，在西夏文序中皆用读音为"弥"的"𗾧"字。再如夏汉合璧《感通塔碑》，汉文碑铭中有"护国寺感通塔番汉四众提举赐绯僧王那征迁"，在西夏文碑铭相应的地方，"番"字写作"𗾧"。就连西夏皇帝印施佛经的发愿文中，往往也提到印制、施放佛经时分为番文（即西夏文）和汉文两个文本。如题为《佛说圣佛母般若波罗蜜多心经》的德慧译本，这个译本的卷尾有一篇西夏仁宗皇帝的御制发愿文，署天盛十九年（1167），其中说道：

---

① 孙修身、党寿山：《〈凉州御山石佛瑞像因缘记〉考释》，《敦煌研究》创刊号，1983 年。

② 马德：《敦煌文书题记资料零拾》，《敦煌研究》1994 年第 3 期。

③ 丁德天：《甘肃金昌佛教文物遗迹的调查与研究》，硕士学位论文，兰州大学，2012 年，第 17—19 页。

④ 聂鸿音：《关于党项主体民族起源的语文学思考》，《宁夏社会科学》1996 年第 5 期。

寻命兰山觉行国师沙门德慧重将梵本，再译微言。仍集《真空观门施食仪轨》附于卷末，连为一轴。于神姚皇太后周忌之辰，开板印造番汉共二万卷，散施臣民。①

由此可见，西夏的主体民族应称为番族。圣容寺塔内题记中的"番僧"，系指西夏主体民族党项僧人。

综上所述，北宋乾德六年仍有"感通寺"之称，又在西夏人题记中出现"圣容寺"字样，于此我们认为圣容寺得名当始于西夏。

四　西夏圣容寺是一处安放帝后神御的寺院

史海中的每一片涟漪、每一圈波纹都是耐人寻味的。从上文可知，西夏王朝流行一种做法，即在供奉佛像的寺院内，同时奉安西夏帝后神御。此类寺院非同一般，具有独特的地位，西夏王朝对此类寺院要遣官提举。而声名远播、曾经号称河西第一名寺的感通寺，偏偏在进入西夏后宣称改名"圣容寺"。寺院名称的改变，一定受重大事件的影响，如隋炀帝御驾巡幸此寺，就改瑞像寺为感通寺。我们不妨假设感通寺之所以改名圣容寺，正与奉安西夏帝后神御有关。

西夏王朝在寺庙中安放帝后神御的做法，来自对宋代在寺院宫观中普遍设置帝后神御、神御殿的做法的模仿。唐宋时期佛教开始世俗化，表现之一就是开始在寺院中普遍设置帝后神御、神御殿，为皇帝逝去的父母祈福。这是佛教信仰嫁接于华夏尊祖敬宗传统礼制而衍生的新事物。所谓神御，是指亡者的遗画像或塑像。唐中晚期以来，神御多见于记载。唐代在宫观中而不是在寺院中供奉帝后神御，而检索新、旧《五代史》，则不见供奉帝后神御的记载，《辽史》中有在寺院奉安诸帝石像、铜像的记载，并无专殿。正如汪圣铎先生所言，在寺院宫观中设置皇帝、皇后的所谓神御、神御殿，是宋代较普遍存在而有别于其他朝代的历史现

---

① 俄罗斯科学院东方研究所圣彼得堡分所、中国社会科学院民族研究所、上海古籍出版社编《俄藏黑水城文献》第3册，上海古籍出版社，1996年，第76页。

象。①西夏统治者笃信佛教，境内塔寺林立，僧人遍地。而前期主要吸收中原佛教，曾经不断地向宋朝索取大藏经，目前见于文献记载的就有六次之多。②在这种背景下，西夏模仿宋朝在寺院为祖先建神御殿的做法，是合情合理的。"圣容寺"的西夏文写法中，"容"采用音译，写作"𢤻"，又写作"𨨋"，表明西夏文献中的"圣容"是个外来词，与此一推论相符。

宋代寓于寺院中的帝后神御殿，有时也称圣容殿，如扬州建隆寺太祖章武殿，是为宋太祖亲征所到而建，在关于该神御殿建置的叙述中，就有"圣容殿"一词。

> 建隆寺，在扬州州城西北，《宋朝会要》曰：太祖征李重进，于此置寨，贼平，建隆二年正月，诏建寺焉。有御榻在寺，太祖忌日寺僧奉榻修供，大中祥符五年，始于寺建圣容殿。元丰中，神宗修景灵列圣神御殿，故圣容复归京师。③

而"圣容"一词，在佛教文献中也频频出现。经检索汉文《大藏经》电子版，多达百余条，指称佛像，如《佛说造像量度经解》：

> 时工被佛神光射眼，眩目不能注视。乃请世尊令坐河岸，而谨取水中影相为式，描得圣容。因被微波，由作曲弯长丝相，故名谓水丝衣佛。今偘波罗国所出佛像，多有此样，其摹似乎唐吴道子观音石像。④

莫高窟第 231 窟壁画榜题"盘和都督府御谷山番禾县北圣容瑞像"中的"圣容"，与此同类。既然石佛瑞像被尊称为"圣容"，帝后神御也被尊称

---

① 汪圣铎：《宋代寓于寺院的帝后神御》，姜锡东、李华瑞主编《宋史研究论丛》第 5 辑，河北大学出版社，2003 年，第 241—264 页。该文首次对宋代寓于寺院的帝后神御做了考察和分析。

② 史金波：《西夏佛教史略》，第 59—63 页。

③ 高承：《事物纪原》卷 7。

④ 大正一切经刊行会：《大正新修大藏经》第 21 册 1419 号《佛说造像量度经解》卷 1，东京：大藏出版株式会社，1925 年，第 938 页。

为"圣容",大概在奉安西夏帝后神御后,感通寺索性以此为契机,改称"圣容寺"。也就是说,寺名"圣容",一语双关,既指原来的石佛瑞相,又指西夏帝后神御,显示出当年对寺名做出修改的高僧别具匠心。

我们做出这样的推测,是有根据的。《感通塔碑》夏、汉文碑铭中都有对圣容寺遣官提举的记载,而《天盛律令》中规定,只有供奉西夏帝后神御的寺院才有资格"遣常住镇守者正副二提举"。由此判断,永昌圣容寺当年一定供奉有西夏帝后神御。也正是因为圣容寺与西夏皇室有这样的特殊关系,所以该寺在西夏时期香火旺盛,达到"番僧一千五百人"的规模。寺东面的花大门摩崖塔葬更是西夏圣容寺盛况空前的实物见证。花大门摩崖佛塔石刻,雕刻在长约 50 米的红砂岩山体上。佛塔刻在佛龛内,有 50 余座。佛塔中间有方窟,是存放圣容寺有身份的僧人骨灰的地方。[①]西夏文宫廷诗集中的《严驾西行烧香歌》,记载了西夏皇帝曾御驾西行到达凉州护国寺和圣容寺,这个皇帝据考证是仁宗仁孝。[②]西夏仁宗巡幸圣容寺和护国寺,其中供奉西夏帝后神御或许为主要原因之一。遇到父母的圣容不拜,这对崇尚以孝治国的西夏皇帝而言,无论如何是说不过去的。

通过对史料的钩沉,我们发现今甘肃永昌圣容寺在西夏时期的信息相当丰富。圣容寺得名始于西夏。圣容寺的西夏文有两种写法,一作"𗼨𘝶𗩈𗺉",一作"𗼨𗟶𗩈𗺉"。西夏"圣容寺"除供奉原来的石佛瑞相外,还紧跟潮流供奉西夏帝后神御。西夏王朝按规定对圣容寺遣官提举,其中的一任提举官叫药乜永诠。凭借着与西夏皇室的特殊关系,该寺在西夏时期香火旺盛,达到"番僧一千五百人"的规模。西夏仁宗西行时,特地巡幸圣容寺。

西夏王朝到底有哪些寺院供奉西夏帝后神御,因资料缺略而难知其详。现有资料显示,除圣容寺外还应包括三处,一处为护国寺。上引《感通塔碑》汉文碑铭中"护国寺感通塔番汉四众提举",表明西夏王朝对护国寺也遣官提举。也就是说,护国寺也是与圣容寺同样性质的一座寺院。一处为灵州影殿寺。西夏后期的西夏文法典《亥年新法》在规定寺庙依耕地负担佣、草的条文中,罗列了西夏"诸寺"的名称,其中有一座寺庙叫

---

① 党寿山:《永昌圣容寺的历史变迁探赜》,《敦煌研究》2014 年第 4 期。

② 梁松涛、杨富学:《西夏圣容寺及其相关问题考证》,《内蒙古社会科学》2012 年第 5 期。

"𗾩𗢳𘝞𗄼𗙏",[①] 可译为"灵州影殿寺"。西夏文"𗙏",即影像之意,可理解为祖先的影像。史金波先生认为,此寺庙可能是供奉西夏祖先影像之佛教寺庙。西夏太祖继迁首取灵州,太宗德明守成灵州,景宗元昊生于灵州,在此建庙祭祀很有可能。[②] 一处为西夏陵区北端建筑遗址。关于该处建筑的性质,以往的祖庙说和佛寺说长期相持不下,祖庙说难以解释出土的佛像泥塑残块,佛寺说难以解释"孛王庙"[③] 的称呼,只有把它看作"一处供奉西夏帝后神御的寺院",才能把双方赖以立论的、看似尖锐对立的主要证据有机地结合起来。

（原题名《关于西夏圣容寺研究的几个问题》,刊于《西夏学》第
14 辑,甘肃文化出版社,2017）

---

① 俄罗斯科学院东方研究所圣彼得堡分所、中国社会科学院民族研究所、上海古籍出版社编《俄藏黑水城文献》第 9 册,《亥年新法》甲种本,第 197—198 页;辛种本,第 317 页。史金波:《西夏的都城、帝陵和寺庙建筑》,中国社会科学院考古研究所、内蒙古自治区文物考古研究所及巴林左旗旗委、人民政府编《东亚都城和帝陵考古与契丹辽文化国际学术研讨会论文集》,科学出版社,2016 年。

② 史金波:《西夏时期的灵州》,杜建录主编《西夏学》第 14 辑,甘肃文化出版社,2017 年。

③ 孛王,又写作"不儿罕",乃西夏皇帝自称,借自回鹘语"佛"字。孛王庙出自蒙古人之口,显系蒙古入侵者看见寺院里面塑有西夏帝后神御,一时不明就里,才直呼其为"孛王庙"。参见彭向前《西夏圣容寺初探》,《民族研究》2005 年第 5 期。

西夏的"二十四节气"

彭向前

2016年11月30日,中国申报的"二十四节气"被批准列入联合国教科文组织人类非物质文化遗产代表作名录。二十四节气分别标志着太阳在一周年运动中的二十四个大体固定的位置,是对太阳周年运动位置的一种特殊的描述形式,又能较好地反映一年中寒暑、雨旱、日照长短等变化的规律。它们不但具有重要的天文意义,而且对于农业生产有着重大的指导作用。"二十四节气"沿用时间之长,覆盖地域之广,堪称世界文明史上的一朵奇葩,列入"名录",当之无愧。

远在春秋时期,中国古代先贤就定出仲春、仲夏、仲秋和仲冬等四个节气,以后不断地改进和完善。到秦汉年间,二十四节气已完全确立。《淮南子》一书第一次系统、完整地阐述了二十四节气。起源于黄河流域的二十四节气,逐步推广到全国各地,也深深地影响着古代我国境内的少数民族。如在黑水城出土的西夏汉文文献和西夏文文献中都有关于二十四节气的记载。

西夏汉文文献显示,以往"节气简称气"的说法是错误的。二十四节气原本称作"二十四气",下分十二节与十二中。《俄藏黑水城文献》第5册有这方面的记载,转录如下。①

---

① 俄罗斯科学院东方研究所圣彼得堡分所、中国社会科学院民族研究所、上海古籍出版社:《俄藏黑水城文献》第5册,上海古籍出版社,1999年,第121—122页。

二十四气

立春正月节，雨水正月终（中）。

（惊蛰）二月节，（春分二月）中。

清明三月节，谷雨三月中。

立夏四月节，小满四月中。

芒种五月节，夏至五月中。

小暑六月节，大暑六月中。

立秋七月节，秋处（处暑）七月中。

白露八月节，秋分八月中。

寒露九月节，霜降九月中。

立冬十月节，小雪十月中。

大雪十一月节，冬至十一月中。

小寒（十）二月节，大寒（十）二月中。

也就是说气有"节气"和"中气"之分。远古先民认为宇宙万物都充满着气，气为生命之本，更是万物运动的源泉。天有天气，地有地气，四时寒暑也各有不同的风气。随着季节的变化，尽管天气的凉热可以为人们明显地感知，但地气的萌动与变化却不易被人察觉，于是至少在8000年前，我们的先人就学会了以候鸟骨骼制成的律管候气。正是基于对这种以地气验时的认识，致使古人自然地将记录时间的节令称为"气"。为与一年以十二个月为基础的历法体系相适应，气由最初的四个（二分二至），发展到二十四个，每月有一"节气"与一"中气"。黑水城出土文献"二十四气"表明，宋元时期仍然有"节气"与"中气"之分。后世所谓"节"为月之始，"气"的最后一日为月之终（这里指星命月），统称为二十四"节气"，恐失本义。也就是说，所谓"节气"一词，"古今词义"发生了转移，现在说的"节气"相当于最初的"气"。这种转移由来已久，最迟在南宋就已经发生了。南宋人陈著《本堂集》有诗曰："二十四节气，来自混元前。老息他无分，新阳例有缘。从教寒又暑，惯得海为田。此理须看破，何妨日当年。"[①]这里出现了"二十四节气"的提

---

① （宋）陈著：《本堂集》卷11《次韵王得泋长至》，《景印文渊阁四库全书》第1185册，台北：台湾商务印书馆，1986年，第56页。

法，表明其时已经将"节气"混同于"气"了。

西夏文文献中则保存着一套完整的二十四节气名称。汉武帝太初改历，正式把二十四节气纳入历法，此后二十四节气一直是我国传统历注的重要内容之一。西夏时期的历书中，也采用二十四节气注历。1908—1909年、1914年，俄人科兹洛夫（Козлов）和英人斯坦因（Stein）相继在黑水城遗址（今属内蒙古额济纳旗）掘获大批西夏文献，内有十余件至为珍贵的西夏古历日，分藏于俄罗斯科学院东方文献研究所和英国国家图书馆。其中俄藏 Инв. №8085 西夏历书，共 176 面，从夏崇宗元德二年（1120）庚子延续到夏襄宗应天二年（1207）丁卯，跨西夏崇宗、仁宗、桓宗、襄宗四朝，共计 88 年，是目前所知我国保存至今历时最长的古历书。该部历日文献中有 6 个年头加注"二十四节气"。（一）如夏崇宗元德二年（1120）上部表头第二行正月栏有数字"十四"，二月栏有数字"十五"，前者为正月中气"雨水"之日，后者为二月中气"春分"之日。（二）夏桓宗天庆四年（1197）上部表头第二行正月栏有"十一立春"，"立春"为西夏文，意思是正月十一为立春节气。十二月栏有"二十立春"，"立春"为西夏文，意思是本年十二月二十为立春节气。（三）夏桓宗天庆十一年（1204）至夏襄宗应天二年（1207）。此四年分别用西夏文注明全年的二十四节气，有残缺。史金波先生从俄藏黑水城文献 Инв. №7926、8214 中辑得一整套夏译"二十四节气"的名称，与本历书一致，转录如表 1。[1]

表 1　夏汉对照二十四气

月份	节气（节）		中气（中）	
正月	立春	□□（春立）	雨水	□□（水雨）
二月	惊蛰	□□（虫惊）	春分	□□
三月	清明	□□（离丁）	谷雨	□□（稻雨）
四月	立夏	□□（夏立）	小满	□□（草稠）
五月	芒种	□□（土耕）	夏至	□□（夏季）
六月	小暑	□□（微热）	大暑	□□（大热）
七月	立秋	□□（秋立）	处暑	□□（小热）

---

[1]　史金波：《西夏文教程》，社会科学文献出版社，2013 年，第 172 页。

续表

月份	节气（节）		中气（中）	
八月	白露	𗰉𗰗（露冷）	秋分	𗱊𗱊
九月	寒露	𗰉𗰗（寒霜）	霜降	𗰳𗰖（霜白）
十月	立冬	𗰍𗰗（冬立）	小雪	𗰖𗰖（雪小）
十一月	大雪	𗰖𗰗（雪大）	冬至	𗰍𗰗（冬季）
十二月	小寒	𗰉𗰗	大寒	𗰖𗰗

从表 1 可以看出，西夏的二十四节气显然来自中原地区，只是有几个节气的名称小有区别，如惊蛰，指春雷乍动，惊醒了蛰伏在土中冬眠的动物，西夏人称作"𗰉𗰗"（虫惊）。清明，指气清景明，万物皆显，西夏人称作"𗰉𗰗"（离丁），二字皆与火有关，有明亮的意思。小满，意思是麦类等夏熟作物籽粒开始饱满，西夏人称作"𗰉𗰗"（草稠）。芒种，"芒"，是指有芒作物的收获，北方最常见的就是小麦；"种"指的是谷黍类作物的播种。芒种是一个既包含收获，又包含播种的节气，西夏人称作"𗰉𗰗"（土耕），只保留了播种的含义。白露，西夏人称作"𗰉𗰗"（露冷），即冷露。寒露，西夏人则称"𗰉𗰗"（寒霜）。霜降，西夏人称作"𗰳𗰖"（霜白），即白霜，等等。

在二十四节气中，反映四季变化的节气有：立春、春分、立夏、夏至、立秋、秋分、立冬、冬至八个节气；反映温度变化的有：小暑、大暑、处暑、小寒、大寒五个节气；反映天气现象的有：雨水、谷雨、白露、寒露、霜降、小雪、大雪七个节气；反映物候现象的则有惊蛰、清明、小满、芒种四个节气。西夏人对二十四节气的改称，多集中在天气现象和物候现象方面。天气现象中的"白露、寒露、霜降"三个节气，都表示水汽凝结现象，西夏人分别改作"𗰉𗰗"（露冷）、"𗰉𗰗"（寒霜）、"𗰳𗰖"（霜白），意在更好地反映气候从凉爽到寒冷的发展过程。尤其是对反映物候现象的四个节气"惊蛰、清明、小满、芒种"全部做了改动。刻写于西夏乾祐十六年（1185）的西夏文诗集《月月乐诗》，① 对河西地区一年十二个月的天气现象和物候现象作了仔细描述。从中不难发现上述改动与《月月

---

① 俄罗斯科学院东方研究所圣彼得堡分所、中国社会科学院民族研究所、上海古籍出版社：《俄藏黑水城文献》第 10 册，上海古籍出版社，1999 年，第 271—274 页。

乐诗》中的内容多有相符之处。① 如二月里"冬日寒冰春融化，种种入藏物已出"，与之相应，西夏人把惊蛰改作"炙毪"（虫惊）。三月里"东方山上鹃啼催植树，鹃啼树茂日光明"，与之相应，西夏人把清明改作"甤甤"（离丁）。四月里"夏季来临草木稠"，与之相应，西夏人把小满改作"绤绤"（草稠）。此外，西夏人把芒种称作"土耕"，只保留了播种的含义而舍弃了收获的含义，这是因为农历五月银川平原春小麦尚未成熟。上述改动，是西夏人根据自己对自然界的观察和理解，因地制宜而对二十四节气加以发展的反映。尤其是把小满改作"草稠"，使西夏的二十四节气带有明显的游牧民族风格。

研究表明夏宋历日之间，二十四节气具体日期之差要大于朔日之差。夏历的朔日与宋历或同，或前后相差一日，没有相差二日或二日以上者。夏历的二十四节气之日与宋历或同，或前后相差一二日。这里选取俄藏инв. № 8085 历书中的夏桓宗天庆十二年（1205）乙丑年历，略做说明。

与大多数西夏历法文献一样，这份年历是以表格的形式撰写的。右部表头第一列自上而下为纪年干支和日、木、火、土、金、水、首、孛、炁九曜。上部表头自右而左，第一行为一年十二个月的月序、月大小、朔日干支。第二行为每月的二十四节气分布。第三行为二十八宿注历。表格中填写的内容为数字与地支的组合，是以十二次为背景，记载九曜运行情况的。② 除汉文数字外，其余皆为西夏文。残破严重，没有一项历法要素是完整的。下面将其中的西夏文翻译出来，并制成表2、表3，括号中的汉字是根据历法知识推理出来的，□代表模糊不辨的字或无法推理的缺字。

表 2　西夏天庆十二年（1205）残历上半年

[六] [小] [丁亥]	[五] [小] [戊午]	[四] [大] [戊子]	[三] [大] [戊午]	[二] [大] [戊子]	[正] [小] [己未]	[乙]丑
□□[小暑] □□[大暑]	□□[芒种] □□[夏至]	□立夏 □□[小满]	□清明 [廿]五谷雨	□惊蛰 □□春分	八立春 □□雨水	

---

① 本文所引《月月乐诗》译文，均出自聂鸿音《关于西夏文〈月月乐诗〉》，《固原师专学报》2002 年第 5 期，第 47—49 页。

② 彭向前：《西夏历日文献中关于长期观察行星运行的记录》，《西夏学》第 11 辑，上海古籍出版社，2015 年，第 21—24 页。

续表

[六][小][丁亥]	[五][小][戊午]	[四][大][戊子]	[三][大][戊午]	[二][大][戊子]	[正][小][己未]	[乙]丑
[昴]	胃	奎	室	虚	女	
	廿九未	卅申	廿九酉	廿五戌	廿三亥	[日]
		廿九酉			戌	木
			廿七午			火
					□戌 廿二□	土
					□丑 □子	金
						水
						首
						[孛]
						炁

表 3 西夏天庆十二年（1205）残历下半年

[十二][大][癸丑]	[十一][大][癸未]	[十][小][甲寅]	[闰][大][甲申]	[九][小][乙卯]	[八][小][丙戌]	[七][大][丙辰]
五大寒 十八立春	□冬至 [十]九小寒	□小雪 □□大雪	□□立冬	□□[寒露] □□霜降	□□[白露] □□秋分	□□[立秋] □□处暑
轸	张	星	鬼	井	参	[毕]
□子	六丑	九寅	九卯	六辰	三巳	
五子		廿八丑	廿一寅	十卯		
十四亥	□子	五寅 十六丑				
五丑						

在二十四节气分布方面，上部表头第二行三月栏"□五谷雨"，宋历

则为"廿五壬午谷雨"。[①]夏宋历日节气对比上，大致相同，如果有差别，也仅在一、二日之内。"五"前的缺字要么是"十"，要么是"廿"，参照宋历"廿五谷雨"，只能补"廿"字。上部表头第二行十一月栏"□九小寒"，宋历则为"十九辛丑小寒"。同理，可补缺字"十"。夏历闰九月，只有一个节气"立冬"，那么中气"霜降"肯定被移到上一个月，即夏历九月有"寒露"和"霜降"。从宋历来看，第十个月"初一甲申霜降"，只需一日之差，"霜降"就分布在第九个月。从而导致宋历闰八月，而夏历闰九月。夏宋历日该年二十四节气分布方面的差异，见表4。

表4　1025年夏宋历日二十四节气比对

夏桓宗天庆十二年（1205）		宋宁宗开禧元年（1205）		二历相差
正月小	八立春，□□雨水	正月大	初八丙寅立春，廿三辛巳雨水	
二月大	□惊蛰，□□春分	二月小	初八丙申惊蛰，廿三辛亥春分	
三月大	□清明，［廿］五谷雨	三月大	初十丁卯清明，廿五壬午谷雨	
四月大	□立夏，□□［小满］	四月小	初十丁酉立夏，廿五壬子小满	
五月小	□□［芒种］，□□［夏至］	五月大	十二戊辰芒种，廿七癸未夏至	
六月小	□□［小暑］，□□［大暑］	六月小	十二戊戌小暑，廿七癸丑大暑	
七月大	□□［立秋］，□□［处暑］	七月大	十三戊辰立秋，廿九甲申处暑	
八月小	□□［白露］，□□［秋分］	八月小	十四己亥白露，廿九甲寅秋分	
九月小	□□［寒露］，□□霜降	闰八月小	十五己巳寒露	夏历多中气霜降
闰九月大	□□立冬	九月大	初一甲申霜降，十七庚子立冬	夏历只有立冬，缺中气
十月小	□小雪，□□大雪	十月小	初二乙卯小雪，十七庚午大雪	

---

① 张培瑜：《三千五百年历日天象》，河南教育出版社，1990年，第296页。本文宋历节气日期均出自该书，下引不再出注。

夏桓宗天庆十二年（1205）		宋宁宗开禧元年（1205）		二历相差
十一大	□冬至，〔十〕九小寒	十一大	初三乙酉冬至，十九辛丑小寒	
十二大	五大寒，十八立春	十二大	初四丙辰大寒，十九辛未立春	夏历大寒晚一天，立春早一天

由表4可以看出，双方在本年第九个月和第十个月的节气排布上有别。在第九个月，夏历有"寒露、霜降"，宋历只有"寒露"，缺中气。在第十个月，夏历只有"立冬"，缺中气，宋历有"霜降、立冬"。这样导致夏历闰九月，宋历则闰八月。此外，据残存日期，夏历十二月"五大寒，十八立春"，与宋历"初四丙辰大寒，十九辛未立春"不一致，"大寒"晚一天，"立春"早一天。

西夏历日中有些年历虽然没有涉及二十四节气，但闰月情况也透露出一些节气排布的信息。如夏崇宗大德元年（1135），本年西夏闰正月，宋历则闰二月。宋历二月三十甲辰为春分，夏历应该是把春分放在了本年第三个月的朔日乙巳（宋历和夏历差别不大，朔日或节气一般只差一两天）。这样本年第二个月只有节气惊蛰而没有中气了，根据"无中置闰"的法则，因其在正月之后，所以要闰正月。

二十四节气是中国古代农业文明的结晶，具有很高的农业历史文化研究价值。西夏王朝建立后，随着封建生产关系的调整和发展，其社会经济基础到西夏社会中期，也逐渐由以畜牧业为主发展到半农半牧，农牧并重的局面。二十四节气引入西夏历日文献，正是农业在西夏社会得到发展的体现。

二十四节气对西夏社会生活的影响是多方面的，如在西夏冬至既是节气又是节日。《隆平集》记载："其俗旧止重冬至，自曩霄僭窃，乃更以四孟朔及其生辰相庆贺。"[1]又，《西夏书事》记载，西夏于冬至行大朝会礼，"令蕃宰相押班，百官以次序列朝谒、舞蹈、行三拜礼"。[2]宁夏拜寺沟方

---

① （宋）曾巩：《隆平集》卷20，《景印文渊阁四库全书》第371册，第198页。

② （清）吴广成著，龚世俊校证《西夏书事校证》卷13，甘肃文化出版社，1995年，第152页。

塔出土西夏汉文佚名诗集中有《冬至》一首："变泰微微复一阳，从兹万物
日时长。淳推河汉珠星灿，桓论天衢璧月光。帝室庆朝宾大殿，豪门贺寿
拥高堂。舅姑履袜争新献，鲁史书祥耀典章。"① 其中"帝室庆朝宾大殿"，
可以印证《西夏书事》所载不谬。从诗中可以看出，西夏冬至这一天十分
热闹，皇室要举行规模宏大的朝会活动，大会文武百官。豪门大族则举家
团聚，大摆酒宴，为高堂父母祈福求寿。沿用汉族的习惯，儿媳在冬至要
向公婆献履贡袜，表示长久履祥纳福，等等。

　　八字算命术离不开二十四节气，而西夏也流行测八字，这方面的文献
有俄藏黑水城出土 Инв. №5022《谨算》② 和中国藏黑水城出土 M21·005
［F220：W2］《西夏乾祐二十四年（1193）生男命造》。③ 八字算命术在求
出月干支的时候，就得了解命主出生当年的二十四节气排布情况，这是因
为星命家的"月"不是从本月朔日算起的，而是从二十四节气中的"节"
算起的。以 Инв. №5022《谨算》为例，文献记载命主九月十七生，属虎，
生辰八字为"年庚寅木，月丙戌土，日甲午金，时戊辰木"，占卜时此人
三十七岁。这里面就暗含有该年节气分布的情况。命主出生的九月十七
日，如果在九月节"寒露"前，就用八月的干支乙酉；如果在十月节"立
冬"后，就得用十月的干支丁亥。文中"月丙戌土"，用的是九月的干支
丙戌，表明九月十七日一定在该年的"寒露"后"立冬"前。这两件文献
也可以看作西夏利用二十四节气的例证。

　　具有浓郁民族特色的西夏文化是多民族文化交融的产物，西夏的
二十四节气就是一个显例。西夏的二十四节气来自中原地区，是对汉族传
统文化认同的一种体现。这种文化认同，是中国之所以成为一个历史悠久
的、统一的多民族国家的思想基础，也是中华民族凝聚力的内在底蕴。西
夏在原有基础上因时因地对二十四节气加以发展和利用，为传统二十四节
气增添了新的内容。

① 宁夏文物考古研究所：《拜寺沟西夏方塔》，文物出版社，2005年，第272页。
② 俄罗斯科学院东方研究所圣彼得堡分所、中国社会科学院民族研究所、上海古籍出版社：
《俄藏黑水城文献》第10册，第175—188页。
③ 宁夏大学西夏学研究院、中国国家图书馆、甘肃省古籍文献整理编译中心：《中国藏西夏
文献》第17册，甘肃人民出版社、敦煌文艺出版社，2006年，第154页。

西夏租役草考述

潘　洁

　　西夏的赋役在传世典籍中少有记载，研究有限，直至黑水城文献的陆续公布才有所突破。《天盛改旧新定律令》（以下简称《天盛律令》）是西夏仁宗时期颁布的一部官方法典，由西夏文写成，史金波、聂鸿音、白滨三位先生将其翻译成汉文，[①]为学界开始研究西夏赋役提供了重要的材料支撑。杜建录先生较早地利用汉译本中相关资料从赋税和役制两个方面，对包括田赋、牲畜税、工商税、兵役、夫役、差役在内的西夏赋役展开系统研究，其论述在《西夏赋役制度》[②]及专著《西夏经济史》[③]中有所体现。近些年，史金波先生对西夏文草书租税文书进行了楷体转写、汉译，从中发现了黑水城地区农业租税的种类、税额等，[④]为进一步研究西夏赋税打开了新的突破口。本文在前辈研究的基础上，再次整理《天盛律令》，注意到征税的法律条文常常把"租役草"作为一个固定词组来使用，除此之外，还发现了一段被遗漏的西夏文，记载的是京畿地区七个郡县按照土地肥瘠程度分上、次、中、下、末五等纳租的租额及时间，以此为线索，结合租税文书，比照唐宋文献，旨在讨论租役草的内容及实质，以期对西夏赋役的研究起到补充作用。

---

①　史金波、聂鸿音、白滨译《西夏天盛律令译注》，科学出版社，1994 年；史金波、聂鸿音、白滨译注《天盛改旧新定律令》，法律出版社，2000 年。

②　杜建录：《西夏赋役制度》，《中国经济史研究》1998 年第 4 期。

③　杜建录：《西夏经济史》，中国社会科学出版社，2002 年。

④　史金波：《西夏农业租税考——西夏文农业租税文书译释》，《历史研究》2005 年第 1 期；史金波：《西夏社会》，上海人民出版社，2007 年；杜建录、史金波：《西夏社会文书研究》，上海古籍出版社，2010 年。

　　租役草以往被翻译成"租佣草"。租是地租,草为税草,役或者佣在账册和律令中指的是人夫。5067号文书中有"一户三十八亩地,出佣工十五日"。①对此,《天盛律令》有更为详细的叙述:"畿内诸税户②上,春开渠事大兴者,自一亩至十亩开五日,自十一亩至四十亩十五日,自四十一亩至七十五亩二十日,七十五亩以上至一百亩三十日,一百亩以上至一顷二十亩三十五日,一顷二十亩以上至一顷五十亩一整幅四十日。当依顷亩数计日,先完毕当先遣之。"③这段记载是说每年春季,各税户都要依据土地顷亩出工,开挖河道、清理淤积,开渠的时间就是出人工的天数,是为服役。调用民力凿渠清淤在宋金等文献中多有记载,宋神宗熙宁四年(1071)差发人工数万在汴河上开凿新渠,曰:"创开訾家口,日役夫四万,饶一月而成。才三月已浅淀,乃复开旧口,役万工,四日而水稍顺。"④《金史·曹望之传》中载,缺万人疏浚运河,民夫因春耕,而遣其他人员充役,曰:"顷之,运河埋塞……尚书省奏当用夫役数万人。上曰:'方春耕作,不可劳民。以宫籍监户及摘东宫、诸王人从充役,若不足即以五百里内军夫补之。'"⑤说明,出人工服役为百姓所须承担的义务之一,西夏也是如此,春开渠即为西夏的役。佣与役,二者都有出人夫的含义,但是"佣"有出钱雇用之意,而文书和律令中反映的是基本义务,没有雇佣一说,在表示赋税时,多用"役"而非"佣"。敦煌文书《唐光化三年(900)前后神沙乡令狐贤威状(稿)》(P.3155背)中令狐贤威的祖地毗邻大河,年年被河水浸灌,仆射官阿郎免去地税,包括地子、布、草、役夫等,载:"神沙乡百姓令狐贤威。右贤威父祖地壹拾叁亩,请在南沙上灌进渠,北临大河,年年被大河水漂,并入大河,寸畔不贱(见)。昨蒙仆射阿郎给免地税,伏乞与后给免所著地子、布、草、役夫等,伏请公凭裁下处分。"⑥这里的役夫就是

---

① 史金波:《西夏农业租税考——西夏文农业租税文书译释》,《历史研究》2005年第1期。
② "税户",《天盛改旧新定律令》原作"租户",详见潘洁《西夏税户家主考》,《宁夏社会科学》2016年第3期。
③ 史金波、聂鸿音、白滨译注《天盛改旧新定律令》,第496页。
④ 《宋史》卷93,中华书局,1990年,第2323页。
⑤ 《金史》卷92,中华书局,2013年,第2036页。
⑥ 唐耕耦、陆宏基编《敦煌社会经济文献真迹释录》第2辑,全国图书馆文献缩微复制中心,1990年,第293页,录文参照陈国灿《从敦煌吐鲁番文书看唐五代地子的演变》,《敦煌学史事新证》,甘肃教育出版社,2002年,第292—293页。

服役的人夫。《西夏书事》中也有"役夫"一词，曰："遣贺承珍督役夫，北渡河城之，构门阙、宫殿及宗社、籍田，号为兴州，遂定都焉。"①另外西夏"租役草"与唐代"租庸调"从名称到内容都有一定的相似性，"租庸调"中的"庸"，为役的折纳，输庸代役建立在生产力水平发达、物质资料丰富的基础之上，西夏生产力水平相对较低、物资匮乏，从目前所见文献来看，为直接出人工服役，所以解释为"役"更恰当。关于唐代租庸调的研究成果丰硕，但涉及西夏租役草的并不多，下面就从地租、夫役、税草三个方面比照西夏租税文书中所载内容进行阐述，不妥之处，敬请方家指正。

一　地租

史金波先生通过对租税文书的译释，计算出了黑水城地区的固定地租，为每亩交纳粮食 1.25 升。②这个比例是否适用于更广阔的范围？因为没有其他文献的佐证，而没有结论。再次整理《天盛律令》时发现，第十五卷对京畿的地租有着详细的规定，每亩纳租数与黑水城明显不同，而且条文还记载了交租的时间，增加部分与原有内容连到一起完整地记录了催交租的过程，可惜的是，这段文字因为漏译、错置没有被翻译出来，以往关于赋税的成果因参考汉译而没有涉及。③

《天盛律令》第十五卷的影印件在《俄藏黑水城文献》第 8 册公布，编号为俄 Инв. №.196 8084в，从 39-1 至 39-39 共 39 叶，每叶有左右两面。汉译本《天盛改旧新定律令》从"都磨勘司当引送，所属郡县管事□、司吏等当往磨勘"开始，对应的是影印件的 39-2 左面，也就是说汉译本缺少 3 面，即 39-1 的左右两面和 39-2 的右面。第十五卷卷首出注："此卷首残三面，原文自第一条下半部始。目次据卷内各门题目补。"④

---

① （清）吴广成著，龚世俊等校证《西夏书事校证》卷 10，甘肃文化出版社，1995 年，第 120 页。
② 史金波：《西夏农业租税考——西夏文农业租税文书译释》，《历史研究》2005 年第 1 期。
③ 详见潘洁《〈天盛改旧新定律令·催缴租门〉一段西夏文缀合》，《宁夏社会科学》2012 年第 6 期。
④ 史金波、聂鸿音、白滨译注《天盛改旧新定律令》，第 515 页。

汉译本所缺的 39-1 左右两面，各九行，共十八行，在《俄藏黑水城文献》中有完整的一叶。① 从内容上可以分为两个部分，第一部分是第十五卷的目次，占据了右面的九行和左面的七行，汉译为："天盛改旧新定律令共十二门，催缴租、取闲地、催租罪功、租地、春开渠事、养草监水、纳冬草条、渠水、桥道、地水杂事、请纳谷、未纳地租分八十七条。"目次在汉译本中已经依据正文各门名称补充，但是与俄藏相比还是略有出入。第二部分为 39-1 最后两行，即该卷第一门《催缴租门》的正文，说的是交租的租额，汉译本中没有这两行西夏文的译文。

39-2 在《俄藏黑水城文献》中右面为空白，左面清晰完整，汉译本直接从左面开始翻译。俄藏和汉译本都缺少的 39-2 右面，其实仍然在俄藏的第十五卷中，只不过被错置在了《春开渠事门》，序号是 39-15。39-15 为完整的一叶，与 39-2 左面内容、版式完全一致，右面刚好能够补充所缺文字，共 9 行，107 字。 把 39-1 最后两行和 39-2 连在一起，汉译为："京师城所辖七个郡县，根据土地的肥瘠程度交纳地租，上等每亩纳租一斗，次等八升，中等六升，下等五升，末等三升等五等。各郡县所纳谷物如下，成熟时各郡县人当催促，夏苗自七月初一，秋苗自九月初一，至十月底交纳完毕，收取凭据，十一月初一当告都转运司，转运司人登记应纳未纳数，至十一月月末簿册、凭据。"接下来是已有译文："都磨勘司当引送，所属郡县管事□、司吏等当往磨勘。自腊月一日始至月末，一个月期间当磨勘完毕，所遗尾数当明之。正月一日转运司当引送，令催促所属郡县人，令至正月末毕其尾数。若其中有遗尾数者，二月一日当告中书，遣中书内能胜任之人，视地程远近，所催促多少，以为期限。"②

从这段新补充的文字可以看出，西夏将京师所辖七个郡县的土地分为五等，以此作为交纳地租的标准。对于新垦辟的土地，律令规定，开垦无人耕种的荒地或者生地，三年苗情稳定后，依据农作物的生长情况以及相邻土地的租税，给土地定级，为五等之一，依等纳租，曰："诸人无力种租地而弃之，三年已过，无为租役草者，及有不属官私之生地等，诸人有曰

---

① 俄罗斯科学院东方研究所圣彼得堡分所、中国社会科学院民族研究所、上海古籍出版社编《俄藏黑水城文献》第 8 册，上海古籍出版社，1998 年，第 300 页。
② 史金波、聂鸿音、白滨译注《天盛改旧新定律令》，第 489 页。

愿持而种之者，当告转运司，并当问邻界相接地之家主等，仔细推察审视，于弃地主人处明之，是实言则当予耕种谕文，著之簿册而当种之。三年已毕，当再遣人量之，当据苗情及相邻地之租法测度，一亩之地优劣依次应为五等租之高低何等，当为其一种，令依纳地租杂细次第法纳租。"①依土地优劣划分地租等级的做法，合乎自然法则，顺应民情，受到唐宋各朝推崇。唐代宗大历四年（769）诏令，"其地总分为两等，上等每亩税一斗，下等每亩税五升"②，770年，定京兆府百姓税，夏税上等田每亩税六升，下等田每亩税四升，秋税上等田每亩税五升，下等田每亩税三升。吐蕃占领瓜沙时期，也实行过类似的制度，P.T.1079号文书《比丘邦静根诉状》中记："尚来三摩赞、论野桑、尚来桑在瓜州行营军中议会，于齐比乌集会之故，头年之冬沙州以下，肃州以上，集中僧统所属农户，根据田地好坏，制定承担赋税标准。"③北宋的田赋征收，按土地优劣大致分为上中下三等，王安石变法时，改为按土地好坏分五等定税。《文献通考》卷4《历代田赋之制》中记方田之法："以东西南北各千步，当四十一顷六十六亩一百六十步为一方。岁以九月，县委令佐分地计量：随陂原平泽而定其地，因赤淤黑垆而辩其色。方量毕，以地及色参定肥瘠而分五等，以定税则。至明年三月毕，揭以示民。一季无讼，即书户帖，连庄帐付之，以为地符。"④南宋时期，绍兴三年（1133）十月七日，江南东西路宣谕刘大中言："欲将江东西路应干闲田，立三等课租，上等每亩令纳米一斗五升、中等一斗、下等七升。"⑤

《催缴租门》规定京畿七郡县上等土地纳租一斗、次等八升、中等六升、下等五升、末等三升。京畿的七个郡县分别是灵武郡、保静县、华阳县、临河县、治源县、定远县和怀远县，其中"麦一种，灵武郡人当交纳。大麦一种，保静县人当交纳。黄麻、豌豆⑥二种，华阳县家主当分别

① 史金波、聂鸿音、白滨译注《天盛改旧新定律令》，第492页。
② （宋）王钦若等：《册府元龟》卷487，中华书局影印本，1982年，第5832页。
③ 王尧、陈践译注《敦煌吐蕃文献选》，四川民族出版社，1983年，第46—47页。
④ （元）马端临：《文献通考》卷4，浙江古籍出版社，1988年，第58页。
⑤ （清）徐松辑《宋会要辑稿》食货一之三六，中华书局影印本，1957年，第4819页。
⑥ "黄麻、豌豆"，《天盛改旧新定律令》原作"麻褐、黄豆"，据俄藏图版改，详见潘洁《黑水城文献中的豌豆小考》，《西夏学》第8辑，上海古籍出版社，2011年。

交纳。秫一种，临河县人当交纳。粟一种，治源县人当交纳。糜一种，定
远、怀远县人当交纳"。①黑水城出土租税文书中每亩纳租 1.25 升，远远
低于京畿的最末等，所交纳的粮食主要是大麦和小麦。租额的不同更多的
是因为两个地区土地、水利等客观条件的差异。西夏人将全国土地分为山
林、坡谷、沙窝、平原、河泽五种类型，并说明了每一种类型土地的农作
物情况。第一山林，土山种粮：待雨种稻，地多不旱，糜、粟、麻、荞相
宜。第二坡谷，向柔择种：坡谷地向柔，待雨宜种荞麦也。第三沙窝，不
种禾熟：沙窝种处不定，天赐草谷，草果不种自生。第四平原，迎雨种地：
平原地沃，降雨不违农时，粮果丰也。第五河泽，不种生菜：草泽不种谷
粮，夏菜自长，赈济民庶。②西夏学者们往往以农业区、半农半牧区、荒
漠半荒漠区三大类概括西夏的土地环境。灵武郡、定远县、怀远县、临河
县、保静县大致位于兴灵平原，以贺兰山作为屏障，有黄河水灌溉，是西
夏境内最适宜进行农业生产的区域。宋臣吕大忠在宋哲宗元祐年间所上奏
章中说西夏农业主要分布在黄河以南的膏腴之地，指的就是灵州一带，"夏
国赖以为生者，河南膏腴之地，东则横山，西则天都、马衔山一带，其余
多不堪耕牧"。③《宋文鉴》中说灵夏地区土地条件如内地，"胡地惟灵夏如
内郡，他才可种乔豆，且多碛沙，五月见青，七月而霜，岁才一收尔"。④
《续资治通鉴长编》中说灵州"地方千里，表里山河，水深土厚，草木茂
盛，真放牧耕战之地"。⑤作为西夏的腹地，兴灵平原不仅自然环境适宜耕
种，而且有多条渠道用于灌溉，秦家渠、汉延渠、艾山渠、七级渠、特进
渠、唐徕渠等历朝历代修建的水利设施，西夏时期加以浚通，为农业生产
提供了重要的保障。如此优越的生产环境奠定了京畿地区较高的农业产出
量，以土地肥瘠程度划分农业税等级的政策，必然使得京畿地区的租额高
于其他地区。相比之下，黑水镇燕监军司为汉代居延海地区，地处偏远，

① 史金波、聂鸿音、白滨译注《天盛改旧新定律令》，第 489 页。
② 〔俄〕克恰诺夫、李范文、罗矛昆：《圣立义海研究》，宁夏人民出版社，1995 年，第
  57 页。
③ （宋）李焘：《续资治通鉴长编》卷 466，元祐六年九月壬辰，中华书局，1992 年，第
  11129 页。
④ （宋）吕祖谦编《宋文鉴》卷 119，齐治平点校，中华书局，1992 年，第 1661 页。
⑤ （宋）李焘：《续资治通鉴长编》卷 44，咸平二年六月戊午，第 947 页。

周边都是沙漠，这一地区的生产和生活主要依赖发源于祁连山的黑河，在西夏境土中属荒漠半荒漠区，农业种植条件恶劣，相对于兴灵平原、河西走廊，无论是自然环境还是水利设施都还存在一定的差距。《元史》中黑水城东北有黑河，西北濒临沙漠，"亦集乃路，下。在甘州北一千五百里，城东北有大泽，西北俱接沙碛"①，黑水城出土元代文书 M1·0083［F257：W6］《屯田栽树文书》中说"本处地土多系硝碱沙漠石川，不宜栽种"②，M1·0632［F116：W242］《麦足朵立只答站户案卷》中说"地土大半硝碱不堪耕种"③。

在交租时间上，西夏实行的是两税，分夏秋两季征收赋税。新补充的西夏文材料中，京畿七郡县交纳地租的时间为夏苗始于七月初一，秋苗自九月初一，至十月末交纳完毕。交租的时间主要取决于农作物收获的早晚以及路程的远近。《天圣令》载："诸租，准州土收获早晚，斟量路程险易远近，次第分配。本州收获讫发遣，十一月起输，正月三十日纳毕。其输本州者，十二月三十日纳毕。若无粟之乡输稻麦者，随熟即输，不拘此限。纳当州未入仓窖及外配未上道，有身死者，并却还。"④西夏京畿七郡县受路程影响不大，主要取决于粮食的收获时间，律令中规定交纳的农作物有麦、大麦、黄麻、豌豆、秫、粟、糜。糜八月成熟，大麦九月成熟。《圣立义海》"八月之名义"中"八月时凉，糜熟，国人收割"。"九月之名义"中"粳稻、大麦，春播灌水，九月收也"。⑤京师诸种粮食，随熟即输。

西夏分夏秋两季收税的制度源于唐代两税法，历经五代时期的后唐，至宋代，以及与宋同时期的辽、金等少数民族政权，只是夏秋两税的征收时间在各朝代不尽相同，夏税的起征时间多集中在五、六月份，秋税在九、十月份。唐实行两税法，将地租分夏秋两季征收，这是因为南北东

---

① 《元史》卷60，中华书局，2011年，第1451页。
② 塔拉、杜建录、高国祥主编《中国藏黑水城汉文文献》第1册，国家图书馆出版社，2008年，第123页。
③ 塔拉、杜建录、高国祥主编《中国藏黑水城汉文文献》第5册，第782页。
④ 天一阁博物馆、中国社会科学院历史研究所天圣令整理课题组校证《天一阁藏明钞本天圣令校证（附唐令复原研究）》（下），中华书局，2006年，第269页。
⑤ 〔俄〕克恰诺夫、李范文、罗矛昆：《圣立义海研究》，第52—53页。

西各地土壤、气候等条件各有不同，农作物的生长、收获期不一，统一的征税时间并不符合实际情况。建中元年（780）二月，规定"其田亩之税，率以大历十四年垦数为准。征夏税无过六月。秋税无过十一月"。[①]为了适应中原、江淮等主要农业区的作物收获期，制定了"征夏税无过六月，秋税无过十一月"的征税时间，一般说来，夏税包括大小麦和豆类，秋税包括稻米和其他秋作物。后唐时期，收税的期限因地而定，规定更为详尽，大致分黄河以南与淮水、汉水以北，黄河以北，河东三个区域。宋、辽、金的两税虽源于唐，但在许多做法上则是承后周之制。宋代关于收税期限的记载，并不统一。宋太宗端拱元年（988）规定，旧来夏税开封府等七十州自五月十五日起纳，至七月三十日毕；河北河东诸州五月十五日起纳，八月五日毕；颖州等十三州及淮南、两浙、福建、广南、荆湖、川峡等路五月一日起纳至七月十五日毕；秋税自九月一日起纳，十二月五日毕，"自今并可加一月限"，后来按照后周的制度，统一规定为夏税以六月一日起征，秋税以十月一日起征。辽朝的农业区与农牧相间地区的地租，是按照后唐的两税法进行征收的，《宣府镇志》曰："契丹统和十八年（1000），诏北地节候颇晚，宜从后唐旧制，大小麦、豌豆，六月十日起征，至九月纳足，正税匹帛钱、辒地榷曲钱等，六月二十日起征，十月纳足。"[②]金朝也实行两税，以田亩为正税的依据和标准，将田按土地肥瘠成色及水利等自然条件分为九等，两税的输纳期限分初、中、末三限，夏税以六月为初限，后改七月为初限，秋税从十月为初改为十一月为初，翌年正月为末。《金史》载："金制，官地输租，私田输税。租之制不传，大率分田之等为九而差次之。夏税亩取三合，秋税亩取五升，又纳秸一束，束十有五斤。夏税六月止八月，秋税十月止十二月，为初、中、末三限，州三百里外，纾其期一月。"[③]泰和五年（1205）改秋税限十一月为初。中都、西京、北京、上京、辽东、临潢、陕西地寒，稼穑迟熟，夏税限以七月为初。

十月末至来年的二月末，进行的是地租的催缴工作。律令中详细规

① 《旧唐书》卷48，中华书局，1995年，第2093页。
② （清）厉鹗：《辽史拾遗》卷15，《丛书集成初编》本，商务印书馆，1936年，第328页。
③ 《金史》卷47，中华书局，1975年，第1055页。

定了西夏京畿地区每一个周期各个部门所要承担的主要任务及延误后的惩罚措施。

表1 催缴租时间

时间	负责机构	主要工作	惩罚
至十月末	所属郡县	征收地租,十一月初一当告都转运司	告交地租簿册、凭据迟缓,自一日至五日十三杖,五日以上至十日徒三个月,十日以上至二十日徒六个月,二十日以上徒一年
十一月	都转运司	登记已纳、未纳地租数额,腊月初一引送都磨勘司	引送都磨勘司延误,大人、承旨、都案、案头、司吏等与上述罪状相同
十二月	都磨勘司	磨勘地租簿册、注明所遗尾数,正月初一引送都转运司	磨勘逾期,大人、承旨、都案、案头、局分等与上述罪状相同
正月	都转运司	再催促郡县人毕其地租尾数,仍有遗留二月一日当告中书	期限内不毕,与上述罪状相同
二月	中书	遣能胜任之人,视地程远近、所遗数额,重新判断期限,再行催促	

资料来源:《天盛改旧新定律令》卷15。

每个部门的工作周期从当月的初一开始至月末结束,共一整月的时间,下月伊始,另一个部门接手,进入下一步程序。催缴地租的机构有所属郡县、都转运司、都磨勘司和中书。所属郡县为在地方设置的基层管理机构,是征缴工作最直接的负责人。都转运司在征税的过程中起着至关重要的作用,除了统计纳租总额、登记应纳未纳数,还要催促剩余尾数,与郡县不同的是,都转运司不直接下到基层,而是指挥、催促郡县人。都磨勘司的职能是审核地租簿册,将官员催税数额的多少与政绩挂钩。中书是最上层的管理机构,只有在地租几经催促不果的情况下,中书才会派遣人员前去催促。针对催征的结果,西夏制定了详细的奖惩措施,把应纳地租数分为十分,对十分全不纳、九分纳一分不纳、十分全已纳等十一种情况,一一做了奖惩规定,"催促租之大人,于税户种种地租期限内已纳未纳几何,于全部分为十分,其中九分已纳一分未纳者勿治罪,八分纳二分未纳当徒六个月,七分纳三分未纳徒一年,六分纳四分未纳徒二年,五分纳五分未纳徒三年,四分纳六分未纳徒四年,三分纳七分未纳徒五年,二分纳八分未纳徒六年,一分纳九分未纳徒八年，十分全未纳徒十年。若十分全已纳，则当加一官，获赏银五两，杂锦上衣一件"。[①] 既给催税官员增加了压力，也充分调动了他们工作的积极性，为地租征收工作的完成提供了制度上的保障。

二　夫役

《天盛律令》中夫役的征调主要集中在兴修渠道。西夏的大部分地区属于干旱荒漠气候，决定了农业以灌溉为主，水利设施的好坏直接影响到农业的兴衰，渠道的兴修在整个西夏时期显得尤为重要。京畿地区的农田水利事业是在疏浚历代已有渠道的基础上发展起来的，从秦汉屯边垦田开始，历朝历代在这一地区依黄河兴修渠道，最著名的当属汉延渠和唐徕渠，律令中称其为西夏官渠。河西一带继承了唐代敦煌以来修筑的百余条渠道，仅沙州敦煌就有阳开、北府、阴安、孟授、都乡、宜秋、神农、东方八条干渠，张掖县黑水流域有盈科渠、大满渠、小满渠、大官渠、永利渠和加官渠等，可灌溉农田 46 万余亩。[②] 此外，西夏还在继承前代留传下来旧的灌溉工程的同时，开凿了新的渠道，如"昊王渠"。历经疏浚、开凿，西夏形成了纵横交错、密如蛛网的农田水利系统，然而水利工程并非一劳永逸，风多沙厚的自然环境导致渠道极易淤塞，维护这一系统长久地服务于农业生产，就成为西夏必须要解决的问题。

《天盛律令》以法律的形式制定了一系列农田水利开发的管理制度及惩罚措施，夫役在渠道的兴修和维护过程中起到了重要的作用。夫役中有"春夫"，每年春季开渠时都会征调，条文中将其范围限定为"畿内诸税户"[③]，也就是西夏京畿地区有田产的纳税农户，春开渠并不是开凿新渠，而是在灌水前由官方组织差发税户服役开工的大型挖渠、清淤、修渠工程。嘉靖《宁夏新志》中也有春季疏浚渠道的记载，曰："每岁春三月，发军丁修治之，所费不赀。四月初，开水北流。其分灌之法，自下流而上，

---

① 史金波、聂鸿音、白滨译注《天盛改旧新定律令》，第 493 页。"杂锦上衣一件"原作"杂锦一匹"，据俄藏图版改。

② 杜建录：《西夏经济史》，第 126 页。

③ 史金波、聂鸿音、白滨译注《天盛改旧新定律令》，第 496 页。

官为封禁。"① 可见春季开渠在宁夏平原至少从西夏至明长期存在，这与当地的气候密切相关。宁夏平原冬季寒冷，黄河结冰，进入枯水期，立春之后，气温逐渐升高，河水开始解凌。西夏的灌水期从春季开始到冬季结束，《天盛律令》中载："事始自春季，至于冬结冰，当管，依时节当置灌水之人。"② 为了保证春季用水的正常进行，在正式灌水之前，必须要做好渠道的清淤工作，以免堵塞渠道，耽误引水的正常进度。相比之下，《唐律疏议》所载差人夫修理堤防是在秋收后，卷27《杂律》"诸不修堤防"条《疏议》曰："依营缮令，近河及大水有堤防之处，刺史、县令以时检校。若须修理，每秋收讫，量功多少，差人夫修理。若暴水泛溢，损坏堤防，交为人患者，先即修营，不拘时限。"③ 若有暴水泛滥，先即修营，不拘时限，《天盛律令》中虽然没有明确的条文，但是从律令的表达上来看，情况相同。吐鲁番出土文书中也有每年定期差人夫修理堤堰的记载，时间在九月。吐鲁番出土《唐开元二十二年（734）西州高昌县申西州都督府牒为差人夫修堤堰事》载："新兴谷内堤堰一十六所，修塞料单功六百人。城南草泽堤堰及箭干渠，料用单功八百五十人。右得知水官杨嘉恽、巩虔纯等状称：前件堤堰每年差人夫修塞，今既时至，请准往例处分者。"牒文的落款时间为"开元廿二年九月十三日"④，说的是高昌县每年定期差人夫修理新兴谷内和城南草泽堤堰，今时间已到，拟征发包括群牧、庄坞、邸店以及夷胡诸户前去修治。

　　西夏夫役的内容包括两部分。其一，开渠。开渠前役夫提前准备，"春开渠事大兴时，笨工预先到来，来当令其受事，当计入日数中。其中已行头字，集日不计，三日以内事属者不派职人时，有官罚马一，庶人十三杖"⑤，笨工是从事体力劳动的役夫，须在春季正式开渠之前就位，以保证工期按时进行、春灌顺利开展。开挖渠道时要求役夫清理淤积，使渠

---

① （明）胡汝砺编，（明）管律重修嘉靖《宁夏新志》卷1，宁夏人民出版社，1985年，第20页。
② 史金波、聂鸿音、白滨译注《天盛改旧新定律令》，第494页。"春"原作"夏"，据俄藏图版改。
③ （唐）长孙无忌等：《唐律疏议》卷27，刘俊文点校，法律出版社，1999年，第543页。
④ 唐长孺主编《吐鲁番出土文书》（肆），文物出版社，1996年，第317—318页。
⑤ 史金波、聂鸿音、白滨译注《天盛改旧新定律令》，第497页。"职人"原作"事人"。

道足够深宽，"春开渠发役夫中，当集唐徕、汉延等上二种役夫，分其劳务，好好令开，当修治为宽深。若不好好开，不为宽深时，有官罚马一，庶人十三杖"①，黄河水含沙量大，经过了上一季的浇溉，渠底沉积了厚厚的泥沙，导致河底升高、河道变窄，在疏浚时往往采用深挖、拓宽的方法。宋代谢德权主持清理汴河河道时，要求深挖河中泥沙，直至见到土，史载："须以沙尽至土为垠，弃沙堤外，遣三班使者分地以主其役。"②乾隆《宁夏府志》在记载唐渠、汉渠春浚时说，修渠时渠道下埋有底石，疏通以挖见此石为止，其中唐渠有三处，正闸下一、大渡口一、西门桥一。汉渠有五处，正闸下一、龙泉闸一、李俊闸一、王全闸一、板桥下一。"侍郎通智修渠，制石埋各段工次。上镌'准底'字。每岁春浚，以挑见此石为准。"③

其二，修治。渠破水断时役夫修缮，《天盛律令》载："渠口垫板、闸口等有不牢而需修治处，当依次由局分立即修治坚固。若粗心大意而不细察，有不牢而不告于局分，不为修治之事而渠破水断时，所损失官私家主房舍、地苗、粮食、寺庙、场路等及役草、笨工等一并计价，罪依所定判断。"④渠头、渠主、渠水巡检等沿渠干检视渠口，若有不牢处未及时修治导致渠断水淹所造成的房屋、粮食等财物损失以及修渠所用草束、人工按价定罪，说明一旦出现问题由役夫修渠。桥道为河渠的附属设施，按照所处的位置被分为几种类型，大致是沿官渠或者称为大渠的大桥和大道、大渠上的小桥、沿小渠的道路。大渠上的大桥、大道由官府出资，转运司负责，派遣役夫前去修缮，律令中规定为依官修治，"大渠中唐徕、汉延等上有各大道、大桥，有所修治时，当告转运司，遣人计量所需笨工多少，依官修治，监者、识信人中当遣十户人。若有应修造而不告时，有官罚马一，庶人十三杖"。⑤而大渠上的小桥和小渠道路有所损坏时，由转运司从税户家主中选出监管人员，依私修治。

---

① 史金波、聂鸿音、白滨译注《天盛改旧新定律令》，第508页。
② 《宋史》卷309，第10166页。
③ （清）张金城修，（清）杨浣雨纂乾隆《宁夏府志》，陈明猷点校，宁夏人民出版社，1992年，第254页。
④ 史金波、聂鸿音、白滨译注《天盛改旧新定律令》，第499页。
⑤ 史金波、聂鸿音、白滨译注《天盛改旧新定律令》，第504页。

《天盛律令》规定，每年春开渠，征调夫役的总天数不超过四十日。开渠前当告知中书，依所属渠道的相关事宜，在四十日内确定开渠的期限，所给期限内没有完成时，当告知局分处寻求谕文，若不寻谕文逾期，要受到徒三个月至二年的相应处罚。每户所担负的夫役天数是根据其土地占有数决定的，1—10 亩出工 5 日，11—40 亩出工 15 日，41—75 亩出工 20 日，75—100 亩出工 30 日，100—120 亩出工 35 日，120—150 亩出工 40 日。京畿地区诸渠上，有需条椽处，在春开渠的百役夫中减一夫，转而纳细椽三百五十根，每根长七尺，如果数量还不够，统计后告知管事处，再次减夫纳椽。《渠水门》载："京师界沿诸渠干上△有处需椽，则春开渠事兴，于百役夫人做工中当减一夫，变而当纳细椽三百五十根，一根长七尺，当置渠干上。若未足，需多于彼，则计所需而告管事处，当减役夫而纳椽。若不告管事处而令减役夫而纳椽，且超派时，未受贿且纳入官仓，则当比做错罪减一等，自食之，则当与枉法贪赃罪相同。"① 这条减役夫纳椽的记载与《天盛律令》中的其他条文有所不同。通常，条椽作为赋税，随冬草一起交纳，这里所说的情况，属于临时事件，在春开渠时，发现官库中的条椽不够，新一年的赋税征收还没开始，只能采取临时征调的办法，于百役夫中减一夫。

三 税草

税草自唐始于太宗，《新唐书》载"贞观中，初税草以给诸闲，而驿马有牧田"。② 至开元年间，已经成为一项重要的国家财政收入，《唐大诏令集》中载"内庄宅使巡官及人户等，应欠大中十四年已前至咸通八年已前诸色钱六万二千三百八十贯三百文、斛一十万三千七十四石九斗、丝二十二万七千五百八两、麻二千四百七十斤、草二十六万五千八百五十五束，念其累岁不稔，人户贫穷，徒有鞭笞，终难征纳，并宜放免"。③

唐、宋、金、西夏的文献中基本上是计亩税草。唐长庆年间，元稹

---

① 史金波、聂鸿音、白滨译注《天盛改旧新定律令》，第 503 页。"夫役"原作"夫事""夫职"，下同。
② 《新唐书》卷 51，中华书局，1987 年，第 1343 页。
③ （宋）宋敏求编《唐大诏令集》卷 72《乾符二年南郊赦》，商务印书馆，1959 年，第 401 页。

为同州刺史，地税在同州是每亩九升五合，草四分，而职田的地租是亩收三斗，草三束。《当州京官及州县官职田公廨田并州使官田驿田等》中载："臣当州百姓田地，每亩只税粟九升五合，草四分，地头榷酒钱共出二十一文已下。其诸色职田，每亩约税粟三斗，草三束，脚钱一百二十文。"① 宋政和五年（1115）十一月，提举熙河兰湟路弓箭手何灌申："汉人买田常多，比缘打量，其人亦不自安，首陈已及一千余顷。若招弓箭手，即可得五百人；若纳租税，每亩三斗五升、草二束，一岁间亦可得米三万五千石、草二十万束。"② 金朝规定，秋税除了粮食税外，还纳"秸"，《金史》载："金制，官地输租，私田输税。租之制不传，大率分田之等为九而差次之。夏税亩取三合，秋税亩取五升，又纳秸一束，束十有五斤。"③ "秸"即庄稼的秸秆，税额为每亩纳秸秆一束，每束15斤。西夏税草的征收以土地为依据，履亩计算。史金波先生所译租税文书中黑水城地区每亩税草一束，与《天盛律令》规定有差别，条文载："税户家主自己所属地上冬草、条椽等以外，一顷五十亩一幅地，麦草七束、粟草三十束，束围四尺五寸，束内以麦糠三斛入其中。""诸税户家主除冬草、蓬子、夏蒡等以外，其余种种草一律一亩当纳五尺围一束，十五亩四尺束围之蒲苇、红柳、梦萝等一律当纳一束。前述二种束围当为五寸围头，当自整绳中减之。"④ 一顷五十亩纳麦草七束，粟草三十束，束围四尺五寸；蒲苇、红柳、梦萝等十五亩纳一束，束围四尺；其余种种草每亩纳一束，束围五尺。也就是每亩交纳麦草约0.05束，粟草0.2束，蒲苇、红柳、梦萝约0.07束，其余草1束。

束的西夏文在类似的内容中常被译为"捆"，西夏人翻译的汉文典籍《类林》中以该西夏字来对应"束"，为"稿草一束"。⑤ 刘进宝先生在《唐五代"税草"所用计量单位考释》一文中详细考证了"束"。他说西北地区，在夏收时节，将小麦捆为一捆一捆，每十捆，再拢为一拢，八捆作金字塔形

① （清）董诰等编《全唐文》卷651，中华书局，1983年，第6619页。
② 《宋史》卷190，第4723页。
③ 《金史》卷47，第1055页。
④ 史金波、聂鸿音、白滨译注《天盛改旧新定律令》，第490、503页。"幅"原作"块"，"束"原作"捆"，"束围"原作"捆绳"，"红柳"原作"柳条"。
⑤ 史金波、黄振华、聂鸿音：《类林研究》，宁夏人民出版社，1993年，第197页。

立起，两捆作为盖子盖在上面，这样既可以防雨，又可以防潮。待晒干农闲时，将其拉到场上碾草打粮。本句的"捆"，实际上就是"束"，因为这类量词原本都是动词的借用，现代汉语动词用的是"捆"而不是"束"，所以量词当然也跟着用"捆"，而不用"束"。[①]围与束的西夏文在《同音》中搭配成一个词组，[②]《同音研究》汉译为"械索"。[③]上文"束围四尺五寸""前述二种束围当为五寸围头"，指的是捆绳的长度，原译文为"捆绳四尺五寸""前述二种捆绳当为五寸捆头"，其实就是束的周长"围"。"围"作为量词讲，是说两只胳膊合拢起来的长度，人们在捆麦、粟时，并不需要专门的绳子，而是用两手直接把麦或者粟的两头接在一起，起到绳子的作用，捆的过程会有一个两手合抱的动作，所以"围"这个动作逐渐发展为量词。

税草的束围须按照规定的标准捆扎，以方便计量，由专人定期检察，如有不合格，则相关司吏受罚，"五十日一番当计量，捆不如式，则几多不如式者由草库局分人偿之。未受贿则有官罚马一，庶人十三杖，受贿则以枉法贪赃罪判断。又夫役小监等敛草时，亦当验之，未足则当使未足数分明。库检校及局分人等有何虚枉处，偿草承罪法当与前所示相同"。[④]《唐令拾遗》中束围的大小为三尺限，"诸象日给稿六围，马、驼、牛各一围，羊十一各一围（每围以三尺为限），蜀马与骡各八分其围，骡四分其围，乳驹乳犊五共一围，青刍倍之"。[⑤]阿斯塔那506号墓《唐上元二年（761）蒲昌县界长行小作具收支饲草数请处分状》中饲草分为上中下三等：上等每束三尺三围，中等每束三尺一围，下等每束二尺八围。[⑥]《天圣令》中大者径一尺四寸，小者径四寸，围是一束草的周长，而径是一束草的直径，"修营窖草，皆取干者，然后缚稈。大者径一尺四寸，小者径四寸。其边远无稿之处，任取杂草堪久贮者充之。若随便出给，不入仓窖者，勿课仓

---

① 刘进宝：《唐五代"税草"所用计量单位考释》，《中国史研究》2003年第1期。

② 《音同（甲种本）》，俄罗斯科学院东方研究所圣彼得堡分所、中国社会科学院民族研究所、上海古籍出版社编《俄藏黑水城文献》第7册，上海古籍出版社，1997年，第21页。

③ 李范文：《同音研究》，宁夏人民出版社，1986年，第406页。

④ 史金波、聂鸿音、白滨译注《天盛改旧新定律令》，第504页。

⑤ 〔日〕仁井田陞、栗劲、霍存福等编译《唐令拾遗》，长春出版社，1989年，第626页。

⑥ 国家文物局古文献研究室、新疆维吾尔自治区博物馆、武汉大学历史系编《吐鲁番出土文书》第10册，文物出版社，1991年，第252—253页。

窖调度"。[①]束围的大小因草的不同、用途不同而有所差异，这一点无论在西夏还是唐都是相似的。唐令中的饲草以稿草为标准放支，阿斯塔那出土文书中的饲草有粟草、准草等，《天圣令》中窖草用来防潮，铺在窖底，以大秆为层，小秆掩缝。西夏的蒲苇、红柳、梦萝、粟草、麦草等其余种种草捆扎好后，可用来供给官畜草料、维护桥道、铺垫窖底等。

作为官畜的饲料，英藏西夏文献 Or.12380-3179（K.K）《汉文马匹草料账册》按马匹数量计日放支草料，有的马草料十分，有的草料五分。"□保梁通等下马壹拾贰疋，内叁疋草料十分，玖疋各草料五分，从十二月四日至五日，计准二日食。糜子贰斗，草贰束，支……"[②] 官马的草料在律令中有明确规定，每年正月初一起，都有专门负责的官员前去监察马的肥瘦，膘不足，出现膘弱未塌脊、羸弱塌脊等情况时要予以处罚，有减草料者，根据数量比偷盗法加一等，若未减，因检校失误导致马羸瘦，根据瘦弱的情况，从杖罪至一年劳役不等，"官牧场之马不好好养育而减食草者，计量之，比偷盗法加一等。未减食草，其时检校失误致马羸瘦者，当视肥马已瘦之数罚之，自杖罪至一年劳役，令依高低承罪"。[③]《天盛律令》卷15 中所纳税草更多地用作渠道垫草和仓窖垫草。律令规定，唐徕、汉延、新渠等大渠上渠水巡检、渠主好好检察渠干、沿渠、梁土及垫草，不许人断抽，若因监察者疏于监察，用草赔偿，并好好修治，"其上渠水巡检、渠主等当检校，好好审视所属渠干、沿渠、梁土、垫草等，不许使诸人断抽之。若有断抽者时，当捕而告管事处，罪依律令判断"。[④] 若遇涨水、下雨，而使渠道断破，以垫草堵之，没有准备官用垫草的，先在附近税户家主取私草处置，草主人有田地，当于下次纳冬草时减去，没有田地，按照草价，官方给钱，"沿诸渠涨水、下雨，不时断破而堵之时，附近未置官之备草，则当于附近家主中有私草处取而置之。当明其总数，草主人有田

① 天一阁博物馆、中国社会科学院历史研究所天圣令整理课题组校证《天一阁藏明钞本天圣令校证（附唐令复原研究）》（下），第 282 页。

② 北方民族大学、上海古籍出版社、英国国家图书馆编《英藏黑水城文献》第 4 册，上海古籍出版社，2005 年，第 34 页。

③ 史金波、聂鸿音、白滨译注《天盛改旧新定律令》，第 580 页。

④ 史金波、聂鸿音、白滨译注《天盛改旧新定律令》，第 501 页。"沿渠、梁土、垫草"原作"渠背、土闸、用草"，据俄藏图版改。

地则当计入冬草中，多于一年冬草则当依次计入冬草中。未有田地则依捆现卖法计价，官方予之。若私草已置而不计入冬草中，不予计价等，有官罚马一，庶人十三杖"。[①]作为窖底铺设，律令中载："地边、地中纳粮食者，监军司及诸司等局分处当计之。有木料处当为库房，务需置瓦，无木料处当于干地坚实处掘窖，以火烤之，使好好干。垛囤、稌草、毡当为密厚，顶上当撒土三尺，不使官粮食损毁。"[②]于无木料、土地干燥、地质坚硬处挖掘地下粮窖，挖好后以火烤窖内，快速干燥，使之光滑，在窖底铺设密厚的垛囤、稌草、毡，再将粮食入窖，封口后顶上撒土三尺，将窖内与外界完全隔绝，以粮食入库时的状态长期保存。

小　结

西夏的租役草，租为地租，京畿地区七个郡县视土地优劣分五等纳租，每亩田地上等纳租一斗、次等八升、中等六升、下等五升、末等三升，黑水城地区每亩交纳1.25升，夏田始于七月初一，秋田自九月初一，至十月末交纳完毕。役是夫役，土地亩数决定出工的天数，从五日至四十日不等，总计不得超过四十日，如急需条椽，可以减役夫转而纳椽。草为税草，征收的范围包括冬草、条椽、麦草、粟草等，其税额为每亩交纳蒲苇、红柳、梦萝等0.07束，麦草0.05束，粟草0.2束，其余种种草每亩1束。唐代前期的租庸调，正租是租税，计丁纳粟，规定课户每丁纳租二石。庸为役的折纳，丁男不服现役时，必须交纳丝麻织品作为代偿，凡丁岁役二旬，无事则收其庸，每日折绢三尺，布加五分之一，有事而加役者，十五天免调，三十天则租调俱免，正役和加役不得超过五十天。调是征收丝麻织物的正式税目，随乡土所产交绫（或绢等）二丈，如纳布为二丈五尺，输绫、绢者纳棉三两，输布者纳麻三斤。

租役草和租庸调相比虽有相似点，但更多的是差异。首先，租役草是在均田制破坏后，实行两税法大环境下的赋役制度，计亩纳租，据地而

---

① 史金波、聂鸿音、白滨译注《天盛改旧新定律令》，第507页。
② 史金波、聂鸿音、白滨译注《天盛改旧新定律令》，第513页。"垛囤、稌草、毡"原作"垛囤、垫草"，据俄藏图版改。

征。租庸调是以均田制为核心，依人丁数量征税。西夏的租按土地亩数征收，唐代的租计丁征收；西夏的役由土地数决定夫役的天数，唐代的庸以丁为征收对象，故谓丁庸；西夏的税草履亩计算，唐代的调按户交纳，有课之户为课户，征调的基础还是丁。其次，庸与役折射出的是社会发展水平的不同。庸是役的折纳，唐朝的庸政策比较宽松，若不愿承担规定的任务，可以用丝织品代偿，输庸代役是唐朝奉行轻徭薄赋的产物，这是基于人口数量多、生产发达、产品丰富的前提，相比之下，西夏的人口稀少，生产不发达，产品少，所以要求直接服役，唯有《渠水门》中的"减役夫纳椽"在结果上与输庸代役相似，都是交纳物品代替夫役，但是其根本相差甚远，"减役夫纳椽"仍然是西夏产品缺乏的一种体现。最后，草和调，二者都是因需而征、因产而征。作为赋税制度，税草早在唐前期文献中就已经有了记载，西夏的草是战争补给、畜养牲畜、保护渠道的重要来源。另外，西夏畜牧发达，有大量的官私草场，所以草不仅能够满足官方的需要而且很易于征收。唐朝文献规定"调随乡土所出"，其丝织业发展水平很高，无论是出口国外还是国内贸易、百姓日常生活，对丝织品的需求达到了前所未有的数量，同时唐朝时绢麻等作物的种植地区分布广泛，所以，唐朝的调因产而征，在不同产区征收不同的织品。

唐后期实行两税法，改变了丁身为本的征税基础，取而代之的是以资产为宗，这里的资产包括土地，也包括其他的动产，后来又进一步发展为以土地为准，这种转变，由唐至宋逐渐成熟。在归义军时期的文献中，地租、税草、夫役已经以土地为依据征收。《唐光化三年（900）前后神沙乡令狐贤威状（稿）》中因土地被大河浸灌，免去地税，就包括了地租、布、草、役夫等。在这种大的社会发展趋势下，西夏顺应潮流，地租、夫役、税草的征收完全以土地为依据，这也是租役草的实质，4067号文书"一户梁吉祥有册上有十亩地，税一斗二升半。杂一斗，麦二升半，佣五日，草十捆"[1]。同时，在征税的过程中，以户为单位，迁溜为更大的基层管理组织。赋税文书中常有一迁溜多少户收税多少的记载，如8372号文书"迁溜吾移？宝共五十四户税三十六石六斗三升七合半"[2]。对应到法典中，租

---

① 史金波:《西夏农业租税考——西夏文农业租税文书译释》,《历史研究》2005年第1期。
② 史金波:《西夏农业租税考——西夏文农业租税文书译释》,《历史研究》2005年第1期。

役草的征收基础是税户，为土地的实际持有者，租地人向所有者仅交纳租价，而不再负责地租、税草、夫役。随着社会的发展，税户家主就近结合成类似于唐代乡里制、宋代保甲制的农迁溜，每十户遣一小甲，五小甲遣一小监，二小监遣一农迁溜，负责辖区土地变更的督察、赋税的征收。登记有土地顷亩数的地册三年一更新，农迁溜、小监、小甲要做好基层土地的普查工作，及时将死亡、外逃、地头无人、土地买卖等情况记录下来，以此作为征收土地税的依据。西夏的赋役除了租役草，还有人口税、盐税、酒税、买卖税、差役、兵役等，租役草是农户所要承担的最基本的税种，在西夏赋役中占有重要地位，希望文中对租役草的考述会对西夏社会经济的研究有所补益。

（原文刊于《中国史研究》2018 年第 1 期）

从出土文书看黑水城渠道变迁

潘 洁

黑水城地处黑河下游，濒临巴丹吉林沙漠和戈壁滩，是典型的沙漠绿洲城市，因干旱少雨，农业生产主要依赖水利灌溉。西夏时期，黑水城为边中监军司所在地，1286 年元朝在此设置亦集乃路，归属甘肃行省管辖，至明城池荒废。直至 20 世纪初，随着黑水城文献的发现，西夏至元朝时期黑水城地区农业灌溉渠道的基本情况逐渐清晰起来。已有研究成果基本分为两个阶段，第一阶段是西夏时期，有关记载主要在社会文书和法律文献《天盛律令》中。社会文书多为西夏文草书，史金波先生汉译的部分租地契约、买地契约和户籍账册中零星保留有以位置和族姓命名的渠道。[①]《天盛律令》中关于渠道维护、修治的官方条文，有些针对西夏的京畿地区而制定，还有一些没有特定区域的限制，杜建录等先生已从法律和历史的角度进行了深入的研究。[②]第二阶段是在元代，渠道的记载分布在户籍、诉讼等多种类型的文书中，李逸友、吴宏岐、王艳梅、徐悦等对亦集乃路

---

① 史金波:《黑水城出土西夏文卖地契研究》,《历史研究》2012 年第 2 期, 第 45—67 页。
② 杜建录:《西夏农田水利的开发与管理》,《中国经济史研究》1996 年第 4 期, 第 141—145 页;聂鸿音:《西夏水利制度》,《民族研究》1998 年第 6 期, 第 73—78 页;杜建录:《西夏水利法初探》,《青海民族学院学报》1999 年第 1 期, 第 61—64 页;葛金芳:《西夏水利役中"计田出丁"法的实施概况及相关问题》,《民族研究》2005 年第 3 期, 第 85—93 页;景永时:《西夏农田水利开发与管理制度考论》,《宁夏社会科学》2005 年第 6 期, 第 95—97 页;骆详译:《从〈天盛律令〉看西夏水利法与中原法的制度渊源关系——兼论西夏计田出役的制度渊源》,《中国农史》2015 年第 5 期, 第 54—63 页。

的渠道名称、渠社制度等问题做过详细的分析。^①可以说，这两个领域的学者在现有基础上已充分利用黑水城文献，对渠道及相关问题的研究已足够深入。但黑水城历经朝代更替，出土文献跨越夏、元两个时间段，不同时期必然会在黑水城留下历史的印记，本文在梳理两个时期出土文书所载渠道的基础上，探究从夏至元黑水城渠道在名称和功能上的继承和发展。

西夏时期的卖地契约中有自属渠尾左渠、普刀渠、灌渠、四井坡渠、自属酩布坡渠、官渠等，^②租地契中有普渡寺属渠尾左渠，^③户籍文书中有新渠、律移渠、习判渠、阳渠、刀砾渠、七户渠。^④元代的户籍、诉讼等各类文书中记载的渠道主要集中在本渠、合即渠、额迷渠、吾即渠（吴即渠）、沙立渠（沙刺渠）、耳卜渠、玉朴渠，除此之外，还包括屯田渠、泉水渠、唐来渠、墙痕支小渠、小支水小渠、使水小渠等，其中《戴四哥等租田契》中戴四哥土地四至为："东至唐来为界，南至民户地为界，西至草地为界，北至本地为界，四至分明。"^⑤《也火汝足立崽地土案卷》中有"墙痕支小渠为界""下支水小渠"，^⑥《土地案》中有"地东至使水小渠"。^⑦将元代与西夏的渠名进行比较，并未发现同名渠道。难道是元代没有沿用西夏渠道吗？李逸友先生在黑水城考古时，提到在额济纳河下游邻近居延海的额尔古哈拉地方，曾发现过西夏时代的瓦砾和陶瓷片，应是从事农业生产的居民所遗存，因而在那一带地方便可能有西夏时代开凿的渠道。至今在地表可看到的渠道痕迹，有可能是西夏时开凿，而元代继续使用并加修

---

① 李逸友：《黑城出土文书（汉文文书卷）》，科学出版社，1991年，第18—19页；吴宏岐：《〈黑城出土文书〉中所见元代亦集乃路的灌溉渠道及相关问题》，周伟洲主编《西北民族论丛》第1辑，中国社会科学出版社，2002年，第129—145页；王艳梅：《元代亦集乃路的渠社》，《今日湖北》（理论版）2007年第6期，第42—45页；徐悦：《从黑水城文书看元代亦集乃路的农业》，硕士学位论文，宁夏大学，2008年。

② 史金波：《黑水城出土西夏文卖地契研究》，《历史研究》2012年第2期，第45—67页。

③ 史金波：《黑水城出土西夏文租地契研究》，四川大学历史文化学院编《吴天墀教授百年诞辰纪念文集》，四川人民出版社，2013年。

④ 史金波：《西夏户籍初探——4件西夏文草书户籍文书译释研究》，《民族研究》2004年第5期，第64—72页。

⑤ 塔拉、杜建录、高国祥编《中国藏黑水城汉文文献》第6册，国家图书馆出版社，2008年，第1259页。

⑥ 塔拉、杜建录、高国祥编《中国藏黑水城汉文文献》第4册，国家图书馆出版社，2008年，第823、853页。

⑦ 塔拉、杜建录、高国祥编《中国藏黑水城汉文文献》第4册，第758页。

筑。[1]李先生在这里用到了两个"可能",一个是推测西夏时期已经开凿有渠道,这个可能因俄藏黑水城文献的公布已经得到证实。李先生的考古报告出版于1991年,早于《俄藏黑水城文献》,大量西夏文书记录在黑水城地区的确有数量众多的灌渠。另一个是推测渠道开凿于西夏而沿用至元朝,这个可能将通过接下来的分析得到证实。从夏至元经历了战争的损毁、风沙的侵蚀、人员的流动,黑水城的渠道有保留,有新建,也有消失。

吾即渠是西夏渠,沿用至元朝。作为亦集乃路重要的几条大渠之一,由于译写的不同,"吾即渠"有时也作"吴即渠"。文书中,吾即这两个字不仅是渠道名称,而且经常出现在人名中,如"吾即朵立只""吾即沙真布"。[2]人名中的吾即是党项族姓,与西夏《碎金》中的党项姓氏"勿即"[3]音同,所以吾即渠是一条以党项族称命名的西夏渠道。这样的情况在西夏文书中已有先例,前述普刀渠、酩布渠即是。在最初命名渠道时,很可能有诸多吾即姓氏的农户聚居于此。发展到元朝,尽管渠名保留了下来,但是人员已然发生了变化,有的留下了,有的人搬走了,同时也有新人增加,如"吾即都的将驱口在吾即渠住(坐)",[4]仍在吾即渠住坐;沙立渠人员名单中的"吾即习布""吾即立温布",[5]或许为搬走的那部分。吾即渠的名称虽被继承,但沿渠人员经历了从夏至元的变化,重新整合,渠名中有关族属的部分已逐渐消失淡化。

合即渠是元朝新建的渠道。元朝建立后,在黑水城大力发展农业,合即渠是在元史中明确记载有开凿时间的渠道。"二十二年,迁甘州新附军二百人,往屯亦集乃合即渠开种,为田九十一顷五十亩。"[6]"所部有田可以耕作,乞以新军二百人凿合即渠于亦集乃地,并以傍近民西僧余户助其力。"[7]至元二十二年(1285)由甘州新附军和西僧共同开凿,比亦集乃路

---

① 李逸友:《黑城出土文书(汉文文书卷)》,第18页。

② 塔拉、杜建录、高国祥编《中国藏黑水城汉文文献》第4册,752页。

③ 聂鸿音、史金波:《西夏文本〈碎金〉研究》,《宁夏大学学报》1995年第2期,第11页。

④ 塔拉、杜建录、高国祥编《中国藏黑水城汉文文献》第4册,第721页。

⑤ 塔拉、杜建录、高国祥编《中国藏黑水城汉文文献》第1册,国家图书馆出版社,2008年,第40页。

⑥ 《元史》卷100,中华书局,2011年,第2569页。

⑦ 《元史》卷60,第1451页。

总管府的设置时间还早一年。《也火汝足立嵬地土案卷》中有"石革立嵬元抛本渠下支水合即小渠麦子地""本渠下支水合即小渠地三段"。① 从文书中可以看出，合即渠是从本渠引出的支渠。既然合即渠开凿于1285年，本渠的时间肯定要早于合即渠，很可能本渠在西夏时期已经存在。

有的毛细小渠消失。从已翻译的部分西夏文书中可以看出，黑水城地区的渠道数量众多，一方面，由于黑水城特殊的自然环境和地理位置，农业生产主要仰仗渠水灌溉；另一方面，西夏允许私开渠道。租地契中有普渡寺属渠尾左渠、卖地契约中有自属渠尾左渠、自属酩布坡渠等，均为寺院或个人开凿的渠道。《天盛律令》规定有新开土地，允许自开渠道，"诸人有开新地，须于官私合适处开渠，则当告转运司，须区分其于官私熟地有碍无碍。有碍则不可开渠，无碍则开之。若不许，而令于有碍熟地处开渠，不于无碍处开渠，属者等一律有官罚马一，庶人十三杖"。② 私渠需在官私无碍处挖掘，由转运司负责，西夏的转运司统辖地册、管理土地，对官地、私地及各户的耕地情况比较熟悉，在开渠选址的过程中，由转运司核定该地是有碍还是无碍，在不影响他人的情况下，可以私开渠道，便于浇溉。这种私开的渠道，特别是个人开渠，通常直接流入耕地，官方称之为"细渠"，"税户家主沿诸供水细渠田地中灌水时，未毕，此方当好好监察，不许诸人地中放水。若违律无心失误致渠破培口断，舍院、田地中进水时，放水者有官罚马一，庶人十三杖。种时未过，则当偿牛工、种子等而再种之。种时已过，则当以所损失苗、粮食、果木等计价则偿之。舍院进水损毁者，当计价而予之以半。若无主贫儿实无力偿还工价，则依做错法判断。若人死者，与遮障中向有人处射箭投掷等而致人死之罪相同"。③ 对细渠的规定跟农田浇溉有关，要求各灌水户在用水期间仔细监察，防止私渠断裂，水流淹及耕地、院舍。在西夏文书所载渠道中，细渠占相当比重，往往流程短，是西夏水利网的最末端，直抵田间地头，一旦土地抛荒或遇到其他问题，渠道荒废，经过风沙侵蚀，渠道将连同名称一同消失。

---

① 塔拉、杜建录、高国祥编《中国藏黑水城汉文文献》第4册，第816、824页。
② 史金波、聂鸿音、白滨译注《天盛改旧新定律令》，法律出版社，2000年，第502页。
③ 史金波、聂鸿音、白滨译注《天盛改旧新定律令》，第507页。"税户家主"原译作"租户家主"。

从西夏至元渠名变迁的原因有战争的损毁、人员的流动、风沙的侵蚀等。"帝以西夏纳仇人亦剌喝翔昆及不遣质子，自将伐之。二月，取黑水等城。夏，避暑于浑垂山。取甘、肃等州。"①1226年春，蒙古对夏发动了第六次战争。蒙古大军首先攻占黑水城，并以此为据点进入河西走廊，渡河进入西夏腹地。次年六月，夏主李睍降，西夏灭亡。元朝大军攻占黑水城必然会引起人员流动，造成设施损毁。元朝占领黑水城后，一些西夏遗民继续和汉人、吐蕃人留在当地，黑水城文书反映了党项人在亦集乃路生活、生产的情况，如《唐兀的斤等户籍》载；"母亲兀南赤，年七十岁，妻唐兀的斤，年二十岁，弟妇俺只，年二十岁，东关见住，起置：事产见住元坐地基修盖土房两间，孳畜无。"②同时，大量的蒙古人、回回人迁入，亦集乃路内有回回坟墓，《失林婚书案》中有原告阿兀，即为回回商人。蒙古人、回回人的迁入丰富了当地的族属，还带来了居民分布上的变化。合即渠开凿的第二年八月，亦集乃路上书请求"疏浚管内河渠"。③说明风沙和淤积对黑水城的渠道影响很大，该地属于常年为西北风控制的内陆地带，农业耕地主要分布在沙漠、戈壁包围的绿洲区域，考古调查时发现，沿河两岸犹存渠道遗址，有许多渠道和村落已变成沙丘。④一些毛细小渠或因战争被毁，或因人员逃亡而荒废，不见于记载，也有像吾即渠这样的西夏渠道虽然保留至元朝，但经历长期变化，渠内人员重组。

从夏至元黑水城渠道变迁的另一个方面主要体现在渠道职能的变化上。在西夏，渠道的作用相对单一，出土文书中有关渠道的记载或作为方位，或表明给水情况，与土地、灌溉密切相关。卖地契中，渠道出现在正文之首、中、尾，在首作为地标，表明所售土地的位置，有水源的土地产量可能更高，直接影响到交易的价格，《天庆寅年正月二十四日邱娱犬卖地契》中"立契者邱娱犬等将自属渠尾左渠接撒二十石种子熟生地一块，及宅舍院四舍房等，全部自愿卖与普渡寺内粮食经手者梁那征茂及喇嘛等"；⑤在土地四至中，把渠道作为所卖土地的坐标，《天庆寅年正月二十九

---

① 《元史》卷1，第24页。
② 塔拉、杜建录、高国祥编《中国藏黑水城汉文文献》第1册，第41页。
③ 《元史》卷14，第300页。
④ 李逸友：《黑城出土文书（汉文文书卷）》，第19页。
⑤ 史金波：《黑水城出土西夏文卖地契研究》，《历史研究》2012年第2期，第47—48页。

日梁老房酉等卖地舍契》中"东与梁吉祥成及官地接，南与恶恶显盛令
地接，西与普刀渠上接，北与梁势乐娱地上接"；① 在契尾表明给水情况，
土地税、用水权与土地一并转让，邱娱犬卖地契"税五斗中麦一斗有 日
水"，梁老房酉卖地契中"有税二石，其中有四斗麦日水"。② 租地契，渠
道在契首，与卖地契契首情况类似，表明土地的方位和水源，《寅年正月
二十四日苏老房子包租地契》"立契者苏老房子等今普渡寺渠尾左渠接熟
生二十石撒处地一块，院宅院舍等全，一年包租"。③ 户籍账册在登记该户
家庭人口、财产情况时，渠道位于土地信息中，8203 号文书"地：一块接
新渠撒七石处，一块接律移渠撒六石处，一块接习判渠撒七石处，一块场
口杂地撒七石处"，7893/9 号文书一行监的土地、牲畜登记，其中"地四
块：一块接道砾渠撒十五石处，与梁界乐（地）边接；一块接律移渠十石
处，与移合讹动小姐盛（地）边接；一块接七户渠撒七石处，与梁年尼有
（地边接）"。④

　　而在各类元代文书中，除了土地四至中的渠，更多地突破了西夏时
期的含义，这里的渠除了与浇溉、土地相关外，还是基层组织。如《唐兀
人氏斗杀案》中"次男，唐兀人氏，在本渠种田住坐"，《债钱主逼取站户
吾七玉至罗土地案》中"右玉至罗年三十岁，无病，系本路所管落卜克站
户，见在沙立渠住坐"，⑤ 本渠和沙立渠为唐兀人、吾七玉至罗的常住地，
渠道已然是登记户籍的重要坐标。与西夏不同的是，这里标记的是某人所
属基层组织，而不是土地的方位。M1·0013［F1：W51］《吾即渠与本渠
户籍》中以渠为单位统计人口，载："吴即渠：大口肆百八十八口，小口
一百廿口；本渠：大口……小口贰百柒拾陆口。"⑥ M1·0043［F16：W1］
《管都火儿等纳粮文卷》中以渠为单位统计交纳税粮的数量，载："玉朴渠

---

① 史金波:《黑水城出土西夏文卖地契研究》,《历史研究》2012 年第 2 期, 第 48—49 页。
② 史金波:《黑水城出土西夏文卖地契研究》,《历史研究》2012 年第 2 期, 第 48 页。
③ 史金波:《黑水城出土西夏文租地契研究》, 四川大学历史文化学院编《吴天墀教授百年诞辰纪念文集》, 第 89 页。
④ 史金波:《西夏户籍初探——4 件西夏文草书户籍文书译释研究》,《民族研究》2004 年第 5 期, 第 71—72 页。
⑤ 塔拉、杜建录、高国祥编《中国藏黑水城汉文文献》第 4 册, 第 700、748 页。
⑥ 塔拉、杜建录、高国祥编《中国藏黑水城汉文文献》第 1 册, 第 50 页。

一户管都火儿粮一石五斗，小麦壹石，大麦伍斗；沙立渠一户台不花粮壹拾壹石一斗，小麦柒石四斗，大麦叁石七斗；甘□：吾即渠一户任思你立布粮壹石伍斗，小麦壹石，大麦伍斗；耳卜渠一户任三保粮叁斗，小麦式斗，大麦壹斗。"①

在西夏，黑水城对辖内居民统计编户、征纳赋税都是以农迁溜为单位，Инв.No.6342-2 载："迁溜饶尚般百勾管七十九户及单身共二百二十人，大一百八十人，小四十人。"② Инв.No.4991 载："迁溜梁肃寂勾管五十九户及三十九人单身男女大与小总计二百二十一人之□税粮食五十六石四斗数。"③农迁溜是西夏针对农业人口设置的基层组织，文书中也作迁溜，《天盛律令》规定西夏农户以地缘关系为纽带就近结合，十户为一小甲，二小甲为一小监，五小监为一迁溜，至《亥年新法》，由于十羊九牧，农业人口数量不足，迁溜减半，为五十户。

西夏灭亡后，黑水城由原来的镇燕监军司变为亦集乃路总管府，由原来的边防重镇变为内地城市，军事功能逐渐减弱，取而代之的是行政设置，亦集乃路成为纳怜道上重要的驿站，发挥着沟通中原与漠北草原的桥梁纽带作用。原有宜战宜耕具有乡里特色的迁溜制度已然不能适应亦集乃路的城市定位，元代普遍推行的村社制度成为管理基层农业人口的重要手段，渠社制度的推行是绿洲地区特有的农业组织形式，反映了水源在百姓生活中的重要地位，这是人们的自然选择，更是特殊地理环境下的被迫适应。在绿洲地区，农民为减少生活成本自然而然地选择靠近水源地居住、生产，《武周长安三年（703）三月典阴永牒》载："甘凉瓜肃所居停沙州逃户。牒奉处分，上件等州，以田水稍宽，百姓多悉居城，庄野少人执作。"④文书讲的是甘凉瓜肃所居之地可供灌溉之水源相对充足，故将沙州逃户安置于此务农。不仅在河西，毗邻水源而居是绿洲地区的共性。

元代的黑水城以渠道为名称划分村落，根据渠的大小、人口的多寡设

---

① 塔拉、杜建录、高国祥编《中国藏黑水城汉文文献》第1册，第80页。
② 杜建录、史金波：《西夏社会文书研究》，上海古籍出版社，2010年，第83页。
③ 史金波：《西夏农业租税考——西夏文农业租税文书译释》，《历史研究》2005年第2期，第107—118页。
④ 唐耕耦、陆宏基编《敦煌社会经济文献真迹释录》第2辑，全国图书馆文献微缩复制中心，1990年，第326页。

立不同数量的社长进行管理，《社长与俵水名录》中："沙立渠社长式名：李嵬令普、沙的，俵水叁名：李汝中普、刘嵬令普、何高住；本渠社长叁名：撒的、许帖木、俺普，俵水叁名：何逆你立嵬、樊答失帖木、□哈剌那孩。"[1] 渠社作为最基层的组织，有劝课农桑、征调赋役、登记户籍、维护治安、协助灌溉等职能，直接接受亦集乃路最高行政设置总管府的领导，社长的选任以通晓农事者优先，社长下设俵水，负责分俵水利。这样的转变不仅在黑水城，敦煌地区的乡里制度发展至唐末五代后，在功能上已经远远不及唐朝前期，这是因为作为乡里制度最重要的基础和特征的地域性已经被打破，同一乡里的百姓不仅不在一起居住，其土地也四散于各处，敦煌当地百姓成立了各种名目的"社"，在某种程度上代替了原有乡里行使的职能。在农业生产领域中，最具代表性的是渠社。[2]

综上所述，虽然已有文书中没有同名渠道，但是经过分析，西夏至元，黑水城地区的渠道有保留，有新建，也有消失。在黑水城地区，西夏原有以地缘为特征的组织被打破，形成了元朝以渠道为中心的聚落。而这些渠道不是流入田间地头的细渠，而是稍大的支渠，甚至是干渠，可以供给更多的人维持生活、进行耕作。经过人员增减、变迁后重新组成的单位就以该条渠道的名称作为聚落的代称，记载在黑水城文献中。

（原文刊于《西夏学》2017 年第 1 期，第 243—248 页）

---

[1] 塔拉、杜建录、高国祥编《中国藏黑水城汉文文献》第 5 册，国家图书馆出版社，2008年，第 986 页。

[2] 郝二旭：《唐五代敦煌农业专题研究》，博士学位论文，兰州大学，2011 年，第 160 页。

西夏水权及其渊源考

潘　洁　陈朝辉

黑水城出土 Инв.№.5124 号天庆寅年（1194）正月二十四日至二月六日邱娱犬、梁老房酉、恶恶显令盛等卖地契约[①]中，在土地税的下一行记录了耕地的给水信息，"日水""细水""半细水"等在土地买卖时随地转让，这是有关西夏水权的珍贵材料，以往研究并未提及。本文将结合官方法典，对西夏水权的获得、分配、转让，特别是水权与土地、赋役的关系进行综合分析。此外，由于敦煌文献中保存了诸如《水部式》《沙州敦煌县行用水施行细则》《甲申年（984）二月廿日渠人转帖》等唐代用水管理、渠河口作的记载，与黑水城文献在时间上有延续，内容上有相似，文章在讨论西夏水权的同时也会与敦煌文献进行比较，试图从制度的渊源和变化上做更进一步的探究。

完整的水权包括所有权、使用权及其他权益。我国古代往往呈现出所有权归国家，使用权归个人或集体的特点，西夏也不例外。水资源的所有权属于国家，由国家统筹分配，政府监督执行，沿渠居民使用受益。法典《天盛律令》保留了一些渠水使用者的条文，载："沿渠干察水应派渠头者，节亲、议判大小臣僚、税户家主、诸寺庙所属及官农主等灌水户，当依次每年轮番派遣，不许不续派人。"[②]节亲、议判大小臣僚、税户家主、寺院、

---

① 史金波：《黑水城出土西夏文卖地契研究》，《历史研究》2012 年第 2 期。

② 史金波、聂鸿音、白滨译注《天盛改旧新定律令》，法律出版社，2000 年，第 499 页。"灌水户"原作"水□户"，"税户家主"原作"租户家主"。

官农主为水资源的使用者，律令中称为"灌水户"。西夏所辖之地干旱少雨，农业产区受气候条件影响，降水分布不均，主要集中在夏季，农作物的种植仰仗水利设施的调控，灌水季自春季开始至冬季结束，遵循依次、依时节用水的分配原则。对此《天盛律令》的记载较为简略：如"灌水时，诸人排水者未依番予水，曰未得时，当告所管事处，应派人则派人，应行则行"，[①]"事始自春季，至于冬结冰，当管，依时节当置灌水之人"。[②]相比之下，唐代敦煌文献和元代黑水城文献的记载更为详细，可以对西夏渠水分配进行补充，《水部式》载："凡浇田，皆仰预知顷亩，依次取用，水遍即令闭塞。务使均普，不得偏并。"[③]强调依次取水，遍至则止。《兵工房俵水文书》则进一步说明了依次的顺序为"自下而上分俵水"，[④]这样做的目的是均普，保证浇溉的公平、合理。《沙州敦煌县行用水施行细则》记载了当地六次灌水的时间，分别是春分前十五日、立夏前十五日、秋分前三日，以及夏秋之间的三次重灌行水。其中立夏前十五日为浇伤苗，与谷雨日会合，此番从东河开始浇溉，这时麦苗刚长出来，并不需要大量浇溉，但是神农、两冈、阳开、宜秋即将种植粟、糜等作物的田地亟须浇灌、平整才能早早下种，如果东河不能按时浇溉，只能等到下一轮，麦苗就旱死了。反映出灌水不仅与节气相辅相成，而且也充分考虑到农作物的生长周期。

上述内容让我们对西夏水权中涉及的谁使用、如何分配等问题有了一个初步的认识。除此之外，西夏水权在获得和转让的过程中还体现了两个特点。

第一，水权获得与渠道赋役差发有关。水权的获得建立在履行一定义务的基础上，节亲、议判大小臣僚、税户家主、寺院、官农主等灌水户在用水前后承担部分工作，服与渠道相关的夫役或差役，体现出谁使用谁出力，权利与义务对等的原则。对此，《庆元条法事类》中提出渠堰修治所需

① 史金波、聂鸿音、白滨译注《天盛改旧新定律令》，第494页。
② 史金波、聂鸿音、白滨译注《天盛改旧新定律令》，第494页。"春季"原作"夏季"。
③ 唐耕耦、陆宏基编《敦煌社会经济文献真迹释录》第2辑，全国图书馆文献缩微复制中心，1990年，第577页。
④ 塔拉、杜建录、高国祥编《中国藏黑水城汉文文献》第1册，国家图书馆出版社，2008，第112页。

役夫，先从用水之家中征发，明确了渠水使用权与夫役差发之间的关系："诸以水溉田，皆从下始，仍先稻后陆。若渠堰应修者，先役用水之家。"①《长安志》中直接提出不出夫役者不得用水："人户合浇田禾顷亩，照依旧例验工轮番使水。各斗下若有在前不出夫役使水之家，今后无得使水。监浇官、斗门子人等看循与水者，依例断罚。"②西夏虽然没有条文规定，但是从灌水户所承担的义务中也能反映出水权与赋役差发之间的密切关系。

节亲、议判大小臣僚、税户家主、寺庙、官农主主要参与水渠的监管工作，负责沿渠巡视，是为差役。每条渠干都被分成若干段，每段均安排有数名渠头，整个灌水期内各个渠头轮流执勤，当差渠头需不分昼夜地检视渠道，及时发现渠断水破，避免不必要的人员和财产损失。同时渠头还需不惧权势，不受贿赂，严格执行依次放水的原则，如有违规，轻则赔偿损失，重则绞杀："节亲、宰相及他有位富贵人等若殴打渠头，令其畏势力而不依次放水，渠断破时，所损失畜物、财产、地苗、役草之数，量其价，与渠头渎职不好好监察，致渠口破水断，依钱数承罪法相同，畜物、财产所损失数当偿二分之一。"③"当职渠头并未无论昼夜在所属渠口，放弃职事，不好好监察，渠口破而水断时，损失……五千缗以上一律绞杀。"④所以当渠头是件辛苦的差事，节亲、议判大小臣僚、税户家主、寺庙、官农主等并不情愿服役。西夏规定每年从沿渠灌水户中依次轮番派遣，中间不得中断，如有贿赂官员逃避渠头职责等行为一律严惩。不仅渠头，渠主、渠水巡检同样是从水资源的使用者中抽选。渠干的长短决定渠水巡检和渠主的数量：渠干长，沿渠巡视的工作量随之增加，则人数多；渠干短，巡渠人数相应减少。"大都督府至定远县沿诸渠干当为渠水巡检、渠主百五十人。"⑤在这些灌水户中，官农主、节亲、寺院等是西夏的特殊阶层，他们在承担西夏其他赋役时有特权，但渠道差役不能免除。《亥年新法》中官

① 戴建国点校《庆元条法事类》卷49，杨一凡、田涛主编《中国珍稀法律典籍续编》，黑龙江人民出版社，2002年，第684页。

② （宋）宋敏求撰，（清）毕沅校正《长安志》下卷《用水细则》，台北：成文出版社，1970年，第635页。

③ 史金波、聂鸿音、白滨译注《天盛改旧新定律令》，第501页。

④ 史金波、聂鸿音、白滨译注《天盛改旧新定律令》，第499页。

⑤ 史金波、聂鸿音、白滨译注《天盛改旧新定律令》，第494页。

农主一年承担夫役，一年纳草税，并没有提到粮食税的交纳。"官农主及帐下官地等属，除有闲地外，全部九百四十七顷八十亩四十步一年为夫一年纳草。"① 史先生认为"节亲主所属地类似赏赐地，收获全归节亲主；寺院中地收获全归寺院，都是不纳税的耕地"。② 官农主、节亲、寺院可以免交粮食税，但在用水权上没有例外，需要承担相应义务，反映出权利与义务的对等。

渠道差发中一些出体力的工作，由税户承担。律令载："畿内诸税户上，春开渠事大兴者，自一亩至十亩开五日，自十一亩至四十亩十五日，自四十一亩至七十五亩二十日，七十五亩以上至一百亩三十日，一百亩以上至一顷二十亩三十五日，一顷二十亩以上至一顷五十亩一整幅四十日。当依顷亩数计日，先完毕当先遣之。"③ "畿内"即西夏京畿，位于兴灵平原。两大官渠：唐徕渠、汉延渠，承自前代，从中又分辟出若干支渠、毛细小渠，渠水直抵田间地头，浇溉了西夏著名的鸣沙川"御庄"等主要粮食产区。但是两渠引自黄河，河水含沙量大，渠道经过上一轮的浇溉以及冬季闲置期风沙的侵蚀，沉积了厚厚的泥沙，导致河底升高、河道变窄，灌水时一旦降雨不断，容易发生水出渠断的危险。因此在每年春季灌水之前，差发唐徕、汉延沿渠税户为役夫清理渠道，称之为"春开渠"。服役的天数按照土地亩数计算，从5日至40日不等："春开渠发役夫中，当集唐徕、汉延等上二种役夫，分其劳务，好好令开，当修治为宽深。"④ 役夫以古代治河的方法，深挖渠道，清理淤积，使之足够宽深，同时修护损坏的水利设施，为即将到来的新一轮用水做好准备。

敦煌文献中的渠人与西夏春开渠中的税户在渠道差发方面有共同之处。《甲申年（984）二月廿日渠人转帖》中记录了很多渠人的姓名，并写道："今缘水次逼近，切要通底河口，人各锹镢壹事，白刺三束，枝两束，

---

① 赵焕震：《西夏文〈亥年新法〉卷十五"租地夫役"条文释读与研究》，硕士学位论文，宁夏大学，2014年，第22页。

② 史金波：《西夏社会》，上海人民出版社，2007年，第564页。

③ 史金波、聂鸿音、白滨译注《天盛改旧新定律令》，第496页。

④ 史金波、聂鸿音、白滨译注《天盛改旧新定律令》，第508页。

一茎。帖至，限今月廿二日卯时，于票子口头取齐。"①文中提到的"水次逼近"因渠道涨水所致，"通底河口"是挖出沉积的泥沙，直至露出渠底，与西夏春开渠的清淤任务一致，转帖是为了通知渠人携带锹、镢等工具，以及白刺、枝等修渠材料于规定的时间集合出工。关于渠人的性质，那波先生认为渠人是河渠人、沟渠人的略称，是承担防水、修堰、护渠职役的人。佐藤武敏更明确指出这种职业相当于同期中原地区的杂徭。郝春文先生进一步认为渠人和归义军时期的一种基于土地的力役"渠河口作"有关。②按照几位先生的观点，渠人承担的职役、杂徭或力役与税户承担的夫役都是以土地为基础的渠道差发。如果是这样的话，渠人就是有土地的人，必然有浇溉的需求，是灌水户，有用水权。当渠水逼近，自备工具、材料尽义务修渠。文书所载时间为唐代两税法实行以后，说明在这个时期，水权已经与赋役差发有了密切的关系。

第二，水权随土地转让。水权与土地关系密切，《天盛律令》中专辟《地水杂罪门》，包含土地、渠道用水的相关内容。西夏节亲、议判大小臣僚、税户家主、寺院、官农主以及渠人，既是灌水户，同时也是西夏的土地所有者和管理者。因为他们占有或管理土地，所以产生灌溉的需求。同样的，没有土地就谈不上灌溉，也就没有水权一说。文章开头提到的黑水城卖地契约中，土地转让，水权随之转让。以《天庆寅年正月二十四日邱娱犬卖地契》③为例，土地所有者邱娱犬将一块撒二十石种子的土地连同四间宅舍卖与普渡寺粮食经手人梁那征茂及喇嘛，同时转让的还有附着在这块土地之上的"日水"使用权。除了日水，其他契约中还有细水、半细水等。梁势乐娱、每乃宣主将撒五石种子土地连同细水转让，平尚岁岁有将撒三石种子的土地及四间老房连同半细水转让。可以看出，邱娱犬的土地顷亩数多，浇溉用水为日水，梁势乐娱、每乃宣主土地顷亩数少，浇溉用水为细水，平尚岁岁有顷亩数最少，浇溉用水为半细水。因此，水权不仅与土地的所有权密切相关，而且用水的多少取决于顷亩的多寡。农民

---

① 唐耕耦、陆宏基编《敦煌社会经济文献真迹释录》第1辑，书目文献出版社，1986年，第404页。
② 郝春文：《敦煌的渠人与渠社》，谢生保：《敦煌民俗研究》，甘肃人民出版社，1995年，第106页。
③ 史金波：《黑水城出土西夏文卖地契研究》，《历史研究》2012年第2期。

拥有一块土地，连同附着在该片土地之上的渠水使用权一并拥有，土地转让，水权也随之转让，水权不可能脱离土地单独存在，在一定程度上从属地权。

水权随土地转让在敦煌文献中已有反映。《年代未详（828年？）沙州善护遂恩兄弟分家契》中兄善护与弟遂恩二人约定分家，称："地水：渠北地叁畦共壹拾壹亩半，大郎分；舍东叁畦、舍西壹畦、渠北壹畦，共拾壹亩，弟分；向西地肆畦，共拾肆亩，大郎分；渠子西共叁畦拾陆亩，弟分。"[①]"地水"有广义、狭义之分。广义上往往是田与水的合称，狭义上专指灌溉用水。[②]在这件契约中，"地水"指的是耕地及附着在土地之上的灌水权，分家时随耕地，与房舍、院落、物品等一同分配。《唐大中六年（852）僧张月光、吕智通易地契》在交换土地时，明确提出道池井水与园舍地一同交换："僧张月光子父，将上件宜秋平都南枝渠园舍地道池井水，计贰拾伍亩，博僧吕智通孟授总同渠地伍畦，共拾壹亩两段。"[③]

相比于敦煌文书中的"地水"，西夏卖地契约中的"日水""细水""半细水"标记在正文醒目的位置，更加突出。强调的目的是进一步明确买地者的渠水使用权，避免土地转让后出现的水利纠纷。对于依靠水利灌溉的地区来说，水是农业生产的命脉，直接影响作物的生长和收获，所以灌水纠纷频发。黑水城出土元代《俵水纠纷案》反映了由于揽夺水源、强行浇溉而提出诉讼的情况："都领汝足梅、吾即驱汝中玉、亦称布、买驴并虺如法师雇人班的等二十余人将水揽夺，尽行闸浇讫。"[④]西夏以缔结契约的方式，将灌溉用水与土地一同转让，使买卖双方合理合法地实现了水权变更，在源头避免了水利争讼。

在水权与渠道夫役、水权与土地的关系中，土地起到了核心作用。在

---

① 唐耕耦、陆宏基编《敦煌社会经济文献真迹释录》第 2 辑，第 142 页。
② 朱雷：《P.3964 号文书〈乙未年赵僧子典儿契〉中所见的"地水"——唐沙、伊州文书中"地水"、"田水"名义考》，《敦煌吐鲁番文书论丛》，甘肃人民出版社，2000 年，第 326 页。
③ 唐耕耦、陆宏基编《敦煌社会经济文献真迹释录》第 2 辑，第 2 页。
④ 塔拉、杜建录、高国祥编《中国藏黑水城汉文文献》第 4 册，国家图书馆出版社，2008 年，第 749 页。

西夏，土地是征纳赋役的重要依据，特别对于普通百姓而言，水权因土地而产生，河道差发量地而定。税户在西夏灌水户中拥有田亩数量较少，条文所列1亩至150亩，应该是西夏多数税户占有的土地数，具有普遍性。畿内春开渠的工作由税户完成，服夫役的天数按照土地亩数计算，即"当依顷亩数计日，先完毕当先遣之"。①当土地转让时，附着在土地之上的水权以及依据土地交纳的赋役随地转让。邱娱犬卖地契中，与"日水"一同转让的还有粮食税，"税五斗中有麦一斗"。《天庆丙辰年六月十六日梁善因熊鸣卖地房契》中，与七十亩土地一同转让的除了粮食税还有夫役和税草，"其地上租役草等三种，由守护铁承担"。②但赋役并非必须随地转让，双方可以在缔结契约时协商。Инв. №.5010《天盛二十二年寡妇耶和氏宝引等卖地契》中明确写有"税已交"。③唐代《水部式》中已经有"计营顷亩，共百姓均出人功，同修渠堰"的记载。"河西诸州用水溉田，其州县府镇官人公廨田及职田，计营顷亩，共百姓均出人功，同修渠堰。若田多水少，亦准百姓量减少营。"④条文规定了渠堰营修的主体和量的计算。百姓使用水利设施的同时也为渠道维修出力，统计包括公廨田、职田在内的所有渠水浇溉土地的顷亩数量，按照多寡决定营修量的多少，由百姓均出人工。如果田多但用水少，也可以减少营修的量。

综上所述，敦煌出土唐代文献中所确定的水权获得、分配、转让原则为西夏延续。节亲、议判大小臣僚、税户家主、寺院、官农主等既是土地的所有者、管理者，也是渠道夫役、差役的承担者，还是渠水的使用者，水权的获得与渠道差发密切相关，体现权利与义务对等。水权的分配遵从依时节、依次用水原则，保障农作物浇溉充分、用水公平。水权的转让随土地所有权变更，土地是水权、赋役的核心。除了原则上的一致，西夏与唐还是有所差别的，在一些方面更加具体、明确。西夏详细规定了税户依据不同顷亩出工的天数，在卖地契约的正文标记用水量。同时，西夏在获得渠水使用权后，还需支付一定的水税。黑水城出土的 Инв. №.1454-

---

① 史金波、聂鸿音、白滨译注《天盛改旧新定律令》，第496页。
② 史金波：《黑水城出土西夏文卖地契研究》，《历史研究》2012年第2期。
③ 史金波：《黑水城出土西夏文卖地契研究》，《历史研究》2012年第2期。
④ 唐耕耦、陆宏基编《敦煌社会经济文献真迹释录》第2辑，第579页。

2V 和 Инв. №.1781-1 均为《耕地水税帐》，其中 Инв. №.1781-1 第四行有"水税一石"。[1] 西夏的水税如《金史》中的水利钱银："本路（陕西路）户民安水磨、油袱，所占步数在私地有税，官田则有租，若更输水利钱银，是重并也，乞除之。"[2] 刘浦江先生认为文中提到的水利钱银可能是对利用江河水力资源的民户所征取的一种杂税。[3] 西夏的水税是与官田、私地所收租税性质不同的另外一种税，按照灌溉面积计算，以粮食的形式支付，这是敦煌文献没有记载的。

（原文刊于《宁夏社会科学》2020 年第 1 期，第 187—190 页）

---

① 俄罗斯科学院东方研究所圣彼得堡分所、中国社会科学院民族研究所、上海古籍出版社编《俄藏黑水城文献》第 12 册，上海古籍出版社，2006 年，第 313 页。译文见史金波《西夏经济文书研究》，社会科学文献出版社，2017 年，第 119 页。
② 《金史》卷 47，中华书局，2013 年，第 1050 页。
③ 刘浦江：《金代杂税论略》，《中国社会经济史研究》1996 年第 3 期。

汉文史料中的西夏番姓考辨

佟建荣

　　西夏姓氏尤其是其中的党项番姓是西夏社会历史文化的重要组成部分，其意义早在清代已被学者注意。张澍、周春即分别著有《西夏姓氏录》《西夏书·官氏考》。当代学者汤开建先生的《张澍〈西夏姓氏录〉订误》(《兰州大学学报》1982 年第 4 期)、《党项源流新证》(《宁夏社会科学》1996 年第 1 期)、《五代宋辽时期党项部落的分布》(《西北民族研究》1993 年第 1 期)、《隋唐时期党项部落迁徙考》(《暨南学报》1994 年第 1 期) 等文章将西夏姓氏研究大大向前推进了一步。

　　受时代及资料所限，以往学界的辑录、订正主要依据各类汉文典籍资料的对比。通过对比，辑出了部分姓氏，校勘出了部分文献传播过程中的同名异译、脱、衍、倒、讹等讹误。如《西夏姓氏录》及《西夏书·官氏考》对"把里""杂辣""讹留""纽卧"等姓氏的辑录与考证，汤文对《西夏姓氏录》中"嵬名"与"於弥""唐兀乌密氏"，"庞静"与"巴沁"，"页允"与"野遇"等同名异译的订正。但由于汉文典籍中的姓氏多由西夏语音译而来，据音给字，部分姓氏人名翻译出来后特征并不明显，相关记述又少，即使不同类史料放在一起仍无法肯定其为姓氏还是人名，抑或是官职、地名等其他名词术语。这也是至今仍有大量姓氏隐埋于史料中的主要原因。

　　近年来相继公布的西夏文献为我们提供了新的方向。出土的西夏文献是西夏人自己撰写的辞书、社会文书、题记、碑刻等，其中保留了大量的西夏姓氏，这些姓氏记载明确，是我们甄别汉文典籍的重要佐证。最早注意到这批资料在校勘汉文史籍方面价值的是孙伯君。其在《西夏番姓译正》一文中利用西夏汉文《杂字》中的番姓，指出汉文史料中的"来离"即姓氏"来里"，"连都"即姓氏"连奴"，"乞埋"即姓氏"吃乜"，"轻泥"即姓氏"轻宁"，另"野马""麻乜""讹哆"等亦为西夏姓氏。[①] 本文即拟从汉文典籍与出土的西夏史料两方面入手对汉文史料中的西夏部分番姓做一些甄别工作。

部曲

《续资治通鉴长编》（以下简称《长编》）卷185仁宗嘉祐二年二月壬戌条："讹龙之妹使其亲信部曲嘉伊克来视之，还白所耕皆汉土，乃召还讹龙，欲还所侵地。会嘉伊克作乱诛而国母死，讹龙益得自恣。"[②]

标点本《长编》将"嘉伊克"句读为人名，容易使人望文生义，将"部曲"当作"嘉伊克"之身份。但"部曲"实则为姓氏。

此事件又见于《宋会要》兵27之41："讹庞之姊使其亲信部细皆移者来视之，还白所耕皆汉土，乃召还讹庞，欲还所侵地。会皆移作乱诛而国母死，讹庞益自得，正月领兵至境上，比及三月，稍益至数万人。"[③]

显然"部曲嘉伊克"即"部细皆移"。

《宋朝事实类苑》卷75亦记有"部细皆移"，"始数岁，其母专制国事，兄子没藏猷龙为相，母私幸。胡人部细皆移恣横，大臣屡请诛之，母不听。嘉祐元年九月，部细皆移谋乱，杀国母，没藏猷龙引兵入宫诛之，其父与左厢军马副使就杀之"。[④]

《长编》"会嘉伊克作乱诛而国母死"与《宋朝事实类苑》中"部细皆移谋乱，杀国母"而被诛，应是同一事件，故"部曲嘉伊克"即"部细皆移"。

查影印本《长编》其写法亦为"部曲嘉伊克"，所以，标点本中"部曲"当为"部细"之形近讹，而"嘉伊克"则为"皆移"四库馆臣之改

---

① 孙伯君：《西夏番姓译正》，《民族研究》2009年第5期，第83—90页。

② （宋）李焘：《续资治通鉴长编》卷185，嘉祐二年二月壬戌条，中华书局，2004年，第4471页。

③ （清）徐松辑，刘琳等校注《宋会要辑稿》，上海古籍出版社，2014年，第9206页。

④ （宋）江少虞：《宋朝事实类苑》卷75《西夏》，上海古籍出版社，1980年，第990页。

译，标点本回改不尽。

又，《长编》卷184仁宗嘉祐元年十二月甲子条记有"补细吃多巳者"，"初，李守贵者尝为遇乞掌出纳，补细吃多巳者，尝侍曩霄及没藏氏于戒坛院，故出入没藏氏所无所间。没藏氏既通守贵，又通吃多巳。守贵愤怒，于是杀吃多巳及没藏氏"。① 其后的注文中称："补细相公，即吃多巳也"，可知"补细"为姓氏。

《东都事略》卷128有"李守贵者，尝与遇乞掌出纳宝；保细吃多巳者，尝侍曩宵及没藏尼于佛舍，故出入无所间；没藏尼既通守贵，又通吃多巳，李守贵杀吃多巳及没藏尼"。②

显然"补细吃多巳"又作"保细吃多巳"。"补细""保细"为同音异译，"巳""已"乃形近字，黑水城出土刻本文献中"己""已"常被刻作"巳"，所以此处"巳"也可能是"已"的讹写。

"守贵愤怒，于是杀吃多巳及没藏氏"之事，与《长编》卷185、《宋会要》所记故事虽略有差别，但都是国母及其亲信被杀一事。又，"补细""部细"音近，"吃多巳"若据《东都事略》纠正为"吃多已"的话，其音又与"皆移"近，所以"补细吃多巳""保细吃多已"应当即"部细皆移""部曲嘉伊克"。

所以，《长编》卷185仁宗嘉祐二年二月壬戌条中的"部曲"，当为"嘉伊克"之姓而非身份，为"部细"之形近讹误，在其他文献中又用汉字"补细""保细"对译。

冬至

《长编》卷339神宗元丰六年九月丁卯条记，鄜延路经略司奏："据顺宁寨言：'西界把口小首领冬至讹，指说环庆路兵入西界，杀两流人马。'"③

《长编》标点本将"冬至讹"句读为"冬至，讹"，"冬至"易被理解为"冬天到达"。

此条内容为元丰六年九月经略司上奏，所以，西界把口小首领到达之时应当在九月之前；再者，该条文后，又记鄜延路上言，"兼八月后，本

---

① （宋）李焘：《长编》卷184，嘉祐元年十二月甲子条，第4462页。

② （宋）王称：《东都事略》卷128，齐鲁书社，2000年，第1105页。

③ （宋）李焘：《长编》卷339，元丰六年九月丁卯条，第8171页。

路累以巡防探事为名，遣兵出界，各有斩获，并夺到孳畜"。所言之事，正好与把口小首领"指说"的"环庆路兵入西界，杀人马之事"相符，所以，将该句理解为把口小首领"冬天到达""错误""指说"显然有误，因为九月份记载的"指说八月份的事"，不可能是还未来临的冬天。

此句的正确句读应为"西界把口小首领冬至讹指说，环庆路兵入西界，杀两流人马"。

其中"冬至"为西夏番姓，"讹"为人名，"冬至讹"为把口小首领的姓名。另，西夏文献中有姓氏"冬至"对应的西夏文。① 所以，标点本《长编》句读讹误，这不但造成了史料理解上的困难，还将以节气为姓氏的重要事象隐没于史料中。

令王

《宋史》卷18《哲宗纪》中有"庚申，知府州折克行获夏国钤辖令王皆保"。② 此内容又见于《长编》卷507哲宗元符二年三月庚申条及《宋会要》方域21之1。其中，中华书局标点本《宋史》及《长编》皆将"折克行"所获夏国钤辖句读为"王皆保"，其实为"令王皆保"，其中"令王"为姓，"皆保"为人名。

查有关西夏职官，只有"钤辖"而无"钤辖令"。西夏姓氏现虽未发现与"令王"直接对应的西夏姓氏，但却有多个以"令"开头的双音节姓氏。《凉州重修护国寺感通塔碑》（中18·87③）汉文碑文中有姓氏"令介"，在西夏文碑铭中有与之对应的西夏文写法。被音译为"令"的那个西夏文，在西夏文《杂字·番姓名》中又与其他字组成可以被译为"令汝""令特""令命""令玉""令狄"④ 等的姓氏，"令王"与这些姓氏的构成形式一致，也应当是一西夏姓氏，标点本《宋史》及《长编》中句读错误。

令分

《宋史》卷486《夏国传》中记为"（谞）克米脂，降守将令分讹遇"。⑤

---

① 佟建荣：《西夏番姓汉译再研究》，《民族研究》2013年第2期，第90—96页。

② 《宋史》卷18《哲宗纪》，中华书局，1985年，第352页。

③ "中"指《中国藏西夏文献》，"18"指册数，"87"指页码。

④ 王静如、李范文：《西夏文〈杂字〉研究》，《西北民族研究》1997年第2期，第67—86页。

⑤ 《宋史》卷486《夏国传下》，第14010—14011页。

此内容又见于《宋史》卷335《种世衡传》，即："夏兵八万来援，谔御之无定川，伏兵发，断其首尾，大破之，降守将令介讹遇。"①《宋史》卷334《高永能传》、《长编》卷317神宗元丰四年十月丁巳条也有此事件的记述，其中的米脂守将亦均记为"令介讹遇"。"令分讹遇""令介讹遇"为同一人，"令介""令分"为形近讹误。查西夏史料，其中有姓氏"令介"，见上文"令王"条，故，《宋史》卷486《夏国传》"令分"当为"令介"之讹。

母米

《长编》卷115仁宗景祐元年七月丁卯条有"母米氏族人山喜，谋杀元昊，事觉，元昊杀其母"。②中华书局标点本中将"母米氏"理解为"母""米氏"。仅从此一句看，中华书局点校本似不存在问题，元昊母"米氏"，山喜为"米氏族人"，故山喜谋杀元昊事败后，元昊杀母及山喜，元昊母及山喜皆为"米氏"。

《长编》卷111仁宗明道元年十一月壬辰条有"夏王赵德明凡娶三姓，米母氏生元昊"。③《长编》卷162仁宗庆历八年正月辛未条记有"曩霄凡七娶：一曰米母氏，舅女也"。④据此，可知元昊母、妻皆出"米母氏"，而非"米氏"。

又《东都事略》卷127《夏国传》中有"母米氏族人山喜，谋杀元昊"及"元昊凡七娶：一曰母米氏"。⑤显然此记载与《长编》卷115记载一致，皆将元昊母、妻姓记为"母米氏"。但《长编》又记"米母氏生元昊"，究竟为"米母"还是"母米"？

《宋史》卷485《夏国传上》记："德明娶三姓，卫慕氏生元昊。""（元昊）母曰惠慈敦爱皇后卫慕氏……母卫慕氏死，遣使来告哀，起复镇军大将军、左金吾卫上将军，员外置同正员。"⑥

显然此处"卫慕"当为"米母"之形近"未母"的同音异译字。所

① 《宋史》卷335《种世衡传》，第10746页。
② （宋）李焘：《长编》卷115，景祐元年七月丁卯条，第2704页。
③ （宋）李焘：《长编》卷111，明道元年十一月壬辰条，第2593页。
④ （宋）李焘：《长编》卷162，庆历八年正月辛未条，第3901页。
⑤ （宋）王称：《东都事略》卷127，第1104页。
⑥ 《宋史》卷485《夏国传上》，第13990页。

以，《东都事略》中及《长编》卷 115"母米氏族人"当为"米母氏族人"之讹，"母米氏"为"米母氏"颠倒之讹。标点本《长编》既存颠倒之讹又有句读之误，"米母"为西夏姓氏。

拽臼

《宋史》卷 7《真宗纪》："石、隰都巡检使言绥州东山蕃部军使拽臼等内属。"①《宋史》卷 491《党项传》及《长编》卷 54 真宗咸平六年三月壬辰条记载与其相同。

寥寥数字，无法判断"拽臼"为军使名或人名或姓氏。"拽"以母薛韵，"臼"有韵群母，与西夏文《杂字·番姓名》中第 207 个姓氏语音"拽臼"相通，②故此当为一姓氏，汉文中常有对少数民族人物只记姓或只记名之习惯。

拽厥（桃厥）

《长编》卷 382 哲宗元祐元年七月壬戌条下注："元丰八年四月二十二日获夏人桃厥嵬名，皆已自待制迁龙图直矣。"③标点本《长编》只将"嵬名"释为人名，韩萌晟在《党项与西夏资料汇编》中将"桃厥"定为官职，④综考诸史，"桃厥"实为西夏姓氏。

《长编》卷 356 神宗元丰八年五月丙辰条："环庆路经略司蕃部巡检贝威等领兵入西界，至贺罗原与贼战，有蕃弓箭手岁尾、昌移，获西界宥州正监军、伪驸马桃厥嵬名，其人乃任事酋首，乞优赏之。诏岁尾、昌移各转三资，赐绢五十匹。"⑤《长编》卷 354 神宗元丰八年四月甲申条：环庆路经略司言"蕃官贝威等讨西贼，获宥州正监军伪驸马拽厥嵬名。诏具功状以闻，拽厥嵬名仍押赴阙"。⑥条下注有："赵卨传：元丰八年四月，夏人拽厥嵬名宿重兵于贺兰原，时出盗边，卨遣将李照用、蕃官归仁各领兵三千，左右分击……生擒嵬名，斩首领六，获战马七百，牛羊、老幼三万余。迁龙图直学士，朝奉大夫，复帅延安。"

---

① 《宋史》卷 7《真宗纪》，第 121 页。

② 王静如、李范文：《西夏文〈杂字〉研究》，《西北民族研究》1997 年第 2 期，第 67—86 页。

③ （宋）李焘：《长编》卷 382，元祐元年七月壬戌条，第 9303—9304 页。

④ 韩萌晟：《党项与西夏资料汇编》中卷 5，宁夏人民出版社，2000 年，第 4626 页。

⑤ （宋）李焘：《长编》卷 356，元丰八年五月丙辰条，第 8519 页。

⑥ （宋）李焘：《长编》卷 354，元丰八年四月甲申条，第 8480 页。

"椵厥嵬名"即"拽厥嵬名"。从元丰八年及迁龙图直学士等信息看，《长编》卷354中的"拽厥嵬名"，即《长编》卷356、卷382所记"椵厥嵬名"，其身份为"驸马"。既为西夏附马，其"嵬名"当为妻姓，而前面的"椵厥"当为本姓，而不会是其官职名，史金波先生曾依据出土文献中类似的双姓联用，指出这种现象为联婚的产物。① "椵厥嵬名"还见于《宋史》卷332《赵卨传》，其内容同《长编》卷354条下注。

威名

《长编》卷235乙未条下注文记司马光《日记》：熙宁四年十月十三日，吴积曰："威名沙克弟亡在折继世所，继世以种谔夜引兵抵其居土窟中，使其弟叩门呼曰：'官军大集，兄速降，不则灭族。'沙克使内其手扪之，少一指，信之，遂率数千户二万余口降，已而见官军少，大悔之。"② 沙克今为供备使、高州刺史。

《宋史》卷335《种世衡传》："夏将嵬名山部落在故绥州，其弟夷山先降，谔使人因夷山以诱之，赂以金盂，名山小吏李文喜受而许降，而名山未之知也。""夷山呼曰：'兄已约降，何为如是？'"③

两处事件，皆为种谔以弟诱兄降，且"威名沙克""嵬名山"音近，当为同一人。查史料《长编》标点本及影印本皆作"威名沙克"，当为清四库馆臣之改译，标点本回改未尽。"嵬名山"，绥州将，归宋"赐姓名赵怀顺"。④ 其在标点本及影印本《长编》中又被记为"威明善"。⑤ "威明""威名"皆是"嵬名"的清四库馆臣译法。"嵬名"，西夏君王姓，宋明道元年，（元昊）继位后，"自号嵬名吾祖"，⑥ 为俄 Дx2822《杂字·番姓名》中的第一个姓氏，与其帝王之尊相符。《西夏史稿》中指出"'嵬名'，《长编》中作'威明'；《元史》则作'於弥''乌密''吾密'等，都是帝王姓的音译"。⑦ 此处需补充的是标点本《长编》中既有"嵬名"又有"威明"，

---

① 史金波：《西夏文化》，吉林教育出版社，1986年，第12页。
② （宋）李焘：《长编》卷235，熙宁五年七月乙未条，第5709页。
③ 《宋史》卷335《种世衡传》，第10745页。
④ 《宋史》卷14《神宗本纪》，第272页。
⑤ （宋）李焘：《长编》卷476，元祐七年八月壬戌条，第11343页。
⑥ 《宋史》卷485《夏国传上》，第13993页。
⑦ 吴天墀：《西夏史稿》，广西师范大学出版社，2006年，第26页。

还有"威名",其中"威明""威名"皆为标点本回改不尽。

星多

《长编》卷 407 哲宗元祐二年十二月丁未条有:"今夏国酋豪……许其管勾人马者,不过如威明特克济沙克星多贝中彻辰之类三数人而已。"标点本句读为"威明特克济、沙克星多、贝中彻辰之类三数人"。① 人名句读错误,误将姓氏当人名。其中的"星多"与其后的"贝中"构成人名"星多贝中","星多"为姓氏。

"星多贝中"又见于影印本《长编》卷 447 哲宗元祐五年八月庚申条及卷 516 元符二年九月壬辰条。内容分别为"明年,星多贝中以兵袭泾原,杀掠弓箭手数千人而去""夏国遣星多贝中、达克摩等三监军,率众助之,合十余万人"。同样的史料又分别见于《栾城后集》及《琬琰集》,只是"星多贝中"被记作"人多保忠",标点本《长编》中分别作"人多保忠""仁多保忠","人多"即"仁多"。标点本《长编》卷 331 神宗元丰五年十一月乙巳条、卷 319 元丰四年十一月己丑条有"星多哩鼎",两者同一人。其中卷 319 元丰四年十一月己丑条为"军行至天都山下营,西贼僭称南牟,内有七殿,其府库、馆舍皆已焚之。又至啰通州捕获间谍,审问得酋首威明、统军星多哩鼎人马辎重,与本司行营不远,寻勒将兵追袭,斩级千余,生擒百余人,掳牛羊孳畜万计"。② 又,《宋会要》兵 14 之 19 即"(元丰四年十一月)熙河路都大经制司言:军行至天都山下营,西贼僭称南牟,内有七殿,其府库、馆舍皆已焚之。又至罗通川,追袭酋鬼名、统军人多唛丁,人马斩获千余,生擒百余人,掳牛羊孳畜万计"。③ 两处内容事件完全一致,只是《宋会要》将"星多哩鼎"记为"人多唛丁"。标点本《长编》卷 467 哲宗元祐六年十月甲戌条枢密院上言,"夏国首领人多保忠,乃昔日唛丁之子,久据西南部落"。④ 此"人多保忠""人多唛丁"即"星多保忠"、"星多贝中"或"星多唛丁","星多"即"人多"或"仁多"。

---

① (宋)李焘:《长编》卷 407,元祐二年十二月丁未条,第 9916 页。

② (宋)李焘:《长编》卷 319,元丰四年十一月己丑条,第 7709 页。

③ (清)徐松辑,刘琳等校注《宋会要辑稿》,第 8881 页。

④ (宋)李焘:《长编》卷 467,元祐六年十月甲戌条,第 11153 页。

综上所考,"星多贝中"当为清四库馆臣之改译,标点本《长编》卷331神宗元丰五年十一月乙巳条、卷319元丰四年十一月己丑条、卷407哲宗元祐二年十二月丁未条皆未回改为宋译法,且卷407句读错误。

耀密

《长编》卷273神宗熙宁九年二月癸丑条:"权知鄜州王文郁、通判麻元伯言,西界右厢把边头首耀密楚美以下三十余人乞纳土归顺。"[1]《长编》卷506哲宗元符二年二月辛卯条记载:"枢密院言,河东经略司奏:'投来西界伪钤辖耀密滂等,虽无文凭,缘有旧管蕃官指证不虚。'诏河东经略司依伪钤辖例补官及支赐。"[2]

两处史料中"耀密"当为西夏姓氏,为西夏文献中的"药乜"之异译。"药乜",俄Дx2822《杂字·番姓名》中第3个姓氏(俄6·138)。《凉州重修护国寺感通塔碑》中亦有:"庆寺监修都大勾当行宫三司正兼圣容寺感通塔两众提举律晶赐绯僧药乜永诠。"塔碑铭文中"永诠"小一号,以示"药乜"为姓氏。

《广韵》中"药""耀"皆以母字,音近。"乜",《广韵》中释为"弥也切,上马明","密",美笔臻开三入质明,"乜""密"音近。另外,在宋代史料中"乜""密"经常互为异译,如族名"乜臼"即译为"密觉",[3]所以,"耀密"当即"药乜",为西夏姓氏。

穆纳

《长编》卷491哲宗绍圣四年九月丙辰条记载:"熙河兰岷路经略司奏西界归附带牌天使穆纳僧格,法当补内殿崇班。诏穆纳僧格为系降敕榜后率先归顺首领,特与礼宾副使,充兰州部落子巡检,仍赐金带银器。"

此处"穆纳"为一西夏姓氏,且为"谋宁"之改译。

"穆纳"见于《续通志·氏族略》即"穆纳氏,夏武功大夫穆纳好德、御史大夫穆纳光祖"。《续通志·氏族略》中"穆纳好德""穆纳光祖"摘录于《金史》,其中卷61《交聘表中》有:"(世宗大定二十一年)正月戊

---

① (宋)李焘:《长编》卷273,熙宁九年二月癸丑条,第6688页。

② (宋)李焘:《长编》卷506,元符二年二月辛卯条,第12061页。

③ 佟建荣:《汉文史料中党项与西夏族名异译考》,《西夏学》第6辑,上海古籍出版社,2010年,第156—163页。

申朔，夏遣武功大夫谋宁好德、宣德郎郝处俊贺正旦。"卷62《交聘表下》有："泰和六年十二月乙丑，夏御史大夫谋宁光祖、翰林学士张公甫封册。"

显然"穆纳"为"谋宁"的清四库馆臣之改译，"穆纳僧格"在《长编》影印本及标点本中记法一致，所以，其中的"穆纳"亦出自清四库馆臣之手，标点本中回改未尽。

麻女（麻也、麻七）

《长编》卷316神宗元丰四年九月庚戌条记有："种谔攻围米脂寨……擒其将都按官麻女阣多革等七人。"《长编》卷318神宗元丰四年十月丙寅条："种谔言：'捕获西界伪枢密院都按官麻女喫多革，熟知兴、灵等州道路、粮窖处所，及十二监军司所管兵数。已补借职，军前驱使。'"

从时间逻辑及"种谔""都按官"等信息看，"麻女阣多革"即"麻女喫多革"。

麻也:《长编》卷318神宗元丰四年十月丙子条又记，种谔言："蕃官三班差使麻也讹赏等，十月丙寅于西界德靖镇七里平山上，得西人谷窖大小百余所，约八万石，拨与转运司及河东转运司。"

麻七:《长编》卷319神宗元丰四年十一月甲申条，种谔言："蕃官借职刘良保、麻七讹赏二人为军向导，自绥德城出横山至夏州，水草丰足，及差使高福进指发官私窖谷，军粮充备，已补右班殿直。"[1]

同为种谔上言，"德靖镇"与"绥德城横山"在地理上亦相符，所以为军向导的"麻也讹赏""麻七讹赏"当为同一人，"麻也""麻七"同名异译。

再者，《长编》卷318元丰四年十月丙子条种谔言"麻也讹赏"于十月丙寅得"西人谷窖"[2]及卷319元丰四年十一月甲申条"蕃官借职刘良保、麻七讹赏"[3]为向导，指发西夏官私窖谷，又与卷318神宗元丰四年十月丙寅条所记"麻女喫多革"[4]在官职及事件上都相符，所以，"麻七讹赏"

---

[1] （宋）李焘:《长编》卷319，元丰四年十一月甲申条，第7700页。
[2] （宋）李焘:《长编》卷318，元丰四年十月丙子条，第7691—7692页。
[3] （宋）李焘:《长编》卷319，元丰四年十一月甲申条，第7700页。
[4] （宋）李焘:《长编》卷318，元丰四年十月丙寅条，第7680页。

即"麻女喫多革",其中的"麻女""麻七""麻也"字形相近。

"麻女""麻七""麻也"当皆为西夏姓氏"麻乜"之讹。"麻乜",俄Дx2822《杂字·番姓名》中第 38 个姓氏(俄 6·138)。

《榆林府志》卷 47《折武恭克行神道碑阴》有:"麻乜族皇城使……"姓氏出族名。

《长编》卷 510 哲宗元符二年五月乙卯条记,河东经略司言:"靖化堡麻也族蕃官移舁元是衙头背嵬,投汉累为乡道,致获全胜。近随折可大讨荡,夺渡过河,率先立功,乞给与驿券。"①

"麻也族"所在"靖化堡"府州堡寨,地理上与"麻乜"相符,疑为同一部族,"麻也","麻乜"之误。

所以,疑"麻女""麻七""麻也"与"麻也族"为"麻乜族"之误类似,亦可能为姓氏"麻乜"之形近讹字。

悟儿

《宋史》卷 446《朱昭传》中载:"其酋悟儿思齐介胄来,以毡盾自蔽,邀昭计事。……思齐却盾而前,数宋朝失信。"②

在人名"悟儿思齐"中,"思齐"有具体的含义,而"悟儿"则为不表达意义的音译字。这种构成,符合汉文翻译西夏人名时姓氏音译,人名意译的习惯,③前文的"人多保忠""谋宁好德"等即为此译法。另,西夏文《杂字·番姓名》中第 54 个姓氏被音译为"讹二"。④中古音中"悟"为疑母字,与"讹"同音,此"悟儿"亦当"讹二",为西夏姓氏。

从以上考订我们可以看出,对汉文史料中西夏姓氏的甄别,既需要传统史料之间的仔细对比,又需要出土西夏文献(包括汉文与西夏文两类)的支撑。如果没有西夏文《义同》中的姓氏与其对应,将"冬至"定为姓氏是没有什么说服力的。同样,"耀密""悟儿"如果没有点校讹误,仅凭传统汉文典籍就将它们说成是西夏姓氏,也恐怕有失严谨。姓氏如此,汉文史料中的其他专有名词如职官、地名、动植物名也应该如此。所以,在

① (宋)李焘:《长编》卷 510,元符二年五月乙卯条,第 12139 页。
② 《宋史》卷 446《朱昭传》,第 13170 页。
③ 史金波:《西夏文化》,第 12 页。
④ 王静如、李范文:《西夏文〈杂字〉研究》,《西北民族研究》1997 年第 2 期,第 67—86 页。

此希望学界在对汉文史料中有关名词术语做解释时，要充分认识到出土西夏文献的作用，毕竟西夏文献是西夏人自己的记录，很多的名词术语可能是汉文典籍的源出。

（原文刊于《中央民族大学学报》2016 年第 4 期，第 98—103 页）

西夏文《高王观世音经》底本源出考

佟建荣　崔韶华

　　《高王观世音经》是现知最早也是最著名的伪经，民间刊刻自唐至民国从未中断过，版本众多。从现有的研究成果看，其内容由最初的《十句观音》，到后来增加了礼忏文、发愿文、佛名、陀罗尼等。[①]北京故宫博物院藏 B51.002 号西夏文经卷是现所见唯一一部以少数民族文字刊刻的《高王观世音经》。[②]有关此经的发愿文，史金波、白滨、李范文、聂鸿音、孙伯君等曾有过认真的讨论，经过几位专家的不懈努力，已肯定该文献是由明朝大国师云丹嘉措在宣德年间发起刊刻，并在西夏遗民中发行传播。[③]有关经文，罗福颐做过释录，并与北京图书馆藏清咸丰年间的刻本进行过对比，指出基本一致。[④]本文拟对西夏文本、黑水城诸本、敦煌本做对比，旨在通过对比探索西夏文本的底本，同时观察西夏及西夏遗民对该部伪经的继承与发展。

　　黑水城文献中有 TK117、TK118、TK183、TK70 等几个本子，其图

---

①　〔日〕牧田谛亮：《疑经研究》，京都：临川书店，1966 年。

②　宁夏大学西夏学研究中心、中国国家图书馆、甘肃五凉古籍整理研究中心：《中国藏西夏文献》第 12 册，甘肃人民出版社、敦煌文艺出版社，第 402—408 页。

③　&#xXXXX;&#xXXXX;&#xXXXX;&#xXXXX;，史金波、白滨：《西夏文经卷和石幢初探》（《考古学报》1977 年第 1 期）音译为"须能斗盈"，指年号弘治，弘治五年即 1492 年。李范文《关于明代西夏文经卷的年代和石幢的名称问题》中考证"&#xXXXX;&#xXXXX;&#xXXXX;&#xXXXX;"四字为明宣宗年号"宣德"的音译，宣德五年即 1430 年。聂鸿音《明刻本西夏文高王观世音经补议》进一步考证其为"宣德"。此处遵从"宣德"说。

④　罗福颐：《明刊西夏文〈高王观世音经〉试译》，《西夏研究》第 4 辑，第 905—909 页。

305

片皆收录于《俄藏黑水城文献》当中，其中 TK117、TK118 内容完整，TK183、TK70 首尾残损，TK183 存序文最后一句及正文，所存部分与 TK118 无区别，TK70 仅 1 折半，断为 2 段，存从"南无宝胜佛"至"南中央一切人生在佛"等佛名。比较共有部分，TK70 除佛名前有"南无"二字外，其他同 TK118、TK183 同。

敦煌本据李小荣《〈高王观世音经〉考析》介绍有敦煌 P.3920 文献、俄藏敦煌遗书 Дx.00531 文献。其中俄藏敦煌遗书 Дx.00531 文献与房山石经本为同一形态，是最早的经本，敦煌 P.3920 较之略晚，形态较成熟，内容也完整。[①]

从文本形成时间看，P.3920 出于敦煌藏经洞，最晚也会在宋初；TK117，《俄藏黑水城文献》断为西夏刻本，另孙伯君老师指出卷首版画中人物衣着、构图为典型的西夏元素；[②]TK118 等虽无明确的年代特征，但与 TK117 同时出于黑水城，其在西夏境内流传的可能性较大。从时间及空间分布情况看，这几部文献最有可能与西夏遗民中流传的西夏文有关。所以，本文拟选 P.3920、TK117、TK118，与西夏文本进行对比，希望以此能梳理西夏文《高王观世音经》的源出脉络并观察西夏对这部经文的继承与发展。

一 西夏文《高王观世音经》录文

据《中国藏西夏文献》介绍，B51.002 西夏文《高王观世音经》高 17 厘米，长 260 厘米，上下双栏，栏高 12.5 厘米。卷首有版画，为经卷序文所叙故事的分解图画，画中有四处西夏文榜题，分别为𘟙𗹦𘄒𘃍𗑾𗒟𗒸𘎰、𗢳𘟙𗑾𗒟、𗗕𗒟𗥃𘎰𘓝𘃠𗊬𗿢、𗢳𗳦𗀕𘕿𘏞𗢳𗒟𘄊。后有序 29 行，行 11 字。再后为佛经正文。最后有发愿文 34 行，其中有年款，译文为"大明朝壬子宣德五年正月十五日"；施刻印者人名 23 个，其中𗴂𘎰（4 人）、𗹦𘃠（4 人）、𘈩𗈍（1 人），为典型的西夏番姓，另有𘝣、𗏁、𘗠等汉姓。

① 李小荣《〈高王观世音经〉考析》，《敦煌研究》2003 年第 1 期。
② 孙伯君：《故宫藏西夏文〈高王观世音经〉考释》，第五届中国少数民族古籍文献国际学术研讨会，2015 年。

卷末有"百镜庵藏古雕刻记"朱印。为行文方便，现依原格式对序、题名、正文分别录文如下，并进行对译。

（一）序文 [①]

1.

									[1]
高	王	世	音	观		经	神	功	序

2.

今	高	欢	国	王	世，	一	人	名	孙	敬

3.

						[2]				
德，	官	藏	事	上	△	在，	掷	弃	因	大

4.

罪	△	犯，	牢	房	△	人。	△	未	死	将

5.

昼	夜	不	辍，	以	世	音	观	普	门	品

6.

乃	持，	梦	中	一	僧	一，	△	梦	僧	人

7.

言，	汝	此	经		神	功	△	多	有	中

8.

此	刻	高	王	世	音	观		经		千

---

① "序文"二字系笔者所加。

9.

诵	足,	则	此	灾	急	解。	敬	德	言:	我

10.

牢	房	中,	有	高	王	世	音	观		经

11.

岂	获	我?	言	△	受	令	△

12.

已	睡	觉,	九	百	遍	已	读,	多	数	未

13.

足,	王	△	△	杀	者	已	遣,	敬	德	惊

14.

惶,	驱	者	之	谓:	汝	等	我	之	慈	悲,

15.

因	徐	徐	△	执,	我	道	半	急	速	△

16.

百	遍	△	诵。	数	△	足	△,	王	诏	依

17.

令	杀	也,	剑	拔	敬	德	身	损	不	能,

18.

剑	三	段	△	成,	王	处	△	呈。	王	惊

19.

愕,	△	敬	德	之	问:	何	术	行	依,	此

20.

如	神	功	△	现,	真	实	△	△	说	敬

21.

德	言:	梦	中	一	和	尚	一	见,	我	之

22.

高	王	世	音	观		经	一	△	示,	千

23.

遍	△	诵	彼	功	力	是,	王	敬	德	之

24.

手	敬	赞	叹。	王	人	令	又	杀	应	数

25.

亦	此	经	急	千	遍	能	诵	读,	国	令

26.

△	行	后,	杀	时	皆	身	损	不	能。	此

27.

如	稀	奇	殊	功	有	依,	后	人	经	闻	见[3]

28.

今	如	皇	帝	万	万	岁[4]

（二）经题①

高	王	观	世	音	经	

（三）正文②

1.

南	无	世	音	观	菩	萨,	南	无	佛

2.

南	无	法,	南	无	僧,	佛	国	缘	有,	佛	法

3.

相	因,	常	乐	我	净,	缘	有	佛	法,	南

4.

无	摩	诃	般	若	波	罗	蜜	大	神	咒

5.

是,	南	无	摩	诃	般	若	波	罗	蜜	大

---

① "经题"二字为笔者所加。
② "正文"二字为笔者所加。

6.

𗆟	𗽻	𗈁,	𗣼	𗼱	𗍳	𗙴	𗥑	𗓁	𗄻	𗅆
明	咒	是,	南	无	摩	诃	般	若	波	罗

7.

𗏒	𗼨	𗫵	𗽻	𗈁,	𗣼	𗼱	𗍳	𗙴	𗥑	𗓁
蜜	无	上	咒	是,	南	无	摩	诃	般	若

8.

𗄻	𗅆	𗏒	𗷰	𗼱	𗷰	𗽻	𗈁
波	罗	蜜	等	无	等	咒	是

9.

𗣼	𗼱	𗤫	𗗉	𗣓	𗾺	𗘺
南	无	净	光	秘	密	佛

10.

	𗗕		𘓺		𗘺
	法		藏		佛

11.

	𗣜		𗏹		𘓇		𗘺
	狮		子		吼		佛

12.

	𗋒		𘈩		𗣓		𗼨		𗘺[1]
	神		足		幽		王		佛

13.

𗘺	𗋚	𗤓	𘃠	𗣛	𗼨	𗘺
佛	告	须	弥	登	王	佛

14.

	𗗕		𗤭		𗘺
	法		护		佛

15.

[illegible]	[illegible]	[illegible]	[illegible]	[illegible]	[illegible]	[illegible]	[illegible]
金	刚	藏	师	子	游	戏	佛

16.

[illegible]	[illegible]	[illegible]
宝	胜	佛

17.

[illegible]	[illegible]	[illegible]	[illegible]	[illegible]	[illegible]
药	师	琉	璃	光	佛

18.

[illegible]	[illegible]	[illegible]	[illegible]	[illegible]	[illegible]	[illegible]
普	光	德	功	山	王	佛

19.

[illegible]	[illegible]	[illegible]	[illegible]	[illegible]	[illegible]	[illegible]
善	住	德	功	宝	王	佛

20.

[illegible]	[illegible]	[illegible]	[illegible]
过	去	七	佛

21.

[illegible]	[illegible]	[illegible]	[illegible]	[illegible]	[illegible]
未	来	贤	劫	千	佛

22.

[illegible]	[illegible]	[illegible]	[illegible]
千	五	百	佛

23.

[illegible]	[illegible]	[illegible]	[illegible]
万	五	千	佛

24.

𗥦	𗢠	𗆟	𗅶	𗘺
五	百	花	胜	佛

25.

𗢠	𗢞	𗐍	𗤛	𗥃	𗘺
百	亿	金	刚	藏	佛

26.

𗍳		𗖻	𗘺[2]
定		光	佛

27.

𗥰	𗤋	𗥰	𗘺	𗟨	𗙏
六	方	六	佛	名	号

28.

𗬠	𗤋	𗦵	𗖻	𘋩	𗾔	𗤁	𗢴	𗢾	𗄈	𗘺[3]
东	方	宝	光	月	殿	妙	尊	音	王	佛

29.

𗿒	𗤋	𗤷	𗯨	𗆟	𗄈	𗘺
南	方	树	根	花	王	佛

30.

𗀖	𗤋	𗴁	𗄈	𗇃	𘃎	𘄡	𗆟	𗄈	𗘺
西	方	皂	王	神	通	焰	花	王	佛

31.

𗫂	𗤋	𘋩	𗾔	𗢔	𗉅	𗘺
北	方	月	殿	清	净	佛

32.

𗰜	𗤋	𗣼	𗙥	𗢔	𗉅	𗦵	𗤀	𗘺[4]
上	方	数	无	清	净	宝	首	佛

33.

婍	嫰	爀	祇	獙	祂	席	絊
下	方	善	寂	月	音	王	佛

34.

燚	㷊	庞	絊
无	量	诸	佛

35.

㳸	㪔	絊
多	宝	佛

36.

薇	㰰	貶	莌	絊
释	迦	牟	尼	佛

37.

㪠	鞸	絊
弥	勒	佛

38.

阨	雾	絊[5]
阿	閦	佛

39.

㪠	断	絊
弥	陀	佛

40.

棑	嫰	蓫	裴	禰	禰	絊
中	央	众	生	一	切	佛

41.

婍	㳔	㟼	迳	纖	绐	祱	庇	迳	敎	慨
土	界	中	住	者	地	上	行	住	△	又

42.

毓	蘱	解	绖	疹	纗	棐	禟	禧	稀	花
虚	空	中	住	者	众	生	一	切	之	慈

43.

糍	蒤	死	毪	羆	绖	赕[6]	绷	豹	脯	纙
尤	自	各	安	稳	休	息	昼	夜	修	持

44.

绰	燉	麊	漩	牧	纛	绛	祗	棐	靫	藆
心	常	此	经	读	求	则	死	生	苦	灭

45.

縱	纵	薉	毶	挶	祗
能	毒	害	消	伏	令

46.

絞	纖	散	揚	詹	祂	姚
南	无	大	明	世	音	观

47.

揚	姚	詹	祂	姚
明	观	世	音	观

48.

稐	揚	詹	祂	姚
高	明	世	音	观

49.

敽	揚	詹	祂	姚
开	明	世	音	观

50.

纜	庸	瓠	绱
药	王	菩	萨

51.

𝕏	𝕏	𝕏	𝕏
药	上	菩	萨

52.

𝕏	𝕏	𝕏	𝕏	𝕏
虚	空	藏	菩	萨

53.

𝕏	𝕏	𝕏	𝕏[7]
地	藏	菩	萨

54.

𝕏	𝕏	𝕏	𝕏
普	王	如	来

55.

𝕏	𝕏	𝕏	𝕏
花	胜	菩	萨

56.

𝕏	𝕏	𝕏	𝕏	𝕏	𝕏	𝕏	𝕏	𝕏	𝕏	𝕏	𝕏
念	念	此	偈,	诵	七	佛,	世	尊	疾	咒	颂	△	说

57.

𝕏	𝕏	𝕏	𝕏	𝕏	𝕏	𝕏	𝕏	𝕏	𝕏
离	波	离	波	帝	求	诃	求	诃	帝

58.

𝕏	𝕏	𝕏	𝕏	𝕏	𝕏	𝕏	𝕏	𝕏	𝕏
陀	罗	尼	帝	尼	诃	罗	帝	毗	离

59.

𝕏	𝕏	𝕏	𝕏	𝕏
尼	帝	莎	婆	诃

60.

十	方	世	音	观	诸	菩	萨	一	切

61.

誓	愿	众	生	救	名	读	皆	解	脱

62.

福	薄	者	有	时	真	实	解	说	所

63.

惟	因	缘	有	者	读	诵	言	不	停

64.

经	读	千	遍	足	念	念	心	不	绝

65.

火	焰	伤	不	能	刀	兵	立	摧	折

66.

恚	怒	欢	喜	生	死	者	变	活	成

67.

此	事	虚	莫	言	诸	佛	妄	不	说

68.

高	王	世	音	观	经		毕

二 对勘记

（一）序文

P.3920 无序文，TK117、TK118 都有完整的序文。从整体内容上看，西夏文《高王观世音经》序文与 TK117、TK118 相同，都讲的是高欢时人孙敬德在狱中待刑，梦中一僧人口授高王经，读千遍后，刀不能伤身的故事。囿于三者大体相同，现只对特别之处做对勘记。

［1］：西夏文本"𗾖𗟲𗦤𗒹𗙫𗧤𘜶𘋩𘄷"，汉译为"高王世音观经神功序"，TK117 作"高王观世音经序"，TK118 作"高王观世音经"。西夏文本同 TK117。

［2］：西夏文本"𗽇𗰖𘕿𗩠𗴺𘄷"，对译为"官藏事上△在"。TK117 作"（敬）德，为主宝藏宫犯法"，TK118 作"（敬）德，为主宝藏官犯法"。西夏文"𗰖𘕿"有宫、房屋等含义，显然与 TK117 的"主宝藏宫"中的"宫"更接近，当是对"宫"的西夏文意译。

［3］：西夏文本"𗅱𗒹𘉋𗥤𘋩𗗚𗙫，𗩠𘐆𗧎𗊱𗫂"，汉译为"如稀奇殊功有依，后人经闻见"，相应处，TK117 作"王敕下，国人悉令持诵此经，普寿百岁，水陆怨债，托化梵天，更无轮"。TK118 作"高王敕下，其国人民悉令持诵此经，家无横，事罗纲，普寿百岁，水陆怨债，托化梵天，更无轮"。TK117、TK118 更为具体，而西夏文本只笼统地说"后世亦闻如此稀奇神功"。这应当是对 TK117、TK118 内容的意译。

［4］：西夏文本序文最后一句"𘓺𗤶𘃸𘄴𗫺𗫺𗬩"，汉译为"今如皇帝万万岁"，是对本朝皇帝的祝愿。TK117、TK118 无此句。

（二）经题

西夏文本，首行有"𗾖𗟲𗦤𗒹𗙫𗧤"，汉译为"高王观世音经"。敦煌 P.3920、TK117、TK118 经题皆作"高王观世音经"。

（三）正文

根据李小荣文章介绍房山石经本正文于经文"各令安稳休息，昼夜修持，心常求诵此经，能灭生死苦，消伏诸毒害"之后直接接尾题。而西夏本、TK117、TK118、P.3920 在此经文后还有包括"南无大明观世音观明观世音"等在内的观音菩萨名号及七佛减罪真言。从整个文本内容看，这部分确实有补充上去的感觉。西夏本、TK117、TK118、P.3920 整体内容构成上相同，但也存在着一些异文。

［1］西夏文本"𗸜𗥃𗑗𗏹𗡪𗩾𗆤𗗚𗆤"，汉译为"狮子吼佛神足幽王佛"；TK117 同西夏文本；P.3920 同 TK118，皆作"狮子吼神足幽王佛"。

［2］西夏文本"𗣼𗫯𗆤"，汉译为"定光佛"；TK117 同西夏本；P.3920 同 TK118，皆无此佛名。

［3］西夏文本"𗴺𗥃𗆂𗫯𗁅𗤛𗈁𗱽𗁵𗆤"，汉译为"东方宝光月殿妙尊音王佛"；TK117 作"东方宝光月殿妙音尊王佛"，其中"妙音尊王"对应的西夏本为"妙尊音王"；P.3920 同 TK118，皆作"东方宝光月殿月妙尊音王佛"，与西夏本比较多个"月"。

［4］西夏文本"𗴴𗥃𗆛𗷝𗤀𗩾𗆂𗳌𗆤"，汉译为"上方数无清净宝首佛"；TK117 作"上方无数清净宝首佛"；P.3920、TK118"上方无数精进宝首佛"。

［5］西夏文本中有"𗥦𗒀𗆤""𗈧𗮷𗆤"，汉译为"弥勒佛""阿閦佛"；TK117 同西夏本；P.3920、TK118 皆无此二佛名。

［6］西夏文本"𗫄𗫼𗵑𗬩"，汉译为"安稳休息"；TK117 作"安稳休息"；P.3920、TK118 皆作"安隐休息"。

［7］西夏文本"𗆟𗆤𗲠𗴴𗆟𗴺𗲠𗴴𗿢𗤁𗴕𗲠𗴴𗋒𗴕𗲠𗴴"，汉译为"药王菩萨药上菩萨虚空藏菩萨地藏菩萨"；TK117 同西夏文本；P.3920、TK118 无此四菩萨名号。

三 西夏文《高王观世音经》考析

（一）在经题及经文结构上，西夏文与黑水城 TK117、TK118 同，经题皆为《高王观世音经》，都有序文、经题、正文及文后的七佛减罪真言等内容。P.3920 无序文，其他与三者相同。

（二）西夏文《高王观世音经》应该是以 TK117 为底本翻译的。

西夏文《高王观世音经》与黑水城的 TK117 非常相近，凡与其他本子有异之处，皆都同于 TK117。

首先，《高王观世音经》序名，TK117 作"高王观世音经序"，TK118 作"高王观世音经"，无"序"字，西夏文作"𗼮𗥻𗾟𗓫𘄄𗗚𗡞𗭪𗑆"，有"𗑆"（序）。

其次，序文中有关孙德敬犯罪事由，TK117 作"（敬）德，为主宝藏宫犯法"，TK118 作"（敬）德，为主宝藏官犯法"。很显然，"宫""官"当是形近之误。从文意上看，显然"官"更顺畅，也就是说 TK117 误。而西夏文作"𘗽𗝲𘑨𘄡𘓐𘄡"，对译为"官藏事上△在"，意译为"官藏事时"，这里的𘗽原文刻作"𘗽"，𘗽为动词，按西夏语法当置于𘑨𗝲之后，此处可能为𘗽的形近讹，观察整篇文章其将部件刻写成𘗽之左半部的现象处处可见。这里的𘑨有"藏""仓""府"等含义，𘑨𗝲有汉语中的"藏事"之含义，很明显是译者在对"主宝藏宫"理解基础上的意译。

再次，独见于 TK117 之佛名亦见于西夏文本中。一处为 TK117 中的"狮子吼佛神足幽王佛"，在其他本中皆作"狮子吼神足幽王佛"，检索佛教经典，"狮子吼佛"中的"佛"，实为衍字。也就是说 TK117 有衍字之误，而此错误同样出现在西夏文本中。第二处为 TK117 中有"定光佛""阿閦佛""弥勒佛"等三个佛号，此三个佛号均不见于 TK118、P.3920，也不见于早期的房山石本，而西夏文本中恰好也有。

最后，TK117 独有的术语，也与西夏文本对应。"上方无数清净宝首佛"，其中的"清净"，P.3920 及 TK118 均作"精进"，房山本亦如此，查俄 TK70，正好也保留有此佛名，亦作"南无上方无数精进宝首佛"。而相应的西夏文作"𗲲𗣼"，与"清净"对译。TK117 中的"安稳休息"。P.3920、房山本、TK118 中作"安隐休息"。西夏文本作"𗟲𘑉𘄡𗴦"，𗟲𘑉与"安稳"对应。

综上所考，西夏文本《高王观世音经》不仅在特殊句子、诸佛名号上与 TK117 完全一致，其中的错误之处也完全一致，因此，西夏文本当以 TK117 为底本而译。前文已交代 TK117 是西夏刻本。从西夏本看，TK117 文献在西夏遗民中得到了很好的保存与传播。

四 西夏《高王观世音经》源出考察

黑水城地区《高王观世音经》的出现，尤其是西夏刻本的出现，证明《高王观世音经》这部伪经在西夏确实有流传。作为中原地区最早、流传最广的一部伪经，从学界已有的研究来看，版本系统非常多，各版本在具体内容上略有一些差别。那么到底是哪个版本系统影响到了西夏，影响到了西夏的遗民？下面从黑水城诸本出发对这一问题进行一些探索。

学界一般认为，TK117与TK118一样，如李小荣一文，即以为两者相同，所以，文章以TK117指代整个黑水城诸本。其实仔细比较，在序文及正文具体内容上仍有一些区别，而正是这些区别隐含着西夏《高王观世音经》的来龙去脉。

在序文方面，首先TK117句式较TK118要简练，少了一些不影响内容的解释性的名字、限定性的代词及修饰性的副词。如TK118中"有一人姓孙名敬德"，TK117中"有一孙敬德"；TK118中"梦见一僧言曰"，TK117中"梦僧言曰"；TK118中"忽于睡梦中""身都不损""其刀却为三段"等句，在TK117中"忽""都""却"等略去。其次TK117少了一些故事细节描述。如TK118中的"便抄更无遗失"，在TK117中只有"无遗失"，少了孙敬德抄经情节；TK117直接给出"付都市斩之"一句，而TK118在其前有"事须呈押王遂令"7字，多了将事情呈给高欢国王，然后国王令推至都市处斩的情节；TK118作"监使乃高宣王敕，遂令斩之"，TK117仅有"使乃令斩之"，少了监使宣读国王敕令的情节；TK117中"王处分狱中更有合死之人"，TK118作"王使唤法官处分狱中更有合死之人"。另外，TK118中增加了读诵经文的功效，其中有"家无横，事罗纲，普寿百岁"，TK117仅有"普寿百岁"。

除序文外，两者在佛号及个别的术语上也有一些区别，上文在讨论西夏文底本时已有交代，此不赘述。

从以上对比尤其是序文的对比可以看出，TK117和TK118两文献显然存在着继承关系，只是在传承过程中略微有一些变化。这种变化有可能是TK117在TK118基础上做了一些简化，使内容简洁、明了。也有可能是 TK118 在 TK117 基础上做了一些扩充，使情节丰富、故事更真实。两者都有达到更好宣传效果的可能。笔者则倾向于 TK117 是在 TK118 基础上略做简化而成。

从上文看，在正文上 TK118 与藏经洞中的 P.3920 完全一致，只是 P.3920 没序文。不过笔者以为敦煌 P.3920 本之所以没有序文，可能和它的出现形式有关。敦煌 P.3920 并不像 TK118 是单行本，而是与《千臂千眼陀罗尼神咒经》《如意轮陀罗尼经》等 7 件密教经抄写在一起的。据此可推断，《高王观世音经》是作为密教经典之一与其他经典一起传播的，而序文的主要目的是宣扬这一部经典的经义，显然与作为密教经典之一的主旨并不是很相符，序文没有加进去也是自然的事。所以，敦煌 P.3920 本所依据的本子应该是有序的，只是当它作为密教经典之一的经目被收集时，集录人从经典集子的整体内容出发，将其省略掉。

TK118 与藏经洞中的 P.3920 完全一致，其形成年代自然要早于西夏刊印的 TK117。

再者，西夏刊印佛经文献时，有对参照文献进行删减的习惯。如崔红芬在《密咒原因往生集研究》一文中就发现西夏在辑录佛经文献时有在原文献上进行删减使"经文简洁明了，中心主题鲜明"的特点。

据此，结合李小荣的论述，我们可以推断，《高王观世音经》这部中国历史上最早形成的伪经，在藏经洞封洞之前，由中原流传至敦煌，其形制内容如 P.3920。P.3920 文献本身虽已被封藏，但与其相同内容的刊本形态如 TK118，经由敦煌流传至西夏，而西夏又根据自己的需要略微做了一些改动，形成了 TK117。TK117 成了西夏地区除 TK118 外的另一种本子，这一本子在西夏遗民中得到了很好保护，明代西夏遗民在此基础上刊印出了西夏文文本。

从明代西夏文《高王观世音经》与 P.3920 的曲折渊源，我们可以观察到丝路上的黑水城、敦煌以及西夏腹地，其在文化形态上有着很明显的血亲关系，这种血亲关系很明显与这条古老的贸易通道有着密切的关联。

（原文刊于《西夏研究》2019 年第 3 期，第 42—48 页）

宋代西北地区押蕃使问题探讨

许伟伟

一 西北地区押蕃使设置情况

北宋初期，西北沿边的邠州静难军、灵州朔方军、凉州河西军等几处州军涉及蕃部管理，设置了押蕃落使。^①这些地区的押蕃使与唐代相似，多为地方军镇长官兼官，军事特点突出。此外，在西北化外之地的民族政权地区，宋廷任命政权首领为押蕃使，如党项夏州定难军节度押蕃落使、

---

① 司义祖整理《宋大诏令集》卷96《军职二》，"（至道三年，997）门下。……忠果雄勇功臣、侍卫亲军马军都指挥使、静难军节度使、邠州管内观察处置押蕃落使、光禄大夫、检校太保、使持节邠州诸军事、行邠州刺史、兼御史大夫、上柱国、陇西郡开国公、食邑五千户、食实封一千二百户李继隆"（中华书局，1962年，第351页）；（宋）孙逢吉《职官分纪》卷40"陕西节镇"条记载静难军邠州、雄武军秦州后附"押蕃落等使"；"化外承袭节镇"条记载"河西凉州（押蕃落等使）、胜州（押蕃落营田等使河北都护）"；宋人陶谷撰《重修回山王母宫颂》碑，现存泾川县王母宫石窟文管所。据碑阴记载，宋开宝戊辰（968），王母宫由于年久失修，栋宇毁坏，后周时曾任彰义军（治所在泾州）节度使的北宋检校太师、泾州刺史、清河公张铎复镇泾州时主持重修了王母宫。《重修回山王母宫颂》：（亨）泾州回山重修王母宫记。咸平元年，右泾州回山重修王母宫记。翰林学士承旨、刑部尚书、知制诰、判吏部流内铨事陶谷撰，推诚宣力翊戴功臣、彰化军节度泾渭等州观察处置押蕃洛等使、光禄大夫、检校太师兼御史大夫、上柱国、清河郡开国公、食邑三千户、食实封八百户张铎建〔（清）钱大昕撰，陈文和整理《嘉定钱大昕全集（增订本）》，凤凰出版社，2016年，第281页〕。

河西瓜沙等州归义军节度押蕃落等使，①等等。其中，以夏州定难军为代表的西北党项割据势力自 11 世纪初逐步吞并相邻地区，成为西北与宋接壤最多的地区政权，其押蕃使头衔仍由宋廷任命，由当地政权首领担任，并与宋廷继续保持藩属关系。随着周边局势的变动，以及宋廷对应的军事、民族政策的调整，北宋时期的押蕃使设置情况发生了变化。

庆历二年（1042），宋臣范仲淹奏请陕西主帅带押蕃使防，"臣窃见环庆路熟户蕃部约及二万人，内只蕃官一千余人，各有请受。每人惟有料钱，亦无月粮、衣赐……其四路主帅，亦令依旧时节度，并带蕃部使"。②"旧时节度"，当指北宋初期节度使职，具体来说，是指宋初以来西北地区节度使兼押蕃落使的情况。"四路"，即秦凤、泾原、环庆、鄜延等陕西四路。秦凤路，后唐时秦州设有雄武军节度使兼押蕃落使。③宋初，雄武军节度使当继续兼押蕃落使。泾原路，乾德三年（965）宋偓授邠州静难军节度，加押蕃落等使。④前揭宋至道三年（997），陕西邠州静难军节度李继隆兼押蕃落使。这些表明宋初的陕西路存在节度使兼押蕃落使的情况，就范仲淹奏请陕西四路主帅带蕃部使情况来看，庆历时期的陕西地区虽设有蕃官，但已无押蕃使一职。

宋立国以来推行遥领军州节度使使职政策，逐步削弱军州职权。淳化四年（993）宋臣王超"殿前都虞候、河西军节度、凉州管内观察处置押蕃落等使、光禄大夫、检校太师、使持节凉州诸军事、行凉州刺史、兼御史大夫、上柱国、琅琊郡开国公、食邑二千七百户、食实封八百户"，⑤即是遥领河西节度使的军政事务。而凉州地区的主要吐蕃部

① 李光睿，宋初定难军节度，夏、银、绥、宥、静等州观察处置押蕃落等使（史金波、陈育宁主编《中国藏西夏文献》第 18 册，甘肃人民出版社、敦煌文艺出版社，2007 年，第 73 页）；（清）徐松辑《宋会要辑稿》蕃夷五《瓜沙二州》记载曹元忠、曹延禄、曹宗寿先后授归义军节度、瓜沙等州观察处置押蕃落等使（上海古籍出版社，2014 年，第 9835—9836 页）。

② 曾枣庄、刘琳编《全宋文》卷 375 范仲淹九《奏乞令陕西主帅并带押蕃部使》，上海辞书出版社、安徽教育出版社，2006 年，第 18 册，第 164 页。

③ 《旧五代史》卷 149《职官志》，中华书局，1976 年，第 2000 页。

④ 曾枣庄、刘琳编《全宋文》卷 160 王禹偁二○《右卫上将军赠侍中宋公神道碑奉敕撰并序》，第 8 册，第 144 页。

⑤ 司义祖整理《宋大诏令集》卷 95《军职一·王超进殿前都指挥使加恩制》，第 349 页。

落分为左右厢。淳化二年（991），权知西凉州、左厢押蕃落副使折逋阿喻丹来贡。① 淳化五年（994），知西凉府左厢押蕃落副使折逋喻龙波来贡马。咸平元年（998）十一月，河西军（西凉府）② 左厢副使、归德将军折逋游龙钵来朝贡马。③ 与此同时，定难军党项势力在西北地区崛起，脱离宋廷的管控，向西扩张，并建立大夏国（宋称西夏），又屡屡侵扰边境，宋不得不重视西北边境的军事防御问题，故而有范仲淹之奏请。

相比西北军州押蕃使的设置而言，宋对西北民族地区设置押蕃使的羁縻之策十分明确。其一，党项西夏政权，夏州作为其最初的政治中心，唐贞元三年（787）开始设置夏州节度观察处置押蕃落使，中和元年（881）赐号定难军，五代因之。至宋初，定难军仍旧是西北地方割据势力，宋廷封其王号及押蕃落使等（相关押蕃落使职的情况详见文后附表1）。

其二，瓜沙地区于848年置归义军，虽然中间一度成为甘州回鹘附庸，但在914年，曹氏政权恢复归义军称号。宋初，归义军作为地方割据势力持有节度使兼押蕃使称号。继灵州（宋朝方节度使治所）于宋咸平五年（1002）陷夏后，景祐三年（1036），瓜沙地区也因为党项西夏政权的占领而不复存在押蕃使一职。宋宝元元年（1038），党项建立大夏国，宋廷于宝元二年（1039）"诏削夺官爵、互市，揭榜于边，募人能擒元昊若斩首献者，即为定难军节度使"。④ 夏州定难军称号及押蕃使一职亦不复存在。

其三，西蕃吐蕃自唐末、五代以来分裂，散居于凉州、河湟、陇右等地，其中势力较大的是西凉六谷族和青唐唃厮啰。宋初以来，这两部分吐蕃人都想借助宋朝的力量与党项西夏角逐；宋朝也想倚重吐蕃，推行"以夷攻夷"的策略，钳制党项西夏，确保边境的安定。⑤ 为此，在西蕃凉州和河湟地区"因其酋豪，封官授爵"，推行押蕃使之策。此时，宋廷"诏西番诸族有能生禽（擒）李继迁者，当授节度使，赐银彩茶六万；斩首来

① 《宋史》卷492《吐蕃传》，中华书局，1985年，第14154页。"淳化元年（990），秦州大、小马家族献地内附。二年，权知西凉州、左厢押蕃落副使折逋阿喻丹来贡。"
② （宋）李焘：《续资治通鉴长编》卷43，咸平元年（998）十一月丙辰条，中华书局，2004年，第920页。河西军即西凉府也。
③ 《宋史》卷492《吐蕃传》，第14154页。
④ 《宋史》卷485《夏国传上》，第13996页。
⑤ 李清凌：《北宋治理西北边疆民族的思想与实践》，《河西学院学报》2008年第1期，第2页。

献者，授观察使，赐物有差"。[①]

> 西凉府既闻罗支遇害，乃率龛谷、兰州、宗哥、觅诺诸族攻者龙六族，六族悉窜山谷中，诏使者安集之。六谷诸豪乃议立罗支弟厮铎督为首领……诏授铎督盐州防御使、灵州西面沿边都大巡检使。上以迁党未平，藉其腹背攻制，遂加铎督朔方军节度、押蕃落等使、西凉府六谷大首领。[②]

在潘罗支之后，宋授厮铎督六谷都巡检使，[③]未载押蕃使一职。宋真宗景德元年（1004）厮铎督为盐州防御使。此后不久，厮铎督加授朔方军节度使、押蕃落使。[④]

大中祥符八年（1015），党项夏州政权攻陷凉州，西凉府政权灭亡。[⑤]为防御党项西夏，宋廷大力扶植河湟地区唃厮啰为保顺军节度，后兼河西军节度使，子董毡承之。董毡卒，以其子阿里骨袭河西军节度使、邈川首领。[⑥]宋廷先后任命阿里骨及其子瞎征为河西军节度、凉州管内观察处置押蕃落等使、西蕃邈川首领。元符二年（1099）二月，"丙戌，熙河兰会路经略司言，洮西沿边安抚司申，夏国衙头首领鄂特丹卓麻于革罗城差蕃部尚锦等赍蕃字，及尚锦等分析鄂特丹卓麻元系邈川大首领温溪沁弟温阿旺格男，元名阿敏，走投夏国，有王子改名作丹卓麻，密令遣人赍送蕃字，欲归汉。诏熙河兰会路经略使孙路选兵将以讨荡招纳为名，至革罗以来，多方诱谕鄂特丹卓麻等，迎接归汉"。[⑦]这一事件虽有来自外部宋夏的因素推动，却是吐蕃部族矛盾的发酵。在这里，宋廷的态度可得一窥。宋廷一直关注邈川地区的形势，间接促成青唐地区势力

---

① （宋）李焘：《续资治通鉴长编》卷50，咸平四年（1001）十一月甲午条，第1089页。
② 《宋史》卷492《吐蕃传》，第14157页。
③ 龚延明：《宋代官制辞典》，中华书局，1997年，第452页。都巡检使，军事职，同巡检使，带"都"字有增重使名之意。
④ （宋）李焘：《续资治通鉴长编》卷58，宋真宗景德元年十月癸卯条，第1277—1278页。
⑤ 〔日〕岩崎力著，王钺、汤开建译《西凉府潘罗支政权始末考》，《西北民族学院学报》1984年第3期，第68—79页。
⑥ 《宋史》卷17《哲宗纪一》，第321页。
⑦ （宋）李焘：《续资治通鉴长编》卷506，第12058页。蕃字，一般指吐蕃藏文。唃厮啰使用传统的藏文，向宋朝上表皆用"蕃字"，时人称之为"蕃书"。

的发展，对于邈川地区的制衡，也使得宋在邈川、青唐地区设州成为可能。

按《续资治通鉴长编》卷 519 元符二年（1099）十二月癸丑条记载：

> 枢密院言："西蕃自唃厮啰以来，向化效顺，世受朝廷封爵。因董毡无后，阿里骨父子相继篡夺，今部族逼逐瞎征出汉，虽已立陇拶，寻亦归降。缘溪巴温、陇拶并系唃厮啰房族，非本族子孙。按右骐骥使赵怀义在河州，乃唃厮啰之嫡长曾孙，于董毡最是亲嫡子姓。今青唐已降敕命，建作鄯州，合如何措置？"诏："陇拶候到阙朝见讫，已降朝旨，除河西节度使，差知鄯州军、州事，充西蕃都护；仍自今依府州折氏例，世世承袭知鄯州，管下部族，并令仍旧文法管勾。"①

从这条史料来看，西蕃邈川地区自阿里骨父子之后，宋廷重新任命董毡的嫡长曾孙赵怀义（赐姓名）。宋在这里设立如折氏府州一般的由中原朝廷羁縻控制的州县，其中缘由，既因当地王权势力衰弱，也在于宋廷采取了积极的"联蕃制夏"策略，对该地区的政治管控较好。

西蕃地区最后一条押蕃使史料见于宋崇宁元年（1102）十一月五日制："西蕃溪赊罗撒可特授金紫光禄大夫、检校司空、持节鄯州诸军事、鄯州刺史，充西平军节度使、鄯州管内观察处置押蕃落等使、西蕃邈川首领、上柱国，特封燉煌郡开国公，食邑二千户，食实封五百户。"② 由此可见押蕃使在北宋后期依旧存在。此后，宋于崇宁三年（1104）进占河湟地区，鄯州改置西宁州。南宋绍兴元年（1131），金兵占领河湟东部地区，唃厮啰部在河湟地区百余年的统治结束。

二　押蕃使相关使职问题

宋代由于自身政权疆域特点，在西北地区沿袭押蕃使的设置，在西北沿边有民族部落的州军设置押蕃使，在西北存在节度使的臣属民族政权地区设置押蕃使，后变成党项夏州政权、西蕃吐蕃等民族政权的封官敕赏。

---

① （宋）李焘：《续资治通鉴长编》卷 519，哲宗元符二年十二月癸丑条，第 12348 页。
② （清）徐松辑《宋会要辑稿》蕃夷六《吐蕃》，第 9931 页。

如宋初李光睿为"定难军节度，夏、银、绥、宥、静等州观察处置押蕃落等使"。①值得注意的是，李光（克）睿之弟李光文，是北宋开宝年间参与开封繁塔修造的夏州"番洛都知兵马使"。②北宋时期在西南民族地区也存在蕃落使的设置。例如，乾德五年（967），知西南夷南宁州蕃落使龙彦瑶等遂来贡，诏授彦瑶归德将军、南宁州刺史、蕃落使。③

在出土的唐代吐谷浑王族墓志中，有"押蕃浑使"和"知部落使"等使职，表明存在与押蕃落使相关的职官系统。李鸿宾先生认为，知部落使与押蕃浑使并存，前者统领所在部落军务，后者管理本族与其他蕃族事务。④

前揭宋代的蕃落都知兵马使、蕃落使等这些职官是在节度使体系之下，管理蕃落事务，与押蕃落使密切相关。作为宋周边民族政权的职官，押蕃落使当不同于蕃落使。北宋对夏州政权相关官职封敕的措施，可以为此做出解答。"淳化初，（李继迁）复与继捧战于安庆泽，不利。转攻夏州，继捧乞师，及翟守素来，又奉表归款，授银州观察，赐名保吉，子德明管内蕃落使、行军司马。"⑤夏州政权李德明在淳化年间（990—994）就已封为"管内蕃落使"。景德三年（1006），"鄜延副都部署石普言，夏州请盟，朝廷加以恩制，望不授押蕃落使。上曰：'是蕃部旧职，不可去也。然普意亦有可采，宜令止兼管内押蕃落使。'"⑥"管内押蕃落使"当衍一"押"字。相关政论还见于《宋史》："赵德明纳款，诏降制命，普言：'不宜授以押蕃落使，使之总制属羌，则强横不可制矣。'乃止兼管内蕃落使。"⑦

由上，我们可以得到以下信息。

（1）旧职，当是唐五代以来押蕃制度的延续或对夏州地区职官按照惯例的设置。景德三年（1006），李德明已统领夏州定难军，按照惯例，当授

① 《宋定难军节度使李光睿墓志铭》，《中国藏西夏文献》第 18 册，第 73 页。
② 《开封繁塔李光文施财题名》，载杜建录《党项西夏碑刻整理与研究》，上海古籍出版社，2015 年，第 276 页。夏州蕃落都知兵马使即夏州管内蕃兵总帅，为节度使麾下重要的武职僚佐。
③ 《宋史》卷 496《蛮夷传四》记载："黔州、涪州徼外有西南夷部，宋初以来，有龙蕃、方蕃、张蕃、石蕃、罗蕃者，号'五姓蕃'，皆常奉职贡，受爵命。治平四年（1067）十二月，知静蛮军、蕃落使、守天圣大王龙异阁等入见，诏以异阁为武宁将军。"（第 14224 页）
④ 李鸿宾：《墓志里吐谷浑王族任职押蕃使问题再探》，《西夏研究》2013 年第 4 期，第 72 页。
⑤ 《宋史》卷 485《夏国传上》，第 13986 页。
⑥ （宋）李焘：《续资治通鉴长编》卷 64，景德三年（1006）九月癸卯条，第 1425 页。
⑦ 《宋史》卷 324《石普传》，第 10474 页。

押蕃落使。可印证此前的淳化年间，其父李继迁领押蕃使一职（见附表1）。

（2）押蕃落使是中原朝廷对蕃部一直存在的封敕职官名号。管内蕃落使，以夏州定难军为例，管辖范围就是定难军所辖夏、绥、银、宥、静五州之地部族或族群辖区内的事务。相较而言，押蕃落使可以借节度使之名总制属羌，管控定难军及辖区周边不同部族，权力范围更大，往往便于扩张地方势力，朝廷不易控制。另外，宋代押蕃落使，存在押蕃落副使等职官设置。如，淳化元年（990），秦州大、小马家族献地内附。二年，权知西凉州、左厢押蕃落副使折逋阿喻丹来贡。①

开宝七年（974），（李继迁）授定难军管内都知蕃落使。②"都知"，宋武官名，都知蕃落使的职责就是统领具体的蕃落军事。③同一时期的契丹辽国，也有对于夏州政权的任命。辽设边防之官，"夏州管内蕃落使。圣宗统和四年（986）置，授李继迁"。④由此可知，蕃落使军事属性突出，前揭"子德明管内蕃落使、行军司马"与之相符。

陕西横山县党岔镇泗源沟村神树梁出土宋代墓志石《故野利氏夫人墓志铭并序》，立石时间为980年。墓主野利氏夫人的丈夫拓跋某的兼职为"三族蕃落使、防河使"。⑤蕃落使是节度使属官职名，高建国先生依志文所记野利氏的婚姻关系，推测"三族"可能为拓跋氏、野利氏与破丑氏三族。⑥与押蕃落使一样，蕃落使的任命也来自中原朝廷，很显然，其管辖范围有限，仅限于一个、两个或若干个部族的管辖。

总之，押蕃落使、蕃落使是中原朝廷对于蕃部地区的不同职官设置。

---

① 《宋史》卷492《外国传八》，第14154页。

② 《宋史》卷485《夏国传上》，第13986页。另，《西夏书事》卷3开宝七年（974），"定难军节度使李光睿以李继迁为管内都知蕃落使"（〔清〕吴广成撰，龚世俊等校证《西夏书事校证》，甘肃文化出版社，1995年，第33页）。

③ 李鸿宾：《墓志里吐谷浑王族任职押蕃使问题再探》，《西夏研究》2013年第4期，第66—75页。李鸿宾先生通过墓代记载对唐代朔方军节度使管辖下的羁縻州县安乐州吐谷浑部族任职问题的探讨，慕容明的"押浑副使"表明他只作为副职负责吐谷浑本族的（军事）事务；慕容曦光的"知部落使"是以正职的身份统领所在部落的吐谷浑人（军务）；而慕容曦皓的"押蕃浑使"，则既包括了吐谷浑本族人，也有其他蕃族。

④ 《辽史》卷46《百官志二》，中华书局，1974年，第752页。

⑤ 杜建录：《党项西夏碑石整理研究》，上海古籍出版社，2015年，第11页。

⑥ 高建国、王富春、杜林渊：《陕北横山新发现党项族〈故野利氏夫人墓志铭〉考释》，《中国国家博物馆馆刊》2020年第2期，第57—65页。

三 北宋蕃族管理中的属羌

在宋初的西北地区，与押蕃使设置密切相关的是属羌。有关属羌问题，学界没有给出明确定义，认为等同于宋夏沿边分布的党项部落。[①]按宋臣范纯粹上奏称："窃缘属羌部族既始祖元是羌人，即虽绵隔世代，因功授官，不论高卑，要之终是蕃种，岂容辄有变易，杂乱华人？"[②]可知属羌是羌的一支。熙宁元年（1068），议者谓："熟（属）羌乃唐设三使所统之党项也。自西夏不臣，种落叛散，分寓南北。"进一步提到属羌即唐代以来内附于三节度使的党项部落。[③]唐廷将内迁党项分别置于朔方、振武、夏州、泾源、宁、坊（渭北）、河东等七个节度使管辖之下。晚唐，羁縻府州制度瓦解，党项羁縻府州中"大姓强者"演变为雄踞一方的藩镇，[④]而北宋前期定难军所在夏州政权建立了西夏国，将属羌分割为南北两部分。北，当指辽夏黄河缘边部族，如辽西境夹山一带的岱尔族。南应指横山地区等西夏与宋交界沿边区域部族，如横山羌。

宋将沿边属羌分为熟户和生户，熟户有时等同于属户。属户，是宋对境内归附的包括羌等部族人户的称呼，[⑤]也即蕃部熟户，由州军所管，编

---

① 汤开建：《五代辽宋时期党项部落的分布》，《西北民族研究》1993年第1期，第104—128页。

② 曾枣庄、刘琳编《全宋文》卷2351范纯粹五《乞令蕃官不得换授汉官差遣奏》，第108册，第335页。

③ 《宋史》卷191《兵志五》，第4755页。《旧唐书》卷139《陆贽传》："而又分朔方之地，建牙拥节者，凡三使焉。"（中华书局，1975年，第3812页）《资治通鉴》卷234，贞元九年（793）五月甲辰条："中兴以来，未遑外讨，抗两蕃者亦朔方、泾原、陇右、河东四节度而已。自顷分朔方之地，建牙拥节者凡三使焉，其余镇军，数且四十，皆承特诏委寄，各降中贵监临，人得抗衡，莫相禀属。"（第7545页）会昌初（841—846），唐武宗置三使以统之：在邠、宁、延者为一使，在盐、夏、长泽者为一使，在灵武、麟、胜者为一使。自顷分朔方之地。

④ 杨浣：《试析唐代羁縻府州制》，《宁夏大学学报》2000年第4期，第99—102页。

⑤ 李埏：《北宋西北少数民族地区的生熟户》，《思想战线》1992年第2期，第60—67页。北宋时期熟户不仅分布于陕西缘边，且还分布于河东路缘边。族属上分吐蕃与党项。金成奎的《宋代西北诸族的归属问题》（《史滴》，1993年）以及《宋代的西北问题与异民族政策》（东京：汲古书院，2000年，第159—194页）对宋夏沿边熟户的形成过程与宋的统治政策有专门探讨。

入当地户籍，承担赋役，蕃兵、蕃弓箭手也从属户中择选。[①]庆历二年（1042），"上封者因请募属户，给以禁军廪赐使戍边，悉罢正兵。下其章四路安抚使议，环庆路范仲淹上言：'熟户恋土田，护老弱、牛羊，遇贼力斗，可以藩蔽汉户，而不可倚为正兵。'"[②]从这条史料看，宋环庆路沿边属户主要是指羌族熟户，并在行政关系上有进一步加强。

当然，由于边地蕃汉杂居，其中属户不乏汉民。此外，在宋辽边地雄州一带还有两属户，即两属人户，是对辽宋两朝皆服役的中间地带住户。

宋廷在缘边诸路置招抚蕃落使，职责就是专门招抚西夏蕃户为宋熟户，并从中招蕃兵、蕃弓箭手以御边。《宋史》记载："属羌分隶边将为蕃兵。"[③]"（夏）竦上十事：一、教习强弩以为奇兵；二、羁縻属羌以为藩篱。"[④]又《续资治通鉴长编》记载："初，柔远外城处属羌，贼攻外城急，广夜纳其老幼保内城。诸将以为属羌反复，虞有他变，广曰：'属羌久为藩翰，急时弃之，后不为我用。'"[⑤]宋廷羁縻属羌以为藩篱，一些属羌成为蕃兵，一些属羌依附在宋城寨外，宋廷或设堡寨于部族地区。依据考古资料，延安石窟窟口外侧上方有造像题记："大宋国保安军德靖寨管下葫族等十四指挥修造石宫佛堂一所，大佛五尊，小佛一千尊，十六罗汉。"可知小胡族蕃兵的编制单位与宋军的一般编制单位相一致。[⑥]

对于宋夏沿边民族的分布，汤开建先生认为除秦、凤、泾、原四州为吐蕃地外，余皆为党项生、熟户杂居之地。[⑦]北宋西北缘边内属部族以族

---

① （宋）李焘：《续资治通鉴长编》卷149，庆历四年（1044）五月壬戌朔，枢密副使韩琦、参知政事范仲淹并对于崇政殿，上四策曰："……故西戎以山界蕃部为强兵，汉家以山界属户及弓箭手为善斗。"（第3600页）

② （宋）李焘：《续资治通鉴长编》卷135，庆历二年（1042）三月丁卯条，第3229页。

③ 《宋史》卷163《职官志三》，第3855页。蕃兵：当北宋与西夏、唃厮啰政权发生战事时，常征召熟户部落之兵配合宋军守城或作战，称之为"蕃兵"。另外，弓箭手：北宋乡兵的一种。真宗时，始于陕西、河东州军募蕃、汉边民为弓箭手，给予边地闲田，以御西夏。多按户籍抽调或从乡民中征募。

④ 《宋史》卷283《夏竦传》，第9573页。

⑤ （宋）李焘：《续资治通鉴长编》卷214，熙宁三年（1070）八月戊午朔条，第5195—5196页。

⑥ 姬乃军：《延安地区的石窟寺》，《文物》1982年第10期，第18—25、103—105页。

⑦ 汤开建：《五代辽宋时期党项部落的分布》，《西北民族研究》1993年第1期，第104—128页。

帐或部落为组织形式而隶属于正州县统治。这些内附部族主要分布在陕西秦凤、泾原、环庆、鄜延四路，以及河东路的石、隰、麟、府等州。神宗开边以后，扩大到熙、河、兰、岷诸州的新边地区。包括吐蕃、回鹘、党项，以及藏才、白马、鼻家、名市等众多民族或部族。他们在抵御西夏、辽朝，拱卫边防方面起着重要的作用。① 相比给西北民族政权封官赐爵，宋廷对西北沿边这些归附部族推行部族体制，通过对蕃官的赐姓赐名达到羁縻少数民族政权、抚慰归顺者的目的。②

宋自开国以来，任用归顺蕃族首领为官，并逐步对沿边属户设置对应的职官和机构。③ 针对沿边的归附部族、属户或蕃兵，宋廷设置了不同级别的蕃官，大首领授蕃落使、防御使、团练使、都指挥使、刺史等名号。④ 从宋英宗治平二年（1065）开始，宋朝任用蕃官作为一项制度而趋向严密化、经常化。⑤

从宋对属户的管理来看，形势的变化、宋廷对于西夏的再认识以及策略的变化，宋朝官员多主张抚蕃以制夏。蕃官制度体系也逐步完备。"与

---

① 安国楼：《论宋朝对西北边区民族的统治体制》，《民族研究》1996年第1期，第57—65页。

② 顾吉辰：《宋蕃官制度考论》，《中国史研究》1987年第4期，第33—42页。顾吉辰在《宋蕃官制度考述》一文中就蕃官迁补条件、蕃官迁补规定、职名和俸给、蕃官赐姓叙班及处罚等问题进行研究。江天健：《北宋对于西北沿边蕃部的政策》，《宋史研究集》第26辑，台北："国立"编译馆，1997年，第59—130页。提出"以蕃制蕃"概念。杜建录：《宋夏对峙与沿边蕃部》，《固原师专学报》1990年第3期，第65—72页。认为蕃部的概念，融合了吐蕃、羌人、汉人。宋"抚蕃以制夏"。佟少卿：《北宋蕃官赐名赐姓现象探究——以〈续资治通鉴长编〉为中心的考察》（《西夏研究》2018年第4期，第115—120页）认为宋朝对于西北蕃官的恩宠与赐姓赐名，无疑提升了沿边部族的政治地位，将他们逐步纳入了宋朝的政治体系当中，加速了蕃族汉化的历史进程，而这也正是宋夏间民族融合与交流的一个生动注脚。

③ （宋）李焘：《续资治通鉴长编》卷131，庆历元年（1041）夏四月壬午条，"屯田员外郎刘涣直昭文馆，为秦陇路招安蕃落使"；卷132，庆历元年（1041）五月己酉朔条，"诏诸路各置招抚蕃落司"；卷135，庆历二年（1042）二月戊子条，"升泾原路静边等寨新置蕃落指挥隶禁军，并设置管押蕃兵使臣"（第3114、3122、3224页）。

④ 《宋史》卷191《兵志五》："蕃兵者……其大首领为都军主，百帐以上为军主，其次为副军主、都虞候、指挥使、副兵马使，以功次补者为刺史、诸卫将军、诸司使、副使、承制、崇班供奉官至殿侍。其充本族巡检者，奉同正员，月添支钱十五千，米面傔马有差。刺史、诸卫将军请给，同蕃官例。首领补军职者，月奉钱自三千至三百，又岁给冬服绵袍凡七种，紫绫三种。十将而下皆给田土。"（第4750—4751页）

⑤ 李清凌：《北宋治理西北边疆民族的思想与实践》，《河西学院学报》2008年第1期，第4页。

夫蕃夷属户授官、封袭之事，皆掌之。"① 蕃官的汉官职换授，也在形势之中趋于完善。但宋廷防控西北蕃官因地坐大，诏"蕃官立功优异，方得换授汉官差遣"。②

结　语

中古时期的西北地区是押蕃使制度开始也是最终消亡的地区，宋代对于边地和周边民族的管理，分别设置有羁縻府州，节度使军州押蕃使、民族政权地区押蕃使、蕃落使，以及西北宋夏沿边的部族体制。押蕃使是宋廷对边区、缘边诸藩的政策之一。押蕃使设置地区的变动，以及羁縻政策随地区势力盛衰的转变，是宋廷应对西北地区形势变化的调适，与此相应的成熟的部族体制得到有效推行。此外，宋代运用经济手段控制周边民族，作为民族管理的一种选择。③ 诸多政策见证了宋与西北民族的互动。

（原文刊于《大阪市立大学东洋史论丛》第 20 号，2020 年 10 月）

附表 1　定难军所辖夏、绥、银、宥、静州地区相关蕃落官职*

人名	史料	蕃落官职	史料出处
韩潭	贞元三年（787）置夏州节度观察处置押蕃落使以左羽林大将军韩潭为夏州刺史、夏绥银等州节度使 夏绥银节度观察押蕃落使夏州刺史兼御史大夫韩潭并检校礼部尚书	押蕃落使	《新唐书》卷 64《方镇表一》；《旧唐书》卷 12《德宗纪上》；《册府元龟》卷 176《帝王部·姑息一》
韩全义	闰月庚申，以左神策行营节度韩全义为夏州刺史，兼盐、夏、绥、银节度使，以代韩潭 十六年二月以左神策军行营招夏绥银州节度观察押蕃落使，韩全义为蔡州行营招讨处置使	押蕃落使	《旧唐书》卷 13《德宗纪下》；《册府元龟》卷 119《帝王部·选将一》

① （元）马端临：《文献通考》卷 52《职官考六》，中华书局，2011 年，第 1526 页。
② （宋）李焘：《续资治通鉴长编》卷 505，元符二年（1099）春正月辛酉条，第 12037 页。
③ 林文勋：《宋王朝边疆民族政策的创新及其历史地位》，《中国边疆史地研究》2008 年第 4 期，第 17 页。

人名	史料	蕃落官职	史料出处
李寰	大和二年（828）九月沧州节度使李寰为夏州刺史，充夏、绥、银、宥等州节度观察押藩等使	押蕃落使	《册府元龟》卷177《帝王部·姑息二》
郑助	以司农卿为检校左散骑常侍，兼夏州刺史、御史大夫、上柱国、荥阳县开国男、食邑三百户、夏绥银宥等州节度营田观察处置押蕃落安抚平夏党项等使	押蕃落安抚平夏党项等使	《旧唐书》卷18下《宣宗纪》
李重建	曾祖讳重建，皇任大都督府安抚平下番落使	番落使	《后周绥州刺史李彝谨墓志铭》，《中国藏西夏文献》第18册
李彝超	可依前起复检校司空、使持节都督夏州诸军事、夏州刺史兼御史大夫，充定难军节度，夏、银、绥、宥等州押蕃落等使	押蕃落使	《册府元龟》卷178《帝王部·姑息三》
李彝谨	管内蕃汉都指挥使	管内蕃汉都指挥使	《后晋虢王李仁福妻渎氏墓志铭》，《中国藏西夏文献》第18册
李光琏	守职绥州都知番落使、检校国子祭酒兼御史大夫	都知番落使	《后汉沛国郡夫人里氏墓志铭》，《中国藏西夏文献》第18册
李光睿	夏州管内蕃部越名都指挥使	管内蕃部越名都指挥使	《宋定难军节度使李光睿墓志铭》，《中国藏西夏文献》第18册
李光睿	定难军节度，夏、银、绥、宥、静等州观察处置押蕃落等使	押蕃落使	《宋定难军节度使李光睿墓志铭》，《中国藏西夏文献》第18册
李光新	见任管内蕃汉都军指挥使	管内蕃汉都军指挥使	《宋定难军节度使李光睿墓志铭》，《中国藏西夏文献》第18册
李光遂	见任管内蕃部越名都指挥使	管内蕃部越名都指挥使	《宋定难军节度使李光睿墓志铭》，《中国藏西夏文献》第18册
李光文	夏州"番洛都知兵马使"	番洛都知兵马使	《开封繁塔李光文施财题名》，《党项西夏碑石整理研究》
李克信	（太平兴国七年）并官其昆弟夏州蕃落指挥使克信等十二人有差，遂曲赦银、夏管内	蕃落指挥使	《宋史》卷485《夏国传上》

人名	史料	蕃落官职	史料出处
李继捧	（端拱初）因召赴阙，赐姓赵氏，更名保忠，太宗亲书五色金花笺以赐之，授夏州刺史，充定难军节度使、夏银绥宥静等州观察处置押蕃落等使	押蕃落使	《宋史》卷485《夏国传上》
李继迁	开宝七年（974），授定难军管内都知蕃落使	管内都知蕃落使	《宋史》卷485《夏国传上》
李继迁	咸平春，继迁复表归顺。至道三年（997）真宗乃授夏州刺史、定难军节度、夏银绥宥静等州观察处置押蕃落等使	押蕃落使	《宋史》卷485《夏国传上》
李继迁	雍熙元年（984）初，李继捧入朝，其弟夏州蕃落使继迁留居银州	蕃落使	《续资治通鉴长编》卷25
李德明	子德明管内蕃落使、行军司马	管内蕃落使	《宋史》卷485《夏国传上》
拓跋氏	充右都押衙兼衙内都知兵马使、三族蕃落使	蕃落使	《故野利氏夫人墓志铭并序》，《党项西夏碑石整理研究》
李德明	景德三年（1006）然普意亦有可采，宜令止兼管内押蕃落使 （景德三年）乃授特进、检校太师兼侍中、持节都督夏州诸军事、行夏州刺史、上柱国，充定难军节度、夏银绥宥静等州管内观察处置押蕃落等使，西平王，食邑六千户，食实封一千户，仍赐推忠保顺亮节翊戴功臣	押蕃落使	《续资治通鉴长编》卷64；《宋史》卷485《夏国传上》
李元昊	明道元年（1032）十一月癸巳，制授元昊特进、检校太师、兼侍中、定难军节度、夏银绥宥静等州观察处置押蕃落使、西平王	押蕃落使	《续资治通鉴长编》卷111

* 此表参照〔日〕栗原益男编《五代宋初藩镇年表》（东京：东京堂，1988年，第386—395页），笔者补充唐代情况以及五代宋初墓志史料。

西夏边防的基层军事建置问题

许伟伟

西夏在全国地方设置监军司管理行政、军事，战时全民皆兵，西夏政权的军事制度突出。在梳理西夏的边防制度问题时，可关注到西夏的基层军事建置、边地机构等问题。有关西夏边防建置问题，学界对于西夏的经略司统辖之下的监军司和军等主要军事机构以及堡寨等基层建置都有一些专题的探讨。首推李昌宪先生在西夏政区问题上对于西夏经略司、监军司的详尽探讨，以及杜建录先生《西夏沿边堡寨述论》一文对于西夏堡寨设置原因、规模、职能以及历史地位等问题的初步探讨。[1] 此外，陈广恩先生在西夏边防制度的边防军职责问题探讨上阐述了边地基层军事建置的基本功能。[2] 学界对于《天盛改旧新定律令·司序行文门》（《天盛改旧新定律令》，以下简称《天盛律令》）中的监军司、城司、堡寨的研究较多，并在一些具体的西夏边地堡寨以及烽堠制度的研究上有推进，[3] 但对于西夏

---

① 李昌宪:《西夏地方行政体制刍议》,《宋史研究论文集》第 10 辑, 兰州大学出版社, 2004 年, 第 240—250 页; 杜建录:《西夏沿边堡寨述论》,《宁夏社会科学》1993 年第 5 期, 第 71—75 页。

② 陈广恩:《关于西夏边防制度的几个问题》,《宁夏社会科学》2001 年第 3 期, 第 90—95 页。

③ 王天顺《西夏地理研究》(甘肃文化出版社, 2002 年, 第 157—179 页) 简要考证了宋夏沿边堡寨的地望、沿革, 主要是对西夏前期边界宋堡寨的介绍; 杨蕤《西夏地理研究》(人民出版社, 2008 年, 第 126—128 页) 考证龙州 (石堡寨)、绥远寨; 鲁人勇《西夏地理志》(黄河出版传媒集团、宁夏人民教育出版社, 2012 年, 第 106—206 页) 注重对宋夏沿边一些堡寨地望、遗址的考察; 崔玉谦《宋夏缘边堡寨军事功能研究》(硕士学位论文, 宁夏大学, 2014 年) 是以宋夏缘边堡寨军事功能产生、形成、发展三阶段来探讨宋对夏的策略和堡寨军事功能的变化; 尤桦《西夏烽堠制度研究》(《西夏学》

沿边的堡寨等基层军事建置和功能缺乏系统的探讨。本文拟在学界已有研究基础上，系统考察西夏基层军事建置，并对相关问题展开探讨，不当之处，请方家指正。

一 西夏基层军事建置情况

党项夏州政权自五州之地发展壮大，于1038年建立大夏国，宋称其为西夏，至1227年，蒙古灭西夏，西夏先后与宋、辽、金对峙达190年。由于不同时期与不同政权为邻，以及边疆的战事，西夏政权的势力范围及疆域在不同时期也有变化，西夏疆域先后包括内蒙古的西部及河套地区、宁夏的中部和北部、陕西北部、甘肃的河西走廊等区域，西夏的边防布控也主要在边疆沿线区域。北边的荒漠和西南的祁连山脉形成天然屏障，使其军事防御区域主要在河西西端及西夏先后与北宋、金交接的区域。西夏时期，边界区域除非自然地势山河、荒漠的阻隔，一般设置界壕，界壕以内设置关卡、烽堠、口铺等，再有相邻屯田、放牧、戍守的堡寨、城司，这些军事建置密切联合在一起组成西夏军事上最外层的防御体系。

上述基层军事建置，基本上在西夏法典《天盛律令》中有体现。按《天盛律令》卷10《司序行文门》记载，西夏的城司有城主、通判、城观、行主等职务设置，堡寨有寨主、寨副、行主等职务设置。[①]西夏的一些城司和堡寨分布在沿边地区，由兼管军政的监军司统辖，也兼有军事与民事职能。

《司序行文门》记载西夏中期天盛年间的地边城司主要有永便、孤山、魅拒、西宁、边净、末监、胜全、信同、应建、争止、甘州、龙州、远摄、合乐、真武县、年晋城、定功城、卫边城、折昌城、开边城、富清县、河西县、安持寨等23处，此外还有西院、宥州、鸣沙城司。末等司有绥远寨、西明寨、常威寨、镇国寨、定国寨、凉州、宣德堡、安远堡、讹泥

第14辑，甘肃文化出版社，2017年，第246—255页）系统梳理了西夏的烽堠制度、烽堠遗址。

① 史金波、聂鸿音、白滨译注《天盛改旧新定律令》卷10《司序行文门》，法律出版社，2000年，第371、372页。

寨、夏州、凉州等堡寨。这些城司、堡寨大多数位于边地。

永昌城司，今甘肃永昌县。西院城司当设在西院监军司地区，疑在甘州（今甘肃张掖市）。甘州城司设在甘州。西宁城司设在西宁州，即旧青唐城，驻地在今青海西宁市。龙州，原石堡镇，[①]在今陕西靖边县南。富清县、[②]河西县具体所指不明，当在黄河以西。宥州，唐开元年间设置的新宥州，今内蒙古城川古城。[③]西夏前期设有宥州监军司，而此时，只有宥州城司，且只设置有城主，当是夏金战事失陷后的临时状态。

绥远寨，《宋史·地理志》记载在定边县南，宋元符二年（1099）筑，位置在今陕西吴起县西。天会六年（1128），金把部分地区划给西夏，绥远寨为其中之一。又据《宋史·地理志》，在镇戎军有安远堡。[④]安远堡，方位在今宁夏固原南，为北宋堡寨。西夏仁宗仁孝时这里不属西夏，此中安远堡与《天盛律令》中的安远堡不过同名而已。夏州、凉州，当为设在夏州、凉州地区的以州命名的重要堡寨。由于《天盛律令》西夏文地名对应的汉文有差别，大多数地名具体对应区域和历史沿革待考。

宋哲宗元祐元年（1086），太原府吕惠卿入西界三角川，"夏四月太原兵入左厢，聚星泊、三角川诸寨皆不守"。[⑤]三角川位于黄河南岸，与辽威塞堡隔河相望，曾为西夏边地堡寨，是辽宋入西夏的突破口。此外，宋西北四路与夏交界，按宋边臣王尧臣言："四路缘边所守地界，约二千余里，屯兵二十万，鄜延路六万八千，环庆路五万，泾原路七万，秦凤路二万七千余，分屯州军县镇城寨。"[⑥]西夏与之对应在沿边设置的堡寨城司众多，由于宋夏之间长期的战事，沿边辖区变动频繁，堡寨的归属或废立无常，具体考证详见鲁人勇先生《西夏地理志》，在此不再赘述。这些沿

---

① （宋）曾公亮撰，郑诚整理《武经总要》前集卷18下《西蕃地里》，湖南科学技术出版社，2017年，第1127页。

② 李学江推测富清县在中兴府北的边疆地区，很可能就在今内蒙古后套平原（《〈天盛律令〉所反映的西夏政区》，《宁夏社会科学》1998年第4期，第96页）。

③ 杨蕤：《西夏地理研究》，人民出版社，2008年，第119—121页。

④ 《宋史》卷87《地理志》，中华书局，1985年，第2159页。

⑤ （清）吴广成著，龚世俊校证《西夏书事校证》卷27，甘肃文化出版社，1995年，第310页。

⑥ （宋）李焘：《续资治通鉴长编》卷132，庆历元年六月己亥条，中华书局，2004年，第3140页。

边堡寨城司的设立，多是为了捍卫固有疆土，或是为了保障新扩张领地。它们既是西夏军事设防地，又是行政机构所在地，是国家军事防御和行政网络的重要组成部分。

堡寨城司之外，《天盛律令》所记载的城溜、更口、哨卡、烽火是设置在西夏边地的最基层军事机构。

西夏文"𗫑𗗙"，译为"城溜"，即城堡和军溜的合称。城堡，是沿边民众为居住安全而修建的城垒。军溜，分正、副溜，由军首领任职，是西夏军事组织单位，正军与辅主构成军抄，而军抄与寨妇构成军溜。军溜驻守城堡，巡察边境，平时兼管辖区内的罪犯、服役之人，追捕盗贼，协助农牧业生产等。① 城溜就是专门驻扎军队的营垒，由种地、放牧者当值，② 是西夏设置在沿边的军事性质的建置。按黑水城出土文献中的"黑水属"军籍文书所载军溜首领、人员、武器装备下辖于黑水监军司。③ 城溜也当下辖于监军司。

西夏文"𗁬𗿷"，汉译名"更口"，缺口之义（同音 28A7）。④ 史金波先生推测更口是戍边的一种设施。⑤ 𗁬，在《番汉合时掌中珠》中有［更］、［界］等发音，⑥ 按《天盛律令》卷 4 记载守更口者由检主管、检人构成，并由边检校统管。当沿边盗贼入寇者来，守检更口者知觉后报城堡营垒军溜等说敌军动向、来处、水陆道口、地名等。⑦ 更口设在边境地区水、陆路道口，负责监察边情和预警，与设置在边界上的哨卡、烽堠等军事建置密切相关，"更口"即为汉文文献中的"界口"，负责边境守烽火，侦察敌人军情大小、有多少越过边境。守城溜、更口者，由刺史、监军司等管理。城溜、更口由监军司统辖。

---

① 翟丽萍：《西夏职官制度研究》，博士学位论文，陕西师范大学，2014 年，第 189、197 页。

② 史金波、聂鸿音、白滨译注《天盛改旧新定律令》卷 13《执符铁箭显贵言等失门》，第472 页。

③ 史金波：《西夏文军抄文书考略——以俄藏黑水城出土军籍文书为例》，《中国史研究》2012 年第 4 期，第 143 页。

④ 李范文：《同音研究》，宁夏人民出版社，1986 年，第 337 页。

⑤ 史金波：《西夏社会》，上海人民出版社，2007 年，第 281 页。

⑥ （西夏）骨勒茂才著，黄振华等整理《番汉合时掌中珠（甲种本）》，宁夏人民出版社，1989 年，第 54、144 页。

⑦ 史金波、聂鸿音、白滨译注《天盛改旧新定律令》卷 4《边地巡检门》《敌军寇门》，第211、213 页。

西夏文"𗾫",哨卡。西夏谚语《新集锦合辞》"𗾫𘟣𗰖𗫉𗫿𗆧𗦻",陈炳应先生译为"哨卡口上莫放牧",① 应是"界上哨卡莫放牧"。在《亥年新法》第 2549 号和第 5369 号两个残卷中多处出现有更口主（𗫉𗆧𗦻），更口多与哨卡（𗾫）相连，与哨卡在功能上相似，并且都是边地巡检的场所，② 按"一敌军、盗贼入寇者来时，正面穿过防线而归，另外更口上通过，未发现，失察者，当比前已见处更口主之罪状减一等判断",③ 也可推测更口即界口、关口等边界通道口。

西夏文"𗁛𗙴"，烽火，当即烽燧，是警报系统，负责传递军情。《天盛律令》记载："一边境守烽火，敌军来立便迅速出击时，邻近依续军将接烽火迁家。告牲畜主等处烽火语中断者，使与敌人军情大小、有多少越过，大小巡检失察相同判断。"④ 又《西夏书事》卷 42 西夏公辅议夏金"各置边烽，设侦候"。⑤ 烽燧与州、城、堡寨紧密连接在一起，构成一道纵深的军事边防体系，成为边境安定、消息传递的一个重要防御屏障。⑥ 比较经典的一个事例是：宋嘉祐二年（1057），"知麟州武戡筑堡于河西，以为保障。役既兴，戡率将吏往按视，遇夏人于沙鼠浪，戡与管勾郭恩等欲止，而走马承受黄道元以言胁之，遂夜进至卧牛峰，见烽举，且鼓声，道元犹不信，比明，至忽里堆，与夏人相去才数十步，遂合战。自旦至食时，夏人四面合击，众大溃，戡走，恩与道元及兵马监押刘庆等被执",⑦ 这是对西夏烽燧情况的形象描述。西夏夜晚的预警既有烽火，还有鼓声。这是西夏初期边地军事防御中烽燧传递军事情报的情况。此外，按《金史》卷 26《地理志下》"泾州"条记载，正隆元年（1156），金朝命与夏国边界对立烽燧，以防侵轶。⑧ 西夏与金在两国边界各设有烽燧。西夏河西地区烽燧

---

① 陈炳应：《西夏谚语——新集锦成对谚语》，山西人民出版社，2005 年，第 10 页。
② 文志勇：《俄藏黑水城文献〈亥年新法〉第 2549、5369 号残卷译释》，《宁夏师范学院学报》2009 年第 1 期，第 109—116 页。
③ 史金波、聂鸿音、白滨译注《天盛改旧新定律令》卷 4《边地巡检门》，第 205 页。
④ 史金波、聂鸿音、白滨译注《天盛改旧新定律令》卷 4《敌动门》，第 221 页。
⑤ （清）吴广成著，龚世俊校证《西夏书事校证》卷 27，第 313 页。
⑥ 尤桦：《西夏烽燧制度研究》，《西夏学》第 14 辑，上海古籍出版社，2017 年，第 246—255 页。
⑦ 《宋史》卷 485《夏国传上》，第 14001 页。
⑧ 《金史》卷 26《地理志下》，中华书局，1975 年，第 653 页。

设置见载于西夏乾定二年（1224）《黑水城守将告近禀帖》，"又自黑水至肃州边界瞭望传信烽堪十九座，亦监造完毕"。①在西夏边境的黑水监军司至肃州监军司沿线也设置有烽堪。考古发现的西夏烽火墩存在于现在的河西、河套、横山等地区，②一些沿用前朝烽堪，一些专为军事防御所筑，并为后世所沿用。

西夏边地的口铺机构也属于基层军事建置。宋辽边境设置有大量的口铺，负责侦察和传递军事情报。③宋廷也曾就辽朝越界置口铺问题有过诸多的争论。虽然记载西夏口铺的资料较少，但西夏也设有口铺。宋绍圣四年（1097），宋朝奉郎安师文言："近缘边修筑城寨，西贼举众入寇泾原，败衄而去。今困于点集，渐已穷蹙。窃闻诸路广行招纳，切中事机。向日归明朱智用，久已向汉，然为夏国各有把截卓望口铺，无缘遂达中土。"④虽然宋朝有意招诱夏沿边蕃户，却由于西夏在边界设置有把守堵截瞭望的口铺，防守严密，而未能实现。元祐五年（1090），宋夏划分边界时，西夏宥州移牒称："先为定画疆界，有诏汉界留出草地十里，蕃界依数对留。欲于蕃界令存留五里为草地，夏国于所存五里界内修立堡铺。"⑤这里的铺，也是军事上设置的口铺、边铺，虽在边境地区，周边留存十里、五里空地，其所辐射的范围较广，故仍然是宋夏双方争夺的重要目标。

宋朝的基层军事建置，参照"宋户部言：麟、府、丰州管下堡寨、烽台、口铺，并差禁军或弓箭手、蕃兵守坐，欲依例给钱米有差"，⑥可知宋沿边设置堡寨、烽台、口铺等，由禁军或弓箭手、蕃兵守坐。宋人李复认为："沿边守坐烽台口铺，最是重难。自来本地方城、寨分擘守坐之人，不限戍兵、蕃兵，一例轮差。东来戍兵，不能辛苦，多是不着台铺。蕃兵又

① 聂鸿音：《关于黑水城的两件西夏文书》，《中华文史论丛》第63辑，上海古籍出版社，2000年。

② 史金波、俄军主编《西夏文物·甘肃编》，中华书局、天津古籍出版社，2014年，第17页。

③ 张国庆：《辽朝边铺探微》（《中国边疆史地研究》2016年第2期，第39—48页）认为辽设在边境的边铺主要有口铺与烽铺。"口铺"与"烽铺"应没有职能上的多大差别，只是设置地点不同而已，设于隘口处的称"口铺"，设于烽堆旁的称"烽铺"。

④ （宋）李焘：《续资治通鉴长编》卷487，绍圣四年五月壬戌条，第11570页。

⑤ （宋）李焘：《续资治通鉴长编》卷449，元祐五年十月乙未条，第10787页。

⑥ （宋）李焘：《续资治通鉴长编》卷480，元祐八年正月乙巳条，第11429页。

难以尽依官军驱使，地方官虽时或点检，终不整齐，若有缓急，窃恐误事。欲乞缘边烽台只差土兵与侧近弓箭手，其口铺如土兵弓箭手，人数不足，方许兼差蕃兵，亦不得只差蕃兵，如此则烽燧巡防不致误事。伏候圣旨。"① 可见这些基层军事建置地位相当重要，且问题复杂，是必须加强管理的地区。所以，宋枢密院陈述边地城寨及沿边巡检问题的利害，言："近西人差使诣阙讦告兼附谢罪表状，朝廷虽未听许，缘诸路新旧城寨，形势利害不同，其烽台、坐团口铺及人马巡绰卓望所至去处，各未经点检措置……皆是合要安置烽台堡铺及人马卓望巡绰所至之处。鄜延、河东路亦合依此相度修置，务占据得横山寨及河南一带紧切要害去处，于边防控扼守御经久利便。"② 西夏的边铺、口铺作为边境的巡检点，也当有士兵轮番戍守。

二　西夏基层军事建置的功能

西夏在军事上设有统军司，按《天盛律令》卷4《边地巡检门》，若正、副统（军）归京师，边事、军马头项交付监军司，则监军、习判承罪顺序：习判按副行统、监军按正统法判断。统军司的统军应是战时派遣的，③ 而监军司是西夏地方最主要的军事行政机构。监军司下辖前揭的边地城司堡寨、城溜、更口、哨卡、烽燧、口铺等基层军事建置。

西夏边地还设有巡检机构，是负责边防巡检任务的军事部门，④ 其下设边检校、营垒主管、队提点、夜禁主管、军溜盈能、检主管（检头监）、检人等，巡检的将领可以从监军司的将领中选派。按俄罗斯科学院东方研究所圣彼得堡分所藏西夏写本《西夏乾定三年（1225）黑水副将上书》⑤ 有

---

① （宋）李复：《潏水集》卷1，《景印文渊阁四库全书》第1121册，台北：台湾商务印书馆，1986年，第8页。

② （宋）李焘：《续资治通鉴长编》卷509，元符二年四月辛丑条，第12129页。

③ 《天盛律令·司序行文门》所载并非罗列了西夏所有有司机构。以正统司为例，正统司介于上等司、次等司之间，略低于经略司，在地方统领军事时还要上报于经略司、中书、枢密。统军、副统军都为临时派遣性质的。

④ 按《天盛律令》的条文可知西夏普遍设置巡检，但未体现巡检司机构的存在，只在西夏后期《番汉合时掌中珠》（1190）中有巡检司。本文西夏边地巡检机构参考李华瑞先生《西夏巡检简论》（《中国史研究》2006年第1期，第127—136页）。

⑤ 聂鸿音：《关于黑水城的两件西夏文书》，《中华文史论丛》第63辑。

"小城边检校城守嵬移奴山",可知边检校一职有时由城守兼任。

军事建置中的烽火、更口具有预警性能。按《天盛律令》卷4《边地巡检门》记载:"一沿边盗贼入寇者来,守检更口者知觉,来报堡城营垒军溜等时,州主、城守、通判、边检校、营垒主管、军溜、在上正、副溜等,当速告相邻城堡营垒军溜,及邻近家主、监军司等,当相聚。"①

前揭是边地消息上传的模式。按《金史》卷15《宣宗纪中》兴定三年(1219),绥德、保安仍属金边境接夏统军司文移,②以及《黑水城守将告近禀帖》的文书送达,也是边地信息的传递方式。

这些基层军事建置设置在边防地区,他们所形成的边防巡检、防御程序在基层军事建置功能上主要体现在边境地区的防御、预警、战斗等诸多方面的联动性上。

西夏沿边军事建置还有对于敕禁、贸易、使节往来等的管理。按《天盛律令》卷7《敕禁门》记载:"一等到敌界去卖敕禁品时,任更口者知晓,贪赃而徇情,使去卖敕禁,放出时,使与有罪人相等……一诸人由水上运钱,到敌界买卖时,渡船主、掌哨更口者等罪,按卖敕禁畜物状法判断以外,其余人知闻。受贿则与盗分他人物相同,未受贿当与不举告等各种罪状相同。"③哨卡、更口,有对贸易和走私的管理和禁止职责。

检索西夏榷场贸易史料可知,西夏与辽、宋、金在边界地区都设置过榷场,进行贸易,这些边界物质运输通道必然设置哨卡、更口来维持秩序和禁止非法通行。按《金史》卷134《外国传上·西夏传》载,金天会十二年(1134)及天眷元年(1138),夏崇宗乾顺曾请金于陕西诸地置榷场通互市,金一直没有应允,直到皇统元年(1141)金在云中西北,而后陆续在陕西沿边诸州置场,共有东胜、净、环、庆、兰、绥德、保安等州及来远军。④黑水城出土西夏文献南边榷场使文书记载有榷场使、银牌安排官搜检有无违禁商品。⑤

---

① 史金波、聂鸿音、白滨译注《天盛改旧新定律令》卷4《边地巡检门》,第212—213页。

② 《金史》卷15《宣宗本纪》,第343页。

③ 史金波、聂鸿音、白滨译注《天盛改旧新定律令》卷7《敕禁门》,第285—286页。

④ 《金史》卷50《食货志》,第1114页。

⑤ 杨富学、陈爱峰:《黑水城出土夏金贸易文书研究》,《中国史研究》2009年第2期,第77—99页。

此外，还有和市。如西夏边界的折姜会、金汤、白豹寨等，按宋知庆州范仲淹言："臣奉诏议牵制贼兵，毋令并出河东路。今环州永和寨西北一百二十里有折姜会，庆州东北百五十里有金汤、白豹寨，皆贼界和市处也。"①宋廷往往以禁和市来制约西夏在边地的军事侵夺。按《宋史·夏国传》记载："（宋）安抚司遣李思道、孙兆往议疆事，而讹庞骜不听。久之，太原府、代州兵马钤辖苏安静得夏国吕宁、拽浪撩黎来合议，乃筑堠九，更新边禁，要以违约则罢和市，自此始定。"②可知，宋朝无论是修筑界堠、烽堠，还是更新边禁条约，都是为了防备和制约西夏，从而维护宋朝的统治。

边境机构也管理使节往来。其中作为邻国的回鹘是西夏与西域往来的通道，对于西夏也有着诸多影响。回鹘僧、回鹘生活用品的交流，都是从西夏边地的关口、口铺、堡寨一步步传入西腹地和都城。

宋廷在宋夏边地蕃部地区设置部族体制，在抵御西夏、捍卫宋边防方面起了重要作用。③宋设置蕃官管理边地部族，"其酋长则命之戎秩，赐以官俸，量其材力功绩，听世相承袭。凡大首领得为都军主，自百帐以上得为军主，又其次者皆等级补指挥使以下职名；其立功者，别建为刺史、诸卫将军、诸司使、副使，至借职殿侍，充本族巡检，绥怀族帐，谨固疆界，器械糇粮无烦于公上"。④西夏又是如何处理边地部族的呢？按《天盛律令》律文中沙州、黑水等诸多边地地区，经略司所管并非全部，同一区域还有不属经略司管辖的，⑤是否指边地的一些游离状态的蕃汉部族，他们的赋税是否征收，西夏政府如何管理他们？他们在边地是单纯的农牧生产，还是也参与到边事中来？都是亟待解决的问题。

可以说西夏边地的蕃部与汉部是边吏管理的重点，是边地税收、兵丁直接的来源。"故西戎（西夏）以山界蕃部为强兵，汉家以山界属户及弓箭手为善斗。以此观之，各以边人为强。"⑥在当时的横山地区，比较明显

---

① （宋）李焘：《续资治通鉴长编》卷134，庆历元年十月乙巳条，第3195页。

② 《宋史》卷485《夏国传上》，第14001页。

③ 安国楼：《论宋朝对西北边区民族的统治体制》，《民族研究》1996年第1期，第57—66页。

④ （宋）曾公亮撰，郑诚整理《武经总要》前集卷18上，第1121页。

⑤ 史金波、聂鸿音、白滨译注《天盛改旧新定律令》卷17《物离库门》，第544—547页。

⑥ （宋）李焘：《续资治通鉴长编》卷149，庆历四年五月壬戌条，第3600页。

的就是宋夏各自利用横山的部族来抗衡。西夏所属的横山地区除户籍中的成年男子为兵外，每遇战斗，"老弱妇女举族而行"，妇女也往往作为杂役和正军辅卒共守城寨。因此，"其横山界蕃部点集最苦"。①西夏天祐民安六年（1095），《破宋金明寨遗宋经略使书》记载："夏国昨与朝廷议疆场，惟有小不同。方行理究，不意朝廷改悔，却于坐团铺处立界。本国以恭顺之故，亦黾勉听从，遂于境内立数堡以护耕。"②可知西夏在沿边设置城堡的目的之一就是保护边地的生产。

西夏城溜中的军溜平时备战、防御，设迁溜（农迁溜）来主管农牧业生产。又设有牧盈能，管理校验牲畜事宜。按《天盛律令》条文记载，西夏农迁溜是相当于里的组织，管理农户，乡是更上一层的组织。③此外，还有迁统，可能是迁溜之上的管理人员。④

按《天盛律令·边地巡检门》记载："一边境地迁家，牲畜主当在各自所定地界中牧耕、住家，不许超过。若违律往地界之外住家、牧耕，敌人入寇者来，入他人之手者，迁溜、检校、边管依前述法判断。……一不允迁家牲畜主越地界之外牧耕、住家。……军溜、边检校、检主管等当使返回，令入地段明确处，按所属迁溜、检校等只关。"⑤俄西夏学者克恰诺夫据此认为多个家庭形成宗族或"迁家"，⑥即"迁家"由多个家庭构成。前揭迁家与畜牧主并列，涉及耕牧，那么迁家（𗂰𗉼）与农业耕作相关。迁与迁溜相关，而家（𗂰）当是指家主（𗂰𗇁），边地在预警时也需告知"邻近家主"，即相邻主事人。家主一般指一家之长，在这里当是指家门管理者、迁溜中的基层负责人。⑦那么迁家就是迁溜下的基层农户或是基层负责人。

① （宋）李焘：《续资治通鉴长编》卷139，庆历三年二月乙卯条，第3349页。
② 《宋史》卷486《夏国传下》，第14017页。
③ 对于西夏的基层组织，杨蕤在《论西夏的基层组织与社会》（《复旦学报》2008年第3期，第124—132页）一文中进一步提到，西夏的基层组织有别于传统的汉地模式。西夏基层社会中存在着两种基层组织的现象：既有唐宋基层社会中的乡里制度，同时还存在与吐蕃相似的部落制度。西夏境内的农业区或者半农半牧区均实行着农迁溜或迁溜的制度。
④ 史金波：《西夏社会》，第232页。
⑤ 史金波、聂鸿音、白滨译注《天盛改旧新定律令》卷4《边地巡检门》，第210—211页。
⑥ 〔俄〕克恰诺夫：《黑水城所出1224年的西夏文书》，王培培译，《西夏学》第8辑，上海古籍出版社，2012年，第181页。
⑦ 潘洁：《西夏税户家主考》，《宁夏社会科学》2016年第2期，第215—219页。

又《天盛律令》卷 7 记载:"一诸边家主过地界,于他处逃跑时,迁溜、检校、拦管等因控制失误,徒一年。局分处人遣迁家控制不令往,其中,逃则徒二年。"① 可以推测迁家负责管理住户,属于西夏基层负责人的一种。如果有别于基层负责人"家主",那么这些迁家可能是经略司统辖之外的组织。按《天盛律令》卷 13《功抵罪门》曰:"一诸人有捕逃人功抵罪者中,自十五以上逃走已行,引导队列,同时捕得之,及其数以上有各迁部,诸人告举是重情,可与有大小杂逆罪相抵。"② 此中,又有"迁部"(𗥃𗣼)。西夏文"𗥃"(迁)表达了移动特性来修饰西夏社会的家、溜、统、部等单位组织。无论西夏基层组织构成如何,管理迁家和畜牧主在边地的生产生活,阻止他们越界也属这些基层军事机构的职责。

这些基层军事建置不仅预防部族人口越界或外逃,还有招诱邻国部落人口功能。前揭《西夏乾定三年(1225)黑水副将上书》文书内容即是对于外交使团出使敌国招诱一批民畜前来黑水城入籍的安排,浮屠铁先是派边检校嵬哆奴山通知沿途驿站接待,接着又派通判耶和双山等持文书前往恭候,自己亦打算前去迎接,所以请示肃州执金牌边事管勾大人批准。招诱境外边民的条文规定见于《天盛律令》和《亥年新法》等西夏律法,可知招诱边民为西夏边地机构处理的常见事务。

西夏沿边地区,作为最外围的防御区,战时是前沿阵地,平时是使节、商贸往来的通道,也是边境権场、和市的场所。西夏边地的基层军事建置管理边地部族、维护边境治安的功能,有效补充了西夏的边防制度。此外,西夏边地的征兵、粮草、马匹、军事器械的物资补给制度也是值得探讨的问题,将会在接下来的西夏边防研究上补充探讨。

(原文刊于《西夏研究》2019 年第 1 期,第 47—53 页)

---

① 史金波、聂鸿音、白滨译注《天盛改旧新定律令》卷 7《番人叛逃门》,第 276 页;汉译文参照《俄藏黑水城文献》第 8 册(上海古籍出版社,1998 年)第 157 页图版修改。
② 史金波、聂鸿音、白滨译注《天盛改旧新定律令》卷 13《功抵罪门》,第 455 页。

西夏文献中的人名

王培培

20世纪的重大考古发现之一——黑水城文献和文物的出土，成就了西夏学的产生和发展。目前已经公布了大量的西夏文世俗作品和宗教作品，其中既有西夏人的创作也有西夏人的译作。这些作品表明西夏人在翻译不同民族的人名时采用了不同的方法，其间的基本规律此前已有学者关注过。到目前为止，人们已知的规律如下。

1. 党项人名——"音译姓+意译名"。目前所见文献中，仅有一个夏汉双语对应出现的党项人名，《番汉合时掌中珠序》的作者，西夏文作"𗣼𘂪𗟲𘜶"（kwə¹le²rjir²phu²），相应的汉文作"骨勒茂才"，[①]其中姓"骨勒"音译，名"茂才"意译。此后，学界在翻译党项人名时，均采用了音译和意译结合的方法进行翻译。如敦煌莫高窟第61窟榜题的西夏文"𗼮𗟲𘝞𗣑"（ŋwe²mji¹sjij²ŋjow²），相应的汉文作"嵬名智海"，其中姓"嵬名"音译，名"智海"意译。[②]《达摩大师观心论发愿文》"𗆅𗠇𘏨𘄒"（ljwij¹bju¹nwə wejr¹），汉文作"令部慧茂"，"令部"音译党项姓氏，"慧茂"意译名。[③]

2. 藏语人名——意译。例如藏文 Klu'i rgyalmtshan（龙之幢），西夏文意译作"𘔼𘄒"（·we¹ dźjow¹，龙幢）；藏文 Chos-kyiseng-ge（法之

---

① 文中的标音均采自《夏汉字典》中龚煌城的拟音。

② 史金波、白滨：《莫高窟榆林窟西夏文题记研究》，《考古学报》1982年第3期。

③ 聂鸿音：《西夏佛经序跋译著》，上海古籍出版社，2016年。

狮子），西夏文意译作"𗯿𗓽𗓽"（tsjir¹ka²tśjij²，法狮子）；藏文 Dpal-brtsegs（白则），西夏文意译作"𗼄𗼄"（gju² tsiow¹，吉积）；藏文 Blo-ldan shes-rab（具慧），西夏文意译作"𗱈𗱈𗓋𗕸"（phji¹lhew²sjij²dzjij²，有智有慧）。①

3. 梵语人名——音译。例如 Ānandakirti 西夏文译作"𗰜𗦲𗦲𗴂𗑾𗅲𗓩"（gji¹·a zjiw¹dja¹kji¹lji¹tji²）和汉文的"遏啊难捺吃哩底"，Jayānanda 西夏文译作"𗆱𗣀𗦲𗴂𗑾"（dzja¹·ja²·a nja²dja¹）和汉文的"拶也阿难捺"。②

4. 汉语人名——音译。③例如"董仲舒"西夏文音译作"𗝠𗗟𗦲"（tu¹tśhjow¹śie¹），《类林研究》页144；"诸葛亮"西夏文音译作"𗾓𗵤𗡮"（tśju¹kja¹ljow²），《类林研究》页106；"王羲之"西夏文音译作"𗯁𗭜𗰜"（·ion¹xi¹tsə²），《类林研究》页208；"司马相如"西夏文音译作"𗏹𗗟𗵒𗇋"（sə¹biaa²sjo²źju²），《类林研究》页106；"息夫人"西夏文音译作"𗢸𗭜𗣀"（si²xu¹zen¹），《类林研究》页120；"文才"西夏文音译作"𗼨𗦎"（wen¹tshej¹），《类林研究》页61；"关龙逄"西夏文音译作"𗙼𗀔𗾪"（kwan¹lion¹xjow²），《类林研究》页47。④

以上研究成果给人们一个印象，即西夏人在翻译人名时选择音译还是意译的依据是原语的种类。然而本文打算指出的是，上列第四条规律并不能解释西夏人对汉语人名的不同处理方式，比如下面这几个例子：

𗾧𗷀𗫸𗾪𗯿𗭜𗩭𗏇𗗟𗫸𗴷𗉗（tha¹lə）𗴂𗷅𗇋𗅋

中国三藏法师佛陀耶舍［竺］佛念与共一译

𗾧𗷀𗱢𗟳𗏇𗍊𗉵𗆣𗴂𗅉𗪙𗫸𗾪𗆯𗶽𗆣𗴂𗭁𗱀𗅲（mji¹ŋa¹）𗰖𗘺𗾧𗅋

特进试鸿胪卿大兴善寺三藏沙门大广智不空奉诏译

𗾧𗷀𗆣𗉗𗫸𗾪𗯿𗭜𗫸𗆣（na¹ljij²）𗇋𗅋

汉本大唐三藏法师玄奘一译

---

① 聂鸿音：《吐蕃经师的西夏译名考》，《清华大学学报》2002年第1期。

② 段玉泉：《〈圣胜慧到彼岸功德宝集偈〉的夏汉藏文本跨语言对勘研究》，上海古籍出版社，2014年，第56页。

③ 这里说的"汉语人名"包括其他民族人取的汉式名字。

④ 史金波、黄振华、聂鸿音：《类林研究》，宁夏人民出版社，1993年。

𗫂𗣼𗤋𗾔𗵊𗾻𗤁𗏁𗊜𗜓（·wo²sej¹）𗊏𗫔

汉本大唐三藏法师义净一译

𗹙𗑠𗥔𗏷𗤋𗏷𗙏𗼻𗵐𗣼𗪛𗼻𗊢𗏷（·jwɨr²lji²）

天台智者大师说吴山沙门澄彧注^①

尽管历史上的竺佛念和不空并非汉人，但他们在佛经里的题名使用了标准的汉式。在这里值得注意的是，西夏人并没有像翻译其他中原典籍那样音译这几个汉式人名，而是意外地采用了意译。这告诉了我们一个事实：西夏人对汉语人名的译法首先取决于文献的种类——非佛教文献采用音译，佛教文献采用意译。党项人的这种习惯可能来自他们对自己姓名的理解。众所周知，党项姓只是一个家族的符号，而名则是有词汇实义的，这导致他们希望尽可能地意译人名。藏族的人名和僧人的法名都不包含"姓"，而且名的意义也相对简明，所以采用意译就很自然。与此相对，梵语和汉语人名的意义相对复杂，即使勉强翻出也让党项人难以理解，所以采用音译就不失为最方便的方法。

在与佛教有关的文献中，根据译法可以大致分辨人物的族属。例如西夏文《达摩大师观心论发愿文》的尾题：

<u>𗦼𗑱𗥔𗊠𗤒𗭫𗌚𗴱𗾔𗱕𗭡</u>（ljwij¹bju¹nwə wejr¹）。𗊙𗥼𗤅𗵆𗥔𗧽<u>𗂅𗴴𗸿𗉾𗀓</u>（kiej¹sã¹ka¹）。

发愿者坐谛和尚<u>令部慧茂</u>。令雕版者前宫侍<u>耿三哥</u>。^②

"令部慧茂"音译加意译，"耿三哥"全部音译，则前者是党项人而后者是汉人。

再说《佛说圣曜母陀罗尼经发愿文》：

① Е. И.Кычанов, Каталог тангутских буддийских памятников, Киото: Университет Киото, 1999, 45, 289, 448, 447, 464.
② 孙伯君：《俄藏西夏文〈达摩大师观心论〉考释》，中国社会科学院民族学与人类学研究所编《薪火相传——史金波先生 70 寿辰西夏学国际学术研讨会论文集》，中国社会科学出版社，2012 年。

𗙄𘓨𗗉𗨡𗼃� 𘎑𗧪�𗾍𘄅𗉼𘕜𘃣�𗗙，𗾍𗨡𗼏𗪀𗨏𗁉𗱽�。

发愿刊印者出家尼僧讹布氏慧度，书者笔受李阿善。①

𘄅𗉼𘃣�（·o¹bu²zjɨr¹gju¹）是党项人，𗁉𗱽�（lji²·a śja²）是汉人。

在西夏文献中，表意的字和常用来表音的字可以比较清楚地区分开，据此可以判断名字全部为音译字的是汉人。例如《重修护国寺感通塔碑铭》里的"𗾖𘕦𗗆"phie¹tśji²sjwa¹（白智宣）、"𗾖𘗠𗀍"phie¹·aśiã¹（白阿山）、"𗀍𘄅𘕦"tśjow¹tśjij²śjow¹（张政思）、"�𘕦𗳡"tśhjwi¹tśji²xiəj²（解智行）、"𗁉𘊲𗗉"zji¹gju²tsjɨ¹（任遇子）、"𘕶𘕦𗗉"tśji²（左支信）②，以及《圣观自在大悲心总持并圣相顶尊总持复刻跋》里的"𗰔𗱽𗺌"kwo¹śja²tśji¹（郭善真）是汉人。③而名用意译字的是党项人，例如：

《同义序》：𗘮𗭳𗌗 ljow¹·jɨr²po¹（梁习宝），𗘮𗨡𗟲 ljow¹tśhja²·jur¹（梁德养）④

《贤智集序》：𗾍𘃣𘄅·jow¹zjɨr¹·wa²（杨慧广）⑤

《妙法莲华经序》：𗼃𗨡𘟢 wow²zjɨr²dźiej²（周长信）⑥

西夏《大诗》：𗏦𗗙�（刘法雨）⑦

在所有的人名中，不好理解的是西夏贤觉帝师的名字——西夏文写作"𗼃𘟢𘃣𘕜"（pu¹rar¹bu²dźju¹），相应的汉文是"波罗显胜"，⑧前两个字音

① 俄罗斯科学院东方文献研究所藏本 Инв. No .705。

② 宁夏大学西夏学研究中心、国家图书馆、甘肃省古籍文献整理编译中心：《中国藏西夏文献》第 20 册，甘肃人民出版社、敦煌文艺出版社，2007 年。

③ 史金波、翁善珍：《额济纳绿城新见西夏文物考》，《文物》1996 年第 10 期。

④ 李范文：《同音研究》，宁夏人民出版社，1986 年。

⑤ 聂鸿音：《西夏文〈贤智集序〉考释》，《固原师专学报》2003 年第 5 期。

⑥ 聂鸿音：《俄藏 5130 号西夏文佛经题记研究》，《中国藏学》2002 年第 1 期。

⑦ 俄罗斯科学院东方研究所圣彼得堡分所、中国社会科学院民族研究所：《俄藏黑水城文献》第 10 册，上海古籍出版社，1999 年，第 271 页。

⑧ 段玉泉：《〈圣胜慧到彼岸功德宝集偈〉的夏汉藏文本跨语言对勘研究》，上海古籍出版社，2014 年，第 56 页。

译，后两个字意译。从元代的情况类推，西夏的帝师应该是藏族人，然而这个名字却令人费解，至少迄今谁也无法将其还原成藏文。"姓"用音译而名用意译，这是否表明贤觉帝师取了个党项式的名字？或者他根本就是党项人？

（原文刊于《宁夏社会科学》2017 年第 2 期，第 220—222 页）

"碧珊珠"考

王培培

《俄藏黑水城文献》中收录有汉文和西夏文"碧珊""薉弦"一词。[①]西夏语汉语双解字书《番汉合时掌中珠》收有"碧珊珠"一词，与"金银""铜鍮""锡铁""珊瑚""琥珀"同归在《地用下》的"宝物"类。[②]"碧珊珠"的具体所指迄今众说纷纭，本文尝试考证其名义和来源，以期为历史研究提供基础资料。

一 "碧珊珠"释名

"碧珊珠"里的"珊"字罕见，最早收录这个字的中原字典是明代的《篇海类编》，[③]注文只说"音田，又音佃"，无释义。今考《广韵》中同时具备这两个读音的有"钿"字——平声先韵徒年切注"金花，又音甸"，去声霰韵堂练切注"宝钿，以宝饰器，又音田"。由此可以想到"珊"实际上是"钿"字的异写，书字人临时改"金"旁为"玉"旁，应该是要强调那是"玉花"或者"以玉饰器"。"钿"经常用来做饰物，例如白居易名作《琵琶行》里有"钿头银篦击节碎，血色罗裙翻酒污"的诗句，其中的

---

① 俄罗斯科学院东方研究所圣彼得堡分所等编《俄藏黑水城文献》第6、10册，上海古籍出版社，1999年。
② 黄振华、史金波、聂鸿音等整理《番汉合时掌中珠》，宁夏人民出版社，1989年，第26页。
③ 原题"明宋濂撰，屠隆订正"，四库提要考订为书商托名的伪作，内容质量很差，但成书于明代当无疑义。

"钿头银篦"就是指两端镶嵌有金花的银质梳子。

"钿"字与"碧"连用时还可以写作同音字"靛"、"瑱"或"甸","碧钿"也可称"碧甸子"或"碧澱子"。如《元史》卷94《食货志·岁课》：

> 碧甸子在和林者，至元十一年命乌马尔采之在会川者，二十一年输一千余块。[①]

此前历史学者和地质学者的研究认为"碧钿子"可能是绿松石，或者孔雀石，也可能是硅孔雀石，等等。

历史学者试图据古代文献所载的出产地找到答案。劳费尔认为碧甸、碧瑱与甸子都指绿松石。[②] 他的观点遭到了地质学者的反对，章鸿钊《石雅》即认为元明文献所记载的"碧钿"之类的石头应该是孔雀石。[③] 另据《读史方舆纪要》卷56：

> 天柱山，州（兴安州，今陕西安康市）西五十里，下有碧钿、青绿诸洞二十余处，唐宋俱采取入贡，明始停闭。[④]

夏湘蓉根据碧钿和青绿共生的情况认为元明两代所谓碧甸并非甸子，[⑤] 这是因为绿松石（甸子）一般不与孔雀石（青绿，亦称"石绿"）共生，而"硅孔雀石"则常与孔雀石共生。既然已知与"碧钿"共生的是孔雀石，那么"碧钿"或"碧甸子"很有可能是指"硅孔雀石"。郝用威通过化学分析断定古滇国出土的确实为绿松石，而不是孔雀石，并指出云南安宁禄脿对门山就存在绿松石矿藏。[⑥] 李晓春参考了历史和地质双方的研究成果，

① 《元史》，中华书局，1976年，第2381页。
② 〔美〕劳费尔：《中国伊朗编》，林筠因译，商务印书馆，2001年，第349页。
③ 章鸿钊：《石雅》卷2，百花文艺出版社，2010年，第87—88页。
④ （清）顾祖禹：《读史方舆纪要》卷56，贺次君、施和金点校，商务印书馆，2005年，第2478页。
⑤ 夏湘蓉：《中国古代矿业开发史》，地质出版社，1980年，第439—440页。
⑥ 郝用威：《诠释元代甸子、突厥玉、碧瑱子》，《中国地质学会地质学史专业委员会第23届学术年会论文集》，中国地质大学（北京）自然文化研究院、中国地质学会地质学史专业委员会，2011年，第274—276页。

认为元代的甸子即绿松石，只不过河西甸子并不是产自河西，而是通过河西之地（西夏故地）运输而得名。[①]

历史学者和地质学者对碧钿珠定名的分歧起因于各自的研究方法不同，前者基于文献记载，主要考虑其出产地和运输地，后者则基于化学成分认定，主要考虑宝石所含的成分。事实上古代文献中对于碧钿的记载都不甚翔实，别说化学成分，就是出产地和宝石形状与特点都鲜有描述。最细致的莫过于陶宗仪《南村辍耕录》：

> 甸子：
> 你舍卜的（即回回甸子，文理细）。
> 乞里马泥（即河西甸子，文理粗）。
> 荆州石（即襄阳甸子，色变）。[②]

这里仅描述了甸子的分类、纹理、产地及颜色。实际上，宋元时期的人们并没有过多的化学知识和地质知识去区分宝石的具体分类，仅仅是从外部特征来判定宝石的类别。这也是"绿松石"之名迟至清代文献中才得以出现的原因。所以，仅凭历史文献材料，或者地质考察单方面的考证都不足以确证，只能得到疑似的结论。以下我们将通过文献整理，结合最新的资料进行综合判断，还西夏"碧珊珠"一个最为接近的面貌。

二　西夏碧珊珠的来源

西夏文韵书《文海》"薮"字条说：

> 薮㣥，薮纹㦤，㣥潏㣥㧅㦤。[金围水右，碧珊者碧珊珠也，颜色为青也。][③]

---

① 李晓春：《宋元明时期波斯绿松石入华考》，《北京大学学报》2016 年第 1 期。
② （元）陶宗仪：《南村辍耕录》，中华书局，1959 年，第 85 页。
③ 史金波、白滨、黄振华：《文海研究》，宁夏人民出版社，1983 年，第 140 页。

可见，西夏文"菽"特用来指代青色的碧珊，这类似南宋文献《百宝总珍集》里记载的"靛石"和"马价珠"：①

靛石：

靛石马价皆相类，颜色黑绿不直钱。

青得美者颇人爱，碾成事件钱做看。

此石颜色好者，颇与马价相类。亦有深黑、绿色者，亦有绿得美者，不甚直钱。

马价珠：

炉甘色美过如翠，若无油烟转更佳。

夹石粉白老青色，此物本事不足夸。

青珠儿炉甘色者，道地珠儿，指面火，肉敛高者妙。亦有转身青者，多做管索用。颜色好者直钱，着主快。亦有当三折二钱大者，价例不可一例看成。土番国并回鹘珠儿颜色不好，多是好靛石，相似北珠儿，多是西夏贩来，川人多有。

南宋靛石和马价珠均呈青色，品质有好坏之分，颜色好的价格高昂，颜色暗沉的价格低廉。靛石多为绿色，还有青色、黑绿等色之分，青色受人追捧。马价珠有青色、翠绿等色之分，无杂质的珠儿为好。吐蕃和回鹘均有产，但颜色不佳。途经西夏运至宋朝。从外形描述看，二者与碧钿珠颇有相合之处。特别是马价珠，不仅颜色与碧钿吻合，从吐蕃、回鹘经西夏到宋朝的运输通道也符合陶宗仪所记河西甸子之说。关于河西甸子的定名有两种观点。任经午从考古资料推断绿松石即河西甸子，②而陈晓春则认为河西甸子中的河西并不指出产地，而是指经西夏故地运往内地的绿松石。③南宋记载的马价珠的运送通道和河西甸子的极为相似，可能与西夏的碧钿珠同出一类。

《番汉合时掌中珠》中记载的名物不限于西夏特产，也可能是外来物

---

① （宋）佚名：《百宝总珍集》，上海书店出版社，2015年，第34页。

② 任经午：《河西甸子与哈密绿松石》，《地球》1985年第1期，第30页。

③ 陈晓春：《宋元明时期波斯绿松石入华考》，《北京大学学报》2016年第1期。

品，但为西夏日常所见。元代社会文书中有一段话，似可证明西夏故地出产"碧钿珠"：

> 皇帝圣旨里，敦武校尉、亦集乃总管府判官乞里马沙今年二月内差令捏合伯等前去达达地面行营盘处做买卖，至兀不克唐兀地面，见有古迹碧钿洞一处，于彼就采到山洞面，浮有日照描拓大小不等，一里贵夯照得前项物……①

"唐兀"在元代特指西夏，"唐兀地面"即西夏故地。这则材料说明元代人在西夏境内发现有碧钿矿洞，并且找到了古时遗留的一些物品。不难猜测，西夏地界有可能出产碧钿，只是由于产量和品质等原因，矿洞废弃不用。

由此可见，西夏碧钿珠可能会有两个来源。其一，来自西域，经丝绸之路的商队带到西夏。学者考证西夏时期并没有阻断丝路贸易，而是在各个时期对商业贸易采取了不同的政策，②西域的多种物产也需要经过西夏远销宋地。③其二，西夏地界自产碧钿，只是因为成色不好而不受关注。

三 西夏碧珊珠的文化符号

20世纪初，科兹洛夫考古队在我国黑水城地区发掘出了大量古代文献和文物。早些年出版的《丝路上消失的王国》一书刊印了当时发现的西夏、元代的佛教文物。其中收有12—14世纪的一串项链，编者附注："此项链是由玻璃珠、珊瑚和宝石做成的。中间是有黑白条纹的石头护身符，用以

---

① 塔拉、杜建录、高国祥：《中国藏黑水城汉文文献》第5册，国家图书馆出版社，2008年，第1077页。

② 彭向前：《西夏王朝对丝绸之路的经营》，《宁夏大学学报》2006年第2期，第177页。

③ （宋）洪皓：《松漠纪闻》："（回鹘）土多瑟瑟珠玉；帛有兜罗绵、毛毯、绒锦、注丝、熟绫、斜褐；药有腽肭脐、硇砂；香有乳香、安息、笃耨；善造宾铁、刀剑，乌金银器多，为商贾于燕，载以橐它过夏地，夏人率十而指一，必得其最上品者，贾人苦之。后以物美恶杂贮毛中，然所征亦不赀。其来浸熟，始遗贿税吏，密识其中下品者，俾指之。"《景印文渊阁四库全书》第407册，台北：台湾商务印书馆，1986年，第697页。

招福祛邪。此类护身符在西藏极受珍爱、敬重。"①项链由彩珠串成，其中有青色和碧色的珠子，可能就是碧钿珠。

另外，20世纪70年代宁夏西夏王陵六号陵出土了一件饰品，《西夏文物》称其为"嵌松石银菊花饰"，描述如下：

> 银质。长4厘米，宽2.8厘米，重2.7克。椭圆形。表面鎏金，中间花蕊处镶嵌有绿松石。周围为连珠及卷草纹，边饰菊花瓣纹，一瓣残失。残损。1972—1975年宁夏回族自治区银川市西夏陵区6号陵出土。1975年入藏宁夏博物馆。1996年被定为一级文物。②

这是目前所见西夏时期为数不多的宝石饰品，如果确为绿松石，则说明绿松石应用于西夏人的装饰中，成为深受西夏皇室欢迎的饰品之一。这和西夏的邻居西藏的习俗很接近。西藏有个古老的传说，藏王不许任何一个臣民把绿松石丢进河里，因为那样做，灵魂可能就会离开他的身体导致死亡。③《西藏通史》记载：自古以来，绿松石是藏族男女都喜欢的饰品，佩戴项饰和耳饰是英雄的装束，把绿松石穿作头饰佩戴是妇女的装饰。④在西藏，绿松石不仅是珍贵的装饰，还有一个特殊的作用，就是镶嵌在护身符上用于宗教庇护。吐蕃时期就有了一种名叫"卡乌"的护身佛盒，⑤藏文作"ᄀᄒ"（ga'u），是镶嵌有绿松石的金属盒子，用于消灾辟邪。

《番汉合时掌中珠》以"碧珊珠"对译"薮弦"，后者音"枯溺"（khu¹ nji¹），其中"弦"nji¹在西夏文献中常见，这里对应汉语的"珠"，则"薮"khu¹必是对应"碧珊"。"薮"khu¹在西夏文献中多用作译音字，可以用来对音"楛""孔""空"等，如：

---

① Mikhail Piotrovsky, Lost Empire of the Silk Road: Buddhist Art from Khara Khoto (X-XIII th century), Thyssen-Bornemisza Foundation, Electa, 1993, p.253.

② 李进增主编《西夏文物·宁夏编六》，中华书局、天津古籍出版社，2016年，第2435页；宁夏文物考古研究所、银川西夏陵管理处编《西夏六号陵》，科学出版社，2013年，第385页。

③ 闫脑吾：《藏族护身符研究》，中央民族大学出版社，2010年，第24页。

④ 陈庆英、格桑益西、宗英、许德存译《西藏通史——松石宝串》，西藏古籍出版社，2008年，第51页。

⑤ 潘慧敏：《关于西藏嘎乌起源相关问题的研究》，硕士学位论文，浙江大学，2014年。

楷竹·𗾑𗊨《类林研究》卷四；①
孔雀·𗾑𗊩《类林研究》卷五；②
司空·𗊩𗾑《新集慈孝传》下（18–17左6）。③

或许可以把西夏的"𗾑"khu¹（碧珊）看成藏文的 ga'u（卡乌）的音转，加之绿松石经常和卡乌相关联，所以西夏人似乎是把碧钿珠直接译作了"卡乌珠"。当然，这个设想还需要资料继续进行验证。

（原文刊于《宁夏社会科学》2018年第1期，第216—218页）

---

① 史金波、黄振华、聂鸿音：《类林研究》，宁夏人民出版社，1993年，第102页。
② 史金波、黄振华、聂鸿音：《类林研究》，第111页。
③ 聂鸿音：《西夏文〈新集慈孝传〉研究》，宁夏人民出版社，2009年，第101页。

俄藏 Инв.No.954《光定未年典驴贷粮契》新译释

——兼论西夏典当经济研究的几个问题

于光建

  典当是债务人在保留回赎权基础上，出让抵押物的一种借贷交易。这种典押借贷，债务人只是将抵押物的使用权在债务期限内出让给债权人。而典当契约则是直接反映典当经济的第一手材料。根据目前刊布的西夏文献和学界研究成果，在大量的西夏契约社会文书中，典当契约也有相当的分量。既有汉文典当契约，也有西夏文典当契约。最早关注该典当契约的是陈国灿先生，他在 1980 年发表了《西夏天庆间典当残契的复原》一文，对残契进行了系统整理复原。[①] 之后，杜建录、史金波先生《西夏社会文书研究》，[②] 杜建录先生《俄藏西夏天庆年间典粮文契考释》，[③] 陈静《黑水城所出天庆年间裴松寿处典麦契考释》，[④] 李晓明、张建强《英藏黑水城文献中一件西夏契约文书考释》，[⑤] 许伟伟《黑城夏元时期契约文书的若干问

———————————

① 陈国灿:《西夏天庆间典当残契的复原》,《中国史研究》1980 年第 1 期。

② 杜建录、史金波:《西夏社会文书研究》,上海古籍出版社，2010 年。

③ 杜建录:《俄藏西夏天庆年间典粮文契考释》,《西夏研究》2010 年第 1 期，第 55—59 页。

④ 陈静:《黑水城所出天庆年间裴松寿处典麦契考释》,《文物春秋》2009 年第 2 期，第 62—66 页。

⑤ 李晓明、张建强:《英藏黑水城文献中一件西夏契约文书考释》,《西夏研究》2012 年第 1 期，第 52—57 页。

题——以谷物借贷文书为中心》，[①] 史金波先生《西夏经济文书研究》都对部分西夏文典畜贷粮契约进行了译释研究。[②] 目前学界对西夏典当契约研究最多的是俄藏、英藏黑水城出土的天庆六年、十二年、十三年典当商裴松寿放贷粮食汉文契约，分别对西夏天庆年间裴松寿典贷粮食的各类契约进行了补充整理和相关问题研究。

一　Инв.No.954《光定未年典驴贷粮契》再译释

从已刊布的西夏文献来看，还有数量众多的西夏文典畜契约，成为研究西夏典当经济的重要资料。但由于这部分典当契约大部分是西夏文草书，难以辨识，给研究者带来了极大的不便，有些西夏文契约虽然也有学者进行了翻译，但对其中有些词语的翻译却存在较大的失误。此外，有些西夏文契约本来是典当契约，学界却定性为借贷契约，或者是卖畜契约，影响了对契约涉及的相关信息的理解，比如俄藏黑水城出土 Инв No.954《光定未年典驴贷粮契》。

《光定未年典驴贷粮契》1909 年出土于内蒙古额济纳旗黑水城，原件现保存于俄罗斯科学院圣彼得堡分院东方文献研究所。2006 年，《俄藏黑水城文献》第 12 册公布了该件文献图版，定名为《光定未年贷粮契约》。[③] 根据《俄藏黑水城文献绪录》，该契约为写本，麻纸，残页。高 18.4 厘米，宽 25.6 厘米。页面有西夏文 15 行，前 13 行为一完整的契约，行书。第 1 行有"光定未年（1223）四月二十六日"。第 14 行、第 15 行为另一契约的开始部分，草书。第 14 行有"光定未年四月二十七日"诸字，有署名画押。

1979 年，俄国著名西夏学家克恰诺夫教授《谷物借贷文书》一文，首先对该典当契约进行了刊布译释，但由于是西夏文行草，克恰诺夫教授仅翻译了部分内容，且有失误。1995 年，日本学者松泽博在克恰诺夫研究基础上，进一步译释了该文书并结合西夏汉文契约残件，对利息、保人、典

① 许伟伟：《黑城夏元时期契约文书的若干问题——以谷物借贷文书为中心》，《宁夏社会科学》2009 年第 3 期，第 95—97 页。
② 史金波：《西夏经济文书研究》，社会科学文献出版社，2017 年。
③ 史金波、〔俄〕克恰诺夫等主编《俄藏黑水城文献》第 12 册，上海古籍出版社，2006 年，第 146 页。

当予以了初步论述。①1995 年,《中国历代契约汇编考释》(以下简称《契约汇编》)首次公布了汉译文,内容与松泽博译文基本相同。②2002 年,王元林《西夏光定未年借谷物契考释》一文对该件契约进行了研究,其录文转录自《中国历代契约汇编考释》。③许伟伟《黑城夏元时期契约文书的若干问题——以谷物借贷文书为中心》引用该契约与黑城出土元代贷谷契约进行了比较,分析了二者的特点等问题。④ 2006 年,《俄藏黑水城文献》第 12 册公布了该件文献图版,目前学界研究大多是转录自《契约汇编》。依据图版,笔者再次译释了该件契约,内容是耶和小狗山典当两头驴并借贷了三石杂粮,故该件契约定名为《光定未年耶和小狗山典驴贷粮契约》更贴切。同时,对比笔者译文发现,《契约汇编》的译文有待进一步详细译释。

现对该西夏文行书进行全文楷书转写、逐行对译,再给出意译,图版附后。录文译释如下:

1. 𖿢𖿢𖿢𖿢[1] 𖿢𖿢𖿢𖿢𖿢𖿢𖿢𖿢𖿢𖿢𖿢𖿢[2] 𖿢

光定未年四月二日五日文状为者耶和小狗

2. 𖿢𖿢[3] 𖿢□𖿢[4] 𖿢[5] 𖿢𖿢𖿢[6] 𖿢𖿢𖿢𖿢[7] 𖿢𖿢𖿢𖿢

狗山今□讹僧金刚茂处三石杂取本利共

3. 𖿢𖿢𖿢𖿢𖿢𖿢𖿢𖿢𖿢𖿢𖿢𖿢𖿢𖿢[8] 𖿢𖿢

算四石五斗为换处一驴子母黑五齿为用

4. 𖿢𖿢𖿢𖿢[9] 𖿢[10] 𖿢𖿢𖿢𖿢𖿢𖿢𖿢[11] 𖿢𖿢𖿢𖿢𖿢𖿢

一驴驹畜等实所典为典手有梁氏糜月宝童

5. 𖿢[12] 𖿢𖿢𖿢[13] 𖿢𖿢𖿢𖿢𖿢𖿢𖿢𖿢𖿢𖿢𖿢𖿢𖿢𖿢

子男令山等手有期限年同八月一日日谷数

6. 𖿢𖿢𖿢□𖿢𖿢𖿢𖿢𖿢𖿢𖿢𖿢𖿢𖿢𖿢𖿢□□

聚来入为□应若无入为时过典畜现处□□

① 〔日〕松泽博:《西夏文粮食借贷契约私见——俄罗斯科学院东方文献研究所列宁格勒分所藏 No.954 文书再读》,《东洋史苑》卷 46,1995 年,第 1—23 页。
② 张传玺主编《中国历代契约汇编考释》,北京大学出版社,1995 年,第 652 页。
③ 王元林:《西夏光定未年借谷物契考释》,《敦煌研究》2002 年第 2 期,第 31—35 页。
④ 许伟伟:《黑城夏元时期契约文书的若干问题——以谷物借贷文书为中心》,《宁夏社会科学》2009 年第 3 期,第 95—97 页。

7. 絆蘚

心服

8. 荻𤧛移疼濉𤲚嵂（画押）

文状为者狗狗山

9. 𤧛𤲜蘿㥄𤲚𢆡𣏌𣏌𤲚𤲚（画押）

状接典手有梁氏糜月宝

10. 𤧛𤲜蘿㥄𤲚绢移荻𢆡嵂（画押）

状接典手有童子男令山

11. 𤧛𤲜荒【14】𤲚𦨎𦨎蔺𣏌（画押）

状接相洛祀福成茂

12. 𤧛𤲜荒绤𣏌𤲚（画押）

状接相孔茂盛

13. 𤲚𨭻□𨱔移𤲚𤲚（画押）

知人□讹腊月犬

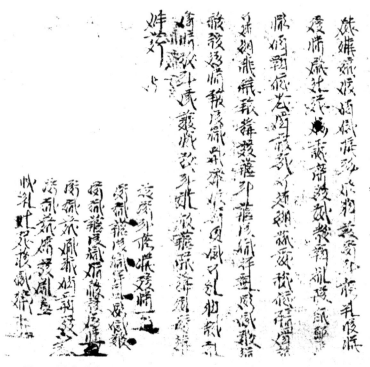

图 1　黑水城出土 Инв.No.954《光定未年耶和小狗山典驴贷粮契》

校释：

【1】□□□□：光定未年，光定是西夏第八位皇帝，夏神宗遵顼年号，光定年号共使用 13 年，光定元年是公元 1211 年，干支纪年辛未，光定十三年（1223），干支纪年癸未，但这一年遵顼禅位于其子德旺，自号上皇。故此处的光定未年为乾定元年，即 1223 年。

【2】□□：汉语音译"耶和"，姓氏。

【3】□□□："□"汉语"小狗"，"□"汉语"狗"，"□"汉语"山"，"□□□"是人名，小狗山。

【4】□：音"讹"，西夏姓氏，《三才杂字》番姓部有"□□""□□""□□"，① 音译"讹一""讹二""讹三"。

【5】□：音"阿"，意"僧"，《同音》44A2"□□"译"僧名"。

【6】□□□：汉译"金刚茂"，人名。"□□"字面意思"石王"，意译"金刚"，此二字常出现在佛经中，对应"金刚"。《番汉合时掌中珠》"□□"译"金刚杵"。②

【7】□：汉译"杂"，《契约汇编》未译。在西夏文借贷粮契约中出现所借贷的"杂"是指"杂粮"。

【8】□□：汉译"五齿"，计算牛、马、骆驼、驴等大牲畜年岁大小用"×齿"。

【9】□：汉译"驹"，《同音》丁中本背注 27B65 解释为"□□□□□□"，汉译"驹：驴马骆驼子"，"□□□"可意译为"幼驴"。

【10】□：汉译"畜"，《同音》44A8"□□"汉译"牲畜"。

【11】□□□：汉文直译"典当手有"，意译"典当经手人"。

【12】□□："□"汉译"儿童"，"□"汉译"儿子"，"□□"可意译为"童子"。西夏规定，男子凡十五岁就要入军籍，即西夏社会男子十五岁就已经是成丁，就要纳服徭役、当兵。所以十五岁以下应该为儿童。《契约汇编》译文为"室子"。

【13】□□：人名，音译"令山"。"□"意"运气"，音"令""力"。

① 西夏文《三才杂字（乙种本）》，见《俄藏黑水城文献》第 10 册，上海古籍出版社，1999年，第 48 页。

② （西夏）骨勒茂才：《番汉合时掌中珠（甲种本）》，见《俄藏黑水城文献》第 10 册，第 11 页。

姓名一般音译，故"犭犭犭"音译"令山"。

【14】犭犭犭犭：汉译"状接相"，即"同立契约者"，负有债务连带赔偿责任的人。

意译：

> 光定未年四月二日，立契约者耶和小狗山，今从□讹僧金刚茂出借三石杂粮，本利共算四斛五斗，换出以一头能用的五齿黑母驴和一头幼驴等实典当为，典当经手者梁氏糜月宝，童子男令山等经手，期限同年八月一日谷数聚齐来应还，若期限过时不还，牲畜交现典押处 卖□，心服。
>
> 　　立契约者小狗山（画押）
>
> 　　接状典经手者梁氏糜月宝（画押）
>
> 　　接状典经手者童子男令山（画押）
>
> 　　相接状者洛祀福成茂（画押）
>
> 　　相接状者孔茂盛（画押）
>
> 　　知人□讹腊月犬（画押）

《契约汇编》译文：

> 光定未年四月二十六日，立契者耶和小狗山今于移讹阿金刚茂处借贷三石，本利共计为四石五斗，对换一黑色母驴、一全齿骆驼、一幼驴等为典押。保典人梁氏月宝、室子男功山等担保。期限同年八月一日当谷物聚齐交出。若不交时，愿将所典牲畜情愿交出。
>
> 　　立文契者小狗山
>
> 　　商契保典人梁氏月宝
>
> 　　接商契保典人室子男功山
>
> 　　同商契□立福成盛
>
> 　　同商契康茂盛
>
> 　　知人移讹腊月犬

依据图版逐字行录文并对译完发现,《中国历代契约汇编考释》所载译文有几处有待修订。

第一处是出贷者姓与名之间有一字"𗧓",《契约汇编》音译为"阿"。"𗧓"喉音·ja,音阿,汉语"僧",《同音》44A2"𗧓𗅲",解释为"僧名"。有时加在亲属称谓之前,表示尊敬、亲昵。① 如《番汉合时掌中珠》"𗧓𗄝𗧓𗆴"汉译"阿耶(爸)阿娘","𗧓𗄔𗧓𗅳"汉译"阿哥阿姐"。② 根据后文人名"金刚茂",可知此人是一个僧人,所以此处意译为"僧",表明其身份是僧人。这种情况就如同于女性姓氏和名之间的"𗖊"汉译为"氏",表示是女性。如"𘓺𗖊𗕟𗙏𗘆"汉译"梁氏糜月宝";"𘎪𗦲𗖊𗘆𗟲"汉译"耶和氏宝引"。

第二处是所借贷的是"杂粮",西夏文契约中为"𗿒"汉译"杂",《契约汇编》未译。直接是"借贷三石",让人不知借贷的到底是"麦",还是"谷",或者是"杂粮"。在西夏文借贷粮契约中出现所借贷的"杂"是指"杂粮"。

第三处是根据西夏文原文,借贷粮食抵押的是"一头能用的五齿黑母驴和一头幼驴",但在《契约汇编》译文中却是"一黑色母驴、一全齿骆驼、一幼驴等为典押",漏译了黑母驴的年岁大小"五齿",多出了"一全齿骆驼"。"五齿黑母驴"之后是西夏文"𗧾𘃠",汉译"是用",强调五齿黑母驴是正能使用的,而没有"一全齿骆驼"。

第四处是立契约人的妻子"𘓺𗖊𗕟𗙏𗘆"(梁氏糜月宝),人名中遗漏了"𗕟"(糜)。立契约人的儿子是"𗏁𗿒",即尚未成丁的"童子",《契约汇编》译文却是"室子"。

第五处是立契约人耶和小狗山的妻子、儿子在这次典押借贷中的契约身份"𘋩𘄴𘃡",汉文直译"典当手有",意译"典当经手人"。如前所引,黑水城出土的有关从普渡寺借贷粮食的契约中,有"𗿒𘄴𘃡𘓺𗧓𗄝𗄈𘃝",汉译"谷经手人梁喇嘛等处"。《契约汇编》译文为"保典人"。保典人为典押担保人,应该是契约中的"𘋩𘕿𘃡"(状接相)洛祀福成茂和孔茂盛二人。

① 李范文主编,贾常业增补《夏汉字典》,中国社会科学出版社,2008年,第591页。
② (西夏)骨勒茂才:《番汉合时掌中珠(甲种本)》,见《俄藏黑水城文献》第10册,第11页。

二 《天盛改旧新定律令·当铺门》对民间典当的规范

西夏法典《天盛改旧新定律令》卷3《当铺门》总计有7条律文是对西夏典当制度的具体规范，内容涉及典当物品、中间知证人、典物与价值相等、房屋与土地等不动产典当的程序、抵押物损害的赔偿、抵押物回赎及处置、典物借贷本利以及违律处罚等相关问题。笔者将结合黑水城出土西夏文典畜契约的解读，来探讨《天盛改旧新定律令》典当法在西夏民间典当中的执行情况及相关问题。

（一）签订契约

尽管典当是借贷中的抵押借贷，但西夏法典《天盛改旧新定律令》卷11《出典工门》还是规定典当、借贷及买卖等都要有契约为凭。"诸人将使军、奴仆、田地、房舍等典当、出卖于他处时，当为契约。"[①] 为了将债权置于法律保护之下，《天盛改旧新定律令》卷3《催索债利门》也有同样的规定。"诸人买卖及借债，以及其他类似与别人有各种事牵连时，各自自愿，可立文据。"并且要求契约上主要内容"上有相关语，于买价、钱量及语情等当计量，自相等数至全部所定为多少，官私交取者当令明白，记于文书上"。[②] 从黑水城、敦煌莫高窟以及武威出土的西夏典当契约文书都证实在债务关系产生时，都要签订契约文书来见证债务的合法性。

一件具有法律效力的正式契约必须要有当事双方、典当买卖物、价格、违约处罚、借贷者、保证人、知见人的签字画押。黑水城出土的这两件典畜契约就具备完整的契约要素，结尾也有立契约人、同借人、知见人的签字画押，是具有法律效力的正式典当契约文书。但是，甘肃武威亥母洞出土的《乾定戌年罨翰善典驴契约》缺失了结尾立文人、同立文人以及知人的签字画押，是一件还未起草完整的草稿。[③] 从这一点我们可以得知，西夏契约的签订有一定的流程，即在正式签订契约之前，应该要草拟契

---

① 史金波、聂鸿音、白滨译注《天盛改旧新定律令》，法律出版社，2000年，第390页。

② 史金波、聂鸿音、白滨译注《天盛改旧新定律令》，第189页。

③ 于光建:《西夏文乾定戌年罨翰善典驴契约草稿初探》，杜建录主编《西夏学》第10辑，第28—34页。

约，经各方商议无疑和无补充条款之后，再起草正式契约文书，最后契约结尾要有借贷者、同借者保人以及知见证人的签字画押，方能成为有法律效力的契约。

（二）典当物所有权

《天盛改旧新定律令》卷 3《当铺门》规定，典当物品时，物主及当铺要双方自愿，典当物品要求物有所值，不能物好价低，或是物少钱多，不能强行典当。"典当时，物属者及开当铺者二厢情愿，因物多钱甚少，说本利相等亦勿卖出，有知证。"① 从上述解读的两件典畜契约来看，在民间的日常借典中，都是物主和当铺主双方商议后自愿典当借贷。武威《乾定戊年罨幹善典驴契约》中书写有"自愿立典驴契约"，② 黑水城出土 Инв.No.4079-2《天庆亥年典驼契约》亦有"自愿典卖给嵬□十狗"之句。③

《当铺门》还规定："诸人当铺中典当各物品时，本利不等，此后无语量，不问属者，不准随意出卖。若违律卖典物时，物价在十缗以内，有官罚马一，庶人十三杖，十缗以上一律徒一年。物现有，则当还属者，若无，则依现卖法则，卖钱及物色相同价钱当还给，应算取本利。"④ 也就是说，典押借贷钱粮时，债务人在没有偿还完所借债务本利时，当铺主在不问典押物原主人的情况下，未经双方商议，是不允许出卖的。这与《宋刑统》卷 26《杂律·受寄财物辄费用》中"收质者，非对物主不得辄卖"⑤ 的规定相同。

盗物历来被各朝律法所禁止典当，西夏《天盛改旧新定律令》对此也予以了明确规定。为了禁止盗物典当，要求在抵押借贷时，必须要有中间人知情验证，方可典当。"诸当铺诸人放物典当取钱时，十缗以下，识未识一律当典给，是盗物亦不予治罪，物应还回，钱当取。送十缗以上物者，识则令典给，未识则当另寻识人，令其典当。"⑥ 从本文译释的典畜契

---

① 史金波、聂鸿音、白滨译注《天盛改旧新定律令》，第 186 页。

② 于光建：《西夏文乾定戊年罨幹善典驴契约草稿初探》，杜建录主编《西夏学》第 10 辑，第 28—34 页。

③ 史金波：《西夏经济文书研究》，第 629 页。

④ 史金波、聂鸿音、白滨译注《天盛改旧新定律令》，第 188 页。

⑤ （宋）窦仪等：《宋刑统》，薛梅卿点校，法律出版社，1999 年，第 468 页。

⑥ 史金波、聂鸿音、白滨译注《天盛改旧新定律令》，第 186 页。

约可知，黑水城出土的两件正式典畜契约中都有"知见人"签字画押来证明典卖畜物是合法的。《天庆亥年典驼契约》正文开始就用"自属"来说明典卖的骆驼是立契约人自己所有，而非盗物。武威出土的《乾定戌年罨幹善典驴契约》虽然是草稿，结尾没有知见人的签字画押，但在契约行文中却有"假若偷盗欺骗者，在常住处典当有，买者不管，卖者管，反悔时本所损失"之语，来保证典卖的不是盗物。

Инв.No.954《光定未年典驴贷粮契》与其他典当契约相比较，较为特殊。在行文和契约结尾的署名画押处，立契约人耶和小狗山的妻子和儿子在这次典押借贷中的身份是"𘜜𘗊𘜼𘕠𘟙"，意"状接典手有"。"𘕠𘟙𘜼"，意译"典当经手人"。如前所引，黑水城出土的有关普渡寺借贷粮食契约中就有"𘟙𘜼"一词，"𘛯𘟙𘜼𘗔𘝶𘐷𘕻𘟣"，意"谷经手人梁喇嘛等处"。《契约汇编》译文为"保典人"，保典人为典押担保人，应该是契约中的"𘜜𘗊𘘦"（状接相）。因为该件契约是典押畜物借贷粮食，这里的"𘕠𘟙𘜼"表示典当抵押牲畜也经手了梁氏糜月宝和令山。"𘜜𘗊"（状接）表示他们是这次贷粮债务偿还的连带偿还人——同借者；从行文表述看"𘕠𘟙𘜼"（典当经手人）则意在说明立契约人耶和小狗山的妻子梁氏糜月宝和儿子令山也是畜物的所有者，这次的抵押畜物借贷是经过其妻子梁氏糜月宝和儿子耶和令山的同意，是他们一家共同典贷。因为根据西夏文典当、买卖契约行文，契约正文还有"若买卖（典当）物其他相关所有人发生争讼，买者不管，立契约人管"的约定，而此件典驴贷粮契约中却没有。该件契约中的"𘕠𘟙𘜼𘗔𘝶𘘦𘙥𘐷𘝬𘕻𘗔𘐷𘔟𘕻𘟙𘜼"（典当经手梁氏糜月宝童子男令山等经手）之句的意思与上述约定相同，典当物的其他所有者是同意抵押借贷的，不存在物权争讼问题。因为，《天盛改旧新定律令》卷3《当铺门》第一条就明确规定，典当物在十缗钱以上的必须要有识人，明确典押物的所有权，一则是为了禁止盗物典当，二则也是明晰物权，避免典当后产生纠纷争讼。

（三）典当物的回赎与过期不赎的处置

虽然抵押物在抵押借贷期间是属于当铺主，但是典押物的所有权还没有发生完全的转移，债务人有赎回自己的抵押物的权利。当然其赎回权也有一定的期限，期限一般是由双方在契约中约定。《天盛改旧新定律令》

卷3《当铺门》规定"典当各种物品，所议日限未令明者，本利头已相等，物属者不来赎时，开当铺者可随意卖"。① 所以，在典当契约中都写明有赎回期限。如，在 Инв.No.4079-2《小狗胜典驼借粮契约》中就写有"期限内赎来，九月一日应全还。期限过不给时，先前所典押骆驼数债主实持有不争讼"。② Инв.No.954《光定未年典驴贷粮契》也规定"期限同年八月一日谷数聚齐来应还，若期限过时不还，牲畜交现典押处卖□，心服"。《宋刑统》对质典物的赎回期限是"本利相等"期以内，债务人在清偿完债务后可以赎回。"若计利过本不赎，听告市司对卖，有剩还之。"③ 南宋《庆元条法事类》的规定则与西夏相同，由双方商定赎期。《庆元条法事类》卷80《出举负债·关市令》亦规定："其收质者过限不赎，听从私契。"④ 上述典畜契约中写有双方商议在九月一日、八月一日赎回典押畜物的最后期限，及过限不赎的处理方式，在民间的典押借贷中，基本是遵循双方约定，听从私契约的规定。

《天盛改旧新定律令》与《宋刑统》对质典物过期不赎的处理方式也有差异。《宋刑统》规定要由听告至市司出卖，来偿还债权人，若有剩余则要归还抵押物主人。《天盛改旧新定律令》与《庆元条法事类》都是不许诉讼，任依私契，即过期不赎，债权人就可依据契约约定随意买卖处置。上述典畜契约中约定的"典押骆驼数债主实持有""牲畜交现典押处卖"也证实了《天盛改旧新定律令·当铺门》以上规定，同时契约中也写有"不许诉讼"的约定。

（四）违约处罚形式

当然，有些也并不是完全严格执行了《天盛改旧新定律令》的规定。如，若典押物属者过期不赎，债权人将抵当物买卖了，物主人是不许诉讼的，"若属者违律诉讼时，有官罚马一，庶人十三杖"。⑤ 但在典畜契约中规定，典押人若诉讼的处罚是罚交粮食。Инв.No.2546-1《天庆亥年典驼

---

① 史金波、聂鸿音、白滨译注《天盛改旧新定律令》，第186—187页。
② 史金波：《西夏经济文书研究》，第378页。
③ 《宋刑统》，第468页。
④ （南宋）谢深甫等修《庆元条法事类》，戴建国点校，法律出版社，1999年，第903页。
⑤ 史金波、聂鸿音、白滨译注《天盛改旧新定律令》，第187页。

契约》中是"期限过，依律令罚交五斛杂"。[①] 在 Инв.No.4079-2《小狗胜典驼借粮契约》中是"争讼、反悔依官罚交杂、麦十五斛"。[②] 未取典偿价而典卖者改口时，有官罚马一，庶人十三杖。

总之，为了规范民间典当经济活动，《天盛改旧新定律令》将典当法律制度与《催索债利门》分类规范，专列一门进行详细的规范来保障典当者、典铺主双方的权益不受损失。从出土的西夏文典当契约整体上看，西夏民间的典当活动也基本是遵循《天盛改旧新定律令》所规定的条文制度实行，当然有些典当活动明显也有民间习惯法的影子。《天盛改旧新定律令》中专列《当铺门》律文来规定西夏的典当制度，要比《唐律疏议》《宋刑统》《庆元条法事类》中质、举不分的规定，律文更为详备，内容更为清晰，这是《天盛改旧新定律令》中债务法的又一特点。

三 典当贷粮利率

典当借贷虽然有典当物作为抵押品，但其本质还是借贷，所以借贷钱粮也都是计算利息的。《天盛改旧新定律令》卷 3《当铺门》在多条律文中都有对本利的说明。如"因物多钱甚少，说本利相等亦勿卖出"；"典当物时，任意将衣物变破旧者，当取本钱，利当罚，现物归回属者"；"诸人居舍、土地因钱典当时……不允与本利钱相等以后再算利。若违律本利送，地上、房舍不归属者时，有官罚马一，庶人十三杖"。[③] 在实际的典当借贷契约中对利率又是如何执行的呢？与无抵押的借贷利率比较是高还是低呢？

《当铺门》规定："典当各种物品，所议日期未令明者，本利头已相等，物属者不来赎时，开当铺者可随意卖。"[④] 这虽然是对典当物赎期已过不来赎回情况下，当铺有权处置典当物的规定，但"所议日期未令明者，本利头已相等"的前提情况，也说明抵押物品典当借贷债务的利息最高也是本

---

① 史金波：《西夏经济文书研究》，第 629 页。
② 史金波：《西夏经济文书研究》，第 378 页。
③ 史金波、聂鸿音、白滨译注《天盛改旧新定律令》，第 186—187 页。
④ 史金波、聂鸿音、白滨译注《天盛改旧新定律令》，第 186—187 页。

利相等，这与《催索债利门》对借贷利率"本利相等以后，不允去超额"的规定相统一。

在本文译释的 Инв.No.954 俄藏黑水城出土《光定未年典驴贷粮契》中，典当一大一小两头驴子所借本 3 石杂粮，本利共计为 4 石 5 斗，总利息 1 石 5 斗，总额利率 50%。Инв.No.4079-3《典畜贷粮契》本 1 石，变 1 石 5 斗，①总利息 5 斗，总额利率 50%；Инв.No.4079-22《典畜贷粮契》本 4 石麦 1 石杂，变 8 石麦 2 石杂，②总利息 5 石，总额利率 50%。又如学界已研究的 Or.821/727K.K.Ⅱ.0253（a）《天庆十一年裴松寿典麦契》中，大麦加 3 利，小麦加 4 利，大麦总额利率 30%，小麦总额利率 40%。③ TK.49P《天庆六年裴松寿典麦契》中大麦加 5 利，总额利率 50%。④上述数件通过典当牲畜或皮裘、毛毡等生活用品借贷粮食的利息绝大部分都是总额计息，总额利率也基本是 50%，有些甚至更低，为 30%、40% 等。由此可见，典物抵押借贷的利率没有超过《天盛改旧新定律令·当铺门》中对利率的最高限定。

但是，在前文对无抵押借贷粮食利率的梳理中，它们的总额利率普遍要高于典当抵押借贷利率，至少是有典押物去借贷粮食的利率要比无抵押借贷粮食利率低。如武威《乾定申年典糜契约》本 1 石，总利息 8 斗，总额利率 80%。又如，Инв.No.4762 天庆寅年普渡寺出贷的诸多粮食借贷契约也是无抵押借贷，虽规定月息是"一石有利一斗二升"，月利率是 12%，但由于契约约定本利相等时还，所以总利率是 100%。其他无抵押借贷粮食契约中虽然约定有月息，但大部分的偿还期限都是本利相等时还，所以总额利率还是 100%。

通过将上述典当贷契粮契约利率与无抵押贷粮契约比较，可以发现，西夏粮食借贷中，无抵押借贷利率一般要比有抵押的典当借贷利率高。可能是有抵押标的物保证了债权人的债权，在债务人无力偿还时，可以将抵押物出卖来抵债，所以利率低；而无抵押的借贷是信用担保，虽有同借者

---

① 史金波、〔俄〕克恰诺夫等主编《俄藏黑水城文献》第 13 册，上海古籍出版社，2011 年，第 183 页。
② 史金波、〔俄〕克恰诺夫等主编《俄藏黑水城文献》第 13 册，第 188 页。
③ 杜建录、史金波：《西夏社会文书研究》，第 200 页。
④ 杜建录、史金波：《西夏社会文书研究》，第 192 页。

之连带赔偿责任，但债务风险较之有抵押借贷要高，所以利息也高。

综上所述，在西夏民间日常典当中，基本是依据《天盛改旧新定律令·当铺门》中对典当制度的规范来执行。典当时都有熟悉典当物情况的知见人；都有典当契约为凭据；契约中都有明晰典当物所有权、来源、价格；双方协议有赎回期限，逾期不赎时对典当物的处置；典当借贷的利率基本在 50% 以下，没有超过《当铺门》所规定的"本利相等"的最高限定。同时，抵押典当借贷的利率要比无抵押的信用担保借贷利率低。出土的西夏典当契约体现了民间典当实践活动很好地实现了与国家法律制度的融合与遵循。

（原文刊于《西夏研究》2018 年第 4 期，第 3—10 页）

西夏典当借贷中的中间人职责述论

于光建

　　牙人是买卖交易中的中间人的称谓之一，又称侩、牙侩、牙郎、掮客等。牙人起源较早，最早可追溯至西周时期商品交易中的"质人"。汉代时，称为"驵侩"。唐宋时期，随着商品经济的发展繁荣，买卖交易中的中间人由秦汉时期的马市交易行业为主，逐渐向各个行业渗透，牙人数量急剧扩大，出现了专门的中介机构，开始出现以"牙郎""牙人""牙保"等称呼这些买卖过程中的中介人，专门经纪中介机构也以"牙行"指称。至近代，开始出现"掮客"的称谓。①他们在交易过程中撮合交易，接受委托代为买卖、典当、借贷以及签订契约等，以此从买卖双方、借典双方中收取一定的佣金作为劳动报酬。唐宋时期，牙行、牙人甚至还受政府部门委托代收买卖交易税。有些牙人在签订买卖、借贷、典当契约过程中有时还承担信誉担保的作用。"中人现象是中国传统民事契约在其本身发展过程中逐渐成熟，被固定化与程序化的特殊现象，它构成中国传统民事契约的重要组成部分。"②

　　党项内迁后，其生产形态也由先前的"不知稼穑"的畜牧业生产，逐渐转变为以农业、畜牧业为主。特别是元昊立国后，西夏王朝吸收唐宋及其周边民族政权的先进文明，封建化程度进一步提高，社会经济形态也趋

---

① 陈明光、毛蕾：《驵侩、牙人、经纪、掮客：中国古代交易中中介人主要称谓演变试说》，《中国社会经济史研究》1998 年第 4 期。

② 李祝环：《中国传统民事契约中的中人现象》，《法学研究》1997 年第 6 期。

于多样化，手工业、商业等经济方式也逐步发展起来。与此同时，西夏境内典当借贷经济活动活跃起来。其中，也出现了促成商品买卖的中间经纪人——牙人，甚至还出现了官营性质的牙行。如《太平治迹统类》卷15记载："牙（衙）头吏史屈子者，狡猾，为众贷谅祚息钱，累岁不能偿。"① 杜建录先生认为这里以国主谅祚名义经营的高利贷或许也属官贷性质。② 毅宗谅祚的高利贷业务委托给牙（衙）头吏史屈子专门从事借贷典当，足见西夏的官营借贷典当已经发展到一定的程度。西夏帝王权贵等统治阶级从事借贷典当业务是通过专门的中介机构来营运，说明西夏的官营借贷业务中也已经有专门的官营中介机构——官牙行。

《天盛律令》卷3中在涉及有关典当借贷等债务时，除债务人、债权人之外，还多次出现一个第三方——"𗀂𗓨𗏹𗏵𗤻"（"中间掮客"或"买卖中间人"）。通过对条文的梳理，西夏典贷中的"𗀂𗓨𗏹𗏵𗤻"，在买卖、典当及借贷中所起的作用，恰好就是唐宋时期买卖交易中的"牙人"的职责。"掮客"虽然也是其另一种称谓，但这是近代以来才出现的对交易中间人的贬义称呼。在《天盛律令》债务条文中对"中间人"的称谓并非只有这一固定词组，还有多种表述方式，主要有"𗀂𗓨𗏹𗏵𗤻"（贩卖言为者）、"𗓨𗤻𗁛𗀂𗓨𗏹𗏵𗤻"（接状相卖中掮客）、"𗀂𗓨"（卖间掮客）、"�𗴟𗔅"（识信人）、"𗁛𗤻"（中间人）、"𗀂𗓨𗯩"（中间知人）、"𗀂𗓨𗏹𗏵𗤻𗼷𗔺𗤻"（卖方传语、写文书者）等。《天盛律令》中对典当借贷等经济活动中的"中间人"一词的表述，之所以有多种形式，是基于"牙人"在不同的典贷活动中扮演的不同角色以及所担负的多种职责。

目前学界只有杜建录《西夏高利贷初探》③、《西夏经济史》④，史金波《西夏社会》⑤、《西夏粮食借贷契约研究》⑥等论著中论及西夏借贷典当中的"牙人"或"中间人"问题。实际上，随着西夏社会生产力的发展，商品

① （宋）彭百川：《太平治迹统类》卷15《神宗经制西夏》，《景印文渊阁四库全书》。
② 杜建录：《西夏高利贷初探》，《民族研究》1999年第2期。
③ 杜建录：《西夏高利贷初探》，《民族研究》1999年第2期。
④ 杜建录：《西夏经济史》，中国社会科学出版社，2002年，第243—251页。
⑤ 史金波：《西夏社会》，上海人民出版社，2007年，第198—199页。
⑥ 史金波：《西夏粮食借贷契约研究》，《中国社会科学院学术委员会集刊》第1辑，社会科学文献出版社，2004年，第186—204页。

交换、商业贸易逐渐兴盛起来，西夏法律对交易中必须有买卖中间人有所规定，使得中间人在交易中的作用日益重要。中间人业务范围涉及商品买卖、借贷、典当、租赁、人口买卖、劳动力雇佣、结婚嫁娶、物权转让等方面，作用日益重要。

一　见证交易

唐宋时期，商品经济的繁荣达到了新的历史高度，牙人在市场交易、借贷典当中所起的作用越来越重要。为了规范市场，政府甚至开始赋予牙人登记交易、监督交易、征收买卖税及契税等职责。"市主人、牙子、牙商各给印纸，人有买卖随自署记，翌日合算之。有自贸易，不用市牙子者，验其私簿，无私簿者，投状自集。其有隐钱，二千杖之，告者偿钱奖励十千。"[①] 当然，这是基于牙人是买卖交易中不可或缺的第三方，他们基本掌握着市场交易的情况，政府为了征收买卖交易税、契税，所以这一特殊中间"商人"，被纳入政府管理体系，赋予了上述诸多权利。

西夏时期，牙人同样在交易中发挥着举足轻重的作用，政府在律法中也规定了买卖、典当、借贷等物权转移交易中要有"买卖中间人"。特别是数量较大的货币借贷和土地、房屋、畜物等价值较大的抵押典当及借贷中必须要有熟悉抵当物情况的中间人。在签订交易凭证——契约时必须有中间人签字画押。如前所引，《天盛律令》规定盗物，租借物，是良人的父母、妻眷、子女、兄弟、姐妹等亲属，武器装备，政府配发的官物、官畜等是不允许拿来买卖、抵押借贷、偿还所借债务的。为了杜绝上述严禁典卖的人、畜、物交易买卖、抵债，保障交易双方的合法物权，《天盛律令》规定在买卖、典当以及抵押借贷经济活动中，首先必须要有"识信人"，由识信人做出交易物品属于律法规定的能够交易买卖的合法物品的证明后，买卖、典当以及抵押借贷才有效，否则是不允许进行交易的，交易后也是违法的。如上所梳理的"中间人"表述方式中，"识信人"就是其中的一种表达形式。其在典借中的"识信"职责，就是指在典当、借贷

---

① 《旧唐书》卷135《卢杞传》，中华书局，1975年，第3715—3716页。

过程中，首先要对典当物的所有权是否合法做出辨别、鉴定，证明交易物的所有权和来源是合法的，是律法所允许买卖、抵债、典当的物品。《天盛律令》中牙人的另一表述"㣇籐"（知情）就说明了中间人是在买卖典当交易过程中，负责了解抵当物情况的人。

在出土的西夏文、汉文契约中，一般在开始就写有"立文状者自属土地、畜物"等文字，明确典贷、买卖物的实际所有者，这就是"中间人"在交易中的"识情"职责。牙人在西夏文契约中以"㣇嵌"（知人）称谓，在西夏汉文契约中以"知人""知见人"出现在契约结尾，即该笔交易的"证明人"，见证交易是合法有效的。以后若发生纠纷和违约行为，"契约"和"知人"成为官府评判的物证和人证。俄藏黑水城文献 Инв. №4696/17—33 号是一件借粮契约长卷，第 1 份契约中的知人梁老房宝，同时还是第 2、6、7、8、9、16、17、18、19、35 份等十多笔贷粮契约中的知见人。Инв. № 4696/17—33 号第 1 份契约中的另一知见人平尚山势在第 2、6、15 份贷粮契约中也是知见人。[①]这说明西夏的借贷、典当买卖中确实有专门的职业化的"知见人"。他们是交易过程中的证明人，充当典当借贷交易中的中介者，最终促成典当、借贷活动的完成。尽管"中间人"不用担负债务人违约不还债时的连带偿还法律责任，但是《天盛律令》规定如果"中间人"在交易中玩忽职守、欺诈隐瞒交易实情，没有履行好验证交易物是盗物等禁止买卖、典当、抵债的物品，致使出现纠纷，也是要承担一定的赔偿责任的。

二 议定价格

中间人在买卖借贷中不仅介绍交易，而且还要评定价格。甚至有些官牙在交易后，还要协助政府收缴买卖税。在田宅买卖活动中的中介人为庄宅牙人，其主要职责是核实钱数，帮助官府完税，促成契约成立。如，宋人李元弼《作邑自箴》记载："应镇耆、庄宅牙人，根括置簿，各给手把历，遇有典卖田产，即时抄上立契月日钱数，逐旬具典卖数申县，乞催印

---

① 史金波：《西夏粮食借贷契约研究》，《中国社会科学院学术委员会集刊》第 1 辑，第198—199 页。

契。"① 再如，张传玺主编的《中国历代契约会编考释》中收录的南宋项永和卖山契中记载："三面评议价钱十八界官会五十贯文省，其钱当立契日一并交收足讫，并无分文少欠，别不立碎领。"② 这里评议价钱的"三面"就是买卖双方，再加上中间人。可见，中间人要参与交易物价格的议定。《天盛律令》卷3《当铺门》规定：

> 一诸人居舍、土地因钱典当时，分别以中间人双方各自地苗、房舍之收入之利算或不算，应有文字规定，何时送钱时当还给。此外，其中钱上有利，房舍、地亩亦重令归属者收入，令利交有名者。钱上利、房舍、地土上苗、果之收入等当各自重算，不允与本利钱相等以后再算利。若违律本利送还，地畴、房舍不归属者时，有官罚马一，庶人十三杖。③

从该条律法规定可知，在将房屋、土地等价值较大的不动产进行典押借贷货币时，抵押标的物房屋、土地的价值，甚至地上禾苗、果木的收入算不算价值，价值多少，以及抵押借贷利息的确定是由中间牙人与典贷双方分别商议后，再签订契约文据。说明西夏借典经济活动中牙人居中说合，还负责抵押物价格的议定、利率的协商等。同时，在出土的西夏买卖契约中通常会有"𗹙𗾧……𗫁𗬳"，汉译"议定全价……"，这里对价格的"议定"除了买卖双方参与外，"中间人"也是重要的一方。在买卖双方提出各自可接受的价格后，牙人将从中调解说合，达成一个买卖双方都能接受的中间价格后，再签订契约，"于买价、钱量及语情等当计量，自相等数至全部所定为多少，官私交取者当令明白，记于文书上"。④ 以后若有反悔，将由反悔一方按律法及契约上议定的违约罚金数额，缴纳罚金，罚金通常是交易物价值的1倍。有些出土契约结尾签字处的"知人"后直接就有"言为"来修饰，有些知人是"知人言为者□□□"。如俄藏黑水城文献

---

① （宋）李元弼：《作邑自箴》，黄山出版社，1997年，第75页。
② 张传玺主编《中国历代契约会编考释》，北京大学出版社，1995年，第522页。
③ 史金波、聂鸿音、白滨译注《天盛改旧新定律令》，法律出版社，2000年，第187页。
④ （宋）彭百川：《太平治迹统类》卷15《神宗经制西夏》。

5010 号《天盛二十二年耶和寡妇卖地契约》契尾有 4 位知人，但该件契约的知人与其他契约的知人不一样，它是"𗼃𗥤𗣼𗣼𗏇𗥃𗀔𗥤𗣼（押）"，^①汉译"知人言为者耶和铁茂"，"言为者"说明这位"知人"参与了在卖地者耶和寡妇与买地者耶和米千之间说合商议价格。

三　书写契约

契约是见证当事双方交易及债务行为的凭据，也是维护双方权益的法律依据，所谓"口说无凭，立字为据"。唐宋律法都规定了契约在债权维护中所起的法律证据作用。契约在调节民事关系、维护物权中的重要作用，促使一批有文化的知识分子专门从事书写契约，即书契人。如宋徽宗时"诸以田宅契投税者，即时当官注籍，给凭由付钱主，限三日勘会业主、邻人、牙、保，写契人书字圆备无交加，以所典卖顷亩田色。间架，勘验元业税租，免役钱，纽定应割税租分数令均平，取推收状入案。当日于部内对注开收"。^②

西夏《天盛律令》也同样规定官私借贷典当中必须要有文字规定——契约。强调契约在债权维护保障中的重要作用。《天盛律令》卷 3《催索债利门》规定："一诸人买卖及借债，以及其他类似与别人有各种事牵连时，各自自愿，可立文据，上有相关语，于买价、钱量及语情等当计量，自相等数至全部所定为多少，官私交取者当令明白，记于文书上。"^③卷 11《出工典门》也规定："一诸人将使军、奴仆、田地、房舍等典当、出卖于他处时，当为契约。"^④在达成交易意向后，签订契约成为必须的环节。契约由谁来起草书写呢？据史金波先生整理研究，从黑水城出土的社会文书中，契约有 100 多号 500 件，其中有具体年代的就有 200 多件。^⑤有的契约可能是债权人直接起草的，但有的契约还写有"书契者"的姓名，他们是专门书写契约的人——书手。如黑水城出土的西夏汉文天庆年间裴松寿典麦

---

① 杜建录：《西夏高利贷初探》，《民族研究》1999 年第 2 期。
② （清）徐松辑《宋会要辑稿》，中华书局，1957 年，第 5909 页。
③ 史金波、聂鸿音、白滨译注《天盛改旧新定律令》，第 189 页。
④ 史金波、聂鸿音、白滨译注《天盛改旧新定律令》，第 190 页。
⑤ 《旧唐书》卷 135《卢杞传》，第 186—204 页。

系列契约中在契约结尾签字画押处除了立文人、知见人之外，还有"书文契人□□""书契□□□"等，如俄藏 TK.49P《天庆年间裴松寿典麦契》（7-5），录文据杜建录、史金波《西夏社会文书研究》转录。①

（前缺）

1. 嵬名圣由嵬今 □□
2. □□ 次男皆聂（押）
3. 　知见人马能嵬（押）
4. 　书文契约张□□在

《斯坦因中亚考古所获汉文文献（非佛经部分）》第 1 册中收录有数件天庆年间裴松寿典麦契，契尾也书有"书契□□"。今据杜建录、史金波《西夏社会文书研究》②录文如下：

英藏 Or.8212 / 727K. Ⅱ 0253（a），西夏天庆年间裴松寿典麦契（15-7）

（前缺）

1. □□ 一日立文人 □□
2. □□ 一条旧皮毽一领于 □□
3. □□ 本利二石七斗其典 □□
4. □□ 日不见 □□
5. 　　　　立文人 □□
6. 　　　　□□ 屈（牙）
7. 　　书契 □□

英藏 Or.8212 / 727K. Ⅱ 0253（a），西夏天庆年间裴松寿典麦契（15-8）

（前缺）

1. □□ 一任出 卖 □□

① 杜建录、史金波：《西夏社会文书研究》，上海古籍出版社，2010 年，第 195 页。
② 杜建录、史金波：《西夏社会文书研究》，第 206—210 页。

2.　　　立文字人夜 ☐☐☐

3. 同典人 夜 ☐☐☐

4. 同典人 ☐☐☐

5. 书契 ☐☐☐

英藏 Or.8212 / 727K. Ⅱ 0253（a），西夏天庆年间裴松寿典麦契
（15−11）

1. ☐☐ 二日立文 ☐☐☐

2. ☐☐ 皮毯二旧 ☐☐☐

3. ☐☐ 典 大大麦四石 ☐☐☐

4. ☐☐ 月一日将本利 ☐☐☐

5. ☐☐ 一任出卖不词 ☐☐☐

6. ☐☐ 立文字人 ☐☐☐

7. ☐☐ 书契 ☐☐☐

　　由上所述，西夏在借典、买卖时也有专门负责起草书写契约的人。黑水城出土的西夏文契约文献有许多是连在一起的契约长卷，之上有数十件契约，契约字体相同，而且连契约结尾立文人、同立文人、知人的姓名签字都是相同的笔迹，说明契约是由专人书写，借、典、卖者只是画押。正如史金波先生所言："应该是同一写者一人的手笔，看来契尾各种签字系由书手包办，或许当地能用西夏文书写自己名字的人是少数，多数借贷人和相借者自己只能画押。"①

　　除了有专门起草书写契约的人外，西夏买卖交易中的中间人有时也代替书写契约，他们既是买卖中间的证人（知人），又是契约书写者，在契约上的签字画押反映了牙人在买卖、借贷、典当等交易中的双重身份。如在《俄藏敦煌文献》第 17 册中有一件西夏时期的还债契约——Дx19076《西夏直多昌磨彩代还钱契》。②在该契约结尾立文人、同债人之后，是书

---

① 史金波：《西夏粮食借贷契约研究》，《中国社会科学院学术委员会集刊》第 1 辑，第 199 页。

② 俄罗斯科学院东方研究所圣彼得堡分所、俄罗斯科学出版社东方文学部、上海古籍出版社编《俄藏敦煌文献》第 17 册，上海古籍出版社，2001 年，第 330 页。

契知见人王智多。①

在出土的西夏文契约结尾签字人画押中也有中间人代写契约的现象。如在俄藏黑水城文献 5142-2 号《天庆寅年正月卖地契约》结尾签字画押中"𗇥𗢳"有三位,其中一位是"𗇥𗫺𗢳𗢳𗦻𗎴𗬩𗭂",汉文对译"知入植写者翟宝胜",②如前上编第一章《当铺门译释》注释中考述"𗢳𗢳"(入植)即"规定""契约"的意思。所以这里的"𗇥𗫺𗢳𗢳𗦻𗎴𗬩𗭂"意为"知写契约者翟宝胜"中的"翟宝胜"即是见证卖地的证明人知人,同时也是这份卖地契约的书写者。他的作用与 Дx19076《西夏直多昌磨彩代还钱契》中的书契知见人王智多相同,"知"即"知人""证明人";"写契约者"即这个证明人还是该件契约的书写者。《天盛律令》卷 3《催租罪功门》有一短语"𗎴𗫽𗤶𗯱𗦻𗩇𗤶𗬩"③,汉译"为卖方传语、写文书者"④。实际上根据文意这里的"𗎴𗫽𗤶𗯱"是"买卖中间人"的一项职责,而其后的"𗦻𗩇𗤶𗬩"(文字写者)的意思是"写立契约者"。这一短语恰好就反映了在买卖土地时,有时候写立契约的同样是买卖中间人。该固定词组意在强调"中间人"在买卖交易中还有"写立契约"的作用。综上所述,无论是《天盛律令》还是出土的西夏汉文契约、西夏文契约都反映出中间人在交易中,有时还承担书写契约的职责。

四 中介代理

中间人虽然只是通过说合、介绍促成交易后从中抽取一定的佣金,获取报酬的第三方。但是,这一群体也是特殊的"商人",他们在市场交易中的作用,不仅仅是见证、商议说合、促成交易,有时候有些"中间人"甚至直接接受交易物主人的委托,代理完成借贷、买卖、典当交易。西夏的借贷中就有这样一批做交易代理的"中间人",他们不是借典物的实际所有者,但借贷要由他们经手。虽然传统的汉文资料、西夏法典《天盛律

---

① 杜建录、史金波:《西夏社会文书研究》,第 210 页。
② 史金波:《黑水城出土西夏文卖地契研究》,《历史研究》2012 年第 2 期。
③ 俄罗斯科学院东方研究所圣彼得堡分所、中国社会科学院民族研究所、上海古籍出版社编《俄藏黑水城文献》第 8 册,上海古籍出版社,1998 年,第 305 页。
④ 《俄藏黑水城文献》第 8 册,第 495 页。

令》中没有"买卖中间人"接受委托、代理交易的记载，但是在出土的西夏粮食借贷契约中有一些行文较为特殊的契约。立契约者从某某处借贷大麦、小麦、谷物等粮食要经过第三方，从第三方处拿取，但到期偿还时本利不是还给经手者，而是还给原物主。原物主被称呼为"本持者"，有些第三方前有"手人"一词，即"经手"之意。这些典借契约中要经手的第三方有可能就是买卖中接受委托代理的另一种"牙人"。如武威亥母洞出土的《乾定申年典糜契约》中，没水隐藏狗向讹国师借贷一石糜子，但要从"命屈般若铁"手中拿取。在亥母洞出土的《乾定酉年卖牛契约》中，买卖同样要经"屈般若铁"之手。① 再如，俄藏黑水城文献 Инв. № 4696（17-33）是天庆年间的西夏文贷粮契约，根据史金波先生译文，这十几件契约中都明确写到"自使军兀黑成处借贷"，但粮食的实际持有人是梁善盛。Инв. № 6377（23-23）光定卯年三月梁十月狗借粮契约中记载"光定卯年二月六日文状为者梁十月狗，今于兀尚般若山自本持者老房势处借一石五斗麦"。② 这里的兀尚般若山是粮食的实际所有人，而老房势是借贷粮食时的经手人。使军兀黑成和老房势作为借贷的中间人出现在诸多契约中，说明他们似乎是买卖、借贷交易中专门从事委托代理交易的中间经纪人。

史金波先生对国家图书馆所藏社会文书残页进行了整理翻译和相关问题研究。这些文书大多是同一账簿中的残页，薄麻纸，草书，两面书写，有的残下部，有的残上部。在这些文书中发现了十数件贷粮账的文书残页。这些贷粮账内容涉及粮食所有者的姓名、粮食种类、本利数量，虽然内容是借贷情况，但又不是粮食借贷契约的格式，很像所记的流水账。现据史先生《国家图书馆藏西夏文社会文书残页考》③一文译文将较完整的九件贷粮账文书汉译文转录如下：

042 号（7.10X-8），残存 7 行

1. 篾名老房大麦本五石 □□

---

① 宁夏大学西夏学研究中心、国家图书馆、甘肃五凉古籍整理研究中心编《中国藏西夏文献》第 16 册，甘肃人民出版社、敦煌文艺出版社，2005 年，第 387—389 页。

② 《旧唐书》卷 135《卢杞传》，第 186—204 页。

③ 史金波：《国家图书馆藏西夏文社会文书残页考》，《文献》2004 年第 2 期。

2.　　利二石 ☐

3.　　麦本二 ⊡ ☐

4.　　利一石 ☐

5. 刘山狗大麦本三 ⊡ ☐

6.　　利一石

7.　　麦 ☐

043 号（7.10X-8），残存 6 行

1.　　利五斗

2.　　麦本五斗 ☐

3.　　利二斗五

4. 觅名氏双宝大麦本一石五 ☐

5.　　麦本一石五斗

6.　　利杂一石 ☐

045 号（7.10X-8 ），残存 2 行

1. 董正月狗麦本五斗 ☐

2.　　利二斗五升

051 号（7.13X-2 ），残存 5 行

1. 刘阿车麦本七斗

2.　　利三斗五升

3. 朱腊月乐麦本五斗

4.　　利二斗五升

5. 噶尚讹赞麦五斗

061 号（7.13X-8 ），残存 6 行

1. 西禅定吉麦一斗

2.　　利五升

3. 波年正月犬糜本一石五斗

4.　　利七斗五升

5.　　麦本一石

6.　　利五斗

062 号（7.13X-8B），残存 7 行

1. 赵阿富豌豆本五斗

2.　利二斗五升

3. 麦本五斗

4.　利二斗五升

5. 命屈那征铁糜本一石

6.　利五斗

7.　麦本二石

055 号（7.13X-4），残存 5 行

1 ⬚城？

2 ⬚大麦本一石五斗

3.　利七斗五升

4.　麦三石五斗

5.　荜豆一石一斗　荜豆一石四斗

056 号（7.13X-4B），残存 6 行

1. ⬚大麦一石五斗　麦一石

2.利七斗五升

3.麦本一石　麦一石三斗

4.利五斗

5.大麦本二石　大麦二石二斗

6.利 ⬚

039（7.10X-5），残存 5 行

1.本⬚本三百五十

2.⬚麦豆共　五斗糜　二斗麦借

3.⬚月一日　十五捆草

4.⬚利有　三斗□大麦本借，四斗五 ⬚

5.⬚钱□一百五十

通过汉译文，我们发现上述借贷文书格式一般是粮食主人姓名 + 粮食种类 + 原本数量 + 利息数量。关于这些文书的性质，史金波先生认为"这是一种借贷粮食的账目，它既不是借贷契约，也不是借贷契约的誊录账，

而似乎是着重记录各放贷主及其放贷粮食的账目。可能是存粮的放贷主将粮食放到质贷铺之类的放贷场所，然后统一对外放贷。这类账目可能是经营放贷的质贷铺的底账"。① 这些与粮食借贷契约迥异的贷粮账目应该是粮食所有者将多余的粮食寄存到从事借贷典当业务的中介机构，通过专业的借贷中介来从事放贷，这是中介机构接受粮食主人寄贷粮食种类、数量、利息之后所记的账目。粮食所有者给出自己粮食的利息后，由借贷中介再从事放贷。中介以粮食所有者给出的利息为基础，再加利放贷。在签订粮食借贷契约时，立文状者（借贷者）是与上述账目中的粮食所有者签订借贷契约，即上文所述借贷契约中的"粮食本持者"。契约中的"经手"应该就是账目持有者。由于国图所藏上述西夏文粮食借贷账目文书甚残，这里从事接受物主人委托，经营代理放贷业务的中介有可能是实力雄厚的"私人中介"，也有可能是有官营背景的"官营中介"。

由上所述，将武威亥母洞出土的典糜、买牛契约以及黑水城出土的粮食借贷契约中的"经手人"与国图所藏委托代理借贷账目结合起来，进一步说明西夏中间人的中介经营范围已经扩展到接受物主和债主委托，从事代理借贷、典当、买卖业务。可以说，西夏中间人在商品交易、买卖、放贷等行业中与唐宋时代的牙人所涉及的业务、担负的职能、所起的作用并无二致。

综上所述，从《天盛律令》对中间人行为的规制，以及出土的西夏汉文、西夏文契约来看，中间人在西夏的商品交易中确实是一个必不可少的群体。他们的活动不仅出现在政府职官体系中，而且在民间交易中也渗透到百姓生活的方方面面，特别是畜物交易租借、债务借贷、土地房屋买卖租赁、奴婢买卖、劳动力雇用、婚姻缔结。这从一个方面也证实西夏时期商品买卖交易的繁荣。中间人在一定程度上促进了商品交易，保证了各类交易的合法性，减少了交易中的纠纷，保障了交易双方的财产所有权及其他权益。同时，对于家境贫困、生活困难的广大百姓来说，有中间人的保证和见证，使他们能够在青黄不接、生活困难的时候典借到维持生计的粮食、春种所需的种子、耕地的畜力，无地的农牧民也能在其介绍说合下，

---

① 史金波：《国家图书馆藏西夏文社会文书残页考》，《文献》2004 年第 2 期。

租赁到耕地等生产资料，中间人在一定程度上为广大的贫苦大众和小生产者提供了种种便利。当然，在这些借贷、租典中，存在着大量的高利贷剥削压迫，中间人在交易中的种种弊端和欺诈行为是无法避免的。他们不仅在典当借贷完成后抽利，而且还担负调节价格、明确借贷典当来源是否合法的责任，有时还负责起草书写契约，同时还要担负违法交易出现后的法律责任。西夏典贷中也出现了与唐宋社会一样的职业化中间人——牙人。西夏法律中对典当、借贷、买卖交易中必须有中间人见证的立法，最主要的是起到了规范交易市场的作用，有利于确保交易的合法性，以及保障交易双方的合法权益，其积极作用还是值得肯定的。

（原文刊于《宁夏社会科学》2016 年第 4 期）

西夏畜牧业研究

高　仁

西夏系由游牧的党项民族所建立的多民族政权。畜牧业为其国民经济的重要支柱，不仅广大的民众仰之为衣食所需，产出的马、驼等驮畜又系国家重要的战略物资，关乎国计民生。同时，游牧生产方式还对其社会政治、制度、文化产生了重要影响。由于史料零散、西夏文文献晦涩难解，以及方法、视野之困境，已有西夏畜牧业的相关研究较多流于表面。基于此，本文在全面梳理传世文献、出土文物和文献的基础上，利用人类学有关游牧人群生产、生活方式的理论及调查案例，借鉴内亚史的研究视角，致力于考察西夏畜牧经济的生产方式、生产关系、经济制度及区域差异。

一般认为，西夏畜牧的生产方式多样，并以游牧为主体。何为"游牧"？西夏"游牧"如何具体展开？学界尚未对之深入讨论。本文借助"游牧学"理论的分析及与诸多内亚游牧民族的比较，发现西夏的畜牧与匈奴、突厥、蒙古等中国内陆游牧民族在基本经济特征及生产时令上具有较高一致性，如牧民居住在"帐""包"之中，以部落为单位，携牲畜随季节循环移动。十月（农历）进入冬场开始屯聚，二月出冬场，七八月游至最远，开始返回。西夏政府还借鉴诸多政权的做法，通过划分"地界"来管理游牧部众。可以肯定，西夏游牧经济当为中国古代民族经济发展史上的重要一环。不过，西夏的游牧亦有其较为独特之处，如牧民常会在秋季发生分工，一部分人为牲畜抢膘，一部分人至"冬场"打草，入冬之后，就在冬场设置"冬栏"以度过冬荒；再如，为适应西夏多山的地形，牧民多采取垂直迁移的模式，而分散、稀疏的水草，又使他们迁移的频率较高，但单次迁移的距离较短。而西夏政府"划分地界"的机制也比其他诸多游牧民族及政权更加细致与灵活。

与其生产方式相适应，西夏国有畜牧体系的基本制度及管理措施亦系围绕游牧经济的具体生产流程，以及游牧部落的基本组织形式而展开。西夏的确继承唐宋制度，设立群牧司并使其掌管全国各地的牧场，但牧场经营模式别具一格，与唐宋"牧监"绝不相同。西夏将诸多游牧部落纳入其中，使牧人从群牧司领养官畜，将其带到各自部落中进行生产。政府为其承担一定风险，但要求牧人缴纳"杂事"，官畜所繁衍的绝大部分幼畜都被征收，成为官营畜牧业发展的基础及增殖的"本金"，但以乳为主的消费产品则大多数留给牧人所有，成为其生活资料。针对这一经济关系与部落组织的固有特点，西夏还推行了一套自上而下与自下而上并行、三位一体的管理办法。一是指派基层生产组织（牧团）的头目为牧监，负责登记牧人所领取官畜的数量、年龄、孳育情况等；二是由诸多部落的首领推举一名盈能，负责所管区域官畜的"号印"；三是由群牧司下派头监（亲事官）坐镇一地，征收畜产。事实上，正是经济与管理上的双重纽带，使得诸多具有较强独立性并善于游走的部落，紧紧依附于政府并得到了有效管制。

西夏畜牧业发展呈现出较明显的地区差异，而学者们所关注的诸如"横山多马"等零星唐宋文人粗线条的描述，是不足以将经济地理区域特点详尽展现出来的。事实上，史书中有大量关于西夏一地人畜被俘及部族内附的资料，其中对俘获与贡献牲畜的种类及具体数字记载非常明确，本文即通过这些资料所反映的畜种、载畜量、人均持畜水平，总结了西夏畜牧经济的区域特点：鄂尔多斯畜牧业基础雄厚，载畜量很大，多产马；瀚海地区土地贫瘠，部族持畜的水平极低，虽产马，但数量很少；天都山载畜量和人均持畜水平都比较高，但马匹较少，以牛、羊等经济类的畜种为主；阿拉善高原主要出产骆驼，但绿洲地带及沿河地区则会有一定规模各类牲畜的牧养；兴灵平原则主要以农牧结合的生产方式牧养牛、羊。

（原文刊于《中国经济史研究》2019年第1期，第193页）

"左厢"、"右厢"与经略司

——再探西夏"边中"的高级政区

高　仁

西夏是一个以党项民族为主体，杂糅汉、吐蕃、回鹘等建立的多民族政权。其疆域辽阔，"东尽黄河，西界玉门，南接萧关，北控大漠"。而其在立国的190年，能够基本上保持疆域领土的完整及内部各民族的团结统一，则很大程度上得益于建立了一套较为成熟的政区制度及地方行政体系。

西夏大体按照距首都兴庆府的里程，将领土分为京畿、地中、地边，其中地中、地边合称为"边中"，即中央政府的非直辖区域。[①]一般认为，西夏对"边中"地区的管辖系以经略司为核心，其作为中央政府的派出机构，综领军民，并统辖着"边中"的诸多基层单位——监军司、府、军、州、郡、县等。[②]

这种以经略司为核心的地方军政体系的观点是经过学界十余年讨论形成的，应是较为客观的。不过，若是细心地对史料加以梳理的话，就会发现，西夏重要的高级地方军政管理机构，"比中书、枢密低一品，然大于诸司"的经略司，并不是自西夏建国就存在。相反，其直到在夏

---

① 潘洁:《〈天盛律令〉中的地边、地中、边中》，杜建录、〔俄〕波波娃:《〈天盛律令〉研究》，上海古籍出版社，2014年，第446页。

② 杨蕤:《西夏地理研究》，人民出版社，2008年，第147—153页；李昌宪:《西夏的疆域和政区》，《历史地理》第19辑，上海人民出版社，2003年，第101页。

仁宗天盛年间所颁布的律令中才最早出现，即使往前推，也绝不会早于夏崇宗的正德年间（1127—1134），[①]而此时距西夏建国已有90余年。也就是说，在西夏政权存在一半左右的时间里，经略司体系是根本不存在的。

事实上，西夏史研究本身所依据的史料就存在着诸多的"缺环"。以宋代文献为主的传世文献虽记载了诸多的重大政治事件及地理信息，但缺乏对典章制度的详细描述；而大宗的出土文献包含诸多的法律文献及一手的公文资料，与前者的情况正好相反。不幸的是，二者并未形成良好的互补，因为前者在宋室南迁后，西夏就已淡出其视野，极少再有详细的记载；后者则多为夏仁宗及之后的资料。而更加不幸的是，在这两个时期之间，被认为是西夏制度剧烈变革的时代——夏崇宗末期至仁宗初期，又成为两种史料皆鲜有涉及的文献空白期。

目前学界认可的以经略司为核心的地方军政体系，恰恰就是研究者主要以西夏中后期的出土文献为基础所构建的，不仅没有考虑到西夏前期会存在着与后期不同的制度，甚至不乏以西夏前期的史实来印证后期制度的做法。

其实，虽然西夏前期史料很少记载典章制度，但大量翻阅之后，还是能够发现，西夏在建国前，元昊在"即悉有夏、银、绥、宥、静、灵、盐、会、胜、甘、凉、瓜、沙、肃"，"置十二监军司，委豪右分统其众"。[②]之后，另一建制也在史书中悄然出现，即"左厢"与"右厢"。

学界有个别学者确实关注到了左右厢的建制，[③]甚至还注意到了经略司对它们的承袭关系。但是，这些简单的概述并没能够清晰地还原左右厢作为西夏地方高级政区的具体形态，也没有解释由左右厢到经略司，西夏的地方行政体系究竟发生了什么实质性的变化，前者又对后者产生了什么样的影响，更没有分析这背后的政治历史原因。本文即在综合梳理各类汉文、西夏文文献的基础上，对西夏左右厢及经略司再度展开研究，试解决以上

---

① 详见后文。

② 《宋史》卷485《夏国传上》，中华书局，1985年，第13994页。

③ 翟丽萍：《西夏职官制度研究——以〈天盛革故鼎新律令〉卷十为中心》，博士学位论文，陕西师范大学，2012年，第205页。

提出的问题。

一　左厢、右厢及其基本形态

关于西夏"左厢"与"右厢"的建制，不见于以西夏中后期为主的各类出土文献，仅见于传世文献中既稀少又零散的记载，即主要为《宋史》《辽史》《金史》中的《夏国传》《西夏外记》以及宋代文献中若干旁及的史料。

"左右厢"是在元昊于宋景祐二年（1035）设十二监军司后，在史书中悄然出现。其初置时仅"左厢宥州路五万人，以备鄜、延、麟、府；右厢甘州路三万人，以备西蕃、回纥"。[①]但随后不久就趋于成熟，"分国中兵马为左右厢"，[②]且十二监军司皆置于其下，所谓："有左右厢十二监军司：曰左厢神勇、曰石州祥祐、曰宥州嘉宁、曰韦州静塞、曰西寿保泰、曰卓啰和南、曰右厢朝顺、曰甘州甘肃、曰瓜州西平、曰黑水镇燕、曰白马强镇、曰黑山威福。诸军兵总计五十余万。"[③]

就传世文献中对左右厢的书写来看，最为突出它们的军事性，左厢与右厢作为最高级的统兵单位分两翼统领着全国具有边防军性质的监军司兵马。两厢的长官，自元昊时期开始，几乎皆为朝中最为显赫的要员。如宝元元年，也就是西夏确立边防体制后的两年，身为"元昊从父"，又"有勇略，国人向之"，[④]时称为"令公"[⑤]且为"枢密"[⑥]的嵬名山遇即已"与弟惟永分掌左右厢兵"。[⑦]嵬名山遇后投宋被遣返，为元昊所杀。[⑧]到了庆历年间，野利氏兄弟又分掌左右厢，所谓"赵元昊娶于野利氏……以野利氏

①　《宋史》卷 485《夏国传上》，第 13995 页。

②　（宋）司马光著，李裕民校注《司马光日记校注》，中国社会科学出版社，1994 年，第 43 页。

③　《宋史》卷 486《夏国传下》，第 14029 页。

④　（宋）李焘:《续资治通鉴长编》卷 122，宝元元年九月庚子条，中华书局，2004 年，第 2880 页。

⑤　"令公"即为中书令的尊称，参见翟丽萍《西夏官僚机构及其职掌与属官考论》，硕士学位论文，宁夏大学，2010 年，第 7 页。

⑥　（宋）司马光著，邓广铭等点校《涑水纪闻》卷 12，中华书局，1989 年，第 220 页。

⑦　（宋）李焘:《续资治通鉴长编》卷 122，宝元元年九月庚子条，第 2880 页。

⑧　（宋）李焘:《续资治通鉴长编》卷 122，宝元元年九月庚子条，第 2880 页。

兄弟为谟宁令，旺荣号野利王，刚朗凌（遇乞）号天都王，分典左右厢兵，贵宠用事"。①野利兄弟被杀之后，现在已无从考证是谁继续分掌左右两厢。但在西夏的对外战争中，左厢军与右厢军一直作为西夏边防军的主力，较多地在史书中出现。②到了西夏中期，"梁氏与仁多二族分据东西厢兵马，势力相敌"。③梁氏所掌当系左厢，小梁太后时身为国母而秉政，为当时西夏实际上的最高统治者；而右厢仁多保忠继其父仁多唛丁之职④为"夏国右厢统军"，⑤系"久据西南部落，素为桀黠"⑥的地方酋豪，保忠之叔父仁多楚清还位居"御史中丞"，"官在宰相、枢密之下"。⑦

而比起统兵，它们作为军事管制型的政区，作用更为突出。其对于十二监军司，不仅统其军，亦统其地。如史书中就有"左厢地"⑧与"右厢之地"⑨的概念，分别指左厢与右厢所统监军司的辖区，也就是它们各自驻防的区域。

先看左厢。《宋史》里提及的"左厢神勇"监军司，也常常是传世文献中狭义的"左厢"，"左厢"和"神勇"是该监军司先后使用过的名称，⑩经过前人的考证，其位于明堂川弥陀洞，⑪其与宋朝"接麟府沿边地分"。⑫宋朝自麟府出兵，常常就行经这一地区，如元丰八年四月，"折克

---

① （宋）司马光著，邓广铭等点校《涑水纪闻》卷11，第206页。
② 详见后文。
③ （宋）李焘：《续资治通鉴长编》卷404，元祐二年八月戊申条，第9852页。
④ "父唛丁死，侄保宗代为统军"，《续资治通鉴长编》卷503，元符元年十月丙戌条，第11977页。
⑤ （宋）李复：《潏水集》卷3《又上章丞相书》，《景印文渊阁四库全书》第1121册，台北：台湾商务印书馆，1986年，第23页。按：今人多取《宋史·夏国传》记载，以仁多保忠为"夏国卓啰右厢监军"，但该职系崇宁三年时保忠的职位，此时的保忠应当已经被削过一次兵权，故不取。
⑥ （宋）李焘：《续资治通鉴长编》卷467，元祐六年十月甲戌条，第11153页。
⑦ （宋）李焘：《续资治通鉴长编》卷503，元符元年十月丙戌条，第11977页。
⑧ （宋）李焘：《续资治通鉴长编》卷329，元丰五年八月辛未条，第7923页。
⑨ （宋）李焘：《续资治通鉴长编》卷460，元祐六年六月丙午条，第10997页。
⑩ 该年"夏国改……左厢监军司为神勇军"，见《续资治通鉴长编》卷196，嘉祐七年六月癸未条，第4762页。
⑪ 参见汤开建《西夏监军司驻所辨析》，见汤开建《党项西夏史探微》，商务印书馆，2013年，第337页。
⑫ （宋）郑刚中：《西征道里记》，见顾宏义编《宋代日记丛编》，上海书店出版社，2013年，第654—655页。

行、訾虎以蕃、汉步骑二万二千出左厢，至聚星泊、满朗、嘉伊、革罗朗、三角等处"；① 再如，元丰五年四月，张世矩亦自麟府出兵，"讨除左厢屯聚贼马"。② 史料中明确说明，出了宋朝的麟府以后，就到了西夏的"左厢"。

广义上的"左厢"当然并不仅限于"左厢神勇"监军司的辖境。比如石、宥、韦等州在其以西，但从诸多史料看，这里仍然属于左厢。如前引文献即提及"左厢宥州路五万人"。③ 而在绍圣四年，"保安军顺宁寨蕃官巡检、供备库副使刘延庆，遣使均凌凌诈投西界，招诱到左厢，密约归汉"。④ 与保安军顺宁寨相对的，就是西夏的洪州、宥州一带。此外，绍圣四年，吕惠卿还曾在奏言中提及西夏"只会合侧近左厢石、宥、韦州防拓人马三五万人"，⑤ 从中得知，不仅宥州以东的石州，就连以西的韦州也属于左厢的地界。

《儒林公议》中称西夏"其厢左距契丹"，⑥ 而《宋史》恰恰就记载西夏"河北至午腊蒻山"置有七万人，防备契丹。1043 年（辽重熙十二年，西夏天授礼法延祚六年）辽、夏因边界夹山部叛逃而产生了争端，据范仲淹称，"今边上探报，皆称契丹大发兵马，讨伐夹儿族并夹山部落，及称亦与元昊兵马相杀，又报元昊亦已点集左厢军马，既是二国举动，必有大事"。⑦ 虽然这次事件并没有引起两国的军事冲突，但此奏透露，元昊在应对契丹时，所依赖的仍然是左厢军。也就是说"午腊蒻山"以及所屯驻的七万大军，亦皆属于左厢。这七万大军虽主要防备契丹，但也常常用于宋夏战争，亦如范仲淹所言："元昊诸厢之兵，多在河外，频来应敌，疲于奔命。"⑧

接着看右厢。《宋史》中所提及的"右厢朝顺"监军司，汤开建先生做过考证，认为其初置时位于天都山，后在宋朝的军事压力之下又迁至凉州，⑨

---

① （宋）李焘：《续资治通鉴长编》卷 354，元丰八年四月庚辰条，第 8478 页。
② （宋）李焘：《续资治通鉴长编》卷 325，元丰五年四月己卯条，第 7831 页。
③ （宋）李焘：《续资治通鉴长编》卷 120，景祐四年十二月癸未条，第 2845 页。
④ （宋）李焘：《续资治通鉴长编》卷 487，绍圣四年五月甲子条，第 11570 页。
⑤ （宋）李焘：《续资治通鉴长编》卷 492，绍圣四年十月丙戌条，第 11681 页。
⑥ （宋）田况著，张其凡点校《儒林公议》卷上，中华书局，2017 年，第 15 页。
⑦ （宋）李焘：《续资治通鉴长编》卷 150，庆历四年六月壬子条，第 3636 页。
⑧ （宋）李焘：《续资治通鉴长编》卷 139，庆历三年二月乙卯条，第 3352 页。
⑨ 参见汤开建《西夏监军司驻所辨析》，见汤开建《党项西夏史探微》，第 345 页。

理据充足，当无误。文献中也明确记载着"野利遇乞统天都右厢①"，②且号为"天都王"。③不过天都以东也就似乎到了西夏左右厢的分界之处，如庆历二年，范仲曾奏："近刺知天都左右厢点兵，然未知寇出何路。"④可见天都山之地可以点集两厢的兵马。

天都山以西，会州一带也属于右厢。在宋朝开拓熙河之后，与会州接境的熙河兰湟等地的宋军即常与西夏的右厢军交战，如元符元年"贼（西夏）攻平夏甚急，熙河奏已遣王愍往右厢牵制"；⑤元符二年"王舜臣统兵自金城关出，讨击右厢"；⑥政和五年"（刘）法与夏人右厢军战于古骨龙，大败之"。⑦会州还是河西走廊与天都山的衔接地段，"正扼其右厢兵马道路及天都浅井之类"，因此宋军占领会州后，"使贼不得点集而制其死命"。⑧同样，绍圣四年，宋将钟传在兰州一带修金城关，亦使"夏国右厢兵马不复集矣"。⑨

再往西，甘、凉所处的河西走廊是"右厢地"重要辖区，如"右厢甘州路三万人，以备西蕃、回纥"，⑩"夏国右厢甘、凉一带"。⑪特别值得一提的是，凉州有着重要的战略地位，西夏"自奄有西凉，开右厢之地，其势加大"。⑫也因此，在西夏中期，迫于北宋的军事压力，右厢监军司也由天都山迁往凉州。⑬

元祐七年"有塔坦国人马于八月内出来，打劫西界贺兰山后面娄博贝监军司⑭界住坐人口孳畜"，但是"据西界投来蕃部苏尼通说称：'塔坦国人马入

① 此处的"右厢"同样指狭义的右厢，即右厢监军司的辖地。
② （宋）魏泰著，李裕民点校《东轩笔录》，中华书局，1983年，第95页。
③ （宋）李焘：《续资治通鉴长编》卷503，元符元年十月壬辰条，原载"旺荣号野利王，刚朗凌号天都王，分典左右厢兵"（《涑水纪闻》，第206页），但野利旺荣与刚朗凌实为同一人，当有误，当为旺荣和遇乞。
④ （宋）李焘：《续资治通鉴长编》卷135，庆历二年二月丙申条，第3240页。
⑤ （宋）李焘：《续资治通鉴长编》卷503，元符元年十月壬辰条，第11980页。
⑥ （宋）李焘：《续资治通鉴长编》卷494，元符元年二月戊申条，第11757页。
⑦ 《宋史》卷486《夏国传下》，第14020页。
⑧ （宋）陈均著，许沛藻等点校《皇朝编年纲目备要》卷25，中华书局，2007年，第628页。
⑨ （宋）李焘：《续资治通鉴长编》卷485，绍圣四年四月甲午条，第11527页。
⑩ 《宋史》卷485《夏国传上》，第13995页。
⑪ （宋）李焘：《续资治通鉴长编》卷514，元符二年八月己卯条，第12212页。
⑫ （宋）李焘：《续资治通鉴长编》卷460，元祐六年六月丙午条，第10997页。
⑬ 参见汤开建《西夏监军司驻所辨析》，见汤开建《党项西夏史探微》，第339页。
⑭ 娄博贝监军司，即白马强镇燕军司。

西界右厢,打劫了人口孳畜,不知数目。'"① 可见,位于今阿拉善左旗巴彦诺日公苏木的娄博贝(白马强镇)监军司亦属于右厢。文献中虽然没有提及黑水镇燕军司,但其娄博贝监军司以西,从地缘上判断,其亦当属于右厢无疑。

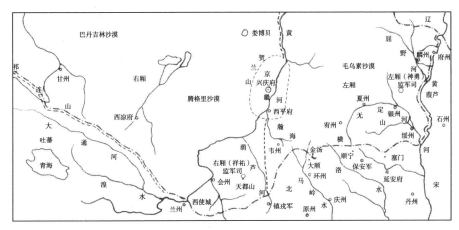

图1　西夏天授礼法延祚七年(1044)左右厢示意图

综上来看,作为军事管制型的政区,西夏的左厢、右厢其实是与方位相联系,大体上以首都兴庆府为中轴线,将京畿以外的区域按东西划分为左右两部分,以东为左厢,由左厢军驻守;以西为右厢,由右厢军驻守。

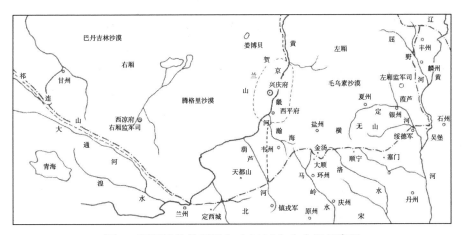

图2　西夏天仪治平元年(1086)左右厢示意图

通过文献的记载,还可以考证出两厢的统兵情况。

---

① (宋)李焘:《续资治通鉴长编》卷471,元祐七年三月丙戌条,第11238页。

《续资治通鉴长编》中记载了元昊时期西夏在全国的军力布防：

> 自河北至午腊蒻山七万人，以备契丹；河南洪州、白豹、安盐州、罗落、天都、惟精山等五万人，以备环、庆、镇戎、原州；左厢宥州路五万人，以备鄜、延、麟、府；右厢甘州路三万人，以备西蕃、回纥；贺兰驻兵五万、灵州五万人、兴州兴庆府七万人为镇守，总三十余万。①

根据前考左、右厢的辖区，午腊蒻山七万人，宥州路五万人属于左厢；甘州路三万人属于右厢；而"洪州、白豹、安盐州、罗落、天都、惟精山"，地跨左右两厢，姑且可以按照左厢三万、右厢两万来计算。根据这一数值，粗略估计，西夏左厢军大体在 15 万左右，而右厢军当在 5 万左右。

据文献反映，元昊侵宋时，兵力常为 10 余万，如"元昊自将精兵十万，营于川口"，②"贼众十余万，平与石元孙兵不满三万"。③"元昊众十万，分二道……入攻渭州。"④多时可达 15 万，如"曩霄有兵十五万八千五百人"，⑤"曩霄之兵逾十五万"。⑥汤开建先生曾指出，这十余万人并不是如宋人文集中所描述的为西夏的全部兵马，而是元昊用于侵宋的军队数量。⑦汤先生的观点十分正确，然而，西夏侵宋的全部军队数量恰好与左厢军的数量相吻合。这应当并不仅仅是巧合，而是事实情况应当就是如此，西夏左厢的 15 万军队就是用来应对宋朝和辽国的。

我们知道，西夏除去两厢军，还在京畿地区保留了不少由皇帝直接控制的军队，"贺兰驻兵五万、灵州五万人、兴州兴庆府七万人为镇守"，⑧共

---

① （宋）李焘：《续资治通鉴长编》卷 120，景祐四年十二月癸未条，第 2845 页。按：该记载亦见《宋史》卷 486《夏国传下》，第 14029 页，两者在监军司的数量及总兵力方面记载有所出入，但对各地军力的记载则别无二致。

② 《宋史》卷 485《夏国传上》，第 13997 页。

③ （宋）田况著，张其凡点校《儒林公议》卷上，第 3 页。

④ 《宋史》卷 326《景泰传》，第 10517 页。

⑤ （宋）王称：《东都事略》卷 127《外国》，齐鲁书社，2000 年，第 1104 页。

⑥ （宋）曾巩撰，王瑞来校证《隆平集校证》卷 20《外国》，中华书局，2012 年。

⑦ 汤开建：《关于西夏军事制度研究中的几个问题》，见汤开建《党项西夏史探微》，第 249 页。

⑧ 《宋史》卷 486《夏国传下》，第 14029 页。

17 万。"常选部下骁勇自卫,分为十队,队各有长,一妹勒,二浪讹遇移,三细赏者埋,四五里奴,五杂熟屈则鸠,六隈才浪罗,七细母屈勿,八李讹移岩名,九细母嵬名,十没罗埋布,每出入,前后环拥,设备甚严。"[1]

这样,由皇帝直接掌控的京畿军队与分列于京畿东西两侧、由中央要员所直接指挥的两厢军队则自然而然地形成"居中控制""两翼拱卫"的战略格局。史书中亦云:"每有事于西,则自东点集而西;于东,则自西点集而东;中路则东西皆集。"清楚明晰地道明了三路军团互为掎角,彼此应援的态势。只不过,西夏针对宋、辽的东翼较重,而针对回鹘、吐蕃的西翼较轻罢了。这种三路应援的特点常常可以在对外战争中体现出来。比如,元丰四年,"王中正出塞,克行先拔宥州,每出必胜,夏人畏之,益左厢兵,专以当折氏"。[2]其左厢的兵力由何处所"益"?很可能就是由右厢或京畿增援而来。

二 从左右厢到经略司

大约在夏崇宗亲政以后,时为右厢统帅的仁多保忠被削夺兵权,先是由"夏国右厢统军"[3]降为"卓罗右厢监军",后又在崇宁三年"不能复领军政"。[4]这一事件应当是左右厢建制的最后一次"亮相",自此以后,传世典籍中再无"左厢""右厢"的记载。

不过,熟悉西夏文献的学者都知道,这一时期西夏在传世典籍的视野中逐渐淡出,在史籍中"消失"的西夏名词并不仅仅是"左厢"与"右厢"。但这些消失的名词后来又多再次出现,主要是在西夏中后期的出土文献中,如《天盛改旧新定律令》《亥年新法》等法律文献以及社会文书等。可是左右厢却是个例外,仅在汉文《杂字》中出现过"左厢"[5]字样,其他再无记载。可以推测,至少到了《天盛改旧新定律令》(以下简称《天盛律令》)成书时的

---

① (宋)田况著,张其凡点校《儒林公议》卷上,第 3 页。

② 《宋史》卷 253《折克行传》,第 8866 页。

③ (宋)李复:《潏水集》卷 3《又上章丞相书》,《景印文渊阁四库全书》第 1121 册,第 23 页。

④ 《宋史》卷 486《夏国传下》,第 14019 页。

⑤ 俄罗斯科学院东方文献研究所、中国社会科学院民族学与人类学研究所、上海古籍出版社:《俄藏黑水城文献》第 6 册,上海古籍出版社,1998 年,第 146 页。

仁宗天盛年间,其建制就已经被取消了。《杂字·地分部》中的"左厢"最多也只能说明它们已演化成为一个地理概念,仍留在西夏人的思维中而已。

到了夏仁宗时代,西夏的行政区域较之前做了较大的调整,不仅将全国疆域划分为京师、地中和地边(即"边中"),[①]原先的监军司亦增置、改置,或变换名称,数量为十七个,[②]兹不赘述。而此时的监军司亦不再分属两厢,而是由一个在西夏前期史料中从来没有出现过的机构来管理,[③]这就是为众多学者所熟悉的"经略司"。

正如诸多的研究,经略司系承袭宋代西北"掌一路兵民"[④]的"经略安抚使"而来,但地位更高,职权更广,"比中书、枢密低一品,然大于诸司",[⑤]并且持有规格仅次于上等司"中书""枢密","银重二十五两",大小"二寸三分"的大印,[⑥]对"边中地区"所有机构总持管理,发挥着联络中央与地方的作用。[⑦]

经略司的设置应当是彻底取代了两厢,不仅此后再也见不到左右厢的设置,并且从《天盛律令》等法律文献中分明可以看到经略司代替两厢管辖着十六个监军司兵马。[⑧]如边中诸军职官员任免亦"当报边中一种所属监军司,经经略使处,依次变转"。[⑨]而已任职的"边中正副统、刺史、监军、习判及任其余大小职位等完限期时,至二十日以内者,所属经略应酌计宽限期"。[⑩]

---

① 京师指首都兴庆府及临近的二县、五州辖地,地边指边界区域,地中指介于二者之间的区域,边中是地中和地边的统称,指京师以外的所有区域。参见潘洁《〈天盛律令〉中的地边、地中、边中》,杜建录、〔俄〕波波娃:《〈天盛律令〉研究》,第446页。

② 参见张多勇《西夏监军司的研究现状和尚待解决的问题》,《西夏研究》2015年第3期,第16页。

③ 翟丽萍女士最早注意到左右厢与经略司的传承关系,见翟丽萍《西夏职官制度研究——以〈天盛革故鼎新律令〉卷十为中心》,博士学位论文,陕西师范大学,2012年,第205页。

④ (元)马端临:《文献通考》卷62《职官考十六·经略使》,中华书局,2011年,第1862页。

⑤ 史金波、聂鸿音、白滨等译《天盛改旧新定律令》卷10《司序行文门》,法律出版社,2000年,第364页。

⑥ 史金波、聂鸿音、白滨等译《天盛改旧新定律令》卷10《官军敕门》,第358页。

⑦ 参见刘双怡《西夏地方行政区划若干问题初探》,《宋史研究论丛》第16辑,河北大学出版社,2015年;翟丽萍《西夏职官制度研究——以〈天盛革故鼎新律令〉卷十为中心》。

⑧ 西夏中后期边中监军司共17个,但啰庞岭监军司不属于经略司管。参见史金波、聂鸿音、白滨等译《天盛改旧新定律令》卷17《物离库门》,第547页。

⑨ 史金波、聂鸿音、白滨等译《天盛改旧新定律令》卷10《官军敕门》,第358页。

⑩ 史金波、聂鸿音、白滨等译《天盛改旧新定律令》卷10《失职宽限变告门》,第352页。

监军司更换武器装备时，"每年正月五日以内，当告经略使处，经略使当一并总计而变"。① 士兵所配给的"官马、坚甲、杂物、武器季校"等，则"当行文经略司所属者，当由经略大人按其处司所属次序，派遣堪胜任人使为季校队将"；② 各地"巡检勾管者捕何盗诈、遣送何司、是何局分等，一个月一番，属经略当报于经略"。③

不过，若对以上法律文献中的材料仔细观察的话，则会发现，经略司对监军司官员的任免考核，对军人检校的细致程度，都是左右厢所不具备的。事实上，从诸多方面反映，经略司相比较于左右厢，职权的范围在很大程度上得以扩张。

经略司不仅管理具有军政合一性质的"监军司"，还将诸多府、军、郡、县等功能性城寨性质的行政单位④纳入其管辖；不仅管理军政，还综领民政。如在经济方面，边中诸司的官畜、谷、物的借领、供给、交还、偿还、催促损失以磨勘，皆"当经经略使处依次转告"；⑤ 在司法方面，诸司"应获死、无期之人"，"劳役、革职、军、黜官、罚马"等，刑审之后，"报经略职管司等，当待谕文"，⑥ "经略人亦再查其有无失误"。⑦ 边中"刺史""审视推察""枉法、稽缓、受贿、徇情"等情况，亦须"一个月一番报于经略"。⑧

不过，相比两厢，经略司在若干权力上也有所收缩，其中最为明显的就是统兵之权。虽然前述法律条文中体现出经略司有诸多管理军政与民政的权限，但其对于军政的管理，无非是军职官员的任命、士兵装备的检校、军籍的管理，等等。事实上，出土文献中看不到经略司统兵的记载，传世文献中也同样没有。而能看到的统以重兵之人如任得敬、⑨ 崽

---

① 史金波、聂鸿音、白滨等译《天盛改旧新定律令》卷3《修城应用门》，第220页。
② 史金波、聂鸿音、白滨等译《天盛改旧新定律令》卷5《季校门》，第231页。
③ 史金波、聂鸿音、白滨等译《天盛改旧新定律令》卷13《派大小巡检门》，第461页。
④ 李昌宪：《西夏的疆域和政区》，《历史地理》第19辑，第101—102页。
⑤ 史金波、聂鸿音、白滨等译《天盛改旧新定律令》卷17《库局分转派门》，第530页。
⑥ 史金波、聂鸿音、白滨等译《天盛改旧新定律令》卷9《司事执集时门》，第317页。
⑦ 史金波、聂鸿音、白滨等译《天盛改旧新定律令》卷9《诸司判罪门》，第323页。
⑧ 史金波、聂鸿音、白滨等译《天盛改旧新定律令》卷9《行狱杖门》，第336页。
⑨ 史料记载任得敬于西夏天盛二年担任中书令，天盛八年进位相国，天盛十二年被封为楚王。参见《宋史》卷486《夏国传下》，第14026页；又据史金波先生研究，俄藏TK124《金刚般若波罗蜜经》经末的发愿文所记的"太师上公总领军国重事秦晋国王"，即为任得敬。见史金波《西夏"秦晋国王"考论》，《宁夏社会科学》1987年第3期。

名令公、①阿沙敢不②等，要么是重要的皇亲，要么是朝中处于权力核心的要员，根本没有见过有经略职位的人。相反，西夏前期左右厢的长官却不仅几乎都有统兵之权，甚至还是战场上的名将，如前文提及的嵬名山遇、野利氏兄弟、仁多保忠以及御驾亲征的小梁太后等。

至此我们判断，随着西夏的左右厢为经略司所取代，西夏的高级政区由一个单纯的统兵体制演化成为一个综领军民的地方行政体制。其发挥着承接中央与地方权力的作用，成为西夏中后期政区制度中重要的一级。

不过，虽然可以说经略司是对左右厢体制的重大革新，但若对诸多的历史线索加以梳理，又不难发现，前者在一些方面仍难以摆脱后者对其造成的深刻影响。其中最为明显的，就是类同于"左厢"与"右厢"，经略司亦分为"东南经略使"与"西北经略使"，这在《天盛律令》中写得非常清楚。③而西夏末期光定乙亥年（1215）所颁布的《亥年新法》亦有一残页，残存的文字可译为"二经略京畿及……东二经略……"④印证了西夏有两个经略司。西夏的这两个经略司亦在其他文献中出现，亦作东经略司与西经略司，如《金史·交聘表》中有"东经略使苏执礼"；⑤《天盛律令·颁律表》中有"东经略使"名为"赵□"。⑥而甘肃武威市西郊林场所发现的西夏墓葬中，1号墓题记存"故亡考西路经略司兼安排官口两处都案刘仲达"；2号墓题记存"西经略司都案刘纯仁"，时间是桓宗"天庆七年"。⑦

武威出土带有"西经略司"字样的题记，还透露了一个更为重要的信

---

① 前文提"令公"即"中书令"。嵬名令公在史籍中更多是以军事将领的身份出现，《元史》中记载："四年己巳春，畏吾儿国来归。帝入河西。夏主李安全遣其世子率师来战，败之，获其副元帅高令公。克兀剌海城，俘其太傅西壁氏。进至克夷门，复败夏师，获其将嵬名令公。"见《元史》卷1《太祖本纪》，中华书局，1977年，第14页。
② 史书中虽没有明确记载阿沙敢不的职位，但从其常在皇帝的左右，并且从其能够擅自顶撞蒙古大汗的行为来看，应当是西夏权力核心的人物，参见余大均译注《蒙古秘史》第265节，内蒙古大学出版社，2014年，第493—494页。
③ 史金波、聂鸿音、白滨等译《天盛改旧新定律令》卷4《修城应用门》，第320页。
④ 《亥年新法（丙种本）》，史金波等：《俄藏黑水城文献》第9册，上海古籍出版社，1999年，第265页。
⑤ 《金史》卷61《交聘表中》，中华书局，1975年，第1437页。
⑥ 史金波、聂鸿音、白滨等译《天盛改旧新定律令·颁律表》，第108页。
⑦ 见史金波、陈育宁主编《中国藏西夏文献》第18册，甘肃人民出版社，2005年，第263页。

息。今天的武威市也就是当时的凉州，而凉州恰好就是西夏前期右厢监军司从天都山撤出并迁入之地。也就是说，右厢统帅曾坐镇指挥之处，就成了后来西经略司衙门的所在。

可见，从左右厢到经略司，虽然西夏的高级政区从单纯的统兵体制变成了综领军民的地方军政体制，但"左厢"与"右厢"的政区制度却奠定了西夏左、中、右的政治地理格局。即使在其建制取消以后，这种格局依然被经略司体制继承了下来，成为贯穿西夏一朝政治地理的基本形态。

三　建制更替背后的政治意义

从左右厢到经略司，西夏的政区制度为何会发生如此剧烈的变革？其背后究竟是什么因素促成了这一变革？解答这一问题并不是容易的事，西夏史料中存在的诸多"缺环"以及西夏中期文献的"空档"无疑给研究造成了极大的困难。不过，若将所有史料加以融会贯通，置于西夏史的大背景下考察，这一问题也并非无迹可寻。

西夏"分国中兵马为左右厢"，并非继承唐宋之制。[1] 相反，在北方游牧民族中，自匈奴始就一直沿用着一套"两翼制度"，形式与西夏的左右厢基本类同，也是地分左、中、右三部，"单于"或"大汗"居中坐镇，左右长官侧翼拱卫，"左""右"与空间相联系，东路为左、西路为右。[2] 这一以"隐蔽"的形式得以传承的制度，[3] 应该就是在西夏消灭了"游龙钵为左厢副使，崔悉波为右厢副使"[4] 的六谷部吐蕃之后传承了下来。

事实上，虽然一般认为，西夏是一个具有多元经济结构的政权，但其"衣皮毛，事畜牧"，[5] "以羊马为国"，[6] 游牧经济占据着主导性的地

① 汤开建先生曾认为西夏的左右厢是承自唐宋禁军中"左厢""右厢"的编制（参见汤开建《党项西夏史探微》，第248页），但事实上，二者除名称相同，在内容上并没有共同之处。
② 肖爱民：《中国古代北方游牧民族两翼制度研究》，人民出版社，2007年，第213页。
③ 贾敬颜：《记游牧民族的文化传承》，《中央民族学院学报》1990年第1期。
④ （宋）李焘：《续资治通鉴长编》卷49，咸平四年十月己未条，第1079页。
⑤ （宋）李焘：《续资治通鉴长编》卷110，明道元年十一月壬辰条，第2594页。
⑥ （宋）苏轼：《东坡志林》卷3，中华书局，1981年，第70页。

位。^①并且西夏以监军司为主导的边防军事体制，就是在游牧经济基础上建立起来的具有"军政合一"性质的部落兵制，兼具部族性与地域性。^②而这些现状与匈奴、鲜卑、蒙古等诸多采取"两翼制度"的北方游牧民族是完全一致的。并且可以肯定，这些因素就是西夏得以承袭并沿用这一制度最根本的基础。

不过，对于如何组织这些结为部落，并善于游走的部众，西夏与诸多的北方草原游牧民族采取了不同的方式。后者自匈奴开始，即对部众采用十进制的原则进行改造，即所有的部民统一在十户、百户、千户及至万户的统一领导下，纳入阶序化的有效管理中。以蒙古为例，这一措施取代了游牧原生部落组织的血缘外壳，瓦解了氏族贵族借由实现其对部众领属权的社会组织形式，而使所有的蒙古部众皆沦为成吉思汗黄金氏族的领属民。^③而在此基础上，又实行了与"家产制"相辅相成的领户分封，"国家被视为汗的整个家族的财产，划分为若干的领地；大领地再依次划分为许多的小领地"。^④而其两翼制度也是在此基础上展开的，左右两翼的区域皆为诸王将的封地并世袭。

而西夏却与它们完全不同，在吸纳诸多"散漫山川"^⑤"种落不相统一"^⑥"大者数千家，小者百十家"^⑦的游牧部族进入国家体制时，仍保留着部落组织的原始面貌。不仅其军队的基本编制"溜"，系"首领各将种落之兵"，^⑧其监军司也是"委豪右分统其众"。甚至于氏族贵族仍然保留着对部众较强力的统属权，所谓"少长服习，盖如臂之使指，既成行列，举手掩口，然后敢食，虑酋长遥见，疑其语言，其整肃如此"。^⑨

---

① 参见拙文《西夏游牧经济的若干问题》，杜建录主编《西夏学》第14辑，甘肃文化出版社，2017年，第79—81页。

② 陈炳应：《贞观玉镜将研究》，宁夏人民出版社，1995年，第8页。

③ 姚大力：《草原蒙古国的千户百户制度》，见姚大力《蒙元制度与政治文化》，北京大学出版社，第37页。

④ 〔俄〕巴托尔德著，张锡彤、张广达译《蒙古入侵时期的突厥斯坦》，上海古籍出版社，2011年。

⑤ （宋）李焘：《续资治通鉴长编》卷35，淳化五年正月甲寅条，第768页。

⑥ （宋）李焘：《续资治通鉴长编》卷132，庆历元年五月己亥条，第3144页。

⑦ 《宋史》卷492《吐蕃传》，第14151页。

⑧ （宋）李焘：《续资治通鉴长编》卷132，庆历元年五月戊戌条，第3136页。

⑨ （宋）李焘：《续资治通鉴长编》卷132，庆历元年五月甲戌条，第3136页。

西夏也从来没有实行过分封，虽然说元昊将大族首领委以两厢长官的职务，并有诸如"野利王""天都王"之封号，这些封号尽管有着浓厚的草原分封制色彩，但这不过是表面现象。事实证明，"野利王""天都王"既没有能够世代地传下去，也没有任何人能够合理合法地将左右厢视为自己的私属领地，更未见过如"百户""千户""万户"之类的领户分封。

为了统属部众，西夏事实上采取了与北方游牧民族完全不同的做法，那就是在借鉴唐宋制度强化专制主义制度的同时，想方设法地将诸多游牧的部落纳入阶序化、专业化、体制化的国家机器当中。比如在左右厢中，将"监军司"这样一个有着规范化名称的机构作为其下辖的单位——而不是千户、万户之类——并给它明确地划定辖区。"监军司"虽然系"委豪右分统其众"，但这些大族"酋豪"们也都被授予了"统军""监军"等职衔。甚至部落的大、小"首领"们也被授予印信，[①]成为西夏军队基层编制中的一级职位，与末驱、舍临、盈能等逐级排列。[②]甚至从各种史料看，西夏左右厢中的体制化与阶序化有不断加强的趋势。比如两厢的长官，元昊时任命的两厢长官为"野利王""天都王"，而至中期时已为"夏国右厢统军"这种国家正式任命的官职所取代。

事实上，西夏立国所秉承的唐宋之法，本身就与承自草原的简单、直接，并与宗族与地域紧密相连的两翼制度存在严重的冲突。而当西夏不断地强化专制主义中央集权，也就注定了左右厢制度最终走向消亡的命运。最终，经略司这样一个有品级，有印信，有繁杂的上下级组织关系，有健全的军政管理职能的机构取代了它并成为西夏"边中"地区的高级政区。

那么，左右厢的建制与西夏专制主义制度的冲突究竟体现在何处？前述西夏政权不仅完整地吸纳了诸多游牧部落，而且较大程度地保留了氏族贵族对部众的统属权。而这些氏族贵族，也就是史书中的"酋豪"，则成为西夏政权统属部众、对外征战所倚重的政治势力，其中的大族"酋豪"尤其如此，如西夏前期非常活跃的野利氏、没藏氏、梁氏、仁多氏等。但同时，大族"酋豪"们又往往依靠背后的部族力量，常常威胁皇权，强烈

---

① 参见杨蕤《西夏地理研究》，第 161—163 页。

② 西夏基层军职的排列从小到大依次为：舍监、末驱、首领（大、小）、盈能、头监，见史金波、聂鸿音、白滨等译《天盛改旧新定律令》卷 4《弃守营垒城堡溜等门》，第 195 页。

地动摇着自元昊始仿照中原汉制所建立起的专制主义制度。其中最为极端的例子就是西夏前中期的母后专政。出身大族的女性通过与皇室的联姻取得政治地位，又借助本族的势力参与政治，扶立子嗣而取得"国母"的身份并凌驾于皇权之上，成为西夏的实际统治者。①兹不赘述。

而其中，左右厢就是氏族贵族与皇权激烈交锋的一个重要场所。由于氏族贵族特殊的政治背景，不仅监军司"委豪右分统其众"，两厢长官的任命也不能不考虑嵬名氏兄弟、野利氏兄弟等大族的首领，而不是张元、吴昊等虽有较高功绩却无部族背景的汉人。氏族贵族掌握重兵，其权势亦在特别时期得以膨胀，如屡次出现的母后专政时期，皇权受到极大的压制，诸多氏族贵族的势力也趁机抬头。在崇宗初期，小梁太后掌权之时，出现了"梁氏与仁多二族分据东西厢兵马"的局面。把持左厢的"梁氏"集团，"一门二后"，权势熏天，其依靠着左厢兵马，多次对宋朝发动侵扰及侵略。②而把持右厢的仁多氏，则系"久据西南部落，素为桀黠"③的地方酋豪。在小梁太后当政时，仁多保忠为右厢统帅，职衔系"夏国右厢统军"，④而这一职衔并非任命，而系继承其父仁多崚丁而来，足见仁多氏把持右厢之久。仁多氏地位亦十分显赫，仁多保忠叔父仁多楚清还位居"御史中丞"，"官在宰相、枢密之下"。

不过，为强化皇权，西夏历任皇帝一边在利用氏族贵族来掌控部众的同时，也想方设法地压制他们的权力，比如前述元昊先后诛杀身为两厢长官的嵬名山遇、野利旺荣、野利遇乞等。崇宗乾顺的行动也非常成功，不仅借辽朝之手，除掉了长期把持朝政的母后梁氏，亲政后又先是诛除梁氏党羽，随后又削夺了仁多保忠的兵权，从而结束了"梁氏与仁多二族分据东西厢兵马"的局面。虽然说这些行动往往是充满"血腥"的人伦惨案，但确实取得了较好的效果，加强了皇帝对左右厢军队的控制。

不过，最终解决氏族贵族"尾大不掉"这一问题，还是设置了经略司以取代两厢，不仅将其统兵之权剥夺，还赋予了其作为国家正式机构所应

① 参见吴天墀《西夏史稿》，广西师范大学出版社，2006年，第65页。
② 参见吴天墀《西夏史稿》，第43页。
③ （宋）李焘：《续资治通鉴长编》卷467，元祐六年十月甲戌条，第11153页。
④ （宋）李复：《潏水集》卷3《又上章丞相书》，《景印文渊阁四库全书》第1121册，第23页。

具备的条件，如有品级，有印信，有完善的组织机构，^①有完备的职能等。甚至仔细观察的话，还会发现经略司的长官也被换成了汉人，如前文提到的东经略使"苏执礼""赵□"。这说明，随着左右厢被经略司取代，氏族贵族分统全国兵马的时代也结束了，而监军司所管领的诸多部族被彻底地纳入专制主义的国家体制之中，而"酋豪"们的统兵之权也被压制到仅限于监军司一级了。

事实上，虽然建制变革之际的史料缺乏，但依据现有史实还可做进一步推测。前述左右厢的建制于宋崇宁三年在史书中最后一次出现，而经略司则在仁宗天盛年间的《天盛律令》中首次出现。那么，很有可能在崇宗诛梁氏、夺仁多氏兵权、清算了左厢与右厢氏族贵族的势力之后，随之撤左右厢而置经略司，并派遣汉人充当长官。这完全符合历史的逻辑。这一推测如果属实，那么绝对可以算得上是西夏中期的一个重大事件，其彻底解决了氏族贵族统兵之权过大的问题。不过分地说，这应当是崇宗乾顺留给仁宗仁孝的一个重要政治遗产，是仁宗朝出现"鼎盛"的一个重要条件。不过可惜的是，历史文献的空档使这一时期政治变革的具体历史过程成为西夏历史上又一难以探知的秘密。

余　论

在西夏政治制度史的研究中，学者们常习惯性地主要使用《天盛律令》中的记载。虽然《天盛律令》本身内容丰富，编入了大量皇帝的"敕文"，^②有较强的现实性，价值很高，但若将其中关于典章制度的诸多法规作为西夏一朝的"标杆"，显然是不合适的。《天盛律令》能够反映的至多是天盛年间前后的现状，更不用说法律与现实制度的操作之间还存在着一定程度的"脱节"。事实上，虽然西夏史的文献"缺环"较多，但西夏制度在各类史籍中仍留下了不少蛛丝马迹，它们给予了我们诸多重要的提示，

---

① 经略司不仅设有经略使、经略副使，还有经义、案头、司吏等吏员，还设有"六库"，见翟丽萍《西夏官僚机构及其职掌与属官考论》，第207页。

② 李华瑞：《〈天盛律令〉修撰新探——〈天盛律令〉与〈庆元条法事类〉比较研究之一》，杜建录主编《西夏学》第9辑，上海古籍出版社，2014年，第32页。

以探讨西夏制度如何在与各种因素的相互作用下而发生继承、发展、演变的历史过程。

本文即利用数量和质量皆有限的汉文、西夏文文献，在现有研究的基础上对西夏的地方高级政区再次做了讨论。研究并没有推翻学界已达成的"经略司"体制的共识，但毫无疑问对其进行了较大程度的丰富。通过研究，我们至少对西夏的地方政区制度产生了以下几方面新的认识：首先，经略司作为西夏"边中"地区的高级政区，并非贯穿西夏一朝的始终，而其之前至少 90 余年的时间里，左右厢在代替着它的位置；其次，经略司对左右厢有因有革，虽由单纯的统兵体制转变为综领军民的地方行政体制，但左右厢所奠定的两翼拱卫京师的政治地理格局却被一直继承了下来；最后，西夏的经略司并不是照搬宋朝的制度而来，相反其是一个西夏上层在受到宋代政治文化影响后极力推行的专制主义制度与西夏旧有的部落体制相冲突并融合的产物。

（原文刊于《中国历史地理论丛》2019 年第 2 期，第 59—69 页）

西夏棍棒类兵器及其相关问题考论

尤 桦

古代兵器种类繁多，样式繁杂，棍棒类兵器因其无刃，通常归于砸击型兵器，而棍棒的形制也变化多样，诚如《武经总要》所载："取坚重木为之，长四五尺，异名有四：曰棒、曰梜、曰杵、曰杆，有以铁裹其上者，人谓诃藜棒。近边臣于棒首镞锐刃，下作倒双钩，谓之钩棒。无刃而钩者，亦曰铁杚。植钉于上如狼牙者，曰狼牙棒。本末均大者为杵，长细而坚重者为杆，亦有施两镈者，大抵皆棒之一种。"[1] 目前学界对于西夏武器装备的研究，主要关注武器装备的生产、配备、检查等管理制度研究，以及神臂弓、夏国剑、旋风炮等代表性兵器，对于棍棒等兵器的考证尚缺乏研究。[2] 西夏棍棒的配备在史料中有着明确的记载："团练使以上，帐一、弓一、箭五百、马一、橐驼五、旗、鼓、枪、剑、棍棓、杪袋、披毡、浑脱、背索、锹钁、斤斧、箭牌、铁爪篱各一。"[3] 那么西夏棍棒有哪些种类、形制、功能，以及其所反映的社会问题等，笔者在下文中分类讨论。

---

① （宋）曾公亮：《武经总要前集》卷13《器图》，解放军出版社、辽沈书社，1988年，第687页。

② 主要有杜建录《西夏军队的武器装备及其管理制度》，《河北大学学报》1998年第3期；陈广恩《西夏兵器及其在中国兵器史上的地位》，《宁夏社会科学》2002年第1期；李进兴《两件西夏兵器考略》，《西夏研究》2010年第1期；姜歆《论西夏将兵的装备》，《西夏研究》2016年第4期；彭向前《神臂弓创制人考》，《宁夏师范学院学报》2013年第1期；拓万亮《西夏特色兵器的研究》，硕士学位论文，西北师范大学，2011年；等等。

③ 《宋史》卷486《夏国传下》，中华书局，2004年，第14028页。

一　棍棒

西夏兵器名目繁多，按用途可分为进攻性兵器、指挥用具、防守器械和军马用具等。其中格斗类兵器占多，如刀、枪、剑、棍、叉、斧、钩、锤等。[①]这些兵器中的棍棒也是西夏的制式兵器，这一点在史料中有所记载，如《辽史·西夏外记》："团练使上，帐、弓、矢各一，马五百匹，橐驼一，旗鼓五，枪、剑、棍棓、秒袋、雨毡、浑脱、锹、镢、箭牌、铁笊篱各一。"[②]值得注意的是，在《宋史》和《辽史》中均有关于西夏棍棒类兵器的记载，但是在西夏法典《天盛改旧新定律令》（以下简称《天盛律令》）卷5《军持兵器供给门》中我们并没有发现任何关于棍棒类兵器的相关规定。那么，造成两种文献记载差异的原因，是因为西夏中后期军队不再配备棍棒，还是因为其中一种文献记载出现了偏差？为了考证这个问题，笔者仔细核对《天盛律令》卷5《军持兵器供给门》西夏文文献图版，发现西夏文《天盛律令》中记载了"𘆄𗙴𘒤"这一种兵器，在汉文译本中被翻译为"长矛杖"，经过考释，该词译为"长槌杖"似乎更为准确，这样就与汉文典籍中的"棍棒""棍棓"相互吻合。

从西夏文文字翻译来看，西夏文《天盛律令》卷5《军持兵器供给门》中的西夏文"𘆄𗙴𘒤"，翻译为"长槌杖"是否准确？通过考证，我们在用西夏文翻译的汉语典籍《六韬》中找到一段材料，西夏人用"𗰖𘆄"来对译"天槌"，[③]即"𘆄"与"槌"形成对译关系，那么将"𘆄𗙴𘒤"翻译为"槌杖长"应该是可以的。而"天槌"又为何物？《六韬》中记载"方首铁槌维盼，重十二斤，柄长五尺以上，千二百枚，一名天槌"，[④]由此可知，所谓的"天槌"为铁首木柄砸击性武器，应属于棍棒兵器的一种形制。如果将"𘆄𗙴𘒤"译为"长矛杖"，矛就属于有刃的刺击型兵器，按照西夏辞书《文海》中对于"刃"的解释"𗼻𗬩𘜶𗳦𗒥

---

① 陈广恩：《关于西夏兵器的几个问题》，《青海民族学院学报》2001年第3期，第39页。
② 《辽史》卷115《西夏外记》，中华书局，2000年，第1524页。
③ 贾常业：《西夏文译本〈六韬〉解读》，《西夏研究》2011年第2期，第75页。
④ 曹胜高、安娜注《六韬》，中华书局，1985年，第111页。

𗧀𗣴𗣍𗗟𗧦𗤺𗾔𗶷𗵽𗭼𗄛", 即 "刃者刀剑枪旌等有尖齿能锯穿则名刃"。[①] 可见,"𗧀"并不在西夏带刃兵器之列,所以将"𗧀𗵽𗄛"翻译为"长矛杖"是不准确的。

《天盛律令》中规定了牧主等正军配备的武器装备有"官马、弓一张、箭六十枝、箭袋、枪一枝、剑一柄、囊一、弦一根、长矛杖一枝、拨子手扣全"。[②] 我们不难发现,"枪"和"矛"竟然同时成为牧主正军配备的武器。纵观中国古代兵器发展史,唐代以后矛逐渐为枪所代替,枪和矛也基本上是被混称为枪矛,而不加以严格区分。那么西夏将两种区别不大,形制、功能十分相似的兵器同时配备,在一定程度上存在重复和浪费资源之嫌,又与西夏"忠实为先,战斗为务"的务实做法相违背。除此之外,查阅宋夏文献,都有将枪和棍棒这两种不同类属兵器并列记载的现象存在。在《天盛律令》卷12《内宫待命等头项门》中记载:"内宫中除因公奉旨带刀、剑、弓箭、枪、铁杖种种武器以外,不许诸人随意带武器来内宫。倘若违律时,有恶心于官者当入谋逆中。"[③] 宋朝陕西经略安抚使韩琦曾言:"缘边部署、钤辖下指挥使臣,每御敌,皆临时分领兵马,而不经训练服习,将未知士之勇怯,士未知将之威惠,以是数至败衄。"因此上奏朝廷"乞分路于屯驻,驻泊并本土厢禁军内,选马上使钁刀、枪槊、铁鞭、铁简、棍棒勇力过人者为平羌指挥"。[④]

无论社会发展到何种程度,兵器的发展都不是孤立存在的,它与整个科学技术史、军事史、社会历史发展都密切相关。武器装备既是社会阶层等级身份的象征,也是社会经济发展的体现。根据《天盛律令》卷5《军持兵器供给门》的规定,西夏的枪、剑等金属兵器主要在牧主、农主、诸臣僚、帐门后宿、内宿后卫、神策内外侍等各类属的正军中才配备,而正辅主与负担皆无资格配备。如西夏牧主正辅军和负担的装备分别为"正辅主:弓一张、箭二十枝、长矛杖一枝、拨子手扣全。负担:弓一

---

① 史金波、白滨、黄振华译《文海研究》,中国社会科学出版社,1983 年,第 439 页。
② 史金波、聂鸿音、白滨译《天盛改旧新定律令》卷 5《季校门》,法律出版社,2000 年,第 225 页。
③ 史金波、聂鸿音、白滨译《天盛改旧新定律令》卷 12《内宫待命等头项门》,第 424 页。
④ (宋)李焘:《续资治通鉴长编》卷 128,仁宗康定元年八月癸巳条,中华书局,2004 年,第 3032—3033 页。

张、箭二十枝、长矛杖一枝、拨子手扣全"。^①也就是说，"矛"作为一种带金属兵器，一般不应在正辅主与负担中配备，而如果是"长槌杖"这类棍棒，则较为合理。因为棍棒类兵器，材质简单，制作容易，如宋元祐八年（1093）十一月十一日，苏轼知定州时的《乞增修弓箭社条约》："逐社各人，置弓一张、箭三十只、刀一口。内单丁及贫不及办者，许置枪及杆棒一条。内一件不足者，罚钱五百。弓箭不堪施放，器械虽有而不精，并罚钱二百。若全然不置者，即申送所属，乞行堪断。"^②很显然宋弓箭社要求配备的武器，棍棒被列入家贫不及办者之列，可见棍棒并非武器中的首选，只是在条件不允许的情况下退而求其次，成为一种无奈的兵器补充。同样，西夏军抄组织中的辅主、负担，也通常是由一些家庭经济状况不好的士兵组成，使用棍棒既符合其身份，又符合其经济条件。

在西夏故地榆林窟第 29 窟南壁门东侧上层绘有一幅《西夏男供养人侍从像》（图 1），在第三个男供养人身后有三名男侍从，"穿窄袖短胯衫，裤腿束在行膝（绑腿）中，秃发；右一侧身者穿长袖上衣，着小口窄裤，头扎巾，肩负长竿"。^③该侍从所持的长竿应该就是棍棒类兵器，按照棍棒与侍从的身高比例来看，棒长约 2 米。作为西夏供养人的侍从，本身就具有一定的社会地位，然其所持武器也只是一根棍棒，可见西夏的棍棒配备比例非常高，这也正好与《天盛律令》中规定的正军、辅主、负担皆配备长槌杖相对应。

当然，除了经济等社会因素外，棍棒作为砸击型兵器还是有一定的战斗特性。因其无刃，伤害性较小，所以，自古以来棍棒都是部队训练的首选兵器。俞大猷就认为："用棍如读《四书》，钩、刀、枪、钯，如各习一经。《四书》既明，六经之理亦明矣。若能棍，则各利器之法从此得矣。"^④宋朝著作郎、通判睦州张方平在宋夏缘边地区招募的弓手教阅训练时就曾提及棍棒："自教阅时量借甲弩器械，教习披带，教罢便仰管辖官员收纳入库；其弓箭刀锯子及木枪杆棒之类，即许自置，以备本乡村教习者。夫奋

---

① 史金波、聂鸿音、白滨译《天盛改旧新定律令》卷 5《季校门》，第 225 页。
② （宋）苏轼著，李之亮笺注《苏轼文集编年笺注》，巴蜀书社，2011 年，第 467 页。
③ 汤晓芳：《西夏艺术》，宁夏人民出版社，2003 年，第 16 页。
④ （明）俞大猷著，李良根、李琳注释《剑经注解》，江西科学技术出版社，2002 年，第 23 页。

梃揭竿，犹足以资啸聚之势，况人知斗战，家有利兵，不可启也。"①

图 1　榆林窟第 29 窟男供养人

也有一些特殊情况，在敌人盔甲十分坚固，射之不入，戳之不伤的情况下，使用棍棒重击，则不管甲胄之坚皆靡，均取得很好的效果。宋金战争中，宋人称金军"兜鍪极坚，止露两目，所以枪箭不能入。契丹昔用棍棒击其头项面，多有坠马，请仿而行之，欲令骑兵半持棍棒"。②"京东西路提点刑狱公事程昌弼言，州郡闻军器乏少，请各以坚韧之木，广置棍棒。盖铁骑箭凿不能犯，惟棍棒可以击，且不日可办。"③在战斗中使用棍棒，不仅可以伤敌，还可以收到不因斩首邀功，加快战斗进程和尽量俘虏敌人的效果。

二　铁连夹棒

铁连夹棒，又名"连梃""连枷""连耞"，初为农具，后逐渐发展为击打兵器。《释名》曰："枷，加也。加杖于柄头，以挞穗而出其谷也。"④该

---

①　（宋）李焘：《续资治通鉴长编》卷131，仁宗庆历元年二月戊戌条，第3106页。

②　（宋）徐梦莘：《三朝北盟会编》卷30，上海古籍出版社，1987年，第220页。

③　（宋）李心传：《建炎以来系年要录》卷15，中华书局，2013年，第322页。

④　（汉）刘熙：《释名》卷7《释用器》，中华书局，1985年，第104页。

兵器是以革条编索或铁链连接两节坚木棒而成，手持的一节木棒较长，另一节木棒相对较短，这样长短相差以免在劳动和攻击的时候伤到自己的手或身体。

铁连枷从古代一直沿用至今，主要为农具，用于槌打庄稼使其脱粒。春秋时期《国语》卷6《齐语》记录了管仲对齐桓公所说的话："令夫农，群聚而州处，察其四时，权节其用，耒、耜、枷、芟。"《方言》中注："枷，今连枷，所以打谷者。"《说文》解："柫，击禾连枷也。"① 在嘉峪关的魏晋时期五号墓中保留了一幅铁连枷墓砖画，该砖画长36.5厘米，宽17.5厘米，画中描绘了一名男子正手持连枷，在打谷场槌打粮食的场面（图2）。② 党项族本为游牧民族，建立西夏后占据河西、河套等农耕地区，也吸收了当地的先进文化，并将其广泛运用于军事战争方面。

图2　嘉峪关魏晋五号墓打连枷

铁连枷早在春秋时期就已经被运用于军事上，主要是作为守城御敌的常用器械，用来攻击匿藏于墙壁之外的入侵者。《墨子》卷14《备城门》："城上二步一渠，渠立程丈三尺，冠长十尺，辟长六尺。二步一荅，荅广九尺，袤十二尺。二步置连梃、长斧、长椎各一物。"③ 至唐代杜佑《通典》卷152《兵五·守拒法》中记载："连梃，如打禾连枷状，打女墙外上城敌人。"④ 也就是说从春秋至唐朝，连枷虽然一直被用于军事，但一般仅限于城防守御之中。

到了宋代，连枷在军事发展史上进行了一次嬗变，扩大了战场空间，不

---

① 徐元诰撰，王树民、沈长云点校《国语集解·齐语第六》，中华书局，2002年，第221页。
② 胡之主编《甘肃嘉峪关魏晋五号墓彩绘砖》，重庆出版社，2001年，第12页。
③ 朱越利校点《墨子》卷14《备城门》，辽宁教育出版社，1997年，第127页。
④ （唐）杜佑：《通典》卷152《兵五》，中华书局，1996年，第3897页。

但使用于城防守御，而且成为一种非常重要的战场兵器。铁连枷在战场上发挥作用，主要是为了攻击防守于盾牌后面的士兵，充分利用连枷中间有链条，可以曲线击打盾牌前后隐藏的敌人。宋朝行军打仗采用稳妥防御的战术，注重阵图、阵法的运用，在阵图运用的过程中，用铁连枷隔着盾牌攻击来犯之敌。如《宋史·兵志》载："庆历元年，知并州杨偕遣阳曲县主簿杨拯献《龙虎八阵图》及所制神盾、劈阵刀、手刀、铁连槌、铁简，且言《龙虎八阵》，有奇有正，有进有止，远则射，近则以刀盾击。"① 与此相反，西夏进攻通常采用主动进攻的战术，运用铁连枷攻击隐藏于盾牌之后的宋军。

宋曾公亮《武经总要前集·器图》载："铁连夹棒。本出西戎，马上用之，以敌汉之步兵。其状如农家打麦之枷，以铁饰之，利用自上击下。"（图3）② 文中记载的所谓"西戎"，应指长期与北宋对抗的西夏，其充分利用战马奔驰的冲击力，发挥精良的骑术，以重器打击身着优质甲胄的汉军，特别是"自上击下"来攻击步兵头部，是少数民族作战的技术优势。③也就是说真正将铁连枷从城防用具推广至战场的应该是西夏。西夏对于铁连枷的使用，《天盛律令》中亦有记载："战具：弓箭、枪剑、刀、铁连枷、马鞍、装箭袋、金、银、种种铁柄、披、甲、编连碎段。"④ 西夏将铁连枷列入战具中，将之与弓箭等列为一个等级，也反映出西夏对于该种兵器的重视，可惜没有文物考古资料，我们无法窥其形制和原貌。

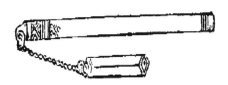

图3 《武经总要》中的铁连夹棒

随着武器的发展，铁连枷不仅用于防御和阵法，也逐渐成为将士所喜爱的兵器，宋将中善使铁连枷者较多，其中狄青和吴逵就是使用铁连枷的代表人物。《曾巩集》记载："（狄）青已纵蕃落马军二千人出贼后，至是，前后合击。贼之标牌军为马军所冲突，皆不能驻。军士又从马上以铁连枷

---

① 《宋史》卷197《兵志十一》，第4911页。

② （宋）曾公亮：《武经总要前集》卷12《守城》，第683页。

③ 马明达：《说剑丛稿（增订本）》，中华书局，2007年，第173页。

④ 史金波、聂鸿音、白滨译《天盛改旧新定律令》卷7《敕禁门》，第284页。

击之,遂皆披靡相枕藉,遂大败。"① 还有就是邠宁广锐都虞候吴逵与西夏没藏讹庞家奴王文谅因买马发生争执有隙,庆州发生兵乱,吴逵率众力战,用铁连枷杀贼首领,结果王文谅派部曲夺之,并且"诬以夜至野夅,会与贼斗,呼逵不至及扇摇军士"。② 为更好地在战争中使用铁连枷等兵器,韩琦建议在教阅中提高连枷的击中率:"马枪止试左右盘弄,而不较所刺中否,皆非实艺。……凡马上使枪,左右十刺,得五中木人为及等。马上铁鞭、铁简、棍子、双剑、大斧、连枷之类,并是一法,每两条共重十斤为及等,但取左右实打有力者为中。"③

三 骨朵

骨朵,亦名"骨朵子""胍肫""金瓜",以铜铁或硬木制为蒜头或蒺藜状,贯于棍棒首端,考古界对早期这种带有装柄圆孔,套接在柄把顶端而成的复合器具,称为棍棒头,有圆球形、瓜棱形、多芒星形、多瘤形等多种式样。④ 文献对于骨朵一词来源记载颇多,《东京梦华录》中"骨朵子"条记载:"程大昌演繁露十二宋景文公笔录谓。俗以挝为骨朵者。古无稽据。国朝既名卫士执挝扈从者为骨朵子班。遂不可考,予按字书。树挝皆音竹瓜反,通作树,树又音徒果反,树之变为骨朵。正如而已为尔,之乎为诸之类也。然则谓挝为骨朵。虽不雅驯,其来久也。"⑤

宋代《武经总要前集》(图4)中对骨朵种类、形制、用途等有详细记载:"蒺藜、蒜头二色,以铁若木为大首。迹其意,本为胍肫,大腹也,谓其形胍而大。后人语讹,以胍为骨,以肫为朵。其首形制不常,或为蒺藜,或为蒜首,俗以随宜呼之。短柄铁链皆骨朵类特形制小异尔。"⑥

① (宋)曾巩撰,朱国富、谢若水整理《曾巩集》卷52《杂识二首》,国际文化出版公司,1977年,第580页。

② (宋)李焘:《续资治通鉴长编》卷131,神宗熙宁四年二月庚辰条,第5361页。

③ (宋)李焘:《续资治通鉴长编》卷132,仁宗庆历元年五月丙寅条,第3152—3153页。

④ 田广林、刘安然、周海军:《关于那斯台遗址出土棍棒头性质的再讨论》,《辽宁师范大学学报》2017年第3期,第123页。

⑤ (宋)孟元老撰,邓之诚注《东京梦华录注》卷6,中华书局,2010年,第169页。

⑥ (宋)曾公亮:《武经总要前集》卷13《器图》,第684页。

图 4 《武经总要》中的骨朵

　　骨朵作为一种常规作战兵器，在宋、辽、金代墓葬中出土的很多文物和壁画中出现，辽代将其列入常规性兵器。《辽史·兵卫志》中记载"每正军一名……弓四、箭四百、长短枪、骨朵、斧钺、小旗"[①]等，将骨朵明确规定为战斗装备之一。陈永志先生在《骨朵形制及相关诸问题》一文中认为西夏党项民丁的备品中也有骨朵，如"凡民十五为丁……旗鼓五、枪、剑、棍棓、秒袋、雨毡、浑脱、铁镢、箭牌、铁笊篱各一"。但是陈先生在注释中认为"'浑脱'一词应为'骨朵'之译音"，[②]此推断是错误的，浑脱另为其他物品。

　　根据研究，"赤峰境内出土的带有八角星纹基因的小河沿文化棍棒头，也应具有太阳崇拜的文化内涵。结合那斯台遗址出土的棍棒头都普遍制作精致的特点，愈觉李水城先生直接认为其为权杖头的合理性"，[③]可见棍棒用于权杖起源非常早。到了唐宋以后，骨朵逐渐用于仪仗，为了更加壮观、威严，通常在骨朵上面涂以金银色，所以称为"金瓜""立瓜""卧瓜"。西夏的骨朵在形制、功能方面承袭唐宋之制，将骨朵用于仪卫制度中，在敦煌莫高窟第 409 窟西夏壁画《西夏皇帝供养像》中，皇帝身后有

----

① 《辽史》卷 34《兵卫志》，第 397 页。

② 陈永志：《骨朵形制及相关诸问题》，《内蒙古文物考古》1992 年第 Z1 期，第 57、62 页。

③ 田广林、刘安然、周海军：《关于那斯台遗址出土棍棒头性质的再讨论》，《辽宁师范大学学报》2017 年第 3 期，第 127 页。

八个侍从，身材与皇帝相比皆比例缩小，分别为皇帝张伞盖、执扇、捧弓箭、举宝剑、执金瓜、背盾牌（图5）。着圆领窄袖袍，腰束带，有护髀。[①]以及在俄罗斯艾尔米塔什博物馆中藏着一幅黑水城出土的《西夏皇帝和众侍从》图，从该画的线描图中我们可以清晰地看到，西夏皇帝后面站着一位身穿鱼鳞甲，外穿布袍的侍从，他的手中就持有一柄短骨朵（图6）。[②]

图5　西夏皇帝供养像

图6　西夏皇帝和众侍
从图（局部）

辽、金时期在壁画中描绘骨朵的更是屡见不鲜。如赤峰市敖汉旗辽代3号墓墓门两侧，各画有一契丹门吏，"均半侧身相对而立，其服饰、所执兵器均相同。门吏髡发，只留鬓上两绺发结成辫从耳后下飘。身着蓝色圆领窄袖长袍，黄色中单，腰系黄色带，足蹬黑靴。……双手执瓜状骨朵，柄上有竹节式纹饰。腰佩长刀，刀有黑色鞘，鞘上画勾云状纹饰，刀有栏，柄端呈三瓣花形，并系一绳套"。[③]在库仑辽代2号墓壁画中有几名侍卫手中都持有骨朵，"驭者之前画两个年长卫士。须发式样相同。耳前垂发，鬓角蓄发处剃成圆形。……两人左手各执骨朵，右手平置胸前。相对

---

① 汤晓芳：《西夏艺术》，宁夏人民出版社，2003年，第8页。
② 俄罗斯国立艾尔米塔什博物馆、西北民族大学编《俄藏黑水城艺术品》第1卷，上海古籍出版社，2008年，第17页。
③ 张文静：《赤峰市敖汉旗羊山辽墓壁画研究》，硕士学位论文，中央民族大学，2011年，第28—29页。

而立，屈指做手势，互相交谈"，^①有趣的是左边的一位侍者将骨朵挂于腋窝下面，身体向右微微倾斜做休息状，表情十分轻松。这为我们研究古代兵器提供了一幅生动鲜活的画面（图7）。

图7　库仑辽代壁画2号墓侍卫图（局部）

2010年在宜阳县韩城镇仁厚村北发现一座宋代壁画墓。该墓坐北向南，为竖穴土洞墓，墓室顶部和四壁满绘壁画，其中墓门东侧绘一门吏，保存基本完好，该门吏高0.68米，头戴黑色直脚幞头，身着圆领红色袍服，腰围白色抱肚，其形象栩栩如生，虽着文官袍服却仍显威风凛凛。该门吏所持兵器颇有来历，名曰骨朵。[2]

1993年在宁夏海原县西夏遗址临羌寨出土了一批西夏文物，这些文物以兵器为主，有剑、流星锤、铜锤、铁箭头、鎏金帽、标枪头、弩机等。其中有一件造型独特的兵器，通长44.4厘米，锤头为八瓣橘仁状，铜质；中间的锤杆为铁质，锈腐较重，握柄处有一系穗或系带的圆眼。在握柄下部有八棱形铁饰；在握柄的上部有类似于虎头兽形的装饰，铜质，兽面上鬃毛甚多，兽面突出，纹理也比较繁杂，这件兵器被命名为尚方令锤（图8）。[3]

对于该件文物除了文物考古部门的介绍和新闻媒体的宣传报道以外，

① 王健群、陈相伟：《库仑辽代壁画墓》，文物出版社，1989年，第42页。
② 洛阳古代艺术博物馆：《河南古代壁画馆·壁画品鉴》，中州古籍出版社，2014年，第101页。
③ 李进兴主编《西夏天都海原文史》，宁夏海原县印刷厂，1995年，第8页。

目前学界仅有部分文章引用,[1]笔者认为该件兵器虽能说明持有者有着特殊的身份和地位,然无法证明其准确身份,难以支撑"西夏皇帝授权大臣传达皇命、行使兵权、调动军队、便宜行事的凭证",[2]似乎应将其定名为西夏铜骨朵或者西夏铜锤。与之相似的文物如在哈尔滨新香坊金墓出土的一件银骨朵,其"外似权杖,杖头为陀螺形,空心,以两个半圆形银片相铆焊,接缝处有8个铆钉,脱落3个。杖柄以银片铆焊,有61个铆钉,底端的柲以铁皮包住,锥形,似铁矛的矛尖,通长132厘米"(图9)。[3]这件文物定名为银杖、银骨朵,代表着一种权力的象征,也显示了墓主人身份的特殊性。如《金史·仪卫志上·常朝仪卫条》有:"左右卫将军、宿直将军,展紫,金束带,各执玉、水晶及金饰骨朵。"

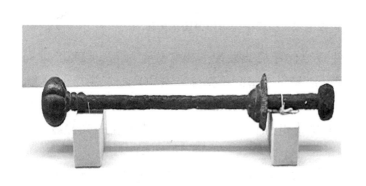 

图8　海原出土的尚方令锤　　图9　哈尔滨新香坊金墓
　　　　　　　　　　　　　　　　　　出土银骨朵

西夏笃信佛教,骨朵作为仪卫武器,不仅在世俗生活中出现,在佛教绘画中也有所描绘,这是以往骨朵研究中非常少见的情况。在俄罗斯保存的西夏绢本彩绘《骑白马的多闻天》(图10)一图中,在多闻天王前面开道的两名小侍卫,头戴黑色幞头,身着绿色铠甲,外披红色长袍,下身穿白色长裤,足蹬黑色长靴,二人做奔跑状,长袍随之飘起,凸显出侍者

---

[1]　姜歆:《论西夏将兵的装备》,《西夏研究》2016年第4期,第65页。
[2]　李进兴主编《西夏天都海原文史》,第8页。
[3]　黑龙江省博物馆:《哈尔滨新香坊墓地出土的金代文物》,《北方文物》2007年第3期,第51页。

轻盈的动作。二人肩上各扛有一长骨朵，骨朵杆部为赤色，骨朵头呈金黄色，形制非常清晰。①

图 10　黑水城出土骑白马的多闻天图（局部）

此外，《契丹国志》卷 2 记载，应天皇后和辽太宗在梦幻之中见神人执骨朵的事，可以看出骨朵在契丹贵族生活中的地位。"契丹主德光尝昼寝，梦一神人，花冠，美姿容，辎軿甚盛，忽自天而下，衣白衣，佩金带，执骨朵，有异兽十二随其后，内一黑色兔入德光怀而失之。"②

当然，骨朵除了当作战争兵器和仪仗用武器之外，西夏还将其用于杖击类刑具。西夏将刑杖分为大杖和小杖，西夏法典《天盛律令》规定："木枷大杖上当置有官字烙印。杖以柏、柳、桑木为之，长三尺一寸。头宽一寸九分，头厚薄八分，杆粗细皆为八分，自杖腰至头表面应置筋皮若干，一共实为十两，当写新年日。"③

（原文刊于《西夏学》2019 年第 1 期，第 55—64 页）

---

① 俄罗斯国立艾尔米塔什博物馆、西北民族大学编《俄藏黑水城艺术品》第 1 卷，第 60 页。
② （宋）叶隆礼著，贾敬颜、林荣贵点校《契丹国志》卷 2《太宗嗣圣皇帝上》，中华书局，2014 年，第 21 页。
③ 史金波、聂鸿音、白滨译《天盛改旧新定律令》卷 9《诸司判罪门》，第 324 页。

资源竞争与党项国家的形成：以李继迁党项部族的发展为中心

马旭俊

982 年，党项拓跋首领李继捧因家族内部不和，主动向北宋献出其所管州县。随后宋太宗派人接管李继捧所献州县，责令诸党项首领赴京接受安置，却遭到李继捧的族弟、银州刺史李继迁的强烈反对。李继迁诈称乳母死，出葬郊外，将兵器藏于棺中，携数十人逃奔地斤泽，[①] 拉开了与北宋对抗二十余年的历史序幕。作为党项建国史上标志性的历史事件之一，李继迁"叛宋"及其之后党项部族崛起，历来都是中外学者关注的重要课题之一。[②] 然而，已取得成果大都集中在李继迁与北宋之间的战争、贸易、交聘等互动关系上，而忽略了对党项部族自身政治经济情形的考察。

---

① （宋）李焘：《续资治通鉴长编》卷 25，太宗雍熙元年九月条，中华书局，2004 年，第 586 页。

② 如俄国学者克恰诺夫在其代表作《西夏史纲》中以 982 年作为西夏建国史的开端（〔俄〕克恰诺夫：《西夏史纲》）；日本学者藤枝晃在东西交通背景下探讨了李继迁党项部族的兴起（〔日〕藤枝晃：《李继迁的兴起与东西交通》，辛德勇等译《日本学者研究中国史论著选译》第 9 卷，中华书局，1993 年，第 445—450 页）；日本学者岩崎力新著《西夏建国史研究》，以大量篇幅探讨西夏建国前李继迁党项部族的崛起（参见〔日〕岩崎力《西夏建国史研究》，东京：汲古书院，2018 年）。中国学者在李继迁与党项崛起这个问题的研究上，也取得了突出成绩。如徐庄《试论李继迁的历史作用》，《宁夏大学学报》1981 年第 4 期；李蔚《论李继迁》，《西北民族研究》1994 年第 1 期；李鸿宾《唐末的形势与党项势力的崛起》，《宁夏社会科学》2009 年第 2 期；等等。

唯物辩证法认为，"事物发展的根本原因，不是在事物的外部而是在事物的内部，在于事物内部的矛盾性"，"一事物和他事物的互相联系和互相影响则是事物发展的第二位的原因"。① 因此，本文尝试在相关研究的基础之上，以党项部族社会经济状况为切入点，探讨党项部族崛起、党项政权形成的内在动因与历史关联。略陈一得之愚，求正于大方之家。

一　资源环境与党项部族 "多相冤怼" 的本质

党项经过唐朝两次内徙之后，大致分布于今宁夏北部、甘肃东部和陕西北部等地区，"乃徙党项州所存者于灵、庆、银、夏之境"，② "今灵、夏、绥、麟、府、环、庆、丰州、镇戎、天德、振武军，并其族帐"。③ 这些党项部族按照居住地主要形成两大集团：庆州一带的东山部落和夏州一带的平夏部落。其中，平夏部落拓跋氏因参与镇压唐末黄巢起义有功，被唐朝封为节度使，以夏州为定难军，掌有银、夏、绥、宥等州。直至北宋初，党项拓跋氏形成以夏州为政治中心的藩镇势力。

银、夏、绥、宥、静五州布列于无定河河谷。无定河东起白于山（横山）北麓，由西北向东南注入黄河，是黄土高原与毛乌素沙漠的过渡地带。从地形地貌来看，无定河流域主要分为风沙草滩、河谷缓坡和黄土丘陵三种类型。其中河谷缓坡由无定河及其支流大理河、榆溪河等冲击交汇而成，可适当发展灌溉农业，夏州 "开延化渠，引乌水入库狄泽，溉田二百顷"。④ 由此，学者多认为党项内徙后，在先进汉文明影响下，逐渐由 "逐水草而居" 的游牧生活向定居的农耕生活过渡。毫无疑问，与内徙前活动于青藏高原的党项部族相比，这种变化是显而易见的，然而撇开无定河流域具体地理时空特征谈党项人的农耕活动，容易造成先入为主、以偏概全的局面。至少我们应该意识到，党项人的农耕活动

---

①　庄友刚主编《马克思主义原著选读》，苏州大学出版社，2014年，第344页。

②　《新唐书》卷43下《地理志七下》，中华书局，1975年，第1123页。

③　《宋史》卷491《党项传》，中华书局，1977年，第14138页。

④　《新唐书》卷37《地理志一》，第973页。

受自然环境因素制约很大，有其脆弱的一面。①首先，降雨量不稳定是制约无定河流域农业发展的瓶颈之一。黑水城出土的西夏文文献对此有直观的反映："坡谷地向柔，待雨宜种荞麦也。""平原地沃，降雨不违农时，粮果丰也。"②"待雨""降雨不违农时"等字眼正是对党项部族农业活动受不稳定降雨量制约的精准描述；其次，与干旱和大风相伴而生的是严重的荒漠化。唐诗人李益《登夏州城观送行人赋得六州胡儿歌》："故国关山无限路，风沙满眼堪断魂。"唐诗人许棠《夏州道中》："茫茫沙漠广，渐远赫连城。"《银州北书事》："碛路虽多险，江人不废吟。雕依孤堠立，鸥向迥沙沉。"③《新唐书·五行志》载："夏州大风，飞沙为堆，高及城堞。"④宋人对此也有着直白的描述："从银、夏至青白两池，地惟沙碛。"⑤"银、夏之北，千里不毛。"⑥现代水文实测数据分析也证实，唐至北宋初无定河流域土壤侵蚀、荒漠化达到很严重的程度，⑦对党项部族农牧业生产活动产生了重大影响。

因此，党项部族的农耕活动相对有限，"银、夏诸州，羌戎瘠壤，得其地不可耕"，⑧"党项界东自河西银、夏，西至灵、盐，南距鄜、延，北连丰、会。厥土荒隙"，⑨所以仍以"游牧"为主要生业，"夏州惟产羊马，贸易百货，悉仰中国"，⑩"以畜牛羊马代田业"。⑪这一点从宋夏交战的战利品清单中也有所体现："焚族帐二千余所，获马五百十匹，牛羊三千余口。"⑫"焚庐

① 党项部族大量转向农耕生活，是"占据河套平原与河西走廊以后的事"。参见杜建录、陈广恩《试析党项羌内迁后社会经济的发展》，《固原师专学报》1994年第2期，第42页。
② 译文参见〔俄〕克恰诺夫、李范文、罗矛昆《圣立义海研究》，宁夏人民出版社，1995年，第57页。
③ （清）彭定求编《全唐诗》卷603，中华书局，1960年，第6969页。
④ 《新唐书》卷35《五行志二》，第901页。
⑤ 《宋史》卷264《宋琪传》，第9129页。
⑥ 《宋史》卷277《郑文宝传》，第9426页。
⑦ 参见王尚义等《唐至北宋黄河下游水患加剧的人文背景分析》表3"西夏5州的土壤侵蚀强度级别"，《地理研究》2004年第3期，第392页。
⑧ （清）吴广成撰，龚世俊校证《西夏书事校证》卷3，甘肃文化出版社，1995年，第31页。
⑨ （宋）李焘：《续资治通鉴长编》卷35，太宗淳化五年春正月条，第768页。
⑩ 《资治通鉴》卷292《后周纪三》，中华书局，1956年，第9523页。
⑪ 《全唐文》卷638，上海古籍出版社，1990年，第2856页。
⑫ （宋）李焘：《续资治通鉴长编》卷19，太宗太平兴国三年三月癸卯条，第452页。

帐，获牛马、羊驼。"① "穷其巢穴，俘老幼、获器畜甚众，尽焚掘其窖藏。"②
史籍记载，党项部族时常采用"窖藏"的方式贮存粮食，没有将收获或劫
掠而来的谷物藏于住所，而是埋于地下，说明他们是不定居的、时刻为迁
徙做准备的游牧人群。黑水城出土的西夏文文献记载也表明，党项人已经
熟练掌握了在特定自然环境中饲养牲畜的知识，利用这些知识发展出适当
的游牧技术与节奏，"牦牛、羊等居山得安"，"坡谷草、药，四畜中白羊放
牧易肥，每年产羔乳汁美"，"沙窝长草、白蒿，蓬头厚，诸杂草混，四畜
中骆驼放牧得宜也"，"白黄羊、红黄羊居平谷，食水草而长"。③众所周知，
不同种类、品种的牲畜因其属性而有其所宜牧养的生活环境，那么党项部
族根据环境不同，选择牧养具有适应性的牲畜，是他们最大化获取生活资
源的重要手段。④不难看出，党项部族的游牧技术已相当纯熟。

尽管如此，党项部族经济上仍无法实现自给自足，"绥州顷为内地，
民赋登集，尚须旁郡转饷"，⑤"夏州贫瘠，非有珍宝蓄积可充朝廷供赋"。⑥
除了以其他辅助性生业作为补充，他们也从事劫掠活动，"自灵州至邠州
方渠镇，使臣及外国入贡者多为党项所掠"，⑦"不事生产，好为窃盗，常
相陵劫"；⑧或以贩卖青盐为生，"但以贩青白盐为命尔"，⑨"青白盐出乌、
白两池，西羌擅其利"；⑩或投靠农耕定居的宋朝，"银州蕃落拓拔遇来诉
本州赋役苛虐，乞居内地"；⑪或从事商业活动，"西北边内属戎人，多赍
货帛，于秦、阶州易换铜钱"，⑫"远近商贾赍杂彩诸货，入其部落贸易牛

① 《宋史》卷 323《周美传》，第 10458 页。
② 《宋史》卷 279《陈兴传》，第 9484 页。
③ 译文参见〔俄〕克恰诺夫、李范文、罗矛昆《圣立义海研究》，第 57 页。
④ "游牧"是人类对环境的一种专化适应，所谓专化包括蓄养特定种类与品种的畜产以及特定的游牧迁徙模式与照管牲畜的技术。参见王明珂《游牧者的抉择——面对汉帝国的北亚游牧部族》，广西师范大学出版社，2008 年，第 151 页。
⑤ 《宋史》卷 266《钱若水传》，第 9170 页。
⑥ （清）吴广成撰，龚世俊校证《西夏书事校证》卷 2，第 21 页。
⑦ 《资治通鉴》卷 277《后唐纪六》，第 9064 页。
⑧ （唐）杜佑：《通典》卷 190《边防六》，中华书局，1996 年，第 5169 页。
⑨ 《宋史》卷 277《郑文宝传》，第 9426 页。
⑩ 《宋史》卷 181《食货志下三》，第 4419 页。
⑪ （宋）李焘：《续资治通鉴长编》卷 23，太宗太平兴国七年十二月辛亥条，第 533 页。
⑫ （宋）李焘：《续资治通鉴长编》卷 19，太宗太平兴国三年二月甲申条，第 424 页。

羊"。^①总之，内徙后的党项部族受自然环境与气候灾害的影响，其农牧业生产活动表现出不稳定、依赖性强、无法自给自足、需要以其他辅助性生业作为补充等特点，呈现出以牧业为主，兼营农业，"多马宜稼"^②的局面。

伴随着人口的自然增长，党项部族农牧业经济受到严峻的挑战。研究表明，北宋太平兴国五年（980）至元丰元年（1078）是宋代人口迅速增长的时期。^③具体到党项部族的相关史料记载来看，党项部族内徙时"凡二十万口……仍散居灵、夏等界内"，^④至李继迁"兵势浸强"时，仅贴服蕃部就"不下数十万帐"，^⑤人口规模有了显著增长。研究表明，西夏建国前拓跋氏所据银、绥、夏、宥、静五州在宋初人口已增至30万，加上籍外党项人90万，共有120万人口，李继迁开始复国到李元昊称帝前，人口由120万增加到250万。^⑥杜建录也持相近看法，认为西夏人口应该在150万左右，上限不超过180万或200万。^⑦以这些数据作为参考来看，李继迁时期，党项部族人口与资源之间的相对关系变得异常紧张，部族内外冲突加剧。^⑧这一点从李继迁叛宋前夕，党项部族频繁入寇的记录中有所反映，"秦州内属三族戎人等数寇边"，"戎人寇床穰寨，监军任德明率戎兵击走之"，"戎人寇八狼寨，杀掠吏民"，"戎人八百骑突弓门寨"。^⑨黑水城出土的西夏文文献记载也表明，党项人意识中的武装化倾向相当明显，"四畜中宜马，多产驹，为战具也"，^⑩这种武装化"意识"是对资源竞争紧

---

① （宋）乐史撰，王文楚点校《太平寰宇记》卷184《四夷十三》，中华书局，2007年，第3526页。

② 《宋史》卷335《种谔传》，第10747页。

③ 褚清磊：《唐宋时期陕北城镇地理研究》，硕士学位论文，陕西师范大学，2010年，第21页。

④ 《旧唐书》卷198，中华书局，1975年，第5292页。

⑤ （清）吴广成撰，龚世俊校证《西夏书事校证》卷5，第63页。

⑥ 赵文林、谢淑君：《中国人口史》，人民出版社，1988年，第272—273页。

⑦ 杜建录：《西夏经济史》，中国社会科学出版社，2002年，第88页。

⑧ "当人口相对自然资源显得过剩时，宗族组织之间因对资源的竞争而形成对抗，这种外在的压力迫使宗族组织扩大规模、彼此吞并。"参见杨军《二世纪至十一世纪北族前国家时期的社会组织》，《历史研究》2018年第3期，第176页。

⑨ （宋）李焘：《续资治通鉴长编》卷19，太宗太平兴国三年正月辛亥条、太平兴国三年二月己卯条、太平兴国三年三月壬寅条、太平兴国三年四月戊午条，第421、423、424、426页。

⑩ 译文参见〔俄〕克恰诺夫、李范文、罗矛昆《圣立义海研究》，第57页。

张状况的最直观反映。

与此同时，恶劣的气候条件让党项部族的经济状况雪上加霜。研究表明，10世纪后半叶，我国的平均气温开始逐年下降，干旱及大风频次达到峰值，北方游牧民族的活动范围有南移的迹象（说明游牧民族与农耕民族冲突加剧）。① 黑水城出土的西夏文文献记载，"夏国三大山，冬夏降雪，日照不化，永积。有贺兰山、积雪山、焉支山"，② "贺兰山有牦牛处之数，年年七八月间，前内侍中当派一实信人往检视之"，③ 贺兰山夏季降雪，牧养高寒地区的动物牦牛，均说明当时气候异常寒冷。李继迁叛宋那年二月，宋太宗下诏："近者蝗旱相仍，民多流徙，宜设法招诱。"同年五月又诏："今宿麦将登，宜及时储蓄。其告谕乡民，常岁所入，不得以食犬彘及多为酒醪，嫁娶丧葬之具，并从简俭。"④ 由此不难想象李继迁时期，党项部族遭遇前所未有的恶劣生存环境与经济困境，"戎人皆贫窭，饮食被服粗恶"。⑤

综上所述，李继迁叛宋前夕，受气候干冷与人口增长等自然因素影响，党项部族原本脆弱的、无法自给自足的社会经济生态开始摇摇欲坠，人口与资源之间竞争关系趋于紧张。唯物史观认为，"历史中的决定性因素，归根结蒂是直接生活的生产与再生产。但是，生产本身又有两种：一方面是生活资料即食物、衣服、住房以及为此所必需的工具的生产；另一方面是人自身的生产，即种的繁衍"。⑥ 因此，"诸父昆弟多相冤怼"的历史表相背后，一个历史规律时常被忽略：物质丰歉与人口繁衍之间的动态矛盾，即资源竞争的紧张度才是游牧部族或聚或散的内在本质。

---

① 参见王会昌《2000年来中国北方游牧民族南迁与气候变化》图1 "4000年来我国气候的冷暖波动、干湿变化与我国北方游牧民族政权疆域南界纬度变化的关系"，《地理科学》1996年第3期，第276页。

② 译文参见〔俄〕克恰诺夫、李范文、罗矛昆《圣立义海研究》，第58页。

③ 译文参见史金波、聂鸿音、白宾等译《天盛改旧新定律令》卷19，法律出版社，2000年，第577页。

④ （宋）李焘：《续资治通鉴长编》卷23，太宗太平兴国七年二月庚午条、太平兴国七年五月癸丑条，第512、520页。

⑤ （宋）李焘：《续资治通鉴长编》卷37，太宗至道元年三月己巳条，第810页。

⑥ 〔德〕恩格斯：《家庭、私有制和国家的起源》，人民出版社，2018年，第4页。

二 资源竞争紧张与党项部族的聚离合散

党项部族所处的地理环境、气候条件等因素决定了他们以"游牧"为主的经济形态，而"游牧"的部族为了适应多变的外在环境（干旱、严寒、战争等），获取维持自身生存的物质资源，必然发挥更多的"移动、分散"原则（如各处"游牧"觅食，改变政权认同获取利益等），从而难以形成集中化、阶序化的统治秩序，"族帐分散，不相君长"，[①] "虽各有鞍甲，无魁首统摄"，[②] 也决定了其可聚可散的社会特质，"无定居，便战斗，利则进，不利则走"，[③] "随逐水草，散保岩险，常乌合猬聚，以寇边境。胜则进，败则退，无以穷其巢穴"。[④] 说明党项部族时常为了规避风险、求得生存，根据外来敌对力量大小，团聚成适当的群体以自卫或攻击，战后随即解散，各回到宜于当地游牧经济的人群组合中去，即因利而聚集成大团体，因不利分散为小团体。[⑤] 与此相印证，史籍中类似记载并不鲜见，如"羌戎乏食，四十二族首领盟于杨家族，引万余骑寇"，[⑥] "其俗多有世仇不相往来，遇有战斗，则同恶相济，传箭相率，其从如流"。[⑦] 党项拓跋氏对其境内部族管理松散也说明了这一点。宋太宗曾问党项首领李继捧："汝在夏州用何道以制诸部？"李继捧回答道："羌人骜悍，但羁縻而已，非能制也。"[⑧] 所谓羁縻，"附则受而不逆，叛则弃而不追"。[⑨] 因此，如何有效凝聚组织散漫的党项部族，是李继迁面临的首要政治命题，"遁入蕃族，收部曲散亡者"。[⑩]

李继迁最开始仅以祖宗恩德为历史共鸣凝聚党项部族，"出其祖彝兴像以

① （宋）李焘：《续资治通鉴长编》卷149，仁宗庆历四年五月壬戌条，第3607页。
② 《宋史》卷264《宋琪传》，第9129页。
③ 《宋史》卷279《李重贵传》，第9487页。
④ （宋）钱若水修，范学辉校注《宋太宗皇帝实录校注》卷33，中华书局，2013年，第325页。
⑤ 参见王明珂《游牧者的抉择——面对汉帝国的北亚游牧部族》，第26页。
⑥ （宋）彭百川：《太平治迹统类》卷2《太祖太宗经制西夏》，《景印文渊阁四库全书》第408册，台北：台湾商务印书馆，第63页。
⑦ （宋）李焘：《续资治通鉴长编》卷35，太宗淳化五年正月甲寅条，第768页。
⑧ 《宋史》卷485《夏国传》，第13984页。
⑨ 《后汉书》卷86《南蛮西南夷列传》，中华书局，1965年，第2833页。
⑩ （宋）曾巩撰，王瑞来校证《隆平集校证》卷20，中华书局，2012年，第600页。

示戎人，戎人皆拜泣，继迁自言：'我李氏子孙，当复兴宗绪。'族帐稍稍归
附"；① 为了应对党项部族溃散，李继迁不得不向辽称臣纳贡，986 年"见诸部
溃散，谋于众曰：'吾不能克复旧业，致兹丧败，兵单力弱，势不得安。北方
耶律氏方强，吾将假其援助，以为后图。'② 于是"始来附辽"；③ 为了凝聚党
项部族，李继迁积极联姻豪家大族，"继迁复结婚于帐族之酋豪，凡数妻，渐
已强盛"，④ 主动向辽朝公主求婚，"李继迁引五百骑款塞，愿婚大国，永作蕃
辅。诏以王子帐节度使耶律襄之女汀封义成公主下嫁，赐马三千匹"。⑤

李继迁还通过其他渠道获取物质利益，以加强对党项部族的控制。
992 年，李继迁上奏宋太宗，请通陕西互市："财用渐乏。时陕西尚严边
禁，碛外商旅不通，保吉（李继迁）上言：'王者无外，戎夷莫非赤子？
乞通互市，以济资用。'"⑥ 再如，李继迁试图掌控青白盐等战略物资，"驻
兵乌白池，扼盐、夏要路，继迁轻兵袭之"，⑦ "夏州、延州行营言破李继
迁于乌白池"。⑧ 青白盐是党项部族可直接作为等价交换物的重要战略物
资之一，"但以贩青白盐与边民博籴粟麦充食"，⑨ 因此李继迁夺取青白盐
控制权的军事行动虽然没能取得成功，但他通过"青白盐"控制党项部
族的意图明显；再比如，李继迁携党项部族频繁发动劫掠，获取各种物
资，⑩ "诸族渠帅附李继迁为寇"，⑪ "近者李继迁以蕞尔之众，侵扰西边，为

① （宋）李焘：《续资治通鉴长编》卷 25，太宗雍熙元年九月条，第 586 页。
② （清）吴广成撰，龚世俊校证《西夏书事校证》卷 4，第 47 页。
③ 《辽史》卷 115《二国外纪》，中华书局，2000 年，第 1524 页。
④ （宋）彭百川：《太平治迹统类》卷 2《太祖太宗经制西夏》，《景印文渊阁四库全书》第
　408 册，第 61 页。相关研究论著引用这条史料时，几乎皆引为"凡数年"，指明出处为
　"《太平治迹统类》卷 2"，却不明版本。今核查四库全书影印本《太平治迹统类》，此句记
　载为"凡数妻"。如果考虑到李继迁与酋豪建立姻亲关系，是其摆脱经济窘境、凝聚党项
　部族的重要手段之一，那么这里应该为"凡数妻"，才是合情合理的。
⑤ 《辽史》卷 11《圣宗本纪》，第 127 页。
⑥ （清）吴广成撰，龚世俊校证《西夏书事校证》卷 5，第 56 页。
⑦ （清）吴广成撰，龚世俊校证《西夏书事校证》卷 5，第 63 页。
⑧ 《宋史》卷 5《太宗本纪》，第 100 页。
⑨ （宋）彭百川：《太平治迹统类》卷 2《太祖太宗经制西夏》，《景印文渊阁四库全书》第
　408 册，第 63 页。
⑩ 刘易斯·斯威特认为，对外的单向掠夺为他们带来生产之外的必要资源，战利品的分
　配又可巩固部落领袖的地位。参见王明珂《游牧者的抉择——面对汉帝国的北亚游牧部
　族》，第 38 页。
⑪ 《宋史》卷 491《夏国传》，第 14139 页。

我疥癣之患"。①

综上，李继迁为了拓展党项部族的生存资源渠道，加强对党项部族的控制，主要采取了臣附辽朝、联姻豪族、武力劫掠等方式。现以李继迁臣附辽朝、武力劫掠相关史实为例，分析李继迁叛宋初期所面临的政治经济局面。

首先以臣附辽朝为例。李继迁曾以"来告""告伐宋捷""谢册封""纳贡"等多个名目，频繁派遣使者前往辽朝。②使者曾向辽朝进贡物品："细马二十匹，粗马二百匹，驼一百头，锦绮三百匹，织成锦被褥五合，苁蓉、甘石、井盐各一千斤，沙狐皮一千张，兔鹘五只，犬子十只。"辽朝回赐使团："犀玉腰带二条，细衣二袭，金涂鞍辔马二匹，素鞍辔马五匹，散马二十匹，弓箭器仗二副，细锦绮罗绫二百匹，衣著绢一千匹，羊二百口，酒果子不定数。"③进贡与回赐本身就是另一种形式的贸易。基于这样的认识，李继迁派使者向辽朝的进贡与辽朝对使团的回赐，不仅属于政治层面的交流，也是辽朝与党项部族经济交流的重要途径之一，对李继迁改善经济窘境能够起到一定的作用。然而，这种作用不宜被过分夸大，因为李继迁向辽朝进贡的物品多是马匹、骆驼、井盐等直接经济产品，以及少量锦绮、锦被褥等"稀罕物"，前者当是他直接取自党项部族，"岁时贡献悉取资于蕃族"，④这无疑压榨了党项部族内普通牧民的经济生活；反之，李继迁通过与辽朝和亲及贡赐关系中得到的物资，大都是与生计无关的金腰带、鞍辔、丝织品等奢侈品，对于党项部族内普通牧民的生计又无补。这些"奢侈品"主要被李继迁用来赏赐给各部落首领或豪族首领，然后由各首领转赐下去，以此巩固李继迁及各层级首领的地位，从而达到抬升其政治威望的目的，"及契丹妻以公主，羌部慑服，输牲畜者日众"。⑤

---

① （宋）赵汝愚：《宋朝诸臣奏议》卷130李至《上太宗乞怀柔北狄》，上海古籍出版社，1999年，第1431页。

② "辽夏通使年表"，参见杨浣《西夏关系史》，人民出版社，2010年，第285页。

③ "契丹回赐除羊外，余并与新罗国同，惟玉带改为金带，劳赐人使亦同"，故回赐党项物件单依回赐新罗国物件单整理而成。参见（宋）叶隆礼《契丹国志》卷21《外国贡进礼物》，中华书局，2014年，第230页。

④ （清）吴广成撰，龚世俊校证《西夏书事校证》卷5，第56页。

⑤ （清）吴广成撰，龚世俊校证《西夏书事校证》卷4，第51页。

总而言之，不宜过于表面地去理解"族帐稍稍归附""渐已强盛""羌部慑服"等文字表述，通过抽丝剥茧的分析，我们可以看出，李继迁以"臣附辽朝"的方式达到凝聚党项部族的效果相对有限——当党项部族内普通牧民受到的"剥削"危及其自身生存的时候，则会毅然决然地离李继迁而去。根据史籍记载，这一时期李继迁与党项部族之间冲突加剧，关系趋于紧张，"党项咩兀等族谋杀继迁"，①"继迁徙绥州民于平夏，部将高文岊等因众不乐反"。②

其次以武力劫掠为例。现将982—993年李继迁入寇宋朝发生季节整理如下（表1）。

表1　史籍所见李继迁前期入寇事件的发生季节（982—993）

时间	春	夏	秋	冬	资料出处
982 年					
983 年				●	《稽古录》卷 17
984 年			●	●	《西夏书事》卷 4
985 年	●		●		《宋史》卷 485；《太宗实录》卷 33
986 年					
987 年				●	《西夏书事》卷 4
988 年					
989 年				●	《宋史》卷 491
990 年				●	《辽史》卷 13
991 年			●	●	《辽史》卷 13；《宋史》卷 491
992 年					
993 年					

注：[1]如果将李继迁叛宋历程一分为二，那么前后两个时期各占11年，即前期为982—993年。又《续资治通鉴长编》卷35：994年"灵州及通远军皆言：赵保吉（李继迁）攻围诸堡寨，侵掠居民，焚积聚"。攻占灵州是李继迁叛宋事件的重要转折点，因此994—1004年可视为李继迁叛宋的后期。

[2]春=1—3月；夏=4—6月；秋=7—9月；冬=10—12月（农历）。《宋太宗皇帝实录》卷33："秋七月，蕃族寇金明寨。"又《辽史》卷13："秋七月，夏国以复绥、银二州遣使来告。"故以7—9月为秋季，相应地，春夏冬三季节时间分别为1—3月、4—6月、10—12月。

① （清）吴广成撰，龚世俊校证《西夏书事校证》卷4，第48页。
② 《宋史》卷485《夏国传》，第13987页。

从表 1 数据总体来看，李继迁前期入寇事件发生在春季的仅 985 年一次，其余均在秋冬两季。984 年秋，宋将曹光实夜袭地斤泽，"斩首五百级，烧四百余帐，获继迁母、妻及羊马器械万计，继迁仅以身免"。①第二年春，李继迁设计诈降，诱杀了曹光实，②随后"乘势数寇边"。③可见，985 年春季的"寇边"是李继迁诱杀曹光实后的捎带举动，不是事先计划好的，是一次偶然、例外的行动。也就是说，早期李继迁入寇事件几乎都安排在秋冬季节，说明此时李继迁携党项部族进行劫掠是为了获得生活物资，属于生计性掠夺，因而必须与游牧季节活动相配合。④史籍对此也有记载，李继迁携党项部族劫掠的目的之一，是为了获取基本生活物资（如粮食），"继迁所部康奴族，往岁钞劫灵州援粮"，⑤"缘边与贼山界相接，人民富庶，每来入寇，则科率粮糗，多出其间"。⑥

换个角度来看表 1 数据，如果李继迁一年四季动员党项部族，有许多牧民将被迫离开重要的游牧季生产活动区域而无法从事生产，党项牧民出于利益抉择也不大可能追随李继迁一年四季从事劫掠或战争活动，因此，李继迁的个人野心必须适应党项部族的游牧节奏（只能在秋冬两季集结部族），反之，势必引发李继迁与党项部族之间的冲突。也是鉴于此，李继迁不时采取强力手段胁迫与其对抗的党项部族，"继迁凶忍，虐用其属"，⑦"继迁诱之叛，不从，数以兵侵掠"。⑧李继迁曾向宋太宗抱怨道："自去年遣人入朝，敕禁抄掠，今境上戎人不禀诏旨，频肆攻劫，本部不敢禁御，恐边吏诬奏，无以自明。"宋太宗诏答曰："……自今敢犯卿者当诛之也。"⑨诚然，李继迁的举动有借助宋朝皇帝抬升自己

① （宋）李焘：《续资治通鉴长编》卷 25，太宗雍熙元年九月条，第 586 页。
② 《宋史》卷 485《夏国传》："诱杀曹光实于葭芦川……时雍熙二年二月也。"
③ 《宋史》卷 274《梁迥传》，第 9356 页。
④ 与之相对应的是战略性掠夺：威胁、恐吓定居国家以遂其经济或政治目的的攻击行动，为了增强威胁效果，经常在一年中不定期发动攻击。参见王明珂《游牧者的抉择——面对汉帝国的北亚游牧部族》，第 135 页。
⑤ 《宋史》卷 279《陈兴传》，第 9484 页。
⑥ （宋）李焘：《续资治通鉴长编》卷 132，仁宗庆历元年五月甲戌条，第 3137 页。
⑦ （清）吴广成撰，龚世俊校证《西夏书事校证》卷 4，第 48 页。
⑧ （清）吴广成撰，龚世俊校证《西夏书事校证》卷 6，第 70 页。
⑨ （宋）彭百川：《太平治迹统类》卷 2《太祖太宗经制西夏》，《景印文渊阁四库全书》第 408 册，第 65 页。

政治威望的成分，但他关于党项部族"频肆攻劫，而本部不敢禁御"的陈述是符合历史实际的。由此可见，李继迁初期"收部曲散亡者"收效甚微。

综上举例分析，我们进一步得知，党项部族所处的资源环境决定了其无法实现经济上的自给自足，继而无法实现政治上的"层级阶序""一统集中"，李继迁本人更不具备物质再生产的能力，自然不能有效地凝聚党项部族，"苦无财利，以结人心"，[①] "非有厚利，能诱其人"。[②]

三　兴灵平原与党项部族生存资源的补充

李继迁的政治、经济处境从 996 年开始有了很大转变。这一年三月，宋将白守荣等奉诏"护送辎重赴灵州"，途经浦洛河时被李继迁伏击，"刍粟四十万悉为李继迁所获"。[③] 这一历史事件的深远影响未能引起学者足够重视。一方面，宋朝损失刍粟四十万，灵州军民的军事防御能力被大大削弱；另一方面，对"苦无财力"的李继迁来说，这四十万刍粟无疑是雪中送炭，大大提升了他凝聚党项部族、发动更大规模战争的能力。[④] 两个月后，李继迁率"万余众"围攻灵州，"因剽劫辎重之后，颇猖獗自恣，辄窥灵武，驱乌合之众"，[⑤] 且战斗持续到了第二年春，"灵州行营言：败李继迁万余众，斩首二千级，获鞍马数千计。继迁单骑遁走"。[⑥]

此后，李继迁进攻宋朝的步伐不但没有停止，反而有愈演愈烈之势

① （宋）李焘：《续资治通鉴长编》卷 35，太宗淳化五年春正月甲寅条，第 771 页。
② （宋）李焘：《续资治通鉴长编》卷 50，真宗咸平四年十二月丁卯条，第 1098 页。
③ （宋）彭百川：《太平治迹统类》卷 2《太祖太宗经制西夏》，《景印文渊阁四库全书》第 408 册，第 66 页。
④ 事实上，自 994 年春开始，"灵州及通远军皆言赵保吉（李继迁）攻围诸堡寨"（《续资治通鉴长编》卷 35，太宗淳化五年春正月甲寅条，第 767 页），至 995 年秋"李继迁帅千余骑来寇"（《太平治迹统类》卷 2《太祖太宗经制西夏》，《景印文渊阁四库全书》第 408 册，第 66 页）。仅以"千余骑来寇"，说明此时李继迁对兴灵地区的军事行动规模相当有限。
⑤ （宋）李焘：《续资治通鉴长编》卷 39，太宗至道二年五月辛丑条，第 833 页。
⑥ （宋）钱若水修，范学辉校注《宋太宗皇帝实录校注》卷 80，中华书局，2012 年，第 793 页。

（李继迁这一时期进攻宋朝的季节、地点情况详见下文表 2）。第一，李继迁随后的军事行动规模并未受到此前"灵州之围"败绩的影响，"延州言钤辖张崇贵等破蕃贼大卢、小卢等十族，擒获人口、羊马二十万"，① "复以二万骑进围麟州"；② 第二，李继迁进攻宋朝的频率有明显的增加，时常在同一年同一季节不止一次向宋朝发起军事行动，且不受春季"马瘦人饥"、③ 夏季勤于放牧的游牧节奏影响，一年四季皆有可能；第三，李继迁进攻宋朝的范围扩大，不再局限于银夏地区，时常在同一年同一季节不同方位向宋朝发起军事行动，呈现出多线出击、长途奔袭的局面；第四，李继迁开始重视军事布局，加强对战略要地、要道的控制，"以蕃部归顺者众，遣兵屯驼橐口西北双堆"，④ "西边谍者言戎人有路出镇戎军、原州之间"，⑤ "戎人塞道，邮传馈饷皆不通"；⑥ 第五，李继迁在随后进攻宋朝的军事活动中，摆脱了"往来无定"的掠夺行为，开始攻城略地，表现出卓越的指挥才能，初步具备了组织军事战争的能力，"继迁亲鼓其众攻清远南门，其子阿移攻北门，湮壕断桥以进"。⑦

表 2 997—1002 年李继迁对宋军事行动概览

时间	季节	地点	史料出处
997 年	春	驼橐口西北双堆[1]	《太平治迹统类》卷 2
	冬	灵州	《宋史》卷 6
998 年	秋	绥州、鄜延、石州	《西夏书事》卷 6
999 年	秋	麟州万户谷	《续资治通鉴长编》卷 45
	秋	府州埋井寨	《宋会要》方域 21 之 4
	冬	延安	《西夏书事》卷 6

---

① （宋）李焘：《续资治通鉴长编》卷 47，真宗咸平三年冬十月丙寅条，第 1030 页。
② （宋）李焘：《续资治通鉴长编》卷 52，真宗咸平五年五月癸巳条，第 1136 页。
③ 范仲淹曾在对夏作战方略中指出："贼界春暖，则马瘦人饥，其势易制。"参见《续资治通鉴长编》卷 130，庆历元年正月丁巳条，第 3080 页。
④ （宋）彭百川：《太平治迹统类》卷 2《太祖太宗经制西夏》，《景印文渊阁四库全书》第 408 册，第 74 页。
⑤ （宋）李焘：《续资治通鉴长编》卷 52，真宗咸平五年九月己酉条，第 1152 页。
⑥ 《宋史》卷 254《侯仁矩传》，第 8885 页。
⑦ （宋）李焘：《续资治通鉴长编》卷 49，真宗咸平四年九月癸酉条，第 1072 页。

续表

时间	季节	地点	史料出处
1000 年	夏	麟州浊轮寨	《续资治通鉴长编》卷 47
	夏[2]	庆州	《苏学士文集》卷 4
	秋	瀚海	《续资治通鉴长编》卷 47
	冬	积石	《续资治通鉴长编》卷 47
	冬	延州	《续资治通鉴长编》卷 47
1001 年	秋	清远军	《续资治通鉴长编》卷 49
	秋	唐龙镇西柳拨川	《续资治通鉴长编》卷 49
	秋	定州、怀远县、堡静、永州	《宋史》卷 485
1002 年	春	灵州	《续资治通鉴长编》卷 51
	夏	麟州	《续资治通鉴长编》卷 52
	秋	镇戎	《续资治通鉴长编》卷 52
	秋	延州	《续资治通鉴长编》卷 52

注：春 =1—3 月；夏 =4—6 月；秋 =7—9 月；冬 =10—12 月（农历）。

[1]《宋史》卷 257《李继和传》（第 8968 页）载为"囊驼口西北双堆"；《宋史》卷 326《田敏传》（第 10533 页）载为"囊驼口双堆（同：堆）西"；《宋会要辑稿》兵十四之十五（上海古籍出版社，2014 年，第 8887 页）载为"双埠"，待考。

[2]《西夏书事校证》系于"夏四月"。

从上文所述军事战争的特点来看，这一时期李继迁对党项部族的掌控有所加强。① 史籍记载也部分地反映了这个现实，"邀击李继迁辎重于唐龙镇西柳拨川，杀获甚众，生擒其大校四人"，"李继迁遣其牙将来贡马"。② "大校""牙将"这些官职名称说明李继迁掌握了比较充足的物质资源，初步实现了层级阶序化统治，③ "迁贼包藏凶逆，招纳叛亡，建立州城，

① 弗里德认为，"战争能使已经初具分层规模的社会分化更趋制度化，战争使得阶层社会的首领能够作出经济决策将资源和劳力都转向军事行动"。参见陈淳《文明与早期国家探源——中外理论、方法与研究之比较》，上海世纪出版集团，2007 年，第 85 页。
② （宋）李焘：《续资治通鉴长编》卷 49，真宗咸平四年九月辛卯条、咸平四年八月庚子条，第 1074、1068 页。
③ （清）吴广成撰，范学辉校证《西夏书事校证》卷 4（第 44 页）载：雍熙二年（985），李继迁"以浦、仁谦为左右都押牙，李大信、破丑重遇贵为蕃部指挥使，李光祐、李光允等为团练使；复署蕃酋折八军为并州刺史，折罗遇为代州刺史，嵬悉咩为麟州刺史，折御乜为丰州刺史，弟延信为行军司马，其余除授有差"。这条记录是史籍记载的李继迁最早"阶序化"措施，如果考虑到 985 年李继迁的政治经济窘境，这条记录的真实性是值得推敲的，很大程度上只是一次名义上的、缺乏层级阶序的"人事任命"。

创置军额"。① 因而，李继迁围攻灵州失败之后，宋朝方面"群臣称贺"，②
显然是过于乐观的表现。从 997—1002 年李继迁对宋战争的表现来看，李
继迁不像是被宋朝击败的，更像是其主动做出的战术性撤退。此后数年间，
李继迁的政治、军事实力显著增强，最终在 1002 年春，"大集蕃部，攻陷
灵州"。③

李继迁之所以缓解了经济窘境，加强了对党项部族的掌控，首要原
因是其不断攻劫北宋辎重队伍，获得了数量可观的粮食。④ 史籍记载，李
继迁在攻占灵州时，"剽劫"不止一次，"部刍粟过瀚海，为李继迁所
邀"，"送灵武刍粮……至积石，夜为蕃贼所抄"，⑤ "诸将讨李继迁，关辅
转饷逾瀚海，多失亡"；⑥ 其次，占据灵州之后，李继迁利用兴灵平原得天
独厚的资源环境优势，屯垦营田、发展农业，"在灵州东三十里东关镇，
树栅居之，所部人骑约三万。去岁伤旱，禾麦不登，又引河水溉田，功
毕而防决"，⑦ 设置集市、发展贸易，"迁贼蕃部于赤沙、橐驼路各置会贸
易"⑧ 等。

总而言之，李继迁在围攻、占据灵州过程中，通过武力劫掠、屯垦营
田、发展贸易等手段，"择灵武山川之险而分据之，侵河外膏腴之地而辟
之"，补充了党项部族生存所需的物质资源，缓解了困扰党项部族的经济窘
境，"地方千里，表里山河，水深土厚，草木茂盛，真放牧耕战之地，一
旦舍之以资戎狄，则戎狄之地广且饶矣"。⑨ 这一点从李继迁在灵州营宫造
府的举动中也有所体现，令"继瑗与牙将李知白等督众立宗庙，置官衙，
挈宗族建都焉"，⑩ 说明迁入灵州后的李继迁摆脱了经济窘境，初步具备了

---

① （宋）李焘：《续资治通鉴长编》卷 50，真宗咸平四年十二月丁卯条，第 1099 页。
② （宋）钱若水修，范学辉校注《宋太宗皇帝实录校注》卷 80，第 793 页。
③ （宋）李焘：《续资治通鉴长编》卷 51，真宗咸平五年三月甲辰条，第 1118 页。
④ "人口，也只有在粮食资源富裕的情况下才能聚集起来。"参见陈淳《文明与早期国家探
　　源——中外理论、方法与研究之比较》，第 169 页。
⑤ （宋）李焘：《续资治通鉴长编》卷 47，真宗咸平三年冬十月丙辰条，第 1029 页。
⑥ 《宋史》卷 301《马元方传》，第 9986 页。
⑦ （宋）李焘：《续资治通鉴长编》卷 54，真宗咸平六年五月壬子条，第 1194 页。
⑧ （宋）李焘：《续资治通鉴长编》卷 51，真宗咸平五年春正月甲子条，第 1112 页。
⑨ （宋）李焘：《续资治通鉴长编》卷 44，真宗咸平二年六月戊午条，第 948 页。
⑩ （清）吴广成撰，龚世俊校证《西夏书事校证》卷 7，第 95 页。

组织劳力建造大规模宫殿与祭祀建筑，甚至控制和再分配资源的能力。[①] 党项部族纷纷转投李继迁麾下也从侧面说明了这一点，"及继迁兵势浸盛，自灵州北河外，镇戎军，环州至鳌子山、贺兰山西、陇山内外，黄河以东诸族，无不帖服"，[②]"中国（北宋）所役得属者，不过河外诸小羌"。[③]自此，李继迁党项部族政治势力崛起，"自灵州之陷，夏乃日逞"。[④]

四 资源竞争紧张对北宋经略西北的制约

北宋无法通过"转饷"弥补西北地区经济不足，是党项部族纷纷脱离宋朝，转投李继迁麾下的重要原因之一。991 年，为了有效打击李继迁势力，宋太宗接受了陕西转运使郑文宝"禁盐"的建议，"诏自陕以西有私市青白盐者皆坐死，募告者差定其罪"，结果导致"羌戎乏食，四十二族首领盟于杨家族，引万余骑寇环州石昌镇"，甚至"内属万余帐亦叛，稍稍归保吉（李继迁）"。[⑤]这里"内属万余帐"，指的是熟户或属户，"接连汉界，入州城者谓之熟户；居深山僻远、横过寇略者谓之生户"，[⑥]"保塞者谓之属户，余皆谓之生户"，[⑦]概言之，内附于北宋，像中原汉人一样过农耕定居生活，[⑧]并为北宋戍守边塞的党项人，被宋朝官方统称为熟户、熟羌或属户，以区别于游牧党项人（生户）。北宋为了把熟户维系在土地上，采取了各种措施：以地位高低授予多少不等的田土；熟户耕佃官田，一律免除徭役；由政府博买耕牛；大旱缺食，政府给予赈济。同时，为了便于控制

---

① "祭祀建筑和奢侈品便成为权力的象征，因为他们体现了巨大的劳力的投入，并暗示拥有者控制这种巨大劳动力的非凡力量。"参见陈淳《文明与早期国家探源——中外理论、方法与研究之比较》，第 220 页。

② （清）吴广成撰，龚世俊校证《西夏书事校证》卷 7，第 63 页。

③ （清）吴广成撰，龚世俊校证《西夏书事校证》卷 8，第 86 页。

④ （清）吴广成撰，龚世俊校证《西夏书事校证》卷 5，第 94 页。

⑤ （宋）彭百川:《太平治迹统类》卷 2《太祖太宗经制西夏》,《景印文渊阁四库全书》第 408 册，第 63 页。

⑥ 《宋史》卷 264《宋琪传》,第 9129 页。

⑦ （宋）李焘:《续资治通鉴长编》卷 132，仁宗庆历元年六月己亥条，第 3144 页。

⑧ 史籍中对此多有反映,《续资治通鉴长编》卷 57，真宗景德元年八月乙卯条（第 1251 页）载："诏所获戎俘并给土田、资粮，无以失所。"卷 109 载："环庆熟羌田多为人所市，致单弱不能自存。"

和驱使，北宋政府还在熟户中设官授职，组建蕃兵。[①] 可见，与游牧党项人（生户）相比，内属熟户在经济生活上对土地和北宋政府的"转饷"依赖程度相当高。因此，宋太宗"禁盐"令后，万余帐熟户叛逃，恰恰说明两点：一是熟户赖以为生的土地不能让他们实现经济自足，需要"以贩青白盐与边民博籴麦充食"；[②] 二是北宋方面政策"一刀切"，没有"转饷"安抚缘边熟户，"于是熟户之人，亦同叛涣"。[③] 宋臣李继和在谈及北宋"禁盐"时说道："况汉地不食青盐，熟户亦不入蕃界博易。"[④] 说明在当时宋朝官方的固有意识里，以为熟户能够像中原汉人一样，过上农耕定居、自给自足的生活。然而，"内属万余帐亦叛"证明李继和的想法是多么主观和不切合实际，说明北宋朝野对当时中国西北社会经济的认识相当滞后，也说明北宋很难再用"转饷"的方式弥补熟户经济不足，其维系边疆的能力开始捉襟见肘，"边城绎骚，国帑匮乏"，[⑤] "兼闻近年麟、府缘边失于抚御，大族蕃部多已归投继迁"。[⑥]

北宋维系西北统治显得捉襟见肘，从他们对缘边州城的存废和修筑争议上也可管窥一斑。994 年，宋太宗"以夏州深在沙漠，本奸雄窃据之地"，"诏隳夏州故城，迁其民于绥、银等州"。对此，有宋臣提出异议，"以为朔方古镇，贼所觊觎之地，存之可依以破贼"，提出应当增置堡寨，"并请于银、夏两州南界山中增置保戍，以扼其冲，且为内属蕃部之障蔽，而断贼粮运"。宋太宗没有做出任何回应。[⑦] 从文字表面来看，宋太宗废除夏州城是不想让李继迁势力坐大，"盖由百雉之城，深在强邻之境，豺狼因而为援，蛇豕得以兴妖"，[⑧] 实际上恐怕是宋太宗对经营西北边疆缘边城寨能力的综合考量。以 995 年北宋修筑清远军为例，修筑时"益负粮水于数百里外，关右之民始皆恣冤"，修筑后"戍兵数千人，转饷共馈，益为

---

① 参见杜建录《宋代属户史论》，《宁夏社会科学》1992 年第 1 期，第 85、87 页。
② （宋）彭百川：《太平治迹统类》卷 2《太祖太宗经制西夏》，《景印文渊阁四库全书》第 408 册，第 63 页。
③ （宋）李焘：《续资治通鉴长编》卷 42，太宗至道三年十二月辛丑条，第 894 页。
④ 《宋史》卷 257《李继和传》，第 8973 页。
⑤ （宋）李焘：《续资治通鉴长编》卷 50，真宗咸平四年十二月丁卯条，第 1095 页。
⑥ （宋）李焘：《续资治通鉴长编》卷 51，真宗咸平五年二月癸亥条，第 1121 页。
⑦ 《宋史》卷 257《李继隆传》，第 8967 页。
⑧ 司义祖整理《宋大诏令集》卷 159，中华书局，1962 年，第 599 页。

劳扰"，甚至连树苗和家畜都需要从陕西输入，"募邠、泾、宁、庆等州民以榆、槐、杂木及猫、狗、鸦鸟至者厚赏之"，修筑成本奇高，给陕西农民造成了沉重的经济负担，"自同华抵环庆，运粟一斗为钱七百，刍一围为银一两，陕西民富者鬻田园，贫者卖妻子，以供力役"；[1]再以1002年北宋欲修葺绥州城为例，宋臣钱若水上言："自赐赵保忠（李继捧）以来，户口凋残，今欲复城之，用工计百余万，又须广屯戍兵，倍于曩日。且刍粮之给，全仰河东。"[2]"在瀚海中"的清远军、[3]绥州城修筑成本尚且如此，维系"深在沙漠"的夏州的代价可想而知，更别说再"增置保戍"了，"国家赡灵武犹曰困匮，而更供给二城，其费益大"。[4]

北宋维系西北统治显得力不从心，还表现在朝野对灵州弃守问题的争议上。李继迁围攻灵州之后，北宋朝野就灵州的弃守问题展开了激烈的争论，其中主张放弃灵州者占大多数。概括而言，主张放弃灵州的理由有四：一是党项部族"往来无定"，[5]不利于集结大规模军队征讨，"国家若兵车大出，则兽惊鸟散，莫见其踪由，若般运载驰，则蚁聚蜂屯，便行于劫夺"；二是沿途水源缺乏，军队不宜长途奔袭，"自环抵灵瀚海七百里，斥卤枯泽，无溪涧川谷。荷戈甲而受渴乏，虽勇如贲、育，亦将投身于死地，又安能与贼群争锋哉"；三是辎重转运成本过高，"转输无已，驱秦、雍之百姓，供灵武之一方，使无辜之民，膏涂原野"，[6]"本户税租，互遣它州送纳，往返千里，费耗十倍，愁苦怨嗟，充塞路岐，自春徂冬，曾无暂息，糇粮乏绝，力用殚穷"；[7]四是战争劳民伤财，"关辅生灵，困转输之役，积骸满野，十室九空，饿殍满城，边氓尽没，岿然空壁"。[8]虽然宋太宗最终听从少数人的建议，决定"固守灵州"，但是

① （宋）彭百川：《太平治迹统类》卷2《太祖太宗经制西夏》，《景印文渊阁四库全书》第408册，第66页。

② （宋）李焘：《续资治通鉴长编》卷51，真宗咸平五年四月辛未条，第1123页。

③ （宋）彭百川：《太平治迹统类》卷2《太祖太宗经制西夏》载："清远军，在瀚海中，距灵、环皆三四百里，地不毛，无泉水。"（《景印文渊阁四库全书》第408册，第66页）

④ （宋）李焘：《续资治通鉴长编》卷44，真宗咸平二年六月戊午条，第948页。

⑤ 《宋史》卷279《卢斌传》，第10141页。

⑥ （宋）钱若水修，范学辉校注《宋太宗皇帝实录校注》卷78，第703页。

⑦ （宋）李焘：《续资治通鉴长编》卷41，太宗至道三年正月辛卯条，第861页。

⑧ （宋）李焘：《续资治通鉴长编》卷42，太宗至道三年十二月辛丑条，第894页。

后来事态的发展似乎印证了主张放弃灵州者的说法。首先，宋朝集结大军出征，却经常搞不清李继迁所在位置，"率兵从大将李继隆出青冈峡，贼闻先遁"，[①]"时五路讨李继迁，（戴）兴所部深入千余里，不见贼"；[②]其次，战争确实给陕西农民造成了沉重的经济负担，宋真宗继位（997）后，不得已采取减负措施，"诏西边将吏严烽堠，李继迁来则驱逐，去则勿追，以宽陕西之民"，[③]"朕已令屯兵于内地，且简其闲冗，转饷当遂减省矣"；[④]最后，辎重转运困难、成本奇高，加之李继迁半路劫掠，北宋的军事援助基本到不了灵州，"城中粮糗皆竭，潜遣人市籴河外，宵运以入"，[⑤]"及被围，饷道断绝，孤城危急，（裴）济刺指血染奏求救，大军讫不至，城遂陷"。[⑥]由此可见，"固守灵州"并非宋朝统治者不想，而是不能的问题，此时北宋政府经略西北边疆是心有余而力不足。[⑦]

综上所述，气候干冷造成的"资源竞争紧张"不仅对党项游牧社会经济产生了重大影响，而且对北宋经略西北边疆的能力有着明显制约。[⑧]首先，气候干冷重创了西北地区的农牧业经济，间接增加了北宋政府的财税负担，"且自陕以西，岁非大稔，加之馈饷，转恐凋残"，[⑨]"且如国家募人入粟，偿以十倍之直，发卒转送，涉兹不毛之地"；其次，经济上的困难也增加了北宋军事进攻和防御的难度，"少发兵则复虞邀劫，多发兵则广废资粮"，[⑩]"深入则馈运艰难，穷追则窜穴幽隐"，[⑪]导致北宋的军事行

---

① 《宋史》卷 275《丁罕传》，第 9377 页。

② 《宋史》卷 279《戴兴传》，第 9476 页。

③ （宋）李埴撰，燕永成校正《皇宋十朝纲要校正》，中华书局，2013 年，第 86 页。

④ （宋）李焘：《续资治通鉴长编》卷 42，太宗至道三年九月丙子条，第 880 页。

⑤ 《宋史》卷 466《窦神宝传》，第 13600—13601 页。

⑥ （宋）李焘：《续资治通鉴长编》卷 51，真宗咸平五年三月癸卯条，第 1118 页。

⑦ "主守派凭一腔爱国之情，主张坚守灵州，但他们无法解决关西地区的经济破坏而导致的国贫民困的社会矛盾，因而其主张成为脱离社会现实的空谈。"参见滕明杰《试论灵州弃守之争》，《山东师大学报》1988 年第 6 期，第 42 页。

⑧ 气候干冷，致使灵州供馈当地守军的给养难度加大。原本唐代灵武城内常驻官兵两万余人，尚能自给自足，宋初灵州城内驻军数千，在和平时期都需要陕西内地馈运。参见叶凯《北宋"瀚海"新考——兼论唐宋时期灵州地理环境的变迁》，《中国边疆史地研究》2018 年第 1 期，第 72 页。

⑨ （宋）李焘：《续资治通鉴长编》卷 35，太宗淳化五年正月甲申条，第 771 页。

⑩ （宋）李焘：《续资治通鉴长编》卷 50，真宗咸平四年十二月丁卯条，第 1100 页。

⑪ 《宋史》卷 264《宋琪传》，第 9130 页。

动越来越被动。总而言之，气候干冷加深了北宋西北边疆社会经济困境，给了李继迁实现其政治野心的机会，是李继迁党项部族崛起的外在客观原因。

余　论

毋庸置疑，占据灵州为李继迁党项部族崛起带来了契机，为后来党项建国奠定了重要的政治经济基础，"拓跋之境，自灵武陷没，银、绥割弃以来，假朝廷威灵，聚中原禄赐，略有河外，服属小蕃"。①可实际上，李继迁并没有（也无法）彻底解决党项部族资源竞争紧张这一社会经济状况。因为物质的丰歉不是静止的、绝对的，而是相对的，随着人口的自然增长（或高度集中）和干冷气候（或自然灾害）的影响，党项部族内资源竞争激烈，部族冲突难以缓解。李继迁连年征战、大兴土木、营宫造府，强行将平夏地区的党项部族迁徙到灵州地区，给普通党项牧民造成沉重的负担，导致"所管蕃部"不住投靠宋朝。可见，李继迁自上而下推行的"层级阶序"秩序本身不能使党项部族完全摆脱他们所面临的经济窘境，反而可能会干扰党项部族寻求生存资源时行之有效的"移动、分散"原则。

显而易见，李继迁尝试构建"层级阶序""一统集中"的政治秩序，是为了对外获取物质资源，弥补党项部族自身经济不足。一方面通过"政权"力量组织大规模不定期的对外劫掠（截获粮食等），另一方面以"超部落"政治体从农耕定居政权（宋朝）那里获取稳定的贡赐、贸易利益（青白盐贸易等）。其中部分物资可以在部族内部进行分配，强化各层级党项首领的政治权威，亦可以用来划定部族势力范围，减少因资源竞争引起的冲突；②还可以用来开发兴灵平原、发展灌溉农业。同时，与农耕定居政权（宋朝）确立稳定的贡赐关系，获得相对稳定的收益预期，也是党项部族拥护李继迁构建"层级阶序"体制的物质前提。至此，就不难解释李继迁去世前，反复向其

---

① （宋）李焘:《续资治通鉴长编》卷123，仁宗宝元二年六月癸酉条，第2911页。

② 黑水城出土的西夏文文献记载，"畜牧主"须在各自地界内活动："畜牧主当在各自所定地界中牧耕、住家，不许超过。""不允迁徙、牲畜主越地界之外牧耕、住家。"译文参见史金波、聂鸿音、白滨等译《天盛改旧新定律令》卷4，第210—211页。

子李德明叮嘱"臣宋",以及李德明遵照其父遗愿的举动了。[①]

上述历史进程在李元昊称帝建国时,更是表现得淋漓尽致。随着李元昊向河西走廊的扩张,回鹘、吐蕃、汉人等多个族群被纳入党项拓跋氏的统治序列,原有的党项"部落联盟"式的资源配置方式难以适应人口规模扩大、族群成分复杂的社会经济结构,亟须构建更大规模的政治利益集团(称帝建国)以胁迫宋朝,从而获取更多的物质利益满足新的统治需求,基于此,李元昊自上而下强力推行政治上的"层级阶序"。而在李元昊称帝建国后,通过与宋达成"庆历和议",利用外来物资的挹注,深化一统集中、层级臣僚统治,进一步推动党项部族向"国家"形态迈进。[②]

概言之,党项部族社会发展及其国家形成,并非出于部族首领们欲成"霸王"的野心,也并非源于他们选择了与宋对抗的"独立"道路,正好相反,这些都是通过与宋朝的紧密互动才得以实现的。

(原文刊于《中央民族大学学报》2020 年第 5 期,第 120—130 页)

---

① 参见马旭俊、杨军《李德明"臣宋"意图考——兼论"游牧"党项的抉择》,《北方文物》2017 年第 2 期,第 84—88 页。

② 参见马旭俊《西夏建国的历史动因考察》,《宋史研究论丛》第 18 辑,河北大学出版社,2016 年,第 325—342 页。

金夏交聘礼仪考述

马旭俊

金与西夏作为两个少数民族政权，共同主导中国北方政局的时间达百余年。他们之间的交往不仅是中国政治史上的重要一页，而且在中国民族关系史中极具特殊地位。金与西夏的交聘制度与礼仪行为既表现出东亚封贡体系的统一性，又表现出与宋金交聘制度的些微差异，不乏金夏两政权的地方或民族特色。因此可以说，金与西夏的交聘礼仪与规范不但为双方的政治、经济与文化交流提供了制度性保障，而且可以看作是 12 世纪中国北方政局的一个历史缩影。

一 金夏交聘礼仪的沿革

金朝成立初期，交聘礼仪制度草创未就，"文物度数，曾不遑暇"。[①]1125 年，宋与西夏使者前往金朝奠慰并贺即位，"时蕃使馆见仪未有定制，使至逾月，殿中少监刘筈始详定焉"。[②]从如此仓促的行为可以想象，当时双方交聘礼仪制定得是很粗糙的。1134 年，金朝派遣的使节还没有正副之分，官职亦无三节之分，"枢密院言：'大金元帅府差到，奉使元不曾分使副，今来并作一等锡赐，其人从自入界，诸处不曾到申分三节，

---

① （宋）洪皓：《松漠纪闻续》，翟立伟标注，吉林文史出版社，1986 年，第 44 页。
② （清）吴广成著，龚世俊等校证《西夏书事校证》卷 33，甘肃文化出版社，1995 年，第 386 页。

并已依中节锡赐。'"①直到天眷三年（1140），金朝派遣到西夏的册封使中才出现了正式的官职名分"尚辇局使"。②关于金朝开始完备遣使制度的具体时间，史籍没有确切说明，如果考虑到"至熙宗颁新官制及换官格，除拜内外官，始定勋封食邑入衔，而后其制定"，③以及天眷元年金遣宋朝使节中首次出现官职名分，④这一时间可能大致在1135—1138年之间。⑤由此可见，直到金熙宗继位后，金朝制度礼仪才走上了不断完善的道路。

具体到金与西夏的交聘礼仪制度方面，金熙宗时期做了大量补充、修正和完善工作。如天会十三年（1135），"十二月癸亥，始定齐、高丽、夏朝贺、赐宴、朝辞仪"；⑥"熙宗时，夏使入见，改为大起居。定制以宋使列于三品班，高丽、夏列于五品班"；⑦皇统二年（1142），"凡入见则宋使先，礼毕夏使入，礼毕而高丽使入。其朝辞则夏使先，礼毕而高丽使入，礼毕而宋使入。夏、高丽朝辞之赐，则遣使就赐于会同馆。惟宋使之赐则庭授"；⑧皇统六年，"诏外国使初见、朝辞则于左掖门出入，朝贺，赐宴则由应天门东偏门出入"。⑨这一点在金派遣西夏使节的活动中也有所体现：从金夏确立交聘关系的1124年到金熙宗继位的1135年，十余年的时间里，金朝不曾派遣一位使节到达西夏，"自乾顺与王阿海等争相见礼，金使未尝至夏"。⑩自1136年起金朝开始再次派遣使节到西夏，而且使节名目日渐丰富，如横赐使、告即位使、赐生日使等。

金朝初期，统治者把主要精力都放到了对外战争上，无暇顾及自身

---

① （清）徐松辑《宋会要辑稿》职官三六之四三，中华书局，1957年，第3093页。

② 《西夏书事校证》卷35："金主遣尚辇局使完颜衷赍封册至，命仁孝为夏国王，加开府仪同三司、上柱国。"

③ 《金史》卷55《百官志》，中华书局，1975年，第1216页。

④ 《金史》卷60《交聘表》："右司侍郎张通古等诏谕江南。"

⑤ 李辉《宋金交聘制度研究》（博士学位论文，复旦大学，2005年）认为"绍兴议和后，宋金之间使节往来频繁，金聘使制度逐渐完备"。从金遣往宋朝使节中首次出现官职名称的时间（1138），以及天会十三年（1135）"十二月癸亥，始定齐、高丽、夏朝贺、赐宴、朝辞议"（见《金史·熙宗纪》）的记载推测，金朝开始完备遣使制度的时间应该在绍兴议和之前，而非之后。

⑥ 《金史》卷4《熙宗纪》，第70页。

⑦ 《金史》卷38《礼志》，第868页。

⑧ 《金史》卷38《礼志》，第868页。

⑨ 《金史》卷38《礼志》，第868页。

⑩ 《西夏书事校证》卷36，第415页。

的制度建设。以 1124—1135 年为例，金朝虽然于 1125 年就俘获了辽天祚帝，消灭了辽朝，但很快又将刀锋转向了北宋，①先后两次向北宋发起进攻，并最终于 1127 年灭亡北宋。然而，金人攻伐的脚步并未就此停歇，他们继续向南宋发起多次进攻，在此期间先后建立了伪楚、伪齐傀儡政权。这种战争局面一直持续到金熙宗继位。

金夏交聘礼仪制度在金熙宗时期趋于完整，主要原因有如下几点。第一，金熙宗改变金太宗时期的灭宋政策，开始谋求与南宋议和，使金朝统治由武力征服转向以文治国。即金朝开始腾出手来进行政治、经济、思想文化等领域的内部改革，如改革女真勃极烈制度为汉官制的三省六部制，改革地方官制、将猛安谋克纳入州县系统，颁行《皇统新制》、以法治国，等等。②其中，金朝交聘礼仪制度的改革与完善，是金熙宗全面改革措施的一部分。因此可以说，金宋走上和好的道路，进行内部整顿改革，是金夏交聘礼仪制度完善的最大外部条件。第二，随着金与南宋和谈的进行，特别是金与南宋先后签订"天眷议和""皇统议和"之后，金熙宗意识到，完善交聘礼仪制度是巩固金朝中心宗主国地位的必要手段。单以"皇统议和"为例，根据赵永春的整理研究，双方和议的主要内容一共有六条，其中关于金宋交聘的相关内容就有三条。③如南宋向金称臣，"世世子孙，谨守臣节"；南宋每年向金贡献银 25 万两，绢 25 万匹，于每年春季差人运送至泗州向金人交纳，称"岁贡"；双方皇帝的生辰与正旦，彼此都要遣使祝贺，"每年皇帝生辰并正旦，遣使称贺不绝"。④由此可见，金与南宋在"皇统议和"之后也确立了君臣交聘关系，金为君，南宋为臣。张博泉先生指出："礼的本质在别尊卑、贵贱、亲疏。"⑤显而易见，面对器物制度高度发达的农耕定居政权——宋朝,金初实行的"本朝旧制"⑥已显得不合时宜了。

---

① 赵永春认为，在与金人的交往过程中，"宋人软弱无能的本质暴露无遗，又做了一些有违宋金盟约的事，终于为金人攻宋找到了借口"。参见赵永春《金宋关系史》，人民出版社，2005 年，第 39 页。

② 参见赵永春《论金熙宗的改革》，《社会科学辑刊》2004 年第 1 期。

③ 参见赵永春《金宋关系史》，第 191 页。

④ 《金史》卷 77《宗弼传》，第 1755 页。

⑤ 张博泉：《金代礼制初论》，《北方文物》1988 年第 4 期。

⑥ 《金史》卷 3《太宗纪》，第 47 页。

概言之，如何让包括西夏在内的蕃主国从心理上更能信服地接受金朝的宗主国地位，让金朝的宗主国地位在法理上具有更多合法性，是当时金熙宗亟须解决的政治问题。而交聘礼仪制度是加固金朝宗主国地位合法性、维护金朝宗主国威严的外在表现，因此其全面改革完善势在必行。第三，金熙宗改革包括金夏交聘礼仪制度在内的政治制度，模仿其他政权，特别是农耕定居的宋朝，是其唯一且必然要选择的道路，"然大率皆循辽、宋之旧"。①而金熙宗的"汉化"是他能够胜任这项改革得天独厚的先天条件，即金熙宗具备高度学习、模仿宋朝制度文化的能力。史籍记载，"自（金熙宗）童稚时金人已寇中原，得燕人韩昉及中国儒士教之。其宣之学也，虽不能明经博古，而稍解赋诗翰（墨）、雅歌儒服、烹茶焚香、奕棋战象，徒失女真之本态"。在当时守旧的女真人眼中，金熙宗"宛然一汉家少年子也"。而金熙宗视这些守旧女真人为"无知夷狄"，②他很尊崇儒家学说："孔子虽无位，其道可尊，使万世景仰。"他还以儒家的礼乐制度为最高的政治理想："太平之世，当尚文物，自古致治，皆由是也。"③甚至有学者指出："熙宗是以中原传统儒家思想作为自己的施政纲领。"④因此，金夏交聘礼仪制度在金熙宗时期趋于完善有其历史必然性。第四，虽说西夏在礼仪制度建设方面要比同一时期的金朝成熟得多，但此时的西夏与宋朝在地理上彻底隔绝，从而导致无法自给自足，在经济上对金朝的依赖性空前增强。也就是说，稳定且制度化的朝贡关系可以让西夏获得更多的物质利益。毫无疑问，西夏统治者对金熙宗的改革是持欢迎态度的。

1213 年起，金夏交聘关系破裂。随后十余年双方中断聘使往来，侵掠不断，"及贞祐之初，小有侵掠，以至构难十年，两国俱敝"。直至 1224 年，"夏国遣使修好"，第二年，金夏和议，定"以兄事金"，并确立"新定夏使仪注"。⑤自此，金夏由"君臣之国"变成了"兄弟之国"。不

---

① 《金史》卷 55《百官志》，第 1216 页。

② （宋）徐梦莘：《三朝北盟会编》卷 166 引《金虏节要》，上海古籍出版社，1987 年，第 1197 页。

③ 《金史》卷 4《熙宗纪》，第 77 页。

④ 杨军：《金熙宗心理变态原因初探》，《吉林大学古籍研究所建所二十周年纪念文集》，吉林文史出版社，2004 年。

⑤ 《金史》卷 38《礼志》，第 869—870 页。

过，新制定的交聘礼仪制度只在正大三年（1226）使用过一次，1227年西夏即亡国。

实际上，金夏仅是名义上变成"兄弟之国"，并未有改变其"君臣"之实，这一点在"新定夏使仪注"里体现得最为直接。如"新定夏使仪注"多次提到，西夏要向金朝皇帝行"舞蹈礼"，"来使再拜，舞蹈，三拜，复位立"，"使副单跪，以酒果过其侧，拜、舞蹈如仪"，"再引至丹墀，舞蹈，五拜，不出班代奏'圣躬万福'"，等等。① 日本学者渡边信一郎认为，"舞蹈"是隋以来臣下对君主的臣服之礼，常见于朝会、觐见等仪式的开头和贺词交换之后的结束之时，以表示对皇恩浩荡的无限喜悦。渡边信一郎还推测其类似于日本《拾芥抄》"舞蹈事"条所云："再拜，置笏，立，左右左。居，左右左。取笏小拜，礼再拜。"② 由此可见，"新定夏使仪注"并未改变金夏君臣之实，所谓"兄弟之国"仅是名义上的，"金朝十分注意保持夏使同金帝之间的空间距离，并通过仪式规格、跪礼、天使和赏赐频繁出现等方式，试图重申和展示夏金之间的君臣关系"。③ 尽管如此，"新定夏使仪注"为我们了解金夏交聘礼仪制度提供了难能可贵的第一手资料，"节文仪注属之"，④ 即对所行礼仪的总结成为仪注。因此，"新定夏使仪注"是对金夏交聘礼仪的总结、完善、补充以及修正，绝对不是将其彻头彻尾地改成"新"的。这一点是值得我们注意的。

二　金与西夏交聘礼仪

金夏交聘礼仪，主要指金朝接伴、送伴，以及金朝皇帝接见西夏使节的礼仪。因此，金夏交聘礼仪是以金朝为中心的金与西夏宗蕃关系的外在集中体现。金夏交聘的礼仪主要内容有：接伴礼仪、送伴礼仪、馆伴礼、入见仪、曲宴仪、朝辞仪。

---

① 《金史》卷38《新定夏使仪注》，第870—878页。
② 参见〔日〕沟口雄三、小岛毅《中国的思维世界》，孙歌译，江苏人民出版社，2006年，第394—397页。
③ 王刚、李延睿：《夏金末年夏使入金贺正旦仪式考论——以〈金史〉"新定夏使仪"为中心》，《北方民族大学学报》2015年第4期。
④ 参见张博泉《金代礼制初论》，《北方文物》1988年第4期。

（一）金朝接送伴西夏使节的礼仪

正式确定于金正大二年（1225）的《新定夏使仪注》相对完整地记录了金朝接送伴西夏使节的相关礼仪，又《杨瀛神道碑》记载，金明昌七年（1196）担任同知西京路辞赋贡举的杨瀛在主持完贡举考试之后，"既归复为夏国接伴□"。① 由此可见，在《新定夏使仪注》之前，金朝就设有专门接伴西夏使节的工作人员，甚至设有金朝接伴西夏使节的专门礼仪。如果考虑到金朝在金熙宗时期，聘使制度、礼仪趋于完善，天会十三年（1135）"始定齐、高丽、夏朝贺、赐宴、朝辞仪"，② 那么金朝执行迎送西夏使节的制度、礼仪应该比1196年还要早很多。因此，《新定夏使仪注》记载的金朝接送伴西夏使节的礼仪应该是对此前相关礼仪的补充和修正。本节以《新定夏使仪注》为蓝本，参考同时期金宋相关交聘礼仪，对金迎送西夏使节的礼仪梳理如下。

1. 金朝接伴西夏使节的礼仪

西夏使节进入金朝境内之前，需将使节"三节人从"③名单、具体到达时间等信息报告给金朝。金朝则会派遣接待人员在边境迎接，"差接伴使与书表人迓于境"④。西夏使节到达金朝边界后，先派人向金朝接待人员通报使节姓名、职位等信息；金朝确认后，则派人回复金朝接待人员姓名、职位等信息。待西夏使节确认后，金朝邀请西夏使节队伍过界。按照惯例，双方使节"三请"后上马，分别于两界心面对面驻马，双方派专人互相递交名帖，完成举鞭、作揖等礼节后，以次序进入金朝境内。⑤西夏使节进入金朝境内之后，首先要按照驿路里程规划在中途停留休息的地方，"则

---

① 王新英：《金代石刻辑校》，吉林人民出版社，2009年。
② 《金史》卷4《熙宗纪》，第70页。
③ 《金史》卷38《礼志》："夏国使、副及参议各一，谓之使。都管三。上节、中节各五，下节二十四，谓之三节人从。"
④ 《金史》卷38《礼志》，第870页。
⑤ 这部分内容参照金宋使节见面礼仪而作。参见《三朝北盟会编·宣和乙巳奉使金国行程录》："两界各有幕次，行人先令引接贵国信使、副门状过彼，彼亦令引接以接伴使、副门状回示，仍请过界。于例，三请方上马，各于两界心对立马，引接互呈门状，各举鞭虚揖如仪，以次行焉。"又据《金史·新定夏使仪注》"接伴使初相见之仪亦然"可知，金朝接伴使与西夏使节在边界相见，首先互换"名衔"，然后西夏使、副、都管"上中节人从"依次会见金朝接伴使。由此可见，金夏使节边界相见礼仪与金宋大致相同。

先具驿程腰宿之次"。①

金朝还会在沿途重要的地方州府设宴款待外国使节。《金史·新定夏使仪注》中提到，西夏使节在到达京兆行省和河南行省时，要分别留宿一晚，并分别于第二天接受金朝专门的设宴款待，谓之"来宴"。②金朝中前期是否设"来宴"款待西夏使节、会在中途哪个州府设宴款待等问题，史籍阙载。参照金宋交聘的史料来看，金朝会在咸州（今辽宁开原县东北）、黄龙府（今吉林省农安县）设宴款待宋使，海陵王迁都燕京后，则改在开封、真定（今河北正定县）赐宴宋使。想必金朝款待西夏使节的情况也大致如此。款待西夏使节"来宴"的具体礼节，史籍阙载。现参照宋朝使节过金朝咸州时，在第二日接受赐宴的相关记载，窥其大概："赴州宅，就坐，乐作。酒九行，果子惟松子数颗。胡法饮酒，食肉不随下盏，俟酒毕，随粥饭一发致前，铺满几案。地少羊，惟猪、鹿、兔、雁、馒头、炊饼、白熟、胡饼之类。最重油煮面食，以蜜涂泮，名曰'茶食'，非厚意不设。以极肥猪肉或脂润切大片，一小盘虚装架起，间插青葱三数茎，名曰'肉盘子'，非大宴不设。"又，《北行日录》中对宋使在真定接受赐宴的礼仪记载得更为详备："赐宴。既传衔，使副率三节人具衣冠，出接伴位前，对揖而出，就褥位，与接伴、天使对立，三节人立使副后。先引使副东北向，开敕两拜。……使副舞蹈五拜，又开敕两拜。……使副搢笏跪左膝，又手受赐五拜，舞蹈如仪，还立褥位，对展。赐揖接伴，退就幕次……三节人东北向，再拜呼躁。升厅占位东向，南上小立，候使副初盏罢，三节方坐。"可见，金朝在沿途重要的地方州府款待外国使节的宴会上，也是有一套繁冗复杂的制度礼仪的。

单从宴会菜品来看，招待宋朝使节的宴会具有浓郁的"女真风味"，尽管京兆行省与河南行省距离女真故地较远，但考虑到"虏人每赐行人宴，必以贵臣押宴"，③想必款待西夏使节"来宴"的菜品也大致如此。④

① 《金史》卷38《新定夏使仪注》，第870页。
② 《金史》卷38《新定夏使仪注》，第870页。
③ （宋）徐梦莘：《三朝北盟会编》卷20引许亢宗《宣和乙巳奉使行程录》，第144页。
④ 楼钥在《北行日录》记载宋朝使节在真定接受金朝赐宴时，也提到了"松子糖粥、茶食、饼子、肉饼子、双下灌浆馒头"等食物。

当然，也不排除"来宴"中的菜品结合当地饮食习惯、因地因时制宜的可能。① 同时，《新定夏使仪注》提到，金朝设"来宴"款待西夏使节时，"押宴"由负责招待的行省安排，并且有"借官"的现象，"凡行省来宴、回宴之押宴官，皆从行省定差，就借以文武高爵长官之职，以为转衔之光"。② 由此推断，金朝招待西夏使节的"来宴"规格应该略低于招待宋朝使节。

此外，西夏使节快要到达京城时，金朝皇帝会派遣一名内侍迎候于京城近境的尉氏县（今河南省开封市西南），③ 并赏赐礼物给使节队伍，"以油绢复韬三银盒，贮汤药二十六品"。④

2. 金朝送伴西夏使节的礼仪

西夏使节完成出使任务离开金朝边境时，有边界辞行的礼仪，由送伴使负责，"凡使将至界……去则差送伴使，皆有副，皆差书表以从"。可见，金朝送伴西夏使节和送伴宋朝使节一样，都有正、副送伴使。关于"送伴"礼仪，《新定夏使仪注》的记载较为简略："第九日，聚厅，送至恩华馆，更衣而行。"⑤ 现参照金朝送宋朝使节至边界的情形，窥其大概："至界内幕次，下马而望，我界旗帜，甲马、车舆、帝幕以待，人皆有喜色。少倾乐作，酒五行，上马，复同送伴使副过我幕次。作乐，酒五行，上马，复送至两界中。彼此使副回马对立，马上一杯，换作执鞭，以为异日之记。引接展辞状，举鞭揖别，各背马回顾，少顷进数步，踌躇为不忍别之状。如是者三乃行"。⑥

此外，从"凡行省来宴、回宴之押宴官，皆从行省定差"⑦ 的记载来看，金朝会在西夏使节归国途中再设宴款待，谓之"回宴"。

① "金朝进入中原后，在汉族封建文化的影响之下，女真饮食文化确立了严格的尊卑礼仪，皇室贵族的饮食方式越来越繁琐，饮食内容更加丰富而精细。"参见程妮娜《金源饮食文化述论》，《民间文化》2001 年第 2 期，第 40 页。

② 《金史》卷 38《新定夏使仪注》，第 878 页。

③ 金朝首都先后为上京（今黑龙江哈尔滨市阿城）、中都（今北京市）、汴京（今河南省开封市），金朝皇帝派遣内侍在"尉氏县"迎候西夏使节应该是金朝迁都开封以后的事。

④ 《金史》卷 38《礼志》，第 870 页。

⑤ 《金史》卷 38《新定夏使仪注》，第 878 页。

⑥ （宋）徐梦莘：《三朝北盟会编》卷 20 引许亢宗《宣和乙巳奉使行程录》，第 147 页。

⑦ 《金史》卷 38《新定夏使仪注》，第 878 页。

（二）金朝馆伴西夏使节的礼仪

西夏使节进入京城后，金朝会同馆"预先差遣馆伴使、副馆伴使二人，书表四人，牵拢官三十人"恭候迎接，然后与使节"三节人从"一起进入会同馆，谓之"聚厅"。① 在会同馆内，金朝有一套接待西夏使节的礼仪。《新定夏使仪注》载："先以馆伴使名衔付之，而使者亦以其衔呈，然后使、副、都管、上中节人从以次见馆伴使。……次以馆伴所书表见人使，馆伴所牵拢官与下节人互相参见，毕，乃请馆伴、接伴人，使、副，各公服齐出幕次，对行上厅栏子外，馆伴在北，对立。……是日，皇帝遣使抚问。天使至馆，转衔如馆伴初见之仪。馆伴与天使、来使副各公服，齐行至位，对立。……到馆之明日，遣使赐酒果，天使初至转衔后，望拜传宣皆如抚问之仪。使副单跪，以酒果过其侧，拜、舞蹈如仪……来使副以书送土物于引进使，及交进物军员人等，阁门副及习仪承受人各赠土物。"

从这段史料可以看出，正式觐见金朝皇帝之前，金朝馆伴使在会同馆接待西夏使节"三节人从"两天。第一天的主要活动有：会同馆接待人员与西夏使节"三节人从"依次会面，馆伴使与接伴使完成交接仪式，金朝皇帝派遣"天使"安抚慰问西夏使节等。第二天的主要活动有：金朝皇帝派遣"天使"赏赐酒和果品，金朝阁门副使到会同馆指导西夏使节练习入见仪等。一般而言，馆伴使、"天使"、阁门副使与西夏使节会面之后，都会有宴请活动，但要比金朝行省安排的"来宴"简单一些，"先汤，次酒三盏，置果殽。茶罢"，"汤酒殽茶并如前"。馆伴使和"天使"宴请西夏使节前的礼仪大致相当，"乃请馆伴、接伴人，使、副，各公服齐出幕次，对行上厅栏子外，馆伴在北，对立。先接伴揖，次来使副与馆伴互展状，揖，各传示，再揖"，"来使与天使各展状，相见揖，次馆伴揖。来使令人传示，请馆伴、天使与来使对行上厅，各赴椅子立，通揖"。同时，西夏使节会给"天使"、押送酒果的军人、阁门副使等赠送西夏土产品："依例书送天使土物"，"赠天使土物皆如抚问使礼，押酒果军亦有土物之赠"，"阁门副及习仪承受人各赠土物"。最后，西夏使节还会为第三天觐见皇帝做些预备工作，比如练习入见仪；将入见皇帝的文榜交给阁门副使，以便

---

① 《金史》卷38《新定夏使仪注》，第870页。

交付给礼进司,"乃以入见榜子付阁门持去,以付礼进司";把西夏土产的清单交给引进使,将土产交给进献礼物的军政人员,"来使副以书送土物于引进使,及交进物军员人等"。

总体而言,西夏使节与金朝馆伴使、"天使"会面的礼仪,与边境接伴礼仪相当,"接伴使初相见之仪亦然","转衔如馆伴初见之仪"。即先交换"名衔",并依次相见:"先以馆伴使名衔付之,而使者亦以其衔呈,然后使、副、都管、上中节人从以次见馆伴使。"值得注意的有两点:其一,与馆伴使完成会面之后,职位等级相当的人员也要互相会面,"以馆伴所书表见人使,馆伴所牵拢官与下节人互相参见";其二,与"天使"会面的礼仪相对复杂一些,除了互换名衔外,西夏使节要遥望皇宫站立,并行鞠躬礼,"请来使副升拜褥望阙立……来使副鞠躬";天使说"皇帝有令",西夏使节再鞠躬,"天使言'有敕',乃再拜鞠躬";天使传达金朝皇帝的口谕后,西夏使节要行"舞蹈礼","天使口宣辞毕,复位。来使再拜,舞蹈,三拜,复位立";西夏使节单跪接受金朝皇帝赐的酒果之后,也要行"舞蹈礼","使副单跪,以酒果过其侧,拜、舞蹈如仪";最后还要跪下进献感谢皇帝赏赐酒果的"谢表","跪进谢赐酒果表"。

(三)金朝皇帝接见西夏使节的礼仪

1. 入见仪

金朝对外国使节觐见皇帝制定了一套复杂的程序和礼仪规范。《金史·外国使入见仪》载:"皇帝即御座……次引高丽使左入,至丹墀北向略立,引使左上露阶,立定。揖横使鞠躬,正使少前拜跪,附奏毕,拜起,复位立。阁使宣问高丽王时并鞠躬,受敕旨毕,再揖横使鞠躬,正使少前拜跪,奏毕,拜起,复位,齐退却,引左下,至丹墀,面殿立定。礼物右入左出,尽,揖使傍折通班,毕,引至丹墀,通一十七拜,各祗候,平立,引左阶立。次引夏使见如上仪,引右阶立。……次引高丽、夏使并至丹墀。三使并鞠躬,有敕赐酒食,舞蹈,五拜,各祗候,引右出。次引宰执下殿,礼毕。"

从这段史料可以看出,外国使节觐见金朝皇帝的次序是宋朝最先,其次高丽,最后是西夏:"先引宋使、副……次引高丽使左入……次引夏使。"这个觐见次序在金熙宗时期又做了调整,变成宋使最先,其次西夏,最后高丽："凡入见则宋使先，礼毕夏使入，礼毕而高丽使入。"总体而言，西夏与高丽在金朝的地位相当，"以宋使列于三品班，高丽、夏列于五品班"。①

显而易见，宋朝使节的地位要高于西夏、高丽使节，金朝最重视的是与宋朝的关系。体现在入见礼仪上，宋朝使节在程序上相对复杂，规格相对较高。首先，在外国使节向金朝皇帝附带奏告事宜之前，②宋朝使节要向金朝皇帝呈递"国书"，"宋使、副，出笏，捧书左入，至丹墀北向立"，并单腿跪地把"国书"授予"阁门使"。"阁门使"在皇帝面前确认"国书"封印完整后，转身宣读宋朝"国书"，"阁使左上露阶，右入栏内，奏'封全'，转读毕"。这个环节，西夏与高丽均没有，二者都是进殿完成相关礼仪后，直接"附奏"。其次，宋朝使节祝福感谢金朝的礼仪要比西夏和高丽多，如宋朝使节向金朝皇帝献完"礼物"之后，要恭祝金朝皇帝"圣躬万福"，"再引至丹墀，舞蹈，五拜，不出班奏：'圣躬万福'，再拜"，要感谢面见皇帝，"揖使副鞠躬，使出班谢面天颜，复位，舞蹈，五拜"，还要感谢金朝官员的迎接陪伴，以及赠送他们汤药等物品，"再揖副使鞠躬，使出班谢远差接伴、兼赐汤药诸物等，复位，舞蹈，五拜"。最后，在宋、夏和高丽使节一起鞠躬、接受金朝皇帝赐酒食之前，③宋朝使节要先单独谢恩，"次再引宋使副左入，至丹墀，谢恩，舞蹈，五拜"。

《金史·外国使入见仪》载："次引夏使见如上仪。"即西夏使节入见金朝皇帝的礼仪与高丽使节相同，因此参照高丽使节的入见礼仪，梳理西夏使节觐见金朝皇帝的大致程序如下：第一步，西夏使节"至丹墀北向略立"，然后觐见金朝皇帝，"揖横使鞠躬，正使少前拜跪，附奏毕，拜起，复位立"；第二步，金朝负责礼仪的阁门使宣问西夏皇帝，西夏使节接受金朝皇帝的"敕旨"，再向金朝皇帝行礼，"再揖横使鞠躬，正使少前拜跪，奏毕，拜起，复位，齐退却"；第三步，西夏使节向金朝皇帝进献"礼物"，"礼物右入左出"，西夏使节再"通一十七拜"；第四步，与宋、

---

① 《金史》卷 38《礼志》，第 868 页。
② 《金史》卷 38《礼志》："引使、副左上露阶，齐揖入栏内，揖使副鞠躬，使少前拜跪，附奏毕。"
③ 《金史》卷 38《礼志》："三使并鞠躬，有敕赐酒食。"

高丽使节"并至丹墀","三使并鞠躬,有敕赐酒食,舞蹈,五拜"。其中第一步和第二步里,横使行"鞠躬"礼,正使则要"少前拜跪",并向金朝皇帝奏告事宜。

2. 曲宴仪

曲宴,是古代宫亭赐宴的一种,参加的主要成员有宗室成员、外国使臣以及近密臣僚。[①]金代,"曲宴群臣、宋使。定文武五品以上侍坐员,遂为常制"。[②]金章宗时期设"花宴"款待外国使节,《金史》载:"上谕旨有司曰:'此闻宋国花宴,殿上不设肴馔,至其歇时乃备于廊下。今花宴上赐食甚为拘束,若依彼例可乎?且向者人使见辞,殿上亦尝有酒礼,今已移在馆宴矣。'有司奏曰:'曲宴之礼旧矣。彼方,酒一行、食一上必相须成礼。而国朝之例,酒既罢而食始进。至于花宴日,宋使至客省幕次有酒礼,而我使至其幕则有食而无酒,各因其旧,不必相同。古者宴礼设食以示慈惠,今遽更之,恐远人有疑,失朝廷宠待臣子之意。'乃命止如旧。"[③]可见,金代的曲宴或花宴主要是针对外国使节的,金朝文武官员仅是以陪侍身份参与宴席活动。不仅如此,金朝还为招待外国使节的曲宴制定了一套礼仪规范,谓之"曲宴礼"。

《金史·曲宴仪》载:"皇帝即御座……引臣僚并使客左入,傍折通班,至丹墀舞蹈,五拜,不出班奏'圣躬万福。'又再拜。出班谢宴,舞蹈,五拜,各上殿祗候。分引预宴官上殿,其余臣僚右出。……次引高丽、夏从人入,分引左右廊立。……候进酒官到位,当坐者再拜,坐,即行臣使酒。传宣,立饮毕……闻鼓笛时,揖臣使并人从立,口号绝,坐宴并侍立官并再拜,坐,次从人再拜,坐。食入,五盏,歇宴。教坊谢恩毕,揖臣使起,果床出。皇帝起入阁,臣使下殿归幕次。赐花,人从随出戴花毕,先引人从入,左右廊立,次引臣使入,左右上殿位立。皇帝出阁坐,果床入,坐立并再拜,坐,次从人再拜,坐。九盏,将曲终,揖从人至位再拜,引出。闻曲时,揖臣使起,再拜,下殿。果床出。至丹墀谢宴,舞蹈,五拜。分引出。"

---

① 参见张胜海《帝子设宴纳宾贤,赏花钓鱼赋太平——中国古代曲宴初探》,《学术探索》2005年第3期。

② 《金史》卷14《宣宗纪》,第306页。

③ 《金史》卷38《礼志》,第869页。

从这段史料可以看出，西夏使节参加曲宴的进场礼仪比较复杂：西夏使节被分为"使客"和"从人"两批先后进入。"使客"即使者，根据"夏国使、副及参议各一，谓之使"①的记载，参见曲宴的"使客"应当有正使、副使和参议。"从人"，即"人从"，使节的随行人员。

西夏使节参加曲宴的进场程序大致如下。第一步，使者随金朝臣僚一起进入，"引臣僚并使客左入"，然后不出班恭祝金朝皇帝，"至丹墀舞蹈，五拜，不出班奏'圣躬万福。'又再拜"，出班再感谢金朝皇帝的宴请，"出班谢宴，舞蹈，五拜"。这一环节没有先后之分，应该是西夏与宋、高丽使节同时完成。第二步，"从人"以宋、高丽和西夏的顺序先后进入，不过宋朝使节"从人"要单独恭祝金朝皇帝，并接受皇帝赐酒食，"次引宋使从人入，至丹墀再拜，不出班奏'圣躬万福'，又再拜。有敕赐酒食，又再拜"。而高丽和西夏使节"从人"没有这一环节，"次引高丽、夏从人入，分引左右廊立"。待西夏使节"从人"进场完毕后，宴会才正式开始，"果床入，进酒"。

宴会举行过程中，皇帝端起酒杯时，外国使者要和金朝臣僚一起向金朝皇帝敬酒，接着"从人"敬酒，"皇帝举酒时，上下侍立官并再拜，接盏，毕。……即行臣使酒……次从人再拜"。这一环节没有国别先后顺序之分，西夏使节应该是和宋、高丽使节同时完成。当酒进行至四盏时，西夏使者及其"从人"要与金国臣僚、其他外国使节一起诵颂，"闻鼓笛时，揖臣使并人从立，口号绝"。进行至五盏时，进行"赐花"仪式，即给外国使者及其"从人"戴花，"赐花，人从随出戴花毕，先引人从入，左右廊立，次引臣使入，左右上殿位立"。酒进行至第九盏时，宴会即将结束，西夏使节和金朝臣僚要向皇帝行礼。先是"从人"，"揖从人至位再拜，引出"；然后是使者和金朝臣僚，"闻曲时，揖臣使起，再拜，下殿"，最后使者和金朝臣僚一起感谢皇帝的宴请，"至丹墀谢宴，舞蹈，五拜"。

3. 朝辞仪

金朝为外国使节制定的向皇帝辞行的礼仪，谓之"朝辞仪"。《金史·朝赐仪》载："皇帝即御座……阁门使奏辞榜子。先引夏使左入，傍折

---

① 《金史》卷38《新定夏使仪注》，第870页。

通班毕，至丹墀再拜，不出班奏'圣躬万福'，又再拜。揖使副鞠躬，使出班，恋阙致词，复位，又再拜，喝'各好去'，引右出。次引高丽使，如上仪，亦引右出。次引宋使副左入，傍折通班毕，至丹墀，依上通六拜，各祗候，平立。阁使赐衣马，鞠躬，闻敕，再拜。赐衣马毕，平身，搢笏，单跪，受别录物过尽，出笏，拜起，谢恩，舞蹈，五拜。有敕赐酒食，舞蹈，五拜。引使副左上露阶，齐搢入栏内，揖鞠躬，大使少前拜跪受书，起复位。揖使副齐鞠躬，受传达毕，齐退，引左下至丹墀，鞠躬，喝'各好去'，引右出。次引宰执下殿，礼毕。"

从这段史料可以看出，外国使节朝辞金朝皇帝的次序是西夏最先，其次是高丽，最后是宋朝，"先引夏使左入……次引高丽使……次引宋使副左入"。西夏使节朝辞金朝皇帝的礼仪与高丽使节相当，"次引高丽使，如上仪"，西夏与高丽的朝辞之赐都在会同馆进行，"夏、高丽朝辞之赐，则遣使就赐于会同馆"。宋朝使节当庭接受金朝赐予的礼物，"惟宋使之赐则庭授"，"阁使赐衣马……有敕赐酒食"。[①]可见，和"入见仪"一样，金朝对宋朝的重视程度在西夏与高丽之上。

西夏使节朝辞金朝皇帝的大致程序是：阁门使向金国皇帝呈送外国使节的告辞文榜之后，"阁门使奏辞榜子"，西夏使节进殿完成礼仪，恭祝金朝皇帝，"先引夏使左入，傍折通班毕，至丹墀再拜，不出班奏'圣躬万福'，又再拜"，然后致词表达对金朝的留恋之情，"使出班，恋阙致词，复位，又再拜"，最后金朝皇帝称"各好去"，西夏使节"引右出"。

结　语

金夏确立交聘关系的时候，西夏已经建国八十余年，与北宋的交聘活动也持续了几十年。也就是说，从礼仪制度的发展程度来讲，西夏要比刚刚兴起的金朝成熟得多。然而，西夏并没有在金夏交聘礼仪制度的建设方面起到任何主导作用，金夏交聘礼仪的确立、完善及修正都是金朝单方面主导完成的。究其根本原因，西夏的经济、军事实力决定了其在金朝主导

---

① 《金史》卷38《礼志》，第868页。

的东亚封贡体系中的蕃属国地位，这一点即使在金夏约为"兄弟之国"的时期也未曾有所改变。

金朝通过接送伴、觐见朝辞等礼节与规格，不仅可以声张其作为宗主国地位的合法性、维护宗主国的威严，而且可以通过等级阶序以"别尊卑、贵贱、亲疏"，确立与其他国家外交关系的机制与规格。总体而言，金朝视西夏的地位低于宋朝，与高丽相当。

（原文刊于《西夏学》第 16 辑，甘肃文化出版社，2018）

试论元代唐兀人多元的姓名文化

邓文韬　刘志月

　　姓名文化是指与姓氏、名字相关的文化现象。古代中国是世界上最早使用姓氏的文明之一。自姓与氏在秦汉以后合二为一以来，独具特色的中国古代姓名文化逐渐形成，并历经两千余年至今，在历朝历代起到了标示家族血缘、彰显家世地位、寄托长辈期望等作用，成为中华文明的重要文化符号之一。

　　1205—1227 年，成吉思汗率领的蒙古军前后六次征讨西夏，最终消灭了这个雄踞河西地区近 190 年的王国。幸存于战后的西夏遗民以"唐兀人"的族称继续活跃于元代历史舞台上。元朝所实现的大一统打破了各个政权间的边界壁垒，使得各个民族间的文化交流达到了一个新的高潮。在这种历史背景下，迁徙到塞北、中原、江南、岭南、川滇等地定居的唐兀人也积极与蒙古人、汉人或其他色目人群开展了多维度、深层次的文化交流。这种文化交流，在唐兀人的姓氏与取名方面体现得较为显著。

　　学界目前关于元代唐兀人姓名文化研究最为前沿的成果是佟建荣女士的《西夏姓名研究》，该书第 4 章"蒙元时期西夏姓氏考证"考察了近 20 个西夏遗民姓氏，并总结归纳出元代西夏遗民姓氏具有继承性以及出现明显的蒙古化两个特点。针对后一个特点，作者别出心裁地强调"民族语音"对唐兀人人名民族色彩强化的作用，而不再把原因归为文化上的羡慕或政治上的需要。① 但

---

① 佟建荣：《西夏姓名研究》，社会科学文献出版社，2015 年，第 179—188 页。

作者选取的史料大多为黑水城出土元代亦集乃路的社会文书和佛经题记，对传世文献或出土碑石所见的唐兀人姓名未加论述。同时，该研究主要针对的是姓（尤其是党项姓氏和汉姓），对于唐兀人的名未见探讨。为弥补遗憾，笔者拟对传世文献所见元代唐兀人的姓名文化做补充性研究，揭示其所受多元文化影响之表现，并归纳其姓名文化之特征。

一　继续使用党项姓氏的唐兀人

与黑水城出土的元代亦集乃路文书中保留许多西夏时期的党项旧姓不同，传世史籍所见唐兀人使用西夏时期旧有姓氏的现象相当稀少，仅有嵬名、野蒲、嵬宰、乌纳（兀南）、阿尔（俄儿）、米卜、昔里、西卑、斡等少数几个党项姓氏仍在使用，以下逐一考索。

嵬名：西夏皇族姓氏，元代文献中又作乌密、吾密、邬密、於弥、威弥。据记载，以此为姓氏的唐兀人，有察罕及其兄长的后裔韩嘉讷、[1] 买讷、[2] 元末江浙行省平章政事卜颜铁木儿、[3] 集贤待制邬密执理、[4] 平江路守将杨椿之参谋邬密筠等人。[5]

野蒲：为党项人姓氏，元代文献中又作"也蒲""耶卜""邪卜"。[6] 使

---

① （元）余阙：《青阳先生文集》卷2《送归彦温赴河西廉使序》，《景印文渊阁四库全书》第1214册，台北：台湾商务印书馆，1986年，第376页。文中未出现韩嘉讷名讳，仅记载"今皇帝用嵬名公为御史大夫"。按《元史·归旸传》，"九年正月，转河西廉访使"，归氏赴河西廉使事在至正九年（1349）（卷186，第4271页）。又《元史·顺帝纪五》载至正九年七月罢御史大夫韩嘉讷为宣政院使，可知余阙笔下的"嵬名公"就是指韩嘉讷（卷42，第886页）。

② （元）危素：《危太朴集》卷3《翰林国史院经历司题名记》，《元人文集珍本丛刊》（七），台北：新文丰出版公司，1985年，第412页。

③ 《元史》卷144《卜颜铁木儿传》，中华书局，1976年，第3436页。

④ （明）释来复辑《澹游集》，《续修四库全书》第1622册，上海古籍出版社，2002年，第222页。

⑤ （清）钱谦益：《牧斋初学集》卷22《杨仪金姬传后》，《近代中国史料丛刊三编》，文海出版社，2001年，第760页。（元）陈基著，邱居里、李黎点校《陈基集·夷白斋稿》卷28《听雪斋记》，吉林文史出版社，2009年，第243页。

⑥ 该姓氏只见元代党项人使用，未见西夏或宋金境内党项人使用。汤开建认为野蒲氏与李继迁帐下之"移濬族"同源，系鲜卑"乙弗氏"译音之异（汤开建：《党项源流新证》，《西北民族研究》1995年第2期，第121—122页），暂从其说。

用此姓氏的唐兀人有张掖籍武将也蒲甘卜及其子昂吉儿。[①] 又有武威唐兀人余阙妻耶卜氏，[②] 张掖人刘完泽之女婿邪卜不花。[③] 由此来看，元代使用野蒲姓氏的党项人多数都与张掖或武威有关，这或许能说明野蒲为西夏至元代河西地区的党项大姓之一。

嵬宰： 宋元史籍又异译作"猥才""隈才""狁才"，[④] 按"继迁奔地斤泽，貌奴、猥才二族夺其牛畜二万余"[⑤] 推测，此姓氏应源出活动于地斤泽一带的党项部族。使用此姓氏的唐兀人仅见《江东道宪司题名记》碑篆额者嵬宰文兴。[⑥]

兀南（乌纳）： 即党项姓氏"𱕹𰉗"的音译，见于西夏文《杂字·番姓部》与《文海》。佟建荣女士据《番汉合时掌中珠》考出"𱕹"音"兀"，又据西夏文《现在贤千佛名经》考出"𰉗"发"南无无量光明佛"中的"南"字音。此姓氏虽汉文传世典籍未见，但黑水城出土文书尚存"贼人兀南索哥"[⑦] 之人名，故权以"兀南"作为汉字音译。[⑧] 又黑水城文书见"妇女一名兀那"，佟氏疑"兀那"为"兀南"之同姓异写。[⑨] 姚燧《牧庵集》卷26《史

---

① 《元史》卷 123《也蒲甘卜传》、卷 132《昂吉儿传》，第 3027、3213 页。

② 《元史》卷 143《余阙传》，第 3428 页。

③ （元）虞集著，王颋点校《虞集全集·道园类稿》卷 42《彭城郡侯刘公神道碑》，天津古籍出版社，2007 年，第 1089 页。

④ 汤开建：《五代辽宋时期党项部落的分布》，《党项西夏史探微》，商务印书馆，2013 年，第 126 页。

⑤ 《宋史》卷 491《党项传》，中华书局，1977 年，第 14140 页。

⑥ （清）鲁铨修，（清）洪亮吉等纂《（嘉庆）宁国府志》卷 2《职官表》，台北：成文出版社，1970 年，第 125 页；《江东道宪司题名残碑》，北京图书馆金石组编《北京图书馆藏中国历代石刻拓本汇编》（50），中州古籍出版社，1989 年，第 99 页。

⑦ 塔拉、杜建录、高国祥编《中国藏黑水城汉文文献》第 5 册，国家图书馆出版社，2008 年，第 1098 页。

⑧ 佟建荣女士认为黑水城出土文书中的"母亲兀南亦""尤兀南布"皆姓兀南氏（详见佟建荣《〈中国藏黑水城汉文文献〉中的西夏姓氏考证》，《宁夏社会科学》2010 年第 5 期，第 89 页）。核对原图，"亦"当为"赤"之讹，"兀南赤"更像是一蒙古语汉译人名而非姓氏；又《（乾隆）崞县志》载本县至顺三年曾有名为"兀南卜"的达鲁花赤在任，故"尤兀南布"似是元代常见的在汉姓后缀蒙古名，这里的"兀南"亦不应作党项姓氏理解。

⑨ 佟建荣：《〈中国藏黑水城汉文文献〉中的西夏姓氏考证》，《宁夏社会科学》2010 年第 5 期，第 89 页。

公先德碑》载某"夏王外孙"女姓乌纳氏。①《牧庵集》之元明版本已佚，今本系清修《四库全书》时从《永乐大典》中辑出，包括"乌纳氏"在内的少数民族人名已被四库馆臣所改译。由四库馆臣在其他清代文献中所作"乌纳旧作兀纳"②的修订注释，可知其乃"兀南"或"兀那"之清译。

阿尔（俄儿）：余阙《大节堂记》记录人名"西夏阿尔长普"。③上海师大古籍所、华东师大古籍所点校本《续资治通鉴长编》卷457载有名为"麟州阿尔族"④的党项部落，汤开建先生怀疑这里的"阿尔"为清译，宋译当为"讹二族"。⑤湖南省图书馆藏四库底本《续资治通鉴长编（四库全书底本）》中"阿尔"原文为"俄儿"，原文旁小字注清人改译"阿尔"，⑥又北宋麟州蕃官高世忠墓志称志主"籍名俄儿族中"，⑦可知"阿尔"之宋译为"俄儿"。因此，"阿尔长普"可能是俄儿族党项人的后裔，其姓氏当作"俄儿氏"。

米卜：米卜为常见党项人姓氏，又有"咩布""蔑布""酩布""咩保""咩逋"等同音异写，于传世文献与金石文献皆有所见。仁宗朝御史中丞杨朵儿只祖母即"米卜氏"。⑧

昔里：《元史》本传载昔里钤部为"唐兀人，昔里氏"，⑨其子教化解释"昔里"为"小李"之讹。即这个家族本姓李氏，是"沙陀贵种"之后，因"同其王李姓"，身为臣下的昔里氏族人不得不"以小大称"，⑩屈称"小

---

① （元）姚燧著，查洪德编校《牧庵集》卷26《开府仪同三司太尉太保太子太师中书右丞相史公先德碑》，人民文学出版社，2011年，第398、400页。
② （清）傅恒奉敕撰《御批通鉴辑览》卷78，宋神宗元丰三年正月"北院宣徽使萧乌纳"下注文，《景印文渊阁四库全书》第338册，第222页。
③ （元）余阙：《青阳先生文集》卷3《大节堂记》，《景印文渊阁四库全书》第1214册，第397页。
④ （宋）李焘：《续资治通鉴长编》卷457，哲宗元祐六年四月辛亥条，中华书局，1995年，第10944页。
⑤ 汤开建：《五代辽宋时期党项部落的分布》，汤开建：《党项西夏史探微》，第142页。
⑥ （宋）李焘撰，湖南图书馆编《续资治通鉴长编（四库全书底本）》卷457，哲宗元祐六年四月辛亥条，中华书局，2016年，第25502页。
⑦ 《高世忠墓志》，载高建国《宋代麟府路碑石整理与研究》，中国社会科学出版社，2021年，第154页。
⑧ （元）虞集著，王颋点校《虞集全集·道园类稿》卷41《杨襄敏公神道碑》，第1082页。
⑨ 《元史》卷122《昔里钤部传》，第3011页。
⑩ （元）姚燧著，查洪德编校《牧庵集》卷26《资德大夫云南行中书省右丞赠秉忠执德威远功臣开府仪同三司太师上柱国魏国公谥忠节李公神道碑》，第302页。

李”为姓。拙文概已指出将“昔里”解释为“小李”只是教化为维持家族
地位而编造出来的谎言。①笔者怀疑“昔里”更有可能是某个西夏党项族
姓的同音译写。北宋时期，陕北地区就分布有被称为“息利族”②或“悉利
族”③的党项部落，其中居住于府州的一支宗族归附了当地豪族折氏，成为
北宋所管辖的蕃部，④而生活于银夏地区的息利族宗支则随着元昊的称邦建
国成为西夏属民。按照党项人以部族名为姓氏的惯例推测，“息利族”更
有可能才是元代昔里氏家族的真正先世。因此，“昔里”应该视为被元代
唐兀人继续使用的党项姓氏。

西卑：又作“西壁”“昔毕”，为西夏境内鲜卑后裔所使用之姓氏。汤
开建推测今本《元史》散佚在外的《西卑传》是降蒙西夏太傅西壁讹答之
传记，⑤如此假设成立，则西壁讹答之后裔当继续在元代使用“西卑”为姓
氏。明弘治年间竖立于保定的石经幢上，也依然有昔毕富、昔毕三鸠、昔
毕由保、昔毕富成、昔毕氏文束等姓名，⑥说明这一姓氏直到明朝中叶仍在
被继续使用。

---

① 西夏国主以李姓冠之的记载几乎全部出自辽、宋、金方面，西夏国内文献则多用元昊所
改之姓“嵬名”，极少见其自称李氏。又据《金史·交聘表》，西夏赴金使节中凡李姓者
有李子美、李元吉、李元贞、李元膺、李公达等 23 人之多，而未见有屈称姓氏为“小
李”者。可见，唐朝所赐之李姓，在西夏国内本就无须避讳，无论昔里氏家族还是其他
西夏李姓官宦世家，都没有屈称“小李”的必要。“同其王李姓，以小大称”更像是一
种从辽、宋、金的汉文史料出发，根据字面意思对“小李”所进行的解读。更何况出身
于这个家族的字兰奚和野速普花，直到元末至正间也依旧在使用“昔李”作为姓氏，并
未改称“李氏”；就连教化自己，在至顺年间成书的《镇江志》中也被纂修者称为“昔
里教化”。明朝初年官修《元史·昔里钤部传》中，也称其系“昔里氏”。由此可见，教
化试图将族姓 Sire 释为“小李”的努力，并未被包括全体家族成员在内的元人所完全接
受。详见邓文韬、刘志月《合法性的接续：元代昔里钤部家族构建沙陀认同的地方因素》
（《西夏学》第 20 辑）的论述。
② 《宋史》卷 5《太宗纪二》，第 76 页。
③ （宋）钱若水修，范学辉校注《宋太宗皇帝实录校注》卷 33，雍熙二年四月辛丑条，中华
书局，2013 年，第 329 页。（宋）欧阳修撰，李逸安点校《欧阳修全集》卷 79《外制集》
卷 1《悉利族军主嗟移可都军主制》，中华书局，2001 年，第 1144 页。
④ 汤开建：《五代辽宋时期党项部落的分布》，《党项西夏史探微》，第 127 页。
⑤ 马明达、汤开建：《今本〈元史〉散逸在外的两个列传》，《史学史研究》1983 年第 4 期，
第 51—52 页。
⑥ 《保定西夏文石经幢》，杜建录：《党项西夏碑石整理研究》，上海古籍出版社，2015 年，
第 222 页。

斡：以斡为姓的元代唐兀人，[1]有自夏入元的斡扎箦，其子朵儿赤、孙仁通于《元史》中皆有名无姓，[2]惟曾孙斡玉伦徒（字克庄）使用"斡"姓，被时人尊称为"斡公克庄"或"斡公玉伦徒"。[3]

拓跋氏（存疑）：为早期党项八部姓氏之一。元末有名为拓跋元善者，王颋先生考为李恒之孙，"龙川公"李世安之侄。[4]其人作为西夏皇族后裔，却放弃了唐朝赐姓，改回唐末以前之旧姓"拓跋"。[5]当然，并非所有的元代"拓跋氏"人物均属唐兀人或西夏遗民。汤开建先生将拓跋按扎儿列入《元代西夏人物表》，并于"族称"一栏注曰"拓跋氏，应为党项"。[6]然而虞集曾为按扎儿家族撰先茔碑，题为《蒙古拓跋氏先茔碑铭》，[7]故应将他们视为蒙古人（贾敬颜先生更考之为怯烈人[8]）。总之，对元代"拓跋氏"人物之族属判定，不可轻率。

除党项、鲜卑与沙陀人以外，西夏国内还有大量的汉人，他们同样在

---

① 在此需要特此说明的是，并非姓名首字为"斡"的元代人物均可被视为党项人，汤开建《增订元代西夏人物表》收"斡朵忽都"，《（光绪）高唐州志》卷7《武德将军斡朵忽都政绩碑》谓斡朵忽都为"驸马武毅王后，袭爵武德将军，高唐州达鲁花赤兼诸军奥鲁劝农事"，按阎复撰《驸马高唐王忠献碑》（载苏天爵编《元文类》卷23）云："大德九年（1305）秋七月，诏谥故驸马高唐王阔里吉思为高唐忠献王……祖驸马孛要合为高唐武毅王。"可知"驸马高唐武毅王"为元世祖孙女婿，汪古名将阔里吉思之祖父，则斡朵忽都与阔里吉思当有血亲关系，应为汪古人，非唐兀人。
② 《元史》卷134《朵儿赤传》，第3254页。
③ （元）虞集著，王颋点校《虞集全集·道园类稿》卷17《郑氏毛诗序》、卷23《屏山书院记》，第480、648页。
④ 王颋：《降生龙川——拓跋元善的家世与淄州李氏》，《内陆亚洲史地求索》，兰州大学出版社，2011年，第357—358页。
⑤ 彭向前先生指出"自元昊改姓嵬名后，汉文史籍中再不见有'拓拔'一姓。而西夏文姓氏中也不见'拓拔'二字的写法。《金史·交聘表》中，西夏频繁派往金朝的使臣中，倒是'嵬名'一姓屡见不鲜。由此判断，真实的情况是整个拓跋氏都改为'嵬名氏'了"（详见彭向前《元昊改姓考》，《青海民族大学学报》2013年第2期，第47页）。似乎党项拓跋氏自元昊改姓以后均再无使用"拓跋"旧姓之例，此处的"拓跋元善"究竟是其人真名，还是原始史料的作者出于文人好古之意，取西夏皇族之古姓来进行称呼，还有待基于其他新史料的进一步讨论。
⑥ 汤开建：《增订〈元代西夏人物表〉》，汤开建：《党项西夏史探微》，第487页。
⑦ （元）虞集著，王颋点校《虞集全集·道园类稿》卷45《蒙古拓跋氏先茔碑铭》，第1144页。
⑧ "秃伯怯烈氏，据伯希和考证，此秃伯即按扎儿所出的拓跋氏。秃伯怯烈氏，乃克烈一支的秃别干，又书作土别燕、土伯夷，或秃别台、脱别台、脱字台。"（贾敬颜：《探马赤军考》，《元史论丛》第2辑，第34页）

入元以后使用了本民族之旧姓。笔者在此仅就唐兀人使用党项旧姓的现象略做总结。

首先，元代唐兀人上层与下层在姓名的选用上出现了相当大的分化，传世文献所见的上层唐兀人往往遗忘旧有的党项姓氏，转而改用汉姓、赐姓和仿照蒙古人不用姓氏，这与黑水城文献、各地出土的佛经发愿文和宗教石刻中所见的下层唐兀人倾向使用党项旧姓的现象截然不同。

其次，元代传世文献所见党项姓氏的种类相当稀少，即便加上黑水城出土文书所见的党项姓氏，也不过 20 余个。如果说西夏建国以后党项族发展壮大的一个表现，是党项姓氏由早期的"八大姓"分化为 300 多个，[①]那么元代党项旧姓由 300 余个减回到 20 余个，无异于说明党项族或唐兀人正在被其他民族所分化和融合。

最后，唐兀人用不同的汉字译写党项旧姓，还反映党项语直到元末仍然在被使用。以"嵬名"为例，元明文献中就有"乌密""吾密""邬密""於弥""威弥""嵬明"等多种翻译方法。这说明各支西夏皇族在元代均使用党项语来记忆自己的姓氏，当需要书写为汉文时，他们就会临时借由当地汉语方音对西夏文"𗩈𗪛"二字进行音译，故而才会有五花八门的译名。如果由汉语来维持自己对姓氏的记忆，那么各支西夏皇族极有可能会统一选择"嵬名"作为汉译。

与姓氏类似，传世文献所见的元代唐兀人上层较少使用西夏时期的党项人名，像"立智理威""算智尔威""嵬的""即力嵬尼"和"也儿吉尼"这样明显带有党项语语音的名字已然非常罕见。

二　使用唐代与元代皇室赐姓的唐兀人

元代唐兀人使用赐姓，主要是唐朝所赐之"李氏"与元朝所赐之"唐兀氏"。

西夏皇族本姓拓跋，因其先祖拓跋思恭于唐末参与镇压黄巢起义而被赐姓李氏。从内蒙古乌审旗十里梁出土的定难军节度使家族人物的墓志来

---

① 详见佟建荣《西夏姓名研究》，中国社会科学出版社，2015 年，第 158 页。

看，自唐末至宋初的一百余年中，他们都使用着唐朝的赐姓。不过，根据西夏陵出土残碑石以及西夏文佛经发愿文来看，西夏国主在国内大多数情况下均使用李元昊创造的嵬名氏，较少使用李姓。

西夏灭亡后，一部分皇族后裔依然维持了嵬名氏的旧姓，但也有两支改回了唐代皇帝所赐的李姓，即李惟忠家族和李祯家族。[1] 李惟忠的后裔李恒、李世安、李世雄等在墓志中均被称为"李公"，而非"嵬名公"；同时，他们还强行继承了"李氏"的郡望（陇西）以及先世记忆，如李世安于至元二十五年（1288）平定畲族起义后，刘埙为之树碑歌功颂德，便拟题为《参政陇西公平寇碑》；[2] 更有甚者，立于李恒家庙中的碑刻，径直将李恒之先追溯为秦将李信，"惟李氏家陇西成纪者，实秦将信诸孙。汉至六朝，门阀甚峻，惟与崔、卢、郑世姻，不连他族"，[3] 这就完全割断了该家族与拓跋部之间的历史联系，反而强化了所有家族成员对"李氏"的认同。

元代西夏遗裔赐姓"唐兀"的来源，在正史或元代典章制度文献中均无记载。唯一对此做出解释的元代文献，是吴海为灵武人王翰所作的《王氏家谱叙》，云"元初得天下，惟河西累年不服，最后乃服。世祖以其人刚直守义，嘉之，赐姓唐兀氏，俾附归籍，次蒙古一等"。[4] 按此，"唐兀"作为一个姓氏，最早只应出现于元世祖时期。就笔者所见，最早将"唐兀"作为姓氏置于名前的，是出现于《元史·阔阔出传》中的大同路总管唐兀海牙，年代应在至元后期，故而王翰家谱所记载的赐姓经过，应该是可信的。

那么，在元世祖即位以前的前四汗时期，唐兀人是否有属于本共同体内部通用的专有姓氏呢？在今北京市房山区瑞云寺内，保存有一方蒙古太

---

① 除这两个家族以外，在元末明初的西宁州还有一支自称西夏皇族后裔的族群，也使用了李姓（详见《会宁伯李公墓志铭》，米海萍、乔生华辑《青海土族史料集》，青海人民出版社，2006年，第249页）。

② （元）刘埙：《水云村稿》卷2《参政陇西公平寇碑》，《景印文渊阁四库全书》第1195册，第348页。

③ （元）姚燧著，查洪德编校《牧庵集》卷12《资善大夫中书左丞赠银青荣禄大夫平章政事谥武愍公李公家庙碑》，第171页。

④ （元）吴海：《闻过斋集》卷1《王氏家谱叙》，《景印文渊阁四库全书》第1217册，第161页。

宗五年（1233）的《故大兴禅师通圆懿公功德碑》，[①]其碑阴为该高僧门人之题名。其中，俗人弟子的名号中大多有一"善"字，如"宣差马善""宣差温善""宣差刘善""宣差高善"，在此四人之后，还有一人名为"宣差河西善"（图1）。由上下文推测，这里的"河西"应该同马、温、刘、高一样，是一个姓氏，其使用者极有可能是西夏遗民。

图1 《故大兴禅师通圆懿公功德碑》碑阴拓片（局部）

在元代的文献中，以"河西"为姓氏者，似乎只见此一例，其使用频率远不如同样由西夏遗民之族称而衍生为姓氏的"唐兀氏"。结合波斯文史料《史集》来看，窝阔台之子合失因酗酒而早逝，为避免触动窝阔台思子之情，"合失被禁用，从此以后，该地区（引者注：即西夏故地）被称为唐兀惕"。[②] 或许作为姓氏而使用的"河西"，与作为地域的"河西"同时被禁用了，因而"河西"姓氏只见于合失大王去世以前的太宗五年（1233）。当然，出于孤证不举的原则，以上论述只能说是一种猜测，但如果假设成立，那忽必烈赐给西夏遗民的姓氏"唐兀氏"便可视为"河西氏"的替代品。

除了李氏与唐兀氏以外，成吉思汗还曾"赐姓蒙古"予自幼鞠养于内廷的察罕，[③]但据察罕玄孙女之墓志，该家族以察罕的原名"益德"（又作

---

① 该碑图版与录文，见齐心主编《元代北京史迹图志》，北京燕山出版社，2009年，第115—121页。

② 〔波斯〕拉施特主编，余大钧、周建奇译《史集》第2卷，商务印书馆，1985年，第12页。

③ 《元史》卷120《察罕传》，第2955页。

"逸的")为姓氏，属于用祖先之名讳为姓。故而《元史·察罕传》所谓的"赐姓蒙古"应该指的是给予察罕蒙古人的身份，而并非令这个家族以"蒙古"为姓。

三　受汉文化影响，取单字为姓的唐兀人

像察罕后裔这种采用祖先之名讳为姓氏者，在元代唐兀人中并不罕见，但一般情况下只取一字，如虎益曰："古人以王父字为姓，我其法之，我先人讳中其取一言姓。""遂虎姓"，[①] 按姚燧所撰《虎益神道碑》，虎益之父名"穆苏和勒"，无"虎"字，但这显然归咎于清人的改译，而非元人之疏忽。

星吉之子答儿麻失里，仕明为监察御史，被朱元璋赐名吉昌，[②]"死事之星吉，曾祖曰朵吉，祖曰搠思吉朵儿只，父曰搠思吉，自其祖父名皆有吉字，故公亦名星吉，字吉甫，因其子答儿麻八入国朝，赐名曰吉昌，故公亦遂称吉公耳"。[③] 由此，答儿麻失里取姓氏为"吉"当因高祖至父四代人名中均有"吉"字。

清末文人王先谦"典试滇中"时，"得士曰朵如正，询其氏族。祖籍宁夏，元时为云南大官"，王先谦遂考得该朵姓出自斡道冲之后裔朵儿赤："朵氏之先，出西夏宁州……朵儿赤者，蒙古语为多尔济，中国人以音近之字误译为朵。"[④] 所以朵儿赤后裔以"朵"为姓氏。

除祖先之名可作姓氏以外，部分唐兀人也选择在自己名中选取一字为姓。如福建行省参知政事景福在削发为僧后改姓为福，讳福大全。[⑤] 泰定

---

① （元）姚燧著，查洪德编校《牧庵集》卷14《徽州路总管府达噜噶齐兼管内劝农事虎公神道碑》，第211页。

② （明）宋濂著，罗月霞主编《宋濂全集·朝京稿》卷1《星吉神道碑》，浙江古籍出版社，1999年，第1647页。

③ （明）茅元仪：《暇老斋杂记》卷14《元人之姓其字甚伙》，《四库禁毁书丛刊》子部第29册，北京出版社，1997年，第547页。引文中"祖曰"原作"孙曰"，按上下文改；"搠思吉"原作"志思志"，现按《星吉神道碑》之记载改回，以使之符合上下文。

④ （清）王先谦：《虚受堂文集》卷11《昆明布衣朵如璋妻刘氏墓志铭》，《续修四库全书》第1570册，上海古籍出版社，2002年，第455页。

⑤ （元）王逢：《梧溪集》卷4下《寄福建参政景福仲祯》，中华书局，1985年，第203页。

四年（1327）进士观音奴，字志能，同朝文人张翥、李孝光、萨都剌、释大欣、虞集、许有壬都曾使用"观志能"来称呼观音奴，[1] 显然观音奴在与其他汉族文人的交往中已改用"观"为姓氏。湖广行省正郎圊兰蹊则由同僚行台御史笃列图"撷其名'兰'以氏之，推兰之德曰'庭芳'以字之"。[2] 至正十四年（1354），原名为长吉彦忠的杭州唐兀人以"张吉"之名进士及第，[3]"张"与"长"二字，《集韵》分作"中良切"与"仲良切"，发音接近，长吉改张姓亦是以名的第一个字为姓。

当然，也并非所有唐兀人在改姓时都会从祖先或自己的名中取姓。儒生何伯翰之父早亡，其母何氏携之"依舅氏"，"舅氏因以母姓姓之"，是为继承母姓；[4] 而台州僧纲吉祥"本河西唐兀[5] 氏"，"冒姓孔"[6] 的动机或许是钦慕孔圣人，后其子孔安普果然进士及第，[7] 未辜负其父改姓的一番苦心。又王颋先生称余阙之姓氏"余"，"恰好是'伊吾'二音之合"，[8] 言外之意，似乎指这个党项人家族因其祖籍在伊吾而选择了汉姓余氏。

值得注意的是，部分唐兀人家族各宗支还有分别改姓的现象。最具代表性的是福寿家族，洪武二十二年（1389），明朝"以抚德州同知陈龚为

---

① 以上分别见（元）顾瑛《草堂雅集》卷4《鹿苑寺周处读书台陪观志能萨天锡饮（张翥）》，《景印文渊阁四库全书》第1369册，第254页；（元）李孝光撰，陈增杰校注《李孝光集校注》卷5《送观志能分韵得更字》，上海社会科学院出版社，2005年，第188页；（元）萨都剌《雁门集》卷7《和同年观志能还自武昌》，上海古籍出版社，1982年，第194页；（元）释大欣《蒲室集》卷1《次韵廉公秀御史送观志能台郎赴都》，《景印文渊阁四库全书》第1204册，第532页；（元）虞集著，王颋点校《虞集全集·道园类稿》卷7《重题环翠亭，为李浩卿作》，第123页；（元）许有壬著，傅瑛、雷近芳校点《许有壬集》卷66《刚斋铭》，中州古籍出版社，1998年，第712页；（清）许炎纂修《（光绪）鹿邑县志》卷7《学校》，台北：成文出版社，1976年，第281页。
② （元）许有壬著，傅瑛、雷近芳校点《许有壬集》卷65《兰庭芳字说》，第695页。
③ 张吉之事迹相对分散，对其生平之梳理，参见萧启庆《元代进士辑考》，台北："中研院"历史语言研究所，2012年，第343页。
④ （元）杨维桢：《东维子文集》卷8《送何生序》，《景印文渊阁四库全书》第1221册，第451页。
⑤ 原志误将"兀"讹为"几"，现更正。
⑥ 喻长霖等纂修《（民国）台州府志》卷23《选举表·考异》，台北：成文出版社，1970年，第426页。
⑦ 喻长霖等纂修《（民国）台州府志》卷23《选举表三》，第412页。
⑧ 王颋、刘文飞：《唐兀人余阙的生平和作品》，《北方民族学报》2009年第5期，第6页。

太仆寺少卿","龚，故元御史福寿之子"，^① 可见至迟于福寿之子辈时，该宗支已经以陈氏为姓氏。又据《高母安人原氏墓志铭》："按高氏世有显闻。应之曾祖曰月禄，尝为岭北行省丞相，封冀国公。有为南台御史大夫曰福寿者实以忠死事，盖应之伯祖也。"^② 则福寿之弟的后裔以高氏为姓。同族不同姓的选择，势必将造成东迁唐兀人家族的进一步分化。

与此同时，郡望与姓氏始祖等与汉唐以来汉人姓名文化相关的概念也从各个角度渗透到了与唐兀人相关的碑传文学中。前述西夏皇族后裔李世安将郡望认定为陇西郡，并将自己的姓氏始祖追溯为秦将李信^③ 并非个案，西夏宁州人李天祐、李昌父子也曾因子嗣的显贵而被追封为"陇西郡公"，^④ 籍贯张掖的刘完泽家族则将郡望追溯为汉人刘氏大族所公认的"彭城郡"，^⑤ 北宋时迁离河西故地的两个西夏移民后裔家族——梁溪倪氏与芝山商氏则分别将得姓始祖追溯为汉代御史大夫倪宽与商朝王室。^⑥ 上述郡望与姓氏始祖文化在西夏后裔群体中的传播，是他们接受汉人姓名文化的另一种表现。

四 仿效蒙古人不称姓，以名处世的唐兀人

元朝早期的蒙古人多有氏无姓，^⑦ 史籍一般直称其名。唐兀人则大多有

---

① （明）陈建：《皇明通纪法传全录》卷9，太祖洪武二十二年三月，《续修四库全书》第357册，上海古籍出版社，2002年，第160页。
② （明）王洪：《毅斋集》卷8《高母安人原氏墓志铭》，《景印文渊阁四库全书》第1237册，第537页。
③ （元）姚燧著，查洪德编校《牧庵集》卷12《资善大夫中书左丞赠银青荣禄大夫平章政事谥武愍公李公家庙碑》，第171页。
④ （元）邓文原：《巴西集》卷下《皇元赠陇西郡李公神道碑铭》，《景印文渊阁四库全书》第1195册，台北：台湾商务印书馆，1986年，第546—547页。
⑤ （元）虞集著，王颋点校《虞集全集·道园类稿》卷42《彭城郡侯刘公神道碑》，第1087页。
⑥ 按周南老《倪瓒墓志铭》云："按倪之先，汉御史宽之裔也。"又淳安《芝山商氏宗谱》卷首《商氏家谱源流序》谓"商之初，本子姓。唐虞时，契封于商，赐姓子。厥后子孙以国为氏"。
⑦ 蒙古人无姓的说法，常见于宋末至明初文献，若郑思肖谓"今鞑主亦无姓"[（宋）郑思肖著，陈富康点校《郑思肖集·大义略叙》，上海古籍出版社，1991年，第188页]，赵珙曰"所传弑没真者，乃小名尔，初无姓氏"[（宋）赵珙：《蒙鞑备录》，《全宋笔记》第83册，大象出版社，2019年，第2页]，朱元璋《与元幼主书》："尔国之俗，素无姓氏。"（《明太祖实录》卷77洪武五年十二月壬寅条，台北："中研院"历史语言研究所，1983年，第1417页）

姓，但元明史籍中却有不少唐兀人模仿蒙古风俗，只称名讳而不加姓氏。以《元史》有传的唐兀人为例，拜延、暗伯、朵罗台、星吉、观音奴、塔不台、明安达尔、丑闾等人的姓氏俱已难考。

出现这种现象的原因主要有二。第一个原因是政治因素，元代统治者对蒙古人多有优待，而有姓或无姓，是判别族属的最简单标志。在《元典章》就有依据是否有姓氏来判断待遇的法律条文，如女真"不同蒙古，况兼有姓，难同色目，合与汉儿一体刺字"，① "有姓汉儿达鲁花赤，追夺宣敕"。② 唐兀人虽然属色目人，但姓名却与女真、契丹或汉人接近，在"元代不少汉人，为了谋取官职，入仕朝政或为着某种利益，纷纷改用蒙古姓名"③ 的时代背景下，使用蒙古名的唐兀人隐去自己的姓氏，也可以混淆自己所出身的族群，以期获得更多的政治利益。第二个原因是"追逐以统治民族为尊为贵的时尚"，④ 李治安先生已有详细论述，不再赘述。

汤开建先生在制作《增订元代西夏人物表》时，已就一部分只有蒙古名的唐兀人进行过考证，将其姓氏列于表中。笔者在此仅补充汤文未能考出的四例。

速哥察儿：《浚州达鲁花赤追封魏郡伯墓碑》记载速哥察儿次孙纳嘉德官职为"从事郎、潭州路安化县达鲁花赤兼劝农事"，⑤ 李存《重修（安化县）儒学记》记载"至顺庚午（1330）春，西夏侯李纳加台以开国勋裔来监兹邑"，⑥ 可见"李纳加台"即"纳嘉德"，故碑文中隐去的姓应该是李氏。

老索：《河西老索神道碑铭》载顺天路达鲁花赤老索后裔名阿勾、忙古、忽都不花与讷怀，均只有蒙古名而未见姓氏。⑦《赵秉温墓志》

---

① 陈高华等点校《元典章》卷49《刑部一·诸盗·刺字·女直作贼刺字》，中华书局、天津古籍出版社，2011年，第1655页。
② 陈高华等点校《元典章》卷9《吏部三·官制三·投下官·有姓达鲁花赤追夺不叙》，第295页。
③ 那木吉拉：《元代汉人蒙古姓名考》，《中央民族学院学报》1992年第2期，第12页。
④ 李治安：《元代汉人受蒙古文化影响考述》，《历史研究》2009年第1期，第35页。
⑤ （明）石禄修，（明）唐锦纂《大名府志》卷10《元故浚州达鲁花赤赠中议大夫河中府知府上骑都尉追封魏郡伯墓碑（吴澄）》，上海古籍书店，1981年，第56页。
⑥ （清）邱育泉修，（清）何才焕纂《（同治）安化县志》卷17《重修儒学记（李存）》，江苏古籍出版社，2001年，第351页。
⑦ 崔红芬试图将"老索"释作族姓，与党项姓氏"啰朔"或"啰拶"对音。详见崔红芬《保定出土〈河西老索神道碑〉再研究》，《中国文化》2013年第2期，第66页。

记载："公凡三娶。李氏，五路都劝农使寿之女；张氏，顺天路达鲁花赤老孛之女，俱追封定国夫人……"[1] 顺天路存在仅数十年即改名作保定路，担任过"顺天路达鲁花赤"的官员应该极少，"老孛"不应是别人，而是老索的误写。故而《河西老索神道碑铭》中隐去的族姓应是张氏。

顺昌：按《增修范公祠记》，"延祐六年宁夏字侯顺昌监县济阳"，[2] 可知顺昌姓字氏。

勃罗帖穆尔：《（至正）昆山郡志》卷2载有勃罗帖穆尔三代的姓名与宦迹，却未列姓氏，[3] 黄溍《札剌尔公神道碑》记载别理哥帖木儿次女嫁"於弥氏勃罗帖穆尔"。[4] "於弥"即前述"嵬名"之异译，则勃罗帖穆尔亦出身于西夏皇族。

当然，我们也不可默认所有使用蒙古名的唐兀人都会隐藏自己的姓氏。明末人茅元仪指出"死事之余阙，乃唐兀氏，余阙其名也，后竟称余公"，[5] 从《余左丞传》可以得知，余阙之兄名"阗"，[6] 兄弟二人名中皆有部首"门"，可知"余阙"并不是蒙古名，而是汉式的姓和名，茅元仪的论断正是犯了上述错误。

元代唐兀人需要题写姓名时，也不乏将蒙古名赘于姓氏之后的写法，如雁荡山龙鼻洞内的李朵儿赤题记，[7]《睢阳五老》画像后的"至元六年后庚辰岁夏斡玉伦图拜观"题记，[8]《重修采石蛾眉亭记》碑后的"刘伯牙兀

---

① （元）苏天爵著，陈高华、孟繁清点校《滋溪文稿》卷22《故昭文馆大学士中奉大夫知太史院侍仪事赵文昭公行状》，中华书局，1997年，第367页。

② 栾钟垚修，赵仁山纂《（民国）邹平县志》卷17《艺文志下·元增修长山范公祠记（张临）》，台北：成文出版社，1976年，第2000页。

③ （元）杨谦纂修，李勇先等点校《（至正）昆山郡志》卷2《名宦》，四川大学出版社，2007年，第19页。

④ （元）黄溍著，王颋点校《黄溍全集·金华黄先生文集》卷25《朝列大夫金通政院事赠荣禄大夫河南江北等处行中书省平政事柱国追封鲁国公札剌尔公神道碑》，天津古籍出版社，2008年，第670页。

⑤ （明）茅元仪：《暇老斋杂记》卷14《元人之姓其字甚伙》，《四库禁毁书丛刊》子部第29册，第547页。

⑥ （明）宋濂著，罗月霞主编《宋濂全集·潜溪后集》卷6《余左丞传》，第248页。

⑦ 浙江省乐清县文化局编《雁荡山摩崖石刻》，浙江省乐清县文化局，1987年，第27页。

⑧ （明）朱存理撰，（明）赵琦美编《赵氏铁网珊瑚》卷13《题睢阳五老画像后》，《景印文渊阁四库全书》第815册，第691页。

歹"题名①等。王翰所谓的"旧氏乃祖宗所传,而不可弃",②或许是他们在蒙古名前署上姓氏最主要的心理动机。

就来源而言,唐兀人所使用的蒙古名,可分为皇帝赐名与自行改名两种。属皇帝赐名者,有自幼为成吉思汗收养的嵬名益德,"及长,赐姓蒙古,更名察罕",③武将老索、哈石与昔里钤部被赐姓"八都儿"、"霸都"和"拔都"(均为蒙古语"勇士"之意),④太宗近侍李桢"赐名玉出干必阇赤(意为小文吏)",⑤弓匠小丑"赐名怯延兀兰(意为高明工匠)"。⑥与前四汗时期汉人的蒙古名接近有一半系赐名⑦类似,以上几例唐兀人被赐予蒙古名也几乎都是在太祖、太宗时期。自忽必烈登基以后,再未见有唐兀人被赐名之例,此后唐兀人所使用的蒙古名都是自己或长辈所取。

从取名方式来看,元代唐兀人名也深深打上了蒙古文化的烙印。至少有三种蒙古人的取名方式,影响到了西夏遗民的取名。

第一种为部族名,即在某部族名后加上结尾词缀,"大概男名用 -tai,汉译作台、作歹、作带、作觯;女名用 -cin,汉译作真",⑧但部族取名与作者所属的民族没有直接关系。⑨唐兀人使用部族为名者,可参见表1。

---

① 《重修采石蛾眉亭记》,国家图书馆善本金石组编《辽金元石刻文献全编》(二),北京图书馆出版社,2000年,第220页。

② (元)吴海:《闻过斋集》卷1《王氏家谱叙》,《景印文渊阁四库全书》第1217册,第162页。

③ 柯劭忞:《新元史》卷126《察罕传》,吉林人民出版社,1995年,第2281页。

④ 《河西老索神道碑》,杜建录:《党项西夏碑石整理研究》,第215页;《大名府志》卷10《元故浚州达鲁花赤赠中议大夫河中府知府上骑都尉追封魏郡伯墓碑(吴澄)》,上海古籍书店,1981年,第54页;《元史》卷122《昔里钤部传》,第3011页。

⑤ 《元史》卷124《李桢传》,第3051页。

⑥ 《元史》卷134《朵罗台传》,第3264页。

⑦ 李治安:《元代汉人受蒙古文化影响考述》,《历史研究》2009年第1期,第34页。

⑧ 冯承钧:《元代的几个南家台》,《冯承钧西北史地论集》,中国国际广播出版社,2013年,第186页。

⑨ 如刘迎胜先生引忽必烈女儿囊加真公主为例,指出这种命名方式"不再限于自己所出之部落或国家。而是扩大到蒙元帝国范围内许多国家与民族的名称,而使用这个名称的人也不一定是出自该部"(《蒙元世界帝国的时代印记》,张志强主编《重新讲述蒙元史》,生活·读书·新知三联书店,2016年,第96页)。

表 1　元代唐兀人使用部族名

汉名(汉姓)	蒙古名	对应部族	对应民族	出处
李世安	散术艀	珊竹歹、撒术歹、散术兀歹	蒙古	《元史·李恒传》
李世显	逊都台	逊都思、速勒都孙	蒙古	《元史·李恒传》
未知	美里吉台	灭里吉歹、蔑儿乞惕、末里乞歹	蒙古	《秘书监志》卷10
李氏	乃蛮歹	乃蛮、乃马、乃满	蒙古	《黄头墓志铭》
张氏	忙古艀	忙古歹、忙兀歹	蒙古	《老索神道碑》
高氏	蒙古歹	忙古歹、忙兀歹	蒙古	《高昂吉墓志》
刘炜	忙古艀	忙古歹、忙兀歹	蒙古	《至顺镇江志》卷15
刘氏	伯牙吾歹	伯要歹、巴牙兀惕、伯牙吾	蒙古	《至顺镇江志》卷16
未知	伯牙兀歹	伯要歹、巴牙兀惕、伯牙吾	蒙古	《至顺镇江志》卷16
文氏	伯要艀	伯要歹、巴牙兀惕、伯牙吾	蒙古	《至顺镇江志》卷15
杨氏	唐兀台	唐兀惕、唐兀、唐古特	党项	《唐兀公碑》
杨氏	式腊唐兀台	唐兀惕、唐兀、唐古特	党项	《杨朵儿只神道碑》
未知	唐兀台	唐兀惕、唐兀、唐古特	党项	《元统元年进士录》
常氏	札忽儿歹	札忽惕（北方汉人）[1]	汉	《嘉靖江西通志》卷34
李氏	纳加台	南家（南方汉人）[2]	汉	《同治安化县志》卷17
李世雄	襄加真	南家（南方汉人）	汉	《元史·李恒传》
未知	襄加歹	南家（南方汉人）	汉	《康熙龙泉县志》卷6
未知	襄加歹	南家（南方汉人）	汉	《嘉靖永城县志》卷6

注：[1] 有关札忽惕指代原金朝治下汉人之论述，详见陈寅恪《元代汉人译名考》，陈寅恪《金明馆丛稿二编》，生活·读书·新知三联书店，2001年，第99—106页。

[2] 有关南家指代原南宋治下汉人之论述，详见冯承钧《元代的几个南家台》，冯承钧编著《冯承钧西北史地论集》，第186—187页。

第二种为数字取名。《秘书监志》官员题名中"秘书太监"下有"五十六……字正卿，唐兀氏人"①等字，可知这位唐兀人以五十六为名。陈基《平江路达鲁花赤西夏六十公纪绩碑并颂》记载了一个名为"六十"的唐兀人。②又《元史》卷134收朵罗台列传。在蒙古语中，朵罗为"七"之意。

① （元）王士点、商企翁编次，高荣盛点校《秘书监志》卷9《题名》，浙江古籍出版社，1992年，第167页。
② （元）陈基著，丘居里、李黎点校《陈基集·夷白斋稿》卷12《平江路达鲁花赤西夏六十公纪绩碑并颂》，吉林文史出版社，2009年，第108—109页。

数字取名之风俗，并非蒙古人首创，更不是从元代才有的。[①]但宋代数字取名只见于市井众生，难登大雅之堂。到了元代，这种命名方式由下层走向上层，蒙古人丝毫不以之为耻，并将其代入官场之中，甚至连高贵的黄金家族中都出现了"诸王六十""诸王八八"[②]这样的数字名。故而唐兀人取数字名应视作受蒙古文化的影响。

第三种为神事名。大多是在宗教类专有名词后加"奴"字，用之为名。如观音奴、刘观音奴、杨文殊奴、文殊奴、常金刚奴、金刚奴、僧家奴、僧伽奴、波若奴、宝寿奴[③]等。也有一些情况唐兀人直接用宗教名词为名，如和尚、般若、道童、般若帖穆尔、神保[④]等。尤其是一些藏语佛教专有名词，也往往被唐兀人用作姓名，如朵儿赤、李朵儿赤、杨朵儿只[⑤]等人名。"Dorji"系藏语"金刚"之意，亦怜真班与亦怜真的名字中均有藏语"Erincin"，意为"珍宝"。

严格来说，以神祇名词后缀以"奴"字的命名方式，也不是蒙古人所

---

① 俞樾《春在堂随笔》记载："徐诚庵大令为余言：向见吾邑蔡氏家谱，有前辈书小字一行云：元制，庶民无职者不许取名，止以行第及父母年齿合计为名。此制于《元史》无征，然证以明高皇所称其兄之名，正是如此，其为元时令甲无疑矣。"[（清）俞樾：《春在堂随笔》，辽宁教育出版社，2001年，第64页] 然而唐智燕已借由《名公书判清明集》指出数字命名之例在宋代早已盛行（唐智燕：《〈名公书判清明集〉数字名探析》，《汉语史研究集刊》第11辑，第404—415页）。

② 《元史》卷7《世祖纪四》、卷20《成宗纪》，第142、429页。

③ 分别见《元史》卷192《观音奴传》，第4368页；（元）虞集著，王颋点校《虞集全集·道园类稿》卷42《彭城郡侯刘公神道碑》、卷40《御史中丞杨襄愍公神道碑》，第1089、1066页；《文殊奴神识经幢》，杜建录：《党项西夏碑石整理研究》，第266页；（明）康河修，（明）董天锡纂《（嘉靖）赣州府志》卷7《秩官》，上海古籍书店，1981年，第32页；（清）张奇勋纂修《（康熙）衡州府志》卷10《秩官中》，《北京图书馆藏古籍珍本丛刊》第36册，书目文献出版社，1992年，第349页；（明）唐肃：《丹崖集》卷8《故福建等处行中书省检校官高君墓志铭》，《续修四库全书》第1326册，上海古籍出版社，2002年，第207页。

④ 分别见（元）虞集著，王颋点校《虞集全集·道园类稿》卷44《平江路达鲁花赤黄头公墓碑》、卷49《张掖刘氏下殇女子墓志铭》，第877、968页；《（嘉庆）宁国府志》卷2《职官表》，台北：成文出版社，1970年，第125页；《重修碧霄岩记》，杜建录：《党项西夏碑石整理研究》，第299页；（元）程端礼：《畏斋集》卷6《求放心斋铭》，《景印文渊阁四库全书》第1199册，台北：台湾商务印书馆，1986年，第698页。

⑤ 依次见《元史》卷134《朵儿赤传》，第3254页；（明）卢熊撰《（洪武）苏州府志》卷20《牧守题名》，台北：成文出版社，1970年，第800页；《元史》卷179《杨朵儿只传》，第4151页。

独创的，见于汪辉祖《三史同名录》的就有：佛奴（《辽史》有4人）、观音奴（《辽史》有3人，《元史》有8人）、普贤奴（《辽史》《元史》各有1人）、罗汉奴（《辽史》有2人）、宝神奴（《辽史》有2人）、药师奴（《辽史》有2人）、寺家奴（《金史》有2人）、僧家奴（《金史》有3人，《元史》有4人），[1]更有学者推测神事名"是直接受到波斯（特别是粟特人）影响的结果"。[2]因此，我们不妨认为唐兀人是在与蒙古人、契丹人、女真人、吐蕃人或其他唐宋汉化胡人后裔的经济文化交流中学到了这种命名方式。以上绝大多数唐兀人的神事名皆涉及佛教，故而这类命名实际上是唐兀人对佛陀崇敬之情的一种表达。

五　元代唐兀人姓名文化的特征

自7世纪党项受吐蕃侵逼，迁至黄土高原定居以来，这个发源于青藏高原的古代少数民族常年沐浴唐风，最终在11世纪中期建立了与辽、宋、金并立的西夏政权。在立国的190年间，西夏始终与中原政权保持着密切的文化交流，使得元代唐兀人能够从祖先处继承悠久的中华传统文化，形成了与西域、中亚、西亚等地东迁而来的色目人所截然不同的姓名文化。通过前文的考察，我们能够发现唐兀人姓名文化中三个较为突出的特点。

首先，古代各民族的姓名文化都是中华文化的重要组成部分，而元代唐兀人的姓名恰好能体现出对他们多元民族文化的认同。最为突出的表现，是存在一人以多种姓名并称的现象。由于元代东迁唐兀人的定居地大多为汉族聚居区，虽然使用蒙古名或许能给他们带来政治利益，但会造成他们与定居地的文化产生隔阂，不利于唐兀人融入地方社会。因此，一些唐兀人就找到了"双名并举"这种两全其美的办法。元末文人吴海于好友王翰处阅览其谱牒，发现"其自曾祖以来皆著私名，而以河西名缀"。[3]就今日王氏后人刊印的家族文献来看，王翰曾祖王回又名尚回，祖父王蕉又

---

[1] 籍秀琴：《中国人名探析》，中国广播电视出版社，1993年，第158—159页。
[2] 陈三平：《木兰与麒麟：中古中国的突厥—伊朗元素》，八旗文化出版社，2019年，第169页。
[3] （元）吴海：《闻过斋集》卷1《王氏家谱叙》，《景印文渊阁四库全书》第1217册，第162页。

名朵列图，父王德又名野仙不华，王翰又名那木罕。吴海所谓的"私名"与"河西名"实际上正是汉名与蒙古名。

如此兼有少数民族语言人名与汉名者，唐兀人中又何止王翰一家？李恒三子汉名为世安、世雄、世显，蒙古名为散术觯、襄加真、逊都台，而世安又给其子分别起汉、蒙名为屿（薛彻干）、屺（薛彻秃）；昔李勃"小字孛兰奚"，是将蒙古名以"小字"的方式记录下来；安住之父名阿阙，讳赟，以"名"与"讳"之别区分蒙古名和汉名；师朵列秃，"一名克恭"；李黄头，"别名世雄"；刘炜，"一名忙古觯"；李朵儿赤，汉名李希谢。[①]上述双名并举现象，反映了唐兀人在迁徙到全国各地定居后，在传承西夏文化的同时，也受到了蒙古文化、汉（包括契丹、女真等元代广义上的"汉人"）文化以及吐蕃文化等多元文化的影响。如果实在要分辨这些多元的文化对唐兀人取名的影响有什么区别，似乎只能归纳为蒙古名更多地行于官场，而汉名则与字、号类似，较多地运用于日常生活或文人交游之中。从王翰家族谱牒中双名并载的现象来看，元代唐兀人对多种姓名的珍视程度是不分高下的，也能说明他们对中华文化的各个组成部分皆有高度的认同感。

其次，随着元代历史的发展，唐兀人对中华文化主干的接纳程度也逐步加深。元代的大一统消除了南宋、西夏、金、高昌与大理等政权之间的文化边界，各民族文化得以互相交往交流交融，形成了13—14世纪的中华文化。正所谓中华文化是主干，各民族文化是枝叶，根深干壮才能枝繁叶茂。元代前期，蒙古、汉、党项、吐蕃等各民族文化对唐兀人的姓名文化皆存在一定影响。但到了元朝中后期和明初，汉唐以来就在中国传统姓名文化中占据主导地位的汉式姓名在唐兀人家族中的地位越来越重要。一

---

① 依次为（元）吴澄：《吴文正公集》卷42《元故荣禄大夫江西等处行中书省李公墓志铭》，《元人文集珍本丛刊》（四），台北：新文丰出版公司，1985年，第20页；《大名府志》卷10《元礼仪院判昔李公墓志铭（欧阳玄）》，上海古籍书店，1981年，第40页；（明）董弦纂修《（嘉靖）内黄县志》卷9《内黄县达鲁花赤安住去思碑（楚惟善）》，上海古籍书店，1963年，第30页；《（洪武）苏州府志》卷26《名宦》，台北：成文出版社，1970年，第1068页；（元）虞集著，王颋点校《虞集全集·道园类稿》卷44《平江路达鲁花赤黄头公墓碑》，第874—875页；（元）俞希鲁编纂《至顺镇江志》卷15《刺守》，杨积庆等点校，江苏古籍出版社，1999年，第595页；（元）杨瑀著，余大钧点校《山居新话》卷1，中华书局，2006年，第203页。

个突出的案例是定居于濮阳的唐兀杨氏家族，"从《杨氏家谱》来看，杨氏家族从赐姓唐兀到易姓为杨，经历了三个阶段：从始祖唐兀台至三世达海，专用赐姓唐兀；四世崇喜则唐兀与杨氏并用……从五世以后迄今已二十八世，独用杨姓，未再发现以唐兀为姓者"。[①] 如果将元代各民族姓名文化视作支流，而将汉唐以来的传统姓名文化视作主流，那么以濮阳杨氏家族为代表的唐兀人姓名文化，也正犹如百川归海，最终从对中华文化各支流的认同逐渐转向了对中华文化主流的认同。

最后，元代中亚、西亚乃至欧洲等地的域外文明对唐兀人姓名文化的影响极为有限。自成吉思汗统一漠北草原到 13 世纪中叶，蒙古铁骑的三次西征将包括今中亚、西亚乃至东欧部分地区纳入了黄金家族的统治之下。有元一代，大量来自上述地区的军士、商人、官员、使节通过陆路或海路来到中国境内，在一定程度上促进了东西方文化的交流，也使得中亚、西亚与欧洲的宗教教名文化传入中国，影响了若干元代家族的姓名文化，如族出汪古部落的驸马高唐王阔里吉思就曾为纪念意大利传教士约翰·孟高维诺（John of Montecorvino）而给自己的儿子取天主教名"约翰"（《元史》作"术安"）。[②] 然而就笔者所见，唐兀人极少使用元代从西方传入的伊斯兰教或天主教教名。在学界所知的 500 余名元代唐兀人中，使用伊斯兰教名的仅见木八剌沙（Mobarek-Schah）与遏老丁（Alaal-Din）两例，[③] 使用天主教（或景教）教名的仅见迈里古思家族 3 例，[④] 即便二者相加也不到当前我们所知唐兀人名讳总数的 1%。

考证前述唐兀人用部族名、神事名的一些细节，也同样可以证明这一结论。由上节所列表 1，可见元代唐兀人在以部族取名时多采用蒙古人部

---

① 任崇岳、穆朝庆：《略谈河南省的西夏遗民》，《宁夏社会科学》1986 年第 2 期，第 79 页。

② 《约翰蒙德高维奴第一遗札》，张星烺：《中西交通史料汇篇》第 2 册，辅仁大学图书馆，1930 年，第 111 页。

③ 木八剌（Mobarek）为阿拉伯语，意为欢腾，可作为经名；沙（Schah）则为中古波斯国王之称号。从其名号来看，木八剌沙当为信仰伊斯兰教的阿拉伯人或波斯人后裔，杨维桢称之为"西夏人"；遏老丁（Alaal-Din），又作阿老丁，阿拉丁，亦是穆斯林常用的经名。以上两名使用伊斯兰教经名的穆斯林，其祖先很可能是在西夏时期由西域、中亚迁入到河西地区，故而方能在元代被视为唐兀人（或称之为西夏人、河西人）。

④ 迈里古思（Marcus）曾祖名月忽难（Yohanan），父名别古思（Bacchus），这三个名字可能来自天主教或景教。

族名（如撒术歹、逊都思、蔑儿乞惕、乃蛮、伯牙吾等），或用汉人（札忽惕）、南人（南家）以及本民族（唐兀台）在蒙古语中的译名来称呼，较少运用域外部族名。《元史》所载诸如"钦察台""阿速歹""斡罗思""马札儿台"等部族名，虽曾被一些蒙古人和色目人使用，却无一曾作为部族名见诸唐兀人的姓名中。这说明唐兀人在心理层面更为倾向于将中国本土部族的名称，作为族人取名素材来源。而唐兀人的神事名中所涉及的宗教，基本也只有中国化的佛教与本土宗教道教，尚未见与天主教或伊斯兰教相涉的神事名。这也从一个侧面反映唐兀人与 13—14 世纪的域外文明存在一定文化隔阂。

总而言之，元代唐兀人的姓名反映了他们对中华民族传统文化的认同，而姓名文化的变迁，既为东迁唐兀人与定居地周边其他民族形成交往交流交融的共生关系提供了历史条件，也在客观上增进了元代各民族文化的共同性，加强了中华民族的内在凝聚力。

（原文刊于《中华民族共同体研究》2022 年第 2 期，

第 85—102 页）

一件未刊布的黑水城出土元代借钱契考释

邓文韬

宁夏银川市佑启堂古玩商店藏有一件纸质契约（见文后图1），因这件契约未曾在任何学术著作中刊布，且年款缺失、出土地点不详，故长期不为写本文献学界所知晓与重视。2017年，笔者在整理佑启堂藏纸质文献时得见此契。通过辨认与比对，笔者推测这应该是一件出土于额济纳旗黑水城遗址的元代中后期文书，故特撰此文，在为之录文的基础上，阐明其断代理由，并对这件契约的格式及其所反映的社会问题略做研讨。

该契约为汉文写本，契纸用棉麻纸，下半部分基本完整，上半部分残损严重；页面残高27厘米，宽18.5厘米，残存文字9行，每行20字左右，系行草书书写。现按原文献之照片整理录文于下：

1. 立借钱文字人□火□今为还钱① 使用，别无得处，遂
2. 问到……住人……统钞贰拾五两，约至八月中归
3. 还……少欠。如至日不还，衣② 时价③ 出利无
4. ……□不在，代保人一面赞④ 还无词。

---

① 契文中作"钱俗字"，系"钱"的俗写。

② 按上下文推测，"衣"当为"依"之讹字。

③ 契文中作"价俗字"，系"价"的俗写。

④ 按上下文推测，当为"替"之讹字。

5. ……□□为用。

6. ……立借钱文字人也火[可]可（画押）

7. [见]人及立嵬　　　（画押）

8. 　见人都丁布　　　（画押）

9. □□为用。

由契文内容可得知这是一件借钱契约，立契人暨债务人为"也火可可"，因为需要"还钱使用"，而向某位身份信息不详的债权人借到二十五两"（中）统钞"。约定的还款日为"八月中"，且不能少欠。如果到期无法归还，就得按照"时价"给出利息。万一债务人"不在"（即以各种方式躲债），那么就将由代保人替还。契末有立契人"也火可可"和两名见人"及立嵬""都丁布"的署名与画押。为便于接下来的研究，笔者暂拟题为《也火可可借钱契》。

一　契约的成文年代与出土地点

根据《也火可可借钱契》中出现的"（中）统钞"（即元世祖中统元年十月以丝为本而发行的"中统元宝钞"），[①] 以及书契人将立契年款（已残）写于文末款署处而非契文开篇处的习惯，我们可以大致推测此件契约属元代文书。[②]

结合契约款署中的人名信息，我们还能够进一步精确该文书的成文年代和出土地点——本件文书第8行署名画押的"见人都丁布"，在其他出土文献中亦有所见。按 M1·0556［F1：W65］《拜都婚姻案》载：

取状人拜都。右拜都年四十二岁，无病。系……干答儿大王位下怯薛丹户计，见……渠住坐。今为也火都丁布位下委任昝官……朝鲁嫁

---

① 《元史》卷93《食货志一》，中华书局，1976年，第2369—2370页。

② 按敦煌吐鲁番所出唐宋契约文书与黑水城出土西夏契约文书均将年款置于文书开篇，而黑水城元代契约文书则与徽州文书近似，将年款置于契尾署名处。详见杜建录《中国藏黑水城汉文文献整理研究》（人民出版社，2016年）第36—37页的论述。

与……右乌朝鲁□男失列门为妾……取状……年九月初……女大……。①

由是可知，《也火可可借钱契》款署中的"都丁布"，只是M1·0556〔F1：W65〕《拜都婚姻案》中"也火都丁布"的名，其姓氏应与本件契约的债务人"也火可可"一致，都是党项族姓氏"也火"，（西夏文写作"𗼨𗿈"，又音译作"野货""耶和"等）。因此，二人自然也应该都是西夏亡国以后，继续生活在黑水城地区的党项族西夏遗民。

虽然《拜都婚姻案》的年款也是残缺的，但该文献至少能证明"也火都丁布"的活动年代与"干答儿大王"在位年代大致相近。"干答儿大王"，《中国藏黑水城汉文文献释录》将其补作"亦思干答儿大王"，并指明《元史》作"亦思干儿"，即"赤坂恒明所列察合台系后王出伯长子Tūqtāy（脱黑塔）之子Iskandar"。②张岱玉又推测亦思干答儿曾被封为宁肃王，③故M1·0556文书中称之为"大王"。

那么，亦思干答儿在宁肃王位又有多久呢？按《元史》载顺帝后至元元年十月"以宗王亦思干儿弟撒昔袭其兄封"，④说明亦思干答儿至迟于1335年已经逝世，由弟撒昔袭封，故其在位年代下限不应晚于1335年。又黑水城遗址亦曾出土带有"阿黑不花宁肃王"字样的延祐三年（1316）分例文书，故亦思干答儿在位上限亦不应早于前任宁肃王在位的1316年。

因此，"也火都丁布"的活动年代也应在1316—1335年前后。这意味着这件由都丁布充任见人的《也火可可借钱契》也极有可能成文于元仁宗在位时期至元顺帝在位早期之间。

除M1·0556〔F1：W65〕《拜都婚姻案》以外，"也火都丁布"在M1·0599〔F111：W70〕《财物案》中亦有出现，该文书载：

取状人**也火都丁**……取状者见年……无病，系本府吾即合合……

---

① 《拜都婚姻案》，录文与图版见杜建录主编《中国藏黑水城汉文文献释录》第5册，中华书局、天津古籍出版社，2016年，第83页。

② 见杜建录主编《中国藏黑水城汉文文献释录》第5册，第83页注释（7）。

③ 张岱玉：《〈元史·诸王表〉补证及部分诸王研究》，博士学位论文，内蒙古大学，2008年，第213页。

④ 《元史》卷38《顺帝纪一》，第829页。

管站户，今为厶与本管百户吾即合合状招，指**都丁布**与伊一同赴行省宣使乌麻儿等处，买讫和籴小麦，价钱中统钞……厶却行赴官陈告，昏赖乌马儿……①

这件文书清楚地交代了也火都丁布的社会身份，即"本府吾即合合"百户所管辖的站户。由于黑水城内的总管府架阁库遗址中出土了吾即合合的户籍文书，②我们可以得知《财物案》中的"本府"就指的是亦集乃路总管府。那么"也火都丁布"无疑就是隶属于亦集乃路总管府的站户了。

因此，笔者认为由都丁布充作见人的这件借钱契反映的也应该是元代中后期亦集乃路的借贷活动，应拟题作《元亦集乃路也火可可借钱契》。这件文书理应出土于额济纳旗黑水城遗址或周边地区，是《中国藏黑水城汉文文献》未能收录的沧海遗珠。

二　契约的格式特点

关于元代亦集乃路借钱契约的常见格式，杜建录先生曾就《中国藏黑水城汉文文献》第六册收录的文献进行过总结，即：

立借（欠）钱文字人亦集乃路某渠住人某，今为要钱使用，别无得处，今借到某中统钞若干锭（今欠到某中统宝钞某两某钱），每月依例纳息某分，限某月本息一并归还（其钱本人自限某月终交还）。如至日不见交还，系同取代保人一面替还无词。恐人失信，故立文字为照用。

某年某月某日立文字人某［押］

同取代保人某［押］

知见人某［押］③

---

① 《财物案》，录文与图版见杜建录主编《中国藏黑水城汉文文献释录》第 5 册，中华书局、天津古籍出版社，2016 年，第 208 页。

② 《吾即合合等户籍》，录文与图版见杜建录主编《中国藏黑水城汉文文献释录》第 1 册，中华书局、天津古籍出版社，2016 年，第 25 页。

③ 杜建录：《中国藏黑水城汉文文献整理研究》，第 46 页。

《也火可可借钱契》依次书写的立契人身份信息、借钱缘由、债权人身份信息、借钱数额、归还日期和担保方式等契约要素，都是符合上述常见契约格式的。而《也火可可借钱契》较为特殊之处，主要体现于以下三点。

首先，《也火可可借钱契》在归还日期前未见有计息方式和利息数额的约定。契文中"约至八月中归还"的含糊表述，与其他借钱契中明确言及的"至日即便将本利归还"①也有着显著区别。这表明该契约文书反映的可能是一起无息借贷，债权人只希望在归还日期前收回本金，不求利息。②

其次，加入了逾期不还的违约惩罚条款。因逾期不还而产生的违约惩罚在西夏时期的借贷契约中较为常见。可元代亦集乃路的契约文书中，违约惩罚一般只见于雇身契、合伙契、买卖契、租佃契和婚书中。"如至日不还，依时价出利无词"这类针对债务人的违约惩罚，无论在粮食还是钱钞借贷契约中都极为罕见。通常情况下，如债务人到期不能归还，一般只需写明由代保人替还即可。目前仅见黑水城出土元代 M1·1010［Y1：W87］《借麦契》中有"限至八月中交还。如至日不见交还，每月每石行息壹斗，按月计算，不令拖欠"③等说辞与《也火可可借钱契》类似。无独有偶，这件《借麦契》同样没有书写归还日期"八月中"以前的利率和计息方式。这表明，逾期计息的违约惩罚条款在元代黑水城地区主要适用于无息借贷活动。

最后，契文末款署处仅有见人署名，而无代保人署名。可令人费解的是，《也火可可借钱契》中明确提及当债务人"不在"（即逃亡躲债）之时，代保人需要"一面替还无词"，可见代保人在这起借贷活动中起到担保

---

① 分别见《至正六年十一月初六日陈山和借钱契》（杜建录主编《中国藏黑水城汉文文献释录》第 8 册，中华书局、天津古籍出版社，2016 年，第 90 页）与《至元四年十月二十九日陈山和借钱契》（杜建录主编《中国藏黑水城汉文文献释录》第 8 册，第 80 页）。

② 除此以外，还有一种可能性。即债权人要求债务人将应还本利一并写入借钱数额。如黑水城出土《至元四年十月二十日韩二欠钱契》，债权人将应还本利数额相加后写作"欠到石巡检中统钞贰拾伍两"，这样一来契文中就无须再写明高额的利率，可以规避元王朝要求高利贷取息不得超过 30% 的律法。详见杜建录《中国藏黑水城汉文文献整理研究》第 46—47 页的论述。

③ 杜建录主编《中国藏黑水城汉文文献释录》第 8 册，第 187 页。

作用，这与元朝社会普遍认识的"你要借钱，我问你要三个人：要一个保人，要一个见人，要一个立文书人，有这三个人，便借与你钱。无这三个人，便不借与你钱"①的观念是相符的。仔细观察契约文末之款署，在"立借钱文字人也火可可"与"见人及立嵬"之间，似乎有一空行，应是留给代保人署名用的。由此来看，《也火可可借钱契》应该是一件还没有完成所有人署名画押的契约草稿，尚不具备法律效力。

三　契文所反映的社会问题

据《中国藏黑水城汉文文献》，元代亦集乃路地区绝大多数借贷活动的发生原因为债务人"要钱使用"、"短少种子"或"缺少口粮"，而不得不去寻求借高利贷以解决问题。《也火可可借钱契》则与之不同，债务人在契约中写明借钱的缘由是为了"还钱使用"，即用借到的二十五两中统钞归还另一笔债务，颇有些拆东墙补西墙的意味。

或许正因为债务人已经山穷水尽，无力偿还前一笔债务，故《也火可可借钱契》中的债权人亦不再追求高额利息，只求收回本金。双方约定的还款期"八月中"恰是黑水城地区农作物成熟的时机，债务人可能是指望用卖出粮食后换取的钱钞偿还债务。可万一遭遇歉收或其他原因导致无法及时归还，债务人就不得不支付依当地"时价"而计算的利息，继续受到高利贷的盘剥。

正如前文所述，也火可可是使用党项姓氏的元代西夏遗民。虽然在社会地位上贵为色目人群体，但黑水城地区的元代西夏遗民依旧在社会生活中出现了贫富分化。一些西夏遗民跻身富裕阶层，如黑水城出土《即兀汝户籍》文书所见的即兀汝家族，其财产就有驱口两人、房屋五间、土地五顷四百七十培、马三匹、牛一十只、羊七十口②等；而另一些西夏遗民则逐渐陷入贫困，不得不以借贷度日，"也火合只乞你""狼玉伦普""嵬立剌""阿立兀即"等使用党项姓名的西夏遗民，均曾以立借钱或借粮文字

---

① （元）武汉臣：《散家财天赐老生儿杂剧》，（明）臧晋叔编《元曲选》，中华书局，1989年，第375页。
② 《即兀汝户籍》，录文与图版见杜建录主编《中国藏黑水城汉文文献释录》第1册，第5页。

人的身份出现于黑水城出土契约文书中。也火可可借后债还前债的行为，同样是元代亦集乃路西夏遗民下层社会的一个缩影。

图 1　契约图版

（原文刊于《西夏研究》2019 年第 2 期，第 42—45 页）

西夏国名别称"夏台"源流考

邓文韬

历史上在西北地区立国长达 190 年的西夏王国，曾在传世与出土史籍中留下了多种国名或称号，依前人之总结，有"党项、大夏、夏、夏国、西夏、河西、白弥、平夏、邦泥鼎国（邦泥定国）、夏台、珠城、於弥、外秦、白上国、大白上国（大白高国）、白上大夏国（白高大夏国）、唐兀惕、唐古特、唐古、唐兀、番国、弭药、弥娥"①等 23 种，其中最受学界关注的，无疑是大夏、夏国、西夏、河西、白上国等名号，前人对这些名号的内涵与来龙去脉多有探讨。②相较之下，汉文传世史料中西夏常见别称之一的"夏台"，尚未引起学界的重视，仅有王民信先生指出"'夏台'亦'西夏'之另一称呼"，并疑其来源与夏州地势有关，③但解释却并不充分。笔者不揣浅陋，对西夏国名别称"夏台"的来源与演化略做初探性质的研究，求教于方家。

一

至迟到西夏立国以前，"夏台"在古代典籍中的概念大致可归为三类，

---

① 李华瑞：《二十世纪党项拓跋部族属与西夏国名研究》，杜建录主编《二十世纪西夏学》，宁夏人民出版社，2004 年，第 17 页。

② 相关学术前史之梳理，见诸李华瑞《二十世纪党项拓跋部族属与西夏国名研究》，杜建录主编《二十世纪西夏学》，第 17—22 页。

③ 王民信：《"西夏"国名杂谈》，"国立"编译馆：《宋史研究集》第 18 辑，台北："国立"编译馆，1989 年，第 498 页。

分别指代监狱、某种药材和地理区位。

指代监狱是现有辞书对"夏台"最为常见的解释，在《辞海》中"夏台"即被释作："古地名，也叫'钧台'。在河南禹县境内。相传夏桀囚汤于此。"① 此词条之史源，当即《史记·夏本纪》"桀不务德而武伤百姓，百姓弗堪。乃召汤而囚之夏台，已而释之"，司马贞索隐"夏台"曰"狱名，夏曰钧台"。② 由是汉代以来文人多以"夏台"作为典故指代监狱。如庾信以"竟遭夏台之祸，终视尧城之变"③ 喻梁武帝为侯景所囚禁之事；又如李白、沈佺期与骆宾王三名唐代诗人因事被拘，亦各自作诗赋云"微诚不感，犹萦夏台"，④"际拙惭周羡（原文是'揆画惭周道'），端忧滞夏台"，⑤"何许乘春燕，多知辨夏台"，⑥ 各以"夏台"隐喻监狱生活。

作为药名的"夏台"，则最早见于汉末成书的《名医别录》，属有名未用药。其载曰："夏台，味甘，主百疾，济绝气。"陶弘景注称："此药乃尔神奇，而不复识用，可恨。"⑦ 后世《新修本草》《千金翼方》《证类本草》均转载之，仍属有名未用药，今有学者将其考作莎草。⑧ 这两种概念与本文无关，故不赘述。

与前两种概念在魏晋南北朝便已产生不同，"夏台"被用作地理区位的代名词，最早只能追溯至唐代为河东道绛州安邑郡管辖的夏县（今山西夏县）。该地被称为"夏台"，似乎得名于唐代折冲府之一的"夏台府"；而"夏台府"之得名，又与传说中大禹为妻涂山氏筑台有关，《太平寰宇记》卷6《硖石县》载："夏禹台，在县西北十五里。《土地十三州志》云，禹娶涂山氏女，思本国，筑台以望，今城南门台基犹存。夏静《与洛下人

① 中华书局辞海编辑所修订《辞海》第9分册《地理》，中华书局辞海编辑所，1961年，第200页。
② 《史记》卷2《夏本纪二》，中华书局，1982年，第88页。
③ （北周）庾信撰，（清）倪璠注《庾子山集注》第2卷《哀江南赋并序》，中华书局，1980年，第120页。
④ 《全唐诗》卷183李白《上崔相百忧章·时在浔阳狱》，中华书局，1960年，第1866页。
⑤ 《全唐诗》卷49骆宾王《幽絷书情通简知己》，第862页。
⑥ 《全唐诗》卷96沈佺期《同狱者叹狱中无燕》，第1040页。
⑦ （南朝梁）陶弘景编，尚志钧、尚元胜辑校《本草经集注（辑校本）》，人民卫生出版社，1994年，第525页。
⑧ 李维贤：《名贵中药夏台的考证》，《中国中医基础医学杂志》1998年第11期，第45—46页。

书》云，安邑涂山氏台，谓之青台，上有禹祠。"① 按 "唐折冲府多以地名命
名"② 之原则，置于夏禹台附近的折冲府即被称为 "夏台府"。该折冲府之
名号多见于出土唐代墓志，如《严氏墓志铭》谓墓主之祖父严果为 "游击
将军，绛州夏台府折冲"，③《薛莫与夫人史氏合葬墓志》载 "公至麟德年中
（664—665）旋车本郡，解褐授左金吾卫绛州夏台府别将，借绯鱼袋"④ 等。

虽然唐代中后期折冲府被废止，夏县也由绛州改属陕州，但 "夏台"
却作为夏县的别称得到了传承。北宋人司马樬为司马光侄孙，李献民称之
"陕州夏台人也"；⑤ 金朝人王廷直于 1148 年出任夏县县令，自称 "廷直自
皇统戊辰秋八月行令夏台"；⑥ 元初全真教道士宋德方大兴土木，修绛州新
建玄都万寿宫时曾 "伐夏台之木以为梁"；⑦ 又有明人李汝宽述涑水自闻喜
县城 "又三十里带城南面，西入夏台，达于黄河"；⑧ 而万历九年（1581）
出任夏县知县的孙养默 "学问渊深，工诗文"，索性以 "夏台" 为诗文集
名，"著有《夏台小稿》"。⑨

然而，作为西夏国别称的 "夏台"，却与山西夏县并无渊源，而是来自唐
代 "夏台" 作区位概念的另一指代对象——关内道夏州朔方郡治所统万城（今
陕西靖边县红墩界乡）的别称。笔者所见最早将统万城称为 "夏台" 的记载，
可追溯至撰于开元二十年（732），出土于靖边县红墩界乡的《马文静墓志铭》，
志文称墓主之父祖 "毗贰车于晋国，垂皂盖于夏台"，⑩ "皂盖" 即皂盖车，汉制

① （宋）乐史撰，王文楚等点校《太平寰宇记》卷 6《河南道六·陕州·夏县》，中华书局，
   2007 年，第 105 页。
② 杜文玉：《唐京兆府内折冲府考逸》，《中国历史地理论丛》1999 年第 3 期，第 200 页。
③ 周绍良：《唐代墓志汇编》开元 533《大唐故李府君严氏墓志铭并序》，上海古籍出版社，
   1992 年，第 1523 页。
④ 周绍良：《唐代墓志汇编》开元 274《大唐故薛府君墓志》，第 1346 页。
⑤ （宋）李献民：《云斋广录》卷 7《钱塘异梦》，中央书店，1936 年，第 53 页。
⑥ 王新英辑校《全金石刻文辑校》不分卷《重立司马温公神道碑记》，吉林文史出版社，
   2012 年，第 72 页。
⑦ （明）李侃、胡谧纂修《（成化）山西通志》卷 15《玄都万寿宫碑》，《四库全书存目丛
   书》史部第 174 册，齐鲁书社，1996 年，第 608 页。
⑧ （清）李遵堂纂修《（乾隆）闻喜县志》卷 11《创建护城石堤记》，成文出版社，1976 年，
   第 826 页。
⑨ （清）黄缙荣修，（清）张承熊纂《（光绪）夏县志》卷 6《人物志》，凤凰出版社，2005
   年，第 911 页。
⑩ 《马文静墓志铭并盖》，康兰英主编《榆林碑石》，三秦出版社，2003 年，第 223 页。

“中二千石，二千石皆皂盖，朱两轓”，[①]与郡太守品秩相当，故在唐代用以指代州刺史或郡太守，“垂皂盖于夏台”即指墓主之父祖在夏州担任地方官员。

进入 9 世纪以后，用“夏台”代称夏州统万城滥觞于唐人辞章之中。《王忠亲墓志铭》载墓主于贞元廿一年（805）在夏州之私第寿终正寝，其侄为之撰写墓志并“聊刊夏台之石”；[②]《麻令升墓志》载墓主“于元和癸巳岁中，寝疾终□夏台朔方”；[③]《高克从墓志》载开成（836—840）初年，因“边军难抚，蕃部易摇”，唐王朝遂“推择良能，护临藩镇”，而以高克从“监守夏台”，[④]解决了党项自内迁以来持续了三百年的纷争局面。又《使院新修石幢记》载元和六年（811）夏绥银宥节度使李愿尝“自夏台帅奉诏朝于京师”，[⑤]李愿之弟李听亦曾历职夏州，《李听德政碑》称“公之节制夏台也，执专征之弓矢，驱犯塞之犬羊，堡壁作固于金汤，烽燧不惊于疆场”。[⑥]永贞元年（805），夏绥节度使韩全义入朝，以甥杨惠琳为夏州留后；然而杨却拥兵自重，抗拒中央，时为河东裨将的李光颜遂“手挈偏师，以合群帅，讨杨惠琳于夏台”，[⑦]最终平定杨惠琳之乱，“得夏台伏锧于沙陲”[⑧]也被书写为唐宪宗治下的重大武功之一。唐人以“夏台”代称夏州，由以上数例可见一斑。

那么，夏州得名“夏台”的渊源又是什么呢？笔者认为有两种可能性。

第一种可能，或许与城内的永安台有关。唐末人马戴有五言律诗《旅次夏州》，诗云：“嘶马发相续，行次夏王台。”[⑨]由之来看，作为夏州别称的“夏台”可能是“夏王台”的简称，与夏县因境内存有夏禹台而

---

① 《后汉书》卷 60 下《蔡邕传》，中华书局，1965 年，第 2006 页。

② 《王忠亲墓志铭》，康兰英主编《榆林碑石》，三秦出版社，2003 年，第 233 页。

③ 吴钢主编《全唐文补遗》第 7 辑《麻令升墓志》，三秦出版社，2000 年，第 90 页。

④ 吴钢主编《全唐文补遗》第 3 辑《高克从墓志》，三秦出版社，1996 年，第 220 页。

⑤ 《全唐文》卷 716 高瑀《使院新修石幢记》，中华书局，1983 年，第 7364 页。

⑥ 《全唐文》卷 623 宋申锡《义成军节度郑滑颍等州观察处置等使金紫光禄大夫检校司徒使持节滑州诸军事兼滑州刺史御史大夫上柱国陇西县开国公食邑一千八百户李公德政碑铭》，第 6287 页。

⑦ 《全唐文》卷 632 李程《河东节度使太原尹赠太尉李光颜神道碑》，第 6385 页。

⑧ 《全唐文》卷 747 归融《宪宗加谥昭文章武大圣至神孝皇帝议》，第 7731 页。

⑨ 《全唐诗》卷 555 马戴《旅次夏州》，第 6435 页。

亦被称为"夏台"如出一辙。唐代之夏州，即铁弗匈奴首领赫连勃勃所建之大夏国都统万城。《统万城铭》称城内"崇台秘室，通房连阁"，"高隅隐日，崇墉际云"，[①]似乎筑有不少高耸入云的台阁式建筑。根据现代学者的调查报告，统万城西城南部中央尚存有高大的台基遗址一处，"为长方形，东西长，南北窄，夯土南缘与西城南垣基本保持平行，结构与西南隅台相同，即平面呈'井'字形，相对独立的夯土块组成庞大的夯土台，夯土块之间自基础而上有明显的缝隙，平夯。夯土台周围有厚25厘米左右的踩踏面，之下即为原始沙层。自踩踏面而上，现存夯土台高近19米"，[②]这座台基就是赫连勃勃的路寝（帝王正殿），也是赫连昌即位之处——永安台（殿）遗址。[③]既为"夏王"所筑，又为"夏王"所居，还是匈奴夏国行使君主登基仪式的重要场所，作为统万城标志性建筑的永安台，被称为"夏台"或"夏王台"应无不妥。唐代文人撰写墓志或碑刻时，又颇为好古，热衷于用典的修辞手法，于是这座昔日象征着赫连氏皇权的遗迹便在反复地书写中，逐渐由统万城内的一处建筑成为整个夏州地区的代名词。

第二种可能，或与夏州地形有关。此观点最初由王民信先生举出："'台'有高地之谓，（夏台）是否因'夏州'地势高亢而命名？"可惜王先生只有设问而未做充分论述。就地形而言，统万城遗址位于鄂尔多斯台地南缘，城内最高处海拔达1162米，[④]城址高出无定河水面40余米，恰似一高台，凌于无定河岸上，称之"地势高亢"可谓名副其实。加之内蒙古乌审旗出土的《定难军节度使李光睿墓志》中有"况夏台高地，秦土余封，非公果毅英明，莫能制也"[⑤]之句，该志之撰写者为夏州观察判官郭贻，理应熟知夏州地形，以高地修饰"夏台"，或能解释其得名于地势。

---

① 《晋书》卷130《赫连勃勃载记》，中华书局，1974年，第3211页。

② 邢福来：《统万城遗址考古发掘的新收获》，侯甬坚、李令福编《走向世界的沙漠古都——统万城》，《中国历史地理论丛》2003年专辑，第92页。

③ 吴宏岐：《关于大夏国都统万城的城市形态与内部布局问题》，《中国历史地理论丛》2004年第3期，第140页。

④ 戴应新：《统万城城址勘测记》，《考古》1981年第3期，第226页。

⑤ 《大宋故定难军节度使李公墓志铭并序》，杜建录：《党项西夏碑石整理研究》，上海古籍出版社，2015年，第137页。

无论来自以上哪一种得名缘由，西夏王国别称"夏台"的根源，只可能在夏州统万城，而与多义词"夏台"的其他概念无关。

二

自唐初由青藏高原内迁以来，党项平夏部便常年聚居于银（今陕西横山）、夏两州，浸润大唐文化近三百年之久。及拓跋思恭以平黄巢功受封节度使，新成立的党项定难军政权遂成为"夏台"称号的天然继承者。唐僖宗犹避难川蜀时，诏令拓跋思恭为收复都统，宰相王铎以此诏试文人李琪之才学，李琪遂作诗云："飞骑经巴栈，洪恩及夏台。将从天上去，人自日边来。此处金门远，何时玉辇回。蚤平关右贼，莫待诏书催。"[1] 这是党项拓跋部控制下的夏州政权第一次被称为"夏台"。又后梁开平四年（910）九月，振武军节度使周德威与泾原节度使李继鸾"合步骑五万大举，欲俯拾夏台"，[2] 最终被定难军节度使李仁福与前来增援的后梁军队击败。再如后晋人毛汉生前历任定难军推官、掌书记、判官，同僚观察孔目官牛渥遂在为之撰写墓志时，美誉其"官崇上佐，贵列夏台"。[3] 由以上数例以及前文已引证的《李光睿墓志》推测，"夏台"既是外部对定难军政权的他称，也同时是定难军节度使与其僚属的自号。

随着李继迁的抗宋自立，党项定难军政权逐渐成为北宋西北边境的重大边患，"夏台"开始屡屡见诸宋朝士人撰写的奏疏、诏令、墓志、行状与诗文之中。

宋代文献中的"夏台"，依旧可分为地区概念与政权概念两种。前者依旧指夏州地区，如宋太宗太平兴国七年（982）《曲赦夏州管内德音》描述夏州分野时云"眷夏台之奥壤，实朔野之名区"；[4] 赵普亦曾向太宗献计"复委李继捧以夏台故地"[5] 以制约李继迁；又有大梁人杜某墓志谓之曾

---

① 《旧五代史》卷58《李琪传》，中华书局，1976年，第782页。
② 《旧五代史》卷5《梁太祖纪五》，第86页。
③ 《大晋故定难军摄节度判官毛汉墓志铭》，杜建录：《党项西夏碑石整理研究》，第94页。
④ 司义祖整理《宋大诏令集》卷218《曲赦夏州管内德音》，中华书局，1962年，第834页。
⑤ （宋）李焘：《续资治通鉴长编》卷29，太宗端拱元年五月条，中华书局，2004年，第653页。

"旅游夏台，为戎师赵保忠表摄幕中"，[①] 等等。此类文献记载大致多见于北宋早期，尤其是李继迁反宋之初、尚活跃于夏州期间。

咸平五年（1002）李继迁攻克灵州（今宁夏灵武），将其改名西平府，定为都城；其继承人李德明在位时期，又筑城怀远，迁都黄河以西，定难军政权的统治中心逐渐由夏州转移至兴庆府（今宁夏银川）。此后宋人笔下的"夏台"，更多指代元昊所建立的西夏王国。如《张刺史纶神道碑》称张纶"尝使于夏台"，[②] 以其礼仪使元昊款服。神宗元丰四年（1081）宋军五路并出讨伐西夏，宋臣苏颂将这次军事行动称作"王师问罪夏台"。[③] 刘法与唃厮啰各自在河湟地区对西夏立有战功，宋廷所下《刘法检校少傅制》与《唃厮啰保顺河西等军节度使制》分别赞美二人"属夏台之干纪，咨公保以抚边"，[④]"护邈川之豪而恩信甚笃，制夏台之猾而义勇弗回"。[⑤] 而在宋夏战争前线延州担任知州的向敏中也作诗《偶吟遣怀》，自叙"昔为宰辅居黄阁，今作元戎控夏台"。[⑥] 更有甚者，北宋人甚至还曾编纂过一本载有元昊嫚书等事的《夏台事迹》。[⑦]

在一些情况下，作为政权概念的"夏台"还可以与西夏国内的地名连用，北宋僧人赞宁记西夏行像之俗谓"今夏台灵武，每年二月八日，僧戴夹苎佛像，侍从围绕，幡盖歌乐引导，谓之巡城"，[⑧] 此"夏台灵武"意为西夏灵州。

或许是受到中原文化的影响，先后崛起于松漠之间和白山黑水的辽朝与金朝，在成为西夏的宗主国后，同样以"夏台"称呼自己的河西藩属。

---

① 《宋故屯田员外郎吴府君夫人杜氏墓志》，北京图书馆金石组编《北京图书馆藏历代石刻拓本汇编》第38册，中州古籍出版社，1989年，第134页。

② （清）范能浚编集《范仲淹全集·范文正公集》卷12《宋故乾州刺史张公神道碑》，凤凰出版社，2004年，第257页。

③ （宋）苏颂著，王同策等点校《苏魏公文集》卷59《中书舍人孔公墓志铭》，中华书局，1988年，第901页。

④ 司义祖整理《宋大诏令集》卷105《刘法检校少傅制》，第390页。

⑤ 司义祖整理《宋大诏令集》卷239《唃厮啰保顺河西等军节度使制》，第936页。

⑥ （元）方回选评，（清）纪昀刊误，诸伟奇、胡益民点校《瀛奎律髓》卷30《边塞类》，黄山书社，1994年，第800页。《宋太宗皇帝实录校注》卷43，中华书局，第555页。

⑦ （宋）李焘：《续资治通鉴长编》卷125，仁宗宝元二年闰十二月条，第2950页。

⑧ （宋）赞宁撰，富世平校注《大宋僧史略校注》卷上《创造伽蓝》，中华书局，2015年，第23页。

出土于内蒙古巴林右旗辽庆陵的《辽道宗哀册》即以"顷以汴寇，侵予夏台"①描述北宋对西夏的战争，与传世文献所载元符二年（1099）辽国泛使萧德崇所携国书"粤维夏台，实乃藩辅……近岁已来，连表驰奏，称南兵之大举，入西界以深图"②相较，无论内容还是修辞手法均可对应。

辽国灭亡后，西夏又转侍金朝。早在金太祖寄与宋徽宗的第三封国书中，即自夸道："夏台亦遣人使来议通好，靼靼愿输岁贡。"③待天会二年（1124），西夏正式向金朝递上誓表以后，金太宗又赐李乾顺诏书予以安抚，曰："卿国据夏台，境连辽右，以效力于昏主，致结衅于王师。先皇帝以谓忠于所事，务施恩而释过。"④而当金军统帅完颜宗翰发讨宋檄文时，又以"夏台实惟藩辅，忱诚既献，土民是赐。而彼宋人，忽起无名之众，辄行侵扰之事"⑤作为宋朝罪状之一。时至金末的正大二年（1225），赵秉文出使西夏，册封西夏新王的旅程依旧被其自称为"奉使夏台"；⑥同时，因出使方至夏金边境即被追回，赵秉文还被礼部尚书杨云翼作诗所嘲，诗云："中朝人物翰林才，金节煌煌使夏台……自古书生多薄命，满头风雪却回来。"⑦似乎直到亡国前夕，西夏王国"夏台"之别称，仍在为金朝士大夫所使用。

三

1227 年，西夏王国在蒙古帝国的第六次征伐中灰飞烟灭，"夏台"不再作为政权概念或国名见诸后世文献，⑧但仍旧被作为地理区域的代称为文

---

① 《道宗皇帝哀册》，向南：《辽代石刻文编》，河北教育出版社，1995 年，第 514 页。

② （宋）李焘：《续资治通鉴长编》卷 507，哲宗元符二年三月条，第 12081 页。

③ （宋）徐梦莘：《三朝北盟会编》卷 7，徽宗宣和四年五月条，上海古籍出版社，1987 年，第 48 页。

④ 《金史》卷 134《西夏传》，中华书局，1975 年，第 2866—2867 页。

⑤ （金）佚名编，金少英校补，李庆善整理《大金吊伐录校补》卷上《元帅府左副元帅右监军右都监下所事迹檄书》，中华书局，2001 年，第 102 页。

⑥ （金）赵秉文著，马振君整理《赵秉文集》卷 9《赵闲闲游草堂诗跋（方亨）》，黑龙江大学出版社，2014 年，第 247 页。

⑦ （金）刘祁著，崔文印点校《归潜志》卷 9，中华书局，1983 年，第 98 页。

⑧ 为数不多的例外是元末依据宋代文献而修纂的《宋史》以及释念常《历代佛祖通载》卷 21《大元》。

人所使用。

　　元臣欧阳玄在为翰林待制虞集之文集作序时提及"太史夏台刘君伯温早岁鼓箧，从公成均。及为江右肃政使者，近公寓邑，乃哀公之文，将传诸梓。书来京师，属玄为序言"。[①]这位身为虞集学生而为之刻印文集的"刘君伯温"，并不是辅佐朱元璋建立明朝的刘基，而是字为伯温的西夏遗民刘沙剌班，其父刘完泽之神道碑载"惟夏之名族，别于唐兀，则有刘氏焉。始居燉煌，夏亡，徙甘州之张掖，今为张掖人（今甘肃张掖）"，[②]故而沙剌班也被其他文献称为"张掖刘公伯温"。[③]而欧阳玄称之"夏台刘君伯温"，可证明张掖在元代已被纳入了"夏台"的区域范围中。

　　无独有偶，《（弘治）衡州府志》录有王偁《望南岳》一首，诗后有王偁小传云"王偁，字孟扬，一字孟敭，夏台人，闽中十子之一。洪武中领乡荐，永乐初授翰林检讨，与修大典。学博才雄，最为解缙所重，有《虚舟集》"，[④]按王偁之父王翰（字用文）在永泰县方广岩、方壶岩，罗源县圣水寺等地皆有榜书，多款署为"灵武王用文"，[⑤]可知该家族的祖籍灵州亦被纳入了"夏台"的区域范围中。

　　值天下骚乱，群雄并起的元朝末年，出身西夏故地的唐兀人也儿吉尼历任广西道廉访副使、廉访使以及广西行省平章政事，守护广西达十五年之久，有保境安民、整修庙学、赈济灾荒、重开灵渠等历史功绩。虽然最终为明军所败，但却深得静江路（今广西桂林）当地士人之爱戴。作为代表人物的静江路儒学提举刘三吾每叙及也儿吉尼，必按其籍贯尊称"夏台老子"，如《过重华书院有感》曰"夏台老子新为庙，庙额才来

---

① （元）欧阳玄著，魏崇武、刘建立校点《欧阳玄集·圭斋集补遗》卷1《雍虞公文集序》，吉林文史出版社，2009年，第229页。

② （元）虞集著，王颋点校《虞集全集·道园类稿》卷42《彭城郡侯刘公神道碑》，天津古籍出版社，2007年，第1087页。

③ 分别见（元）虞集著，王颋点校《虞集全集·道园类稿》卷15《黄羊尾毛笔赞并序》，第327页；同书卷29《雪山记》，第736页；同书卷49《张掖刘氏下殇女子（宣奴）墓志铭》，第968页。

④ （明）刘熙修，（明）何纪纂《（弘治）衡山县志》卷6《诗类·望南岳》，江苏古籍出版社，2003，第205页。

⑤ 分别见黄荣春主编《福州十邑摩崖石刻》，福建美术出版社，2008年，第218、225、233页。

事变更",①《伤冀国夫人》云"夏台老子气摩空,冀国夫人性更忠"。②

而当也儿吉尼被执送应天府(今江苏南京),不屈而死后,刘三吾更作《哭夏台六首》,以屈原、许远、文天祥等忠臣比拟这位来自"夏台"的官员。③

西夏故都兴庆府也在明初留下了被称为"夏台"的记载。永乐间大学士金幼孜持节使宁夏,在庆王陪伴下畅游丽景园(在今宁夏银川),作诗曰"偶客夏台逢九日,贤王促召宴名园";④又有洪武时(1368—1398)"词韵雅健"的姑苏诗人唐鉴因事被谪戍宁夏,有感于身处异国,作《夏台秋感》一诗以寄托思乡之情。⑤而"夏台秋草"更在明初跻身宁夏旧八景,⑥成为宁夏的象征性风光之一。

综上所述,在元明文献中作为区域概念的"夏台",已不再仅仅指代唐宋时期的夏州地区,而是借由西夏王国的扩张,拓展成为整个西夏故地的统称。即便距离夏州达数百里的灵州与宁夏,乃至上千里的张掖,均因曾被西夏统治而被纳入了"夏台"的地理范围之中。

(原文刊于《西夏学》2019 年第 1 期,第 65—72 页)

---

① (明)刘三吾著,陈冠梅校点《刘三吾集·刘坦斋先生文集》卷 14《过重华书院有感》,岳麓书社,2013 年,第 226 页。
② (明)刘三吾著,陈冠梅校点《刘三吾集·刘坦斋先生文集》卷 14《伤冀国夫人》,第 216 页。
③ (明)刘三吾著,陈冠梅校点《刘三吾集·刘坦斋先生文集》卷 14《哭夏台六首》,第 218 页。
④ (明)王珣修,(明)胡汝砺纂《(弘治)宁夏新志》卷 8《杂咏类·九日宴丽景园》,《天一阁藏明代方志选刊续编》第 72 册,上海书店,1990 年,第 618 页。
⑤ (明)王珣修,(明)胡汝砺纂《(弘治)宁夏新志》卷 8《杂咏类·夏台秋感》,第 604 页。
⑥ (明)朱旃纂修,吴忠礼笺证《宁夏志笺证》卷下《宁夏旧八景诗序》,宁夏人民出版社,1996 年,第 358 页。

明万里海防图之章潢系探研

李新贵

　　明之海疆起于广东钦州与安南交界，经福建、浙江、南直，抵达山东，复经北直武清、宝坻、乐亭、迁安、昌黎各县，绵延至辽东鸭绿江边与朝鲜接壤。洪武、建文之世，虽仅有以卫所为主的海防体系，但倭寇始终没酿成大患。嘉靖中期，倭患渐炽于沿海，迨至末年而渐熄。万历以后，倭寇朝鲜，海防再趋紧张。明人遂以万里海疆为对象，绘制众多海防图。作者根据传统图像分类的图形特征与绘制者思想相结合的原则，遂将其分为初刻系、全海系、筹海系、章潢系。目前，已研究前三种图系，这里则对章潢系做一探研。

一　章潢图绘制时间

　　万历四十一年（1613）刊刻，章潢所撰《图书编》中有一套 22 幅《万里海防图》。该图图式海上陆下，范围起于安南，止于朝鲜。海上主要是港澳、岛屿，陆上是府州县、卫所、巡检司。此外，还有 7 条简要图注。这套《万里海防图》何时绘制？

　　据《钦定四库全书总目》，《图书编》编纂于嘉靖四十一年（1562），完成于万历五年（1577），前后历时十五年。书成后，初名《论世篇》。万历十三年，改为《图书编》。① 又据万尚烈所纂《章斗津先生行状》，其卒

---

① （清）纪昀等撰，四库全书研究所整理《钦定四库全书总目》卷 136，中华书局，1997 年，第 1793 页。

于万历三十六年。① 以此推之，章氏在万历五年至三十六年间会增补一些内容。《经略朝鲜事宜》《计处野酋》两篇文献，就是记载万历二十年日本入侵朝鲜之事。② 所以，《图书编》编纂于嘉靖四十一年至万历二十年（1592）间，该书中《万里海防图》应绘制于这段时间。

一般而言，绘制一套图不可能花费如此之长的时间，章潢亦不可能在《万里海防图》上花费三十年。下面结合图之建置变化，确定具体的绘制时间。首先，通过图上吴淞中千户所，可确定绘制的范围。嘉靖三十六年青浦旱寨更名吴淞所，是年后吴淞所城倒塌，万历五年遂在所城之北构筑新城，新城更名宝山所。③ 不过，《万里海防图》上为吴淞所而非宝山所。因此，可将绘制时间限定在嘉靖三十六年至万历五年间。

其次，据《万里海防图》上还没绘的柘林寨等，可将该图绘制时间下限提前至嘉靖四十二正月前。嘉靖四十五年，明臣奏请在广东柘林、碣石、南头、白沙港、乌兔、白鸽门六处建立水寨，增设兵丁，添加战船，统以将领。④ 这些为加强广东海洋防御的水寨没有标绘。不仅如此，嘉靖四十二年五月，福建巡抚谭纶建议恢复的福建南日、烽火门两水寨的位置，⑤ 仍没实现。《万里海防图》图注亦曰："南日水寨旧设于海中，及迁吉了，是自撤其险要，须议复之而后可。""寨（烽火寨）在福宁州东北海面，今徙松山，须复旧为善。"而且，这年正月明廷在倭寇侵扰之途设置的澄海、普宁两县，⑥ 同样没有标绘。至此，可以将《万里海防图》绘制时间下限提前至嘉靖四十二年正月前。

总之，结合前面对《万里海防图》内容的考证，可将其绘制时间限定

---

① （明）万尚烈：《章斗津先生行状》，载章潢《图书编·附录》，《景印文渊阁四库全书》第972册，台北：台湾商务印书馆，1986年。

② （明）章潢：《图书编》卷50《经略朝鲜事宜》《计处野酋》，天启三年（1623）刻本。

③ 《（万历）嘉定县志》卷16《兵防考下·城池》，刘兆祐主编《中国史学丛书三编》，台北：台湾学生书局，1987年；《大清一统志》卷71《太仓直隶州》，《景印文渊阁四库全书》第475册。

④ （明）申时行等修《大明会典》卷131《兵部十四·镇戍六》，万历十五年（1587）内务府刊本。

⑤ （明）谭纶：《谭襄敏奏议》卷1《倭寇暂宁条陈善后事宜以图治安疏》，《景印文渊阁四库全书》第429册。

⑥ 《明世宗实录》卷517，嘉靖四十二年正月丁未条，台北："中研院"历史语言研究所，1962年，第8490—8491页。

在嘉靖三十六年至四十二年正月间。再结合《图书编》编纂起止时间为嘉靖四十一年和万历二十年，则最终将该图绘制时间确定为嘉靖四十一年至嘉靖四十二年正月间，即嘉靖四十一年前后。

二 章潢图特征与海防思想

至于《图书编》的价值，明人万尚烈曰："多发前人所未发。"[1]辛德勇先生明确指出该书第 29 卷至 69 卷包含着丰富的地理内容。[2]既然如此，这自然会提出：该书第 57 卷的《万里海防图》蕴含什么丰富的海防内容？

嘉靖四十一年《万里海防图》绘制完成前，明人编绘海防图有两种：嘉靖三十九年至四十年间郑若曾等人缮造的 12 幅《海防图》；嘉靖四十年郑若曾编摹的 12 幅《海防一览》。这两种海防图属明万里海防图的初刻系，[3]均有可能成为章潢参考甚至采纳的对象。不过，第一种图已散佚，但以其为底本摹绘的《海防一览》仍留存至今。[4]这为探讨《万里海防图》图注及其对应的差异，研究章潢海防思想提供了基本史料。

《万里海防图》图注有 7 条。除第 3 条外，余下 6 条均可看作与《海防一览》对应 6 条语义的简略。如果考虑《海防一览》是以 12 幅《海防图》为基础摹绘的省略图，有理由相信《万里海防图》第 3 条图注与《海防一览》对应者表达的意思是相同的。结合这两条图注所关注对象均为"第一角海"，有充分理由将《万里海防图》所有图注视作在《海防一览》或《海防图》基础上的简化（表 1）。

表 1 《万里海防图》与《海防一览》图注比较

序号	海防一览	万里海防图
1	国初，设巡司于碙州，州控扼海道。正统间，移入内地，碙州无兵防，似宜修复	碙州，旧设巡检司，以卫高州，后废，今当复之

① （明）万尚烈：《章斗津先生行状》，《图书编·附录》，《景印文渊阁四库全书》第 972 册。
② 辛德勇：《章潢之地理学贡献》，《历史的空间与空间的历史》，北京师范大学出版社，2005 年，第 312—319 页。
③ 李新贵：《明万里海防图初刻系研究》，《社会科学战线》2017 年第 1 期，第 95—108 页。
④ （明）郑若曾：《郑开阳杂著》卷 8《海防一览》，《景印文渊阁四库全书》第 584 册。

续表

序号	海防一览	万里海防图
2	惠郡南海滨，洪武间倭寇，遂立碣石卫于海丰县，统五所，又立甲子、捷胜二千户所于沿海险要地，又于归善东南立平海千户所，以扼海道。成化间，设总督军务于梧州，调各所军，空此以备彼，岂计之而得之哉	国初设碣石卫于海丰县，统甲子、平海、海门各所，以厄海道，后设总督调兵番守，则海防疏，须复旧规，才为万全
3	此南鄙咽喉，俗呼为花大人码头	第一角海，南鄙咽喉，旧设兵防守，须复之为善
4	望岗澳为新宁南门外户要地，屯守则左援尾山海，右可翼寨门海。见属广海卫，四月防，九月掣备	望岗屿，近新宁，岁募新会兵夫防汛，至秋始撤
5	南澳山在饶平巨海中，周围二百余里，因民梗化而迁之，至今不籍其地，倭番常泊，广福捕之，东西逃闪，最为要害	南澳在饶平巨海中，二百余里，最为要害之处
6	烽火门水寨，设于福宁州地方，以所辖秦屿、罗浮及罗洋为南北中三哨。后官井洋添设水寨，则以罗江、古镇分为二哨，官井、烽火当会，共五哨	旧寨在福宁州东北海面，今徙松山，须复旧为善
7	南日水寨原设于海中南日山，北遏南茭湖井之冲，南阻眉州岱坠之厄，最为要害。今迁之，致寄番泊，宜复旧	南日水寨旧设于海中，及迁吉了，是自撤其险要，须议复之而后可

这些图注讲述硇州巡检司等 7 个地方防御空间的变化。在《万里海防图》的图注中则反映在一些词语的使用上，比如“国初”“旧设”“旧寨”“当复”“须复”“须议复”。即使没有这些词语，也可通过其他方式推断。第 4 条中的“防汛”，指明初沿海卫所为防御倭寇出哨的时间。第 5 条的“南澳”为明初弃地，洪武二十七年（1394），于此置大城千户所。至章潢绘图时，该所迁出南澳。否则，不会成为倭、番经常停泊的地方。所以，章潢选择性绘制这些图注的目的之一，就是借此修复明初卫所制下这些地方的防御空间。

章潢为何仅仅绘出这 7 条图注？前 5 条说的是广东，后 2 条讲的是福建。嘉靖以来这两省是沿海不法之民为害最烈的区域，[①] 所以这里的防御以

① （明）章潢：《图书编》卷 57《海防总论》。

此为重，倭寇"由福建内地奸人接济之也"，[①] 广东滨海之民，"勾引倭寇，残戮甚惨"。[②] 因此，章潢选择倭患严重的区域，旨在提醒对整个沿海构成主要威胁者是沿海不法之民。

章潢还从整个沿海形势出发，进一步表明对沿海不法之民的认知与判断。这些力量有三股。第一是海中岛夷，虽叛服不常，但不足为海防大患，充其量为疥癣之病。第二就是经常侵扰沿海的倭寇，但比之接济倭寇的滨海之民，尤其那些奸顽恶党勾结倭寇造成的危害，还不能算作头等大患。针对所认知的头等大患，其特意以勾引倭寇最为严重的福建漳州、泉州两府，加以引证。防御办法就是修复明初海疆卫所制下的防御体系。[③]

通过对《万里海防图》图注的分析，可以看出章潢绘制这些图注的目的，是恢复明初卫所制的防御体系；该体系首要的防御对象，是勾引倭寇的不法之民。这确定《万里海防图》绘制时的图面布局。就陆上而言，恢复卫所制的海防思想使得沿海的卫所、巡检司成为重笔浓墨之处。卫所制下的首要防御对象，则使沿海府州县成为被突出的对象。防止沿海不法之民勾引倭寇的常用办法，无非从调查其所在府州县的户籍开始。相对于这些被强调而绘制出的内容，《海防一览》上那些位于内地的府州县成了省略对象。这说明章潢是根据其海防思想确定《万里海防图》内容的取舍，而没遵从《海防一览》绘制者的海洋、沿海与内地协同的思想。[④]

就海上而论，既然章潢认为明之沿海首要防御对象是沿海不法居民，那么防御其与倭寇的联系就成为维持海疆稳定的重要任务。于是，横亘在日本与明之沿海间的海洋及岛屿、港澳等地理环境，就成为隔绝其联系的天然工具，亦成为绘制时被强调的内容。不过，章潢不像《海防一览》绘制者希望明廷招抚逃亡海岛的居民、积极展开与日本的贸易，[⑤] 而是与日本

---

① （明）章潢：《图书编》卷57《福建事宜》；（明）郑若曾：《筹海图编》卷4《福建倭变记》，中国兵书集成编委会编《中国兵书集成》第15册，解放军出版社、辽沈书社，1989年。

② （明）郑若曾：《筹海图编》卷3《广东事宜》。

③ （明）章潢：《图书编》卷56《万里海防总叙》。

④ （明）唐顺之：《条陈海防经略事宜疏》，《荆川先生文集（11）》，张元济等辑《四部丛刊初编》第1591册，上海商务印书馆，1929年。

⑤ （明）唐顺之：《条陈海防经略事宜疏》，《荆川先生文集（11）》。

进行有限贸易，"寇来则杀之，入贡则抚之，通商则绝之"。①章潢禁绝与日本通商出于两方面考虑：不法之民与倭寇联系会危害明海疆安全；将贸易主动权控制在政府层面的"入贡"。这就要阻止倭寇与沿海不法之民的海中交易，进而防御倭寇在不遵守有限贸易原则下的入侵。章潢遂据此提出利用海洋环境防御倭寇入侵的海上防线。该防线起于广东，经福建、浙江、南直、山东、北直，止于辽东；以分布沿海的府州县、卫所、巡检司为基地，以这些基地对应于海洋上的澳、浦、湾、山、池、峰、洋、洲为外围。②其为明军划分洋面汛地提供了明确界限，便利了卫所、巡检司的巡洋工作。

这些内容绘制在《万里海防图》上，是章潢针对倭寇"随风所之"③特点的总结，是其修复明初卫所防御思想的应用，是对倭寇入侵坚决给予消灭态度的图像再现。既然对来犯之敌要坚决消灭，那么以各自汛地为地理单元的巡洋，在面对倭寇聚集后大规模的入侵遂显得捉襟见肘。所以，在倭寇所到澳、浦等地恢复明初会哨制度显得十分迫切。④仅仅如此的纵向防御，不足以保障海疆的安全。无论是倭寇，还是不法之民，为了躲避一省官兵的追捕和剿杀，经常窜奔于邻省或交会处。⑤这要求沿海各省间还要横向连界会哨。结果，必须明确沿海各地的分界点，以便确定连界处会哨的地点，明确会哨的各自责任与彼此声援，从而使整个海疆防御具有连贯性、富有整体性。这反映在《万里海防图》上，就是分别标绘各区间的分界点，"自此入安南界""大京山，广东止此""福建、浙江相接""淡水门后为南直隶""五龙王河下为山东""乐亭县，自此属辽东""自此属朝鲜界"。⑥所有这些陆上和海上的内容，均是章潢为修复明初卫所海防体系的结果。

不过，章潢没有满足于防御倭寇的这条防线，随之提出维护的具体措施，"告自今大修祖宗旧制，禁戢沿海接引之人，择守令，阜民生，储糗

---

① （明）章潢：《图书编》卷 50《日本国叙》。
② （明）章潢：《图书编》卷 57《沿海界倭要害之地》。
③ （明）章潢：《图书编》卷 57《沿海界倭要害之地》。
④ （明）章潢：《图书编》卷 57《沿海界倭要害之地》。
⑤ （明）章潢：《图书编》卷 57《海防总论》。
⑥ （明）章潢：《图书编》卷 57《沿海界倭要害之地》。

粮，练精锐""如是而乱有不息者，吾未之信也"。[1]与其一贯的主张相吻合，首先是修复沿海卫所制，其次是杜绝沿海居民接济倭寇。针对这些居民因失去贸易而产生的生计问题，提出在地方官府指导下的生存之路。这解决了沿海居民的生计，禁止了其与倭寇的交往。重要的是，还可将多余的粮食作为战备物资，起到训练精锐士兵的作用。这些环环相扣的准备工作，最终是为了在战时击退倭寇，达到稳定海疆安全的目的。

总之，章潢绘制《万里海防图》的目的，旨在完善明初卫所海防体系。其为之提出三种与倭寇交往的方式。倭寇来犯，务必歼灭。倭寇通商，坚决杜绝。倭寇入贡，进行安抚。这建立在该海防体系防御的主要对象是接济倭寇的沿海之民的基础之上。结果，在这些海防思想指导下所绘《万里海防图》的特征，明显表现为图上有简要的七条图注、防御倭寇的防线、沿海区域间有明确的分界点。这些显著特征首先出现在章潢所绘《万里海防图》中，所以这里简称章潢图。

三 章潢系列图

一个图系之所以成为一个图系，不仅因该图系包括原刻图，还包括受原刻图影响的其他图，而且绘制时间有先后的承接性，图形有可辨认的共同特征，这些特征背后还隐藏着绘图者的共同思想与该思想的继承性。就章潢系而言，嘉靖四十一年前后的章潢图就是该系原刻图，受其影响所绘的还有《全边略记·海防图》等。

（一）《全边略记·海防图》

崇祯元年（1628），兵部职方员外郎方孔炤的《全边略记·大明神势图》中有一套22幅图的《海防图》（简称"方孔炤图"）。[2]至于该书的编撰，《全边略记·自序》曰：

牛马走两待罪，视草缙云，天启之际幸而褫，崇祯之初幸而赐还……搜部中所云典故，惟堂稿而已，多轶蚀。即诸边筹塞语充栋，

---

① （明）章潢：《图书编》卷50《日本国叙》。
② （明）方孔炤：《全边略记》卷12《大明神势图·海防图》，明崇祯元年（1628）刻本。

要领几何？而历朝实录秘府莫由遍诵，于是据所管窥，恒苦固陋，略
彴其文，仰见庙算渊谟有严有翼，其中荩臣哲士殚厥精白，声施烂
然……概见大义。仿率旧章，可以为治。①

《全边略记》编纂于方孔炤官复原职后，资料来源于兵部所藏忠臣、
哲人的著述。编纂目的是更好治理国家。不过，在海疆治理上，这里的
"旧章"已不是至崇祯元年实行多年的营兵制，而是明初的卫所制。

在方孔炤看来，明初以卫所经略边疆，士兵靠屯田养活自己。结果，
民众和谐，边疆稳定。至于当下，形势大变。作为守卫地方与经略边疆的
营兵制，已经接近土崩瓦解的边缘。而且，上情不能通于下，下情不能
达于上。现实与历史形成的强烈反差，促使方孔炤积极寻求拯救时弊的办
法，除进行当下的人事改革外，就是以史为鉴寻求治国的路径。②这条路
径即前文的"仿率旧章"。所谓"旧章"，就是明初卫所制。当然，这不是
完全恢复明初卫所制，而是对其略加修改，"润泽之要，存乎其人"。③这
与章潢所提倡"惟举国初之制而润色之"的思想相一致。

因此，方孔炤图是在章潢图基础上的刊刻。事实如此。两者7条图
注内容相同，图幅均为22幅。重要的是，每幅图上标绘的各种地物绝大
部分相同。不同只是一些字词差别。前者将后者的"除浪洲""大成所"
分别改为"除浪山"④"大诚所"。⑤同时，又将"长墩巡检司""沙湾巡检
司""夔城巡检司""塔题巡检司""列屿巡检司""田连巡检司"⑥"陈坑巡
检司"中的"检"刻成"简"字。这些细微差别证明前者正是以后者为底

---

① （明）方孔炤：《全边略记·自序》。
② （明）方孔炤：《全边略记》卷12《大明神势图序》。
③ （明）方孔炤：《全边略记·目录》。
④ 在明人绘制及以明人为底本清人摹绘的《万里海防图》中，除方孔炤图标绘"除浪山"
  外，其余均为"除浪洲"。且，无论是"除浪山"，还是"除浪洲"，均不见于传统文献。
⑤ 《明史》卷45《地理志六》曰："（饶平县）东南滨海，海中……有大成守御千户所，洪武
  二十七年置。"
⑥ 《明史》卷45《地理志六》曰："西有苎溪、南有塔头山、东南有田浦，又有陈坑四巡检
  司。"所以，无论是章潢《万里海防图》，还是方孔炤《海防图》中的"田连巡检司"均
  误。这是因"浦""连"字形相似之故，以此可证明方孔炤《海防图》是以章潢《万里海
  防图》为底本的刊刻。

本的刊刻。

（二）《地图综要·万里海防全图》

大约崇祯六年（1633），朱绍本等人的《地图综要》中有一套《万里海防全图》（简称"朱绍本图"）。[①]该书编纂目的，《地图综要·序》曰：

> 新安朱支白，天才卓轶，文章玄穆，如深山道流。壬午闽中几为余纲所获，及晤其人，昂藏侠骨，殆不可测。既出地图一书，乃与敬胜、感受、大年，留心当世之业。今寇、盗交讧，脊脊多故出，而在位者，空疏无用，东西冥迷。[②]

朱支白，即朱绍本。"敬胜""感受""大年"分别指与朱绍本共同编辑《地图综要》的吴学俨、朱国达、朱国幹。编纂地图目的是经世致用。因当政者在治理国家的大政方针上，不仅空洞浅薄、无益实政，而且还模糊不清、无方向性。既然他们都认为当时执政者实行的制度无益于国家治理，那么在海疆治理上就会舍弃当时实行的营兵制，寻求明初卫所制的防御体系。

这表现在朱绍本图的图面布局上，陆上主要是府州县、卫所、巡检司，海上则是浦、湾、山、池、峰、洋、洲。如此图面布局与章潢图相同。既然如此，该图可否归入章潢系？通过细致比较发现，无论是陆上建置，还是海上地物，前者绝大部分同于后者。两者差异不过是个别地名不同。比如，朱绍本图将章潢图的"福清县"绘为"福清"。[③]这种因刊刻造成的错误，从侧面证明朱绍本图的绘制受到章潢图影响。

从朱绍本图绘制的图源和图幅上可以佐证，该图及书中其他各图，是

---

① （明）朱绍本等：《地图综要》外卷《万里海防全图》，明末新安黄氏刻本。书中没有具体言及《地图综要》刊刻的时间，据李茹春为该书所作序文为乙酉年。同时，序中有言"壬午，闽中几为余纲所获"。又按《凡例》所云"今渠憝抗行，震窥关洛。自荆襄而抵蕲黄，三流悉称要害"，实指戊辰年（崇祯元年）以来农民起义之事。以此推之，壬午年为崇祯三年，乙酉年为崇祯六年。因此，《地图综要》应刊刻于崇祯六年左右。

② （明）朱绍本等：《地图综要·序》。

③ 《明史》卷45《地理志六》曰："福清，（福州）府南，少东。元福清州。洪武二年二月降为县。"而在朱绍本等人所绘《万里海防全图》上，所有县之建制均用"某某县"表示。所以，该图"福清"漏绘"县"字。

朱绍本等人收集、咨询、分类的结果，"兹备集众图，详咨经行之士，区
分缕析"。① 刊刻在崇祯六年之前的章潢图或以其为底本刊刻的方孔炤图，
自然在收集之列。经过分类编纂的地图共110幅，"次天下里图凡一，又
次京省、边夷暨江、漕、河、海里图，凡百有十"。② 位于图末的海防图虽
名为《万里海防全图》，但图幅数量同章潢图一样为22幅。而且，《万里
海防全图》的7条图注与各区分界点，几乎与章潢图和方孔炤图同。不同
的只是将第三条图注中的"第一角海"误写为"第二角海"。③

朱绍本图与章潢图绘制特征的一致性与绘制内容的几乎相同，说明两
者有着相同的海防思想，而且还是在该思想指导下的绘制；绘制时间的前
后差别，则说明朱绍本图是在章潢图或方孔炤图基础上的刊刻。所以，朱
绍本图属于章潢系。

（三）《皇明职方地图·万里海防图》

崇祯九年（1636），兵部职方司郎中陈组绶所纂《皇明职方地图》中
有一套雕版墨印的《万里海防图》（简称"陈组绶图"）。④ 至于该图编绘，
《川海地图小序》曰：

> 然而王公设险，西北惟山有九边防，腹里惟谷有七镇防，东南环
> 陬皆海。海中之岛，如日本、爪哇之属，不啻千百，岂可无修备焉！
> 将以靖万里之鲸波也，则我祖之始命汤和经略海筹，而随即命吴祯为
> 镇海侯，命张赫为航海侯，命朱寿为舳舻侯，可法也。后先以海运为
> 名，而实东至于日本，西至于占城，往来之志，岂在运哉？无非欲以
> 完我禹青徐水处十之七，俾海不扬波，而后即安……不问于今，今何
> 时哉？曲突之见，莫先严扬子之江，两京、二（山）东、浙江、福广
> 之海，而以与九边、七镇并防，故又次之江防图、海防图。⑤

---

① （明）朱绍本等：《地图综要·凡例》。
② （明）朱绍本等：《地图综要·凡例》。
③ 《（嘉靖）香山县志》卷1《建置》，《日本藏中国罕见地方志丛刊》第14册，书目文献出版社，1991年。
④ （明）陈组绶：《皇明职方地图》卷下《万里海防图》，明崇祯九年（1636）刻本。
⑤ （明）陈组绶：《皇明职方地图》卷下《川海地图小序》。

这里的"海防图",指陈组绥图。该图针对当时有海无防、置而不问的情况所作。解决这种时弊的办法,就是效法明初信国公汤和等人经略海防的措施。具体言之,就是在沿海设置卫所防御体系。[①]这恰恰表明在明末营兵制主导的海防体系下,陈组绥的海防思想倾向与绘制海防图时对海防制的选择。所以,同章潢一样,陈组绥的海防思想亦是修复明初卫所制的海防体系。

从两者所绘《万里海防图》内容对比上可以证实。与章潢图22幅相较,该图减少3幅成为19幅。不过,这不是图上的内容减少,而是图版加宽所致。不同的只是一些字词等方面差异。章潢图中的"安海巡检司""长墩巡检司""靈山县""急水淇角州""两镇屿""铙平县""塔题巡检司""月屿""筼筜港",改为"安海巡简司""长墩巡简司""灵山县""急水旗角洲""南镇屿""饶平县""塔頭巡检司""月与""员笘港"。两者相较,除章潢图中的"巡检司"之"检"改为"简"字、"靈山县"之"靈"简写为"灵"字、[②]"月屿"之"屿"略写成"与"字、[③]"筼笘港"之"筼"略写成"员"字[④]外,其余均是因字形相近导致的差异,诸如"淇"与"旗"、[⑤]"两"与"南"、"铙"与"饶"、[⑥]"题"与"頭"。[⑦]这些细微差别表明陈组绥图是以崇祯六年之前章潢系中的某种地图为底本的改绘。

另外,陈组绥图还增加15处地名:"澎湖屿""湛水""鸡笼""澎湖""北港""井尾""海门""海门屿""濠门巡检""安宾馆""月港""浔尾度""高浦""江东驿""深奇驿"。这些地方究竟发生了什么事情,竟受到陈组绥关注?

陈组绥图之上方的图记:

---

① 《明史》卷91《兵志三》。

② 《明史》卷45《地理志六》。

③ (明)方孔炤:《全边略记》卷9《海略》。

④ (明)周凯:《厦门志》卷4《防海略·岛屿港澳》,《中国方志丛书·华南地方》第80号,成文出版社,1967年。

⑤ 《(嘉靖)山东通志初稿》卷1《山川一》,嘉靖十四年(1535)刻本。

⑥ 《明史》卷45《地理志六》。

⑦ 《明史》卷45《地理志六》同安县条曰:"西有苧溪、南有塔头山、东南有田浦,又有陈坑四巡检司。"所以,《皇明职方地图·万里海防图》中的"塔頭巡检司"就是"塔头山巡检司"。

澎湖，天启壬戌年红夷到中左所后遂据，澎湖总兵俞咨皋用间移红夷于此港，乃得复。澎湖，今设游击防守。然北港为澎湖唇齿，澎湖为漳、泉门户。夫北港是唇亡而齿寒，使咨皋一面交市，一面屯练强壮，收抚郑芝龙，出不意而图之。红夷何有哉？诚令此夷不去，终为漳、泉之忧。可惜乎咨皋但知倚匪人许心素，为互市之利耳，所以为郑芝龙所逐。

湛水一带，自白狗山对过，迤南至澎湖相望，有四府之宽，直可如崇明设府县，皆闽人浮此互市。今为佛郎所据守，此则四府可无东南夷之患？此地不早图之，终为福省梗。[①]

天启二年（1622）以来，北港、鸡笼、湛水、中左所等地不是为红夷所据，就是为郑芝龙占据，抑或为佛郎机所有。这些岛屿被占据，遂对漳州、泉州两府周围的井尾、海门、海门屿、濠门巡检司、安宾馆、海澄县、浔尾度、高浦所、江东驿、深奇驿等地构成威胁。这是陈组绶图中绘出这些地名的原因。虽然与章潢图相比，陈组绶图还增添天启元年以来海疆形势变化的内容，但这些变化始终在陈组绶修复明初卫所制的框架内。而且，该图上卫所制的海防体系并没发生改变，所以仍属于章潢系。

（四）《美国国会图书馆·万里海防图》

美国国会图书馆庋藏一本名为《万里海防图说》的图册。纵30厘米，横20厘米。从图册名称看，应为一套完整图说，其实"图"与"说"毫不相干。图为《万里海防图》（简称"国会图"），说为《胶莱河辩议图说汇辑》。该图，纸本彩绘，不具绘者，折叠裱装，纵30厘米，横274厘米。卷首起自广东钦州安南界河，卷尾止于辽东义州鸭绿江。以传统山水画的形象画法，展现广东、福建、南直隶、山东、辽东等地的各级建置、大小岛屿与山川形势。该说中有清雍正三年（1725）补录明潘季驯的《河防一览》。[②]

国会图书馆认为该图原刻于嘉靖三年（1524）至五年（1526）间，国

---

① （明）陈组绶：《皇明职方地图》卷下《川海地图小序》。
② 李孝聪：《美国国会图书馆藏中文古地图叙录》，文物出版社，2004年，第164页。

内学者则看作是嘉靖九年（1530）至四十二年（1563）间的刻本。① 国会图书馆还认为其摹绘于雍正三年（1725）。② 这应是根据说中落款时间的推断。不过，图中的"玄真岛""玄钟所"因避清圣祖玄烨的讳缺最后一笔，所以将其看作刻本本身是一种错误。另外，摹绘时间不是雍正三年，而是康熙时期。因"玄真岛"之"真"、"镇辽所"之"镇"字均没避清世宗胤禛的"禛"而改动。至此，可以确定国会图摹绘的时间为清康熙时期。问题是国会图摹绘底本是什么呢？该图又原刻于什么时间？

从图面布局上看，国会图陆上有府州县、卫所、巡检司，海上有澳、浦、湾、山、池、峰、洋、洲，位于海陆结合部还有简要的 7 条图注。在摹绘前，与其图面相似且属章潢系的海防图有四种，分别是嘉靖四十一年左右刊刻的章潢图、崇祯元年方孔炤图、崇祯六年朱绍本图、崇祯九年陈组绥图。

首先可排除陈组绥图。国会图上既没有该图绘制的方格网，又没有反映天启元年以来福建为防御红夷与佛郎机的建置、岛屿。所以，国会图的摹绘本，只能在余下三种图中甄别。这可通过四幅图上的沿海各区分界点、建置、图注、山川岛屿四部分的异同分析（表 2）。

表 2　国会图与章潢图、方孔炤图、朱绍本图中沿海各地分界点对比

序号	章潢图	方孔炤图	朱绍本图	国会图
1	自此入安南界	自此入安南界	自此入安南界	自此入安南界
2	大京山 广东至此	大京山 广东至此	大京山 广东至此	大京山 广东至此
3	福建浙江相接	福建浙江相接	福建浙江相接	福建浙江相接
4	淡水门后南直隶	淡水门后南直隶	淡水门后南直隶	淡水门后南直隶
5	五龙王河下卫山东	五龙王河下卫山东	五龙王河下卫山东	五龙王河下卫山东
6	乐亭自此属辽东	乐亭县自此属辽东	乐亭县自此属辽东	乐亭 自此属辽东
7	自此入朝鲜界	自此入朝鲜界	自此入朝鲜界	自此入朝鲜界

表 2 沿海各区分界点共有 7 处，分别是安南与广东、广东与福建、福建与浙江、浙江与南直隶、南直隶与山东、山东与辽东都司、辽东都司与朝鲜的地理分界。前 5 条与第 7 条内容，国会图与章潢图、方孔炤图、朱

---

①　钟铁军等:《美国国会图书馆藏〈万里海防图〉》,《地图》2004 年第 6 期。

②　美国国会图书馆官网（https://www.loc.gov/maps/?q）。

绍本图同。唯一不同的是国会图第 6 条中的"乐亭"后缺少"县"字。这不是漏绘的结果，而是该图所有县之建制，均用红色圆圈标示。以此可证明章潢图、方孔炤图、朱绍本图、国会图，均属章潢系。但国会图是以谁为底本的摹绘，仍不清楚。不妨通过各图之间建置的因袭加以求证（表 3）。

表 3　国会图与章潢图、方孔炤图、朱绍本图建制对照（一）

序号	章潢图	方孔炤图	朱绍本图	国会图
1	濂州府	濂州府	濂州府	濂州府
2	宁州所	宁州所	宁州所	宁州所
3	陵水县 南山所	陵水县 南山所	陵水县 南山所	陵水 南山所
4	神电卫电白县	神电卫 电白县	神电卫 电白县	神电卫 电白
5	夔城巡检司	夔城巡简司	夔城巡检司	夔城巡检司
6	甲子所	甲子所	甲子所	甲子所
7	蓬州所	蓬州所	蓬州所	蓬州所
8	新宁县 新宁所	新宁县 所	新宁县 新宁所	新宁 新宁所
9	诏安县 南诏所	诏安县 南诏所	诏安县 南诏所	诏安 南诏所
10	九猴山	九猴山	九猴山	九猴山
11	钱塘所	钱塘所	钱塘所	钱塘所
12	三山所	三山所	三山所	三山
13	舟中中所	舟中中所	舟中中所	舟中中所
14	山中左所	山中左所	山中左所	山中左所
15	南汇所	南汇所	南汇所	南汇所
16	吴松所	吴松所	吴松所	吴松所
17	吴松江口	吴松江口	吴松江口	吴松江口
18	石旧所	石旧所	石旧所	石旧所
19	夏崖所	夏崖所	夏崖所	夏崖所
20	夏州寨	夏州寨	夏州寨	夏州寨
21	卢阳寨	卢阳寨	卢阳寨	卢阳寨
22	解米寨	解米寨	解米寨	解米寨
23	马停寨	马停寨	马停寨	马停寨
24	信观县	信观县	信观县	信观

　　国会图 24 个地名，均能在章潢图、方孔炤图、朱绍本图中找到相对

应者。不过，国会图这些建置没一个是完全正确的。具体可以分为四类。

第一，国会图因袭章潢图、方孔炤图、朱绍本图书写不规范的有 5 个："甲子所""舟中中所""山中左所""南汇所""石旧所"。这些建置分别改为"甲子门所"①"舟山中中所""舟山中左所"②"南汇觜所"③"石臼岛寨所"。④国会图还将三山所误绘为三山县。⑤

第二，国会图将章潢图、方孔炤图、朱绍本图的一个建置误为两个建置的有 2 个：蓬州所、夏州寨。蓬州所，位于澄海县西南，洪武二十六年置。⑥国会图却认为蓬州为州之建置，用红色方框绘制；蓬州所为所之建置，用绿色方框标绘。至于夏州寨，国会图因袭章潢等图误将夏河寨误绘为夏州寨的同时，⑦还将夏州误认为州之建置。

第三，国会图将同治一地的行政建置与军事建置，误绘成分治两地建置的有 4 个："陵水、南山所"⑧"神电卫、电白"⑨"诏安、南诏所"⑩"新宁、新宁所"。⑪这是章潢图、朱绍本图对于县、所没有用符号标绘区分，以致国会图在摹绘过程中不加仔细辨别的缘故。但方孔炤图已将县、所分别用长方形方框标绘，而且，"新宁县"与"新宁所"、"诏安县"与"南诏所"均共治一城。至国会图绘制时，"新宁县"与"新宁所"、"诏安县"与"南诏所"仍分治两地。这说明国会图摹绘时参考的是章潢图、朱绍本图，从而可排除方孔炤图。

第四，国会图因袭章潢图、朱绍本图错误标绘的有 12 个："濂州府""宁州所""蘷城巡检司""九猴山""钱塘所""吴松所""吴松江口""夏崖所""卢阳寨""解米寨""马停寨""信观县"。这些建置分别

---

① 《明史》卷 45《地理志六》。
② 《明史》卷 44《地理志五》。
③ 《明史》卷 40《地理志一》。
④ 《明史》卷 40《地理志一》。
⑤ （清）顾祖禹撰，贺次君、施和金点校《读史方舆纪要》卷 89《浙江一》，中华书局，2005 年，第 4098 页。
⑥ 《明史》卷 45《地理志六》。
⑦ 《明史》卷 41《地理志二》。
⑧ 《明史》卷 45《地理志六》。
⑨ （清）顾祖禹撰，贺次君、施和金点校《读史方舆纪要》卷 104《广东五》，第 4738 页。
⑩ 《明史》卷 45《地理志六》。
⑪ （清）顾祖禹撰，贺次君、施和金点校《读史方舆纪要》卷 101《广东二》，第 4621 页。

改正为"廉州府""宁川所"① "茭塘巡检司"② "九侯山"③ "钱仓所"④ "吴淞
所"⑤ "吴淞江口"⑥ "百尺崖所"⑦ "卢洋寨"⑧ "解宋寨"⑨ "马停镇巡检司"⑩ "阳
信县"。⑪ 在方孔炤图中,不仅"茭塘巡检司"中的"检"字写成"简",
就是该图中剩余8个巡检司中的"检"都写成"简",但国会图仍为
"检",由此证明国会图的摹绘不是方孔炤图。

通过表3可以看出,这些建置分类不仅再次证明章潢图、方孔炤图、
朱绍本图、国会图属于章潢系,还排除方孔炤图不是国会图摹绘底本,底
本只能在章潢图与朱绍本图中选择。这可通过表4三幅图的建置对比分析。

表4　国会图与章潢图、朱绍本图建置对照(二)

序号	章潢图	朱绍本图	国会图
1	玄钟所	玄钟所	钟所
2	饶平县	饶平县	饶平
3	高浦所		高浦所
4	福清县	福清	福清
5	昌仓卫	昌国卫	昌国卫
6	高远县	高远县	高苑
7	蓋州卫	盖州卫	蓋州卫
8	中前所	中前所	

国会图与章潢图相同的有2个:"高浦所""福清"。"福清"后没有
"县"字,因县之建置在图中已用红色圆圈标绘。至于朱绍本图中的"福
清"后缺"县"字,则是漏绘的结果。因该图中所有县之建置,除福清外
均带"县"字。而国会图与朱绍本图相同的只有1个"昌国卫"。那么,

---

① 《明史》卷45《地理志六》。
② 《明史》卷45《地理志六》。
③ (清)顾祖禹撰,贺次君、施和金点校《读史方舆纪要》卷99《福建五》,第4562页。
④ 《明史》卷44《地理志五》。
⑤ 《明史》卷40《地理志一》。
⑥ 《明史》卷40《地理志一》。
⑦ 《(嘉靖)山东通志》卷11《兵防》,嘉靖十二年(1533)刻本。
⑧ 《(嘉靖)山东通志》卷11《兵防》。
⑨ 《(嘉靖)山东通志》卷11《兵防》。
⑩ 《(嘉靖)山东通志》卷11《兵防》。
⑪ 《(嘉靖)山东通志》卷11《兵防》。

国会图究竟是以章潢图，还是以朱绍本图为底本的摹绘？

首先可以确定的是章潢图。国会图与章潢图建置相同的数量，已超过与朱绍本图。而且，国会图在以章潢图为底本的摹绘中，还改正朱绍本图没改正过来的"饶平县""高远县"。前者为"饶平县"之误，[①]后者为"高苑县"之误。[②]这固然不能否定国会图以朱绍本图为底本摹绘时改正的可能性。不过，国会图在摹绘中绝不会出现底图上没出现的建置。所以，国会图上出现的"高浦所"就足以证明，其摹绘底本是章潢图而不是朱绍本图。因高浦所根本没有出现在朱绍本图上。由此推断，国会图上标绘的"昌国卫"，[③]不是以朱绍本图为底本摹绘的结果，而是以章潢图为底本摹绘的过程中与"饶平县""高远县"一起改订所致。从国会图与章潢图、朱绍本图7条图注的对比上，还可佐证（表5）。

表5　国会图与章潢图、朱绍本图图注比较

序号	章潢图	朱绍本图	国会图
1	碙州，旧设巡司，以卫高州，后废，今当复之	碙州，旧设巡司，以卫高州，后废，今当复之	碙州，旧设巡检司，以卫高州，后废，今当复之
2	第一角海，南鄙咽喉，旧设兵防守，须复之为善	第二角海，南鄙咽喉，旧设兵防守，须复之为善	第一角海，南鄙咽喉，旧设兵防守，须复之为善
3	望岗屿，近新宁，岁募新会兵夫防汛，至秋始撤	望岗屿，近新宁，岁募新会兵夫防汛，至秋始撤	望岗屿，近新宁，岁募新会兵夫防汛，至秋始撤
4	国初设碣石卫于海丰县，统甲子、平海、海门各所，以厄海道，后设总督，调兵番守，则海防疏，须复旧规矩，才为完全	国初设碣石卫于海丰县，统甲子、平海、海门各所，以厄海道，后设总督，调兵番守，则海防疏，须复旧规矩，才为完全	国初设碣石卫于海丰县，统甲子、平海、海门各所，以厄海道，后设总督，调兵番守，则海防疏，须复旧规矩，才为完全
5	南澳在饶平巨海中，二百余里，最为要害之处	南澳在饶平巨海中，二百余里，最为要害之处	南澳在饶平巨海中，二百余里，最为要害之处
6	南日水寨旧设于海中，及迁吉了，是自撤其险要矣，须议复之而后可	南日水寨旧于海中，及迁吉了，是自撤其险要矣，须议复之而后可	南日水寨旧设于海中，及迁吉了，是自撤其险要矣，须议复之而后可
7	舊寨在福宁州东北海面，今徙松山，须复旧为善	旧寨在福宁州东北海面，今徙松山，须复旧为善	舊寨在福宁州东北海面，今徙松山，须复舊为善

① 《明史》卷45《地理志六》。

② 《明史》卷41《地理志二》。

③ 《明史》卷44《地理志五》。

表5各图图说各为7条，第3、4、5条均同。不同的是第1、2、6、7四条。第1条是国会图将其他两图上简称的"巡司"，改为全称"巡检司"，说明国会图是在前面两图的一种图基础上的改绘。其余3条国会图、章潢图与朱绍本图的差异，是朱绍本图中的"旧"字在国会图、章潢图上均为"舊"字，"第二角海"为"第一角海"。这表明国会图摹绘的底本是章潢图不是朱绍本图。国会图以章潢图为底本摹绘的证据，还体现在这三幅图上山川岛屿绘制的差异上（表6）。

表6　国会图与章潢图、朱绍本图岛屿差别

序号	章潢图	朱绍本图	国会图
1	万觯山	万斛山	万觯山
2	南亭山	南亭	南亭山
3	舊浯屿	旧浯屿	舊浯屿
4	舊南日山	旧南日山	舊南日山

表6中的4个地名，国会图与章潢图完全相同的有4个，"万觯山""南亭山""舊浯屿""舊南日山"。国会图与朱绍本图却没有一个相同。至此可以完全确定，国会图摹绘的底本不是以朱绍本图而是以章潢图为底本的摹绘。

总之，通过对章潢、方孔炤、朱绍本、陈组绶所绘的四种海防图，与国会图图上沿海各区的分界点、建置、图注、山川岛屿异同的逐步考察，最终明确国会图摹绘的底本为章潢图。既然如此，那么美国国会图书馆所认为的国会图原刻时间就不是嘉靖三年至五年间，而是嘉靖四十一年前后；摹绘时间亦不是国会图书馆所认定的清雍正初年，而是康熙年间。同时，通过对这五种图分界点等方面的考察，还从多方面证明其均属于万里海防图中的章潢系。

（原文刊于《史学史研究》2019年第1期，第8—18页）

明万里海防图筹海系研究

李新贵　白鸿叶

　　明之海疆，起于广东钦州与安南交界，经福建、浙江、南直隶，抵达山东，复经北直隶武清、宝坻、乐亭、迁安、昌黎各县，止于辽东鸭绿江与朝鲜接壤。虽然明前期只有以卫所为主构建的海防体系，但倭寇始终没有酿成大患。嘉靖中期，倭患渐炽于沿海。万历以后，倭寇朝鲜，海防再趋紧张。[①]明人遂以万里海疆为对象，绘制了众多海防图。

　　目前，流传至今的明万里海防图主要有 12 种：嘉靖四十年（1561）郑若曾编绘的《海防一览》，[②]嘉靖四十一年（1562）郑若曾、胡宗宪的《沿海山沙图》，[③]万历十九年（1591）宋应昌的《全海图注》，[④]万历二十年邓钟的《万里海图》，[⑤]万历二十三年谢杰的《万里海图》，[⑥]万历三十三年徐

---

①　《明史》卷 91《兵志三》，中华书局，1974 年，第 2243—2274 页。

②　（明）郑若曾：《郑开阳杂著》卷 8《海防一览》，《景印文渊阁四库全书》第 584 册，台北：台湾商务印书馆，1986 年。

③　（明）郑若曾：《筹海图编》卷 1《沿海山沙图》，中国兵书集成编委会编《中国兵书集成》第 15 册，解放军出版社、辽沈书社，1990 年，第 52—195 页。2007 年中华书局出版了李致忠先生点校的《筹海图编》，该本以康熙三十年郑若曾后人郑起泓刻本为底本。因受所刻年代和刻者"还美于郑若曾"等主客观原因的限制，康熙刻本较初刻本有或多或少的改动。这种改动过的本子，显然不利于研究《沿海山沙图》绘制者的海防思想。故本文采用初刻本。

④　（明）宋应昌：《全海图注》，明万历墨印本，现藏中国国家图书馆。

⑤　（明）邓钟：《筹海重编》卷 1《万里海图》，《四库全书存目丛书》史部第 227 册，齐鲁书社，1996 年，第 10—49 页。

⑥　（明）谢杰：《虔台倭纂》下卷《万里海防图》，《北京图书馆古籍珍本丛刊》第 10 册，书目文献出版社，1990 年，第 315—324 页。

必达、董可威的《乾坤一统海防全图》，^①万历四十一年章潢的《万里海防图》，^②天启元年（1621）茅元仪的《海防图》，^③崇祯元年（1628）方孔炤的《海防图》，^④崇祯九年陈组绶的《万里海防图》，^⑤明末朱绍本、吴学俨的《万里海防全图》，^⑥不著年代、绘者的《海不扬波》。^⑦此外，还有清康熙时佚名摹绘的《万里海防图》，^⑧康熙三十年（1691）郑起泓重刻的《万里海防图》，^⑨雍正三年（1725）佚名摹绘的《筹海全图》，^⑩道光二十三年（1843）朱子庚摹绘的《万里海防图》^⑪等。

与此相关的探讨，主要集中在目录梳理、图籍出版、论著研究三个方面。王庸、吴玉年两位先生考察了明之海防图籍，但因所编以海防地理、海防设置、海防策略为主，^⑫而没著录类书、边防总著中的图籍，所以像谢杰、宋应昌、章潢、茅元仪、方孔炤、陈组绶、朱绍本等人的海防图，遂不列入其中。同时，因受时代限制，像《海不扬波》《筹海全图》亦没提及。许保林等先生则进行稍微的补充。^⑬

虽然这些目录著述尚待完善，但无疑为海防图的出版、研究提供了极

---

① （明）徐必达、董可威：《乾坤一统海防全图》，明万历三十三年彩绘绢本，现藏中国第一历史档案馆。

② （明）章潢：《图书编》卷57《万里海防图》，明万历四十一年涂镜源刻本，现藏北京大学图书馆。

③ （明）茅元仪：《武备志》卷209《占度载·度二十一·海防一》，中国兵书集成编委会编《中国兵书集成》第35册，解放军出版社、辽沈书社，1990年，第9035—9036页。

④ （明）方孔炤：《全边略记》，王雄点校，内蒙古大学出版社，2006年。

⑤ （明）陈组绶：《皇明职方地图》卷下《万里海防图》，明崇祯九年刻本，现藏台湾"中央图书馆"。

⑥ （明）朱绍本、吴学俨：《地图综要》外卷《万里海防全图》，《四库禁毁书丛刊》史部第18册，第700—705页。

⑦ 该图为明末摹绘本，纵30.5厘米，横2081厘米，现藏台北"故宫博物院"。

⑧ 该图为清康熙时摹绘本，纵30厘米，横274厘米，现藏美国国会图书馆。

⑨ （明）郑若曾：《郑开阳杂著》卷1《万里海防图论》，《景印文渊阁四库全书》第584册；《万里海防图论》（二卷），清康熙三十年郑起泓重刻本，现藏南京图书馆。

⑩ 该图为清雍正初年摹绘本，纵36厘米，横433厘米，现藏中国国家图书馆。

⑪ 该图为清道光二十三年朱子庚摹绘本，中国国家图书馆、北京大学各有藏本。

⑫ 王庸：《明代海防图籍录》，王庸编《中国地理图籍丛考》，商务印书馆，1956年，第92—122页；吴玉年《明代倭寇史籍志目》，王庸编《中国地理图籍丛考·附录》，第151—180页。

⑬ 许保林：《中国兵书通览》，解放军出版社，1990年，第380—387页。刘申宁：《中国兵书总目》，国防大学出版社，1990年，第37页。

大便利。20 世纪 80 年代以来，相继出版了一些包括明之海防图在内的图籍，诸如《中国兵书集成》①《中国古代地图集》②《中华古地图珍集》③《笔画千里——院藏古舆图特展》④《中国古代海岛文献地图史料汇编》⑤ 等。

英国学者 J. V. Mills 论述了清康熙时摹绘的《万里海防图》等，⑥ 但在中国国内几乎没有产生什么影响。曹婉如先生则研究了《海防一览》《筹海图编·万里海防图》《乾坤一统海防全图》，遂认为明之海防图大都属于郑若曾的"万里海防图"系统。⑦ 这成为学界公认的观点。⑧

这种观点不能成立。不仅因所列图幅过少以致证据不够充分，而且其图像分类的原则也值得商榷。具体言之，可以归纳为三点。第一，中国沿海地区，"均自广州钦州南龙门港西南的海域，向东再向北，图幅采用'一'字展开式，自右至左，直到辽宁的鸭绿江"。第二，"原绘本均有画方"。第三，"海上陆下"。⑨ 就第一点而论，这反映是明之整个海疆范围。除郑若曾外，明代其他人亦会绘制出这个范围。况且，郑若曾绘制《沿海山沙图》时，参考过侍郎钱邦彦的《沿海七边图》。⑩ 之后，章潢的《万里海防图》，方孔炤的《海防图》，同样绘制此范围。第二点亦难以成立。因郑若曾所绘海防图是仿照罗洪先《广舆图》的"计里画方之法"，⑪ 此后陈组绶《皇明职方地图·万里海防图》也仿照此法。至于第三点，明之海防图以海为上的方向，张伟国认为并非起源于郑若曾。⑫ 退而言之，即便如

① 中国兵书集成编委会编《中国兵书集成》第 15、35、36 册。
② 曹婉如：《中国古代地图集（明代）》，文物出版社，1995 年。
③ 阎平、孙国清等：《中华古地图珍集》，西安地图出版社，1995 年。
④ 冯明珠、林天人：《笔画千里——院藏古舆图特展》，台北："故宫博物院"，2008 年。
⑤ 蝠池书院出版有限公司：《中国古代海岛文献地图史料汇编》第 1、5、15 册，蝠池书院出版有限公司，2013 年。
⑥ J. V. Mills, "Chinese Coastal Maps", Imago Fundi, 1954, pp.151—168.
⑦ 曹婉如：《郑若曾的万里海防图及其影响》，《中国古代地图集（明代）》，第 69—72 页。
⑧ 张伟国：《明清时期长卷式沿海地图述论》，李金强、刘义章、麦劲生编《近代中国海防——军事与经济》，香港中国近代史学会，1999 年，第 3—16 页；卢嘉锡：《中国科学技术史·地学卷》，科学出版社，2000 年，第 414 页；席龙飞等：《中国科学技术史》，科学出版社，2004 年，第 511 页。
⑨ 曹婉如：《郑若曾的万里海防图及影响》，第 69—72 页。
⑩ （明）郑若曾：《筹海图编·凡例》，《中国兵书集成》第 15 册，第 39 页。
⑪ （明）郑若曾：《筹海图编·凡例》，《中国兵书集成》第 15 册，第 35 页。
⑫ 张伟国：《明清时期长卷式沿海图述论》，第 3—16 页。

此，亦不能断定明之海防图，就可以归入郑若曾"万里海防图"系统。由此看来，曹先生所认为郑若曾"万里海防图"系统的特征，可以说是明之万里海防图共有的特征。这种以明之海防图共有特征去衡定有限几幅海防图并称为一个图系，结果重新回到中国传统图像的分类之上。

目前所知，对中国传统图像分类保存完整且内容十分丰富者，当首推明之《三才图会》。[①] 这部百科全书将图像概括为天、地、人三大类，细分为天文、地理、人物、时令、宫室等十四小类，每类之下包含若干舆图。至清乾隆二十七年（1762）、六十年（1795），内务府造办处舆图房编纂《萝图荟萃》《萝图荟萃续编》时，[②] 该方法略加增删后仍被继续使用，其图像分为天文、舆地、江海、河道、武功、巡幸等类。每类之下，同样包含若干舆图。这种以天、地、人为纲，笼统概括中国传统图像，再细分为若干门类的方法，时至今日仍然影响着学者图像分类的视野。不过，这种传统图像的分类方法却不能作为明之万里海防图图系划分的依据。因其只注重图像图形的观察与分析，忽略了图形背后图像作者及其思想等方面的考察与研究，即图像思想史的内容。于是，我们重新确立了图像分类的图形特征与思想内容相结合的原则。

所谓图形特征的原则，不是仅仅根据图像所能观察出来的显而易见的特征，就笼统地将这类图像概括为一个图系，而是首先对这类图像的图形比较、分析、归纳之后，找出这类图像特征的异同点，随之将其分成几个图像系统。这些图像能否构成相对应的各个系统，最终还要对图像的绘制者及其著作所蕴含的思想等进行考察。重要的是，这个系统中的每一个图像在时间上要承接，在思想上要相同。只有具备这样几个条件的图像，才能构成一个完备的系统。

鉴于此，明之万里海防图可以分为四种体系：初刻系、[③] 筹海系、章潢系、全海系。[④] 这些图系的命名，均取自每个图系中绘制时间最早的海防图。本文仅探讨筹海系。

---

① （明）王圻、王思义编集《三才图会》，上海古籍出版社，1998 年。

② （清）庆桂等：《国朝宫史续编》卷 97《书籍二十三·图刻一》，上海古籍出版社，1995 年，第 826 页；卷 100《书籍二十六·图绘二》，第 1—39 页。

③ 李新贵：《明万里海防图初刻系研究》，《社会科学战线》2017 年第 1 期，第 95—108 页。

④ 李新贵：《明万里海防图之全海系探研》，《史学史研究》2018 年第 1 期，第 35—45 页。

一 《沿海山沙图》与初刻系关系辨证

郑若曾编绘的万里海防图有三种。一是嘉靖三十九年（1560）至四十年间缮造的12幅《沿海图》，二是嘉靖四十年编摹的12幅《海防一览》，三是嘉靖四十一年所刻《筹海图编》中的72幅《沿海山沙图》。第一种为明万里海防图的初刻图，第二种是以初刻图为底本的摹绘，这两种图属初刻系。[①] 在《郑开阳杂著》二卷本的《万里海防图论》、南京图书馆所藏二卷本的《万里海防图论》、《钦定四库全书总目》所注录二卷本的《万里海防图说》中，[②] 亦有一些"万里海防图"。第三种图与这些《万里海防图》存在着什么样的关系呢？

这些《万里海防图》不是《沿海山沙图》，就是该山沙图的重刻本。首先，可以推断《万里海防图说》中的《万里海防图》，实际上就是《筹海图编》中的《沿海山沙图》。《钦定四库全书总目》万里海防图说二卷提要："明郑若曾撰。是书乃若曾入胡宗宪幕府以后，与同事邵芳取旧纂《海防图论》附加考订。……若曾自序'以为许默斋《九边图论》详于西北，此独详于东南'云。"[③] 作为胡宗宪的幕僚，邵芳受命与郑若曾共同编绘的海防图，只有《沿海山沙图》。[④] 而且，引文的最后一句"此独详于东南"，说的也是《沿海山沙图》。[⑤]

其次，南京图书馆所藏、《郑开阳杂著》所收《万里海防图论》的内容均同。据南京图书馆所藏《万里海防图论》中的"昆山郑开阳先生著""康熙辛未重镌""清康熙三十年郑起泓刻本"等信息判断，该图论就是《郑开阳杂著》中的《万里海防图论》。因这与《郑开阳杂著》提要著录信息相同，"明郑若曾撰""国朝康熙中，其五世孙起泓及子定远又删汰

---

① 李新贵：《明万里海防图初刻系研究》，《社会科学战线》2017年第1期，第95—108页。
② （清）纪昀等：《钦定四库全书总目》卷75，中华书局，1997年，第1016页。相同的记载，又见（清）黄虞稷著，瞿凤起、潘景郑整理《千顷堂书目》卷8《地理类下》，上海古籍出版社，2001年，第207页。
③ （清）纪昀等：《钦定四库全书总目》卷75，第1016页。
④ （明）郑若曾：《郑若曾引》，《筹海图编》，《中国兵书集成》第15册，第30页；（明）胡宗宪：《万里海防图论序》，（明）郑若曾：《万里海防论》，清康熙三十年郑起泓刻本。
⑤ （明）郑若曾：《万里海防图论序》，《万里海防图说》，清康熙三十年郑起泓刻本。

重编，合为一帙。定为《万里海防图论》二卷"①云云。尤其重要的是，两者的《万里海防图》与《图论》的内容完全相同。

最后，南京图书馆所藏、《郑开阳杂著》所收《万里海防图论·万里海防图》，是《沿海山沙图》的重刻本。无论是该《万里海防图》，还是《沿海山沙图》的图幅数量，均为72幅。内容主要有两点不同。《万里海防图》中的"玄钟所""玄钟水寨""玄真观"之"玄"字，因避清圣祖玄烨的讳而缺最后一笔，《沿海山沙图》则无缺笔。前者删除后者所有刻工名字，诸如彭天恩、郭昌期等。这进而证明《万里海防图》就是《沿海山沙图》的重刻本，而且还属一个图系。

《沿海山沙图》及其重刻本是否可以归入初刻系？从郑若曾及同时代人对《筹海图编》编纂的记述，可以厘清其与初刻图的关系，还可初步证实该图编中的《沿海山沙图》并不属初刻系。郑若曾这样追述：

> 当变之始作也，莅事者欲按往迹，便地利，侦鯢技，以图万全之功，而记载蔑如，无所从得，仅有《日本考略》而挂纤漏巨，无关成败，咸以为恨。荆川唐公顺之谓曾"宜有所述，毋复令后人之恨今也"。稿未半，荆川不逮。郡伯王公固命成之。无何，少保胡公以主记来召，发蒙启聩，且获从幕下诸文武士，闻所未闻。数越月，而书竣事。②

《筹海图编》的编纂，缘于郑若曾有感于明军缺乏应对倭寇入侵的图籍。最终完成，却与唐顺之的殷切期望、王道行的督促鞭策、胡宗宪的鼎力相助密不可分。不仅如此，唐顺之还与郑若曾一起缮造过初刻图，③苏州知府王道行则是初刻图的板行者。④尤为重要的是，《筹海图编》是在胡宗宪主持下完成的。这亦是郑若曾一再强调的，"是编也，肇意于荆川，作兴于郡守，而少保公实主成之"。⑤

《筹海图编》的完成确实与初刻图密不可分。时任浙江按察使提督学校副使的范惟一曰：

---

① （清）纪昀等：《钦定四库全书总目》卷69，第955页。
② （明）郑若曾：《郑若曾引》，《筹海图编》，《中国兵书集成》第15册，第28页。
③ （清）纪昀等：《钦定四库全书总目》卷75，第1016页。
④ （清）王道行：《万里海防图序》，《万里海防图论》，清康熙三十年郑起泓重刻本。
⑤ （明）郑若曾：《郑若曾引》，《筹海图编》，《中国兵书集成》第15册，第29页。

> 吴文学郑子若曾，昆山人也。往海上之乱……乃辑沿海图十有二，苏郡刻行之。属有持以献督府少保胡公者，胡公览而嘉异之，罗郑子于幕下，俾增其所未备，乃郑子搜括往昔，裒汇时事，凡足以却倭，峻海上之巨防，固国家之鸿业者，粹而成书，共十有三卷，胡公题曰《筹海图编》云。①

郑若曾能够顺利进入胡宗宪幕府并最终完成《筹海图编》的重要前提，是胡氏对初刻图的赞誉。而且该图编的编纂，又是胡宗宪促使郑若曾在初刻图基础上"俾增其所未备"的结果。

类似的记载，还出自时任钦差巡抚江西等处地方兼理都察院右副都御史的胡松之口：

> 爰有昆山郑子伯鲁，故太常卿魏庄渠先生高第弟子也。……他日以其间缮造十有二幅，附以考论，郡守太原王君为之板行，因献督府梅林胡公。公见而惊曰："韦布中乃有斯人耶！此世所稀睹，余比欲为之而未皇暇及。"于是檄来武林，使益成书。伯鲁感激知遇……凡为卷者十有三。②

与范惟一的记载相比，胡松因在叙述中增添了胡宗宪的话语，遂使《筹海图编》的编纂过程显得更加真实生动。

至此可以看出，明人都没有指明《沿海山沙图》与初刻图是否存在联系，论述的均是《筹海图编》与初刻图的关系。范惟一、胡松更加明确地指出，《筹海图编》是在初刻图基础上，"俾增其所未备""使益成书"的结果。至清代，这种关系得到进一步演变。四库馆臣认为，以初刻图为底本摹绘的《海防一览》，是《沿海山沙图》的重刻本《万里海防图论·万里海防图》的"初稿"。③有人还指出，《万里海防图说·万里海防图》是在《海防一览》基础上"附加考订"而成。④曹婉如先生遂进

---

① （明）范惟一：《范惟一序》，《筹海图编》，《中国兵书集成》第15册，第1页。
② （明）胡松：《胡松序》，《筹海图编》，《中国兵书集成》第15册，第10—12页。
③ （清）纪昀等：《钦定四库全书总目》卷69，第955页。
④ （清）纪昀等：《钦定四库全书总目》卷75，第1016页。

而认为初刻图、《海防一览》与《沿海山沙图》均属于郑若曾"万里海防图"系统。[1]

无论如何，曹婉如先生的观点都值得商榷。《沿海山沙图》与初刻图的图幅数量，并不存在着一一对应的关系。从初刻系系列图组成来看，凡是标明图幅数量的，均在 10—12 幅之间，从没有一个 72 幅的。不仅如此，两种图的编纂者亦不完全相同。初刻图作者除郑若曾外，还包括唐顺之。初刻图所体现的海防思想却是唐顺之的，[2] 他还是胡宗宪海防思想的极力反对者。[3] 如同《筹海图编》一样，《沿海山沙图》是在郑若曾进入胡宗宪幕府之后完成的。这时作为胡宗宪幕僚的郑若曾，却成为胡宗宪海防思想的极大拥护者与推行者。[4] 质言之，《沿海山沙图》一定包括了胡宗宪的海防思想（说见下文）。所以，造成这两种图图幅数量巨大差异的真正原因，是在不同绘图思想指导下所绘内容差异巨大的反映，从而可以初步确定《沿海山沙图》与初刻图根本就不属于一个图系。既然如此，那么与《沿海山沙图》有着相同的图幅数量以及内容绝大部分相同的重刻本，自然与初刻图及其摹绘本亦不属于一个图系。

这可以通过《沿海山沙图》图形与特征的解读进一步论证。

二　筹海图图形与特征

万历三十三年（1605），初刻图在官方藏书中已难获见。[5] 庆幸的是，以初刻图为底本摹绘的《海防一览》在嘉靖四十年（1561）已经雕版，而

---

① 曹婉如：《郑若曾的万里海防图及其影响》，第 69—72 页。

② 李新贵：《明万里海防图初刻系研究》，《社会科学战线》2017 年第 1 期，第 95—108 页。

③ （明）唐顺之：《新刊荆川先生外集》卷 2《条陈海防经略事宜疏》，万历刊本；（明）唐顺之：《唐荆川文集》卷 3《与胡梅林》，（明）陈子龙等：《皇明经世文编》卷 270，中华书局，1962 年，第 2757 页。

④ （明）郑若曾：《御倭杂著》卷 1《御倭论》，《皇明经世文编》卷 270，第 2857—2858 页。

⑤ 徐必达有"偶从金坛王君尧封所，得睹《万里海防图》，不惟绘其形，又详其利害甚悉，则嘉靖辛酉昆山郑君若曾所摹，而故开府我浙新安胡公宗宪所刻也。……谓当亟广其传"云云［（明）徐必达等：《乾坤一统海防全图》，万历三十三年摹绘本］。徐必达为明代南京吏部考功司郎中，所获见的只是嘉靖四十年郑若曾编摹、胡宗宪所刻《万里海防图》，即《海防一览》。而且，徐氏觉得如获至宝，"当亟广其传"。以此推之，至少此前在明代官方藏书中已难见到郑若曾与唐顺之绘制的初刻图了。

且还基本上保存了初刻图的原貌，"原大图详悉，兹采其概以图之"。[①] 因此，可以借助《海防一览》与《沿海山沙图》的比较，以最终确定后者不属初刻系，进而研究筹海图的图形与特征。

首先，从《海防一览》与《沿海山沙图》图形上判断。《海防一览》共有 40 余条标注在方框内的图记，作为对图之内容的补充、说明。《沿海山沙图》却无一处。这种在图形绘制及所表现内容上的巨大差异说明，无论如何不能将《沿海山沙图》归入初刻系。

从初刻图及受其影响所绘的《海防一览》《乾坤一统海防全图》《筹海全图》的图形看，虽然经历从嘉靖三十九年至四十年间的缮造、嘉靖四十年的编纂、万历三十三年的改绘，至雍正三年（1725）的摹绘，共一百六十余年的历程，但这些初刻系"图"与"图记"相结合的特征却没有随着时间流逝乃至改朝换代的剧烈变动而发生变化。[②] 然而，这种特征却没有在《沿海山沙图》上显现。

两者图形间的差异，还引起绘图者在相同范围内设计图幅时，对图幅数量多寡的取舍。虽然《海防一览》与《沿海山沙图》均起广东钦州与安南交界，经福建、浙江、南直隶（图中称"直隶"），抵达山东，复经北直隶武清、宝坻、乐亭、迁安、昌黎各县，绵延至辽东鸭绿江边。但图幅数量却差异很大，《海防一览》为 12 幅，《沿海山沙图》高达 72 幅。表 1 显示两者之间的对应关系和图幅数量。

表 1 《海防一览》与《沿海山沙图》图幅数量变化对照 *

《海防一览》		《沿海山沙图》	
第一幅正南向	1	广东沿海山沙图	4
第二幅正南向	1	广东沿海山沙图	2
第三幅正南向	1	广东沿海山沙图	3
第四幅东南向	1	广东沿海山沙图	2
		福建沿海山沙图	0.5
第五幅东南向	1	福建沿海山沙图	5.5

---

① （明）郑若曾：《郑开阳杂著》卷 8《海防一览》，《景印文渊阁四库全书》第 584 册。
② 李新贵：《明代万里海防图初刻系研究》，《社会科学战线》2017 年第 1 期，第 95—108 页。

《海防一览》		《沿海山沙图》	
第六幅东南向	1	福建沿海山沙图	3
		浙江沿海山沙图	0.5
第七幅正东向	1	浙江沿海山沙图	6
第八幅正东向	1	浙江沿海山沙图	14.5
		直隶沿海山沙图	2
第九幅正东向	1	直隶沿海山沙图	3.5
第十幅正东向	1	直隶沿海山沙图	2.5
		山东沿海山沙图	5.5
第十一幅正东向	1	山东沿海山沙图	12
第十二幅正东向	1	山东沿海山沙图	0.5
		辽东沿海山沙图	5

　　*《沿海山沙图》的1幅，由2个图版拼合而成。所以，表中的0.5幅，表示半幅。另外，《筹海图编·沿海山沙图》中的有些建置并没有严格按照所属各省划分。诸如，《直隶沿海山沙图》第八幅的日照县、安东卫、石臼所本属山东，却划在直隶下。《山东沿海山沙图》第十八幅的武清、宝坻、乐亭、昌黎诸县本属北直隶，却划在山东下。不过，这样的划分当没有特殊的海防意义，应是为了刻版完整性所做的调整。《直隶沿海山沙图》共八幅，若没有日照县、安东卫、石臼所，就只有七幅半。同样，《山东沿海山沙图》共十八幅，若没有武清等县，第十八幅图亦不完整。

　　《海防一览》每幅图占半个图版，12幅图遂用6个图版。胡宗宪所题图名"海防一览"等内容占半个，所以《海防一览》共用6.5个图版。《沿海山沙图》每半幅图则占1个图版，1幅图就需要2个，72幅图就用144个图版。上表《沿海山沙图》的图幅数量，就是以《海防一览》每幅图范围为参照进行的对比。结果，《海防一览》的1幅，至少相当于《沿海山沙图》的2幅，最多则为16.5幅。

　　图幅数量的变化，隐藏着图像设计者对图之内容增、减的设定。那么，与《海防一览》相比，《沿海山沙图》究竟是增还是减呢？清代以来，学者就存在不同分歧。四库馆臣的观点分为两种：一种认为《沿海山沙图》比《海防一览》详细；[①]另一种则认为各有详略、互为

---

① （清）纪昀等：《钦定四库全书总目》卷69，第955页。

补充。① 虽然曹婉如先生明确指出《海防一览》所绘岛屿比《沿海山沙图》多，但又指明前者第三幅的三水、增城、博罗、河源、龙门各县，后者均没绘制。②

曹先生的观察还不够细致。不仅广东省三水等县在《沿海山沙图》没有标出，而且福建省的漳州府、南靖县、龙溪县、长泰县、泉州府、德化县、永春县、安溪县、南安县、同安县、兴化府、莆田县、仙游县、福州府、永福县、闽清县、古田县、福安县，浙江省的温州府、泰顺县、台州府、仙居县、天台县、宁波府、鄞县、慈溪县、奉化县、会稽县、山阴县、诸暨县、嵊县、新昌县、余杭县、富阳县、新城县、于潜县、昌化县、嘉兴府、嘉兴县、嘉善县、桐乡县、崇德县、处州府、丽水县、缙云县、宣平县、松阳县、遂昌县、龙泉县、云和县、金华府、金华县、浦江县、义乌县、东阳县、武义县、永康县、严州府、建德县、分水县、湖州府、归安县、安吉州、武康县、长兴县，南直隶的松江府、华亭县、青浦县、苏州府、吴县、常熟县、昆山县、扬州府、高邮州、泰州、宝应县、江都县、如皋县、仪真县、淮安府、山阳县、清河县、桃源县、沭阳县、天长县、南京府、江宁县、六合县、溧水县、句容县、溧阳县、镇江府、丹徒县、丹阳县、金坛县，山东省的青州府、益都县、乐安县、寿光县、昌乐县、莒州、蓬莱县、文登县、宁海州、栖霞县、招远县、莱阳县、武定州，都没有标绘出来。

这些没标绘的建置，位于沿海以内的内地。不过，《海防一览》还有比《沿海山沙图》简略之处。否则，这无法解释前者一幅为何至少相当于后者的两幅；前者每幅图少则绘有 9 个建置，后者至少一个建置就能构绘成一幅，甚至多幅图。这意味着后者每幅图不是一个个孤零的建置，而是以此为中心增添了许多新内容。这些新内容主要表现在烽堠、巡检司、把截等地物的绘制上。③兹以《福建沿海山沙图》为例。

《福建沿海山沙图》增添的烽堠、巡检司和把截，分别为 209 座、40

---

① （清）纪昀等：《钦定四库全书总目》卷 75，第 1016 页。

② 曹婉如：《郑若曾的万里海防图及其影响》，第 69—72 页。

③ 孙果清：《明代抗倭地图:〈筹海图编·沿海山沙图〉》，《地图》2007 年第 3 期，第 114—115 页。

个、19 个，这些在《海防一览》上都没有绘制。烽堠多在滨海地带，每座大约间隔十里。其将来自海洋的敌情，通过燃烧柴草的方式传递给沿海的府、州、县、卫、所。①明军遂根据获取的信息出动烽堠间的把截游兵进行防守。一旦倭寇近岸，与其作战的尚有作为主力军的卫所正兵和协防作战的巡检司弓兵。②

《沿海山沙图》内容增减出于什么样的绘制原则呢？《筹海图编·凡例》曰："若《山沙图》，则又详外而略内。"③所谓"略内"，指省略内地的府、州、县、卫、所，"详外"则指增绘以沿海府、州、县、卫、所为中心的烽堠、巡检司与把截。《沿海山沙图》另一原则，"首括诸道之缩海而州，与其诸岛之错海而峙者为图"。④这说明沿海建置是控制从沿海进入海洋航道的起点，也是从海洋进入沿海航道的终点。海洋中的岛屿则与沿海建置呈交错分布的状态。质言之，从沿海的一个建置出发至少有两条可以到达两个岛屿的航道交错于海。这一规定使那些不在这些航道上的岛屿，就成为绘制时被省略的对象。通过对《沿海山沙图》绘制原则的解读，可以初步明确为何以沿海建置为中心增添新内容却有部分海岛被省略的原因。

总之，与《海防一览》的图形相比，《沿海山沙图》没有凸显海洋中的众多岛屿、深处内地的建置，以及因此组成较长的图之纵幅。这种以海岸建置为中心，增添海防设施、选择性地绘制海岛的特征，决定其不能归入初刻系。因在明万里海防图系中，《沿海山沙图》这种图形与特征首次出现在《筹海图编》中，故称其为筹海图。

三　筹海图所反映的海防思想

筹海图的图形与特征，是由谁设计的呢？这背后隐藏着什么样的海防思想？郑若曾说邵芳功不可没。⑤邵芳，胡宗宪的幕僚。其受命参与编纂，自然

---

① （明）郑若曾：《郑开阳杂著》卷 2《论烽堠之要》，《景印文渊阁四库全书》第 584 册。
② （明）郑若曾：《郑开阳杂著》卷 1《福建兵论》，《景印文渊阁四库全书》第 584 册。
③ （明）郑若曾：《筹海图编·凡例》，《中国兵书集成》第 15 册，第 36 页。
④ （明）茅坤：《茅坤序》，《筹海图编》，《中国兵书集成》第 15 册，第 23 页。
⑤ （明）郑若曾：《郑若曾引》，《筹海图编》，《中国兵书集成》第 15 册，第 30 页。

是胡宗宪之意。① 所以，筹海图一定体现了胡宗宪的海防思想。虽然如此，但邵芳毕竟扮演的是商定角色②。所以，郑若曾也一定将其海防思想融入图中。

胡宗宪的海防思想是一种基于明初卫所制的远洋出击思想。这是其对明初以来海防体制演变的对比与当时海防之战双重反思的结果。他说：

> 防海之制，谓之海防，则必宜防之于海，犹江防者，必防之于江，此定论也。国初，沿海每卫各造大青及风尖、八桨等船一百余只，出海指挥统率官军更番出洋哨守。海门诸岛，皆有烽墩，可为停泊。其后弛出洋之令，列船港次，浙东于定海，浙西于乍浦，苏州于吴淞江口及刘家河。夫乍浦之地，海滩浅阁，无山吞避风之处。前月，把总周易等所领战船，被贼烧毁，仅遗十余只。近又报，为飓风击碎。不若海中洋山、殿前、窝集，反可泊船也。吴淞江口及刘家河，出海纡回，又非泊船防海处。所议者欲分番乍浦之船，以守海上洋山、苏松之船以守马迹、定海之船以守大衢，则三山品峙，哨守相联，可扼来寇。而又其外，陈钱诸岛，尤为贼冲三路之要。兵部原题，副总兵俞大猷统领战船驻扎海上，防贼截杀，则如陈钱，乃其所当屯泊。而提督军门及海道等官，每于风汛十月相参巡察。有警，则我大船火器冲截，贼入，使不得越过各岛，则彼毒无所施，蚍蟓不作，而内地安堵矣。③

明初，沿海实行的是卫所制下的海疆防御。这要求停泊在近洋岛屿的卫所战舰，要定期主动到远洋巡查、出击。故明前期虽有倭寇侵扰，终没有酿成大患。随后，这种制度渐渐废弛，战舰停泊在沿海，甚至不当之地。至嘉靖时，遂演变成战舰不是被倭寇烧毁，就是被飓风击毁的惨剧。鉴于此，胡宗宪提出了实行远洋出击的海防思想。这建立在明军

---

① （明）郑若曾：《万里海防图论序》，《万里海防论》，清康熙三十年郑起泓刻本。
② （明）郑若曾：《郑若曾引》，《筹海图编》，《中国兵书集成》第15册，第30页。
③ （明）郑若曾：《筹海图编》卷12《经略》，《中国兵书集成》第16册，第1018—1019页。与此类似的记载，还见于胡宗宪《胡少保奏疏》卷2《为海贼突入腹里题参各官疏》，《皇明经世文编》卷266，第2813页。

长于海战、短于陆战的基础上，[①] 即利用停泊在近洋岛屿的大型战舰，以及装备在战舰上的精良火器在远洋出击倭寇，以阻止其经近洋、沿海到达内地。

自这种思想提出后不久，明军就对此褒贬不一。郑若曾记载了这种分歧。同时，在此基础上提出了自己的海防思想，称：

> 御洋之策，有言其可行者，有言其不可行者，将以何者为定乎？曾尝亲至海上而知之。……总制胡公与赵工尚之议所由建也。国初以来，从来无人发此。自二公上疏之后，罔不美其精思卓识。然事理虽长，而未经试练。嗣后，将官遵而行之，始觉其间有不便者。何也？离内地太远，声援不及，接济不便。……然自御海洋之法立，而倭至必预知，为备亦甚易。非若乙卯以前，倭船近岸，人犹未觉其为寇也。苟因将官之不欲而遂已之，是因噎废食也。乌可哉！如愚见，哨贼于远洋而不常厥居，击贼于近洋而勿使近岸，是之谓善体二公立法之意，而悠久可行矣。[②]

赞同者认为远洋出击起到了预警作用，并为明之沿海守备队提前进入战斗准备状态赢取了时间。反对者认为远洋出击毕竟远离内地，不仅造成内地无法支援远洋作战，就是后勤补给亦为之接济不便。郑若曾则认为，不能因为战术上的无法支援与补给不便，就废除战略上的远洋出击。鉴于远洋出击在实际作战中表现的不足，郑氏遂提出补苴罅漏之法。这就是在仍遵从远洋出击思想的前提下，在近洋防御从远洋逃脱而来的倭寇，以阻止其入侵沿海。可以说，近洋作战既要解决远洋作战因远离内地所带来的不便，又要保证明军仍可在近洋发挥作战的优势。

如果要发挥远洋和近洋协同作战的优势，那么必须在沿海有可靠的防御基地和完备的海防设施，以避免在作战中出现的各种不利情况。就防御

---

① （明）郑若曾：《筹海图编》卷1《倭国事略》，《中国兵书集成》第15册，第260、266、268页；（明）邓钟：《筹海重编》卷7《北直隶事宜》，《四库全书存目丛书》史部第227册，齐鲁书社，1996年，第127页。

② （明）郑若曾：《筹海图编》卷12《经略》，《中国兵书集成》第16册，第1036—1038页。

基地而言，要在沿海设置为作战提供后勤补给的府、州、县、卫、所，以进行必要的支援。就军事设施而论，要有传递来自远洋、近洋至沿海信息的烽堠，以使沿海明军提前进入作战状态。同时，为减少倭寇进入内地的机会，要围绕沿海建置增添诸如把截、巡检司等辅助力量。

所以，在远洋出击与近洋防御协同作战思想指导下绘制的《沿海山沙图》，其图面布局是这样的：沿海，绘制了以府、州、县、卫、所为中心的海防基地，以及辅助的海防设施，诸如烽堠、巡检司、把截等；近洋，绘制出可以停泊战舰的岛屿；近洋以外，则是明军主动出击倭寇的远洋战场。

至此可以看出，筹海图是胡宗宪远洋出击与郑若曾近洋防御思想相结合的产物，而不是曹婉如先生所认为是郑氏个人的作品。[1] 从明人茅元仪之言可以证实，"因按胡宗宪、郑若曾绘分合诸图"。[2] 所谓"分合诸图"，指以明之广东、福建、浙江、直隶、山东、辽东为地理单元绘制的《沿海山沙图》。在远洋出击与近洋防御的思想下，该图的图形与绘制原则当如何理解呢？

远洋出击思想的战术层面决定，设计《沿海山沙图》时，必须在近洋选择可以停泊大型战舰的岛屿。如果要有效地阻击倭寇穿越远洋防线，那么必须利用停泊在相邻两岛的战舰夹击其左右两翼，以免穿插而过。因从这两处岛屿出发的航线可以交叉到达位于沿海的建置，所以以岛屿为依托的战舰就能够最大化地得到这些建置的支援与补给。质言之，既不能停泊战舰，又不位于航线上的岛屿，就成为被省略的对象。这既解释了筹海图上所绘岛屿比《海防一览》少的原因，又阐明了"首括诸道之缘海而州，与其诸岛之错海而峙者为图"原则中的后一条。这个原则的前一条，则可通过远洋出击与近洋防御的协同作战思想进行解读。无论是远洋出击，还是近洋防御，都必须拥有能够满足其后勤补给的基地。这不仅关系到远洋出击的成效，还关系到近洋作战的成败，更关系到内地的安全。这是《沿海山沙图》突出绘制沿海府、州、县、卫、所等建置的原因。

---

① 曹婉如：《郑若曾的万里海防图及其影响》，第 69—72 页。

② （明）茅元仪：《武备志》卷 209《占度载·度二十一·海防一》，《中国兵书集成》第 35 册，第 9035—9036 页。

远洋出击与近洋防御的协同作战思想，还可解释《沿海山沙图》"详外而略内"的绘制原则，以及增添海防设施与减少内地建置的原因。远洋出击与近洋防御是一种协同作战，最终目的是阻止倭寇进入内地，那么就要在近洋与沿海的建置之间设置传递敌情信息的烽燧，以及辅助作战的巡检司等。这反映在《沿海山沙图》上，就是"详外"原则下以沿海建置为中心增添海防设施的原因。由于这些海防设施是为了传递来自海上倭寇的信息，以及阻止倭寇进入内地，所以多以面向海洋的横向部署为主。结果，在设计图版时，要考虑以沿海建置为中心的海防设施；在图版绘制时，要扩充图之横幅以增添新内容。随着以沿海建置为中心的海防设施的增添，图幅的纵深随之缩短。图之纵幅缩短的原因，还与省略内地建置即"略内"的绘制原则有关。远洋出击与近洋防御思想考虑的是在远洋击溃倭寇，在近洋消灭突破远洋防线的倭寇，而没有将内地列入防御对象。这亦是嘉靖四十年（1561）前后，明军对倭作战中从内地逐步转向海洋的反映。[①]

四 筹海系其他海图

筹海图所蕴含的远洋出击与近洋防御的协同作战思想，没有随着时间流逝而被忘记，反而成为后人应对海防危机的记忆。这首先表现在天启元年（1621）刊刻的茅元仪纂辑的《武备志》中。

（一）《武备志·沿海山沙图》

茅元仪纂摹海防图的目的，主要基于历史、现实与未来的考虑。《武备志》曰：

> 茅子曰："防海岂易言哉！海之有防，自本朝始也。海之严于防，自肃庙时始也。……日本在宋之前，与诸国不相高下。自元初始败范文虎之师，始狡然有启疆之虑，以二祖之威德，柔而致之，时肆其毒，故于沿海兢兢焉。然以辽东受蚰，不致大衅。嘉靖之际，经措失

[①]（明）郑若曾：《筹海图编》卷8《嘉靖以来倭奴入寇总编年表》，《中国兵书集成》第15册，第626—670页；《嘉靖倭乱备钞》（不分卷），清抄本，现藏镇江博物馆。

方，以天下钱谷之本，供其渔猎，国几不支。苟非纠纠虎臣，批根荡窟，则中原九塞，乘间而发，岂能有百岁之安哉？而其要在拒之于海。故首采诸家之论，因按胡宗宪、郑若曾绘分合诸图，而并按其戍守之险要兵力，以永示来者焉。"①

嘉靖时期，倭寇沿海，生灵涂炭。与此同时，九边告急。北虏南倭，迭相交寇，国几近危。隆庆（1567—1572）末年，俺答封贡。自此以降，北方边境，虽有冲突，终无大害。而万里海防，却几度告警。至万历时期（1573—1620），倭寇入侵朝鲜半岛，荷兰亦蠢动于东南。茅元仪据此认为防御倭寇之要，是"拒之于海"。所谓"拒之于海"，就是在远洋出击与近洋防御倭寇。可以说，这是胡宗宪远洋出击与郑若曾近洋防御思想的再现，亦是在此思想指导下绘制的《沿海山沙图》的再现，所以才有其"因按胡宗宪、郑若曾绘分合诸图"，以警示后来的人。

胡宗宪、郑若曾所绘的"分合诸图"，指的就是筹海图。因与筹海图相比，《武备志·沿海山沙图》除继承其海防思想外，还有着在其海防思想与绘制原则指导下呈现的相同的图形与特征，而且亦是按照广东、福建、浙江、南直隶、山东、辽东等顺序分割排列而成。这些分合图拼接起来反映的就是明之整个海疆图。从两种《沿海山沙图》内容的对比上可以印证。

《武备志》中的海图图名仍沿袭着《筹海图编》，诸如《广东沿海山沙图》《福建沿海山沙图》《浙江沿海山沙图》《直隶沿海山沙图》《山东沿海山沙图》《辽东沿海山沙图》。而且，每个地区图幅数量亦同，加起来亦是72幅。更为重要的，就是每幅图的建置与建置符号亦同。不同的只是《武备志》之图省略《筹海图编》刻工名字。同时，又改变海波纹、烽堠的绘制方法。这些细微差别进而说明《武备志·沿海山沙图》底本无疑为《筹海图编·沿海山沙图》。

（二）《海不扬波》

台北"故宫博物院"藏着一幅《海不扬波》。② 该图明末摹绘，纵30.5

---

① （明）茅元仪：《武备志》卷209《占度载·度二十一·海防一》，《中国兵书集成》第35册，第9035—9036页。
② 图见冯明珠、林天人《笔画千里——院藏古舆图特展》，台北："故宫博物院"，2008年。

厘米，横 2081 厘米，以传统山水画的方式展现明整个海疆的形势。图中的海洋、河流绘以灰色，岛屿涂以白色，山脉蓝绿相间，府、州、县、卫、所、巡检司、烽堠均用形象法绘制。这幅长卷图是以《筹海图编·沿海山沙图》，还是以《武备志·沿海山沙图》为底本摹绘的？

就这三种图的绘制而言，《筹海图编》中的府、州、县、卫、所等建置均用圆圈加城堞的形象画法，其他诸如岛屿、山脉、烽堠、营堡等则标注在长方形方框内。与此不同的是，《武备志·沿海山沙图》《海不扬波》则在府、州、县、卫、所上加绘四个形象画法的城门。《海不扬波》还将所有烽堠绘以上红下蓝，又将巡检司绘以红蓝相间。这些差别说明《海不扬波》不是以《筹海图编》，就是以《武备志》之图为底本的摹绘，但并不能进而证明《海不扬波》摹绘底本究竟是哪一种。

就这三种图的内容而论，无论是府、州、县、卫、所，还是巡检司、营堡、烽堠，抑或山川岛屿的名称均同。不同的只有两点：《海不扬波》省略《筹海图编》与《武备志》之图右上角"某某沿海山沙图"的字样；另外，与《武备志》一样，《海不扬波》亦省略《筹海图编》刻工的名字。这反而留下《海不扬波》是以《筹海图编·沿海山沙图》为底本摹绘的证据，即《海不扬波》误将《筹海图编》刻工"郭昌期"当作地物绘入（图见文末）。《筹海图编》图中，刻工"郭昌期"之名出现 11 次，分别是《广东沿海山沙图》的第二幅、第九幅、第十幅、第十一幅，[1]《福建沿海山沙图》第一幅、第三幅，[2]《浙江沿海山沙图》第一幅、第二幅、第三幅，[3]《山东沿海山沙图》第十七幅、第十八幅。[4] 其中《广东沿海山沙图》第二幅图之刻工"郭昌期"之名不像其余十处均出现在书耳的地方，而是出现在"自此接安南界"的上方，以致摹绘者遂将其与周围的地物，诸如"大

---

① （明）郑若曾：《筹海图编》卷 1《广东沿海山沙图》，《中国兵书集成》第 15 册，第 54、68、70、73 页。

② （明）郑若曾：《筹海图编》卷 2《福建沿海山沙图》，《中国兵书集成》第 15 册，第 74、78 页。

③ （明）郑若曾：《筹海图编》卷 3《浙江沿海山沙图》，《中国兵书集成》第 15 册，第 93、94、96 页。

④ （明）郑若曾：《筹海图编》卷 4《山东沿海山沙图》，《中国兵书集成》第 15 册，第 182、184 页。

鹿墩""长墩巡检司""驭北营"一样看待。

《海不扬波》的来源可进一步从《筹海图编》版本演变中探明。《筹海图编》有四个版本：初刻本为嘉靖四十一年（1562）胡宗宪所刻，再刻于隆庆六年（1572），第三个为天启四年（1624）胡维极刻本，最后为康熙三十年（1691）郑起泓刻本。①除初刻本外，其余三个版本的《沿海山沙图》均省略所有刻工。因此，《海不扬波》的摹绘本无疑来源于《筹海图编》初刻本中的《沿海山沙图》。

通过前文考察可以看出，《武备志·沿海山沙图》无论是在图形与绘制上，还是图幅数量上，抑或是在图之绘制原则与海防思想上，均可以说是筹海图的再现。虽然《海不扬波》是以长卷形式存在的一整幅海防图，但除个别内容与筹海图不同外，其他诸方面皆可证明这幅图是以 72 幅筹海图为底本进行拼接的结果。因此《海不扬波》与筹海图有着同样的图形与特征，而且亦有着相同的绘制原则。故《海不扬波》亦是明末绘图者对筹海图海防思想的记忆与再现。

结　语

在明万里海防图图系中，筹海图不属初刻系。其是胡宗宪、郑若曾编绘，有着不同的海防思想与绘图原则，以及在此指导下呈现的不同图形与绘制特征的海防图。除《万里海防图论·万里海防图》《万里海防图说·万里海防图》均是《筹海图编·沿海山沙图》的重刻本，故同属于筹海系之外，还有《武备志·沿海山沙图》《海不扬波》亦受其影响刊刻或摹绘。这些图与筹海图一起，构成明万里海防图中的筹海系。

（原文刊于《文献》2019 年第 1 期，第 176—191 页）

---

① 汪向荣：《〈筹海图编〉的版本与作者》，《读书》1983 年第 9 期，第 77—79 页；李致忠：《谈〈筹海图编〉作者与版本》，《文物》1983 年第 7 期，第 68—72 页。

图 1 《海不扬波》(局部)

明万里海防图之全海系探研

李新贵

　　明之海疆，起于广东钦州与安南交界，经福建、浙江、南直隶，抵达山东，复经北直隶武清、宝坻、乐亭、迁安、昌黎各县，绵延至辽东鸭绿江边与朝鲜接壤。这道绵延万里的海疆，是明对外防御倭寇、对内维系稳定的重要屏障。时至嘉靖壬子（1552）之变，因明军防御倭寇的节节失败，遂使朝野上下开始对明初以来维护海疆安全的卫所体系产生了巨大争议，从而产生了一系列与之前不同的海防思想。[①] 这种思想上的交锋，没有随着时间的流逝而停歇下来。从此之后，历经万历、崇祯各朝，乃至清道光时期，仍成为后人海疆防御时追忆与创造的源泉。

　　目前，中国国家图书馆所藏《全海图注》，就是这种思想交锋延续的产物。该图注纸本墨印，折页式图册，从右至左展开后，尺幅纵31厘米，横1309厘米，展现的是从广东，经福建、浙江至南直隶长江口的海防形势。至今，学者对《全海图注》的研究仍停留在图像描述、比较观察与佐证史事的层面，[②] 却鲜有对其的绘制内容与突出特征的深刻研究，亦缺少对

---

① 这方面的文献，主要记载在郑若曾所纂的《筹海图编》（卷11《经略一》、卷12《经略三》，《中国兵书集成》编委会编《中国兵书集成》第15册，解放军出版社、辽沈书社，1990年）中。与此相关的重要研究，是易泽阳的专著《明代中期的海防思想研究》（解放军出版社，1998年，第147—169页）、赵佳霖的硕士学位论文《嘉靖时期的海防思想研究》（黑龙江大学，2014年，第28—32页）等。

② 曹婉如等：《中国古代地图集（明代）·图版说明》，文物出版社，1995年，第10—11页；曹婉如：《郑若曾的万里海防图及影响》，曹婉如等编《中国古代地图集（明代）》，文物出版社，1995年，第69—72页；李孝聪：《古代地图的启示》，《读书》1997年第7期；

图像内容、特征背后的海防思想，以及该图注与明代其他万里海防图所构成的图系进行深入的挖掘。①

一 《全海图注》绘制时间及范围

《全海图注》绘制于万历十八年（1590）至十九年（1591）间。

《全海图注序》为万历十九年山东按察司提学副使李化龙所纂。据该序称，《全海图注》为"大中丞宋公所辑"。"大中丞"，明代巡抚别称；"宋公"即"宋应昌"。一般而言，明代巡抚出巡地方，都察院副都御史常作为加衔。那么，宋应昌是何时以都察院副都御使的身份巡抚山东的呢？

万历十七年六月，宋应昌从福建布政使任上巡抚山东。至万历二十年八月，转任兵部侍郎经略备倭事务。②《全海图注》就是在这段时间内

谭世宝：《濠镜澳、澳门与 Macao 等的名实源流考辨》，《文物》1999 第 11 期；张伟国：《明清时期长卷式沿海地图述论》，李金强、刘义章、麦劲生主编《近代中国海防——军事与经济》，香港中国近代史学会，1999 年，第 11 页；孙果清：《明朝抗倭地图——〈筹海图编·沿海山沙图〉》，《地图》2007 年第 3 期；孙靖国：《明代海防图——〈全海图注〉》，《地图》2013 年第 2 期；等等。

① 这里的"万里海防图"指的是《筹海重编·万里海图》《虔台倭纂·万里海图》。目前，学者对《筹海重编》《虔台倭纂》的研究，主要集中在编纂缘由、编纂群体、成书过程、资料来源、海防观念、研究价值等方面。如李恭忠、李霞《倭寇记忆与中国海权观念的演进——从〈筹海图编〉到〈海防辑要〉的考察》，《江海学刊》2007 年第 3 期；刘晓东《〈虔台倭纂〉的形成：从"地方经验"到"共同记忆"》，《历史研究》2013 年第 2 期；王晓颖《谢杰与〈虔台倭纂〉》，硕士学位论文，东北师范大学，2010 年，第 1—39 页；翟正南《邓钟〈筹海重编〉研究》，硕士学位论文，山东大学，2015 年，第 14—53 页。而对这些"万里海防图"进行研究者，当首推曹婉如先生。她在对郑若曾所绘《万里海防图》梳理的基础上，得出其后绘制的海防图"大都属于郑若曾'万里海防图'系统"的结论（曹婉如：《郑若曾的万里海防图及影响》，第 72 页）。随后，学界多以此为圭臬。如张伟国《明清时期长卷式沿海地图述论》，第 7 页；卢嘉锡《中国科学技术史·地学卷》，科学出版社，2000 年，第 414 页；席龙飞等《中国科学技术史》，科学出版社，2004 年，第 511 页；冯明珠、林天人《河岳海疆——院藏古舆图特展》，台北："故宫博物院"，2011 年，第 163 页。不过，这种结论需要商榷。

② （明）黄汝亨：《寓林集》卷 17《经略朝鲜蓟辽保定山东等处兵部左侍郎都察院右都御史宋公行状》，《四库禁毁书丛刊》集部第 42 册，北京出版社，1997 年；吴廷燮著、魏连科点校《明督抚年表》卷 4《山东》，中华书局，1982 年，第 392—393 页；缪凤林《经略复国要编提要》，（明）宋应昌：《经略复国要编》，《中华文史丛书》第 19 册，台北：台湾华文书局，1969 年。

完成的。李化龙的仕履可以证明。李化龙，万历二年进士，十八年调任山东按察司提学副使，二十年升任河南布政使右参政。① 再结合其作《全海图注序》的时间，可以将该图注完成的时间限定在万历十八年至十九年间。

《全海图注》却不是一套完整图册。曹婉如认为仅仅缺少长江口段至山东局部，② 其实还应包括辽东都司。从《全海图注序》等文献可以逐步证实。该图图序曰："上自登、莱，下达闽、广。"这里的"闽、广"，分别指福建、广东两省。"登、莱"为山东登州府、莱州府的简称，此处除指代山东省外，还包括辽东都司。从嘉靖时河南按察司副使茅坤为《筹海图编》所作的序可以证明："而海则闽广浙直登莱之间，绾波而州者南北万余里。"③ 既然茅坤为之作序，自然清楚其中《沿海山沙图》起于广东、止于辽东的范围。④ 浙江按察司提学副使范惟一为《筹海图编》所作的序可以佐证："自辽左达于岭表，万里而遥。"⑤ 所谓"辽左""岭表"，分别是辽东、广东的别称。虽然茅、范两人所言明之海疆长度"万里""万余里"，均泛指而不确切，但范围还是在广东至辽东之间。因此，《全海图注》所言明海疆范围包括辽东都司。

从《全海图注》的图名及与其类似者可以最终确定。该图注的"全"字，说明其所反映的是明之海疆的全貌，而不是从广东至山东的局部。与《全海图注》图名类似者，还有《乾坤一统海防全图》⑥《筹海全图》。⑦ 前者为万历三十三年（1605）所绘，后者为雍正元年（1723）至三年（1725）所摹，但两者所反映明之海疆均起于广东、终于辽东。虽然《全海图注》与其图名并不完全一样，但都体现了一个"全"字。既然如此，《全海图注》范围焉能止于山东！因此，《全海图注》原图是一套反映明万里海防的全图，

---

① 《明史》卷 228《李化龙传》，中华书局，1974 年。

② 曹婉如等：《中国古代地图集（明代）·图版说明》，第 11 页。

③ （明）茅坤：《茅坤序》，《筹海图编》卷首，《中国兵书集成》第 15 册，第 21 页。

④ （明）郑若曾：《筹海图编》卷 1《沿海山沙图》，《中国兵书集成》第 15 册，第 3 页。

⑤ （明）范惟一：《范惟一序》，《筹海图编》卷首，《中国兵书集成》第 15 册，第 3 页。

⑥ 《乾坤一统海防全图》，现藏中国第一历史档案馆，万历三十三年徐必达摹绘本。全图分为十幅，每幅纵 170 厘米，横 60.5 厘米。若左右相接，即合成一幅纵 170 厘米，横 605 厘米。

⑦ 《筹海全图》，现藏中国国家图书馆。彩绘本，不著纂人。纵 36 厘米，横 433 厘米。

今中国国家图书馆所藏则是一套缺失南直隶、山东与辽东三个地区的残图。

二 《全海图注》绘制内容与思想

这幅残图是否可归入曹婉如所认定的郑若曾"万里海防图"系？

曹氏认为"《全海图注》之图是仿照郑若曾'万里海防图'绘制的，图以海居上方，陆居下方，所绘沿海情况有较'万里海防图'详细之处"。而且，"此刻本图册最后一幅有画方的'日本岛夷入寇之图'，完全根据郑若曾在《筹海图编》中绘的最后一幅，二者图名亦相同"。[①]曹氏遂据此将《全海图注》归入郑若曾"万里海防图"系。这与她一贯所持的观点"明代海防图籍中的地图大都以郑氏'万里海防图'为蓝本"相吻合。其所言"万里海防图"，还包括《海防一览》《乾坤一统海防全图》《筹海图编·沿海山沙图》等。[②]事实上，前两者属于明万里海防图中的初刻系，[③]后者则属于筹海系。[④]既然如此，曹氏所言的三条论据均值得商榷。

《全海图注》海上陆下的这种图式，目前存在于嘉靖四十年刊刻的《海防一览》中。[⑤]然而，至今能经眼的明之万里海防图都是海上陆下，[⑥]所以不能据此断定所有这些海图均仿照《海防一览》。因为这并不是郑若曾的首创。[⑦]退而言之，即便如此，亦不能推断《全海图注》仿照的就是

---

① 曹婉如等：《中国古代地图集（明代）·图版说明》，第10—11页。

② 曹婉如：《郑若曾的万里海防图及影响》，《中国古代地图集（明代）》，第69—72页。

③ 李新贵：《明万里海防图初刻系研究》，《社会科学战线》2017年第1期。

④ 对于明万里海防图的筹海系，笔者将有专文研究。

⑤ （明）郑若曾：《郑开阳杂著》卷8《海防一览》，《景印文渊阁四库全书》第584册，台北：台湾商务印书馆，1986年。

⑥ （明）邓钟：《筹海重编》卷上《万里海图》，《四库全书存目丛书》第227册，齐鲁书社，1996年；（明）谢杰：《虔台倭纂》卷下《万里海图》，《北京图书馆古籍珍本丛刊》第10册，书目文献出版社，2000年；（明）章潢：《图书编》卷57《万里海防图》，《景印文渊阁四库全书》第970册，台北：台湾商务印书馆，1986年；（明）茅元仪：《武备志》卷209《海防二》，《中国兵书集成》第35册，解放军出版社、辽沈书社，1989年；（明）方孔炤：《全边略记·海防图》，内蒙古大学出版社，2006年；（明）陈组绶：《皇明职方地图》卷下《万里海防图》，明崇祯九年（1636）刻本；中国国家图书馆藏清雍正元年至三年（1723—1725）间摹绘的《筹海全图》；中国国家图书馆、北京大学图书馆所藏清道光二十三年（1843）朱子庚摹绘的《万里海防图》；台北"故宫博物院"所藏不著纂者与年代的《海不扬波》等。

⑦ 张伟国：《明清时期长卷式沿海地图述论》，第3—16页。

《海防一览》。犹如今天据上北下南方向绘制的两幅地图，就确定一幅仿照另外一幅一样。

曹氏所言，《全海图注》中的最后一幅图完全据《筹海图编·日本岛夷入寇之图》绘制，并没有错误。不过，将该图注和《筹海图编·沿海山沙图》等一起归入同样不能成立。《筹海图编·沿海山沙图》属于筹海系，该图系最根本的内容是72幅《沿海山沙图》，而不是用来辅助说明倭寇入侵路线的《日本岛夷入寇之图》。况且，附有该图的绝不止《筹海图编》。万历四十一年（1613）刊刻《图书编》中亦有此图，但决不能据此将《图书编·万里海防图》归入筹海系。再者，以长卷形式存在的《海不扬波》中没有这个附图，但却不能不将其归属筹海系。①

至于曹氏据《全海图注》所绘沿海情况有较郑若曾"万里海防图"详细之处，就判断该图注属于郑氏"万里海防图"系，同样需要商榷。一般来说，一幅图比他图详细，并不能说明这些图就属于一个图系；一幅图的内容相对简略，同样如此。因图像内容的增减，取决于绘图者思想的变化。因此，仅仅依靠图之内容表象的增减，而忽略对图之思想本质的探讨，不仅没有抓住问题的根本，而且所推导的结果亦令人难以信服。只有通过对《全海图注》与郑氏"万里海防图"内容异同，尤其是对背后绘图者思想的分析，才可以最终确定《全海图注》是否是一个有别于其他图系的舆图。

具体到《全海图注》比郑若曾"万里海防图"的详细之处，可以归纳为三类。

第一，《全海图注》上出现不同于卫所制的营兵制（图1）。明代卫所制下的职官，分为指挥使、千户、百户、总旗。营兵制却比较混乱，一般分总兵、副总兵、参将、游击、都司、守备、提调、千总、百总、把总，有时还有哨官。②虽然该图注是一幅残图，但仍能找到反映营兵制的证据。《广东沿海图》新城县内标注着"副总兵"，《浙江沿海图》官澳的图注

---

① 李新贵：《明万里海防图章潢系研究》，《故宫博物院院刊》2018年待刊。按，《海不扬波》为明末据《筹海图编·沿海山沙图》的摹绘本，纵30.5厘米，横2081厘米，现藏台北"故宫博物院"。

② 赵炳然：《海防兵粮疏》，陈子龙等选辑《皇明经世文编》卷252，中华书局，1962年，第2653—2656页。

"浙江总哨官关船舶此",《福建沿海图》云霄驿"内路通豪仔林,陆兵二哨守此"、蒲湾"左哨守此"等。

图1 《全海图注》(局部)

第二,《全海图注》上的港澳标注着停泊各种方位风向与数量不等的船只,或至其他港澳的距离。这类标注最为丰富,亦是区别其他海防图的显著特征。比如,《广东沿海图》文港的图注,"泊北风船一百余只",龙门港"泊南北风船百只",永安港"至廉州港口二潮水,可泊北风船百七十余只",碉州"至琼州二潮水,泊南北风船百只",石墩"可寄泊,至龙门港半潮水",那郎"至防城九十里"。

第三,《全海图注》上绘制数量不等形象画法的船只。

不仅如此,《全海图注》还有比郑若曾"万里海防图"简略之处。兹以《筹海图编·广东沿海山沙图》与《全海图注·广东沿海图》为例。通过表1可以看出:《广东沿海山沙图》上的7卫、27所,至《广东沿海图》绘制时已减少至3卫、12所。

表1 《广东沿海山沙图》与《广东沿海图》卫所建置数量对比

建置	《广东沿海山沙图》	《广东沿海图》
卫	海南卫、雷州卫、神电卫、广海卫、南海卫、惠州卫、碣石卫	神电卫、广海卫、碣石卫
所	昌化所、儋州所、南山所、万州所、钦州所、永安所、乐民所、海康所、海宁所、锦囊所、千户所、宁川所、双鱼所、海郎所、阳江所、新宁所、香山所、东莞所、大鹏所、平海所、捷胜所、海丰千户所、甲子门所、靖海所、海门所、蓬州所、大城所	永安所、乐民所、锦囊所、双鱼所、大鹏所、平海所、捷胜所、甲子门所、海门所、靖海所、蓬州所、大城所

《全海图注》内容的增减,绝不是绘图者随意地图绘,而是对当时何种制度更易发挥军队的战斗力,更是何种制度更有助于实现其海防思想比较后的抉择。嘉靖年间,明人就已注意到卫所制与营兵制在防御倭寇上的差别。嘉靖三十九年至四十年郑若曾、唐顺之缮造的12幅《沿海图》,[①]嘉靖四十一年郑若曾、胡宗宪合绘的72幅《沿海山沙图》,[②]均是卫所制下的海防图,但不能因此说郑若曾等人不清楚当时海疆实行的是营兵制。否则,其不会在各省兵防官下,分列总兵、副总兵、参将、游击、把总等营兵制的职官系统。[③]不过,不能据此断定这些海防图是错误的,只能看作在关乎国家海防安全重大问题选择时,其认为明初的卫所制比当时的营兵制更具有战斗力。[④]

时至万历十九年前后,宋应昌却选择了营兵制防御。《经略朝鲜蓟辽

① (清)纪昀等:《钦定四库全书总目》卷75,中华书局,1997年,第1016页;王庸:《明代海防图籍录》,《中国地理图集丛考》,商务印书馆,1947年,第94—95页。

② (明)郑若曾:《筹海图编》卷1《沿海山沙图》,《中国兵书集成》第15册。

③ (明)郑若曾:《筹海图编》卷3《广东兵防官考》、卷4《福建兵防官考》、卷5《浙江兵防官考》、卷6《直隶兵防官考》、卷7《山东兵防官考》,《中国兵书集成》第15册。

④ 《乾坤一统海防全图·图识》曰:"偶从金坛王君尧封所,得睹《万里海防图》,不惟绘其形,又详其利害甚悉……胡公殄灭横寇,生全我浙,所经画海外者至详。"这里的"万里海防图"即《海防一览》。《武备志》卷209《海防一》亦曰:"因按胡宗宪、郑若曾绘分合诸图,而并按其戍守之险要兵力,以永示来者焉。"所谓"分合诸图",指的就是郑若曾、胡宗宪合绘的《沿海山沙图》。这两种图均是卫所制下的海防图。这些图之所以仍被后人追忆并加以摹绘,在摹绘者看来的一个主要原因是其具有当时营兵制所不具备卫所制的战斗力。

保定山东等处兵部左侍郎都察院右都御史宋公行状》曰：

> 念山以东，北卫神京，而青、登、莱则屏翰东海。国初，沿海设有营卫、巡司，法制颇详，而承平日久，当事者置不问，有如世庙时登海间中倭，何以待耶？于是巡视三府，一意整饬，乃题海防事宜五事。一、设专官以备责成；一、加职衔以资弹压；一、增营房以恤士卒；一、撤防海以俾使用；一、复海汛以消奸究。又题海防要略，大意谓：倭奴情形已著，春汛可虞，选将、练兵、积粟三策。仍亲历海口修险隘、筑营堡、督造军器火药，分拨沿海官兵，尽策设防，众犹谓公迂阔情事。①

明初卫所制在稳定内地与经略海疆上都发挥了积极作用，至嘉靖时已事与愿违。这表现为维持其存在的世兵制与运行的自给制已经出现问题。嘉靖年间（1522—1566），沿海有些地方逃亡士兵已达到在籍的70%左右，这说明卫所制已跟不上时势发展。在其衰微之际，营兵制渐渐成为明之海防的主体。隆庆（1567—1572）初，浙江沿海所募兵额已占全体总数的70%。②这两种数字足以表明至万历（1573—1620）时营兵制已成防倭时不可替代的防御体制。因此，宋应昌选择营兵制，是对卫所制与营兵制下的军队战斗力权衡的结果。随之于此基础上提出五条整饬海防的事宜。值得注意的是第一、四两条。前者属于海防人事的管理，在沿海表现为设置营兵制职官系统。这些官员均在一定驻地分管着不同的海防事务。在《全海图注》这幅残图上，一个明显的标志是在《广东沿海图》新城县内绘注"副总兵"。这是有别于卫所制的营兵制下的海防经略。后者属于海洋洋面的经营管理，最为重要的是"撤防海以俾使用"。"防海"与"海防"有着本质的不同。"海防"意味设险于海洋、御敌于海洋，是海疆防御的第一个层次；"防海"则意味着以山沙为基础的海岸防御，是海疆防御的第二个层次。③从此可以看出，《全海图注》与郑若曾"万里海防图"系

---

① （明）黄汝亨：《寓林集》卷17《行状》。
② 范中义：《论明朝军制的演变》，《中国史研究》1988年第2期。
③ （明）陈组绶：《皇明职方地图》卷下《万里海防图》，明崇祯九年（1636）刻本。

的《沿海山沙图》有着根本的不同。

所谓"撤防海"，就是撤掉海岸附近的设施。这与宋应昌一贯主张的"大抵贵截之外洋"的海防思想相一致。[①]为保障这种思想实施，就要"复海汛以消奸宄"。防御倭寇的海汛分为春、秋两季，目的是防止倭寇越过洋面以达海岸。明之海疆绵延万里，防御的洋面自然过大，分汛设防自然是必不可少之事。因此，却造成了力量分散。这就要不同防区在给定时空内联合出海会哨。既然是协同防御，那么对海洋中的港澳位置、距离等地理环境，以及战舰的数量就必须熟悉。这是《全海图注》各港澳标注停泊各种风向、战舰数量，及至其他地方距离的原因。

从此亦可以获悉，《全海图注》上所标注的港澳等要素，正是为配合远洋防御思想实行增绘的结果。同样，宋应昌在图注上标绘的营兵制系统，是其认为营兵制下的军队战斗力更能使远洋防御思想得以实现。结果，凡是与远洋防御思想关联不大的内容，就成为被省略的对象。在《全海图注》上，则表现为省略表1中的大量卫所。这亦是营兵制代替卫所制成为海疆防御主体，以及卫所制作为营兵制补充的反映。[②]

通过对《全海图注》绘制内容、特征及背后海防思想的考察，可以看出其既不同于12幅《海防图》所体现的卫所制下多层次防御与经济贸易相结合的海防思想，又不同于72幅《沿海山沙图》所体现的卫所制下远洋出击与近洋防御协同作战的海防思想，而是一种营兵制下的远洋防御思想。这种海防思想在明之万里海防图中首先出现在《全海图注》中，所以称之为全海图。

三 全海系图

既然《全海图注》是一种有别于郑若曾"万里海防图"系的舆图，那么该图注能否与明代其他万里海防图构成一个图系？换言之，只有《全海图注》和其他海防图在绘制时间上具有先后的承接性，内容上具有可辨认

---

① （明）宋应昌：《经略复国要编·华裔沿海图序》，《移蓟辽总督军门咨》，《皇明经世文编》卷402，第4364页。

② 王莉：《明代营兵制初探》，《北京师范大学学报》1991年第2期。

的共同特征，以及这些特征背后隐藏着绘图者的共同思想与该思想的继承性，才能称之为一个图系。

（一）《筹海重编·万里海图》

万历二十年（1592），邓钟编绘的《筹海重编》中有一套 79 幅的《万里海图》:《广东海图》14 幅、《福建海图》10 幅、《浙江海图》22 幅、《南直隶海图》8 幅、《山东海图》18 幅、《北直隶海图》2 幅、《辽阳海图》5 幅。[①]与 72 幅的《筹海图编·沿海山沙图》相比，多了 7 幅：《广东海图》3 幅、《福建海图》1 幅、《浙江海图》1 幅、《北直隶海图》2 幅。

曹婉如认为这套图属于郑若曾"万里海防图"系，[②]依据的是《钦定四库全书总目》著录两淮马裕家藏本《筹海重编》十卷提要：

> 明邓钟撰。钟字道鸣，晋江人。万历二十年，倭大入朝鲜，海上传警。总督萧彦命钟取昆山郑若曾《筹海图编》，删其繁冗，重辑成书。冠以各处海图，次记奉使朝贡之事。又分按沿海诸省，记其兵防制变各事宜，而以经略诸条终之。于前代旧事，亦间有引证。[③]

万历二十年，倭寇朝鲜，海警西传，邓钟遂受总督萧彦之命重新编辑《筹海图编》；书成称之为《筹海重编》，卷首列有《万里海图》。以此观之，《筹海重编》似乎只是在《筹海图编》基础上"删其繁冗"的结果。不过，曹先生却忽略了《筹海重编》"于前代旧事，亦间有引证"的另一条编纂原则。万历二十年萧彦为该书所作《序文》亦曰:"（邓）钟芟其繁芜，参以续闻。"[④]

---

① （明）邓钟:《筹海重编》卷 1《万里海图》,《四库全书存目丛书》史部第 227 册，齐鲁书社，1996 年。

② 曹婉如:《郑若曾的万里海防图及其影响》，第 72 页。张伟国先生则有所保留地认为"自嘉靖至明末，特别是万历时期，有更多的海防地图问世，多以郑氏《沿海山沙图》的图式为蓝本"（《明清时期长卷式沿海地图述论》，第 7 页）。换言之，在张伟国先生看来，《筹海图编·万里海图》仅是参考了《沿海山沙图》海在上与陆在下的图式。

③ （清）纪昀等:《钦定四库全书总目》卷 75，第 1017 页。

④ （明）邓钟:《筹海重编·序文》,《四库全书存目丛书》史部第 227 册，第 2 页。

无论"间有引证",还是"参以续闻",均说明邓钟对《筹海图编》不是简单地删减,而是增加了新内容,新内容就包括《筹海重编·万里海图》。从《筹海重编》的两条凡例可以逐步推定:

> 《筹海图编》先是少保胡梅林公征郑若曾氏于幕府而成之也。迩海上传警,制府萧公慨然怀安攘之略,因取是编而笔削之,删其繁冗者十之二三。至沿革不同,擘画未备者,属钟重辑之,题曰《筹海重编》。夫政之所及者,近书之所传者,远非存心于天下者不务也。

> 不按图籍不可以知扼塞,不审形势不可以施经略。边海自粤抵辽,延袤一万五千余里,节倭奴入寇之处。地形或凸入海,或凹入内地,皆备载之旧本。闽、广二图多差讹,今从新改正。浙、直以上见闻,必真依旧图稍隐栝之。①

《筹海重编》据《筹海图编》删改者有十之二三。除此之外,还增添了"沿革不同,擘画未备"者。虽然这里没有言明增添的数量,但内容已十分明确。无论是《筹海图编》,还是《筹海重编》,都着重于"筹海"。因此,所谓"沿革不同",意味海疆职官系统的差异;"擘画未备",则指海疆经略尚待完善之处。这些都是近来书籍所记载,而且必须与国家海防政策相吻合。这就确定《筹海重编》不会采纳嘉靖时战斗力已呈颓废之势的卫所制,以及与之相关的海防思想。结果,邓钟在编绘《筹海重编·万里海图》时,自然会放弃《筹海图编·沿海山沙图》所采取的卫所制及海防思想,而采纳与国家政策相符的海防图。在《筹海重编》之前绘制而又不同于卫所制者,只有《全海图注》。这对与宋应昌同为海疆同僚的萧彦来说,自然不难看到;以《全海图注》为底本绘制亦成为顺理成章之事。不过,邓钟对《全海图注》并不完全满意。在其看来,该图注广东、福建两省差讹较多,要重新改正;浙江、南直、山东、辽东亦要修正。

这些修正的内容可以分为三类。一是增添营兵制的职官系统,或详细

---

① (明)邓钟:《筹海重编·凡例》,《四库全书存目丛书》第227册,第7页。

驻地，或辖属区域（表2）。

表 2 《万里海图》职官驻地与辖区

省份	职官名称	驻地	辖区
广东	涠洲游击	涠洲	自海船至白鸽信地起，历海康、乐民、龙门港至钦州龙港止
	广海守备	广海卫	自三角洲信地起，至芒洲娘澳止
	南澳副总兵	南澳	柘林寨守备、玄钟把总，专属南澳副总兵调度
福建	柘林守备	柘林寨	自福建游兵交界起，历南澳、长沙尾、马耳河、渡门、海门等处，至惠来神泉港止，皆其信地
	玄钟把总	玄钟所	南澳、云盖寺、青澳、胜澳、走马溪，皆其信地
浙江	金盘把总	宁村所	南至官澳与福建烽火兵船会哨，北至楚门与松门关兵船会哨，温州沿海延袤四百余里，皆其信地，受温处参将节制
	温处参将	盘石卫	
	松海把总	松门卫海门卫	南至温州蒲岐，北抵宁波昌国石蒲港兵船会哨，台州沿海一带延袤五百余里，皆其信地，属台州参将调度
	台州参将	松门卫	
	昌国把总	昌国卫	昌国备倭把总管辖昌国卫并在外前后钱爵四所及仙游寨，北自南湖头起，南至石浦冯家山，皆其信地，听宁绍参将调度
	定海把总	定海卫	定海备倭把总管辖定海卫并在外后所霩、大嵩中中、中左五所，北自管界巡司，南抵湖头渡止，及外海舟山皆其信地，听宁绍参将调度
	临观把总	临山卫	临观把总统领宁绍地方，西自三江，东自龙山，延袤三百余里，皆其信地，属宁绍参将调度
	宁绍参将	舟山所	
	浙江总兵	杭州府	浙江总兵居常则驻省城，汛期则驻定海
		定海卫	
	海宁把总	乍浦所	海宁备倭把总，浙西沿海一带，自鳖子门起至金山卫止，延袤三百余里，皆其信地，属杭嘉湖参将调度
	杭嘉湖参将	海宁卫	
南直隶	苏松参将	金山卫	
	川沙把总	川沙洼	
	柘林把总	柘林镇	
	江南副总兵	吴淞所	
	苏松游击	浏家河	
	大河口把总	大河口	

续表

省份	职官名称	驻地	辖区
南直隶	狼山副总兵	通州	
	盐城守备	盐城所	
	东海把总	东海所	
山东	沙沟守备		
	即墨守备		
	文登守备		

　　表2所示营兵制职官系统几乎遍及明之万里海疆，绝大部分职官都有驻地，部分还有辖区。而且一些营兵制职官，设置在《筹海图编·沿海山沙图》刊刻的嘉靖四十一年后。万历三年的南澳副总兵、玄钟把总，万历十七年的涠洲游击。[①]此外，《万里海图》上还出现营兵制的哨官。广东图"白鸽官哨泊此"，福建图"铜山后哨守此""游兵后哨守此""铜山寨前哨守此"等。所有这些职官均没出现在《沿海山沙图》上，从而证明《万里海图》与《沿海山沙图》根本不属于一个图系。

　　既然如此，那么《万里海图》可否归属同是营兵制系统的《全海图注》所在的全海系呢？从表2看，广东、福建、浙江三省职官有驻地及其辖区，南直隶有驻地但无辖区，山东既无驻地亦无辖区。这是什么原因呢？一方面是绘图者所用资料主要集中在广东、福建、浙江三省，[②]另一方面则受到邓钟海防思想的影响，"故大江以南，陆兵虽不可少而御之于海为要，大江以北舟师虽不可少而御之于陆亦易"。[③]就整个海疆防御而言，邓钟却主张：

　　　　自古伐外夷未有不用舟师以取胜。汉伐朝鲜用楼船将军，因而郡县其地。唐虽度辽而不用舟师以战，故讫无成功。盖陆兵所由入之道，彼尚得设备以待；我舟师一至，则随地可登，其势无所逃遁，故

---

① （明）邓钟：《筹海重编》卷3《广东事宜》，《四库全书存目丛书》第227册，（明）谢杰：《虔台倭纂》下卷《倭议》。
② （明）费尧年：《筹海重编后序》，《筹海重编》，《四库全书存目丛书》第227册。
③ （明）邓钟：《筹海重编》卷6《南直隶事宜》，《四库全书存目丛书》第227册，第115页。

舟师宜集也。倭奴向之所长者一刀耳……则我所以制御之者，又当出其长计之外，故兵械火器宜精也。①

汉对朝鲜作战胜利的原因，是汉军利用战船进行远洋出击；唐对朝鲜作战失败的原因，是唐军舍弃海洋而采用陆路。邓钟基于汉、唐对朝鲜作战样式胜败的分析，遂提出对倭战略：发挥明军船坚炮利的优势出击于外洋。这与宋应昌所提倡"大抵贵截之于外洋"的海防思想相吻合。因此，将《万里海图》归入《全海图注》所在的全海系是没有问题的。从《万里海图》第二类内容可以佐证。

二是与《全海图注》相比，《万里海图》除港澳标注可以停泊的风向、船只及至周边的距离外，还详细标注并增添了会哨地点、巡洋汛地。在《广东海图》上，"碣石寨至此止，柘林寨自此起，二寨会哨于此""北津寨、广海寨分界""此港内可泊南北风，至放鸡五十里，至吴川七十里，至电白五十里，至莲头五十里"等。在《福建海图》上，"南日寨与小埕寨分界""鸿江澳泊北风船百余只，铜山寨前哨守此""西洋山，小埕前哨守此，泊北风船百余只"等。

虽然《万里海图》没有标绘形象画法的船只，但进行远洋作战的要素，诸如港澳内停泊的风向、船只的数量及至其他港澳的距离，都已具备。更为重要的，《万里海图》上还标注了会哨。会哨遂使这些单一的要素充分整合起来，以使明军远洋作战中发挥整体战斗力，最终达到"哨贼于远洋而不常居"的目的。②可以说，这是在远洋防御思想指导下在海洋实施的结果。会哨毕竟是在一定空间内进行的，为了有效地阻击倭寇，分汛设防与协同作战遂成为必不可少之事，所以在《万里海图》上还标绘了巡洋汛地与分界，以提高会哨的效率与作战水平。

三是《万里海图》与《全海图注》一样，还保留着沿海部分卫所建置。如前所论，这与卫所制主导下的明之海疆防御体系已迥然不同。营兵制下的卫所，只是作为其功能的补充。因营兵是单纯的战斗组织，是根据任务之需东征西战。这决定营兵的任务是战斗而非屯田。结果，营

---

① （明）邓钟：《筹海重编》卷7《北直隶事宜》，《四库全书存目丛书》第227册，第127页。
② （明）邓钟：《筹海重编》卷10《御海洋》，《四库全书存目丛书》第227册，第187页。

兵平时给养与战时因调离防区而维护本地安全的任务，遂由卫所士兵承担。①这是营兵制主导下卫所建置仍得以保留的原因，亦是全海系的主要特征。

（二）《虔台倭纂·万里海图》

万历二十三年，南赣巡抚谢杰所纂《虔台倭纂》中有一套38幅的《万里海图》，包括广东、福建、浙江、南直隶、山东、北直隶、辽东7部分。②与79幅的《筹海重编·万里海图》相比，明显减少41幅。这是否意味着《虔台倭纂·万里海图》已不属《筹海重编·万里海图》所在的全海系？

通过对这两种《万里海图》绘制地物的比较，可以发现其有着相同数量的营兵职官、会哨地点与巡洋汛地。而且，这些营兵职官的驻地、辖区有无亦同。除前论因素外，《虔台倭纂》是否蕴含着其他的目的？

《虔台倭纂》上卷《倭防》曰：

> 人亦有言："有备无患。"倭之患烈矣，备之者，庸可已乎？纪倭防。倭防，防倭也……按图：边海南起安南界，以广东钦州龙门港为始……延袤计五千里。过此为福建……但广东兼防各番，福建专防倭寇，微有不同……福建物力屈于苏、杭，地利险于浙、广，倭小寇则不足以胜，大举则不足以供调度，浮宜可以高枕，关白垂涎不在此也。过此为浙江……延袤二千七百里……倭不能犯矣。过此为南直隶……计延袤一千八百里。过此为山东界……武备甚疏……延袤计二千里。过此为北直隶。初河间，次天津，次顺天之属，次永平州县卫所之设，原非防倭。近因朝鲜有事，方添设提督、总兵、经略标下中军参游，天津、永平等处添注海防备倭游击，尚未见各分信地，截然如东南者。武备之疏，甚于山东……延袤计五百里。过此为辽东界……然多为边而设，非专于倭者。语以倭事，未必尽解。是似密而实疏。关白所以狡焉，起疆不之南而之北者，亦乘其疏而思以入之

---

① 范中义：《论明朝军制的演变》，《中国史研究》1988年第2期。
② （明）谢杰：《虔台倭纂》下卷《万里海图》，《北京图书馆古籍珍本丛刊》第10册。

耳……以上海防莫严于闽、广，莫略于燕、齐，江北不如江南，江南不如两浙，此其大都也。①

万历二十年，日本倾全国之力入寇朝鲜，明廷为之震动，加强海防的呼声遂一浪高出一浪。虽然是年八月明廷出兵援朝，但直至万历二十六年才终以日本的战败而结束。《万里海图》就绘制于双方胜负未分的万历二十三年。这时身为南赣巡抚的谢杰，从整个沿海形势出发，指出明朝海防严密与亟待加强之处。严密者为广东、福建两省，亟待加强者则为山东、北直隶、辽东三地。山东海防虽不周密，但还有冰沟守备、即墨守备、文登守备、备倭都司沿着海岸零星分布。②辽东都司主要用以防边而不用以备倭。所以，急需加强的地方，乃为近卫京畿的北直隶。万历以前，归属山东的北直隶还不是一个独立的防区，③直至日本入侵朝鲜才独立出来。随之于此设置总兵等营兵系统。因事起仓促，至万历二十三年还未对各自的防区划分。这进一步说明《虔台倭纂·万里海图》遵循着《筹海重编·万里海图》以营兵制为主导的海防体系。

不仅如此，除钦州所、石康县、灵山县外，《虔台倭纂·万里海图》中剩余的 201 处府州县、卫所建置均与《筹海重编·万里海图》同。而且，除《广东海图》中的 4 条，前者余下 81 条停泊风向与船只的港澳及其至周边距离的图注，亦均与后者相同。这无疑说明前者仍遵循后者远洋作战中必需的武器装备与后勤补给的原则。

总的来看，《虔台倭纂·万里海图》具有与《筹海重编·万里海图》相同的营兵制海防体系，遵循着同样的作战原则。这些均是在远洋海防思想指导下实行的结果。所以，将《虔台倭纂·万里海图》归入《筹海重

---

① （明）谢杰：《虔台倭纂》下卷《倭防》，《北京图书馆古籍珍本丛刊》第 10 册，第 255—256 页。
② （明）谢杰：《虔台倭纂》下卷《万里海图》，《北京图书馆古籍珍本丛刊》第 10 册，第 255—256 页。
③ 万历之前，有明确海防区域划分的万里海防图，即是《筹海图编》中 72 幅《沿海山沙图》。这些海图分为广东、福建、浙江、南直隶、山东与辽东六个部分。北直隶则以少量图幅归属山东之下。因此时海防重点在长江以南的浙江、福建与广东。至万历二十年，日侵朝鲜，直逼辽东，明畿安全亦随之遭受威胁。至此，北直隶海防才受到重视，于是作为一个独立防区绘制在图上。

编·万里海图》所在全海系并没问题。既然这样,《虔台倭纂·万里海图》
与《筹海重编·万里海图》的不同当如何理解?首先分析两者《广东海
图》四条不同的图注(表3)。

表3 《筹海重编·万里海图》与《虔台倭纂·万里海图》相异图注

序号	《筹海重编·万里海图》	《虔台倭纂·万里海图》
1	(涠洲)游击所辖兵船,大小百十九只,兵六百员名。自海船至白鸽信地起,历海康、乐民、龙门港至钦州龙港止,皆其信地	涠洲哨船泊此防守
2	涠洲游击驻扎于此	涠洲游击
3	琼州环海东西九百里,南北以前一百四十里,兹图其大概耳	琼州环海东西九百里,南北以前一百四十里
4	九龙澳所泊船	九龙澳

《虔台倭纂·万里海图》的第2、3、4条,完全是《筹海重编·万里
海图》对应三条的图注词句的省略。前者第1条则可视为相应语意上的简
化。因此,《虔台倭纂·万里海图》是以《筹海重编·万里海图》为基础
的改绘。从两者对应地物的增减上可以佐证。兹以《浙江海图》为例。

《筹海重编·浙江海图》上的岛、屿、港、澳共有282处,但至《虔
台倭纂·浙江海图》绘制时,这些地物已减少至152处。而且,前者265
处烽堠在后者仅剩1处。由于这些地物多面向海洋、呈横向分布,所以这
既解释了《虔台倭纂·万里海图》的图幅比《筹海重编·万里海图》减少
41幅的原因,又可以说明前者确实是在后者基础上改绘的结果。《虔台倭
纂·万里海图》在编绘过程中与《筹海重编·万里海图》所产生的差别,
可以最终证明(表4)。

表4 《筹海重编·万里海图》与《虔台倭纂·万里海图》相异地物

序号	《筹海重编·万里海图》	《虔台倭纂·万里海图》
1	大日	大目
2	小日	小目
3	此都港	北都港
4	淞江	流江
5	黄沙阶	黄沙隘

续表

序号	《筹海重编·万里海图》	《虔台倭纂·万里海图》
6	义丰县	义丰驿
7	义州	义州
8	递运所	递运所
9	广石墩	广石
10	长沙湾寨	长沙湾
11	钦州	钦州 千户所
12	石康县	
13	灵山县	
14	蛇隘	练蛇隘

两者不同之处可以分为四类。第一类因字形近似所致，第 1 条至第 6 条均如此。这表现在《虔台倭纂·万里海图》将《筹海重编·万里海图》中"大日""小日""此都港""淞江""黄沙阶""义丰县"，分别改为"大目""小目""北都港""流江""黄沙隘""义丰驿"。第二类为符号标绘导致，即第 7、8 两条中的"义州"与"递运所"。《筹海重编·万里海图》将"义州""递运所"均用长方形符号标绘，但《虔台倭纂·万里海图》则将"义州"改正为长方形加城池的州之形象画法，"递运所"则误绘为圆形加城池的所之画法。这种绘制过程中出现的一正一误现象，无疑证明《虔台倭纂·万里海图》是在《筹海重编·万里海图》基础上的改绘。当然，这亦说明《虔台倭纂·万里海图》不是吴玉年先生所认为的"人云亦云"。[1] 从以下各条可以证实。如果说《虔台倭纂·万里海图》中的"广石""长沙湾"还是无意省略"广石墩""长沙湾寨"的结果，那么该图中的"钦州千户所""练蛇隘"的增改，以及"石康县""灵山县"的减少，则一定是故意所为。因《筹海重编·万里海图》中，仅仅标绘着"钦州""蛇隘"。至于"石康县""灵山县"则完全是《虔台倭纂·万里海图》故意省略所致。这两个县位于廉州府之南，廉州府则是《虔台倭纂·广东

---

① 吴玉年：《明代倭寇史籍志目》，王庸：《中国地理图籍丛考》，第 178 页。

海图》第一幅图向南绘制的极限。

至此，可以明确地认为《虔台倭纂·万里海图》就是以《筹海重编·万里海图》为基础的改绘。这两种图与《全海图注》不仅在绘制时间上具有前后的承接性，内容上具有可辨认的共同特征，而且这些特征背后还隐藏着绘图者共同的远洋作战思想。这些海防图具有的相同绘制特征与海防思想，使其有别于明之其他万里海防图系而成为一个新的图系。这亦是绘图者在面对历史与现实的海防思想时进行抉择的结果。

（原文刊于《史学史研究》2018 年第 1 期，第 35—45 页）

明万里海防图初刻系研究

李新贵

　　明代海疆起于广东钦州与安南交界，经福建、浙江、南直隶，抵达山东，复经北直隶武清、宝坻、乐亭、迁安、昌黎各县，绵延至辽东鸭绿江边。洪武、建文之世，虽仅有以卫所为主构建的海防体系，但倭寇始终没有酿成大患。永乐六年（1408）的望海埚大捷后，海不扬波百余年。嘉靖中期，倭患渐炽于沿海，迨至末年而渐息。万历以后，倭寇朝鲜，海防再趋紧张。[①]明人遂以万里海疆为对象，绘制了众多的海防图。

　　目前，流传至今的明代万里海防图有十二种：嘉靖四十年（1561）郑若曾编绘的《海防一览》，嘉靖四十一年（1562）郑若曾的《万里海防图》，万历十九年（1591）宋应昌的《全海图注》，万历二十年（1592）邓钟的《万里海图》，万历二十三年（1595）谢杰的《万里海图》，万历三十三年（1605）徐必达的《乾坤一统海防全图》，万历四十一年（1613）章潢的《万里海防图》，天启元年（1621）茅元仪的《海防图》，崇祯元年（1628）方孔炤的《海防图》，崇祯九年（1636）陈组绶的《万里海防图》，明末朱绍本的《万里海防全图》，不著年代、绘者的《海不扬波》。此外，还有清康熙时摹绘的《万里海防图》，雍正三年（1725）摹绘的《筹海全图》，道光二十三年（1843）摹绘的《万里海防图》。与此相关的探讨，主

---

　　① 《明史》卷91《兵志三》，中华书局，1974年，第2244页。

要集中在目录梳理、图籍出版、论著研究三个方面。王庸、吴玉年两位先生考察了明之海防图籍，但因所编以海防地理、海防设置、海防策略为主，[①]而没著录类书、边防总著中的图籍，所以像谢杰、宋应昌、章潢、茅元仪、方孔炤、陈组绶、朱绍本等人的海防图，遂不列入其中。同时，因受时代限制，像《海不扬波》《筹海全图》亦没提及。许保林等先生则进行了稍微补充。[②]虽然这些目录尚待完善，但无疑为海防图的出版、研究提供了极大便利。20世纪80年代以来，遂相继出版了一些包括明之海防图在内的图籍，如《中国兵书集成》[③]《中国古代地图集》[④]《中华古地图珍集》《笔画千里——院藏古舆图特展》《中国古代海岛文献地图史料汇编》[⑤]等。

英国学者 J. V. Mills 论述了清康熙时摹绘的《万里海防图》等，[⑥]曹婉如先生则研究《海防一览》《筹海图编·万里海防图》《乾坤一统海防全图》，遂认为明之海防图大都属于郑若曾的"万里海防图"系统。这成为学界公认的观点。[⑦]不过，因所列图幅过少，就显得证据不够充分。而图像分类的原则，不仅看其形状，还要研究背后的思想。因此，他们所得结论均有商榷的余地。

鉴于此，明代万里海防图可分为四种体系：初刻系、筹海系、全海

---

① 王庸：《明代海防图籍录》，《清华周刊》第37卷第9、10期文史专号，1932年；吴玉年：《明代倭寇史籍志目》，《禹贡（半月刊）》第2卷第16期，1934年。

② 许保林：《中国兵书通览》，解放军出版社，1990年。刘申宁：《中国兵书总目》，国防大学出版社，1990年。

③ 中国兵书集成编委会：《中国兵书集成》第15、35、36册，解放军出版社、辽沈出版社，1989年。

④ 曹婉如：《中国古代地图集（明代）》，文物出版社，1995年。

⑤ 阎平、孙国清等：《中华古地图珍集》，西安地图出版社，1995年；冯明珠、林天人：《笔画千里——院藏古舆图特展》，台北："故宫博物院"，2008年；中国古代海岛文献地图史料汇编编委会：《中国古代海岛文献地图史料汇编》第1、5、15册，蝠池书院出版有限公司，2013年。

⑥ J. V. Mills, "*Chinese Coastal Maps*", Imago Mundi, 1954，pp.151—168.

⑦ 曹婉如：《郑若曾的万里海防图及其影响》，曹婉如主编《中国古代地图集（明代）》，第69—72页；张伟伟：《明清时期长卷式沿海地图述论》，李金强、刘义章、麦劲生编《近代中国海防——军事与经济》，中国近代史学会，1999年，第3—16页；卢嘉锡：《中国科学技术史·地学卷》，科学出版社，2000年，第414页；席龙飞等：《中国科学技术史》，科学出版社，2004年，第511页。

系、章潢系。这里仅探讨初刻系。不足之处，祈请方家批评指正！

一　初刻图及其时间

郑若曾流传下来的"万里海防图"有 2 种。四库全书本《郑开阳杂著》卷 1《万里海防图论上》和卷 2《万里海防图论下》中"万里海防图"、卷 8 中的《海防一览》。在这两种图之前，郑若曾是否还绘制过其他海防图呢？《筹海图编》曰：

> 爰有昆山郑子伯鲁，故太常卿魏庄渠先生高第弟子也。有志匡时而厄于名，亲在围城，窃观当世举措，有慨于中，念欲记载论著，贻之方来，即兵兴以来，公私牍牒，旁搜远索，手自抄写……他日以缮造沿海图本十有二幅，附以考论，郡守太原王君为之板行。因献都督府梅林胡公。①
>
> 壬子以来，倭之变极矣。久乃得少保胡公祗承天威，殚虑纡策，元凶授馘，余党底平。当变之始作也，莅事者欲按往迹，便地利，侦虚技，以图万全之功，而记载蔑如，无所从得，仅有《日本考略》而挂纤漏巨，无关成败，咸以为恨。荆川唐公顺之谓曾"宜有所述，毋复令后人之恨今也"。稿未半，荆川不逮。郡伯王公固命成之。②

郑若曾此前确实绘制过 12 幅的海防图。绘制的原因有四种：郑若曾对壬子（1552）之变倭寇沿海的痛苦记忆，当时明军防倭的图籍亦不足称道，而仅存的《日本考略》又无关乎沿海防御成败，以及唐顺之殷切的期望。

《钦定四库全书总目》著录天一阁藏本《海防图论》一卷的提要，对这 12 幅图的图式等内容有进一步补充：

> 是图乃若曾与唐顺之所共定，凡十二幅。其式以海居上，地居

① （明）郑若曾：《筹海图编·胡松序》，嘉靖四十一年（1562）胡宗宪刻本。
② （明）郑若曾：《筹海图编·郑若曾引》，嘉靖四十一年（1562）胡宗宪刻本。

下，乃画家远近之法，若曾具为之辨。胡宗宪所题为《海防一览》者，即此书也。①

这个提要并不完全正确。因只补充该图海上陆下的图式，以及另外两个图名:《海防图论》《海防一览》。《海防一览》却不是郑若曾、唐顺之缮造的12幅沿海图，图名本身足以说明其是一幅简略图。从《海防一览》图上，亦可证明（图1）。

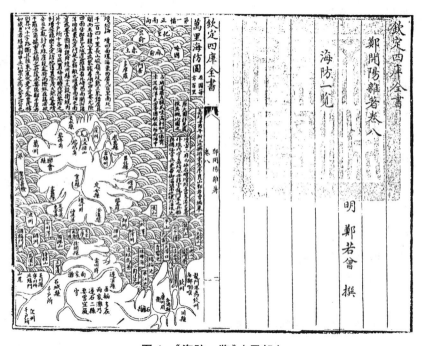

图 1 《海防一览》（局部）

"海防一览" 4 个字位于《海防一览》右侧图版第四行上栏，这是天一阁藏本《海防图论》所记胡宗宪的题名。左侧图版右上角接近天头处竖写的"万里海防图""原图每方百里"，则说明《海防一览》是以某种"万里海防图"为底本摹绘的简略图。

版心左侧的图识，"嘉靖辛酉年浙江巡抚胡宗宪序昆山郑若曾编摹"

---

① （清）纪昀等:《钦定四库全书总目》卷 75，中华书局，1997 年，第 1016 页；王庸:《明代海防图籍》,《清华周刊》第 37 卷第 9、10 期文史专号，1932 年。

可以证明。嘉靖辛酉年，即嘉靖四十年（1561）。"浙江巡抚胡宗宪序"，应是位于图版右侧的"海防一览"等。值得注意的是"昆山郑若曾编摹"，既然言之"编摹"，就不是郑若曾、唐顺之对 12 幅沿海图的"缮造"。

图记可佐证这个底本确实存在。第一幅图上的"原大图详悉，兹采其概以图之"，第八幅图上的"此海诸山最多，小图不能悉载"，第九幅图上的"此半皆日本图，兹不能载"，第十幅图上的"原图倭国境域甚悉，兹小图不能并载"。这些图记证实《海防一览》为简略图，即所谓的"小图"，而"原图"或"原大图"则是编摹《海防一览》的底本。

这个底本就是郑若曾、唐顺之缮造的 12 幅沿海图。因《海防一览》的图幅数量与之相同。重要的是，《海防一览》第九幅图的图记明确记载："《淮阳图》乃唐荆川所定，兹再纂而略之。"唐顺之，号荆川。这足以证明《海防一览》的底本无疑为 12 幅沿海图。

从《海防一览》图上竖写的"万里海防图"及夹注"原图每方百里"，可进而判断这 12 幅沿海图亦名"万里海防图"。而《海防一览》图记"兹再纂而略之"，则说明其是相对于底本 12 幅沿海图的第二次编摹。《海防一览》编摹于嘉靖四十年（1561），那么其底本缮造时间是否如曹氏推断的为嘉靖三十一年（1552）至三十四年（1555）之间？①

事实并非如此。唐顺之只完成 12 幅沿海图的一部分，因为其去世，所以余下部分由郑若曾完成。《乾坤一统海防全图》图记："《淮阳图》，乃唐荆川先生所定而锓梓也。先生素倔强，不轻听言。自圌山至舟山皆亲历而勘验之。尝与曾论各图志之谬，惜未及正而卒。"②唐顺之去世于嘉靖三十九年（1560）四月。③因此，这 12 幅沿海图完成在唐顺之去世后。

郑若曾完成 12 幅沿海图后进入胡宗宪幕府，"无何，少保胡公以主记来召，发蒙启聩，且获从幕下诸文武士，闻所未闻，数越月，而书（《筹海图编》）竣事"。④胡宗宪加少保衔是嘉靖四十年（1561）九月荡平

① 曹婉如：《郑若曾的万里海防图及其影响》，曹婉如主编《中国古代地图集（明代）》，第71 页。
② （明）徐必达：《乾坤一统海防全图》正东向图记，万历三十三年（1605）改绘本。
③ 《明史》卷 215《唐顺之传》；《明世宗实录》卷 483，嘉靖三十九年四月丙申条，台北："中研院"历史语言研究所，1962 年，第 8061 页。
④ （明）郑若曾：《筹海图编·郑若曾引》，嘉靖四十一年（1562）胡宗宪刻本。

倭寇后。① 至此，可以将这 12 幅图完成的时间限定在嘉靖三十九年四月至四十年九月间。《筹海图编》至迟则完成于嘉靖四十年（1561）十二月。②上距郑若曾完成 12 幅沿海图之后进入胡宗宪幕府的嘉靖三十九年（1560）四月至四十年（1561）九月，可以说是"数越月"了。总之，《海防一览》编摹的底本，是嘉靖三十九年（1560）至四十年（1561）间郑若曾、唐顺之缮造的 12 幅沿海图。称这 12 幅沿海图为初刻图，不仅因其为《海防一览》编摹的底本，还因有受其影响而摹绘的其他万里海防图。

二　初刻系列图

通过前文论证，首先可初步判断据初刻图编摹而流传下来的海防图为《海防一览》。不过，目前学界对《海防一览》仍存在歧义，故需略做申辩。

（一）《海防一览》

骆兆平先生认为《海防一览》"版本失载。四库全书总目地理类存目，谓是书有图十二幅，其式以海居上，地居下"。③ 四库全书研究所整理者则持相反观点，认为"该书收入闵声、闵映张辑《兵垣四编》，今北京、上海等馆藏明天启元年（1621）著上闵氏刊朱墨印本。又《郑开阳杂著》《长恩室丛书》收有此书"。④ 这两种说法都不完全正确。

骆氏所言《海防一览》的图式确实是海上陆下，但该图现存四库全书本《郑开阳杂著》中，⑤ 所以绝非"版本失载"。四库全书研究所整理者所

---

① 吴廷燮著，魏连科点校《明督抚年表》卷 4《浙江》，中华书局，1982 年，第 439 页。

② 嘉靖四十一年（1562）胡宗宪刻本的《筹海图编》有 5 个序，依次为嘉靖壬戌（四十一年，1562）三月浙江按察司提督学校副使范惟一之序，嘉靖辛酉（四十年，1561）八月江西等处地方兼军务理都察院右副都御使胡松之序，嘉靖甲寅（三十三年，1554）秋前刑部陕西主事唐枢之序，嘉靖壬戌（四十一年，1562）三月河南按察使副使茅坤之序。而郑若曾《刻筹海图编引》的时间为嘉靖辛酉十二月朏日。因此，唐枢撰序的时间嘉靖三十三年（1554）肯定为误，因在该序中亦明确记载："圣天子简命大司马胡公开府东南，展列克虔，海壖告靖。"胡宗宪任浙江巡抚的时间为嘉靖三十六年（1557）正月，克平倭寇则为嘉靖四十年（1561）。

③ 骆兆平：《天一阁进呈书目校录》，中华书局，1996 年，第 210 页。

④ （清）纪昀等：《钦定四库全书总目》卷 75，第 1016 页。

⑤ （明）郑若曾：《郑开阳杂著》卷 8《海防一览》，《景印文渊阁四库全书》第 584 册，台北：台湾商务印书馆，1986 年。

认为《海防一览》收入《郑开阳杂著》的观点同样正确，可所主张该图亦收入《兵垣四编》《长恩室丛书》中是不可能的。

军事科学院图书馆所藏天启元年（1621）刊本《兵垣四编》中与海防相关的图籍只有《海防图论》，但不是天一阁藏郑若曾、唐顺之所共定的《海防图论》即《海防一览》，而是胡宗宪所纂《海防图论》。胡氏所纂除《广东要害论》等沿海各地形势论述外，卷首处还有一幅名之《海防图》的地图。这既不是朱墨套印，又非《海防一览》，而是《筹海图编》中的《日本岛夷入寇之图》。① 《长恩室丛书》中的《海防图》亦同（图2）。②

图2 《兵垣四编·海防图》（局部）

---

① （明）胡宗宪：《海防图论》（不分卷），明天启元年（1621）茗上闵氏刻朱墨印兵垣四编本；《筹海图编》卷2《日本岛夷入寇之图》，嘉靖四十一年（1562）胡宗宪刻本。

② （清）庄肇麟：《长恩室丛书》（乙集十种），咸丰四年（1854）新昌庄肇麟过客轩刻本。

因此，《兵垣四编》《长恩室丛书》收入的《海防图》，均不是《郑开阳杂著》中的《海防一览》。

（二）《乾坤一统海防全图》①

除《海防一览》外，初刻图还影响徐必达等人编摹的《乾坤一统海防全图》。然而，这不是曹婉如先生所认为的以初刻图为底本的摹绘。②《乾坤一统海防全图》的图识云：

> 吏部考功司徐必达：图边不图海，岂以平原驰骤，戎马易逞，洪涛出没，倭帆未必利乎？独不闻嘉靖时东南被倭最酷？而迩来关白豪强辄剥我肤，胡可易也。偶从金坛王君尧封所得睹《万里海防图》，不惟绘其形，又详其利害甚悉，则嘉靖辛酉昆山郑君若曾所摹，而故开府我浙新安胡公宗宪所刻也。胡公殄灭横寇，生全我浙，所经画海外者至详。谓此图博不泛，约不简，十洲三岛，宛然在目，夫非信而可征者欤？因谋诸同舍郎北海董君可威，谓当亟广其传，董君曰可，遂付诸梓。其诸说宁无今昔异变，宜更定者？但予管窥未及，不欲以疑信之见辄掩前谟，一仍其旧，以俟后之君子。万历乙巳季春之吉，南京吏部考功司郎中徐必达识。

徐必达所见《万里海防图》为"嘉靖辛酉昆山郑君若曾所摹，而故开府我浙新安胡公宗宪所刻也"。这与《海防一览》图识"嘉靖辛酉年浙江巡抚胡宗宪序昆山郑若曾编摹"对图之编摹时间、编摹人物的表述皆同，且又是稍晚于郑若曾的人所言。重要的是徐必达所见《万里海防图》为胡宗宪所刻，初刻图则为苏州知府王道行板行。所以，《乾坤一统海防全图》摹绘底本只能是《海防一览》。这却不能因此说《乾坤一统海防全图》没受到初刻图影响，因其摹绘底本就是以初刻图为底本摹绘而成。质言之，将《乾坤一统海防全图》归属受初刻图影响的系列图是没有问题的。

---

① 该图彩绘绢本，现存中国第一历史档案馆。全图分为十幅，每幅纵170厘米，横60.5厘米。左右相接，即合成一大幅，纵170厘米，横605厘米。

② 曹婉如：《郑若曾的万里海防图及其影响》，曹婉如主编《中国古代地图集（明代）》，第69—72页。

不过，徐必达没像其所言"不欲以疑信之见辄掩前谟，一仍其旧，以俟后之君子"，而是有所改绘。当因在摹绘前就发现《海防一览》的不足之处，"其诸说宁无今昔异变，宜更定者"，事实亦如此。无论是初刻图，还是以其为底本编摹的《海防一览》，均保持着 12 幅的数量，但徐必达却改绘成 10 幅（表 1）。其间是怎么变化的呢？

表 1 《海防一览》与《乾坤一统海防全图》图幅数量、区域范围对比

省份	《海防一览》		《乾坤一统海防全图》	
广东	第一幅正南向	钦州—吴川县	正南向	钦州—吴川县
	第二幅正南向	高州府—新会县	正南向	高州府—顺德县
	第三幅正南向	顺德县—海丰县	正南向	广州府—长乐县
广东福建	第四幅东南向	长乐县—铜山所	东南向	惠来县—镇海卫
福建	第五幅东南向	六所—万安所	东南向	金门所—宁德县
福建浙江	第六幅东南向	梅花县—蒲门所	正东向	福宁州—松门卫
浙江	第七幅正东向	金乡卫—桃渚所	正东向	海门卫—上海县
浙江南直隶	第八幅正东向	健跳所—上海县		
南直隶	第九幅正东向	吴淞所—桃源县	正东向	吴淞所—桃源县
南直隶山东	第十幅正东向	安东县—大山所	正东向	安东县—大山所
山东北直隶	第十一幅正东向	大嵩所—宝坻县	正东向	威海卫—沈阳卫
北直隶辽东	第十二幅正东向	乐亭县—沈阳卫		

图幅数量，从《海防一览》的 12 幅演变为《乾坤一统海防全图》的 10 幅，主要是后者第七幅、第十幅分别包括前者第七、八两幅与第十一、十二两幅的结果。图幅数量减少，自然影响到图幅范围、图之方向与起始地点的选择。两者范围相同的，只有前者第一幅与后者第一幅、前者第九幅与后者第八幅、前者第十幅与后者第九幅。图之方向亦有不同。前者东南方向始于长乐县、正东向始于金乡卫，后者东南方向则始于惠来县、正东向始于福宁州。这些差异表明徐必达并没有完全遵守"一仍其就"的原则。不仅如此，这还表现在其改正《海防一览》中的建置上（表 2）。

表2 《海防一览》与《乾坤一统海防全图》建置对照 ①

序号	《海防一览》	《乾坤一统海防全图》
1	川县	灵山县 千户所
2	电白	电白县
3	阳江县	阳江县 千户所
4	新宁县	新宁县 千户所
5	东莞县	东莞县 千户所
6	增城县	增城县 千户所
7	河源县	河源县 千户所
8	惠州府	卫 惠州府 归善县
9	海丰县	海丰县 千户所
10	龙县	龙川县
11	潮州府 海阳县	卫 潮州府 海阳县
12	茶洲所	蓬州所
13	六所	六鳌所
14	满福所	蒲禧所
15	福宁州	卫 福宁州
16	平阳县	平阳所
17	沙元所	沙园所
19	瑞安县	瑞安县 所
20	处州府	卫 处州府
21	童山所	临山所
22	吴心所	吴淞所
23	太仓州	太仓州 镇海卫 太仓卫
24	镇江府 丹徒县	卫 镇江府 丹徒县
25	通州	通州 千户所
26	兴化县	兴化县 千户所
27	海州	海州 东海中所

---

① 在《乾坤一统海防全图》中,凡没具体指明的"卫""千户所",均按图照录。事实上,
   这些"卫""千户所"均表示在图中符号内相对应行政建置中的"卫""千户所",诸如
   "卫 处州府"之"卫"指"处州卫"。"通州 千户所"之"千户所",指"通州千户所"。

序号	《海防一览》	《乾坤一统海防全图》
28	莒州	莒州 千户所
29	大高所	大嵩所
30	三山所	奇山所
31	宁海州	卫 宁海州
32	满县	滨州
33	相信县	阳信县
34	登州府	登州府 登州营
35	安东县	安东卫
36	海州卫	复州卫
37	崇高县	乐亭县
38	抚宁县	抚宁卫
39	广宁前屯	广宁前屯卫

　　《乾坤一统海防全图》改正《海防一览》标注不全面、错误建置达 38 处之多（图 3）。标注不全面者 21 处，主要漏标《乾坤一统海防全图》中县所、州所、州卫、府卫同城者中的军事建置。而标注错误的则有 17 处，有的是漏绘行政建置中的某个字，有的是字形近似而错绘，有的是完全错误标绘。其中的 2 处值得注意，在《海防一览》第十、十二幅图中，分别出现 2 个安东县、海州卫。结合文献并对照在图中的位置，可以断定这 2 个安东县、海州卫分别有一个改为安东卫、复州卫。这些差异进一步表明徐必达没有遵守其摹绘的原则，但从侧面亦证明前者正是以后者为底本的摹绘。

　　（三）《筹海全图》①

　　初刻图还影响着《筹海全图》的摹绘。中国国家图书馆著录的信息为摹绘本，摹绘于雍正年间（1723—1735）（图 4）。那么，这幅图是以何为底本的摹绘？

---

① 该图现藏中国国家图书馆，不著纂者，纵 36 厘米，横 433 厘米，采用中国传统山水画的方式表示图中的地物。

图3 《乾坤一统海防全图》（局部）

　　从《乾坤一统海防全图》摹绘者经眼的概率看，首先可排除初刻图。因为前身为明之南京吏部郎中的徐必达已难从政府藏书中获取初刻图，而只能通过偶然的机会从嘉靖初年任职于山东巡抚的王尧封居所得见《海防一览》。[①]因此，对清代雍正时期的摹绘者来说，看到初刻图的概率就更低了。

---

① 吴廷燮：《明督抚年表》卷4《山东》，第383—384页。

图 4 《筹海全图》(局部)

在《海防一览》《乾坤一统海防全图》中,《筹海全图》摹绘者选择了《海防一览》。通过《筹海全图》的图记"此海诸山最多,小图不能悉载",可以获悉该图是缩略图。这条图记还与《海防一览》第八幅图上的图记完全相同。因此,《筹海全图》摹绘本应是《海防一览》。从《筹海全图》图记的改动可进一步判断。摹绘者除将《海防一览》"国初"、"太祖"与

"倭寇"分别改为"明初"与"贼"或"海贼"外，其余内容几乎与《海防一览》相同。这说明《筹海全图》摹绘于清代，还进而说明摹绘底本就是《海防一览》。更为重要的是《筹海全图》几乎全部沿袭《海防一览》中绘制不全面，甚至错误的建置。

兹以《海防一览》与《筹海全图》海南岛上绘制的地物为例（表3）。

表3 《筹海全图》与《海防一览》海南岛地物对比

序号	《海防一览》	《筹海全图》
1	感恩县	感恩县
2	崖州	崖州
3	古镇州	古镇州
4	昌化县	昌化县
5	儋州	儋州
6	临高县	临高县
7	澄迈县	澄迈县
8	琼州府	琼州府
9	神应港	神应港
10	芝宇港	芝宇港
11	东营港	东营港
12	会同县	会同县
13	定安县	定安县
14	文昌县	文昌县
15	生黎	生黎
16	大五指山	大五指山
17	万州	万州
18	陵水县	陵水县
19	黎停洞	黎停洞
20	大洞天	大洞天
21	小洞天	小洞天
22	鹧鸪洞	鹧鸪洞
23	清澜所	
24	长墩巡司	

在 24 个地物中，两者完全相同的共 22 个，不同的仅有清澜所、长墩巡司。这与《乾坤一统海防全图》对《海防一览》改动之多形成鲜明对比。此亦证明，《筹海全图》摹绘本确实是《海防一览》而非《乾坤一统海防全图》。

《筹海全图》海南岛上的长墩巡司，在万州西 30 里处，乾隆四年（1739）移至该州西 90 里的大寺墟。①然而，图中万州与长墩巡司的相对位置，与嘉靖四十一年（1562）刊刻的《筹海图编·广东沿海山沙图》中这两处地名位置相同。因此，《筹海全图》摹绘下限为乾隆四年前。图中清澜所置废的时间下限，则可往前推至雍正三年（1725）前。清澜所，洪武二十四年（1391）建，②雍正三年（1725）四月裁。③但在《筹海全图》中，清澜所仍在。至此，结合中国国家图书馆的考订，可将其摹绘时间限定在雍正元年至三年（1723—1725）间。

总之，在明之万里海防图中，绘制较早的是初刻图。④因绘制早，且又有直接或间接受其影响而摹绘的系列海防图，诸如《海防一览》《乾坤一统海防全图》《筹海全图》。这些图与初刻图遂一起构成明之万里海防图中的初刻系。

---

① 《（道光）广东通志》卷 134《建置略十》。

② （明）李贤：《大明一统志》卷 82《琼州府》，三秦出版社，1992 年影印天顺五年内府刻本，第 5062 页。

③ 《清世宗实录》卷 31，雍正三年（1725）夏四月壬申条，中华书局，1985 年，第 468 页。

④ 据《筹海图编·凡例》列举郑若曾所参考的舆图中，有侍郎钱邦彦的《沿海七边图》。虽然今天已无从得见，但从名称上看，其应是反映明之万里海疆的舆图。因这里所谓的"沿海七边"，应指广东、福建、浙江、南直隶、山东、北直隶、辽东等七个地区。果真如此，实际上就相当于《海防一览》中的明之沿海区域。从绘制时间看，郑若曾和唐顺之亦参考此图。钱邦彦，嘉靖三十七年（1558）十二月由南京大理寺卿升为南京右侍郎（《明世宗实录》卷 467，嘉靖三十七年十二月庚申条，第 7869 页）。至嘉靖四十三年（1564）三月，又从南京刑部右侍郎升迁刑部左侍郎（《明世宗实录》卷 532，嘉靖四十三年三月庚申条，第 8657 页）。这 7 年间郑若曾共编绘两套《万里海防图》。一是嘉靖三十九年至四十年间（1560—1561）缮造的 12 幅的沿海图，另外就是嘉靖四十一年（1562）《筹海图编》中 72 幅的沿海山沙图。而钱氏绘制时间，应为嘉靖三十七年（1558）十二月升任南京右侍郎后，至嘉靖四十年（1561）十二月郑若曾撰《刻筹海图编引》前。不过，在后人看来，郑若曾和唐顺之的海防图不是摹绘或编纂而是"缮造"。这说明在钱氏地图之上，这 12 幅的沿海图亦有独到之处。不然，胡宗宪也不会为之惊异。种种情况表明，郑若曾、唐顺之缮造的海防图，是有其摹绘本流传至今，且有实物可辨的较早的海防图。

三 初刻系特征与思想

初刻系能成为一个图系，不仅因为在时间上这些图具有先后的承接性，而且在内容上还有作为图系可辨认的共同特征，以及隐藏在这些特征背后绘图者的思想与该思想的继承性。只有这样，才能称为一个相对完整的图系。

虽然初刻系各图之间存在这样或那样的差别，但从能经眼的《海防一览》，及以其为底本改绘的《乾坤一统海防全图》《筹海全图》，仍可识别出共有的特征。首先，图之北部有突兀海中的三个半岛与控遏海洋险要的十个岛屿。诚如徐必达在《乾坤一统海防全图》中所言："十洲三岛，宛然在目。"所谓"三岛"，指雷州半岛、山东半岛与辽东半岛。雷州半岛，广东西路高、雷、廉三府的海防前沿，嘉靖三十二年（1553）往此移驻官兵更番防御。[①] 山东半岛，日本贡道所经之地，自然是倭寇入侵之所。明初于此设置巡海副使、备倭指挥，以靖一方。[②] 辽东半岛，密迩京畿，既防女真，又御倭寇。京师东北之安危，实系于此一隅。[③] 至于十个岛屿，虽然不像其他三个半岛明显地突兀海面，但仍可借助图记以资辨别，其是海南岛、硇洲岛、望岗澳、北津港、第一角海、南澳彭山、南日山、琉球岛、舟山群岛、崇明岛。海南岛与雷州半岛，同为广东西路之屏障。[④] 硇洲岛，在高州、雷州两府的交界处，控御诸番进入两府之南洋面的海道。[⑤] 望岗澳、北津港，均为新宁县南面之门户。[⑥] 第一角海，明于其上置香山县，

---

① （明）郑若曾：《海防一览》第一幅正南向图记，嘉靖辛酉编摹本；（明）徐必达：《乾坤一统海防全图》正南向图记，万历三十三年（1605）改绘本。

② （明）郑若曾：《海防一览》第十一幅东向之《山东预备论》图记，嘉靖辛酉编摹本；（明）徐必达：《乾坤一统海防全图》正东向之《山东预备论》，万历三十三年（1605）改绘本。

③ （明）郑若曾：《海防一览》第十一幅东向之《辽东军饷论》图记，嘉靖辛酉编摹本；（明）徐必达：《乾坤一统海防全图》正东向之《辽东军饷论》，万历三十三年（1605）改绘本。

④ （明）郑若曾：《海防一览》第十一幅东向之《山东预备论》图记，嘉靖辛酉编摹本；（明）徐必达：《乾坤一统海防全图》正东向之《山东预备论》，万历三十三年（1605）改绘本。

⑤ （明）郑若曾：《海防一览》第二幅正南向图记，嘉靖辛酉编摹本；（明）徐必达：《乾坤一统海防全图》正南向图记，万历三十三年（1605）改绘本。

⑥ （明）郑若曾：《海防一览》第二幅正南向图记，嘉靖辛酉编摹本；（明）徐必达：《乾坤一统海防全图》正南向图记，万历三十三年（1605）改绘本。

实为南面海疆之咽喉。^①南澳彭山，在广东、福建两省海洋交汇处，为倭寇与诸番停泊之所，堪称要害之地。^②南日山，位于平海卫之东。明初，于此设南日水寨，北控南茭、湖井之险，南阻眉州、岱坠之扼，后沦为倭船寄泊之地。^③琉球群岛，倭寇入寇福建所经之路。^④舟山群岛，宁波、绍兴两府之门户，倭寇入侵浙西之所经。^⑤崇明岛，常州、镇江、扬州、淮安四府为南京、中都之屏障，而崇明实为四府之外围。^⑥这些沿海及海洋上的岛屿，是倭寇侵入沿海及陆地的所经之处，自然受到初刻系绘制者的关注。

其次，位于"十洲三岛"之下的沿海各省，尤其是广东、福建、浙江、南直隶四省区陆地的建置，均不同程度地绘在图上。在广东，包括高雷廉三府之全部、肇庆府治以南、三水县—广州府治—增城县—龙门县一线以南、河源县—龙川县—长乐县一线以南、饶平县以南的广大区域。在福建，包括鹫峰山—戴云山—博平岭一线以东的福宁州、福州府、泉州府、漳州府的全部地区。在浙江，除衢州府外，其余十府都在其中。从濒海的嘉兴府、杭州府、绍兴府、宁波府、台州府、温州府，至陆上的湖州府、金华府、处州府，乃至与安徽交界的严州府。在南直隶，已深入运河以西应天府的六合县、凤阳府的天长县。其中的原因，从嘉靖三十一年至四十年（1552—1561）间，倭寇入侵沿海的区域可以获知（表4）。

表4　嘉靖三十一年至四十年倭寇入侵广东福建
浙江南直隶区域[*]

时间	广东	福建	浙江	南直隶
嘉靖三十一年			瑞安县 黄岩县	

① （明）郑若曾：《海防一览》第三幅正南向图记，嘉靖辛酉编摹本；（明）徐必达：《乾坤一统海防全图》正南向图记，万历三十三年（1605）改绘本。
② （明）郑若曾：《海防一览》第四幅正南向图记，嘉靖辛酉编摹本；（明）徐必达：《乾坤一统海防全图》东南向图记，万历三十三年（1605）改绘本。
③ （明）郑若曾：《海防一览》第四幅正南向图记，嘉靖辛酉编摹本；（明）徐必达：《乾坤一统海防全图》东南向图记，万历三十三年（1605）改绘本。
④ （明）郑若曾：《筹海图编》卷2《日本岛夷入寇之图》，嘉靖四十一年胡宗宪刻本。
⑤ （明）郑若曾：《海防一览》第八幅正东向图记，嘉靖辛酉编摹本；（明）徐必达：《乾坤一统海防全图》正东向之《舟山论》，万历三十三年（1605）改绘本。
⑥ （明）郑若曾：《海防一览》第九幅正东向图记，嘉靖辛酉编摹本。

续表

时间	广东	福建	浙江	南直隶
嘉靖三十二年			海盐县 杭州府 宁海县	嘉定县 六合县 太仓州 上海县
嘉靖三十三年	潮州府		嘉兴府 嘉善县 萧山县 临山县 上虞县 仙居县 湖州府 归安县	崇明县 昆山县 苏州府 常熟县 吴县 松江府
嘉靖三十四年		莆田县	平湖县 崇德县 富阳县 于潜县 昌化县 严州府	无锡县 天长县 南京 仪真县 通州 泰州 扬州府
嘉靖三十五年		福清县 福宁州	慈溪县 桐乡县 天台县	江阴县 常州
嘉靖三十六年		福州府 连江县		
嘉靖三十七年	揭阳县 饶平县	兴化府 惠安县 泉州府	台州府 温州府	
嘉靖三十八年	潮阳县	福安县 南靖县 龙岩县	泰顺县	
嘉靖三十九年		平和县 宁德县 福清县 永福县		
嘉靖四十年		漳州府 安溪县 长泰县 龙安县 诏安县 宁化县		

　　*该表年限为嘉靖三十一年（1552）至四十年（1561）间。嘉靖三十一年是嘉靖中后期倭患沿海的起始年，嘉靖四十年倭患已入尾声。这十年间倭患严重的区域是浙江、南直隶、福建、广东四省区。另外，表中的行政建置来源于《明实录》《明史》《筹海图编》《东西洋考》等史料。需要说明的是，本表设计的目的只是考察倭寇入侵的地区，以研究《海防一览》等图绘制出这些行政建置的原因。所以，凡是前一年遭受侵扰的地区在以后各年出现的，均不再统计。

　　虽然这些零星战事波及的区域，并不能涵盖《海防一览》等图上所有陆上的行政建置，但从表中位于陆地最深处的建置，仍可分析这些舆图绘制者的目的。广东省的饶平县，是图中所绘潮州府最北的一个县，亦是倭寇侵入该府腹地的极限。福建省汀州府的宁化县，无论在《海防一览》，还是在《乾坤一统海防全图》，抑或在《筹海全图》上均没标绘，但位于福建、江西接界处的位置，足以说明既然这里已受倭寇，那么其东的福建滨海各府、州、县亦应无能幸免。浙江省的严州府与杭州府昌化县，为倭寇西入该省的极限。南直隶的南京、六合县、天长县，为倭寇西进这里的极限。这些极限之地表明,《海防一览》等图是嘉靖壬子之变以来倭寇残掠沿海惨况的再现,亦是绘图者"毋复令后人之恨今"的历史警示与现实关怀。这是郑若曾、唐顺之与徐必达等人缮造、摹绘这些舆图的目的所在,亦是初刻系区别于其他图系的显著特征。

最后,海洋中的岛屿与陆地上的建置使每幅图都有较长纵幅,陆上以浙江为最。广东从西洋中的赤土(今柬埔寨)至陆上饶平县(今饶平县三饶镇),[①]福建从大琉球至古田县(今古田县),浙江从舟山群岛至昌化县(今杭州临安区昌化镇),南直隶从日本列岛至六合县(今南京六合区),山东从朝鲜至青州府(今青州)。赤土诸番,事关广东西路海防的安全。从此往东至辽东半岛的大部分海域,是倭寇经常出没之所。因此,与南直隶相对的日本列岛,以及倭寇分路入侵沿海所经之地的大琉球、舟山群岛、朝鲜半岛等均标在图上。[②]至于浙江陆上的纵深图幅,因嘉靖时期浙江是倭患最严重的地区,"受害浙最剧,次南直,次闽,又次粤"。[③]这亦解释了在浙江、南直隶、福建、广东等省图上,不同程度地绘出陆上行政建置的原因。

这些从上而下依次排列的海外各国、海洋中的岛屿、突兀海岸的半岛,以及位于沿海与陆上的建置,显然是绘图者精心布局的结果。葛兆光先生认为这种"海上地下"的绘图原则反映了郑若曾"内华夏而外夷狄"的思想。[④]然而,目前所能见到的明之万里海防图,基本上是按照此原则进行的布局。所以,这只能是一种通则。但就初刻系所反映的海防思想而言,还需结合系列图,尤其是初刻图的作者进一步发掘。

初刻图已散佚,郑若曾又没留下此图的详细记载,所以借助该图研究其海防思想已不太可能,那么唐顺之及其作品就成为探研这方面思想的珍贵线索。虽然唐顺之在完成初刻图之前已经去世,但从他任南京兵部主

---

① (明)张燮著,谢方点校《东西洋考》卷 2《暹罗》,中华书局,1981 年,第 31 页。

② (明)郑若曾:《筹海图编》卷 2《日本岛夷入寇之图》,嘉靖四十一年胡宗宪刻本。

③ (明)赵文华:《赵文华平倭奏疏》,美国国会图书馆藏嘉靖三十四年刊本;(明)茅瑞徵:《皇明象胥录》卷 2《日本》,王有立主编《中华文史丛书》,华文书局,1969 年,第 128—129 页。

④ 葛兆光:《宅兹中国:重建有关"中国"的历史论述》,中华书局,2011 年,第 116—122 页。

事，历经职方员外郎、职方郎中、太仆寺少卿、通政司右通政，直至右金都御史的沿海履历看，[①]他有应对倭寇的丰富经验，故《明史》本传称其"捍御得宜"。[②]郑若曾则不过一介书生。[③]从此判断，初刻图一定蕴含着唐顺之的海防思想。诚如郑若曾本人记载，"（唐顺之）谓（郑若）曾'宜有所述，毋复令后人之恨今也'"。这既是一位长者对一位后学的谆谆教导，又有对他的殷殷期望。这套图"宜有所述"的体例已无从获悉，但按照图籍编纂的通例，其体例早应在该图绘制之初就已完成。

在唐顺之的著述中，[④]比较能体现其海防思想的是《重刊荆川先生文集》等。这经历了从无到有、从有到完善的过程。倭患刚起之时，他并不认可明初的备倭体制，而新的海防思想尚未形成，"祖宗时备倭规制，沿海屯田水寨诸法漫然无迹可考矣。故西北诸边莫急于振旧废，东南海莫急于定新规。此其大较也"。[⑤]不过不久，唐顺之就认识到海上备倭的重要性。[⑥]嘉靖三十七年（1558）年末，遂提出备倭方略，"非御之于海，则不能制其冲突"。[⑦]至嘉靖三十八年（1559）七月，他在一份奏折中则明确提出完善的海防思想：

一、御海洋。照得御倭上策，自来无人不言御之于海，而竟罕有能御之于海者，何也？文臣无下海者，则将领畏避潮险不肯出洋；将领不肯出洋而责之小校，水卒则亦躲泊近港不远哨。是以贼惟不来，来则登岸残破地方，则陆将重罪而水将旁观矣。

一、固海岸。照得贼至不能御之于海，则海岸之守为紧关第二义。贼新至饥疲，巢穴未成，击之尤易，延入内地，纵尽奸职，所损多矣。然自来沿海戍守莫不以拥城观望，幸贼空过，谓可免罪而不顾

① 《明世宗实录》卷483，嘉靖三十九年四月丙申条，第8061—8062页。

② 《明史》卷215《唐顺之传》；（明）许重熙：《嘉靖以来注略》卷5，明崇祯六年刻本。

③ （明）郑若曾：《筹海图编·胡松序》，嘉靖四十一年胡宗宪刻本。

④ 唐鼎元：《唐先世著述目录》，1931年铅印本；唐鼎元：《唐荆川公著述考》，1948年铅印本。

⑤ （明）唐顺之：《重刊荆川先生文集》卷8《与胡梅林总督》，明万历刊本。

⑥ （明）唐顺之：《重刊荆川先生文集》卷8《白伯伦仪部》，明万历刊本。

⑦ （明）唐顺之：《新刊荆川先生外集》卷2《阅视军情首疏》，明万历刊本。

内地之残破。内地戍守亦幸贼所不到，而不肯策应沿海。

一、图海外。臣所谓图海外者，如招赦逋、宣谕日本二事。①

这可以概括为两方面。第一，建立从海洋经沿海至陆上的多层次协同防御，亦即文中的"御海洋""固海岸""顾内地"，以及三者之间的彼此策应。第二，杜绝威胁沿海与陆地之源，即文中的"图海外"。前者的提出，是基于海洋与沿海、沿海与内地彼此相互旁观、不相救援的实际情况。后者则希望明廷招抚逃亡海岛的居民，同时积极展开对日贸易。这种军事防御与经济贸易相结合的海防思想，寄托了绘图者经略海疆的现实情怀。

这在《海防一览》中得到切实反映。日本、朝鲜、赤土诸蕃等与"图海外"相对应，众多岛屿与"御海洋"相对应，分列在沿海及内地的建置与"固海岸""顾内地"相对应。因此，可以肯定地说，初刻图及其底本《海防一览》等，就是在这些海防思想指导下绘制的产物。

万历三十三年（1605）的《乾坤一统海防全图》，是否因受这些思想影响而摹绘？徐必达，万历二十年（1592）进士，天启（1621—1627）之前知溧水县，累仕至南京吏部考功郎中。②在改绘《乾坤一统海防全图》之前，他应是有机会看到嘉靖四十一年（1562）郑若曾编纂《筹海图编》中的《万里海防图》、万历十九年（1591）宋应昌的《全海图注》等，但却选择当时不易获取的《海防一览》。他一定为该图的特点所吸引。

《乾坤一统海防全图》图识有详细记载。万历二十年（1592）日本出兵朝鲜所造成的海疆危机，刺痛着以经国济世为己任的徐必达，③这自然引起其对嘉靖时期东南倭患惨状的追忆："独不闻嘉靖时东南被倭最酷？"令之动容的是《海防一览》的绘制内容，"所经画海外者至详""博不泛，约不简，十洲三岛，宛然在目"。这三者结合起来，不正是唐顺之"图海外""御海洋""固海岸""顾内地"等思想的再现？

虽然至今仍不清楚雍正初年《筹海全图》的摹绘者，但其选择明代其

---

① （明）唐顺之：《新刊荆川先生外集》卷2《条陈海防经略事宜疏》，明万历刊本。
② 《明史》卷292《徐世淳传》。
③ 《（崇祯）嘉兴县志》卷13《人物志》。

他万里海防图作为摹绘本的概率应比徐必达的更大。最终，这位摹绘者还是选择了《海防一览》。这说明唐顺之、郑若曾的海防思想，没有随着朝代的更迭而在人们的心目中消失，反而成为后人追忆并筹划海防的重要理论来源之一。

（原文刊于《社会科学战线》2017 年第 1 期，第 95—108 页）

历史人类学视域下的区域历史研究刍议

——以宁夏家族史研究为例

王晓霞

一 区域史研究中多学科融合已成为一大趋势

历史研究自 20 世纪中后期"新史学"发展以来，研究的眼光就不断从重大政治事件转向广阔的社会空间，研究的视角也在不断"下移"。由于研究视角的转换，历史研究的中心落在了区域社会上。而区域社会一直以来是人类学、社会学关注的核心，历史学、社会学、人类学在区域研究中汇聚，使得区域研究中多学科融合成为必然。著名人类学家格尔茨阐释人类学所提倡的"地方性知识"概念也在提醒人们，在不断趋同的"全球化"进程中，寻找和理解文化的多样性和"本土性"是现代也是后现代的不懈追求。目前学术界关于区域研究从大区域到小区域均显现出一定的特色。如在大的区域研究中，以陈春声、刘志伟、萧凤霞、科大卫等学者为代表的华南社会研究异军突起，其切入点为华南的宗族与民间信仰，这也符合华南地区的地域社会特征，而行龙、赵世瑜、杨念群等学者则关注了华北等区域社会的城乡与民众生活。这些大的区域研究的繁荣使得学术界有了"华南模式""华北模式""西南模式"之分。中、小区域的研究则集中于具体城市（如北京、上海城市研究）或乡村与聚落研究等，[①]成果也同样丰硕。

各学科在研究区域社会时又体现出不同的兴趣与取向。民族学（人类学）关注区域社会的出发点是"文化"以及"文化表征"（仪式、符号、习俗等）所表达的意义与象征。历史研究更多关注的是区域社会的纵向发展历程，以某一区域，或以某事件、人物为中心的历史与变迁是其最核心的内容。总之，多学科的融合研究，其最终目标在于能够立体而丰富地展示出一个区域"整体性"的历史文化图景，从而避免单一学科在解释历史或文化现象中的困境。这也是历史研究发展过程中更加注重"历时性"与"共时性"的统一，以及民族学（人类学）更加强调"地点感"和"时间序列"重要性的结果。[②]到20世纪六七十年代后，随着历史学与民族学（人类学）走得越来越近，"历史人类学"概念由此产生并逐渐成为区域社会研究的新研究方法或途径。

二 历史人类学：一种方法抑或视角

历史人类学自形成以来，关于其学科属性等问题就一直处于争议之中。不同学科都试图从自身学科研究取向出发对历史人类学进行界定，但又不愿意将其边界做过分清晰的划定。历史学界将其作为历史学抛开一直以来的"自上而下"视角和以政治叙事为核心的趋势，走向了"自下而上"的社会层面以及以经济、社会、文化等内容为主的研究趋势，并认为是回归了历史的全面而真实的结果。而在民族学（人类学）看来，历史人类学的形成是人类学发展中进行自身反思，并力图发掘"文化"背后的社会、经济和政治的变化过程的结果。

无论是从历史学的发展还是人类学的反思中产生了历史人类学，历史人类学一经形成，就将其研究的基点定在了底层的社会空间。在这一空间中，历史不再"宏大"而"长时段"，反而充满了"碎片"，普通人群的生活日常、习俗、宗教仪式等都成为历史人类学关注的重要内容。[③]而历史

---

① 姜明、吴才茂、杨春君：《区域社会史概论》，西南交通大学出版社，2015年，第27页。

② 姜明、吴才茂、杨春君：《区域社会史概论》，第30页。

③ 常建华：《社会生活的历史学：中国社会史研究新探》，北京师范大学出版社，2004年，第117页。

人类学作为一种多学科融合下的研究视角和研究方法也是目前学术界对其较为多见的一种看法。

作为一种研究方法或视角，其核心在于对新文献的吸收和对已有文献的重新解读或阐释。历史学在借鉴吸收民族学（人类学）或社会学研究方法中，一方面通过田野调查和统计等方法获取更多证明或阐释这一历史变迁过程的"新史料"，而另一方面，就是借鉴人类学建构的理论来阐释历史文化现象。

将新文献纳入历史研究的视野是"新史学"发展以来的必然结果。史学研究开始向多层次、多方面的综合考察和整体把握上靠近后，极大地开拓了历史研究的领域，尤其到 20 世纪 70 年代末至 80 年代，历史学开始突破经济、社会、文化研究的结构主义模式，开始吸收社会学、人类学、符号学等学科的研究方法，着重研究象征、语言等，并逐渐形成一种新的研究范式，被称为历史研究的"语言转向"或"文化转向"。因此，原有的史学方法显然已经不能应对，新史学也主张历史学应该向社会学和人类学等相邻学科学习。历史研究方法上除了充分利用传统史料外，新的资料文献也开始纳入到历史研究的视野，书写材料、社会调查资料、统计资料，与文化相关的报刊、诗词歌赋、传说歌谣等都成为史料，这也是对传统史学研究方法的一次重大革新。

对文献的重新解读与阐释，必须借助新的理论方法，人类学自产生以来形成的各流派及其理论体系都为解读和阐释历史文献提供了有利的条件，也给历史在考证与叙述之外拓展出了很大的文化阐释空间。刘志伟在研究珠江三角洲的社会经济史过程中就发现"历史学学者很自然会从这种流动性去追寻这些概念所表达的社会关系的历史，会关注到这些概念在历史中如何形成和演变；而人类学的传统会引导我们注意这些概念体现的权力关系和社会文化结构。人们如何在特定结构中形成这些概念，从概念的流动性去解释社会和文化的复杂结构"。[①] 可以说，在历史人类学的视域下，无论是传统文献、档案还是各种"新资料"，都在理解和阐释社会历史中"活"起来，将"文本"置于历史情景中去理解并寻找其背后的关系是历史人类学研究的重要旨趣。

---

① 刘志伟：《在国家与社会之间：明清广东地区里甲赋役制度与乡村社会》，中国人民大学出版社，2010 年，第 219 页。

三 区域史研究中的历史人类学方法运用：以宁夏家族史研究为例

从目前区域社会历史研究来看，历史人类学方法的运用的确对解决区域研究中的问题产生了很大的促进作用。通过地方文献或民间资料（碑刻、田契、族谱等），历史学家与人类学家都从中获得了不同视角的发现和解读，这种视角的交融与转换使得一些传统史学命题在新的方法论框架下被重新加以解释，突破了只有实证主义式的历史学的分析框架。笔者以宁夏近现代区域历史中的家族史研究为例，对历史人类学方法在其中的运用及其问题进行探究。

家族是中国传统社会的重要构成单位，也是理解中国传统社会，尤其是区域社会的重要窗口。家族或宗族研究（尤其是汉族家族研究）在学术界方兴未艾，有关家族的研究成果亦硕果累累。相较于近些年家族（或宗族）成果丰硕的华南等区域来说，宁夏地区的家族研究还非常薄弱，这与宁夏地区的宗族历史发展状况以及地域文化差异有很大关系。宁夏的家族研究起步于 20 世纪 80 年代以来，对曾经执政宁夏的马鸿逵家族资料的整理。高树榆的《马鸿逵演义》[1]将马鸿逵的一生及其家族在宁夏的活动进行了展现；宁夏政协文史资料研究会编的《宁夏三马》[2]则以曾经随同并且亲历了宁夏三马的当事人的回忆为主，内容涵盖了马福祥及其侄马鸿宾、其子马鸿逵的发迹过程及其在宁夏的执政经历。近年来围绕马鸿逵家族又有张树林、张树彬所著的《马鸿逵传》[3]和丁明俊所著的《马福祥传》[4]以及王正儒所著的《马福祥》[5]三部传记著作，虽属传记但均以翔实的历史资料作为支撑，具有较高的学术价值。

近年来，家族研究也引起了历史学、社会学、政治学、民族学等多学科的广泛参与。运用民族学（人类学）等方法进行宁夏家族相关的研究成

---

① 高树榆：《马鸿逵演义》，宁夏人民出版社，1983 年。
② 宁夏回族自治区政协文史资料研究委员会：《宁夏三马》，中国文史出版社，1988 年。
③ 张树林、张树彬：《马鸿逵传》，宁夏人民出版社，2010 年。
④ 丁明俊：《马福祥传》，宁夏人民出版社，2001 年，第 1 页。
⑤ 王正儒：《马福祥》，人民日报出版社，2012 年，第 7 页。

果要数许宪隆的《三代人与三个时代的对话：近现代陕甘宁青回族家族社会研究》，[①]该书以天水吴氏、灵武王氏、岐山马氏和西安乌氏四个家族作为代表，对其家族兴衰与地方社会变迁做了深入研究，其中对灵武王氏家族的关注是有关宁夏家族研究的切近之作。近年来也有一些文章以宁夏地方家族为个案从不同角度进行了分析和解读，如张同基的《纳家户透析：回族农村宗族与家族发展态势》[②]分析了纳氏宗族源流以及家族的演变过程。杨文笔的《传统乡村回族的家族与时代变迁——以红岸村杨氏族人为例》[③]一文中以红岸村杨姓族人为例，分析了乡村回族家族表达认同的不同方式，并分析了西北乡村回族的无宗族特性的深层原因。

　　总体来看，民族学（人类学）、社会学等学科对家族问题的关注，以"认同"与"变迁"理论对宁夏家族问题研究较多，也大大拓展了该领域研究的思路与视野，但整体上宁夏家族研究还非常薄弱。由于宁夏地区历史上不是中国宗族社会或宗族文化发达的区域，家族研究所需要的地方史志资料相较于东南及其他区域都要稀少，家谱、宗祠、碑刻等民间资料相对更少，宁夏家族研究的困难也是明显的。因此，宁夏家族研究中，历史人类学方法的运用显得极为迫切和必要，需要从一些文人笔记、报刊资料、地方人物口述资料以及田野考察与民间访谈中获得研究的资料，而田野中获取的资料更需要从历史人类学的视角去分析与阐释。

　　具体到宁夏家族研究中，笔者在研究清末以来的宁夏区域社会时关注到，田野调查不仅可以补充家族研究的相关资料，更重要的是某一家族资料的缺失本身也可以说明一些区域社会历史问题。例如，笔者研究的宁夏河东同一地域内的两大家族，H姓家族的历史一直受到地方文史资料的关注，家族后人口述及该家族事迹整理文献也较多，而D姓家族在历史地方文史资料中绝少提到。后来通过不断的田野调查和访谈发现，在民国时期，这两大家族在该地均是势力相当的大家族，无论是在区域政治、教育、商贸还是宗教事务中，两大家族几乎都是同时出现，并且都是该区域的重要

---

① 许宪隆：《三代人与三个时代的对话：近现代陕甘宁青回族家族社会研究》，民族出版社，2009年。
② 张同基：《纳家户透析：回族农村宗族与家族发展态势》，《回族研究》1998年第3期。
③ 杨文笔：《传统乡村回族的家族与时代变迁——以红岸村杨氏族人为例》，《回族研究》2013年第2期。

社会力量。改变两大家族命运的是宁夏解放前后的政治变动，D 姓家族由于紧紧追随当时执政宁夏的马鸿逵家族，随着马鸿逵家族逃往台湾，D 姓家族开始成为历次政治运动批判的对象，家族在解放后迅速没落。而 H 姓家族则在宁夏解放前后积极迎接解放军，后来又积极支援国家和地方建设，成为著名"义商"和"民主人士"。

从家族历史研究的角度看，我们需要完善家族史料，尤其是上述 D 姓家族的史料，必须回到田野中，通过大量细致的田野调查，以及与相关家族后人核实才能够让其重新回到历史的视野当中。补充和完善因为政治等因素影响而从文献记载中消失的历史，这对于区域历史的研究同样重要，这不仅仅是史料的补充，更主要的是对客观历史事实的尊重。

史料的补充只是家族研究的一个方面，而更重要的是透过田野"文本"和家族历史的重构过程，我们回到历史的"场景"中再次看家族历史背后的"关系"问题。赵世瑜就区域社会史研究指出，历史学者在其中的工作就是发现和建立联系。① 透过前文所述两大家族历史，我们会发现其背后宏大的中国近现代历史变迁场景及"国家"与"地方"之间的关系、地方政治上层与地方社会重要阶层之间的关系，以及这些阶层在政治变动中的自我选择与结局等。我们也因此能够领会萧凤霞所说的"了解深藏在档案文献和社会文化志中的叙事结构和权术操弄"② 和人类学家费尔南德斯在西班牙山区村庄的研究中，"体现在一所房屋的钥匙的意义如何通过某个事件在个体意识中逐渐显现，以及这些深刻的意义如何扎根在广泛的社会文化情景和长时段的历史过程中"。③

结　语

对于历史人类学所追求的多学科融合，其所运用的所有方法或途径

---

① 赵世瑜:《在中国研究：全球史、江南区域史与历史人类学》,《探索与争鸣》2016 年第 4 期，第 81—85 页。

② 萧凤霞:《跨越时空：二十一世纪的历史人类学》,《中国社会科学报》2010 年 10 月 14 日，第 11 版。

③ 〔美〕大贯惠美子:《作为自我的稻米：日本人穿越时间的身份认同》，石峰译，浙江大学出版社，2015 年，第 4 页。

最终目标在于研究与人或人群相关问题的最终解决，力图更完整或立体地表达出总体历史的面貌。由以上分析可以看出，历史人类学方法运用于区域史研究，一方面是对传统史学研究方法中"文献"与"史料"问题的突破，使一些新资料纳入史学研究的视野。另一方面，在运用民族学（人类学）理论对文献、资料进行解读与阐释的过程中，由于充分考虑到了资料所展示的历史背景与社会关系，因而其阐释的空间也大大拓展，使得最终展现出来的结果比单纯民族学（人类学）或单纯历史学研究体现出的结果更为丰满而立体。从这一层意义而言，历史人类学不是"历史学"与"人类学"简单相加的结果，而是实现了"一加一大于二"的效果。当然，历史人类学在研究区域问题时所面临的挑战仍然存在，比如，地方史志资料的缺失、民间文献资料的抢救性保存以及田野口述资料的核实等问题都影响着区域历史研究的完整性和对相关问题的深度解读。

（原文刊于《宁夏大学学报》2017 年第 6 期，第 84—86 页）

人口、商贸与政治：民国初期宁夏吴忠堡城市发展探究

王晓霞

  吴忠堡地处宁夏平原中部、黄河以东，是明、清两代灵州所辖堡寨之一，也是历史上的古灵州所在地。[①]明代因黄河水患，古灵州城址经三次迁徙，最终定址于今宁夏灵武市，原古灵州之地成为明代军屯设置的堡寨之一，其堡名来源于当时在此军屯的堡长"吴忠"之名。明代吴忠堡虽然已不是区域政治中心，但由于地处宁夏中部黄河东岸的引黄灌溉平原区，开凿于两千多年前的秦渠、汉渠浇灌着这片肥沃的土地，使其成为宁夏平原的精华地带。清代以后，吴忠堡仍为灵州所辖三十六堡之一，随着社会的稳定和人口的增加，吴忠堡发展迅速，成为宁夏河东平原重要的经济重心，有恢复古灵州盛世之气象。但清后期绵延十余年的西北战乱使吴忠堡遭受重创，不仅人口损失严重，城市也几乎成为一片废墟。

  清末至民国初期，吴忠堡逐渐从萧条中恢复，而且发展势头迅猛，从清末至民国初年的三四十年时间里，吴忠堡由灵武县下辖的一个堡发展成为灵武县唯一的镇级建制，至20世纪三四十年代，吴忠堡一跃成为宁夏河东的商贸重镇，繁华程度仅次于省城银川。一时间商贾云集，政要汇聚；灵武县的行政、交通、邮政、银行等机构也纷纷在吴忠堡开设分支机构；吴忠堡的街区不断扩充，开始以一个现代城市的面貌发展起来。1950年，

---

① 目前学术界、考古界研究认定，灵州故址位于今吴忠市利通区古城湾附近。

吴忠镇从灵武县析出成立吴忠市，1953 年至 1958 年，吴忠、灵武、金积、同心合并成立河东回族自治区（1955 年改为吴忠回族自治州），州政府设在吴忠，1958 年，宁夏回族自治区成立后，三县分设。之后宁夏分为四个地级监察区，吴忠成为银南地区行署所在地。发展至今，吴忠不仅成为一座地级市，也是宁夏具有民族风情和现代商业活力的重要城市之一。

吴忠由"堡"向"城"发展，清末至民国初期是一个重要时期，而由其发展来看，人口增加，尤其回族人口在该地区的会聚、商贸业的迅速发展以及清末朝廷对该地区的治理等都对其城市发展产生了重要影响。本文以此三方面来探究清末以来吴忠堡城市发展及其演化过程，也试图进一步探讨区域社会发展中政治、经济与民族文化的联动关系。

一　清末以来吴忠堡人口的增加与回族的聚集

人口是城市发展的必备要素。近代以来东南沿海城市的快速发展就是最好的例证，通商口岸设立之后，商业的活跃吸引了大批人口的聚拢，而人口的增加又给城市发展提供了更多扩充的必要和可能性。民国初期吴忠堡的发展过程中，人口的增加，尤其回族人口的聚拢无疑是一个首要的因素。

依据《朔方道志》（1926）记载，灵武县总人口为 38173 人（含吴忠堡），金积县总人口为 36547 人。这两地人口加起来只相当于乾隆四十五年（1780）灵州总人口的四分之一，但这已经是清代后期以来该地区人口恢复发展的一个小峰值。到了 1940 年，灵武县总人口达到 81911 人（含吴忠堡），金积县（1963 年后并入吴忠县）总人口为 48911 人，人口开始快速增加。根据 1952 年回族人口占灵武县人口总数的 60.32% 来推算，[①] 民国时期吴忠地区回族比例应该不低于 60%。

吴忠堡在清末以来的人口增加，一方面是同治回民起义之后该地区人口逐步恢复发展的结果。另一方面，由于同治之后宁夏回族重新安置，尤其金积堡与吴忠堡原住回族有很大一部分迁置于固原郊区等地。到了民国

---

① 灵武市志编纂委员会：《灵武市志》，宁夏人民出版社，1999 年，第 71—72 页。

初年，随着政治形势的转变，回族开始向地理位置优越的崇兴寨、吴忠堡、金积堡等地迁移，大批迁置于固原等地的原吴忠堡、金积堡回族也开始返回故乡。这样，吴忠堡、金积堡等地不断有人口迁入，到了20世纪二三十年代人口迁移基本定型。吴忠堡、金积堡、崇兴寨等地在民国初期再次成为回族聚居地。

回族是一个善于经商的民族，在回族聚居的灵武县崇兴寨、吴忠堡及金积堡等地的经济与社会生活中都不约而同地体现出这一民族特性，在这些地区较为密集的集市分布与商贸业的活跃就是很好的证明。据记载，民国时期灵武县市集有四处"本城，列肆数十处，一四七日交易，崇兴寨，列肆十余处，二五八日交易，吴忠堡，列肆数十处，三、六、九日交易，横城，列肆十余处，逐日交易"。[①]这虽然较《乾隆宁夏府志》中所载，乾隆四十五年前后灵州境内有九处市集少了一些，但在这四个集市中，除横城外，灵武城、崇兴寨、吴忠堡三集市分列在四十里范围之内，足以说明这一带在民国初期已经再次恢复了人烟稠密的状况。其中崇兴寨和吴忠堡都是回族人口最集中的区域，集市设在此两地，与回族人口的汇集与商贸发展有很大的关系。

二 民国初期吴忠堡商贸业的兴盛

人口因社会稳定而增长，不断增长的人口规模又为社会繁荣提供了巨大动力。民国初期商贸业的兴盛是吴忠堡发展的重要现象，也成为吴忠堡由"堡"至"城"发展的第二大因素。

商业在中国传统社会被称为"末业"，但随着近代西方资本主义工商业的发展并不惜通过战争打开国门，设立通商口岸，推销工业化商品，到了清末，发展工商业已成为清王朝新政的重要内容。至民国初期，在孙中山倡导的"实业兴国"号召下，中国的民族工商业发展迎来了一个黄金期。商贸业如一股潮流般从上海、北京、天津等大城市向全国各地蔓延，即使是较为偏远的西北地区，也同样被这股商业浪潮席卷。

---

① 马福祥、陈必淮主修，王之臣总纂《朔方道志》，台北：成文出版社，1968年，第274、306页。

1923 年，京包铁路（又称平绥铁路）开通，包头成为西北货物转运中心，来自西宁、兰州、宁夏的牛羊皮、羊毛、羊肠、甘草、水烟、枸杞；新疆的葡萄干、吐鲁番棉花；内蒙古的苁蓉等都涌向包头转运，包头一时成为西北的一大市场。[①] 而早就有 "水旱码头" 之称的吴忠堡，借助秦坝关和古城湾两座码头及旱路交通也很发达的优越地理条件，很快成为宁夏及周边货物向包头转运的集散中心。在夏季通航期，大宗货物都会选择水路运输，来自兰州、武威等地的货物顺黄河集散在吴忠堡；进入冬季封河期，则主要依靠旱路，由平凉、天水、包头、盐池、宁夏的驮队云集吴忠，吴忠堡由此进入了一个商贸业繁盛时期。

随着吴忠堡商贸业的兴盛，灵武县各地的富裕商户纷纷在吴忠堡设立铺面，吴忠堡当时最繁华的十字街上店铺林立。在这些商铺中最早的要数清同治以后驻扎于金积堡、吴忠堡的董福祥家族、张俊家族开设的铺面以及到此经商的大批山西商人开设的铺面。民国以后，随着回族人口在吴忠堡的重新聚居，吴忠堡也崛起了一批回商大家族，当时有 "回商八大家" 之称，如："天成和" 李凤藻家、"万生财" 牛家、"永兴隆" 白家、"福顺安" 马家，以及灵武大寨子 "义顺源" 何义江家，"庆盛魁" 丁述祖家、灵武郭家桥 "振兴永" 马振邦家等（表 1）。

表 1　吴忠堡民国商业八大家及商贸经营情况

灵、吴回商	商号	1920—1940 年间	备注
李凤藻	天成和	流动资金在 20 万白洋以上；包头、绥化、吴忠等地有房产 200 多间、骆驼 200 余口	将西北地区的羊毛、皮张、甘草、发菜、枸杞等销往包头、天津等地，从天津采购布匹、棉花、绸缎、毛巾、鞋袜、肥皂、火柴、蜡烛等生活日用品及糖茶类副食品回宁夏销售
何义江	义顺源	流动资金在 20 万白洋以上；天津、吴忠两地有房产 180 余间、骆驼百余峰等	后改名 "巨源恒"
马月坡	福兴奎	资金 15 万元到 20 万元	
马汉武	福顺安	资金 10 万元到 15 万元	
马振邦	振兴永	资金 10 万元到 15 万元	后更名 "巨兴永"

---

① 包头市地方志史编修办公室、包头市档案馆：《包头史料荟要》第 7 辑，包头市档案馆印刷，1982 年，第 215 页。

灵、吴回商	商号	1920—1940 年间	备注
丁述祖	庆盛魁	资金 15 万元到 20 万元	
王兆瑞	兴盛魁	资金 10 万元到 15 万元	
马 顺	宣德堂	资金 15 万元到 20 万元	

资料来源：主要依据《吴忠文史资料》第 4 辑及张建芳《宁夏吴忠宗教文化与当代社会发展研究》（宗教文化出版社，2010 年，第 226 页）相关资料整理绘制。

除此之外，这时期吴忠堡还兴起了一批回族餐饮家族，如贾家、毛家、丁家等，回族小商小贩更是不胜枚举。据不完全统计，这一时期灵、吴两地的大小商行不下百十户。[①]从四周云集于吴忠堡的著名商人如何义江、李凤藻、马月坡等都在吴忠堡修建了大寨子，加上张俊等清末官员的府邸，到 20 世纪 30 年代，吴忠堡不仅成为商贸繁盛之地，而且也是地方名流会集之地，除省城之外，也算第二繁华地带。这一时期吴忠堡的社会面貌和新气象也在当时来宁考察的外国人、国内官员、文人眼里留下了别样的风景：

> 金积西北二十里为吴忠堡，乡间充满一股殷实气象，树林村落皆甚稠密，现为宁夏全省首富之区。吴忠堡虽属一小小集镇，但商业之盛，甲于全省，回人刻苦善经商，故此间经济大权，仍操在回人手中。[②]

> 全省商业以省会宁夏为中心，计有大商户八家，共资本二百五十万元有奇，中商户四十余家，共资本一百五十余万元，小商户三十余家，共资本三十余万元。其次当推吴忠堡，是地虽系一镇，因介乎金积、灵武两县之间，商业亦颇繁盛，计有大小商户四十余家，共有资本经销商一百余万元。[③]

> 五时又启行，六点五里过董堡，清太子少保董福祥故里也，二点一里入金积县城，该县县长等率各界迎到县府休息。城内中山大街市肆繁盛，似较宁夏、宁朔二地殷实。是夕，邵委员等留宿吴忠堡之张

① 政协宁夏吴忠市文史资料委员会：《吴忠文史资料》第 4 辑，政协宁夏吴忠市文史资料委员会印刷，1995 年，第 138 页。
② 高良佐著，雷恩海、姜朝晖点校《西北随轺记》，甘肃人民出版社，2003 年，第 195 页。
③ 高良佐著，雷恩海、姜朝晖点校《西北随轺记》，第 204 页。

家花园，离省垣一百十里，该地商业尚称繁盛，市肆整齐，居民亦颇殷实，有欣欣向荣之慨（概）。①

三 "左营"与"张府"：清末吴忠堡城市发展的历史记忆

在吴忠堡的发展过程中，清末以来的人口与商业发展是两个重要因素，但就历史发展来看，同治之后的以金积堡、吴忠堡为中心的区域治理也为吴忠堡的城市发展留下了重要的历史与政治印记。可以说，清末以来的吴忠堡是以"张府"及"左营"为基础恢复发展起来的城市。

同治十年宁夏回民起义结束后，代表清廷驻防宁夏的是董福祥的"董字三营"，董福祥领"中营"，驻防金积堡，张俊领"左营"，驻防吴忠堡，李双良领"右营"，驻防崇兴寨（现灵武市崇兴镇）。驻守吴忠堡的张俊是清末甘肃固原人，他一路追随董福祥起义，后来被清廷收编。张俊在宁夏起义结束后继续为清廷效力，一路也获得官职提升。先后任西宁镇总兵、伊犁镇总兵、新疆喀什噶尔提督、甘肃提督等职。②同治十年（1871），张俊率左营驻扎吴忠堡后，其部下及家眷均从陕北迁居吴忠堡，这是战乱之后吴忠堡发展的重要社会力量之一。从《清末吴忠堡略图》中可以看出，当时的吴忠堡并不大，但张俊的府邸及其部下的营部占据了吴忠堡的重要空间。张俊在吴忠堡的府邸建在吴忠堡秦渠以北，占地近1800亩，同时，还占有五条水渠（郭王、水磨、迎门、中、西等渠），在吴忠堡开设当铺、商号十几处。光绪十五年（1889），张俊借朝廷传谕募捐修建"山西会馆"的时机，对张府进一步扩建，外寨墙及四角炮楼重新垒筑，内寨加盖楼房四座，张家花园（今银南军分区院内）建盖戏台看楼等。③张俊成为镇守吴忠堡的朝廷将领和重要地方势力。清末的吴忠堡城市规模正是以"张府"及其"左营"为基础而发展起来的。

民国以后，张府势力虽然衰落，但借助商业大潮的影响和人口的不断

---

① 高良佐著，雷恩海、姜朝晖点校《西北随轺记》，第208页。

② 薛正昌：《宁夏固原风物志》，云南人民出版社，2002年，第146—147页。

③ 政协宁夏吴忠市文史资料委员会：《吴忠文史资料》第4辑，第189页。

会聚，吴忠堡再次兴盛发展起来。原有的旧堡一扩再扩，旧吴忠堡南、北、东面的水渠、湖泊逐渐成为城市街道，新兴的商业家族开始成为吴忠堡城市的核心力量，吴忠堡城市的核心"什字大街"也由西不断向东移，"左营""官渠"等名称成为吴忠的城市地名流传了下来，而"张府""张家花园"等与张俊有关的名称也成为吴忠堡城市发展的重要历史记忆（图 1）。

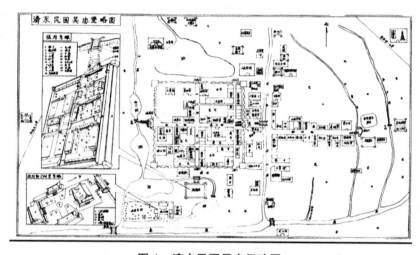

图 1　清末民国吴忠堡略图

资料来源：宁夏回族自治区吴忠市地名志。

四　吴忠堡城市功能的扩展与区域商贸文化中心的形成

20 世纪 30 年代后，吴忠堡随着商业发展，开始逐步凸显它的城市功能和核心价值。在商业管理方面，早在光绪十二年（1886）吴忠堡就设立了"四行"（商行、木行、铁行、皮行）、"八市"（骡马市、牛市、柴草市、炭市、菜市、米粮市、肉市等），并设有税局、厘金局、保甲局，[①]民国以后，随着商业发展的需要，一些与商业发展相关的机构、部门纷纷在吴忠堡设立。如 1929 年，灵武县在吴忠堡设立邮政分局；1935 年，灵武县在吴忠堡设立"河东地方法院"；1938 年 6 月，灵武县在吴忠堡设立"宁夏银行灵武分行"；1941 年，灵武县在吴忠堡设立汽车站，属西北运输

---

　　① 胡建东：《丝绸之路在吴忠境域的历史演变》，《宁夏史志》2015 年第 2 期，第 55 页。

管理局管辖等。① 在城市建设方面，随着商贸的活跃，吴忠堡的街市也不断扩充。1941 年，吴忠堡整修东西大街（今民生街、朝阳街），吴忠堡的城市街道开始初具形制。同年，宁夏省主席马鸿逵在吴忠堡建成两处公馆。同一时期，灵武、吴忠、金积等处的大商人纷纷选择在吴忠堡落居，修建起了豪华的宅院，现在吴忠市利通区东塔乡还保存有民国时期回族商人马月坡的部分故居。

吴忠堡城市的发展也使得它作为区域政治文化中心的地位不断凸显。20 世纪 30 年代，吴忠堡就成为当时灵武县下辖"四区一镇"中唯一的镇，灵武县的一些重要机构陆续在吴忠堡设置，这也是吴忠堡商贸经济繁荣之后的发展必然，一些与商贸相关的机构如邮政、银行、车站等的设立，只能是应势而为，不可阻挡。1945 年之后，吴忠在河东的地位不断上升，并不断向秦汉渠灌区的政治、经济、文化中心迈进。1950 年 1 月 4 日，宁夏省人民政府设立吴忠市（县级），吴忠从灵武县析出成为独立县级市，市辖 4 个区，20 个乡。② 1953 年，宁夏河东回族自治区在吴忠成立，辖吴忠、灵武、金积、同心县并托管盐池县（1955 年改为吴忠回族自治州），隶属甘肃省。1958 年宁夏回族自治区成立以后，吴忠回族自治州撤销。20 世纪 70 年代，自治区设立四个派出机构，吴忠成为银南地区行政公署所在地，辖同心、中卫、中宁、宁朔、金积、吴忠、灵武、永宁 8 县和香山设治局。1998 年后，银南地区撤销，吴忠改设为地级市，辖利通区、红寺堡区、青铜峡市、盐池县和同心县，依然是宁夏中部平原的核心城市，尤其近年来吴忠城市发展迅速，具有民族特色的商业贸易与经济、社会发展成为该城市发展的亮点。

结　语

从清末至民国初期，宁夏吴忠堡借助黄河东岸的地理优势和人口的不断恢复以及中国工商业发展的时代机遇不断崛起，最终发展成为宁夏中部平原的一座重要城市。就现代城市发展内涵及形式来说，民国初期的吴忠

---

① 灵武市志编纂委员会：《灵武市志》，第 18—25 页。

② 利通区地方志编纂委员会：《吴忠市志》，中华书局，2000 年，第 26 页。

堡还不是一座现代意义上的城市，但它已经向着现代城市的方向发展。这其中，人口是城市发展的核心要素和重要条件，在该城市人口的发展过程中，回族人口在该地区的聚集与发展又是一个重要特征，回族的崇商善贾特性又将这座城市的发展与商贸业发展紧紧联系在一起，成为这座城市发展的特色，这一特色在今天吴忠市（利通区）的城市发展中仍然继续传承和发展。在吴忠堡城市发展中，清末张俊及其"左营"驻守吴忠堡是这座城市一段重要的历史记忆。由吴忠堡的城市发展可以看出，晚清以来的国家政治时局、经济潮流都会对地方社会发展产生重要影响力，而各个地方又因不同的地理与人文环境对该影响力有着不同程度的反应。对于吴忠堡来说，无疑是紧紧抓住了国家与时代发展的脉搏，在商贸业发展潮流中凸显出了该地区的地理优势与区域、文化等方面的特色。

（原文刊于《档案》2017年第11期，第51—55页）

嘉道时期广州高第街许氏房产契约研究

刘正刚　　张启龙

　　高第街是今广州市著名商业街——北京路的一条支巷,明清时属番禺县管辖。位于这条街上的"许地"是现代名人许崇智、许崇清、许广平等人的家族产业,至今仍保留着家庙和众多名人故居等。那么,广州"许地"是如何建立的?我们从"许地"后人、现居香港的许子皓先生处获得了较丰富的许氏家族文献,其中有许氏在高第街买卖房地产的契约38份。这些契约始于乾隆五十九年,止于道光二十九年。除2份为许氏购置广州其他地区的田地契约外,其余均为高第街契约。[①]这批契约既展示了鸦片战争前后许氏在广州的发家历程,[②]也透露了当时广州城市发展的某些信息,同时也反映了1840年前后广州商人群体在社会剧变之际彼此消长的轨迹。

一　许氏在高第街建立的权势网络

　　高第街至少在明代已相当发达,时顺德人李孔修"侨居广州之高第

---

① 香港许子皓先生提供的契约影印件显示,高第街房地产交易34份契约中含上手契7份,未明确显示由许氏直接购入的契约6份。

② 有关广州高第街许氏的著述主要有:李廷贤《广州高第街许氏家族》,广东人民出版社,1992年;伊妮《千秋家国梦》,广东人民出版社,1994年;卢延光《广州第一家族》,岭南美术出版社,2004年;孙中山大元帅府纪念馆编《广州许氏六昆仲与近代中国民主革命》,广州出版社,2015年。

街，混迹人群。张诩识之，则荐于其师陈献章"。① 张诩为明成化年间进士，死于正德十年（1515），陈献章逝于弘治十三年（1500）。但明弘治前的高第街尚属广州外城，嘉靖以后，广州南城筑建成功，高第街属南城的中央地带。同治《番禺县志》卷3《舆地略一》记载，南城内街包括清水濠、聚贤坊、高第街、水母湾、南胜里等24条街，是连接内城和沿江商业区的枢纽之地，聚集着盐商和官府的盐业机构。道光《广东通志》卷129《建置略五》和卷218《古迹略三》记载，按察使司署在外城水母湾，明初为盐仓街盐司故址，清初迁高第街；盐院旧署在外城五仙门；分巡盐驿道旧署在盐仓街。清代嘉道时期，因实行广州一口通商政策，广州商业区域不断扩张，高第街也成为商贾寓居的中心地之一，著名盐商潘仕成、②李念德③ 等均为高第街大户。但因朝廷实行保商连带制，行商的命运浮沉遂交替上演，高第街频繁的房地产交易即是例证。

高第街许氏一世祖许永名，原为广东潮州府澄海县人，乾隆二十五年（1760）前后进入番禺县治所在地经商，④并落籍高第街，再娶番禺黄氏为妻。⑤婚后十年，约乾隆四十七年（1782）许永名去世。其子许赓扬⑥年少即替盐商打工，因诚实且富有商业经营头脑，赢得东家赏识，逐渐由打工

---

① （明）郭棐著，黄国声、邓贵忠点校《粤大记》下册，中山大学出版社，1998年，第745页。
② 潘仕成以盐商发家，但并非只营盐务，还承办军火、帮办洋务。因此，他既不宜被称为盐商，也无理由被称为行商。参见陈泽泓《潘仕成身份再辨》，《学术研究》2014年第2期。
③ 李念德，原名李宜民（1704—1798），字丹臣，号厚斋，祖籍江西临川，流寓广西桂林，乾隆间涉足盐务，以"李念德"名承充广西临全埠商盐务。所谓"临全埠商"乃是临桂、兴安、灵川、阳朔、永宁、永福、义宁、全州、灌阳、平乐、恭城11埠专商之统称，是两广盐政中销引、完课最多的商埠。李宜民逝后，其子李秉睿仍以李念德经营。道光末败落，临全商埠改由潘仕成承充（参阅林京海《李宜民承充广西临全埠商述略》，《社会科学家》1998年第1期；徐国洪《清代广西盐法及临全商埠考略》，《广西金融研究》2008年增刊）。
④ 据笔者2014年9月2日在广州"许地"族人带领下，前往南湖许地墓考察抄录道光二十四年《许母黄太淑人墓志铭》记载："颖园公（即永名）原籍潮州，业禺笑于会城。……时长君赓扬、次君赓荣已成立，兄弟友爱，继先志以礵业起家。"
⑤ 黄氏在许永名去世后，带着孩子投奔澄海老家，发现永名已有发妻，遂带着孩子返穗。参见伊妮《千秋家国梦》，第31—35页。
⑥ 据《许氏族谱》记载，许赓扬，字美瑞，一字拜庭，生于乾隆三十七年（1772），逝于道光二十六年（1846）七月。配梁氏，侧室有陈氏、廖氏、区氏、李氏、侯氏。有子11人，女8人。

者变为独立经营者，成为高第街大盐商。在许赓扬及其子许祥光^①的操舵下，许家开始在高第街购置房产、修建家庙，终成大族。

许赓扬在父亲去世时尚不满 10 岁，他继承父亲的经商基因，从底层做起，一步步发家致富。在这一过程中，他敏锐地意识到商家发展要有政治资源做支撑，故在商业发展稍有起色时，就积极向官府靠拢。而嘉庆年间广东沿海猖獗的海盗为许赓扬介入官府提供了契机，据龚自珍在《书番禺许君》信中说：

> 番禺许君，家受盐，董全粤盐，能靖民之悍然与士争利者。既起家，顾不屑自封殖，曰："粤天下雄也，纾朝廷南顾，而下为里析忧，其海氛乎！吾当身任之。"治海之道有二，曰得卒，曰得船。……尚书百文敏公方锐茹群言，君进指画缓急状。文敏曰："具如君言。"则退而自具舟，神机鬼式。百十其舸，疾于飓风，曰红单船；龙首鱼身燕尾，首尾自卫，曰燕尾船。又立募潮少年万人为乡军，军于珠光里，而自将之。日散千金，自为守。其年，败贼于大洋；明年，盗魁自缚献百数。文敏爵轻车都尉，粤遂平，实嘉庆十五年某月也。粤大祲，君忾然曰："夫互市之耗中国久矣，独来洋米，可以偿所失。今法，洋米至，则税以拒之，又空反以窘之，米益少，客益多，主客皆饥，是与外夷市，勇于招来淫巧，而怯于筹食也！宜蠲其税之入，而许其货之出。"夷商大悦，则反害而为利。大吏佥曰："如君言。由是粤虽恶岁，米直平，许君之策也。"厥后浙江饥，大吏召台湾米，由海入浙境，免其钞，约略祖君策云。子曰祥光，仕为户部郎。^②

从龚自珍的描述可知，嘉庆年间高第街许氏因业盐而致富。时"海氛"不断，许赓扬遂向时任两广总督百龄献计。百龄鉴于海盗猖獗，下令建造海船，又在岸上设防，但收效甚微。^③此时许赓扬有关训练海军、建

---

① 许祥光（1799—1854），字宾衢，许拜庭二子，后实际为家中长子。道光十二年（1832）进士，是许氏家族第一个中举并进士及第之人。参见伊妮《千秋家国梦》，第 52 页。
② （清）龚自珍：《龚自珍全集》上册，中华书局，1959 年，第 178 页。
③ 〔美〕穆黛安著，刘平译《华南海盗 1790—1810》，中国社会科学出版社，1997 年，第 126—137 页。

造海船的"治海之道"，被总督照单全收。徐赓扬还斥巨资造红单船、燕尾船，并利用潮州人的身份，出资招募潮州少年集训，终于赢得嘉庆十五年的海战大捷。其实，徐赓扬早在嘉庆十二年（1807）就已参加了官府围剿海盗的行动，并得到朝廷赏赐，时两广总督吴熊光为"出洋搜捕"海盗有功者请赏，其中就有"许赓飏捐资雇船出洋缉捕，擒获多盗"，嘉庆帝下令赏他"加衔顶戴"。[①]也就是说，此时的许赓扬已与官府搭上了关系。但海盗问题依然未能根绝，百龄上任不久，许赓扬又向百龄"进指画缓急状"，得到百龄首肯。道光二十四年《许母黄太淑人墓志铭》对此也有简略记载："会海洋不靖，太淑人捐金资，命长君招红单船，集壮士，请于百菊溪制府，出洋剿捕，立功行间，仰邀懋赏。"可见，许赓扬因围剿海盗而与两任两广总督建立联系，为许家发展积累了资本。

许氏除了和吴熊光、百龄两位总督有来往外，还与后来的两广总督阮元有交集。龚自珍信中关于许拜庭向广东官府献计进口洋米解决广东缺粮问题，也为官府接受，道光四年（1824）正月，总督阮元在进口"洋米"折中说："准令各国夷船如有专运米石来粤，并无夹带别项货物者，进口时照旧免其丈输船钞，所运米谷由洋商报明起贮，洋行按照市价粜卖，粜竣准其原船装载货物出口，与别项夷船一体照便征收货税，汇册报部。如此明定章程，则夷船米谷可以源源贩运，似于便民绥远，均有裨益。"[②]这与许赓扬的上述建议并无二致，即龚自珍所说的"祖君策"，且从广东延伸到了闽浙两省。

鸦片战争期间，许赓扬、许祥光父子与广东官府联系更为密切。钦差大臣林则徐被革职后暂住高第街，他在1840年10月26日的日记中说："早晨作第四号家书，由怡抚军邮封寄苏，托署苏藩张云村探明舟儿现在何处送交。未刻移行李往高第街连阳盐务公所，其屋有五进，各盐商愿以借住。是日余先移寓，眷属定于初四日移来。"[③]林则徐暂居高第街时，与许氏往来频繁，时已中进士并在外地任职的许祥光回家丁母忧，林则徐在

① 中国第一历史档案馆编《嘉庆道光两朝上谕档》第12册，广西师范大学出版社，2000年，第600页。

② （清）张鉴等撰，黄爱平点校《阮元年谱》，中华书局，1995年，第145页。

③ （清）林则徐：《林则徐全集》第9册，海峡文艺出版社，2002年，第428页。

1841 年 2 月 17 日日记中记录他和邓廷桢一起去许家祭奠许母，"许宾衢农部祥光之太夫人是日开吊，同巘翁往奠之"。① 林则徐还撰"挽许宾衢祥光母梁太淑人：鸿案七旬，齐福并重闱，佐俊仍调中馈膳；鸾封双诰，叠荣垂五世，归真忽暗上元灯"。② 可见，许家与广东历任高层官员交往甚笃。

此外，许赓扬还利用儿女婚姻构筑官商关系网。据《许氏族谱》记载，其长子许弥光娶十三行潘家潘正威③之女，次子许祥光娶武举之女谢氏。④ 他至少还有五个女儿和官商联姻，分别嫁给了翰林院庶吉士南海孔继勋、⑤ 布政司经历衔番禺何巨源、同知衔南海伍元芬、州同衔番禺崔步崇以及钦赐举人花翎布政使衔即选道南海伍崇曜。⑥

高第街许家不仅重视与官府建立联系，而且积极培养仕宦人才，从一世祖姒黄氏开始就不惜重金设馆延师，第三代许祥光终于由举人而中进士。据《许氏族谱》记载，许祥光为嘉庆二十四年（1819）举人，授内阁中书都察院都事，户部山西员外郎，云南司主稿，充则例馆纂修兼管井田科督催所事，道光十二年（1832）恩科进士，钦点六部即用员外郎，赏戴花翎，遇缺即选道，特旨赏加三品顶戴，选授广西桂平梧郁盐法道，召见三次，奉驰驿赴任充广西军营翼长，升授广西按察使钦加布政使衔，奉旨往梧州设厂税盐。⑦ 许家由此正式步入政坛。

鸦片战争后，清政府被迫与西方列强签订了不平等的《南京条约》，此时在粤丁母忧的许祥光利用家财进一步巩固了许氏的政治关系网。许祥光以地方名流身份多次领导、参与民间抗英斗争，担任劝捐局主持，先后捐款数万

---

① （清）林则徐：《林则徐全集》第 9 册，第 439 页。

② （清）林则徐：《林则徐全集》第 6 册，第 340 页。

③ 潘正威乃盐商潘仕成之父。参见潘刚儿等《潘同文（孚）行》，华南理工大学出版社，2006 年，第 197 页。

④ 据《许氏族谱》记载，谢氏为乾隆四十八年癸卯武举谢大韬之女。同治《番禺县志》卷 45《列传》对谢大韬有记载。

⑤ 南海孔继勋进士出身，祖父孔毓泰以盐务起家，到孔继勋之子孔广陶达鼎盛。孔继勋曾建岳雪楼，与伍崇曜粤雅堂、潘仕成海山仙馆、康有为万木草堂，并称粤省四大藏书家。参见南庄镇地方志编纂委员会《南海市南庄镇志》，广东人民出版社，2009 年，第 778 页。

⑥ 伍崇曜，号紫垣，商名绍荣。祖上自闽入粤，是十三行总商怡和行伍家重要成员，道光十三年（1833）接手其父伍秉鉴怡和行，并任总商。参见谭赤子《伍崇曜的经济与文化活动述略》，《华南师范大学学报》2002 年第 3 期。

⑦ 亦可参见（清）李福泰修，（清）史澄等纂《（同治）番禺县志》卷 47《列传十六》。

元并募款银 150 万两。^①战后，香港岛被割让给英国，但英国得寸进尺，又觊觎毗邻的九龙半岛，朝廷采纳两广总督祁贡与耆英的建议，于道光二十三年下诏，将广东新安县属之官富司巡检移驻九龙，改为九龙巡检，^②并多次重修九龙城寨。许祥光对修建城寨予以支持，早在道光二十二年已捐银万两建九龙城寨，以解海疆要缺之急。^③道光二十九年三月，两广总督徐广缙在奏折中说："练勇以防夷，实该道许祥光一人之力。……（许祥光）二十一年捐输防夷经费，奉旨赏戴花翎。二十七年捐建九龙寨城经费。"^④第二次鸦片战争爆发后，英国人再次要求进入广州城，徐广缙和叶名琛"令祥光与南海绅士伍崇曜，联集居民广张声势，绝其互市，并以书谕其酋，总督复亲赴夷船，晓以利害，遂罢入城议"。^⑤许祥光在自记中也说："道光二十九年二月，英国文酋坚请入城，省城众绅士，见民心不愿，恐启衅端，因忆二十七年英人勒租河南民地，曾以公启劝谕之，乃予拟稿，遂止其事。今同人欲仿此而行，仍嘱予秉笔。……于三月初十日，约同绅士十八人，亲到十三行洋楼，面见英官赞臣、颜士礼、密迪乐三人，将公启与其阅看，并将情节详细解说，再三开导，伊等均已了然。"^⑥许祥光两次出面代拟文书，阻止了英国人在广州租地、进城的计划，因而在社会上享有极高威望。随后，许祥光代表广东士绅致函英国公使，表达了广州人民坚决反对英人入城的决心：

> 今城厢内外，街之团勇，户户出兵，合计不下十余万人，而且按铺捐资，储备经费，合计有数十万金，其意岂尽为防御土匪而设也？苟非众志成城，何以一闻入城之议，不谋而合，踊跃乐从，又谁使之然耶？此皆中外各国所共知共见，而为民同一心，众怒难犯之明证，固非官所能令而行者，又安能禁而止之也。……我等绅士世居省城，

---

① 方志钦、廖伟章：《广东通史》近代上册，广东高等教育出版社，2010 年，第 145 页。
② （清）文庆等纂《筹办夷务始末》卷 70，道光二十三年十月，中华书局，1964 年，第 2782 页。
③ （清）李福泰修，（清）史澄等纂《（同治）番禺县志》卷 47《列传十六》。
④ 中国第一历史档案馆编《鸦片战争档案史料》第 7 册，天津古籍出版社，1992 年，第 922—923 页。
⑤ （清）李福泰修，（清）史澄等纂《（同治）番禺县志》卷 47《列传十六》。
⑥ 齐思和等：《第二次鸦片战争》第 1 册，上海人民出版社，1978 年，第 263—264 页。

因见停贸易者不乐其业，谋保卫者不安其居，民情汹汹，势将激变，于贵国大为不利，于粤民亦不聊生，两败俱伤，隐忧殊切。特将实在情形，详晰布告，阁下如幡然省悟，中止不行，我等绅士开诚布公，劝谕各行户照旧贸易……①

许祥光代表全省士绅撰文，表明他在广州"各行户"中具有号召力，并得到了官府的承认，此在道光二十九年四月徐广缙、叶名琛联名上的《许祥光练勇设防伍崇曜停贸牵制应恳分别加奖片》②中得到印证，道光帝在批阅此文时赞："远胜十万之师，皆卿胸中之锦绣，干国之良谋。"③同治《番禺县志》卷22《前事三》记载，道光二十五年、二十七年，英人两次请求入城，"事皆中止……在籍候补道许祥光倡率居民数万，鸣鼓群出，巡行街道"。应该说，许祥光在两次鸦片战争期间的表现，为许家发展再次赢得了政治资本。

许氏以对国家和地方安危的关怀，与嘉道之际历任两广总督建立联系，并赢得朝廷嘉奖，成为红顶商人，稳定了家族的财富和社会地位。自许祥光之后，高第街许氏人才辈出，出现"一门三进士"盛况，仅许祥光之子就有"七子登科"。④晚清以来，许氏涌现了数位对中国近现代史有重大影响的人物，如巡抚许应鑅、⑤总督许应骙、⑥粤军总司令许崇智、鲁迅夫人许广平、新中国高等教育奠基人之一许崇清等。

二　许氏在高第街购置房地产建设"许地"

广州高第街"许地"是许赓扬、许祥光父子于嘉道年间不断购置房

---

① （清）文庆等纂《筹办夷务始末》卷80，道光二十九年四月，第3180—3183页。
② （清）文庆等纂《筹办夷务始末》卷80，道光二十九年四月，第3187页。
③ （清）文庆等纂《筹办夷务始末》卷80，道光二十九年四月，第3183页。
④ "一门三进士"指许祥光、许应鑅、许应骙。"七子登科"指许祥光的七个儿子先后中举，也称七子衍祥。参见伊妮《千秋家国梦》，第57页。许地家庙前厅挂有"衍祥堂""七子登科"横匾，参见伊妮《千秋家国梦》，第91页。
⑤ 许应鑅于道光二十三年（1843）中举人，咸丰三年（1853）以会试第十二名赐进士出身。官至浙江巡抚。
⑥ 许应骙于道光二十九年（1849）中举人，道光三十年（1850）中进士。官至闽浙总督。

地产而逐步建成的。从目前存留的契约文书看，许氏最早于嘉庆十三年（1808）在高第街购置了四处房产，为建立许地奠定了基础。这四次购置者均为许赓扬，一处为自家产业，另三处均从倪双玉及其侄儿处购得，契约内容除房屋格局与成交价格略有不同外，其余内容基本相同。具体情况如表1所示。

表1　嘉庆十三年许赓扬购置房地产契约情况

时间	卖方	房屋位置	卖价
四月二十八日	倪双玉、廷栋、廷纶、廷森、廷经	高第街中约，南向，平排五间，前至街，后至濠，左至宅，右至宅，四至明白	番银900两
		高第街中约，南向，平排二间，前至街，后至濠，左至宅，右至宅，四至明白	番银620两
		高第街新胜里内，东向，平排八间，前至街，后至宅，左至濠，右至宅，四至明白	番银900两
十二月十二日	番禺人许宜和	高第街居仁坊，西向，平排六间，前至街，后至许宅，左至濠边，右至王宅，四至明白	番银750两

从嘉庆十三年四月二十八日三份契约可知，许赓扬购置的这批房产分别位于"新城高第街中约"及"高第街新胜里内"，买卖双方议定总价达2420两番银，显示许家有了相当强的经济实力。而此时许家又因助剿海盗而获得"加衔顶戴"，取得了财富与政治上的双赢，遂有置买高第街地产的行动。从"平排五间，各深五进，每阔十七桁，后地一段""平排二间，每深五进，各阔十七桁""东向平排八间，内三间，各深二进半，阔各十五桁"的房产规模看，这次购房是许家购屋规模最大的一次。从倪双玉称许赓扬为兄来看，倪、许两家交情不错。倪氏在高第街也是商户，稍后再述。

至于表中许赓扬购买居仁坊许宜和名下房屋问题，香港许子皓先生解释说，"许宜和"应是许家一世祖妣黄氏所置或为许家商号，为许赓扬兄弟俩共有，许赓扬将其整合到自己名下。契约如下：

> 立明永远卖房屋契人许宜和系番禺县人。今有自置房屋一连六间……今因凑用，出账召人承买。先召各房亲人等，各不愿买，次凭中人朱进引至新胜街许美瑞兄承买。一实依口还回屋价番银七百五十

两成元司码，连签书、酒席、利市一应俱在价内，三面言定，二家允肯。先经立定标贴明白，今卜吉日写立卖契，银屋两相交易。其屋价银两系许宜和亲手接回应用，并无短少低伪，其屋即日交与许美瑞兄，卜吉修整，永远管业。此系明买明卖，并非债折等情。其屋的系许宜和自置之业，并非流祭尝产，亦无重复典按。倘有来历不明与别人争论，均系许宜和同中理明，不干许美瑞兄之事。今欲有凭，立明永远卖契一纸交执为照……

中人朱进

嘉庆十三年十二月十二日立明永远卖房屋契人许宜和的笔

自此以后，许氏在高第街购置房地产，不再以个人实名出现，均以"许宜和堂"的"法人"①名义进行。许赓扬自嘉庆十二年（1807）十二月获封赏后，出手整合四处较大规模的房产。此时许家财力与人口均有增长，建立家族组织势在必行，建设"许地"有了基础。此后的一段时间许家继续积累资本，至道光八年（1828）许赓扬再次在高第街购置房地产，契约如下：

立明永远断卖房屋契人关宅，系广州南海县人氏，今有自置房屋一所，坐落高第街居仁坊内，东向深二进，平排两间，上盖连地，周围墙壁、砖瓦、木石、神楼、板幛、屏门、窗户各样俱全。今因另置别业，情愿将此屋转卖与人，取要时价番银一千两正，凭中引至许宜和堂承买，一实依口还足屋价番一千两，所有签书、酒席一应在内……

道光八年二月十六日立明永远断卖房屋契人关宅的笔

这次以"许宜和堂"购置居仁坊关宅，说明许赓扬在嘉庆十三年后已将"许宜和"整合为"堂"了。道光十二年（1832）又以"许宜和堂"连续购置高第街荣华坊三处房地产。兹将契约内容列表如下（表2）。

---

① 从本文稍后讨论的盐商李念德堂看，"堂"在高第街应是商号或"法人"之意，其购买的房地产属于公产。许氏的商号或"法人"还有许仁和、许介寿、许福和、许展兴等。

表 2　道光十二年许氏购置房地产情况 ①

时间	卖方	房屋位置	卖价
四月二十四日	顺德人杨继奇*	高第街荣华坊内，坐东向西，前至官街，后至许宅，左至周宅，右至周宅	番银 106 两
九月初七日	番禺人周丙	高第街连科里荣华坊内，西向，前至街，后至许宅，左至许宅，右至许宅	番银 140 两
九月十九日	番禺人颜应松	高第街连科里荣华坊内，南向，前至街，后至许宅，左至许宅，右至许宅	番银 185 两

　　* 据乾隆五十九年六月二十一日 "立卖屋地人杨成有的笔" 记载，杨成有将这处房产出售给杨继奇。此次杨又倒手卖给许氏。

　　许家此次购入的三处房地产，虽然规模和资金不及嘉庆十三年，但在购房时机上却有相似之处。因为这一年恰逢许祥光赐进士出身。② 此与许赓扬受封赏而置产如出一辙，即许氏的发展始终与政治挂钩。时许赓扬已60 岁，子孙满堂，出于对许家未来发展考量，也需要再次购置大量房地产。这三处房地产都位于荣华坊，且与居仁坊许宅相连，说明许家已着手归整其房屋周边地产，而这些屋宇 "前至街" 或 "前至官街"，显然是出于商业考量。日后许家在高第街购买房地产基本上都与许宅相连，为 "许地" 的成型奠定了基础。

　　许家又一次购置房地产是在道光二十二年（1842），卖方为周升杰，契约文书如下：

> 　　立永远断卖房屋契人周升杰系广州府番禺县人氏，现住善庆里，今有承父遗下房屋，坐落高第街连科里荣华坊内，共五间，内北边南向屋平排三间，连小巷一条，每间连巷，深一丈六尺，阔一丈二尺。前至许宅，后至濠，左至许宅，右至官街。又南边西向屋一间，计深二丈四尺五寸，阔一丈一尺五寸，前至街，后至周宅，左至街，右至周宅。又屋一间，门口南向，连小巷一条，屋深一丈七尺五寸，阔一丈二尺二寸，前至周宅，后至许宅，左至颜宅，右至许宅……

---

① 许氏于道光十二年购置三处房产，另有两份定帖契，即 "道光十二年四月初二日立明永远断卖房屋定帖人杨成的笔" "道光十二年九月初十日立断卖房屋定帖人颜应松的笔"。

② 朱保炯：《明清进士题名碑录索引》，上海古籍出版社，1980 年，第 2788 页。

凭中人李宗兴、黎梁氏等引至许宜和堂出价承买，一实依口还足五间屋价番银共五百九十八两成元司码平兑足，所有签书、酒席，一应在内……

道光廿二年八月吉日立永远断卖房屋契人周升杰的笔

许氏购买的这处房产也位于荣华坊内，房产分为三处，其中两处与许宅相连。至此，许氏在荣华坊购置了至少五处房产，且又与居仁坊相邻，形成了一定的宅院规模。

道光二十四年（1844）、二十六年，黄太夫人和许赓扬相继离世，许祥光凭借其进士身份以及其在鸦片战争中和官府确立的关系，开始全面主持许氏家政，并拟修家族祠堂，其撰写的《拜庭许大夫家庙碑记》至今仍镶嵌在广州高第街许氏家庙的墙体中，其建祠缘由为：

先大夫恒念及宗祠远在澄江，嗣迁居省垣，祖父世受国恩，叠应诰命，乃无家庙以供祀事，而仍祭于寝，非所以妥灵爽也。每欲遵会典定制，择地立家庙，奉寝祭之主而祀焉。又欲告族人合建宗祠，上奉潮之始祖，而使亲族之居省者，得附祀其先人于中，以尽敬宗修族之义。顾蓄志已久，而得地甚难。[①]

澄江远在潮州，对广州许氏来说，祭拜祖先不太方便。因而在广州另立家庙就成为许祥光父子的共同志愿，这与清代广东家族组织发展大势相吻合。许氏在广州高第街建立家庙，既解决了"宗祠远在澄江……无家庙以供祀事"的问题，还通过家庙进一步加强广州许氏成员间的联系。这是许赓扬"蓄志已久"的结果，具体则由许祥光落实。在许地建立家庙也意味着广州许氏与澄江自此分立门户，各自发展。

鸦片战争爆发后，高第街一些大户的相继衰落，为许家实现这一志愿提供了便利。自道光二十六年至二十九年（1846—1849），许祥光又陆续购置了高第街中段居仁坊十二处房产，兹据契约罗列成下表（表3）。

---

① 李廷贤：《广州高第街许氏家族》，第 106 页。

表3　道光二十六年至二十九年许氏购置高第街房地产契约情况

时间	卖方	房屋位置	卖价
道光二十六年十二月二十七日	江西曾松吟	高第街居仁坊，坐东朝西，平排六间过，每间一进半深	银1200两
道光二十八年二月初一日	金竹荫堂[1]	高第街居仁坊，坐东向西，第三间原系跌烂空地，自行捐资建造，前至本街，后至旧临全馆	番银400两
道光二十八年二月十三日	番禺赵宝荣	高第街居仁坊，西向，前至街，后至旧临全，左至张宅，右至许宅	银350两
道光二十八年二月二十三日	山西太谷永贞元记	高第街中约，坐北向南，前至街，后至城濠，左至盐务公所，右至居仁坊	银5800两
道光二十八年二月三十日	盛四宅	高第街中约居仁坊，西向，前至本街，后至旧临全馆	番银400两
道光二十八年三月初一日	金慎余堂	高第街居仁坊，坐东向西，第五间原系跌烂空地，自行捐资建造，前至本街，后至旧临全馆	番银400两
道光二十八年三月初一日	金玉燕堂	高第街居仁坊，坐东向西，第六间原系跌烂空地，自行捐资建造，前至本街，后至旧临全馆	番银400两
道光二十八年七月初四日	番禺杨允中	大南门外高第街居仁坊，坐东向西，前至街，后至旧临全馆，左至倪宅，右至张宅	银400两
道光二十八年九月廿日	绍兴上虞倪陶氏	高第街中约居仁坊内，西向，平排两间，深三进，前至自开之街，后至旧临全省馆，右至濠，左至许府	银1050两
道光二十九年闰四月初一日	番禺李树功堂	高第街居仁坊内，坐西向东，入首巷道一小段，前通居仁坊，后至临墙心为界；左至临墙心为界；右至三兴仪店	银200两
道光二十九年闰四月十九日	绍兴上虞倪陶氏	高第街中约居仁坊，西向，平排三间，前至本坊街，后至许宅，左至和生藤席店，右至许宅，其东向一间，深一进，前至本坊街，右至永生鞋店，左至隔壁	银800两
道光二十九年五月初八日	番禺王三槐堂[2]	高第街居仁坊口，坐南向北，前至高第街，后至许府，左至生和店，右至居仁坊街边	银240两

注：[1]金竹荫堂的房地产来自"立永卖跌烂地基契人听松堂张"，即嘉庆十九年十二月初四日以番银50大元购买居仁坊张宅的空地。

[2]据嘉庆十二年六月初五日立断卖铺屋契人倪袁氏称，此铺系其家公于嘉庆四年十二月购买沈同人大屋，十年三月将大屋改造为小屋24间，铺屋1间。后由族长分给倪袁氏铺屋一所，因急用而凭中出卖于王姓。

从表3可看出，许祥光在高第街购置房地产的时间集中在道光二十八年、二十九年，购置最大宗地产为永贞元记房产，价值5800两银，是许氏所有购屋契约中价格最高的一笔。而永贞元记的房产则系早前从大盐商李念德手中购买，契约如下：

> 立明永远断卖房屋契人永贞元，即山西太原府太谷县人，现在广东省城高第街开张永贞元号生理，缘贞元于道光二十四年因临全埠原商李念德将旧临全省馆一大间变卖完饷，系贞元名下买受，立明契据，此屋坐落高第街中约，坐北向南，……前至街，后至城濠，左至盐务公所，右至居仁坊……兹因生计急用，同伙商议札知东人，俱愿将此旧临全省馆召人承买，取要实时价银五千八百两正，先问同伙人等，各因价高均不愿买，次凭中友邹蕴存兄说合卖与许宜和堂，依口还足实价银五千八百两正，连签书、洗业一应俱在价内……俱净元司码，并无少欠。所有该屋上手印契、一切契据，即日统付与许宜和堂收执，如永贞元有收存此屋以前文契及执照字据，一时漏未交齐，日后捡出作为废纸……自卖之后，任从许宜和堂随时拆卸起造，投税管业，日后永贞元不得称说价轻收赎及别生枝节……
>
> 道光二十八年二月二十三日立明永卖旧临全馆文契人永贞元亲笔花押

永贞元在购得李念德物业四年之后，因"生计急用"，又转手卖给了许氏。许氏之所以不计价高买下这座房产，或许与许氏急于建立家庙有关。《拜庭许大夫家庙碑记》记载：

> 家庙之设，固先大夫之赍志未遂者。揆以别子为祖之义，准以推所自出之文，则为先大夫立庙，崇祀曾王父、王父于上，于礼固协而于情亦安。戊申之春，于居室之东得李氏故宅，其毗连邻居咸购以直廊而新之。地纵二十五丈，横十丈有奇，建家庙于中，左右翼以居室，仿古人居庙相连、神人互依之意。庙之制，有门、有堂、有庑、有寝。南乡为会典仪寝，后为藏书阁，皆三楹。经始于戊申二月，以己酉二月落成。

可见，许祥光购买李氏故宅即永贞元记所售的李念德房屋，是为了兴建家庙。这处地产契约立于道光二十八年二月二十三日，购入的当月就开始动工建设家庙，次年二月落成。至此，许氏基本完成了以家庙为中心的许地建设。

许氏家庙落成后，许祥光为了美化家庙门楣和周围环境，于道光二十九年闰四月，又买入了与许氏家庙毗邻的李树功堂房地产，契约如下：

> 立明永远断卖铺屋契人李树功堂，系番禺县人，缘李树功堂有自置铺屋一所……兹因许宜和堂建立家庙，而李树功堂之铺产及小巷道一小段与其家庙界址毗连，若将该地段让出许府起造，更为合用，彼此相好，并凭中人说合，将此铺屋让与许宜和堂拆卸连造。即日李树功堂亲手收到许宜和堂铺价银二百两正，书立卖契，交与许宜和堂收执……
>
> 道光二十九年闰四月初一日立永远断卖房屋契人李树功堂的笔

至此，许氏自嘉庆十三年在高第街购买房地产开始，到道光末许祥光购地兴建家庙，最终完成了"许地"建设。许氏与卖方签订的契约均有"立明断卖"或"立明永远断卖房屋"字样。所谓"断卖"也指"绝卖"，表达了卖主和房屋土地之间关系被切断。"断卖契"所售卖的土地和资产不复取赎，即"有契斯有业，失契即失业"。[①] 可见，许氏对房地产的永久性买断，彰显了许氏对家族长远发展的期许。

高第街原本是广州最集中的盐务交易之地，嘉道年间，许氏家族不断购地用于家庙及住宅等建设，最终完成了"许地"的建设，说明昔日的广州商业繁荣地带已经发生了某些转变。

三　社会剧变时期高第街商户的此长彼消

许家在嘉道年间围剿海盗、抗英等重大历史事件中的表现，已经意味着南中国海的海洋贸易格局正在发生变化。许家用行动在政治上赢得了

---

① 杨国桢：《明清土地契约文书研究》，中国人民大学出版社，2009年，第22、249页。

在官绅与商民之间的声誉，再加上许家善经营，于是借此购置了大批原本"得地甚难"的房地产，并逐渐在高第街建立了"许地"。而也有不少商人在这一转变过程中，没有处理好与官府、外商等的关系，深陷朝廷压榨和"夷欠"旋涡，破产者不计其数。[①] 也就是说，在许家上升时，不少高第街盐商大户却陷入了破产之境地。

许氏的房地产契约显示，有五笔是从倪氏家族购置。此外，倪家另有两笔分别为倪袁氏于嘉庆十二年（1807）六月初五日"今因急用"，以80两银价将位于高第街居仁坊铺屋一所卖于王姓；倪建中于嘉庆二十二年（1817）二月二十九日"今因凑用"，以170两银价将高第街居仁坊房产卖于广庆堂。那么倪氏在居仁坊的房地产如此之多，其来源如何？此可从倪陶氏于道光二十八年（1848）九月廿日和二十九年闰四月十九日两份契约窥见一斑。契约如下：

（一）

立明永远断卖房屋契文人倪陶氏，系绍兴府上虞县人氏，缘氏故夫倪衡斋遗有经分名下房屋一所，坐落高第街中约居仁坊内……前至自开之街，后至旧临全省馆，右至濠，左至许府，墙心为界，另屋前食井一口，均在契内。……写明取实价银一千零五十两……次凭中人赵昌、全石泉引至许宜和堂……因许府正须兴工建造，即于二月初六日出屋，任从许府拆卸……择吉于九月廿日立契交易，由许府将应找屋价银一千零五十两，签书银一百两，凭单兑交氏手收用，由氏面嘱胞侄国安代写断卖文契，交许府收执，即日银契两相交易清楚……

道光二十八年九月廿日立永远断卖屋契人倪陶氏　代笔胞侄倪国安的笔

（二）

……缘氏故夫倪衡斋有经分名下房屋四间，坐落高第街中约居仁坊……并本坊街道由本屋地段起至本坊街尾止。查本坊之街系氏故

---

① 章文钦：《广东十三行与早期中西关系》，广东经济出版社，2009年，第183—185页。

翁从前将大屋改造小屋，自行开造之街，其初原无别家房屋在本坊之内。嗣氏翁将各屋分与各房伯叔子侄，其后由各房伯叔子侄陆续分卖与人，始有别姓居住。……倪陶氏名下之屋，现因急用出账，凭中人王竹庄说合，亦卖与许府，依口还足屋价连街道共银八百两正成元司平，所有签书洗业酒席，一应在内。至居仁坊内之屋，既尽归许府承买清楚，则居仁坊之街亦应听从许府任意相造，契内合并声明，三面言明，二家允肯，当即写立定帖标贴明白……

道光二十九年闰四月十九日立断卖文契人倪陶氏立　奉母命代笔女王倪氏

从倪陶氏道光二十九年契约可知，倪家在高第街置有大量房产，且自开街道，"由本屋地段起至本坊街尾止。查本坊之街系氏故翁从前将大屋改造小屋，自行开造之街"。这些地产由其家公购置，作为开街经营之用，倪陶氏夫妇产业即缘于其家公的分割。但鸦片战争前后，这些产业被倪家"各房伯叔子侄陆续分卖与人，始有别姓居住"。于此也可见，道光年间高第街房地产买卖的活跃。与高第街倪氏房产由整体向个体分散并最终被抛售的过程相比，许家则经历了由个体分散到逐步整合连片的过程。

高第街倪氏是否为盐商大户？尚需考证，但李念德是盐商则无可争议。乾隆年间，盐务纲局商人就有李念德等，[1]嘉庆十一年（1806）八月，"至帮办局务运商七人，除倪瑶璋业已身故，查无子侄堪以接充，经详奉开除外，所有李念德、汤玉成、梁萃和、陈倍兴、游顺程、符炎和六人，取具年貌籍贯姓名"。[2]可见，乾隆嘉庆时期，李念德始终是官办盐商之一。李念德在嘉庆十五年（1810）四月花费 3100 两巨款在高第街从赵公权处购置房地产一处，契约如下：

立绝卖铺屋契人赵公权，今权原于乾隆五十七年十二月用价花银三千两与凌天宠买受原买张又善、良臣合买王文林房屋一所，坐落省城高第街中段，深七进，平排五间过，前至官街，后至城濠，左至纲

---

① 黄国信：《清代乾隆年间两广盐法改阜归纲考论》，《中国社会经济史研究》1997 年第 3 期。
② 《（道光）清盐法志（两广）》卷 219《运销门二十一》，1920 年盐务署铅印本。

局，右至居仁坊……凭中问到念德堂李情愿承买，永远管业，议定屋价老司平成元番银三千一百两整，当众照数收讫……

但道光十年（1830）李念德因"运本渐形支绌，存引积压，转运无资"，借得运本 12 万两。[1] 可见，他因资金断裂，生意开始下滑，遂于道光二十四年（1844）八月又将这处房业原价转手永贞元记，契约如下：

> 立杜卖屋契人李念德，今将临全东省馆一所原于嘉庆十五年四月凭中陈桂山、董宗惟用价花银三千一百两与赵公权买受房屋一所，坐落省城高第街中段，深七进，平排五间过……情愿出卖，凭中问到永贞元记情愿承买，永远管业，议定屋价老司平成元番银三千一百两整，当众照数收讫，并无短少……此系公产，今因埠务公项急需，将东省馆卖出，以公产办公事……
>
> 道光二十四年八月十七日立卖屋契人李念德

李念德所说的"今因埠务公项急需，将东省馆卖出，以公产办公事"，说明其埠务确实出现窘局。这又可从道光二十六年（1846）曾松吟将李念德另一处房产出售给许氏的契约中看出端倪，如下：

> 立断卖屋书契人曾松吟，上手见卖人李梦鹤李。缘曾松吟籍隶江西，与李念德系属姻亲。从前李念德办理临全埠，于十三四等年，因办奏销饷项窘迫，无计筹策，陆续向曾松吟揭借过银一千二百两，以凑完库。原应依期筹还，不料埠务疲难，日形支绌，以至不能归款，嗣于廿四年将临全埠供与潘继兴办理，所有公项尽归潘商肩承，其余私债当经亲友调处，或将旅程拨补，或将产业割偿。是时曾松吟欠项，系将房屋一所，坐落高第街居仁坊，坐东朝西东，平排六间……折价写立卖契，卖与曾松吟管业，契内注明自卖之后，任从曾松吟随时转卖，其至亲人等无得阻扰。……兹曾松吟因事回籍，照依原议变

① 封越健：《论清代商人资本的来源》，《中国经济史研究》1997 年第 2 期。

卖出账，取实时价银一千二百两。……今凭中执帐将此屋尽卖与许宜和堂，价银照帐，一口还足，即日当中由曾松吟亲手书立卖契，李十、十一房署名，知见彼此银契两相交讫。……

道光二十六年十二月二十七日立永远断卖屋契人曾松吟的笔

此屋并非曾松吟买入或继承，而是其姻亲李念德的抵债物。李念德因生意之需陆续从曾松吟处借银 1200 两，后因亏钱无力偿还，只得以房产原价抵债，甚至在道光二十四年又将临全埠转交潘继兴（潘仕成商名）经营。到了 1846 年前后，李氏已将资产抵押所剩无几。而潘仕成晚年也因经营盐务而破产，同治八年九月，两广总督瑞麟上奏："前浙江盐运使潘仕成以潘继兴商名承充临全埠盐商，近因商力不足，改归官办。该员亏欠课款甚巨，业经该督等将潘仕成家产查封备抵，潘仕成着即革职，勒限追缴，如逾限不完，即着从严参办。"①

清代广州高第街聚集了大批盐商，他们在高第街安家落户，但能繁衍数代以上的大户并不多。十三行时期的保商制度和鸦片战争后的局势动荡，使盐商要冒许多不确定的未知风险，演绎了不同的命运走向。许家在倪家、李家等破产时，果断地购买了他们的房地产。也因目睹同行商家的不断破产，遂改变发展方向，鼓励子孙从商转政。鸦片战争后，许氏业盐者寥寥，却在科举与仕途中继续保持兴盛的势头。

结　语

从本文对高第街许氏房地产买卖契约的分析看，明清时期高第街作为广州南城的商业街，吸引了诸多盐商和官方盐业机构如盐务会馆、盐务公所等入驻于此，②高第街遂成为一条官商结合的街区。然而盐业始终为官府垄断，相关政策朝令夕改，令盐商命运沉浮不定。《清史稿》卷 123《食货四》记载，乾隆五十四年"改埠归纲"和嘉庆十一年"改纲归所"，均对

---

① 《清穆宗实录》卷 267，中华书局，1985 年，第 705—706 页。

② 《(同治)番禺县志》卷 15《建置略二》记载：盐务会馆在清水濠，乾隆五十五年建，为盐务办公之所；盐务公所在高第街。

盐商产生了重要影响，1810 年李念德从赵公权处购置的房屋位置是"前至官街，后至城濠，左至纲局，右至居仁坊"，同样的房屋到了 1848 年变为"前至街，后至城濠，左至盐务公所，右至居仁坊。"从"纲局"到"盐务公所"，反映了清代盐法改革在高第街的落实，从中也可管窥盐法制度变迁的某些侧面。

鸦片战争前后，高第街出现的房地产频繁买卖现象，表面上看起来是交易市场的"繁荣"，但实际并非建立在经济理性发展基础上。高第街的盐商在此前已陷入窘境而破产，而鸦片战争爆发后，随着行商制度的终结，盐商们更是雪上加霜，变卖房地产以应急已成为无奈的选择。从底层流动上来的许氏，一开始就重视与官府挂钩，并通过平定海盗、抗击英夷等行动，获得官商民的好评，同时在经营商业的过程中逐步转向科举。在这一背景下购买、整合了高第街的房地产，建立了流传至今的"许地"，并在中国近现代史中保持着粤中簪缨的风采。

（原文刊于《广东社会科学》2019 年第 2 期，第 123—134 页）

民间文献所见清初珠江口地方社会

——"桂洲事件"的再讨论

张启龙

　　明清嬗变之际，中央王朝和各地官吏为了笼络地方权势，吸纳和招抚了不少地方武装，其中就包括那些被政府和民间认定的"盗贼"。这一举动在一定程度上助推了地方社会"民盗不分"现象的形成。[①]自明中后期以来，地方社会的军事化问题与"倭乱""鼎革""迁海"等一系列沿海地区发生的重大事件交织在一起并引起了中央王朝的高度重视。[②]因此，如何处理带有军事化色彩的地方基层组织，成为清王朝稳定时局后整合地方社会的重要议题。[③]本文从学界已经关注到的"桂洲事件"入手，重新审视明末清初珠江口"民盗不分""兵寇难分"的社会现象，探讨清初以平南王为代表的广东官员与民间群众的互动关系。

---

① 刘志伟、陈春声：《明末潮州地方动乱与"民""盗"界限之模糊》，《潮学研究》第7辑，花城出版社，1999年，第112—121页。

② 参见陈春声《从"倭乱"到"迁海"——明末清初潮州地方动乱与乡村社会变迁》，朱诚如、王天有主编《明清论丛》第2辑，紫禁城出版社，2001年，第73—106页；唐立宗《在"政区"与"盗区"之间——明代闽粤赣交界的秩序变动与地方行政演化》，《台湾大学文史丛刊》，2002年；饶伟新《明清时期华南地区乡村聚落的宗族化与军事化——以赣南乡村围寨为中心》，《史学月刊》2003年第12期；肖文评《白堠乡的故事：地域史脉络下的乡村社会建构》，生活·读书·新知三联书店，2011年。

③ 参见张启龙《明清鼎革时期广东地方武装研究》，博士学位论文，暨南大学，2017年。

一 "桂洲事件"及相关研究

康熙元年（1662），桂洲地区①因涉嫌暴乱谋逆，被平南王尚可喜派兵围剿。在陈太常等官吏的大力周旋，以及胡氏族人主动擒交贼首的努力下，该地区才避免了"屠乡灭族"之祸。该事件对于桂洲士民而言具有特别的意义，是胡氏后人不断书写和追溯的家族记忆，这在他们编纂的《胡氏族谱》中可窥见一斑。"桂洲事件"的大体经过并不复杂，但"桂洲事件"如何由一个地方乡寨的内部骚乱发展为广东最高行政长官高度关注并多次命令官兵屠村剿贼的重大事件，内中情由仍需深入剖析。

鲍炜曾以"桂洲事件"为个案对清初广东"迁海"问题展开过相关讨论。②科大卫等学者在探讨明清时期东南沿海的社会变迁问题时，曾在鲍炜的结论上进一步延展。③鲍炜关于"桂洲事件"的主要学术观点，与陈春声等学者所主张的"迁界"问题根源不在于海上而在于陆地的看法相一致。④他认为，"桂洲事件"是一次迁界前地方盗贼问题的表现，是清王朝镇压广东沿海地方社会盗贼的一次有力行动。被剿的桂洲乡民，自然而然地被认定为地方动乱分子。鲍炜从沿海陆地的"盗贼"问题入手，探讨清初广东"迁界"的前因，该视角对于明清之际的东南沿海地方社会变迁问题具有很好的借鉴和启示作用。但"桂洲事件"背后的社会问题极为复杂，各种史料对"桂洲事件"的记载亦有矛盾、冲突之处。"桂洲事件"的若

① 桂洲乡位于顺德县，属于清政权与南明政权主要交战的区域。胡氏是主掌当时桂洲地区社会事务的大姓家族。咸丰《顺德县志·志图经目》记载："桂洲堡，凡二村，曰桂洲里村，桂洲外村。隶承在县南，去城二十有二里，印天度二十二度之四十三分。南界香山之小榄，而西接昌教，东接容奇，北接马冈。"参见（清）郭汝诚修，（清）冯奉初纂《（咸丰）顺德县志》卷2《图经二》，广东省地方史志办公室辑《广东历代方志集成》，岭南美术出版社，2007年，第20页。

② 鲍炜：《迁界与明清之际的广东地方社会》，博士学位论文，中山大学，2003年。鲍炜将其中涉及桂洲事件的章节单独发表，详见其《清初广东迁界前后的盗贼问题——以桂洲事件为例》，《历史人类学刊》第1卷第2期，2003年10月，第85—89页。

③ 科大卫著，卜永坚译《皇帝和祖宗：华南的国家与宗族》，江苏人民出版社，2010年，第208页。

④ 参见陈春声《从"倭乱"到"迁海"——明末清初潮州地方动乱与乡村社会变迁》，朱诚如、王天有主编《明清论丛》第2辑，第73—106页。

干前因后果在鲍炜的研究中并未完全交代清楚。因此，本文认为有必要在鲍炜研究的基础上再次就该事件展开讨论，探讨该事件的实质及其与明清之际广东地方社会变迁的关联。

二 再议"桂洲事件"的起因

就事件起因而言，各种史料记载大体无二，但通过细节的比对仍可看出不同书写者对该事件的认知差异。

作为"桂洲事件"主要当事人之一的当地乡绅胡天球，在《花洲纪略》一文中称：

> 康熙元年壬寅八月八日，桂洲乡有小丑百辈，夜聚鸣锣，焚劫里村。诘旦贼杀一仇，竿首传街，连日白牌，鸣锣不歇，阖乡惊惶。[①]

在胡天球看来，导致桂洲乡乱的是百余名"小丑"，他们聚众报仇，杀了一个人，惊动乡里，演变为乡族范围内的一场骚乱。

如果说作为当事人的胡天球有美化乡人而有将罪名嫁祸于他人的嫌疑，那么受命来桂洲剿贼的清军副都统班际盛则没有偏袒桂洲乡民的理由。班际盛在事息后发给乡民的告谕中称：

> 照得桂洲小丑跳梁。本府遵奉王令，统领大兵，前来捣剿。[②]

从班际盛事后对该事件的定性来看，也是认为有"小丑"作乱。

胡天球是桂洲乡绅，班际盛是尚可喜指派的清军都统，亲身经历本次事件的此二人言辞一致，都认为桂洲乡乱是由"小丑"作乱造成的。姑且不论二人口中的"小丑"身份，仅就乡乱的性质而言，二人都认为只是一

---

① （清）胡天球：《花洲纪略》，（清）胡锡芬、胡安龙：《柳盟胡公纪实》，道光三十年骏誉堂刻本，广东省立中山图书馆藏，第2页。下文关于"桂洲事件"引文未注明出处者，均出自此版本。
② （清）班际盛：《班公告示》，《柳盟胡公纪实》，第8页。

般的地方骚乱，而非大逆不道的叛乱。

二人均未指明身份的"小丑"具体是些什么人。此后的地方志在记载"桂洲事件"时均认为"小丑"是指疍民：①

> 康熙壬寅，有蛋民为鼠窃者，数人混入村市中，莫之觉也。②
> 康熙壬寅，乡蛋为窃，保甲未之觉也。③

鲍炜认为疍民并不是桂洲动乱的发起者，而是遭到了胡氏一族的栽赃嫁祸。④但从目前的记载来看，作为事件经历者并提供第一手资料的胡天球，此时对"小丑百辈"的身份并未点明。班际盛作为清王朝的军事将领，也未提及这些小丑的身份是否为疍民。

将疍民认定为引发"桂洲事件"导火线的，主要是不同时期《顺德县志》的编修者。目前乾隆《顺德县志》是目前所见最早记载"桂洲事件"的地方志。⑤众所周知，地方志所载与史实之间常常存有误差，更何况乾隆《顺德县志》的编修时间距离事发已近百年。因此，"疍民有罪"很可能是后世地方志修纂者的看法。而鲍炜对"桂洲事件"的解读倾向于桂洲乡民"有罪"，并认定"疍民有罪"是胡氏族人推卸责任的自我辩护，此论恐有主观之嫌。鲍炜对此的解释是，推诿给疍民的做法在当时颇为常见，胡天球见怪不怪，从而"未必视之为本乡之耻"，因此在其书写中

---

① 有关明清时期广东社会疍民身份和疍民在地域变迁中的身份和历史作用可参见罗香林、刘志伟等人的研究。罗香林：《蛋民源流考》，广西民族研究所资料组编《少数民族史论文选集》（三），1964 年，第 141—167 页；Liu Zhiwei, "Lineage on the Sands: The Case of Shawan", In David Faure & Helen Siu（eds.）, *Down to Earth: The Territorial Bond in South China*, 1995, pp.21-43；萧凤霞、刘志伟：《宗族、市场、盗寇与蛋民——明以后珠江三角洲的族群与社会》，《中国社会经济史研究》2004 年第 3 期，第 1—13 页。

② （清）陈志仪修，（清）胡定纂《（乾隆）顺德县志》卷 12《人物列传一·忠义》，《广东历代方志集成》，第 489 页。

③ （清）郭汝诚修，（清）冯奉初纂《（咸丰）顺德县志》卷 25《列传五》，《广东历代方志集成》，第 601 页。

④ 鲍炜称："自称为良民的岸上人把矛头指向了蛋民……只有那些游离于基层社会约束之外的水上人才是作乱者，这种逻辑显然被胡氏族人在作自我辩护的时候所使用。"参见鲍炜《清初广东迁界前后的盗贼问题——以桂洲事件为例》，第 87 页。

⑤ 乾隆顺治志前尚有两部康熙朝修顺德县志，令人疑惑的是，两部康熙顺德志均未提及"桂洲事件"。

"未至于考虑周全"。① 关于"小丑"的身份和事件的起因，详见后文第四节的论述，但需要强调的是，鲍炜对史料书写者主观立场的审视，提醒我们《胡氏族谱》等材料必定对不利于家族的内容有所避讳和修饰，应当细加辨别。

三 顺德知县"王仞"与"桂洲事件"的定性疑团

"桂洲事件"如何引起官方乃至尚可喜的注意，才是影响事件走向的关键。尚可喜之所以派发大兵屠乡，是因桂洲乡乱发生后顺德知县以"谋逆叛乱"罪上报省院。那么，时任知县的顺德长官是谁，他又为何这般处理此事呢？咸丰《顺德县志》记载：

> 先是桂洲有小丑焚劫，为仇陷诬以叛逆，邑令王印误信，申请尚藩剿村。②

此处指出，顺德知县"王印"误信了桂洲乡仇家的言说，将"有误"的情报上交至藩院。

事实上，仇人构陷、乡遭诬剿的言论是后世地方志的一致口径。乾隆《顺德县志》称桂洲"康熙元年，乡遭诬剿"，③ 指出是有人诬告陷害桂洲乡民才引发了随后的灾难。那么，诬告桂洲乡民作乱之人是谁？乾隆《顺德县志》进一步指出："仇家侦知，诬其乡聚众为变，报县详请藩院征缴。"④ 此记载成为后世县志编纂的标准，比如咸丰《顺德县志》："康熙壬寅，乡蛋为窃，保甲未之觉也。仇家诬以构变，县令遂请尚藩大发兵围剿。"⑤ 从

---

① 鲍炜：《清初广东迁界前后的盗贼问题——以桂洲事件为例》，第 85 页。
② （清）郭汝诚修，（清）冯奉初纂《（咸丰）顺德县志》卷 31《前事略》，《广东历代方志集成》，第 705 页。
③ （清）陈志仪修，（清）胡定纂《（乾隆）顺德县志》卷 6《寺庙庵观》，《广东历代方志集成》，第 346 页。
④ （清）陈志仪修，（清）胡定纂《（乾隆）顺德县志》卷 12《人物列传一·忠义》，《广东历代方志集成》，第 489 页。
⑤ （清）郭汝诚修，（清）冯奉初纂《（咸丰）顺德县志》卷 25《列传五》，《广东历代方志集成》，第 601 页。

地方志的记载来看，有仇家借乡乱之事对桂洲进行诬陷，从而实现打击报复的目的。其中缘由，有可能是桂洲士民得罪了某位权贵，也有可能是地方区域的利益之争，甚至是桂洲乡民在王朝鼎革中曾做出了"错误"的判断和立场选择等。① 但从"仇家"轻易能说服知县，并成功使之以谋逆作乱之罪上报藩院来看，其来头似乎不小。

从事件的发展来看，"王印"应该在接到信息后，并未怀疑桂洲作乱的真实性，也并未听取桂洲乡民的反馈，而是直接上报叛乱。顺德知县"王印"这么做的原因无非有三：一是他确信桂洲乡有不轨之举；二是为了政绩，在并不熟悉当地局势的前提下直接上报；三是他知道桂洲乡民冤枉但仍刻意为之。由此，讨论"桂洲事件"的定性问题，就必须先对这一关键人物进行讨论。

现有史料中对顺德知县"王印"的记载并不多，各方材料对"王印"的记载也十分混乱，最突出的是对"王印"姓名记载的多样。目前可见到的有王印、王仞、王胤、王应、王允五类不同的记载，兹列举部分如下（表1）。

表1　顺德知县"王印"姓名记载差异一览

所载姓名	出处	原文
王印	罗天尺《五山志林》	县令王印、邑令王印
	《平南敬亲王尚可喜事实册》	知县王印
	咸丰《顺德县志》	王印，山西辽州人，元年任
王仞	陈太常《遗爱纪实》	县主王仞
	胡士洪《纪事跋言》	邑令王仞
	康熙十三年《顺德县志》	王仞，山西辽州人，岁贡，康熙元年任
	康熙二十六年《顺德县志》	后宰王仞
	乾隆《顺德县志》	王仞，山西辽州人，岁贡，康熙元年任
王胤	释今释《平南王元功垂范》*	县令王胤
	屈大均《皇明四朝成仁录》	知县王胤
	钮琇《觚剩》	县令王胤
王应	道光《广东通志》	王应，辽东人，贡生，元年任
	光绪《广州府志》	王应，辽东人，贡生，元年任，顺德志作王印

---

① 明清之际广东地方社会的利益争斗十分复杂，王朝鼎革又进一步催化和加深了地方武装和地方权势之间的矛盾纠葛，具体可参见张启龙《明清鼎革时期广东地方武装研究》。

续表

所载姓名	出处	原文
王仞	乾隆《番禺县志》	知县王允
	同治《番禺县志》	知县王允。……据《觚剩》修

　　* 康熙十年（1671）九月前后，尚可喜委托与屈大均私交甚笃的乙未科（1655）进士尹源进为之纂修个人传记，编称《元功垂苑》。释今释所编版本，亦是受尹源进委托编订而成。

　　本文认为顺德知县名为王仞的记载最为可信。第一，作为事件亲身经历者的陈太常以及胡氏族人胡士洪均记载当时的顺德知县名为王仞。第二，康熙十三年和康熙二十六年所编《顺德县志》是距离事件发生时间最近、地点最切合的材料，可靠程度较高，二者亦记载当时的顺德知县名为王仞。

　　其他史料为何误传，是否有迹可循？康熙十三年《顺德县志》称"王仞，山西辽州人，岁贡，康熙元年任"，①随后康熙二十六年《顺德县志》、乾隆《顺德县志》亦沿袭康熙十三年《顺德县志》王仞的记载不变。那么，为何咸丰《顺德县志》却将王仞改作"王印"？对此，咸丰《顺德县志》记载：

　　　　继者王印。按陈志云：后宰王仞，今考《职官》，策后卜兆麟署，非王也。又《觚剩》作王允，与陈志同误。诸书皆作印，从之。②

　　可见，咸丰《顺德县志》参考过陈志（乾隆《顺德县志》），但他认为前志"后宰王仞"记载有误，担任顺德知县的顺序应为张其策、③卜兆麟，④其后才是王仞。咸丰《顺德县志》理解"后宰"为紧随其后之意，但若将

---

①　（清）黄培彝修，（清）严而舒纂《（康熙）顺德县志》卷4《秩官》，康熙十三年刻本，第233页。

②　（清）郭汝诚修，（清）冯奉初纂《（咸丰）顺德县志》卷21《列传一》，《广东历代方志集成》，第493—494页。

③　张其策，顺治十一年（1654）任顺德知县。《（康熙）顺德县志》卷4《秩官》，《广东历代方志集成》，第233页。

④　卜兆麟，顺治十八年（1661）任顺德知县。（清）阮元修，（清）陈昌齐等总纂《（道光）广东通志》卷45《职官表三十六》，《广东历代方志集成》，第729页。

其理解为在其后，那么乾隆《顺德县志》记载并无问题。①

此外，咸丰《顺德县志》指出《觚剩》作"王允"是因为错误地抄录了乾隆《顺德县志》的缘故。乾隆《番禺县志》及同治《番禺县志》均作"王允"，其中同治《番禺县志》在文中明确强调作"王允"是"据《觚剩》修"。②但《觚剩》中并非以"王允"为准，而是采用"县令王胤"的说法。乾隆、同治《番禺县志》中的"王允"很可能是为了避讳，才将"王胤"改为"王允"。其所依据的《觚剩》版本，很有可能也因此进行过修改。事实上，包括《觚剩》作者钮琇在内，用"王胤"之说的人还有释今释、屈大均，此三人均生活在明清之交，当时尚未有"胤"字的避讳。虽然三人生活在事件发生的年代，但三人均未亲身经历"桂洲事件"，与顺德知县亦无直接交往，因此可信度较之康熙《顺德县志》以及胡天球等人有所不及。

至于咸丰《顺德县志》所言的"诸书皆作印"，则需要继续考察其参照的范本。对此，咸丰《顺德县志》中称：

> 王印，山西辽州人，元年任。贡生。按：诸书或作王仞、王允，同人。③
> 王印，旧志作王仞，当是同声之讹。通志府志作印，今从之。④

显然，咸丰《顺德县志》的编修者是进行过相应的考证，指出"王仞"、"王允"以及"王印"都是同一个人，并认为"王仞"的说法是音调讹传的原因，而通志、府志均采纳了"王印"的用法，故咸丰《顺德县志》也以"王印"为准。

需要承认的是，各类史料中关于顺治和康熙初期不少记载的流失也

---

① 原文中王仞事迹附于张其策传。康熙、乾隆《顺德县志》均言"后宰"，指王仞于张其策后任顺德知县。笔者认为并非一定为紧随其后之意，且于张其策后任顺德知县的卜兆麟上任不到一年便调离，由王仞接替。

② （清）李福泰修，（清）史澄等纂《（同治）番禺县志》卷53《杂记一》，《广东历代方志集成》，第657页。

③ （清）郭汝诚修，（清）冯奉初纂《（咸丰）顺德县志》卷9《职官表一》，第177页。

④ （清）郭汝诚修，（清）冯奉初纂《（咸丰）顺德县志》卷9《职官表一》，第187页。

是造成这类讹变的原因之一，时人尚且不能做到明晰各个人物和历史事件的"真实"，后世更是不断将疑团复杂化和神秘化。不论是"王仞"，还是"王印""王胤""王应""王允"，通过对史料的梳理，基本可以确定这些所指称的均为同一人，且不少是因为语音、避讳等问题造成的记载混乱。

顺德知县王仞于康熙元年上任，具体月份不详，但"桂洲事件"事发于该年八月，可见从王仞上任至事件发生时的间隔并不长。由此，王仞对于顺德地方社会基本情况的掌握程度就值得思考。此外，王仞本人就任顺德知县期间的事迹和为人，也是考察的重点。现存史料对于王仞记载虽然不多，但地方志和时人对王仞的评价并不高。目前最早记载顺德知县王仞政绩的地方志是康熙十三年《顺德县志》，具体称：

> 王仞，山西辽州人，岁贡，康熙元年任。性愚而贪，被贼破城掳去。①

此外，康熙二十六年《顺德县志》亦称"后宰王仞，失政"。②随后各个时期的《顺德县志》基本上都延续了对王仞行政不端的记载，如咸丰《顺德县志》称其"多稗政"。③

结合地方志中对其"多稗政"的记载来看，王仞横征暴敛的行为应该有迹可循。生活于康、雍、乾时期的顺德文人罗天尺在其《五山志林》中记载了一则罗孙耀④与知县王仞之间政治纠纷的事例：

> 昔年地方多故，军书旁午，县令王印主见不定，听左右征敛。公

---

① （清）黄培彝修，（清）严而舒纂《（康熙）顺德县志》卷4《秩官》，第233页。

② （清）姚肃规修，（清）佘象斗纂《（康熙）顺德县志》卷4《官师》，《广东历代方志集成》，第131页。

③ （清）郭汝诚修，（清）冯奉初纂《（咸丰）顺德县志》卷21《列传一》，《广东历代方志集成》，第494页。

④ （清）罗天尺：《五山志林》记载："罗公孙耀，司铎曲江日，事上之体特慕海忠介，韶守深衔之。守幕下腹心为曲江弟子员，所为非法事败，守欲公曲庇，公不奉命。守怒，风波随之。顺治丁酉年事也。期当公车，挈家夜遁，旋登进士，乃获免。"可见罗孙耀秉性耿直，刚正不阿。参见（清）罗天尺《五山志林》卷2《三松处士》，《广州大典》第401册，第434页。

为桑梓计，挠之。令深衔公，架词诬陷。时令所布爪牙皆藩党也，多方鼓扇。卒邪不胜正，王宽谕寝其事。①

罗天尺的记载中有几个重要信息。首先，王仞"性愚而贪"的形象与地方志所记载的相一致；其次，由"令深衔公，架词诬陷"可见王仞深谙诬陷地方士绅的做法，同时身边尚有一群"多方鼓扇"的党众；最后，从这些人的身份来看，包括王仞在内，都依附于当时广东最高长官尚可喜。以上信息有助我们理解顺德知县王仞在"桂洲事件"中起到的作用。

就罗孙耀一事，为何众藩党多有诬陷之词，而尚可喜却宽其事？咸丰《顺德县志》对此记载：

> 会县有军事旁午，令王印夺于吏胥，征敛无艺，孙耀计挠之，揭八大罪陈平，藩令亦污孙耀，庭质知其事直，得寝。遂隐石湖别业，自立生圹，门植松三，号三松处士。②

本应该起到上传下达与沟通协调作用的地方行政官员忘却了自己的职责，致使地方社会成为其暗箱操作、欺上瞒下的平台。藩王尚可喜最先是听取王仞等人的说法认定罗孙耀有罪，但当罗孙耀与尚可喜有了直接面谈的机会后，尚可喜接受了罗的陈词。尚可喜认定罗孙耀"知其事直"的同时，也就间接地承认了王仞"性愚而贪""架词诬陷"的本质。结合这些，便不难理解"桂洲事件"中王仞的所作所为。

在王仞的"操作"下，平南王尚可喜所了解到的顺德地方社会面貌并不一定与当地的真实情况相符合。王仞及其党众，如何将地方情况上报给藩院，这决定着一个地区数万生灵的命运。正如胡氏族人对"桂洲事件"的记忆："康熙壬寅年，桂洲为流言中伤，藩委总兵领兵围剿，十万生灵命悬旦夕。"③

值得注意的是，胡氏族人胡士洪对王仞形象的描写以及其在"桂洲事

---

① （清）罗天尺：《五山志林》卷2《三松处士》，《广州大典》第401册，第434页。
② （清）郭汝诚修，（清）冯奉初纂《（咸丰）顺德县志》卷21《列传五》，第595页。
③ （清）胡锡芬、胡安龙：《柳盟胡公纪实·今将李向日事迹开列》，第21页。

件"中作用的记载:

> 值邑令王仞,邑人所目为王泥团,以失城掳辱而褫官者。徇某甲
> 之谮,以急救危城事申详藩王院宪,谓贼众百数,筑濠寨设船械,致
> 藩院发师进剿。①

通过胡士洪的记载来看,王仞在地方社会的评价也非常糟糕,对其"王泥团"的称呼形象生动地点出了王仞的为人。另外,胡士洪的记载中还有一处值得深究,即胡士洪称王仞"徇某甲之谮",从而声称桂洲有"贼众百数,筑濠寨设船械"。

综合各方史料来看,"桂洲事件"很可能是一起在乡乱基础上,遭到他人诬告并由顺德知县误判上报的地方危机事件,并产生了随后一系列的危机公关活动。

四 "桂洲事件"中贼首未死的证据

"贼首"问题是鲍炜着重强调的问题之一。这里说的贼首即桂洲胡氏族人胡渐逵。桂洲乡民在与官府妥协的过程中,数次缉拿的动乱分子都不能得到朝廷的满意。最后在朝廷的不断施压下,胡渐逵被迫出头,"挺认贼首就戮"。地方志、胡氏后人以及鲍炜等学者均认为这是桂洲乡难得以解决的主要原因之一。不同之处在于,地方志和胡氏后人认为胡渐逵乃大义之士,而鲍炜则怀疑胡渐逵"挺认贼首"的真正动机是因为他确为盗贼,抑或被人强迫从而成为替罪羊。②本文结合胡天球《桂洲乡绅老保甲具结》发现,胡渐逵虽然"挺认贼首",但并未被杀。地方志、胡氏后人对事件的理解和记载均有误,那么,鲍炜建立在"贼首就戮"之上的分析也就难以成立。"贼首"问题的含糊不清正说明此事背后存在隐情。可以说,胡渐逵在"桂洲事件"中的身份以及最后结局,与"桂洲事件"中的军民博

---

① (清)胡士洪:《纪事跋言》,《顺德桂洲胡氏第四支谱全录》卷8《谱牒外编·艺文》,广东省立中山图书馆藏,第52—53页。

② 鲍炜:《清初广东迁界前后的盗贼问题——以桂洲事件为例》,第93页。

弈息息相关。

关于尚可喜要求桂洲必须交出一个有分量的"贼首"的记载，见《胡氏族谱》：

> 尚藩仍令擒获贼首以绝根株，兵始全撤。乡人缚首祸窃蛋于官，又畏死不承，事方缪辖。①

从上述材料我们看到，桂洲乡民缉拿的"贼首"乃是作乱的蛋民，但该人并不承认自身所犯的罪行。由此，才有胡氏族人胡渐逵"挺认贼首"一事。

目前可见最早记载此事的地方志是乾隆《顺德县志》，其对"贼首"胡渐逵挺身就义的记载颇为详细。具体如下：

> 胡渐逵，桂洲人，慷慨尚义。……乡人搜获蛋窃数人，畏死不承，渐逵乃慨然曰："我非盗，然杀一己以活数万人，所愿也。况汝等向曾为窃乎？"拉同赴军前，渐逵挺认贼首，就戮。兵借以解，乡人德之。②

地方志的记载对后世认知胡渐逵产生了重要影响。光绪庚子年（1900）八月六日，胡氏十九世子孙胡寿荣从地方志中读到了胡渐逵的英雄事迹，感其义烈，为之立传：

> 余读顺德志。康熙壬寅，阖乡遭难。……有胡渐逵者，慨然出曰：我非盗，然舍一己以活多人，义固宜之，心甘无悔。乡人不得已解赴军前，渐逵承供如指，乡难始免。
>
> 而益叹公之死难，为不可忘也。夫守土官遇贼围城，城陷死之。

---

① （清）胡寿荣：《附识三房十世渐逵公义烈传》，《顺德桂洲胡氏第四支谱全录》卷8《谱牒外编·列传》，第6页。

② （清）陈志仪修，（清）胡定纂《（乾隆）顺德县志》卷12《人物列传一·忠义》，《广东历代方志集成》，第489页。

将弁督兵赴敌，兵败死之。义当死，亦势不得不死也。渐逵公不过一乡人耳，非若当事缙绅之莫可如何也。公不自出首，夫孰得以言诰之，以势迫之耶！而乃力顾大局，舍命不渝，此虽慷慨捐躯，直等从容就义。

读理刑陈公《遗爱实录》于公死难一节，阙略未详。余谓本族王陈二公祠当添置渐逵公神位于右侧，递年恭祝恩主诞，设筵分献，亦祭法以死勤事则祀之义。①

从地方志以及胡寿荣的言论中我们看到，地方社会和胡氏后人均认为胡渐逵原本并不为贼，却在乡难中挺身认贼，牺牲自己救民于水火，可谓全乡百姓的恩人，胡寿荣更以"慷慨捐躯""从容就义"等词对他大加褒赞。

胡渐逵并未就戮的可能在胡寿荣本人所写《附识三房十世渐逵公义烈传》一文中已经可以揣度一二。第一，胡寿荣称"陈公《遗爱实录》于公死难一节，阙略未详"。《遗爱实录》乃在"桂洲事件"中多方为桂洲乡民斡旋的清廷官员陈太常所著，记载了不少"桂洲事件"之事，可惜今已失佚，只能从胡氏族人的转引中得见些许。陈太常作为尚可喜委派剿乡的清廷官员，最终选择替桂洲乡民申冤，其所言可信度无需质疑。显然胡寿荣见过《遗爱实录》，但其中并未记载胡渐逵相关的英雄事迹，这让他颇为遗憾。胡渐逵如果真有牺牲自己解救乡民的义举，陈太常却只字未提，那么胡渐逵"挺认贼首就戮"一事便颇值得怀疑。第二，胡寿荣建议应在"王陈祠"②中树立胡渐逵的神位，以纪念这位在"桂洲事件"中有大恩的先祖。言下之意，胡渐逵这位大义之士，百年来并未受到胡氏族人的重视。倘若胡渐逵真的牺牲自己拯救全乡士民，为何陈太常以及当时胡氏族人都不提及其人其事？如果胡渐逵并未牺牲自己，也未说出上述自我牺牲的豪言壮语，那么这些疑惑自然而然就迎刃而解了。

---

① （清）胡寿荣：《附识三房十世渐逵公义烈传》，《顺德桂洲胡氏第四支谱全录》卷8《谱牒外编·列传》，第6页。

② "王陈祠"乃桂洲民众为纪念有恩于乡的王来任与陈太常二公而建立。陈太常于"桂洲事件"中为桂洲多方申冤，王于迁界时恳请朝廷复界。

　　至此，有必要谈一谈胡渐逵未死的证据。目前记载胡渐逵"挺认贼首就戮"的材料，除了乾隆、咸丰《顺德县志》①以及胡寿荣《附识三房十世渐逵公义烈传》外，道光年间胡氏后人胡斯球为胡渐逵所作《义士诗》，亦是胡氏后人记载胡渐逵义举的代表：

> 知士保身，烈士徇名，身名不顾，念切群生。
> 富者捐金，儒者求直。非富非儒，挺身认贼。
> 身前无累，身后无求。慷慨赴义，义重花洲。
> 七尺微躯，万人同感。代死固难，悬首尤惨。
> 俎豆馨香，监军庙食。独此义士，无称见德。②

　　鲍炜根据诗中"非富非儒""身前无累，身后无求"等描述，认定胡渐逵"身份颇为普通……这样毫无背景的人在宗族中的地位是可想而知的"③，并以此为根据做出如下推断："（胡渐逵）极有可能是被迫成为了保全宗族其他人性命的牺牲品，甚至是充当了族内真正盗匪的替罪羊。"④姑且不论胡斯球所言"非富非儒"的判断是胡渐逵的真实情况还是文学创作的渲染，鲍炜的结论都存在可商榷之处。胡斯球在《义士诗》序中称：

> 胡公，讳渐逵，慷慨士也。……藩院发师来剿，幸得司李陈公申救，仍责令擒获贼首，方许退兵。然贼不可得，公向未染非，挺身认贼首，就戮，以纾乡难，行谊载郡邑志。⑤

　　胡斯球强调自己是从顺德地方志中得知胡渐逵事迹的，与胡寿荣获取胡渐逵事迹的渠道一样，都是通过地方志的记载了解到先祖的相关事迹。目前咸丰《顺德县志》取材于乾隆《顺德县志》，而乾隆《顺德县志》的

---

① 咸丰《顺德县志》称材料取材自乾隆《广州府志》以及乾隆《顺德县志》。
② （清）胡斯球：《竹畦诗钞》卷1《义士诗》，清道光刻本，广东省立中山图书馆藏，第5—6页。
③ 鲍炜：《清初广东迁界前后的盗贼问题——以桂洲事件为例》，第93页。
④ 鲍炜：《清初广东迁界前后的盗贼问题——以桂洲事件为例》，第93页。
⑤ （清）胡斯球：《竹畦诗钞》卷1《义士诗》，第5页。

取材来源并不明确。前文提及康熙两版《顺德县志》均未有记录"桂洲事件"的只言片语，也就是说胡渐逵"挺认贼首就戮"一事并非由时人所写，而是百年后的人对这段历史的"想象"。鉴于地方志一类史料中历史记载的真实性和可信度，学界在使用时普遍比较谨慎。①

此外，笔者在"桂洲事件"当事人胡天球的记录中又发现了另一份证据：

> 忽于前月，突出蠢徒，纠合外贼，明火持杖，夜劫本乡，猖獗纵横，法所不宥。已经县主八月初十日发示安民，谕令解散，数日，就蒙天兵行剿。幸际天台好生，俯念桂洲匪类百余，不忍以数万生灵概加屠戮，分别良歹，谕赐招抚，迨案府四爷详究。……兹蒙将爷天台连日查访山川水陆，并无设寨找船及铳炮器械情形，今抚目胡渐逵等改行从善，而余党谭杜启等亦授首，地方赖宁，间有余孽潜散，乡民极力穷追搜擒，无容隐瞒，只得备详本乡颠末匍赴……为此联结呈报。倘日后有强凶甘同坐罪，枭斩无辞，中间不敢欺瞒，所结是实。康熙元年九月日结。②

这份重要的材料名为《桂洲乡绅老保甲具结》，是桂洲乡绅胡天球等人在"桂洲事件"平息后交给官署的保证书，是地方与官方对"剿贼"事件最终达成的妥协。其中，有几个值得关注的信息。第一，"突出蠢徒，纠合外贼"，说明桂洲乡绅虽有"外贼"诱导的推脱之意，但最终还是承认了本族内部存在问题；第二，"匪类百余""数万生灵""分别良歹"等几个关键词引出了一个明清之际地方社会重要的身份判定难题，即地方和官方如何区分"民"与"盗"的身份；第三，"今抚目胡渐逵等改行从善，而余党谭杜启等亦授首"一句证明了本文所持观点，即"贼首"胡渐逵并未"就戮"，"授首"者另有其人。再结合其他材料，胡渐逵未死的事实得以大白。

虽然胡渐逵并未"授首就戮"，但仍有疑点值得思考，比如地方志中胡渐逵牺牲自己解救全乡百姓的言论出自何处？目前可见最早的记载出自

---

① 衣若兰：《史学与性别：明史列女传与明代女性史之建构》，山西教育出版社，2011 年。

② （清）胡天球：《桂洲乡绅老保甲具结》，《柳盟胡公纪实》，第 6—7 页。

乾隆《顺德县志》，而胡氏族谱和胡天球的相关记载中均未对胡渐逵的"英雄事迹"有所标榜，因而此段书写很有可能是乾隆《顺德县志》编修者的讹传。据笔者分析，"桂洲事件"过程中，乡绅胡天球以及李向日二人曾犯险替桂洲乡民陈情被清兵扣押，其间李向日曾表达过不愿独生苟且、愿与乡民共患难的言辞：

> 向日曰："杀一人，活千万人，吾所乐也。"左右怜其诚，代言于帅，由是阖乡获免，乡人至今德之。①

因此，地方志很有可能是将李向日的事迹嫁接至胡渐逵身上，从而导致胡渐逵"挺认贼首就戮"的说法出现。

因胡氏后人的信息渠道来自地方志，同时又添加了不少主观的理解和想象，正如鲍炜所言："这段记载为后人所撰，难免有'为先人讳'的动机在内，把胡渐逵的形象拔高了。"②总之，本文通过梳理"桂洲事件"的相关文献，发现胡渐逵"挺认贼首"后并未被杀。"贼首就戮"是被塑造出来的历史想象，并非事实。由此，包括地方志、胡氏后人的记载以及相关学者的解读，都被历史书写的假象"欺骗"了。

五　官方整合地方武力背景下的官民博弈

"桂洲事件"的复杂之处在于清廷官员对于桂洲乡民的立场出现了分化，既有人称其谋反叛乱，也有人为其申冤。桂洲乡民之所以能够有时间与知县王仞周旋一二，首先得益于清右卫守备邱如嵩的帮助：

> 时有右卫邱讳如嵩，以征屯粮在乡，备悉厥由，亦为陈解。③

---

① （清）胡锡芬、胡安龙：《柳盟胡公纪实·今将李向日事迹开列》，第22页。
② 鲍炜：《清初广东迁界前后的盗贼问题——以桂洲事件为例》，第92页。
③ （清）胡士洪：《纪事跋言》，《顺德桂洲胡氏第四支谱全录》卷8《谱牒外编·艺文》，第53页。

恰逢在乡征粮的邱如嵩熟知桂洲乡的情况，因此他的陈情在一定程度上起到了作用。胡天球对此记载：

> 赖右御守备邱公讳如嵩力阻得缓。①

从邱如嵩的言辞来看，桂洲乡应属被诬告。但是邱如嵩人微言轻，虽然为桂洲乡争取了一点时间，但是仍不能化解大兵剿乡的危机。那么，尚可喜复派大军屠村，桂洲乡是如何度过厄难的？对此，胡天球记载：

> 藩令复遣兵络舟南下，委广州司李陈公讳太常监军，偕副都统班公讳际盛。环围骈集，约会廿七日开剿。谓乡故多贼寨，故动大兵。②

这次受命前来的统军将领是陈太常、班际盛二人。二人领兵兴师的原因是桂洲一地"多贼寨"。结合前文可知，这是顺德知县王彻反馈给尚可喜的信息。

陈、班二人也是本着剿贼的心态前往桂洲的。对此，陈太常本人在上呈省院的告帖中也称：

> 广州府理刑陈为密禀事。卑职于八月二十六日抵桂洲堡，随于二十八日具有塘报一纸，已蒙宪览矣。但向来兵势凶横，志在进剿，且屡接王谕，必须照县报擒捕以断根株。③

塘报说明尚可喜完全是以军事行动态度对待围剿一事。再结合陈太常的禀词，"屡接王谕""以断根株"说明尚可喜对待此事不留余地。根据"照县报"的细节来看，尚可喜所依据的正是王彻转达至藩院的信息。可见，"多贼寨"的消息来源多是顺德知县王彻呈交的报告。

---

① （清）胡天球：《花洲纪略》，第3页。
② （清）胡天球：《花洲纪略》，第3页。
③ （清）陈太常：《陈公上抚院禀帖》，《柳盟胡公纪实》，第4—5页。

624

面对大兵来袭，桂洲乡绅胡天球"挺身倡赴军前，泣诉难蒙"，①但被扣押，虽然桂洲士绅未能如愿为桂洲乡民脱罪，却引发了陈太常的疑虑：

时监军司李陈太常稍觉其诬，入村巡视并无濠寨。②

咸丰《顺德县志》甚至称陈太常入乡视察时，桂洲仍"塾有书声"，③显然是后世夸张的记载，而事件经历者胡天球称当时乡民战栗惊悚、百业暂停的景象更为可信：

当大兵环绕桂洲，轴舻千百，杀气弥天，悲风震地，士罢于学，农罢于田，商罢于肆，旅罢于途，庶民若釜中之鱼，万姓若鼎烊之鸟。④

陈太常实地考察后认为应是顺德官员上报给藩院的信息有问题，"实未尝按名而稽也"。⑤对于监军陈太常积极游说并替桂洲陈情纾难，鲍炜提出质疑："陈太常不过是一个普通的地方官员，他为何会在这次事件中为胡氏奔走，并且能解救胡氏族人，此中有何待揭之隐，则需要在资料中逐步去发掘。"⑥其论点的前提是桂洲乡确有叛乱之举，因此陈太常等人的求情行为在其看来难以理解。

有关陈太常的相关信息，《柳盟胡公纪实》中引陈太常《遗爱纪实》称：

陈公讳太常，号时夏，四川顺庆府大竹县举人，顺治十六年（1659）任广州府理刑，康熙二年（1663）升任抚院。⑦

从目前可考的材料来看，陈太常在"桂洲事件"前与胡氏一族并无瓜

① （清）胡锡芬、胡安龙：《柳盟胡公纪实·今将胡天球事迹开列》，第19页。
② （清）陈志仪修，（清）胡定纂《（乾隆）顺德县志》卷12《人物列传一·忠义》，第489页。
③ （清）郭汝诚修，（清）冯奉初纂《（咸丰）顺德县志》卷25《列传五》，第601页。
④ （清）胡天球：《募建报德生祠疏》，《柳盟胡公纪实》，第9页。
⑤ （清）陈太常：《陈公上抚院禀帖》，第5页。
⑥ 鲍炜：《清初广东迁界前后的盗贼问题——以桂洲事件为例》，第89页。
⑦ （清）陈太常：《陈公上抚院禀帖》，第412页。

葛，从此后胡天球与陈太常的书信往来中亦可证明二者此前并不相识。因此，陈太常并非因私交而替桂洲乡陈情。事实上，如果跳出桂洲有罪的思路，认清桂洲被诬告的事实，陈太常等人选择帮助桂洲乡的行为就不难理解。

除了邱如嵩、陈太常二人外，认为桂洲无罪并选择替桂洲乡说情的清军将领还有两人，那就是同陈太常一同领兵的副都统班际盛与紫泥司杨之华。以班际盛为例，其在发给桂洲乡民的《告示》中明确表达他也因所见与所闻的不一致而起疑：

> 本府遵奉王爷令，统领大兵，前来捣剿。本府因见该乡士民安居乐业，并无濠寨。一知大兵临境，即捉获匪类出献，情似可原。①

陈、班等人皆因桂洲实乃寻常百姓而向省院陈情。为了搞清楚其中缘由，陈太常特意严训了顺德县的一名兵吏，并得到了一些线索：

> （陈太常）遂将县吏兵东夹讯，供吐系某宦书瞒县申文致动王师。②

因此，陈太常了解到具体实情后，立即向尚可喜说明情况呈请罢兵：

> 严鞫县兵吏得令听仇嘱，故亟剀切禀巡抚请之。③

按照常理而言，当陈太常将地方实情上报藩院后，事情就应当告一段落。但是事情的发展并没有那么简单，尚可喜在收到陈太常等人的陈情后，依旧不肯罢兵，而是进一步要求桂洲乡擒获贼首后方肯罢休，从而有了前文胡渐逵"挺认贼首就戮"一事。

桂洲乡民之所以能够在与官方博弈的过程中化险为夷，主要得益于陈

---

① （清）班际盛：《班公告示》，《柳盟胡公纪实》，第 8 页。
② （清）胡士洪：《纪事跋言》，《顺德桂洲胡氏第四支谱全录》卷 8《谱牒外编·艺文》，第 53 页。
③ （清）郭汝诚修，（清）冯奉初纂《（咸丰）顺德县志》卷 25《列传五》，第 601 页。

太常等清方官吏的大力相助。在此过程中，当地士绅大力主张与桂洲恩人建立关系，并通过多种方式表达对这些人的感激之情。如士绅胡士洪《纪事跋言》开篇即称桂洲乡民全赖众恩公之拯救才得以保全，为防年代久远而将义举淹没，故将其事迹载入文册，以供族人世代景仰：

> 人享安居乐业之福，不知覆载之为恩，及阽危颠沛中有能脱之汤火而予以袵席，则身之所受者切，而心之所感也深。然或恩在一己，功在一时，亦未能普及广众，垂示无穷也。吾乡受司李陈公、中丞王公之拯救，则人人共切而所感诚深矣。但虑世远年湮，感殊身受，或几同于覆载之相忘，将有欲举似而无从考据者，爰不惮缕烦而叙二事之颠末，以示不朽。……非陈公监君，谁肯疲神竭虑，冒犯詈辱，拮据戢兵，再三请陈，保全数十万之民命乎？阽危颠沛，身受心感，岂独一己一时而已哉。若右卫邱公之代为陈解，绅士胡天球、李向日等之迎师吁诉，且捐赀营救，是皆有功于乡，例当附书者也。①

当事人胡天球亦号召族人建祠以纪念"桂洲事件"中有恩于乡的陈太常、邱如嵩等人，兹节录其《募建报德生祠疏》一文如下：

> 今观公祖陈老先生极力扶桂洲之事，盖转地轴于坤维之中，而培天柱于九霄之上，其功甚巨，其力甚劳，其心甚苦，其势甚难，可为知者道，难与俗人言也。日者不肖，从青衿保甲后，趋谒幕府见其语恻然、其色凄然，私自语曰："救吾乡者其在斯人乎？"询之左右曰："广州府理刑陈四爷也。"……斯时也，尚有游魂残喘，以睹天日哉。赖陈四尊以西秦照胆之镜，识东海孝妇之冤，兵东一夹，含沙鬼蜮，遂无遁情，手书印钤，铁案不易，士民快离暴网，老稚庆获更生，手示一谕，怆人心脾。……正所谓一字一泪，又复一泪一珠。……阖乡士民捐赀买地，创建生祠，尸而祝之，社而祀之，少伸一念之萦，维永作万年之香火，是即补地之缺，回天之事也。若夫右卫邱公、巡宰

杨公，左提右挈，俾无陨坠，皆有功于本乡，庚桑畏垒，与陈公并垂不朽，知德报德，或者惠邀一路福星，长照桂花洲上。①

据乾隆《广州府志》记载，桂洲乡桂宁墟建有怀德祠，便是为纪念"桂洲事件"中有恩于乡的广州理刑陈太常、右卫邱如嵩、紫泥司杨之华，以及迁界过程中奏请复界的两广总督李率泰、广东巡抚王来任五人而建。②

"桂洲事件"的转机，实际上是陈太常、邱如嵩、班际盛等人的努力和游说起到了作用。值得注意的是，陈太常、班际盛等人替桂洲乡陈情游说一事，虽然受到了桂洲乡民的感激，却得罪了对"剿贼"颇有兴致的清兵。在此过程中也能够看出清廷内部在对待地方社会态度上的严重分化。具体情形，陈太常本人称：

卑职等窃幸宪台恩威，谓地方庶可稍靖，将士庶可凯旋，乃兵心攘臂不已。卑职委曲调停，劳瘁固所不惮，但众口纷纷，辱及宗族，卑职不知何罪而遭此也。③

陈太常认为，桂洲乡并未有造反叛乱的事实，那么围剿贼寇的清兵即可班师。但是来剿的士兵对此却意见颇大，陈太常周旋其中，却被清兵辱骂。

这个现象颇值得玩味，陈太常奉尚可喜之命，率兵剿贼，但因所谓的"贼"并非贼，陈太常申请撤军却遭到了大兵的反对甚至诋毁。胡氏族人对此亦有记载：

无如将悍兵横，詈辱肆加于陈公，将被羁绅士及乡者保横加挞辱，诛索犒赏。④

---

① （清）胡天球：《募建报德生祠疏》，《柳盟胡公纪实》，第9—10页。
② （清）张嗣衍修，（清）沈廷芳纂《（乾隆）广州府志》卷17《祠坛》，《广东历代方志集成》，第384页。
③ （清）陈太常：《陈公上抚院禀帖》，第5页。
④ （清）胡士洪：《纪事跋言》，《顺德桂洲胡氏第四支谱全录》卷8《谱牒外编·艺文》，第53页。

可见，除陈太常、班际盛等人以外，大部分的清军兵将对于兴师动众而来却无"功"而返颇有意见，不仅对陈太常言语不敬，亦将怨气发泄到被拘的桂洲乡绅身上。前文提及，胡天球以及李向日二人曾赴军前陈情被扣押一个月，此期间"（胡天球）数月几受戮者数"。①

为何前来剿村的清兵对于班师一事有如此大的反应？尚可喜得知桂洲一事的真相后为何依旧要求擒拿贼首？要辨析清楚这些问题就需要结合明清之际"兵寇难分"的社会背景：

> 顺治十四年（1657）丁酉四月十四日，兵以逐贼为名抢散十余良寨。……兵因清查为名，索馈略横冈、横溪头二寨，少迟违即目以从贼，破之。②

这样的现象在明清之际的广东十分普遍，大兵以逐贼为借口而行贼所为，地方社会若不配合则被视为"贼"伙而遭屠戮，官兵名为剿贼，实为剿民，反而不少被清王朝定义的"贼寇"，往往并不扰民。③前文已经提到明清之际清军队伍良莠不齐的情况，掌管广东局势的高级官员也是有心无力。在这样的情况下，大兵对借"剿贼"而大发横财的行为已经颇为习惯，对于他们而言，贼盗也好，良民也好，都不过是横征暴敛的由头而已。陈太常等人陈情成功的结果就是大兵无"功"而返，这便破坏了众兵将谋利的企图，自然而然会受到反对和辱骂。尚可喜在听取了陈太常等人的汇报后，仍坚持听信顺德知县王仞的言辞而不肯罢兵，其中复杂的利益关系可从该事件中管窥一二。

结　语

明清鼎革时期广东地方武装与明、清两个王朝的纠葛，深刻影响着清初政府对这些带有军事化色彩地方武装的立场和态度，数量众多、固守一

---

① （清）陈志仪修，（清）胡定纂《（乾隆）顺德县志》卷13《人物列传二·行谊》，第524页。

② （清）陈树芝：《（雍正）揭阳县志》卷3《兵事》，《广东历代方志集成》，第373页。

③ 参见张启龙《明清鼎革时期地方武装研究》，第231—233页。

隔且关系分合不定的地方武装，既是明、清政权争夺广东的棋子，也是影响王朝定鼎的绊脚石。清军对于广东地方武装的态度则充满弹性，既会为了稳定一方、赢取民心而予以镇压，也会因兵力短缺而采取利诱、拉拢的抚慰政策。随着局势向有利于清廷一方倾斜，清廷开始收紧政策，加大对武装势力整合的力度，以防范地方武装尾大不掉。清王朝平定广东后，广东地方武装或分离消散，或改头换面融入地方军事体系，逐渐"消失"在鼎革的历史舞台上。①

因此，尚可喜在整合地方武装的过程中，所持的态度很可能是"宁可错，勿放过"，这是理解和讨论"桂洲事件"的重要前提。桂洲发生乡乱事件是不可辩驳的，不论是桂洲士绅的记录，还是后世地方志的书写，都承认了这一点。但这场乡乱的起因和祸源，至今仍难定论。史料的含混不清，也反映出桂洲乡乱中多方利益的牵扯和纠缠。

"桂洲事件"牵涉鼎革后期地方军事化、疍民叛乱、宗族内乱、兵寇难分、民盗不分等一系列社会问题，是一场错综复杂、各执一词的地方事件。该事件折射出清初整合具有武力化色彩的地方势力之际，官方和地方等多元势力间复杂的博弈互动关系。

（原文刊于《海洋史研究》2021 年第 2 期，第 213—234 页）

---

① 　参见张启龙《明清鼎革时期地方武装研究》，第 233 页。

专业与日常：医学知识形成的一个侧面

——以应声虫病的书写为例

张园园

近年来，随着国内社会文化史研究的深化以及欧美新文化史、微观史等学术理念和方法的引入，为中国医疗史研究提供了肥沃的学术土壤，医疗史研究无论在研究对象还是研究视角与方法上都取得了相当大的进展。[①] 早期历史研究者的基本关注点不在疾病和医学本身，只不过是希望通过疾病医疗这一角度来增益史学研究的维度和深度，借此探讨来体现、说明和诠释历史上社会文化的状况及其变迁。[②] 随着研究的深入，医学知识的形成与建构、社会文化对医学的形塑等问题逐渐进入历史学者的视野。[③]

余新忠教授在《清代江南的瘟疫与社会——一项医疗社会史的研究》"重版序言"中明确指出："从历史学的角度，深入到中国医学的核心问题，对中国医学基本认知的形成以及主流理论的流变脉络等提出自

[①] 周兵：《新文化史：历史学的"文化转向"》，复旦大学出版社，2012年；余新忠：《导言——新世纪中国医疗社会文化史刍议》，余新忠、杜丽红主编《医疗、社会与文化读本》，北京大学出版社，2013年；余新忠、王雨濛：《微观史与中国医疗史研究》（Microhistory and Chinese Medical History: A Review），《韩国医学史》（Kor J Med History）2015年第24卷。

[②] 余新忠：《中国疾病、医疗史探索的过去、现实与可能》，《历史研究》2003年第4期，第158—168页。

[③] 梁其姿：《医学知识的建构与传播》，《面对疾病——传统中国社会的医疗观念与组织》，中国人民大学出版社，2012年，第3—123页。

己的看法，却是我非常期待的。"[①]虽然目前医疗史研究中关于中国医学核心问题的探讨十分稀少，但仍有可资借鉴的成果。[②]吴以义《溪河溯源：医学知识在刘完素、朱震亨门人间的传递》讨论了医学知识在某一特定学派中的流传情况，考察了医学知识的传承人与传授方式。[③]文章虽未涉及医学知识本身，但其独特的研究视角无疑有助于我们展开进一步的思索，如：医学知识是怎么形成、怎样传播的？在形成和传播的过程中保留了什么、丢失了什么？是什么影响了医学知识的构成？类似问题的探讨，如何在以医学知识为核心却又不失历史本位的叙述和诠释中展开？

由于外史和内史学者研究旨趣各异，打破医学史研究中历史学与医学间的学科壁垒仍旧困难重重。[④]就国内中医史学界以往的研究来看，还未曾关注医学知识的来源、形成、传播与实践等诸多问题，研究者对医学知识的呈现多为静态的点或面，医学知识与医学理论易被误解为卓越医家的匠心独创或是对传统学术思想的生硬比附。这种局面的出现，与以往研究对象主要为医学书籍有着直接关系，因而大量搜集散见于文集、笔记、小说、杂著、史志等历史文献中与医疗相关的文本资料，能够充实医学知识的研究。在内容宏富的文献中，存在不少相同或相似的记载，

① 余新忠:《清代江南的瘟疫与社会——一项医疗社会史的研究》，北京师范大学出版社，2014年，第9页。医学的核心问题，通常指医学知识和思想脉络（余新忠:《当今中国医疗史研究的问题与前景》，《历史研究》2015年第2期）。

② 〔日〕山田庆儿:《中国古代医学的形成》，台北：东大图书股份有限公司，2003年；冯珠娣:《认识实践：遭遇中医临床》（Judith Farquhar, *Knowing Practice: The Clinical Encounter of Chinese Medicine*），博尔德，1994年；谢柏晖:《明清医学知识的争议与建构：以太素脉和〈王叔和脉诀〉为中心》，硕士学位论文，台湾师范大学，2009年。

③ 吴以义:《溪河溯源：医学知识在刘完素、朱震亨门人间的传递》，《新史学》第3卷第4期，1992年，第57~94页。

④ 廖育群《医史研究"三人行"——读梁其姿〈面对疾病〉与〈麻风〉》（《中国科技史杂志》第36卷第3期，2015年）从专业中医史研究者的角度对梁其姿教授《面对疾病——传统中国社会的医疗观念与组织》和《麻风：一种疾病的医疗社会史》二书进行了言辞犀利的评价，显示了"内史"和"外史"领域杰出学者在中国医疗史研究中就研究方法、对医学思想的叙述和阐释中存在的意见相左。欧美国家的医疗史研究已十分成熟，然而仍不时有来自医学专业的批评之声，如理查德·霍顿（Richard Horton）《离线：医学史垂死的身体》（Offline: The Moribund Body of Medical History），《柳叶刀》（*The Lancet*）第384卷第9940期，2014年7月。感谢华盛顿大学杨璐玮提供的《柳叶刀》文章信息。

这类记载可以说是在文本传抄的过程中逐渐形成的知识积累。[①]一些相同或相似的医学记载既存在于笔记文集之中，也出现在专业的医学书籍里，它们之间存在着一定的关联性，文献所见应声虫病故事的书写就是其中较具特色的一种。以应声虫病的书写为例，考述文本传抄的轨迹及特点，当对认识医学知识的形成有所裨益。[②]

一 故事源流与传记式书写

> 洛州有人患应语病，语即喉中应之。以问善医张文仲，经夜思之，乃得一法，即取本草令读之，皆应，至其所畏者，即不言。仲乃录取药，合和为丸，服之应时而愈。一云问医苏澄云。[③]

这是目前所知最早的应声虫病故事书写，记载于《朝野佥载》之中。《朝野佥载》是唐代张鷟编著的一部笔记小说，主要记载了隋唐两代的朝野趣闻，其中武则天时期最多。张文仲是武则天时期的名医，《旧唐书》和《新唐书》均有其传。宋代官修大型类书《太平广记》有几乎相同的内容记载，收录在"张文仲"条目之下，书写目的明确，就是以事记人。

---

① 这里"传抄"强调的是知识的复制与传播，与通常意义上的"抄书"（与"刻书"相对应）不同。历史文献中，有些故事类记载在传抄过程中延伸出新的枝积节，符合顾颉刚先生提出的"层累故事观"，有些相似、重复的文献记载并不与这一理论十分切合。有学者反思道：历史演进法有一个明显的预设前提即"一源单线"因而忽视了同时共存的多种可能性，无形中赋予了异文之间必然的前后继承或替代关系。在历史演进中，能够确切知道的仅仅是"演进"以及这种演进的"趋势"，而不是演进的具体步骤和对这些步骤的解释。顾颉刚认为"古史是层累的造成的"，导致其往往只能看到故事中不断增添和不断丰富的一面，看不到故事不断遗失和不断减弱的其他方面（施爱东：《顾颉刚故事学范式回顾与检讨——以孟姜女故事研究为中心》，《清华大学学报》2008年第2期，第26—29页）。在吸收顾颉刚先生"层累地造成"理论以及学界既有反思的基础上，本文在考察医学知识形成时，一方面关注特定历史时期知识传抄的趋向，另一方面关注医学知识形成与传播的路径。
② 现代缺乏对应声虫病的研究，更不用说医学的临床研究，仅零星可见一些简短的小文章，如李秉鉴《"应声虫"的来历》，《咬文嚼字》1996年第8期。贡树铭《能治怪病的"雷丸"》，《医古文知识》2005年第2期。
③ （唐）张鷟著，赵守俨点校《朝野佥载》，中华书局，1979年，第4页。

洛州有士人患应病，语即喉中应之。以问善医张文仲，张经夜思之，乃得一法，即取本草，令读之，皆应，至其所畏者，即不言。仲乃录取药，合和为丸，服之，应时而止。一云，问医苏澄云。出《朝野佥载》。①

《太平广记》文末注明"出《朝野佥载》"，以示文字来源，但内容却与《朝野佥载》不尽相同。在病名的叫法上，"应病"与《朝野佥载》所作"应语病"不同，将"人"写为"士人"，将"服之应时而愈"改作"服之，应时而止"。显然，《太平广记》没有完全抄录《朝野佥载》原文，而是进行了某些改写，如学者总结的那样："其旨为广见闻而编，不是在保存旧作，而是在罗列故事。注重故事本身，对于原作者常常忽略不问，经常改易原文。"②

除《朝野佥载》和《太平广记》外，大型丛书《说郛》③和类书《格致镜原》④也记载了这一故事。《说郛》亦注明抄自《朝野佥载》，但行文中"士人"与"应病"的信息透露了《太平广记》对其的影响。成书于康熙年间的《格致镜原》也注明出自《朝野佥载》，然彼时《朝野佥载》已亡佚，故《格致镜原》则很有可能抄自年代更近的《说郛》，除未载《朝野佥载》作者"张鷟"外，《格致镜原》与《说郛》一字不差。

值得注意的是，《说郛》和《格致镜原》都没有提到"一云，问医苏澄云"，宋明时期的《优古堂诗话》《能改斋漫录》《玉芝堂谈荟》《说略》，医书类《医说》《名医类案》等相关记载也都没有提及。《太平广记》"张文仲"条"一云，问医苏澄云"，反映了编撰者对苏澄治应病故事的留意。其实，早在唐代刘𫗧《隋唐嘉话》中已经有了苏澄治应声病的记载：

有患应声病者，问医官苏澄，云："自古无此方。今吾所撰《本

① （宋）李昉：《太平广记》卷218，中华书局，1961年，第1673页。
② 李剑国：《〈李娃传〉疑文考辨及其他——兼议〈太平广记〉的引文体例》，《文学遗产》2007年第3期，第73页。
③ （明）陶宗仪：《说郛》卷48，《景印文渊阁四库全书》第878册，台北：台湾商务印书馆，1986年，第575页。
④ （清）陈元龙：《格致镜原》卷11，《景印文渊阁四库全书》第1031册，第145页。

草》，网罗天下药物，亦谓尽矣。试将读之，应有所觉。"其人每发一
声，腹中辄应，唯至一药，再三无声。过至他药，复应如初。澄因为
处方，以此药为主，其病自除。①

苏澄治应声病故事在叙述上与张文仲治应病故事基本一致，明显的不
同在于：医者不同，一为善医张文仲，一为医官苏澄；发病部位不同，一
为"喉"，一为"腹"；疾病名称不同，有应语病、应病和应声病之别。
唐代段成式《酉阳杂俎》也记载了苏澄治应病故事：

据刘𫗧《传记》，有患应病者，问医官苏澄，澄言："无此方。吾
所撰《本草》，网罗天下药可谓周，令试读之。"其人发声辄应，至某
药，再三无声，过至他药，复应如初。澄因为方，以此药为主，其病
遂差。②

有学者认为《隋唐嘉话》是《传记》在流传过程中出现的异名。③《酉
阳杂俎》"据刘𫗧《传记》"而述，因此《传记》可能是苏澄治应病故事的
书写源头。
宋初官修大型类书《太平御览》也收录有苏澄治应病故事。《太平御
览》以引证广博见称，所采多为经史百家之言，小说和杂书引得很少，与
《太平广记》互为补充。《太平御览》苏澄治应病故事载于"疾病部"：

又曰：有患应病者，问医官苏澄，云："自古无此方，今吾所撰
《本草》网罗天下药物，亦谓尽矣。试将读之，应有所觉。"其人每发
一声，腹中辄应，惟至一药，再三无声，过至他药，复应如初。澄因

① （唐）刘𫗧著，程毅中点校《隋唐嘉话》，中华书局，1979年，第28—29页。
② （唐）段成式著，方南生点校《酉阳杂俎》续集卷4，中华书局，1981年，第231—232页。
③ 程毅中先生发现，所谓《国朝传记》《国史异纂》《小说》的佚文，绝大多数都见于今本
《隋唐嘉话》之中，并认为今本《隋唐嘉话》，实即《传记》及《小说》的异名（《隋唐嘉
话》"点校说明"，中华书局1979年，第4—5页）。周勋初《〈隋唐嘉话〉考》（《唐代文
学研究》1994年，第672—680页）也持此观点。

为处方，以此药为主，其病自除。^①

"又曰"难以明确抄录出自何书，但其前面有一段"《唐书》曰：太宗谓侍臣曰：治国与养病无异也……"的记载，经查证这段内容不见于《旧唐书》，而是出自《贞观政要》，故《太平御览》此处所谓"《唐书》"应是指唐代的书籍。记载苏澄治应病故事的唐代书籍有刘悚《传记》和段成式《酉阳杂俎》，而《酉阳杂俎》是唐代笔记小说集，多鬼怪离经之谈，应不是《太平御览》采用书籍的首选，对比《太平御览》与《酉阳杂俎》，可发现二者文字差异明显。《太平御览经史图书纲目》所列书目录中明确记载有《国朝传记》（即《传记》），因而《太平御览》所谓"唐书"很可能是指刘悚的《传记》。对比《太平御览》与《隋唐嘉话》的内容，仅有"应声病"与"应病"的区别。可以认为，《太平御览》"苏澄治应病"一条源自刘悚《国朝传记》，同时也反映出《隋唐嘉话》在一定程度上保留了《国朝传记》的原貌。

清代大型官修类书《御定渊鉴类函》卷267也记载了苏澄治应病故事：

> 《唐书》曰：有患应病者，问医官苏澄，云："自古无此方，今无所撰《本草》网罗天下药物，亦谓尽矣。试将读之，应有所觉。"其人每发一声，腹中辄应，惟至一药，再三无声，过至他药，复应如前。澄因为处方，以此药为主，其病自除。^②

与《太平御览》相比较，"今无所撰本草"之"无"应当是"吾"的错写，故差异仅在于"复应如故"与"复应如前"，而直接书写为《唐书》曰"的行迹，表明《御定渊鉴类函》不加考证地抄录《太平御览》的事实已是昭然若揭。《御定渊鉴类函》载有"苏澄试疾"：

---

① （宋）李昉等编纂，任明等校点《太平御览》卷738，河北教育出版社，1994年，第749—750页。
② （清）张英、王士祯等：《御定渊鉴类函》卷267，《景印文渊阁四库全书》第988册，第737页。

《语林》云：人有患应病者，问医官苏澄，澄云："古无此方，吾检本草集天下药物，试读之。"每发一声，腹中辄应，惟至一药，再三无声。因处方，以此药为主，别味性亦相近，服之疾除。①

与《御定渊鉴类函》卷 267 均为苏澄治应病故事，但文字不尽相同，确切地说，两段文字来源不同。这段内容注明出自《唐语林》，查《唐语林》的记载为：

有人患应病，问医官苏澄，澄云："古无此方。吾选《本草》，尽天下药物，试将读之。"每发一声，腹中辄应；惟至一药，再三无声。澄因处方，以此药为主，其疾自除。②

对比两者文字，实有出入，而"苏澄试疾"却与《山堂肆考》中"集药试疾"③的文字极为相似，除末句"别味性亦相近，服之疾除"与"其疾自除"差异较大外，仅是更换了"集药试疾"的标题。据统计，《御定渊鉴类函》中明确标注抄录《山堂肆考》的内容达八百多条，且《御定渊鉴类函》在"凡例"中明确说明所采书目中有《山堂肆考》，《御定渊鉴类函》卷 322 "苏澄试疾"可能直接抄录并部分改写了《山堂肆考》"集药试疾"的内容。《山堂肆考》注明内容出自《语林》，但实际并非直接抄自《唐语林》，却与宋代类书《古今事文类聚》"读药治病"几乎一致：

读药治病。人有患应病，问医官苏澄，澄云："古无方。吾检本草，尽天下药物，试将读之。"每发一声，腹中辄应，唯至一药，再三无声。澄因处方，以此药为主，其疾自除。《语林》。④

---

① （清）张英、王士祯等：《御定渊鉴类函》卷 322，《景印文渊阁四库全书》第 988 册，第 444 页。
② （宋）王谠撰，周勋初校正《唐语林校正》第 1087 条，中华书局，1987 年，第 752 页。
③ （明）彭大翼：《山堂肆考》卷 164，《景印文渊阁四库全书》第 977 册，第 320 页。
④ （宋）祝穆：《古今事文类聚》前集卷 38，《景印文渊阁四库全书》第 925 册，第 637 页。

　　除标题"集药试疾"与"读药治病"不同外，内容上仅"集天下药物"与"尽天下药物"的区别较为明显。《古今事文类聚》"尽天下药物"之"尽"字与《山堂肆考》《御定渊鉴类函》之"集"不同，却与《唐语林》相同。《唐语林》的撰著者王谠生活在 11 世纪后半期，《古今事文类聚》作者祝穆生活在 13 世纪上半期，两者前后相距仅一百多年，因而《古今事文类聚》抄录汇集大量唐代资料《唐语林》的可能性很大。《唐语林》在明初散佚，清代编修《四库全书》时根据明嘉靖齐之鸾刻残本和《永乐大典》的记载加以校订增补，之后各丛书也多用此本，因而《古今事文类聚》与现今所见版本的《唐语林》在字词上存在偏差已是难免。《唐语林》没有注明文字出处，但在其原序目保存的编书所引五十种书中有《国朝传记》，因而《唐语林》所载苏澄治应病故事源自《国朝传记》，甚至可能直接抄录了时代相隔不远的《太平御览》。

　　由上述文献发现，唐代张文仲和苏澄治应病故事多记载于大型类书之中，且文本传抄路径较为清晰。《太平广记》、《说郛》和《格致镜原》虽都注明张文仲治应病故事出自《朝野金载》，但实际上《格致镜原》抄自《说郛》，而《说郛》抄录了《太平广记》的主要相关内容。《古今事文类聚》、《山堂肆考》和《御定渊鉴类函》都注明苏澄治应病故事出自《语林》，但实际上均不是直接抄自《语林》，而是《御定渊鉴类函》抄自《山堂肆考》，《山堂肆考》抄自《古今事文类聚》，《古今事文类聚》抄自《语林》，《唐语林》可能抄自《国朝传记》，但更有可能抄自年代较近且具官方权威的《太平御览》。苏澄治应病故事则记载于另一个传抄体系中，即《太平御览》和《御定渊鉴类函》都注明内容出自"唐书"，但经考查，实是《国朝传记》，《御定渊鉴类函》内容抄自《太平御览》。

　　四库编修者在评价《格致镜原》时说道："其采撷极博，而编次具有条理。又以明人类书多不载原书之名，攘古自益，因各考订所出，必系以原书之名。虽所据或间出近代之本，不能尽激其源，而体例秩然。"[①] 既点出清代"载原书之名"的撰著规范，也指出了明代类书"间出近代之本，不能尽激其源"的书写缺陷。实际上，这不仅仅是明清两代的抄录特点，也

---

①　（清）纪昀等：《四库全书总目提要》卷 136，河北人民出版社，2000 年，第 3482 页。

是各个历史时期都存在的共同现象。"载原书之名"，符合古人追溯"史源"的书写特点，而类书作为古代百科全书式的资料汇编，重要的知识来源，①很少被作为转录书目加以标注，可以说，古代类书具有"知识中转站"的作用，是保存、分类与传播知识的集散地。"间出近代之本"的传抄特点，说明时代相近的类书对知识传播影响显著。古代书写传统，尤其是类书的编撰，使出现于唐代的应病故事在不断的文本传抄中得以完整保存，为后世撰著提供医事资料和素材。应当注意的是，即便内容相同的应病故事书写，也会因时代不同、关注点不同，达到不同的书写目的，如《太平广记》以"张文仲"为题，以应病故事描绘张文仲作为名医的医者形象，早期苏澄治应病故事的书写与之类似，至南宋《古今事文类聚》将之题为"读药治病"，明代《山堂肆考》名之为"集药试疾"，清代《御定渊鉴类函》名为"苏澄试疾"，则都更有意突出医事书写中的疾病医疗面向。

二 医学转向与医案式书写

唐代两种应病故事有着惊人的相似之处，按理应是由同一个医事故事衍化而来，可惜没有足够的史料佐证。两种故事，重在借助医事描写刻画医者形象，彰显医者高超的医治水平，在文本书写方式上具有记人记事的传记性质，与宋代出现的应声虫病故事书写形成了鲜明对照。宋代应声虫病故事有"杨勔中年得异疾"和"毛景得奇疾"两种故事类型，在书写方式上更倾向于对病症、病因、疾病性质、应声虫形状及药物名称等方面的详细记述，具有显著的医案性质。随着张文仲和苏澄医学影响的式微，二人的医学形象逐渐模糊，应病故事的传记式书写已不能满足宋人的知识需求，其书写逐渐被淡化，沦为宋代应声虫病故事书写的补充和注脚。

具有宋代这一时代特征的应声虫病故事最早见于陈正敏的《遯斋闲览》，撰于宋徽宗崇宁、大观年间（1102—1110）。《遯斋闲览》已经亡佚，《说郛》有记载：

---

① 胡道静：《中国古代的类书》，中华书局，1982年，第1页。

应声虫：余友刘伯时尝见淮西士人杨勔，自言中年得异疾，每发声言应答，腹中辄有小声效之，数年间其声浸大。有道士见而惊曰："此应声虫也，久不治延及妻子，宜读本草，遇虫所不应者，当取服之。"勔如言读至雷丸，虫乃无声，乃顿饵数粒，遂愈。余始未以为信，其后至长河，遇一丐者，亦有是疾，环而观者甚众，因教之使服雷丸。丐者谢曰："某贫无他伎，所以能求衣食于人者，唯借此耳。"①

《说郛》的叙述为第一人称，应是直接抄录了《遯斋闲览》的内容，保存了《遯斋闲览》"应声虫"条的原貌。宋吴开的《优古堂诗话》②和吴曾的《能改斋漫录》同时记载了"杨勔中年得异疾"和张文仲治应病两则故事：

应声虫：陈正敏《遯斋闲览》载："杨勔中年得异疾，每发言应答，腹中有小声效之。数年间，其声浸大。有道士见而惊曰：'此应声虫也。久不治，延及妻子。宜读本草，遇虫不应者，当取服之。'"勔如言，读至雷丸，虫忽无声。乃顿饵数粒，遂愈。正敏其后至长汀，遇一丐者，亦有是疾，环而观者甚众。因教之使服雷丸，丐者谢曰："某贫，无他技，所以求衣食于人者，惟借此耳。"以上皆陈所记。予读唐张鷟《朝野佥载》云："洛州有士人患应病，语即喉中应之。以问善医张文仲，张经夜思之，乃得一法，即取本草令读之，皆应，至其所畏者，即不言。仲乃录取药，合和为丸，服之，应时而止。"乃知古有是事。③

以"应声虫"为题，显示了编撰者对疾病的留心。"乃知古有是事"，意在以古证今，用唐代应病记载佐证"杨勔中年得异疾"的可信。

南宋洪迈《夷坚志》记载了"毛景得奇疾"的应声虫病故事：

---

① （明）陶宗仪：《说郛》卷25上，《景印文渊阁四库全书》第877册，第403页。
② （宋）吴开：《优古堂诗话》，丁福保辑《历代诗话续编》，中华书局，1983年，第237—238页。
③ （宋）吴曾：《能改斋漫录》卷8，上海古籍出版社，1979年，第228—229页。

应声虫：永州通判厅军员毛景，得奇疾，每语，喉中辄有物作声相应。有道人教令学诵本草药名，至"蓝"而默然。遂取蓝搋汁饮之。少顷，呕出肉块，长二寸余，人形悉具。刘襄子思为永倅，景正被疾，逾年亲见其愈。予记前书载应声虫因服雷丸而止，与此相类。①

"予记前书载应声虫因服雷丸而止，与此相类。"应当指的是"杨勔中年得异疾"故事，类似于《太平广记》中的"一云，问医苏澄云"，《夷坚志》将两种应声虫病故事做了一次简单的汇编。较《夷坚志》稍晚出的南宋张杲《医说》有"应声虫"条，注明故事出自《泊宅编》，《泊宅编》是方勺的见闻笔记，多载北宋末、南宋初朝野旧事，②也记载了大量医史事迹。③洪迈为修史之用就曾辑集《泊宅编》方腊事迹史料。④《医说》同时记载了"毛景得奇疾""杨勔中年得异疾"和张文仲治应病三则应声虫病故事：

应声虫。永州通判厅军员毛景，得奇疾，每语喉中必有物作声相应。有道人教令学诵本草药名，至蓝而默然。遂取蓝搋汁而饮之。少顷吐出肉块长二寸余，人形悉具。刘襄子思为永倅，景正被疾逾年，亲见其愈。泊宅编。

又。陈正敏《遯斋闲览》载：杨勔中年得异疾，每发言应答，腹中有小声效之。数年间，其声浸大。有道士见而惊曰："此应声虫也，久不治，延及妻子。宜读本草，遇虫不应者，当取服之。"勔如言，读至雷丸，虫忽无声，乃顿服数粒，遂愈。正敏其后至长沙，遇一丐者，亦有是疾，环而观之甚众。因教使服雷丸，丐者谢曰："某贫无他技，所以求衣食于人者，唯借此尔。"以上皆陈所记。予读唐张鷟《朝野佥载》云洛州有士人患应声，语即喉中应之，以问良医张文仲。张

---

① （宋）洪迈著，何卓点校《夷坚志》，中华书局，1981年，第131页。

② （宋）方勺著，许沛藻等点校《泊宅编》，中华书局，1983年，第1页。

③ 原所贤：《〈泊宅编〉对中医药论述考释》，《实用中医内科杂志》2003年第6期，第446页。

④ 凌郁之：《〈清溪寇轨〉作者平质》，《古籍整理研究学刊》2008年第5期，第21—23页。

经夜思之，乃得一法，即取本草令读之，皆应，至其所畏，即不言。仲乃录取药，合和为元，服之应时而止。乃知古有是事。百衲居士《铁围山丛话》。①

《医说》同样以"应声虫"为题，先列"毛景得奇疾"故事，再抄录"杨勔中年得异疾"和张文仲治应病故事，显示了张杲作为医家对应声虫病故事相关的医药学内容的重视。

宋代文献所见与"杨勔中年得异疾"和"毛景得奇疾"相关的应声虫病故事几乎都是以"应声虫"为题，反映了文本书写中对疾病医疗的关注。实际上，宋人常常在笔记杂著中记载医学史料，于诗词中蕴含药物知识，②有学者总结为"无儒不通医，凡医皆能述儒"。③在"儒医相通"的文化氛围之中，北宋末年出现了"儒医"的概念，这种逐渐形成的"儒医"传统直至明清时期，并渗透到医学的各个方面，甚至影响了古代医学的基本走向。④与此同时，大多数医家普遍自幼接受儒学教育。"医"与"儒"之间很难再界限分明，一个显著的现象，就是散见于历代各类书籍中的医药学资料被汇集整理，编撰成为医家认可的专业医学书籍，如南宋张杲的《医说》、明代江瓘的《名医类案》和清代魏之琇的《续名医类案》等，这种编撰方式俨然已经成为一种特有的医书撰著形式。

罗颀在为《医说》所作的"序"中记载道："季明善观书，五年间，凡书之有及于医者，必记之，名曰《医说》。"指出《医说》是张杲（字季明）对其所阅读到的医学内容的记录，"凡书之有及于医者"，则透露了所抄书籍种类的多样性，并不限于医书，凡是有涉医学内容的书籍都是其抄

① （宋）张杲：《医说》卷5，上海科学技术出版社，1984年，第37页。《医说》误作"百衲居士《铁围山丛话》"，实为"《铁围山丛谈》"。
② 薛芳芸：《宋代文士通医现象研究》，山西人民出版社，2012年，第7页。
③ 张其成：《天人相参，儒医相通——读〈性理与岐黄〉》，《荆门大学学报》1998年第2期，第76页。
④ "儒医"是宋以降医疗史研究中不可回避的重要议题。以"儒医"为主要研究对象的重要论著有陈元朋《两宋的"尚医士人"与"儒医"——兼论其在金元的流变》，台湾大学，1997年；祝平一《宋、明之际的医史与"儒医"》，《中央研究院历史语言研究所集刊》第77本第3分册，2006年；冯玉荣《医学的正典化与大众化：明清之际的儒医与"医宗"》，《学术月刊》2015年第4期，第141—153页。

录的对象，《医说》注明"应声虫"内容抄自《泊宅编》即是一明证。另有记载张杲"尝欲集古来医案勒为一书。初期满一千事，猝不易足，因先采掇诸书，据其见闻所及为是编"。[①]据此可知，《医说》的知识来源大略有三：一是医书，二是非医学文献，三是张杲的见闻。通过对应声虫病故事文本的分析可了解到，非医学文献中的医药学内容也多是源自撰著者见闻的日常医疗经验。由此，可以梳理出医学知识形成的一条路径：日常生活中的医疗经验被记录下来，以传抄的方式在文本间传播，最终被医书吸纳而成为医学知识。

三　医学知识的专业化与生活化

宋代是医学转向的重要阶段，这一时期应声虫病书写由传记式转向医案式：一方面，显示了一定的医学倾向性；另一方面，多种应声虫病故事的汇编却也残留了传记式书写的印迹。这种转型期的医学转向在《医说》"应声虫"中得以完全呈现，而《医说》无论在内容还是在编撰形式上都影响了明清时期的医学书写。明代江瓘的《名医类案》是我国第一部医案专著，引书遍及历代经史子集，它与《医说》一样将对应声虫病的记载置于"诸虫"门类之下。[②]明代医书《景岳全书》"诸虫"、[③]《证治准绳》"虫"[④]和《古今医统大全》"诸虫门"[⑤]也都有应声虫病的记载，但仅是抄录了"杨勔中年得异疾"与"毛景得奇疾"两则故事，意在突出应声虫病的医学诊治以及"雷丸"与"蓝"的药用。

明清时期对雷丸和蓝杀虫的功效认知日渐深入，而"杨勔中年得异疾"与"毛景得奇疾"的应声虫病故事也往往附录于本草学著作之中。《本草纲目》在"雷丸"这一药物的注疏里著录了"杨勔中年得异疾"故

---

① （清）纪昀等：《四库全书总目提要》卷103，第2618页。
② （明）江瓘：《名医类案》卷7，《景印文渊阁四库全书》第765册，第665—666、668页。
③ （明）张景岳：《景岳全书》卷35，李志庸主编《张景岳医学全书》，北京中医药出版社，1999年，第1312页。
④ （明）王肯堂：《证治准绳》第8册，人民卫生出版社，2001年，第347页。
⑤ （明）徐春甫编，崔仲平等主校《古今医统大全》卷78，人民卫生出版社，1991年，下册，第511页。

事，"时珍曰：按陈正敏《遁斋闲览》云：杨勔中年得异疾，每发语，腹中有小声应之，久渐声大。有道士见之，曰：'此应声虫也。但读本草，取不应者治之。'读至雷丸，不应。遂顿服数粒而愈"。①本草附案，是明清医书的重要特点。《本草纲目》简化"杨勔中年得异疾"故事叙述，突出其医药学价值，既增广了雷丸的药用，同时也是对其医药学内容的肯定。另外，清代汪昂《本草备要》、②吴仪洛《本草从新》③等本草学著作应是抄录了《本草纲目》的内容，也都在"雷丸"这一药物的介绍中记载了"杨勔中年得异疾"的医事故事，甚至清代张璐在《本经逢原》中评论道："此追虫下积之验也。"④"杨勔中年得异疾"的最早记载虽非出自医者之手，但至明代，已然被视为一则验案，为"雷丸"的药用药效做了有益的补充。

《本草纲目》"蓝"中载："应声虫病：腹中有物作声，随人语言，名应声虫病。用板蓝汁一盏，分五服，效。《夏子益奇疾方》。"⑤相比"毛景得奇疾"故事，已是非常简略。《本经逢原》卷2"蓝实"载："夏子益《奇疾方》用板蓝汁治腹内应声虫。"⑥则更加简化了《本草纲目》的记载。唐代《广五行记》中有用"蓝淀"治"噎膈虫"的记载。⑦明卢之颐《本草乘雅半偈》提到了"蓝"治各类虫病的机理，"观斑蜘蛛、应声虫、噎膈虫三案，亦奇异矣。每见种蓝人，日日扫虫，不扫即尽食之，此生虫之物，反杀虫者何？正巽以入之之义耳"。⑧虫以蓝叶作食，而蓝也能食化所生之虫。"蓝"类药物多有杀虫之功，如蓝汁、板蓝汁、蓝淀和小蓝等。

除医案、本草和综合性医学著作外，医方类医书中也有应声虫病的

---

① （明）李时珍撰，刘衡如等校注《本草纲目》卷37，华夏出版社，2008年，第1445页。"遁斋闲览"，应点校为"避斋闲览"。
② （清）汪昂撰，张一昕点校《本草备要》，人民军医出版社，2007年，第157页。
③ （清）吴仪洛辑，曲京峰等点校《本草从新》卷3下，天津科学技术出版社，2003年，第111页。
④ （清）张璐撰，赵小青等校注《本经逢原》卷3，中国中医药出版社，2007年，第197页。
⑤ （明）李时珍撰，刘衡如等校注《本草纲目》卷16，第749页。
⑥ （清）张璐撰，赵小青等校注《本经逢原》卷2，第88页。
⑦ （晋）葛洪：《肘后备急方》卷6，人民卫生出版社，1956年，第117页。
⑧ （明）卢之颐：《本草乘雅半偈》帙3，人民卫生出版社，1986年，第175—176页。

记载。宋代吴彦夔《传信适用方》在书末完整收录了《夏子益奇疾方》三十八道，其中第十四道就是应声虫病的记载："腹中有物作声，随人语言，治用板蓝汁壹盏，分伍服壹日。又见小说，名曰应声虫，当服雷丸，虫自愈。"①此条记载后被元代危亦林《世医得效方》和明代朱橚《普济方》抄录。也许是始源于《夏子益奇疾方》之故，《世医得效方》没有将其列入"诸虫"中，而是收录在"怪疾：得效四十六方"的条目下，并稍做变动改写为："腹中有物作声，随人语言。用板蓝汁一盏，分伍服服之。又名应声虫，当服雷丸自愈。"②《普济方》也将这条记载列于"怪疾"之下。③夏子益，即宋代医家夏德，字子益，其里贯始末不详，撰有《卫生十全方》，"是书有唐仲友原序云，友人夏子益，哀其师傅之方，经常简易，用辄得效者为十卷，并取旧所家藏他方，掇其佳者为二卷，附以自著《奇疾方》一卷"。④唐仲友（1136—1188）与朱熹（1130—1200）同时代，可知夏子益生活于南宋前期。"杨勔中年得异疾"出现在北宋末年，"毛景得奇疾"出现在南宋前期，虽已对应声虫病有了初步了解并能够取得有效治疗，但南宋夏德、吴彦夔依然认为应声虫病是"奇疾"，元代危亦林和明初朱橚也认为是"怪疾"，这大概是宋元乃至明初医家对应声虫病的基本认知。随着宋明以来大量医书对应声虫病的记载，明清时期具备一定医学知识的士人对应声虫病的认识也逐渐清晰。明代姚福《青溪暇笔》载："成化时鹰扬卫巡捕官，捉一男子，腹中能作人语。人问之，腹中应答可怪。医书言：人腹作声，随人语为应声虫，服雷丸自愈。则知乃疾也，非怪也。"⑤至明代中期，姚福⑥已经认识到应声虫病是一种疾病而非有物作怪，但一般民众对这一病症的认识还有所不足。清代王士禛《香祖笔记》不再记载应声虫病的病因、病症，而是

---

① （宋）吴彦夔：《传信适用方》卷下，《景印文渊阁四库全书》第 741 册，第 808 页。
② （元）危亦林撰，王育学点校《世医得效方》卷 10，人民卫生出版社，1990 年，第 359 页。
③ （明）朱橚：《普济方》卷 255，《景印文渊阁四库全书》第 755 册，第 416 页。
④ （清）纪昀等：《四库全书总目提要》卷 103，第 2616 页。
⑤ （清）翟灏：《通俗编》卷 21，商务印书馆，1958 年，第 482 页。
⑥ 《千顷堂书目》载姚福："字世昌，号守素道人，南京羽林卫千户，成化中人，好读书……所著述甚夥，别有《管窥录》《兵谈纂类》《神医诊籍》……皆未见。"但"成化中人"四字不见于它书，据《青溪暇笔》记有明成化间事，且现在仍有万历年间抄本传世，可知《青溪暇笔》成书时间至少是在成化至万历年间（《千顷堂书目》卷 12，上海古籍出版社，2001 年，第 334 页）。

直接简明地道出"应声虫,雷丸及蓝治之"。①大概只有对"应声虫"十分熟悉的情况下,才有可能做这样过于简略的书写。

明清时期,应声虫病书写已不仅限于医学知识的积累与传播,也指导着临床医学实践。"冯益斋给谏每发言,腹中辄有声应之,此应声虫病也。遂告病卜居南京。杨守极用小蓝煎饮之,即吐出其虫。《续金陵琐事》。"②这是《续名医类案》"诸虫"中收录的一则明人医案,医者杨守极已不再让患者读本草,直接用蓝治愈了应声虫病,是对已形成的应声虫病知识的医学应用。张璐则进一步拓展了对应声虫病的认识,"石顽曰:虫之怪证多端,遇之卒不能辨,昔人治例,有雷丸治应声虫之说。近有女子咳逆腹痛后,忽喜呼叫,初时呀呷连声,渐至咿唔不已,变易不常,或如母鸡声,或如水蛙鸣,或如舟人打号,每作数十声,日发十余次,忍之则胸中闷闷不安,此为叫虫,即应声虫之类也"。③名医张璐将发出怪声的病因归于与"应声虫"同类的"叫虫",在应声虫病的启发下,形成了新的关于"虫"疾的医学思考。

在应声虫病医学知识积累到一定程度,成为文人熟知的医学常识的同时,"应声虫"一词还跳脱出医学范畴,演变成为日用俗语。如清人的著作中出现:"余之不惯为应声虫者,一被逼迫,亦不能不作。"④这种用法可能最早始自杨慎(1488—1559)的记载,其《丹铅余录》载:"宋人不难于非汉唐,而今人不敢非宋儒……已无特见,一一随人之声而和之,譬之应声虫焉。昔人有病腹,有虫名应声,人呼亦呼,人语亦语,今之陋者,宋人之应声虫也,使病者而觉焉,亦自厌之,思以青黛而药杀之矣。"⑤《本草纲目》载"青黛乃蓝为之者",⑥青黛是用蓝制成,也有杀虫的功效。杨慎不言"蓝"杀应声虫,独用其他文献中不见的"青黛",联想到古代女子

① (清)王士禛撰,湛之点校《香祖笔记》卷7,上海古籍出版社,1982年,第125页。
② (清)魏之琇编,黄汉儒等点校《续名医类案》卷22,人民卫生出版社,1997年,第668页。
③ (清)张璐撰孙玉信等主校《张氏医通》卷9,第二军医大学出版社,2006年,第416—417页。
④ (清)邱炜萲:《五百石洞天挥麈》卷10,《续修四库全书》第1708册,上海古籍出版社,2002年,第236页。
⑤ (明)杨慎:《丹铅余录》卷13,《景印文渊阁四库全书》第855册,第79页。原文"已"应为"己"之误。
⑥ (明)李时珍撰,赵小青等校注《本草纲目》卷16,第750页。

的"青黛点眉"，则可揣度他借用医药学知识以抨击时弊的诸多文化意涵。时代稍晚的田艺蘅（1524—？）进一步阐发了杨慎的观点："'己无特见，一一随人之声而和之，譬之应声虫焉。'此言切中时俗尊信宋人之大病。故余尝曰：今之学者宋儒之忠臣，孔门之乱贼也。"①用"应声虫"简短而又生动地抨击了宋儒的离经背道以及明人对宋儒的墨守成规，是为明代中期士人面对儒学困顿发出的不同声响。杨慎"应声虫"的感慨还被同时期的俞弁（1488—1547）借用，评论吟咏赤壁的诗赋："噫！千载之下，独宋葛常之、元陈菊南二人之卓见耳。杨用修有云：'世之人无特见者，一一随人之声而和之，譬之应声虫焉，思以青黛药之。'可发一笑。"②正是在这样的不断传播中，"应声虫"成为没有主见、随声附和的符号，或许还有更多的人在阅读后虽没有留下文字却已饶有趣味地运用到日常生活之中。"应声虫"是医学知识进入日常生活的一个缩影和写照。

结　语

历史文献中所见张文仲治应病、苏澄治应病、"杨勔中年得异疾"和"毛景得奇疾"四种应声虫病故事有着共同的书写模式，即有人患病，描述症状，有人教"读本草"，获得治愈。四种应声虫病故事虽然有着种种相同或相似之处，但是没有证据表明它们拥有同一个故事源头或存在承接关系，能够说明的只是应声虫病故事所展现的演进趋势：唐代出现的张文仲和苏澄治应病故事意在突出张、苏二人的医学事迹，对治疗疾病的药物记载不详；宋代出现的"杨勔中年得异疾"和"毛景得奇疾"应声虫病故事，则显然更加关注应声虫病这一疾病本身，明确记载雷丸或蓝能治疗应声虫病；至明清时期，关注点转移至应声虫病的治疗尤其是雷丸和蓝杀虫的药用价值。在今人的认知中，这些故事不无荒诞夸张之处，③但对古人而

① （明）田艺蘅撰，朱碧莲点校《留青日札》卷37，上海古籍出版社，1992年，第698页。
② （明）俞弁：《逸老堂诗话》卷上，丁福保辑《历代诗话续编》，中华书局，1983年，第1307—1308页。据杨慎《丹铅余录》和田艺蘅《留青日札》知"可发一笑"是俞弁的感慨，《历代诗话续编》点校有误，本文已改。
③ 现代生物医学的解释体系与中国古代医学截然不同，笔者浅陋，不敢轻言应声虫病是否真实存在，也未见于现代医学临床之中，亦无法说出其所对应的现代疾病名称。

言，应声虫病故事是对日常生活中医疗经验的书写记录，虽因不常见或难以理解而名之为"奇疾""异疾"，但却抱持信而有之的态度，这在"自言中年得异疾"、"亲见其愈"和"乃知古有是事"的行文叙述中均可窥见一二。古人对应声虫病故事的真实性与医疗的有效性所秉持的肯定态度，想必也是应声虫病最终能够被医书吸纳、被明清著名医家接受的重要原因之一。

就医学知识的形成而言，应声虫病书写的转向从某种程度上展现了医学知识形成与传播的过程，及社会文化在其中的形塑作用。第一，以类书为代表的中国古代抄录传统是知识形成和积累的背后推动力。类书在保存、分类和传播知识中起着重要作用，时代相近的类书对知识传播的影响尤其显著。而即便是在尊重原文的抄录中，也会因时代不同，关注点和知识需求的改变，使得知识传抄的侧重点和书写目的发生变化，传记式应病故事的书写在南宋以后带有更强的疾病医疗的倾向性。第二，宋以降的"儒医"文化是医学知识形成和传播的又一个推动力。日常生活中的医疗经验，在文本间不断传抄的过程中变成了较为固定的知识，"儒医"文化的盛行使得这类非医学文本中的医药学知识进入医书成为可能。第三，医学知识形成和传播的一个面向是：从日常经验到专业知识，再由专业知识进入日常社会生活之中。应声虫病故事在历史书写中呈现出由传记式到医案式，再到专业化和生活化的多种转向，原本记载于文人笔记小说中的日常医疗经验逐渐进入医书之中，成为医学知识，指导医学实践，拓展医学认知，并进而通过医学知识的传播，实现了医学知识的常识化和生活化。

中国古代医学是经验医学，更是文化医学。医学知识的建构、文化对医学的形塑关涉历史的诸多复杂面向。全面探讨古代医学知识的形成，离不开对政治制度、经济生活、学术思想、宗教信仰、社会风土、药用文化、书籍刊刻、医者受教育状况与社会地位等诸多问题的考察，想要做到博涉专精，则需大量的前期研究积累。历史文献中应声虫病的书写所展现出的由日常医疗经验进入艺术而形成医学知识的这一路径，自然无法全面概括和总结整体医学知识的形成，但也不失为医学知识形成的重要形式之一。若能对今后的医学知识研究有抛砖引玉之功，当是本文的意义所在。

（原文刊于《史学月刊》2016年第9期，第99—107页）

"乡里空间"的历史存在与理论表达

——以沟口雄三的中国史研究为例

乔 雅 张 诉

一 乡里空间的历史存在

日本汉学家沟口雄三在研究中国"地方自治"的过程中，提出了一个"乡里空间"的概念，认为在官、绅、民共同处理地方事务的过程中形成了一个独特的乡治空间，而辛亥革命也是"乡里空间"拓展至省一级的结果。"乡里空间"在发展过程中，有一个极其重要的依托就是基层组织的地缘化。梳理明清乡里基层变迁的脉络，可以很清楚地看到基层乡治组织的地缘化发展趋势。

（一）基层里甲：明代的乡治组织与乡里空间

明代的基层组织主要是里甲制。明初，朱元璋"命天下郡县编赋役黄册，其法以一百一十户为里。……城中曰坊，近城曰厢，乡都曰里"。[①]为了追求赋役"均平"，里甲组织并不是完全按照自然村落编制的，为了凑整搭配不同户等的人，甚至可以超越村庄，打破村落的界限，一村中的人有时会被分在不同的里甲组织中。[②]为了避免传统乡里势力参与到基层的

[①] 《明太祖实录》，台北："中研院"历史语言研究所，1962年，第2143页。

[②] 栾成显：《明代里甲编制原则与图保划分》，《史学集刊》1997年第4期，第20—25页。

各种乡治事务中，朱元璋还明文废除历代沿袭下来的"里正""保长""主保"等传统乡里职役人员，这也就意味着历代沿袭下来的各种传统乡里组织中的乡治功能无法继续发挥其作用。因此，朱元璋组建了新的基层乡里组织，在"一里之中推丁粮多者，十人为之长，余百户为十甲，甲凡十人岁役里长一人，甲首十人管摄一里之事"。①里长、甲首管理一里之内大小事务，可以说里甲包含了乡里组织中的大部分乡治功能。除此之外，"里设老人，选年高为众所服者，导民善，平乡里争讼"。②老人主要负责的是教化功能，至于乡里组织中所需的其他功能，譬如监督赋税、缉捕盗贼等，则以征派徭役的形式补充，且根据乡里组织的需要而不断增益新的职役人员。"自里甲正办外，如粮长、解户、马船头、馆夫、祗候、弓兵、皂隶、门禁、厨斗为常役。后又有斫薪、抬柴、修河、修仓、运料、接递、站铺、插浅夫之类，因事编佥，岁有增益。"③

明代的乡治组织在创立之初是按照人户进行划分的，但是随着时间的推移与商品经济的发展，各里甲因土地买卖或土地兼并、人口的增长与迁移，里甲制中原本严格规划的土地人户对应关系被逐渐打破，土地所属关系也开始变得混乱，地方官府在难以管理与征收赋税的情况下，开始重新编组里甲。其中一部分地方官府放弃按户数征税的标准，尝试建立各种不同形式的新基层组织，譬如嘉靖年间曾按田亩数量重新编制里甲，"就所在一扇之中，计田若干，应编排年若干，一以田为准"。④"嘉、隆后，行一条鞭法，通计一省丁粮，均派一省徭役。于是均徭、里甲与两税为一……然粮长、里长，名罢实存，诸役卒至，复金农氓。"⑤原本的里甲组织都已成为纯粹的赋税单位，基层里甲组织中原有的社会功能也随之被弱化。在尝试重新建立乡里组织的地区，新的基层乡里组织分担了旧有里甲中的治安、教化等功能，而那些没有新的乡里组织代替的地区，乡民则通过乡约、地方组织以及宗族来弥补缺失的乡治功能实现互助。

① 《明太祖实录》，第 2143 页。

② 《明史》，中华书局，1974 年，第 1878 页。

③ 《明史》，第 1905 页。

④ （明）顾炎武：《天下郡国利病书》，上海古籍出版社，2011 年，第 580 页。

⑤ 《明史》，第 1905 页。

（二）保甲、里甲与宗族：清代的地方基层与乡里空间

清初时期，保甲制与里甲制并行实施。清军入关后，"各府、州、县、卫所属乡村，十家置一甲长，百家置一总甲，凡遇盗贼、逃人、奸宄、窃发事故，邻佑即报知甲长，甲长报知总甲，总甲报知府州县卫。府州县卫核实，申解兵部。若一家隐匿，其邻佑九家、甲长、总甲不行首告，俱治以重罪"。[①] 其主要目的就是尽快稳定战乱后的混乱局面，巩固初入主中原的政权。在政权稳定之后，清很快意识到"人丁地土，乃财赋根本"。[②] 遂开始尝试建立以征取赋役为目的的地方基层组织。顺治五年，"题准三年一次编审天下户口，责成州县印官照旧例攒造黄册，以百有十户为里，推丁多者十人为长，余百户为十甲，城中曰坊，近城曰厢，在乡曰里，各设以长"。[③] 顺治十一年，遇"每三年编审之期，逐里逐甲审查，均平详载原额、开除、新收、实在，每名征银若干，造册送部。如有隐匿捏报，依律治罪"。[④] 且规定从顺治十二年开始，"直隶责成守道，各省责成布政司。至编审之期，或三年，或五年，仍照旧例"。但里甲制从实施开始，就暴露出明末已经出现的种种弊端，在征收赋役的过程中，江浙一些地区需要借助清初建立的保甲组织。康熙五十一年，清施行"滋生人丁，永不加赋"的政策，人丁编审不再重要，里甲逐渐失去了地方管理的职能。清政府开始加强对保甲制度的建设。乾隆五年又题准"若每年皆照编审之法，诚恐纷烦滋扰。直省各州县设立保甲门牌，土著流寓，一切胪列，原有册籍可稽。若除去流寓，将土著造报，即可得其实数目。令该督抚于每年仲冬月，将户口数与谷数一并造报"。[⑤] 这项政令意味着里甲编审制度被废除，同时承认了地方基层中保甲组织对里甲组织的取代。

除了官方的保甲组织与里甲组织，还有宗族组织在基层乡里组织中发挥作用。明末时，由于里甲制的崩溃，里甲组织的大部分功能都被宗族所取代。清代以后，官府逐渐开始重视宗族的存在。康熙九年时颁布的上谕

---

① 《清世祖实录》，中华书局，2008年，第76—77页。
② 《清世祖实录》，第685页。
③ 《钦定大清会典则例》，《景印文渊阁四库全书》第621册，台北：台湾商务印书馆，1986年，第19页。
④ 《钦定大清会典则例》，《景印文渊阁四库全书》第621册，第19页。
⑤ 《钦定大清会典则例》，《景印文渊阁四库全书》第621册，第20页。

十六条^①中"敦孝弟（悌）以重人伦""笃宗族以昭雍睦"的要求，就是在
道义上要求普通民众能在宗族这一组织中各安生业。之后，雍正三年颁行
的《大清律例集解》，官府明令要求宗族作为地方基层组织维护地方治安，
"地方有堡子村庄，聚族满百人以上，保甲不能编查，选族中有品望者，
立为族正，若有匪类，令其举报。倘循情容隐，照保甲一体治罪"。^②这也
就认同了保甲与里甲之外的宗族存在。雍正五年，上谕"嗣后凡遇凶恶不
法之人，经官惩治，怙恶不悛，为合族所共恶者，准族人鸣之于官，或将
伊流徙远方，以除宗族之害，或以家法处治。至于身死，免抵其罪"。^③可
以说，官府在族长、族正处理宗族事务上给予了一定司法权，使宗族成为
地方基层中的重要组织。

（三）明清乡里空间的制度性变迁

事实上，沟口雄三认为，"乡里空间"从宋代开始就已经出现。历代
的基层乡治组织开始大都以人户进行划分，但是由于战乱、灾荒以及人口
的自然增长与迁移，人口消长不一，这无疑对地方的管理及征收赋役带来
了极大的麻烦，地方政府需要经常调整才能应对，这也使得基层乡治组织
单位极不稳定。针对这种弊端，北宋的地方官员开始打破按人户进行划分
的传统，在实际操作时以地域为标准进行划分。随后的南宋、元两代虽然
在制度上按人户进行划分，但在实际中仍然以地域为标准。按照地域划分
的实践促进了基层组织的地缘化。另外，在科举时举子需要填写户口籍
贯，这使得户籍与地理概念迅速结合，在一定程度上推进了基层组织的地
缘化。明代重建基层社会时，施行以人户进行划分的里甲制，将基层纳入
统一的行政管理之中。到明中后期，里甲制崩溃之后，在地域观念的推动
下，乡里中的民众开始寻求互助，长期以来推行的乡约就发挥了重要的作
用。此时的宗族受到乡约的影响，开始制定规约，并逐渐组织化。这种民
间互助包含了社会以及经济合作等方面，且并没有因为清军入关建立新的
政权而消失。清在稳定政权之后，重新建立里甲制，并且针对里甲制的弊
端进行了一系列的改革，但仍无法解决里甲制的弊端。顺治年间实行编审

---

① 《清朝文献通考》，《景印文渊阁四库全书》第 633 册，第 658 页。
② （清）薛允升：《读例存疑》，清光绪三十一年（1905）京师刻本，中国国家数字图书馆。
③ 《清世宗实录》，中华书局，2008 年，第 870 页。

时，黄册依照明朝旧制"准遇户口，详具旧管、新收、开除、实在之数，条为四柱，与《赋役全书》相表里"。[①]但是在实际的赋役征收上，大多数地区都实行一条鞭法，或是出现了保甲组织与里甲组织混行的情况。随着赋役制度的改革，地方的基层组织也由里甲向保甲演变。而保甲与里甲最大的不同就在于强调以地域为核心，在村落中进行划分。此外，官府还肯定了乡里空间中宗族的存在。基层组织中的一系列变化，符合了沟口雄三所谓的"与之前的时代相比，明末清初是特殊的，这一时期作为官僚体制的里甲制弱化了，相反，作为乡治空间的'民间'意识开始加强，量变开始显现为质变"。[②]

二 乡里空间的存在基础

（一）地方意识：乡里空间存在的思想基础

明清时期"乡里空间"与之前相比有了新的变化，但单凭基层组织的发展变化并不能促成"乡里空间"的转变。明中后期，商品经济的发展使得本就严重的土地兼并问题日趋恶化，官府也参与其中，甚至比普通的地主豪强更甚。官府的"超经济剥削"触及了江南各阶层的地方利益，使得江南社会各阶层的地方意识发展成以地方为单位的自保思想。里甲制崩溃后，除乡里外，新组织有了一定的发展空间，而地方意识的增强就是这些新组织的思想基础。乡里和新组织都是明末清初"乡里空间"的发展基础。

作为"乡里空间"存在基础的地方思想，从黄宗羲、顾炎武等人的思想便可窥见一二。由于明王朝覆灭的最直接原因是明在军事上的失败，黄宗羲从军事的角度出发反思明亡的原因，认为应当在内地设方镇，"将辽东、蓟州、宣府、大同、榆林、宁夏、甘肃、固原、延绥俱设方镇，外则云、贵亦依此例，分割附近州县属之。务令其钱粮兵马，内足自立，外足捍患；田赋商税，听其征收，以充战守之用；一切政教张弛，不从中制；属下官员亦听其自行辟召，然后名闻"。[③]黄宗羲的想法就是要求方镇拥有

---

① 《清朝文献通考》，《景印文渊阁四库全书》第 632 册，第 21 页。
② 〔日〕沟口雄三著，乔志航等译《中国的历史脉动》，生活·读书·新知三联书店，2014
年，第 247 页。
③ （明）黄宗羲：《明夷待访录》，中华书局，2011 年，第 87 页。

"地方公事地方办"的权力。顾炎武则是从官员任免的角度出发，认为君主专制导致"今之世，每以三岁为守令满秩，曾未足以一新郡县之耳目而已去。又况用人不得专辟，临事不得专议，钱粮悉拘于官而不得专用，军卒弗出于民而不得与闻"。[①]顾炎武认为郡县本有"辟官、莅政、理财、治军"四权，而今却"皆不得以专之"，任期也仅有三年，这就使得地方行政无法走上正轨，极其容易形成君主专政。应当"改知县为五品官，正其名曰县令。任是职者，必用千里以内习其风土之人。其初曰试令，三年，称职，为真；又三年，称职，封父母；又三年，称职，玺书劳问；又三年。称职，进阶益禄，任之终身"。[②]此外，顾炎武还认为"寓封建之意于郡县之中"，在地方守令"老疾乞休者，举子若弟代；不举子若弟，举他人者听；既代去，处其县为祭酒，禄之终身。所举之人复为试令。三年称职为真，如上法"。[③]尽管顾炎武、黄宗羲等人的思想不是向着欧洲的地方自治那样建立制度化的"民治"发展，但是仍然有着官、绅、民携手处理地方公共事务的内涵。包括清代"曾静等主张'封建'和要求设置乡官，与批判不久任制和回避制以及要求地方官的本籍化一样，是'地方的公共事务由地方办'的意义上的'地方公事'式的封建，这反映了在所谓乡村空间即'官、绅（乡绅）、民'共同的空间里，地方公事的处理在切实地进行着，已经到了需要设置乡官的程度"。[④]

按照沟口雄三的想法，构成这一时期"乡里空间"的人员是地方官吏、乡绅、平民中有实力的人物和一般民众，他们处理的宗族、行会、善会、团练地方公事则是"乡里空间"不断拓展的基础。

（二）士绅：乡里空间存在的阶层力量

组成"乡里空间"中必不可少的一环便是从明后期开始在中国社会和历史的舞台上开始扮演极其重要角色的地方士绅。他们处于官与民之间，既是重要的社会成分，又兼备强大的社会力量，具有极其特殊的社会地位。

按照明清两代的科举制度，凡进士、举人、贡生皆可入仕做官，称为

---

① （明）顾炎武著，黄汝诚集释《日知录集释》，上海古籍出版社，2006年，第541页。
② （明）顾炎武：《顾亭林诗文集》，中华书局，1959年，第13页。
③ （明）顾炎武：《顾亭林诗文集》，第13页。
④ 〔日〕沟口雄三著，乔志航等译《中国的历史脉动》，第214页。

正途。但有功名的人多而官缺有限，许多举人、贡生在取得功名后也难以立即出仕，需要候补一段时间。虽未谋得一官半职，但他们已与未经历过读书科举的普通民众有了极大的区别，这些没有出仕但有功名的士人和致仕的官僚以及有官职但临时待养双亲、丁忧守制的官员都被称为士绅。除了这些通过"正途"获取地位的士绅，还有一类士绅的地位是通过捐纳功名得来的。这些人往往是拥有一定资产的商人或地主，捐得的功名对他们来说就是承认他们的士绅地位与特权。无论是何等途径，凡是通过功名、学品、学衔和官职获得的，都可进入士绅的行列当中，他们不是官也不是普通民众，形成了一个处于官与民之间的特殊的社会阶层。田文镜在规范地方官行为的准则中就提到"绅为一邑之望，士为四民之首。在绅士与州县，既不若农工商贾势分悬殊，不敢往来，而州县与绅士，亦不若院道司府，体统尊严，不轻晋接"。① 由此可见，明代中后期发展起来的士绅，因其特殊的地位在康熙、雍正年间时就已经受到官府的重视。官府很清楚地认识到地方上的绅虽与士有着地位的差别，但是与州县上的地方官员几乎是平等关系，不像官府中有着严密的等级关系。

明末清初时全国人口约为一亿六千万，随着经济的增长，两百年间全国人口增长一倍，在晚清达到了四亿，但由于"政治体制的缺陷以及这种体制的制度运作成本太高"，② 地方官员的人数并没有随着人口的增长而增长。这使得地方政府的行政服务功能越来越薄弱，地方官员无法管理地方上的每一项公共事业。这时，"绅士作为一个居于领袖地位和享有各种特权的社会集团，也承担了若干社会职责。他们视自己家乡的福利增进和利益保护为己任"。③ 士绅站出来主持地方公共事务，凭借自身的威望组织普通民众来补全地方官府所缺失的公共事业部分。官府与士绅之间的合作根据承担的事务和当时情况的差异而有不同的变化。士绅就会出于自愿站出来为民众排解纠纷、组织兴修公共工程，成立诸如善会善堂这样的慈善机构，也会受命于官府而组织团练、征收赋税。官府也同样需要士绅的协助，

① （清）田文镜：《州县事宜》，清同治七年（1868）江苏书局刻本，中国国家数字图书馆。
② 王家范：《明清历史再认识的几个疑难问题》，《华东师范大学学报》2005年第6期，第13—17页。
③ 张仲礼：《中国绅士研究》，上海人民出版社，2008年，第40页。

在官府对商业管理相对薄弱的环境下，有商绅组织的行会；在乡里基层中则有族正、族长组织的宗族。在清代鼎盛时，权力高度集中于中央，官府对士绅具有一定的把控，因而士绅在处理公共事务上需要官府的批准或支持。但在清末时受到各方面的影响，"官吏履行其职责的能力削弱，有待解决的问题却增多，这时绅士所做事情的范围就扩大"。[①] 官府对士绅的管理也逐渐变弱，官府只能默认士绅自行其是，一些地方官府的职责与权力被地方士绅取而代之，甚至是"利用机会建立自己的军队、政治机器，并控制财源，以培植其个人的巨大实力"。[②] 可以说晚清时期士绅的能力范围的不断扩大应当是"乡里空间"不断扩大的一个表现。

（三）宗族、行会、善会、团练：乡里空间的互助性组织

明代中后期，依靠祖先维系的血缘群体的宗族以官府推行乡约为契机，开始制定规约、设立宗族首领、进行宣讲教化活动，并且用建宗祠、修族谱来增强宗族凝聚力，宗族逐渐被组织化，其政治功能也被强化。乡里基层在里甲制崩溃后，宗族在里甲中逐渐占据主导地位，除却徭役赋税，里甲中的大部分功能都被宗族代替。在日常生活中，宗族有维护治安、防范盗贼的功能；宗族还备有族田义庄，以便在遇灾荒年或族众贫困时赈灾济贫，族众也在宗族的组织下实现互助；宗族兴办的义塾以及实行的族规都对族众起到了教化作用；甚至官府在征收赋税时，宗族还起到了催征的作用。清代以后，地方官府与宗族相互依托、相互支持，两者在维持基层社会秩序方面达成了一种共识：在有宗族控制的地方，由官员、族长、族众共同处理这一空间的事务。在基层的乡里组织中，乡民之间有着血缘或者地缘的信赖，乡民互助可以通过宗族、乡约来完成，而在城镇中就缺乏这样的原始信赖与条件。在经济较为发达的江南地区的城镇，居民在打破血缘关系的基础上形成了一定的地域意识。在地域意识的促使下，普通民众在城镇中的士绅组织下，凝聚组成互助性的组织，譬如带有福利救济性质的善会善堂以及以商业为纽带的行会。

中国历代出现过各种福利救济设施，但主要是由国家、宗族以及宗教组织来经营。明末清初时，开始出现由民间人士自发组织的善会与善

---

① 张仲礼：《中国绅士》，上海社会科学院出版社，1991年，第57页。

② 张仲礼：《中国绅士研究》，第56页。

堂，不属于任何官方、宗族以及宗教团体。这些民间的善会与善堂都和现代意义上的慈善组织非常地类似，一直存续到民国时期的各种善会善堂几乎都创始于明末清初，而且这些慈善团体是在本土条件下产生的具有本土特色的组织，受到外来力量的影响也比较少，^① 似乎可以认为明清时期的善会与善堂是现代慈善组织的萌芽状态。周荣将参与地方社会事务和社会保障事务的地方精英进行归纳，包括：不在本籍任职的现任官员，退职居家或暂时居家（如丁忧）的官员，在科举中取得生员以上学衔者，通过捐纳等非正常途径取得监生以上功名者，力农起家的殷实人家、商人，军功或武力的拥有者。^② 地方精英们早在善会善堂成立之前，就已经开始组成"地方公议"来处理本地问题，而与慈善相关的救济、募捐、施善等议题也经常出现在"地方公议"当中。在善会与善堂产生之后，这些地方精英凭其官衔、功名、财富自然就成为善会善堂资金的主要承担者以及具体事务的经营者。而在此期间居于领导地位的，仍是具有一定地位的地方士绅。

中国的行会始于唐，发展于宋。由于商品经济的发展，一些行业的生产者和经营者为维护自己的利益，开始自发组织起来。明清时期，随着经济的不断发展，行会组织也迎来了发展高峰。行会最初是工商业者自发组织起来的，随后政府很快就发现行会符合其对市场管理的需要，便也参与其中，积极促成行会的建立。行会在保护成员的利益之外还需要协助政府办理行内成员的征税、科买、和雇以及平抑物价，监察行内不法之事，代表行业与政府商定物价以及处理其他业务问题，还承担了替政府采购的任务。无论行会与政府的关系如何，行会组织的首要目标仍然是保护行会成员的商业利益，行会通过制定规章制度来解决成员间的矛盾纠纷。"凡晋省商人，在京开设纸张、颜料、干果、烟行各号等，夙敦乡谊，共守成规。……光绪八年十二月间，有牙行六吉、六合、广豫三店，突兴讹赖之举，凡各行由津办买运京之货，每件欲打用银二钱。众行未依，伊即在宛平县将纸行星记、洪吉、源吉、敬记四号先行控告，未经讯结。……四月间，有干果行之永顺义、颜料行之全昇李、烟行之德泰厚等，在大兴县将

---

① 李芳：《清朝善会善堂自治制度探悉》，《河北法学》2008 年第 6 期，第 158—163 页。
② 周荣：《明清社会保障制度与两湖基层社会》，武汉大学出版社，2003 年，第 407 页。

牙行呈控。五月内，经大、宛两公会讯断结。谕令纸张众行等，各守旧章，并不准牙行妄生枝节。……自今以往，倘牙行再生事端，或崇文门税务另行讹诈，除私事不理外，凡涉同行公事，一行出首，众行俱宜帮助资力，不可借端推诿，致失和气。使相友相助，不起半点之风波。同泽同胞，永固万年之生业。"[1] 由此可见，行会在维护会内成员的利益上发挥了重要的作用。

沟口雄三所谓团练，实际上指代了所有由官府发起、地方士绅统领以及普通民众组成的民防体系，而在清末变革时发挥了巨大作用的团练是其中最具代表性的一个武装组织。太平天国起义时，清朝原本的军事力量日益衰减，已经无力与兴起的太平军相抗衡。作为八旗与绿营补充力量的湘军、淮军等应运而生，这些武装组织由汉族官员在保甲组织的基础上应急募集而来，皆是团练与宗族的结合体。譬如淮军就是出于镇压太平天国的需要，以当时皖中庐州府、六安州的团练为主体组成的，其中的将领必然是团练的领导，核心力量也是团练中的丁勇。军队资金除了依靠李鸿章在管辖上海时的海关收入、中央承认的借款以及国库收入外，还有乡绅、商人等的捐款。淮军、湘军等以团练为基础的武装力量就是"乡里空间"在晚清时期的一个范本。此时的"乡里空间"已经由原本的乡一级拓展至省一级，并且这些以地方武装为基础的省规模团练作为各省积蓄的军事力量，最终在辛亥革命时爆发而出。

三　乡治与乡里空间

（一）乡治：具有地方自治性质的形式

沟口雄三在梳理明末清初的变化与辛亥革命的关系后，认为明末清初不仅是王朝之间的鼎革，更是变化的转折点。明末清初的转换与秦汉帝国的建立、唐宋变革以及清末民初的激变被沟口雄三称为中国历史上的四大变动。在经历每一次巨大变革前，其内部的政治、社会、学术思想和经济都会酝酿出转变的渊源。明代中后期显露出的种种新变化，"是从宋代以

---

① 李华：《明清以来北京工商会馆碑刻选编》，文物出版社，1980年，第88页。

来的思想史的潮流中总结出的变化,这种变化经过明末清初的变革,而被清代所继承,并引发了清末的动荡"。①在这种变化中就包括了"封建论"。关于"封建"的讨论绵延两千余年,面临明的灭亡与清的兴起,有关"封建"的讨论更为频繁,大批的明遗老遗少借助"封建论"来对明亡进行反思,其中就包含带有"地方自治"色彩的讨论。以往的研究大都认为这一时期的"封建论"是最全面、最深刻的,甚至可以当作清末地方自治议题的源头,主要是由于"以往这种地方思潮一概被含混地理解为中央权力与地方自治(即体制与反体制)的对抗结构"。②

通常认为,"地方自治"这一概念是洋务运动前后,随着其他西方政治制度一同传入中国的。但是早在西方自治思想传入中国之前,中国也已产生了类似的自治思想。梁启超认为自治无非是"其精神则在互助,其实行则恃自动,其在于道德上法律上则一团之人咸负连带责任,因人类互相依赖、互相友爱、互相督责的本能而充分利用之浚发之"。③而传统乡里基层之间的共同农耕、义务教育、警务、乡兵操练等举动皆符合所谓自治的精神,稍有不同的是,"欧洲国家集市而成,中国国家积乡而成,故中国有乡自治而无市自治"。④"在中国尽管说'自治',却不是向建立作为制度的、独立于官僚体制='官治'的'民治'领域的方向发展,而仅仅是地方的官、绅及民共同处理地方的公共事务(即修缮道路、浚渫运河,设置医院、孤儿院和养老院等);到了现代,向上寻根溯源,才将这种公共事业称为民间的'地方自治',但与欧洲的地方自治具有不同的历史发展脉络。"⑤为与洋务运动之后传入的"地方自治"进行区别,沟口雄三将传入之前的中国式自治称为"乡治"。"乡治"在明清时期是以宗族、行会、善会、团练等形式出现的。这些带有自治性质的地方组织将官府、地方士绅以及普通民众聚集在一起,如此便形成了一个独特的空间,这一空间随着时代的发展、人口的增加、思想的影响等因素从原本的乡里基层不断向外拓展,最终在清末以各省独立的姿态展现在世人面前。

---

① 〔日〕沟口雄三著,乔志航等译《中国的历史脉动》,第 191 页。
② 〔日〕沟口雄三著,乔志航等译《中国的历史脉动》,第 214 页。
③ 梁启超:《梁启超论中国文化史》,商务印书馆,2012 年,第 103 页。
④ 梁启超:《梁启超论中国文化史》,第 99 页。
⑤ 〔日〕沟口雄三著,乔志航等译《中国的历史脉动》,第 214—215 页。

（二）乡治与乡里空间

有明一代自洪武年间颁布《教民榜文》后就不断推行乡约。正德年间，王阳明改造后的乡约在南赣实践后，明政府开始大力普及乡约。嘉靖之后，宗族也开始出现乡约化的特点。宗族的乡约化主要体现在宗族内部推行乡约或是通过制定族规来管理族人，这与地方官在基层推行乡约的行为密不可分。地方官在任时会积极地在当地推行乡约，在宗族中设立约长、宣讲圣谕，尝试将乡约融入宗族当中，而当地宗族认同了乡约，就开始主动或被动地制定族规、设立族长。宗族利用设置的乡约系统来管理族人，日常用宣讲圣谕六言来教化族人，要求族人履行尊卑长幼关系的身份义务，遵守法纪。可以说，宗族制定的族约族规将整个家族之内的成员都束缚在其中，在孝顺尊长、族众和睦的思想教化下，尊卑长幼与家族伦理都得以合法化，这在一定程度上加强了宗族的组织建设，提高了族长、宗子的地位。宗族除了约束族人之外，还起到了一个极其重要的作用——维护族众利益。势单力薄的小民小户在宗族的维系下团聚在一起，免受外人欺辱。也正是这个缘故，宗族组织对族众具有强烈的吸引力。有不少族规在要求遵循伦常的同时，还要求族众安分守己，勤于本业，不得做与国家政令法纪相违背的事。尤其到了清代，不少宗族在制定族约族规时，将国家法纪与纲常伦理相结合，变成宗族内部的一种约束力量，这在一定程度上维护了国家法纪，稳定了社会秩序。张海珊曾提倡立"大宗法"，在宗族内设立族长族副，"凡劝导风化，以及户婚田土竞争之事，其长与副先听之，而事之大者方许之官，国家赋税力役之征，亦先下之族长"。[①] 可见，维护基层的地方治安，通过宗法血缘关系比单纯依靠官府治理更容易。对以宗族为纽带联系的人民来说，官府做不到的教化制裁，宗族的族长反而更容易做到。在基层的宗族组织里，担任族正、族长的士绅作为官与民之间的一条纽带，共同处理"乡里空间"的事务。

善会善堂的经营模式中，最能体现沟口所谓"乡里空间"的，便是董事制。董事制源于宋代朱熹所开创的社仓制度。朱熹在建宁府崇安县开耀乡为谋食艰难的乡民创设了一所社仓，因立于乡社而非州县，且由乡社中的土

---

① （清）张海珊：《聚民论》，（清）魏源、贺长龄等：《清经世文编》，中华书局，1992年，第1464页。

居官和士子共同掌管，故名社仓。在后来的发展中，官府在其中的作用日益加重，社仓的管理人员须由官府指定，且每年收入的账目要经官府核查。乾隆初期，户部将社仓制度固定下来，要求社仓的社长每三年更换一次。在民间人士自发的社会救助中，捐助者、经营者以及受救济者需要一个完全客观且明确的章程来约束相关利益人。因此，有一部分善会善堂延续了这种有官府参与其中的经营模式，这一模式被称为董事制。在董事制中，善会善堂的主持人不再轮值，而是由集体推荐或是官府指定，有固定的任期，任职年满之后交由下一任董事继续主持。李芳认为官方的介入虽然解决了善会善堂的资金困难，维系了善会善堂的存在，却导致慈善事业官僚化和徭役化，极大地压缩了善会善堂的自治空间，民众自愿参与慈善事业的基础遭到了破坏。[①]但是这种由官府介入而非单纯的民间组织空间，正是中国特有的由官、绅、民相互渗透、相互配合形成的特有的"乡里空间"。

行会组织的最基本目标就是尽最大可能保护行会成员的商业利益，主要功能就是解决同行业之间的纠纷、保护成员利益、制定行规以及协调行业内部关系。但是行会的功能并不止于经济功能，行会还具有一定的社会功能，包括向行会成员以及行会所在地的居民提供救济服务。救济服务有时被认为是行会组织的一项义务。对于带有地缘性质的会馆来说，在异乡进行慈善工作主要有两个目的：一是为同在异地漂泊的同乡人提供帮助，二是可以促进家乡在当地的商业影响。古代社会，政府对商业的管理相对薄弱，政府需要行会协助管理市场、征收商税、维持商业交易秩序。明清时期，两者之间的关系更为密切。政府还会在行会中挑选一位享有声誉的士绅担任经理，加强与官府的联络。同时，行会也需要政府为其提供强有力的保障。明清时有关商业的立法屈指可数，行会的行规通常是在不违背律法的基础上对本行业进行一定的规范，也总会在行规的最后加上"如若违反此规则……则送官究办"等字样。[②]一旦商业活动中出现官司纠纷，官府通常会按照行会制定的行规章程来审查。

明初时社会秩序稳定，加之施行卫所制度，团练等乡兵因此沉寂。但

① 李芳：《清朝善会善堂自治制度探悉》，《河北法学》2008年第6期，第158—163页。
② 许慧祺、李贞贞：《明清时期的行会制度初探》，《法治与社会》2007年第2期，第772—773页。

在嘉靖之后，东南沿海受倭寇侵扰，一些地区出现骚乱。因此，乡兵应运而生，且很快成为明中后期乡村军事力量的重要组成部分。乡兵来自"勇略过人者"，且"籍名在官。每于农隙时训练之月，给银一两，余月任其耕作"。① 这些勇武"大多由地方绅衿或豪强统率，非由专职的地方官员统辖。而且其职责以保护乡里为主，官府不加调遣，并不发行粮"。② 明代乡兵主要有团练、义兵以及具有地方特色的武装。团练"各照军营事例设立队长头目，时常演习。有勇力者自备弓矢，或自备戈矛，有身家者仍自备衣甲，或多备火器。如力不能备器械者，各执竹枪抢棍。随宜听操，且不时家喻户晓。俾知操练，即以保障为民而匪为官，彼必乐从。各自相训练，相鼓舞之不暇矣。始焉劳而不怨，既焉勇且知方，一遇丑虏内犯，将家自为营，人各为兵，居民捐生以固守，虏必畏死而缓攻。如此则不惟地方可保无事，应援官军"。③ 负责团练的，"除近城者掌印官亲自半月一操，其乡村等处或佐贰代操"。④ 而在乡里基层中，负责防御组织的除却代表官府的佐贰，还有地方的绅衿、老人。明清时的地方乡兵，各具特色，其中就有以宗族为基础建立的乡里防御组织。明末，宗族承担起保护乡里、维持地方安定的作用。"广东顺德、番禺、香山、新会，多有总甲，或土豪，或艚船之长年三老，勇略超群，履经战阵。数年以来，海之获巨盗者，每出此辈。而巡抚分巡等官，全不加重。……广东倭寇横行，而士不用命者，抑何故欤？卑尊之势隔，而上下之情携，授任之统乖，而赏罚之信缺也。窃以为宜在朝中选本省之位尊望重、素谙民情土俗者，领敕前往，协赞军务。有本土豪杰得以竟自委任；受任有劳，得以竟自保荐；军饷钱粮犒赏得以竟自支给。其参将分巡兵备海道等官，如巡按事体，得以保举弹劾，严敕而重责之。以乡之士夫，纠乡之智勇，为乡之父兄，率乡之子弟，排乡之急难。公私两便，上下一心，必济之策也。"⑤ 清代之后，国家仍然重视宗族的武装力量，朱孙诒在办团练时就提到"若一姓聚族而居，即可以

---

① 《明世宗实录》，台北："中研院"历史语言研究所，1962年，第5662页。
② 陈宝良：《明代民兵与乡兵》，《中国史研究》1991年第1期，第82—92页。
③ （明）王任重：《王太仆集》，（明）陈子龙：《皇明经世文编》，中华书局，1962年，第4484页。
④ （明）王任重：《王太仆集》，（明）陈子龙：《皇明经世文编》，第4484页。
⑤ （明）霍与瑕：《霍勉斋集》，（明）陈子龙：《皇明经世文编》，第3956—3975页。

族长兼团正、团长"。①

（三）余论

总的来说，明末清初时期，由于里甲制度的地缘化以及江南地区商品经济的快速发展，这一时期地域意识在各阶层中日益增强，在传统的封建论中增添了带有"地方自治"色彩的思想。中国古代士大夫在"治道"时，重点往往在君，对于政权的关心也停留在县一级，并没有注意到县级以下的基层组织。尤其是在里甲制度弱化了原本乡里基层组织的社会功能后，乡里基层的乡民之间便通过乡约、宗族以及一些地方组织实现互助。地方士绅主动分担地方官吏容易失职的地方公共事务时，便出现了带有一定乡治色彩的宗族、行会、善会、团练等地方组织。清军入关后，建立了相对完整的中央统治机构，在军机处设立之后，中央集权达到空前的高度。在地方上，清建立了省、府、县三级行政体制，在县以下的基层重新建立了里甲组织，但是并不能阻止乡里基层地缘化的趋势，随着"摊丁入亩"的施行，带有地缘性质的保甲制最终代替了里甲制。虽然地方自治的思想在清受到了严格的控制，但是自明中后期出现的善会、行会、宗族却并没有消失，反而贯穿在清两百多年的历史之中。这正是沟口雄三所说的"明清的乡治空间是官、吏、乡绅、平民中的实力人物和一般民众通过宗族、行会、善会、团练等组织和网络交往，而形成的社会及经济合作关系的地域活动空间或者其秩序空间"。②此时的"乡里空间"限于基层乡治组织的范围，是乡治组织的重要组成部分，"如善会、团练或者宗族制等，最初从县级组织和网络发展到清末的省级规模，终于导致了辛亥革命时各省独立"。③

（原文刊于《宁夏大学学报》2021 年第 5 期，第 138—145 页）

---

① （清）朱孙诒:《团练事宜》，清同治二年（1863）文蔚堂刻本，中国国家数字图书馆。
② 〔日〕沟口雄三著，乔志航等译《中国的历史脉动》，第 247 页。
③ 〔日〕沟口雄三著，乔志航等译《中国的历史脉动》，第 215 页。

从"围寺而居"到"互嵌型社区"

——西北民族地区城市回族社区及其结构的历史变迁

沙彦奋

多民族是我国重要的历史文化传统，微观上的"聚族而居"和宏观上的"异族杂居"，共同塑造了我国"大杂居、小聚居"的民族分布格局。"围寺而居"的空间表象背后，隐含着回族"聚族而居"，以及社会互动和文化交流的内部性特征。"寺坊"结构是回族城市社区结构的传统规制。市场经济时代以来，在城市化推动下，"聚族而居"的空间分布格局被打破，"同质社区"逐渐消失。"异族杂居"的"混合社区"成为城市回族社区发展的未来"样板"。2014年5月26日，中共中央政治局召开进一步推进新疆社会稳定和长治久安工作会议，明确提出"推动建立各民族相互嵌入的社会结构和社区环境，促进各民族交往交流交融，巩固平等团结互助和谐的社会主义民族关系"。[①] 此后，学界研究的视角，开始从传统的基于地缘空间结构的"混合社区"，转向多族群及其文化互动、交融的"互嵌型社区"。从"围寺而居"到"互嵌型社区"的时代转变，反映了西北民族地区城市回族社区结构及其时代变迁，也反映了我国少数民族城市社区发展的未来趋向。

---

① 《中共中央政治局召开会议研究进一步推进新疆社会稳定和长治久安工作》，《人民日报》2014年5月27日，第1版。

一 从"蕃坊"到"寺坊":国家与地方性社会关系中的回族社区发展历程

回族城市社区可以追溯到唐宋时期的"蕃坊"。虽然社区是近代产生于西方的概念,也是研究族群社会文化的重要范式,但是,从国家与地方性社会之间的互动历史过程看,从唐宋时期的"蕃坊"到明清以来的"寺坊",集中体现了回族社区的历史变迁轨迹,也体现了回族社会的"在地化"过程。因此,以国家与地方性社会互动关系为视角,笔者将从以下几个方面探讨城市回族社区及其结构的历史变迁。

(一)"大传统"中的"小传统"

美国人类学家罗伯特·雷德菲尔德(Robert Redfield)基于墨西哥乡村地区研究,在《农民社会与文化》(1956)一书中首次提出大传统(great tradition)和小传统(little tradition)概念。他认为:"在一个文明中,存在着一个具有思考性的少数人的大传统和一般而言不属思考型的多数人的小传统。大传统存在于学校或教堂的有教养的人中,而小传统是处于其外的,存在于不用书写文字的乡村社区生活中。"[1]之后,西方学术界形成了不同的观点,如吉登斯从书面与口述两个维度来区分二者;布迪厄、哈贝马斯和卢曼等学者,从宏观和微观、主流与非主流等视角对二者进行了论述。我国学者与西方学界也进行了互动,有人认为,"'大传统'是某种优势文明的文化形态,是与地方性社区的'小传统'相对而言的"。[2]李亦园认为二者与中国的雅文化、俗文化相对应。他指出:"中国文化中大小传统的存在是自古以来即有,其分野也特别明显。从传统文化与现代化的角度来看,以社会精英和大传统为核心的文化更易接受新的变革观念,与'现代'紧密联系,而以农民和小传统为核心的文化则不易接受新观念,是保守的,与'过去'联系,也被称为'草根力量'。"[3]

---

① Robert Redfield, *Peasant Society and Culture*, Chicago: University of Chicago Press, 1956, p.70.

② 黄平等:《社会学·人类学新词典》,人民出版社,2002年。

③ 郑萍:《村落视野中的大传统与小传统》,《读书》2005年第7期,第11—19页。

尽管学界有不同的界定，但是笔者认为，"大传统"与"小传统"既联系又区别，二者类似"主流文化"与"亚文化"之别。就回族社区发展史而言，处于弱势地位的"亚文化"群体必须以一定的区位为基础，建构维系"小传统"生存空间，并与"大传统"之间既形成"文化边界"，也建立紧密的联系。唐宋时期，在商业和政治互动中，阿拉伯、波斯等地区的商人和大使入驻并定居中国。主要"多为沿海地区的近海之地"。[①]其中，以"广州、泉州、扬州、杭州、海南岛等沿海地区与长安、洛阳"[②]等城市为主。"及至两宋，长期与北方少数民族作战，陆路交通阻绝，海上丝绸之路相应崛起。宋朝'招诱奖进'政策，吸引了大批穆斯林商人海路来华，通商贸易。"[③]如此一来，经济关系背后的文化关系处理，既是域外穆斯林秉持他们自身传统的关注点，也是唐宋王朝处理对外关系的策略。给予一定范围的生存空间，实行"自治"，是处理这两大文化关系的民族政策实践。因此，"蕃坊"顺势而生。这为后来传教士传播他们的文化提供了重要的空间。

所以，"蕃坊"产生以后，"蕃学"（教育、文化）、"蕃市"（经济）等独立于当时唐宋王朝的直接管辖，而成为维系域外穆斯林生存的社会空间。于是，"蕃客"的"小传统"在唐宋时期的"大传统"中得以产生。这是回族社区的雏形，也是回族"小传统"衍续的基础。其结构特点主要表现在三个方面，即地理空间的独立性；文化结构的单一性和封闭性；生活交往与社会互动的内部性。再经元代"回回哈的司"的过渡，到明清"寺坊"的形成，伴随中国王朝历史"大传统"的变迁，回族社区也处于不断变化之中。

（二）"王朝"治理中的"小社会"

中国历史构成的突出特征，在于"王朝"与"小社会"之间的互动关系。少数族裔所建构的"边缘"性"小社会"，始终处于"王朝"不断纳入"中心"的过程。该社会的文化基础是王朝"大传统"与"小传统"之间的互动，而其地理空间基础则是中央王朝治理范围内的独立生活区域。笔

---

① 邱树森：《唐宋"蕃坊"与"治外法权"》，《宁夏社会科学》2001年第5期，第31—37页。
② 洛阳蕃坊名"铜驼陌"，见孙耀泉《河南洛阳清真寺溯源》，《工作通讯》1998年第1期。
③ 马娟：《唐宋时期穆斯林蕃坊考》，《回族研究》1998年第3期，第31—36页。

者认为,在"蕃坊"的基础上,"小传统"维系的域外穆斯林"小社会",在元代"王朝"治理过程中又一次得到了发展。

因为文化的差异,以及不同文化关系的处理,唐宋时期"蕃坊"成为独立于当时"大传统"之外的文化空间,与"王朝"管理的其他文化群体犬齿相嵌,错杂而居。如当时"这些被称为'蕃客''胡商'的外国人,开始有许多是与汉人杂居的,但随着人数的增多,逐渐相聚在一起"。[①]元代,中央王朝在治理国家过程中,"回回人"与唐宋时期的"蕃客"建构的"小社会"有很大的不同。这主要体现在元代"王朝"治理策略中。

其一,元朝改变以往"重农抑商"的传统,鼓励商业。如法律规定:"从事商业,三次破产,处死刑。"[②]这一方面激活了唐宋时期而来的"本土蕃客"的商业活动;另一方面又吸引大量域外穆斯林来华从事商贸活动。其二,元朝初期辟疆扩土的"西征"军事活动,带来了大量穆斯林人口。"回回"数量剧增,他们主要分布在当时经济贸易比较发达的城市。其三,屯垦戍边策略改变了"回回人"的地理分布格局。鼓励荒垦、戍边治国方略,带动了"回回人"又一次大规模的跨区域流动。如"国初,用兵征讨,遇坚城大敌,则必屯田以守之。海内既一,于是内而各卫,外而行省,皆立屯田,以资军饷。……由是而天下无不可屯之兵,无不可耕之地矣"。[③]致使"回回人"分布于全国各地。

由此看来,元初"江南尤多"的"回回人"分布格局,受到元朝中央政府治国举措的冲击,而塑造了"回回之人遍天下"的局面。这时,"回回人"空间分布由东南沿海与中原一带城市的中心区域,向一些边缘地区扩散,形成"近而京城,外而诸路"[④]之格局。在元代族群等级划分背景下,以"回回哈的司"为典型的民族政策实践中,大量不同族群被不断纳入"回回"群体内。所以,这一时期,"回回"成为鲜明的集体文化表征,在不断壮大群体人口的同时,又不断形成了一些以伊斯兰教为文化标识的"小社会"。这是回族社区不断增多的基础。

---

① 邱树森:《唐宋"蕃坊"与"治外法权"》,《宁夏社会科学》2001 年第 5 期,第 31—37 页。

② (元)拜柱等纂修,方龄贵校注《大元通制条格》卷 20《赏令》,中华书局,2001 年。

③ 《元史》卷 100《兵志》,中华书局,1976 年,第 2558 页。

④ 河北省定州《重修礼拜寺记》,见孙贯文《重建礼拜寺记碑跋》,《文物》1961 年第 8 期,第 36—39 页。

（三）现代民族国家管理与回族社会转型

明清时期，西方已走上现代民族国家建构与发展之路，我国依然延续着封建王朝传统。但是，在西方的压力下，国家之间的"界限"不断产生，并越来越清晰。这既是殖民体系催促的民族觉醒，也是民族社会逐渐凸显其国家意识的开始。地理区位"边缘"的民族社会，以及统一的中央王朝，即民族国家建构与民族社会的形成，成为中国"多元一体"格局强化、发展的重要基础。在国家（王朝统一）意识逐渐增强的同时，民族意识也在兴起。此时，民族社会都具有强烈的"国家"观念。国家（王朝）与民族及其社会的关系是，由"羁縻府州"等"间接管辖"向"直接管控"转型。

以儒家文化为核心的"大一统"思想，以地理区位为重心的"中原"，以中央集权为本质的"王朝"是国家与地方性社会之间互动的主题，也是中国历代王朝权力与地方社会联结的纽带。即便一些少数民族建立的政权，也会将民族人口向"中原"位移，权力向"中央"伸入，并将其他区域及民族社会纳入统治范围，延续"大一统"这一中国历史发展的主流。唐宋时期的蕃坊，虽然由中央间接管理，但是"蕃客"仍被视为"域外之人"，是这一历史时期的主要民族认同和国家认同形式。为了替代"中原"统治地位，起源于蒙古高原的元朝，拉拢汉民族以外的民族协助其统一和治理国家。这为促进"回回人"进一步本土化提供了动力。鉴于前朝治国方略得失，明朝改变治国策略，收紧国家边界，注重民族社会治理，推行民族大融合政策。就民族而言，明朝管理政策的历史意义在于，将包括"回回人"在内的所有民族，都视为"王朝子民"。

正是基于这种国家建构及地方性社会管理背景，"回回人"完成了由"客"到"主"的历史过程，成为中华民族不可分割的一部分，也成为一个民族群体。如"禁止相互娶嫁"民族政策，促使回族族源中融入大量的汉族以及其他民族；"禁胡语"民族政策，促使回族完成汉语化过程。伊斯兰教为内化，"回回"为外形，促进了"教族一体"的融合发展历程。与此同时，"回回"建构的社会，也理所当然地成为明朝直接统治的范围。一是国家对民族社会的控制与支配，以及民族社会对国家的被控制、被支配的范围（scope）和强度（intensity）都有所加深。二是回族的国家观念产生并增强，且国家观念高于民族社会观念。如据史料记载："明兵既取福州，兴化、泉州皆纳款。或以告，迭里弥实仰天叹曰：'吾不材，位三品，国恩厚矣，其何以报乎！报国恩者，有死而已。'……拔所佩刀，刬喉中以死。"① 三是回族社会完全融入国家，儒家文化进入回族社会，并与伊斯兰文化共同形塑了 "外儒内回" 的民族形象。又如有学者认为："在回族形成发展过程中，以儒家思想为核心的汉文化已经被逐渐内化到这个新的民族共同体的价值观念之中。回族同样认同忠君、报国、孝道等传统儒家思想，并由此延伸出对所居住国的强烈爱国情感。"② 最典型的是，明末清初回族 "以儒诠经" 思潮，不仅推动了伊斯兰文化与中国文化互动融合，也促使国家管理与回族社会之间的紧密联结。

清代至民国时期，是中国由传统国家向绝对国家过渡的重要时期，也是回族社会又一次重要的转型时期。一方面，"族教一体" 的 "回教"，在与清朝政府的民族政策关系中，推动了回族地方性社会（聚居区）的形成。另一方面，清朝政府在国家管理中的政策失败，导致了以回民起义和金田起义为代表的农民斗争，折射出了 "王朝"（国家）与地方社会之间的关系问题。就回族而言，"江南尤多" 的回族社会弱化，回族向西北聚拢。因此，整体上看，明清至民国时期，是中国由传统国家向绝对国家转型的过渡时期，这一转型的本质是，"国家从非'权力集装器'转变为'权力集装器'的过程。传统国家不是权力集装器，政府对社会的行政控制在范围和强度方面都是有限的，一般只限制在城市之间，国家的大传统即国家象征体系与地方性知识即小传统保持一定的距离，国家与社会关系比较松散，国家对社会覆盖的有限性为地方性社会—社区小传统的存在提供了空间"。③ 回族社区正是在这样的国家与地方性社会互动历史进程中，不断转型并维系其 "小传统"。

总之，从 "蕃坊" 到 "寺坊" 的历史过程，既展现了回族由 "教" 到 "族" 的历史过程，也展现了 "王朝"（国家）与回族地方社会关系互动的

---

① 《元史》卷196《迭里弥实传》，第4434页。
② 丁宏：《从回族的文化认同看伊斯兰教与中国社会相适应问题》，《西北民族研究》2005年第2期，第69—77页。
③ 杨文炯：《明清时期国家与社会关系转型境遇下的回族社区——以历史上西安回族社区文化变迁为视点》，《黑龙江民族丛刊》2006年第5期，第89—97页。

历史过程。其中，中国"大传统"背景下回族"小传统"的建构和维系发展，承载着回族地方性社会—社区生成与衍续的历史图景。特别是，在历代中央王朝"大传统"中，城市回族以清真寺为社区地标核心，并以中国传统式的建筑风格为外在符号，建构了与"他者"界限分明、联系紧密的生活空间。如有学者所言："作为地方性社会的回族社区也正是通过借用国家大传统的符号，将国家符号民间化，将自身改造成为'国家'的一部分，捍卫了自己的时空尘落，确立了自己在城市社会中存在的根据。"[①]最终形成了国家统一管理下，与"大社会"联系紧密的回族"小社会"——城市回族社区。

二 从"围寺而居"到"互嵌型社区"：城市回族社区结构的现代变迁

在以伊斯兰文化为内在因素，以儒家文化为外在表征，以及二者互动交融的历史进程中，回族不断衍续其社区"小传统"。"围寺而居"的回族社区"小传统"，在与"多元一体"格局的"大传统"互动中不断发展，并形成"聚族而居"的"同质社区"。这既展现了我国多民族形成和发展的历史事实，也展现了我国民族"大杂居、小聚居"的空间分布格局特点。"围寺而居"是中国回族社区的典型结构模式和特点，也是回族文化传统和社会形态的重要象征。城市现代化发展过程中，"围寺而居"的社区结构将逐渐被改变，"同质社区"将被"混合社区"取代。"混合社区"是城市回族社区未来发展的外在模型，而"互嵌型社区"是其本质所在。

（一）回族社区及其结构变迁

城市是有别于乡村的一种生存模式，城市化正在以一种势不可挡的社会力量，推动中国社会的发展，逐渐改变中国。学界普遍认为，城市化的表现在于"一是农村人口流入城市并从事非农业生产，二是乡村生活方式向都市生活方式的转变"。[②]笔者认为，回族的城市化主要以城市回族社区

---

① 杨文炯：《明清时期国家与社会关系转型境遇下的回族社区——以历史上西安回族社区文化变迁为视点》，《黑龙江民族丛刊》2006年第5期，第94页。
② 庄孔韶：《人类学通论》，山西教育出版社，2002年，第585页。

为典型。城市化带来的回族社区的变化，主要以社区及其结构变化为主。

首先是社区地缘结构的解构与重组。作为中国城市化评判的标准，城市建设历来被政府所重视。社区重建、扩建作为城市建设工程的重要内容，不断推动西部民族地区城市的发展。社区重组是城市建设的附带品，在城市扩建中不断发生，导致一些"老街"和回族聚居区原有的社区结构被拆解和重组。传统上，以清真寺为"圆心"，回族居住地为"圆面"的地缘结构被解构。社区重组后，"圆面"上的民族结构发生了重要变化，"同质性"被"多样性"取代；圆的"半径"扩大，回族向城市不同角落扩散。

其次是社区人口结构的改变。这主要表现在回族农村人口向城市大量流动，推动了回族城市社区人员结构的改变。也就是农民市民化发展，带动了回族城市社区人口结构的改变。由农民组成的"新市民"是城市回族社区人口结构的重要组成部分。所以，市民化的程度和途径由城市职业和经济模式所决定。新增的回族人口在城市定居时，首要考虑的是职业和经济模式，而非微观居住社区的选择。

再次是回族社区经济结构的改变。传统的城市回族社区经济结构单一，以维持生活的"小买卖"为主要经济模式。这是回族传统"围寺而居"的社区结构造成的结果。职业经济结构特征，以单一性和内敛性为主。如今，回族社区地缘结构不断扩大，经济职业结构呈多元化发展。这推动了回族传统社区向"混杂社区"深入，也促使回族社区经济关系由内部交流向族际互动拓展；同时，职业的多向流动，也改变着回族职业结构。最终，使回族社区经济结构由内部的单一性，向外部的多元性转型。

最后是回族社区居住模式的改变。宗族同构是回族分布和居住模式的传统。进入现代社会以来，不管是城市社区拆解中的重组，还是移居城市的新市民，以血缘为基础的传统居住模式，已经无法满足当前城市社区发展的要求。住房的商品化，逐渐改变了回族以血缘纽带为主的居住观念。"围寺而居"的同一民族居住模式观念，已经不能满足现代城市生存。分散在不同社区，与其他民族混合杂居，是当下以及未来回族的主要居住模式。因此，聚族或同宗而居的"同质社区"模式已被"混合社区"取代。

（二）外显与内隐：城市回族社区结构变迁的宏观与微观分析

城市回族社区，是我国城市社会的一部分，也是回族社会的重要组成部分。微观上看，以清真寺为外显的回族社区，既是维系城市回族"我群"的文化符号，又是回族与"他者"之间的"边界"；宏观上看，回族社区是内隐于城市社会的一个文化载体。

首先是城市中的回族社区符号。

传统上，清真寺是西北地区城市回族社区的一个外显符号。因其文化符号的指示意义，回族相对比较集中地分布在清真寺周围，凸显了回族社区所处环境的民族性。这也是维系回族社区的结构及其运行的鲜明符号，其意义在于：一方面将回族吸引到一个较为集中的空间，成为回族社区的一个象征；另一方面也是区别于其他民族社区的一个标识。

现代城市化发展过程中，随着社区结构的变迁，清真寺的"符号"意义功能发生了较大的变化。一方面，清真寺对回族居住空间的"控制力"和"吸引力"弱化。城市回族空间居住的选择，不再以清真寺为首要的考虑条件，而根据谋生的职业，以及孩子的教育条件为标准。另一方面，回族社区不一定有清真寺，同时，有清真寺的社区，其人口结构不一定均为回族。因此，回族"同质社区"逐渐消失，回族内嵌于城市各个社区。

其次是中国城市社区变动图景中的回族社区。

历史上，从族群的城市社区分布看，由于多元族群的历史互动，很多城市人口都由不同族群构成，整体上仍以"大分散、小聚居"为主，"同质社区"现象比较突出。一些少数民族社区，嵌入城市的不同角落。如从唐宋时期的"蕃坊"到明清时期的"寺坊"，都是如此。相对而言，这种以地域空间为基础、以经济职业和文化传统为社会力量建构的社区，内嵌于城市当中，地域空间变化不明显，其结构比较稳固。

新中国成立以来，中国社会处于不断变革之中。在市场经济影响下，一方面，城市的多元职业和经济模式，拉动乡村人口向城市流动，扩大城市的负荷量。另一方面，不断增长的城市人口，又推动城市职业和经济模式的拓展。其中，城市建设和经济从业推动了中国城市社区整体的变动，形塑了城市社区扩建、重建的动态"图景"。作为其中的一部分，回族社区也顺应主流社会的变化发展，不断做出相应的调适。因此，回族社区改变原有的模式，而逐渐内隐于城市不同地区。一方面，人口数量增长速度快，原有的社区不能完全满足，同时，社区重建也不能以民族为标准。所以，回族分散并内嵌于城市不同社区。另一方面，回族不断向多元社会职业延伸，这就决定了社区选择的条件以生活的便利为主，而民族和文化并非重要的限制因素。因此，"同质社区"逐渐减少，"混合社区"基础上的"互嵌社区"将回族及其社区内隐于城市之中。

（三）从"混合社区"到"互嵌型社区"：城市回族社区结构变迁的内涵分析

"混合社区"是基于地域空间，不同民族分布于相同社区的一种自然状态和外在模式。"互嵌型社区"是在"混合社区"基础上，体现了民族间社会互动和文化交流的程度与范围等内涵。从"混合社区"到"互嵌型社区"的变迁，既符合我国民族社会发展的传统，也符合城市社区发展的要求。

首先是"形"的混合与"神"的互嵌。

关于"互嵌型社区"具体是什么，仁智各见。"互嵌型社区"的学理依据，源于匈牙利政治经济学家卡尔·波兰尼提出的"嵌入"（embeddedness）概念，"主要用来分析个体行动者与制度结构的关系"。[①] "'嵌入性'一词在经济学中用来表示经济行为与社会体系及其各要素之间的联系，从双边联系、多边联系到网络化的联系，以及表现在政治、文化、认知等方面的'嵌入性'。"[②] 后来，美国学者格兰诺维特引入"嵌入"概念，"分析社会网络与社会关系"。[③] 部分学者将此视角引入我国民族社区研究，如"裴圣愚等参考 Zukin 和 Dimaggio 的结构、认知、文化、政治四分法，从结构互嵌、经济互嵌、关系互嵌和文化互嵌四个维度考察民族社区的建设，并以主导型民族社区和混合型民族社区的两分法来探讨民族互嵌型社区环境的不同建设路径"。[④] 社区人口结构，成为"互嵌

---

① 易法敏、文晓巍：《新经济社会学中的嵌入理论研究评述》，《经济学动态》2009 年第 8 期，第 131 页。

② 杨玉波、李备友、李守伟：《嵌入性理论研究综述：基于普遍联系的视角》，《山东社会科学》2014 年第 3 期，第 172—176 页。

③ 易法敏、文晓巍：《新经济社会学中的嵌入理论研究评述》，《经济学动态》2009 年第 8 期，第 131 页。

④ 裴圣愚：《相互嵌入：民族社区环境建设的新方向》，《黑龙江民族丛刊》2015 年第 1 期，第 111—115 页。

型社区"的焦点。随之引发了学界关于"混合社区"与"互嵌型社区"的讨论。

笔者认为，"混合社区"是"互嵌型社区"的基础，也是其外在的"形"。"混合社区"主要以民族及其人口空间分布的外在形式，即混合型民族分布格局，这是社区之"形"。而社区内族际间社会、文化等方面的互动、交流和融合，是一种"互嵌"模式，这是社区之"神"。因此，"混合社区"与"互嵌社区"的差异焦点，在于社区"形"与"神"的区别。"互嵌型社区"是以"混合社区"的"形"为基础，强调社区的"内在关系"。笔者又认为"互嵌型社区"是基于相同空间分布的不同民族混合居住模式为外在形式，以文化交流、社会互动、民族融合为内在"精神"的，由民族、人口及其文化"同质型社区"向交往交流交融的"多元社区"过渡的"共同体"。

其次是"形散"与"神和"。

城市回族社区结构的变迁，主要表现在社区地域结构的"形散"，与以族际间相互接触、融入的范围和程度为社区内涵的"神和"。"形散神和"表现在两个层面：宏观上，"同质社区"逐渐消失，不同民族共同组建的"混合社区"，从本质上消除了隔离式居住（居住隔离），即"群体在空间上的非随机分布，并且形成以某些社会特征为基础的系统性居住模式"。[①]这为不同空间融合铺平了道路，也为民族互动交融奠定了基础。"互嵌型社区"就是在"混合社区"的基础上，进一步为整体上的民族融合提供了条件，也是中国未来民族关系的重要走向。因为"居住隔离阻碍社会融合，制造社会不平等，并可能导致社会碎片化"。[②]过去，由于各种原因导致的各民族"同质社区"的居住隔离模式，造成各民族发展的差异性突出，同时，也造成我国社区的碎片化现象明显。社区作为我国社会的基础，有机组成的整体性发展，对我国各民族共同发展和社会关系以及社会结构的稳固，具有重要的作用。微观上，回族散居于城市不同社

---

① 郝亚明：《城市与移民：西方族际居住隔离研究述论》，《民族研究》2012年第6期，第12页。

② 郝亚明：《城市与移民：西方族际居住隔离研究述论》，《民族研究》2012年第6期，第19页。

区，从回族内部看，"围寺而居" 的传统同质性居住模式的改变，加快了回族尽快融入主流社会的速度，加深了融入的程度，拓宽了融入的范围。同时，传统回族社区的精神文化，内敛于回族内心，清真寺只能作为一种文化表征，对回族的社会限制进行了松绑。因此，现代化进程中的回族社区，"经历了由相对独立的封闭性寺坊社区，转变为开放性象征社区的发展历程"。①

"形散" 为社区多元结构和多元文化提供了条件。实现城市回族社区多元化发展，是未来回族社区的必然路径，也是我国城市社区发展的必然要求。表现在文化交往交流交融上的 "神和"，不仅仅局限于回族内部，更在于不同民族之间。培育中华文化、中华民族高层次的认同，是社区应有之义，也是每个民族社区发展、建构必须重视的条件。社区也是中华文化 "一体多元" 的基本载体，推动城市社区 "一体多元" 化发展，是 "互嵌型社区" 的本质所在。

所以，地域空间结构上的 "形散" 是以 "混合社区" 为基础的民族居住模式的融合，而文化上的 "神和" 是以社区其他结构及其功能的作用，展现不同民族的一致认同，强化民族关系的和谐和社会互动的交融，也是各民族精神文化方面的相互嵌入，而不是机械地排列。这是 "互嵌型社区" 的内涵所在。城市回族社区的未来发展趋向，以 "互嵌型社区" 类型为主，这既是我国城市社区发展的要求，也是回族城市社区传统的现代性使然。建构 "互嵌型" 回族社区，不管对回族自身，还是对地方性社会或国家而言，都符合新时代的发展规律。

（四）从 "混合社区" 到 "互嵌型社区"：城市回族社区变迁的理论维度

由民族人口分布的 "混合社区" 到文化交融的 "互嵌型社区" 的时代转型，是当前城市回族社区的变迁实践。笔者认为，对这一实践的分析，应基于如下理论维度。

其一，社区与回族社区。如前所述，学界对社区的界定，以相同的民族人口为基本条件。那么，回族社区应以回族人口为基本条件，也应强调族群与文化的同质性。有人这样界定回族社区："由相同教派的多个回族家

---

① 良警宇：《从封闭到开放：城市回族聚居区的变迁模式》，《中央民族大学学报》2003 年第 1 期，第 73 页。

庭以清真寺为核心组成的居住区，是回族集聚地区回族集居住、宗教活动、商业贸易、家庭手工业、文化交流等多种活动于一体的空间，是回族在共同心理素质作用下，以清真寺为社区标志形成的微观地域综合体。"① 但是，无论哪个民族，"聚族而居"的"同质社区"现象已经很难维持。族群人口和文化一致的同质社区正在消失。不同的"若干群体"或"若干组织"组成的"混合社区"是城市回族社区，以及我国城市社区的重要结构特点。西北地区城市回族社区的界定，也存在一定的难度。什么样的社区，才能成为回族社区？笔者认为，未来回族社区只是一个相对的概念和范畴。以回族人口居多，或者以某种比例为准，可以界定为回族社区。"互嵌型社区"既是回族社区的主要模式，也是我国城市社区的未来主要形式。人口空间分布的"混合社区"和文化互动交融的"互嵌型社区"，应是未来回族社区的主要类型。

其二，社会融合（social inclusion）。这是基于"同质社区"之上，族际间的社会排斥（social exclusion）而形成的概念。"互嵌型社区"是民族社会互动、文化融合的"互嵌"理论实践。笔者认为，回族城市"互嵌型社区"经历了由早期"同质社区"到"混合社区"的过渡。其中，也展现了回族社区从空间分布上的"居住隔离"到"多族混居"的历史变迁过程，以及从文化单一、内部互动到文化多元、族际交融的发展过程。社会融合的程度和范围，集中载入"互嵌型社区"内。混合居住模式消除了民族隔离和社会排斥，这是回族与其他民族之间的社会交往、互动和融合的前提。

其三，传统与现代。无论何种民族，传统与现代的取舍是影响民族及其社会发展的重要因素。"围寺而居"是回族"聚族而居"的空间分布的传统，也是回族传统维系和延续的载体；"互嵌型社区"是"混合居住"基础上不同民族社会互动和文化交流的时代要求，也是对现代城市生存模式的时代选择。"互嵌型社区"只是改变了回族城市社区传统的地域空间结构，强调其他结构之间的异族互动交融，符合时代发展的潮流，从某种程度上，也有助于我国城市社区文化的多样性发展。所以，这也是回族社区

---

① 李鸣骥、石培基、马建生：《西部回族集聚区城镇空间结构特征分析——以宁夏南部地区同心县城为例》，《城市规划》2000年第6期，第29—32页。

“新传统”不断产生的必然过程。

其四，国家与社会。社区管理是国家控制地方社会的重要手段和途径，不同民族之间社会互动和文化交融的“互嵌型社区”的建构，既是当前和未来我国城市社区建设和发展的必由之路，也是国家及政府宏观管理多民族地区社会的需求。“互嵌型社区”以其自身的运作模式，将有助于建构团结、和谐的地方性社会，从而有助于国家对多民族地区社会的管理。

结　语

任何民族社区都有其自身的形成历史过程，也有其自身的结构及其文化传统。但是，变迁是民族社区永恒的主题。现代化正在以一种势不可挡的社会力量，不断催促西北民族地区城市回族社区及其结构的变化。最突出的表现，一是人口空间分布的改变，不同民族杂居基础上的“混合社区”逐渐取代回族集中分布的“同质社区”，这是未来城市回族社区，乃至我国 56 个民族城市分布的“样板”。二是混合居住模式将会促进回族与其他民族之间的社会互动和文化交流，不同民族文化之间的交融，也将推动“互嵌型社区”的形成。诚然，我们必须清醒地认识到，“互嵌型社区”主要从文化层面，促进回族与其他民族之间的交流，拉近二者之间的社会距离，及文化之间的“互嵌”。“互嵌型社区”并不意味着削弱民族“文化边界”，而走向“同化”。因此，笔者认为，从“围寺而居”到“互嵌型社区”的历史变迁，展现了回族社区发展的历史脉络，也展现了国家与地方性社会、“大传统”与“小传统”之间的互动关系。笔者也认为，回族是我国城市化程度相对较高的少数民族，以“互嵌型社区”为视角探究回族社区，不仅具有典型性，而且对现代化背景下我国少数民族社区的发展及多民族社区研究也具有重要的现实意义。

（原文刊于《黑龙江民族丛刊》2017 年第 6 期，第 46—52 页）

宁夏大学部分中国史研究论著目录
（1989—2022）

白述礼

《大唐灵州镇将》，宁夏人民出版社，2006 年，2010 年再版

《吴忠与灵州》，宁夏人民出版社，2006 年

《大明庆靖王朱栴》，宁夏人民出版社，2008 年

《走进灵州》，中国文化出版社，2009 年

《史学探微》，中国文化出版社，2013 年

《灵州史研究》，宁夏人民出版社，2018 年

《唐肃宗灵武即位》，陕西人民出版社，2021 年

陈明猷

《贺兰集》，宁夏人民出版社，1994 年

《乾隆宁夏府志》（点校），宁夏人民出版社，2015 年

陈育宁

《祭祀成吉思汗的地方鄂尔多斯：河套历史概述》，中国华侨出版公司，1989 年

《北方民族史论丛》（与汤晓芳合著），宁夏人民出版社，1991 年

《塞上问史录》（与汤晓芳合著），宁夏人民出版社，1993 年

《中华民族凝聚力的历史探索》，云南人民出版社，1994 年

《鄂尔多斯史论集》，宁夏人民出版社，2002 年

《中国藏西夏文献》（联合主编），甘肃人民出版社、敦煌文艺出版社，2005—2007 年

《民族史学概论》，宁夏人民出版社，2006 年

《宁夏通史》（主编），宁夏人民出版社，2008 年

《中国回族文物》（与汤晓芳合著），宁夏人民出版社，2008 年

《西夏艺术史》（与汤晓芳合著），上海三联书店，2010 年

《地域文化的资源与开发》，内蒙古人民出版社，2012 年

《中国民族史学理论新探索》（主编），中国社会科学出版社，2015 年

《西夏建筑研究》（与汤晓芳、雷润泽合著），社会科学文献出版社，2016 年

《西夏历史文化探幽》（与汤晓芳合著），甘肃文化出版社，2018 年

《中国民族史学理论与实践研究》，科学出版社，2020 年

杜建录

《西夏与周边民族关系史》，甘肃文化出版社，1995 年

《西夏经济史研究》，甘肃文化出版社，1998 年

《西夏经济史》，中国社会科学出版社，2002 年

《20 世纪西夏学》（主编），宁夏人民出版社，2004 年

《天盛律令与西夏法制研究》，宁夏人民出版社，2005 年

《中国藏西夏文献》（常务副总主编，主要完成人），甘肃人民出版社、敦煌文艺出版社，2005—2007 年

《西夏学》（1—24 集，主编），2006—2022 年

《中国藏黑水城汉文文献》（与塔拉、高国祥主编），国家图书馆出版社，2008 年

《说西夏》（主编），宁夏人民出版社，2009 年

《西夏社会文书研究》（与史金波合著），上海古籍出版社，2010 年，2012 年增订再版

《党项西夏文献研究》（主编，主要撰稿人），中华书局，2011 年

《西夏学论集》（主编），上海古籍出版社，2012 年

《中国藏西夏文献研究》（编著），上海古籍出版社，2012年

《中国藏黑水城民族文字文献》（与塔拉、高国祥主编），中华书局、天津古籍出版社，2013年

《黑水城文献论集》（主编），学苑出版社，2014年

《党项西夏碑石整理研究》，上海古籍出版社，2015年

《〈天盛律令〉研究》（主编），上海古籍出版社，2015年

《神秘西夏》（主编），宁夏人民出版社，2016年

《西夏史论集》，上海古籍出版社，2016年

《西夏学文库》（60种）（和史金波共同主编），国家"十三五"重点出版计划、国家出版基金资助，甘肃文化出版社，2016—2022年

《中国藏黑水城汉文文献释录》（主编，主要撰稿人），中华书局、天津古籍出版社，2016年

《中国藏黑水城汉文文献整理研究》，人民出版社，2016年

《西夏经济史论稿》，甘肃文化出版社，2017年

《西夏与周边民族关系》，甘肃文化出版社，2017年

《西夏文献研究》，甘肃文化出版社，2018年

《西夏学论集》（2011—2020，主编），科学出版社，2021年

《铸牢中华民族共同体意识研究》（2021、2022集，与于光建主编），甘肃文化出版社

《成蹊集》（主编），社会科学文献出版社，2022年

《党项西夏碑刻题记》（与邓文韬合著），三秦出版社，2022年

邓文韬

《党项西夏碑刻题记》（与杜建录合著），三秦出版社，2022年

《元代唐兀人研究》，甘肃文化出版社，2022年

段玉泉

《中国藏黑水城民族文字文献》（合著），中华书局、天津古籍出版社，2013年

《西夏〈功德宝集偈〉跨语言对勘研究》，上海古籍出版社，2014年

《西夏文献解题目录》，阳光出版社，2015 年

高仁

《西夏畜牧业研究》，甘肃文化出版社，2020 年

霍维洮

《宁夏民族与社会研究》，宁夏人民教育出版社，2003 年

《近代西北少数民族社会变迁》，宁夏人民出版社，2009 年

《近代西北回族社会组织化进程研究》，宁夏人民出版社，2012 年

刘莉

《民国报刊视阈下的回族女性发展问题研究》，光明日报出版社，2018 年

李新贵

《筹海图编译注》，中华书局，2017 年

《〈问水集〉整理》（与田清合著），中国水利水电出版社，2022 年

《中国黄河文化大典（古代部分）》（主编），中国水利水电出版社，2022 年

马旭俊

《金夏关系研究》，甘肃文化出版社，2022 年

潘洁

《黑水城出土钱粮文书专题研究》，宁夏人民出版社，2013 年

《〈天盛律令〉农业门整理研究》，上海古籍出版社，2016 年

《西夏农业研究》（与李玉峰合著），甘肃文化出版社，2020 年

《黑水城出土赋役文书研究》，甘肃文化出版社，2022 年

彭向前

《宋史夏国传集注》（补注本），宁夏人民出版社，2004 年

《西夏文〈孟子〉整理研究》，上海古籍出版社，2012 年

《党项西夏专名汇考》，甘肃文化出版社，2017 年

《俄藏西夏历日文献整理研究》，社会科学文献出版社，2018 年

孙静

《满洲民族共同体形成历程》，辽宁民族出版社，2008 年

《满族史论稿》，人民日报出版社，2017 年

《清代八旗汉军研究》，民族出版社，2017 年

佟建荣

《西夏姓氏辑考》，宁夏人民出版社，2013 年

《西夏姓名研究》，社会科学文献出版社，2015 年

王朝海

《北魏政权正统之争研究》，中国社会科学出版社，2014 年

王龙

《西夏译玄奘所传"法相唯识"经典研究》，中国社会科学出版社，2022 年

王培培

《西夏文〈维摩诘经〉整理研究》，社会科学文献出版社，2015 年

《夏译汉籍中的古代汉语对音研究》，甘肃文化出版社，2018 年

王天顺

《西夏战史》（主编），宁夏人民出版社，1993 年

《西夏学概论》（主编），甘肃文化出版社，1995 年

《西夏天盛律令研究》（主编），甘肃文化出版社，1998 年

《西夏地理研究》（主编），甘肃文化出版社，2002 年

《河套史》，人民出版社，2006 年

王银春

《人类重要史学命题》，湖北教育出版社，2000 年

王亚勇

《平罗记略：续增平罗记略》（点校），宁夏人民教育出版社，2003 年

许伟伟

《西夏宫廷制度研究》，甘肃文化出版社，2020 年

于光建

《神秘的河陇西夏文化》，甘肃教育出版社，2014 年

《天盛律令典当借贷门整理研究》，上海古籍出版社，2017 年

《清至民国时期河西走廊城市地理研究》，甘肃文化出版社，2022 年

《武威西夏木板画墓研究》，甘肃文化出版社，2022 年

杨浣

《古都银川》，杭州出版社，2010 年

《辽夏关系史》，人民出版社，2010 年

《他者的视野——蒙藏史籍中的西夏》，宁夏人民出版社，2014 年

杨学跃

《十六国北朝权力嬗代新探》，中国社会科学出版社，2016 年

杨志高

《宋西事案（校证）》，宁夏人民出版社，2004 年

《西夏文〈经律异相〉整理研究》，社会科学文献出版社，2014 年

《〈慈悲道场忏法〉西夏译文的复原与研究》，中国社会科学出版社，
2017 年

《百年中国西夏学研究报告》，甘肃文化出版社，2022 年

杨作山

《回藏民族关系史》，宁夏人民出版社，2013 年

《香药之路》，宁夏人民出版社，2020 年

尤桦

《〈天盛律令〉武器装备条文整理研究》，上海古籍出版社，2019 年

张诔

《回族家谱考论》，阳光出版社，2015 年

《中国文化史论略》，宁夏人民出版社，2017 年

《大学历史教学》，宁夏人民出版社，2018 年

张笑峰

《〈天盛律令〉铁箭符牌条文整理研究》，上海古籍出版社，2019 年

《黑水城出土元代律令与词讼文书整理研究》，中国社会科学出版社，

2021 年

图书在版编目（CIP）数据

中国史研究论集 / 杜建录主编. -- 北京：社会科
学文献出版社，2024.6
（宁夏大学史学丛书）
ISBN 978 - 7 - 5228 - 2503 - 8

Ⅰ.①中… Ⅱ.①杜… Ⅲ.①中国历史 – 文集 Ⅳ.
①K207 - 53

中国国家版本馆 CIP 数据核字（2023）第 175858 号

宁夏大学史学丛书
中国史研究论集

主　　编 / 杜建录

出 版 人 / 冀祥德
组稿编辑 / 郑庆寰
责任编辑 / 赵　晨
文稿编辑 / 窦知远
责任印制 / 王京美

出　　版 / 社会科学文献出版社·历史学分社（010）59367256
　　　　　 地址：北京市北三环中路甲 29 号院华龙大厦　邮编：100029
　　　　　 网址：www.ssap.com.cn
发　　行 / 社会科学文献出版社（010）59367028
印　　装 / 北京联兴盛业印刷股份有限公司

规　　格 / 开　本：787mm × 1092mm　1/16
　　　　　 印　张：43.25　字　数：684 千字
版　　次 / 2024 年 6 月第 1 版　2024 年 6 月第 1 次印刷
书　　号 / ISBN 978 - 7 - 5228 - 2503 - 8
定　　价 / 168.00 元

读者服务电话：4008918866